야만시대의 기록

3

— 전두환에서 노무현 정권까지

야만시대의 기록 — 고문의 한국현대사

3 | 전두환에서 노무현 정권까지

1판 3쇄 발행 2014년 10월 8일
1판 1쇄 발행 2006년 10월 20일

지은이 · 박원순
펴낸이 · 정순구
책임 편집 · 김수영 김은미
디자인 · 이파얼
기획 편집 · 조원식 정윤경 조수정
마케팅 · 황주영

출력 · 한국커뮤니케이션
용지 · 한서지업사
인쇄 제본 · 한영문화사

펴낸곳 · (주)역사비평사 출판등록 300-2007-139호(2007. 9. 20)
주소 · 110-260 서울시 종로구 가회동 173번지 3층
전화 · 02-741-6123~5 팩스 02-741-6126
홈페이지 · www.yukbi.com 전자우편 · yukbi@chol.com

ⓒ 박원순, 2006
ISBN 89-7696-521-3 03910
       89-7696-522-1 03910(세트)

이 도서의 국립중앙도서관 출판시도서목록(CIP)은 e-CIP 홈페이지(http://www.nl.go.kr/cip.php)에서
이용하실 수 있습니다.(CIP제어번호:CIP2006002171)

야만시대의 기록

박원순 지음

3

— 전두환에서 노무현 정권까지

역사비평사

차례 | **1** 아무도 기록하지 않는 역사 |

| **일러두기** |

1. 이 책에 나오는 단체명과 모임명, 그리고 법률명은 모두 붙여 썼다.
   예 : 민주사회를위한변호사모임, 최종길교수고문치사진상규명및명예회복추진위원회, 폭력행위등처벌에관한
       법률
2. 단행본·잡지·신문은 『 』로, 논문·신문기사는 「 」로, 성명서나 법률안은 ' '로 통일했다.
3. 외래어는 외래어표기법에 따라 표기했다. 특히 일제시대 신문·잡지 등의 자료에는 일본 인명과 지명이 한자음
   으로 표기되어 있었으나 이 책에서는 외래어표기법을 따라 모두 수정했다.
4. 1989년 이전 인용 자료들의 경우, 한글맞춤법과 표준어 규정을 적용하여 표기했다. 단, 당시 시대 분위기를 전
   해주는 단어나 고문의 상황을 전달해주는 일부 은어와 속어 등은 한글맞춤법과 외래어표기법에 맞지 않더라
   도 원문 그대로 표기했다.
5. 인용문에서 필자 또는 편집자가 부연 설명을 위해 삽입한 내용은 괄호 안에 넣었으며, 인용문과 동일한 글자
   크기로 표시했다.
6. 각주에 나오는 신문기사의 출처 표기는 '기사명, 게재 일자, 신문명'의 순서로 통일했다. 최대한 상세하게 출처
   를 밝히고자 했으나, 기사 제목을 삽입하지 못한 경우도 일부 있다.
7. 인터넷 사이트에서 찾은 자료는 2004년 시점을 기준으로 출처를 밝힌 것이다. 그중에는 현재 사이트가 개편되
   거나 폐쇄되어 접근이 용이하지 못한 경우도 있지만, 이 책에서는 고문의 진실과 상황을 이해하는 데 도움을
   준다고 판단하여 그대로 인용했다.

머리말 — 내 두 친구 이야기

:: 사람들이 지옥을 생각해낸 것은 고문에 대한 체험에서였을 거라고 나는 믿고 있다. 극심한 고문은 죽음이 희망으로 나타나는, 그치지 않는 고통의 현존이다. 죽음에 이르는 고통을 주되 죽음이라는 영원한 휴식을 주지 않는 것이 고문자의 직업정신이다. 지옥이 지옥인 것은 그곳에는 죽음마저 허용되지 않기 때문이다. 단테의 『신곡(神曲)』은 '지옥의 입구'를 "여기 들어오는 너희, 온갖 희망을 버릴진저"라고 새기고 있다. (황지우, 「나의 작품 나의 얘기」, 1990년 10월 11일자 『동아일보』)

죽음조차도 허용하지 않는, 모든 희망이 사라진 고통의 현장 — 그것이 바로 지옥이다. 지옥 같은 고문이 이 땅에서도 일상화된 시대가 있었다. 어느 날 갑자기 자신의 집에서, 직장에서, 길거리에서 납치되고 연행되어 가족과 친구조차 소재를 알 수 없는 어느 지하실에서 홀로 생사를 넘나드는 고통을 당하는 일이 비일비재했다. 더러는 그 고통으로 시신이 되어 나오기도 했고, 더러는 나온 뒤에도 고문의 후유증으로 남은 생을 폐인으로 살기도 했다.

그것이 우리가 살아온 박정희의 '경제개발 5개년계획' 시대, 전두환의 '정의로

15

운 사회' 시대, 노태우의 '보통사람들' 시대였다. 그것은 그 이후 '문민정부' 또는 '국민의 정부' 때에도 그치지 않았다. 우리의 무관심 속에서 여전히 그곳은 절대 고립의 상태였고, 세상의 절망이 닻을 내린 곳이었다. 허울 좋은 캐치프레이즈가 외쳐질 때도 고문장에서 끝없는 고통으로 몸부림치는 사람들이 있었다. 그때에도 우리는 종로 네거리를 걷고, 식당에서 밥을 먹고, 전철을 타고, 그리고 멀쩡하게 살아가고 있었다. 마치 그런 일이 없는 것처럼, 아니 그런 사람이 없는 것처럼, 우리는 그렇게 살아왔다. 아니 지금도 우리는 잊고 산다.

그러나 우리 주변에는 의외로 고문의 악몽을 잊지 못하고 사는 사람들이 많다. 인간의 영혼은 차돌같이 강하기도 하지만 때로는 질그릇처럼 약하다. 적지 않은 사람들이 고문의 후유증에 시달리고 있다. 자신은 물론이고 그 가족들은 정말 죽음에서조차 자유롭지 않은 고통을 매일매일 매시간시간 겪어야 한다. 사람들은 잊고 지내지만 그들에겐 잊을 수 없는 현실이다. 우리가 그들을 잊는다면 그것은 또 하나의 범죄이다.

내 고등학교 동창 중에는 두 명의 구씨 성을 가진 친구가 있다. 구(具)씨 성을 가진 한 친구는 민청학련사건 당시 고등학교 조직을 책임진 이른바 '고교책(責)'으로 활동하다가 매우 심한 고문을 받고 15년형을 선고받았다. 그후에도 오랫동안 멀쩡하게 우리 주변을 오가던 그 친구가 어느 날 갑자기 사라졌다. 오랜 세월이 지난 후 우리는 그가 어느 시골 정신병원에 있다는 사실을 알게 되었다. 친구들의 도움으로 십시일반 돈을 모아 정신병원 치료비도 대고, 또 어느 땐가는 출판사에 취직시켜 잠시 일하게도 했지만 그의 병은 영원히 완치가 불가능한 듯하다. 구(丘)씨 성을 가진 또 다른 친구는 고등학교 때인 1972년 무렵 유신 반대 유인물을 뿌리다가 발각되어 포고령 위반으로 재판을 받았다. 너무 어린 나이에 군 수사기관의 폭력과 위협 앞에 놓인 그의 여린 영혼은 일그러졌다. 대학을 나오고 고등학교 선생까지 하던 그는 결국 정신질환이 도져 사회생활을 접고 유폐생활을 보내야만 했다. 두 사람 모두 똑똑하고 리더십 있는 친구들이었다.

어쩌다 보니 내 주변에는 이런 사람들이, 이런 소식들이 많다. 1980년대 이른바 인권변호사 시절에 내가 변론했던 사람들 중에도 고문피해자들이 적지 않았다. 그리고 그들 가운데 지금까지 그 후유증으로 고통받는 사람들도 있다. 이들의 고통을 미리 막지 못하고 지금도 함께하지 못한다는 죄책감이 크다. 이번에 이 책을 정리하면서 수많은 고문사건과 피해자들의 이야기를 들으며 다시 내 마음에 사그라졌던 분노가 일렁여 내내 잠을 잘 이룰 수가 없었다. 매일 악몽도 꾸었다. 군사독재시대의 고문 체계와 관행은 구조적으로 이승만 정권에 그대로 연결되었고, 그것은 또한 일제의 간악한 고문 통치와 이어졌다. 바로 일제의 경찰 체제와 고문제도가 우리 사회 고문 유산의 시원이 되는 것이다. 가능하다면 남미 군사정권의 고문과 국제적인 비교도 하고, 우리의 왕조시대나 세계사에서의 고문을 함께 비교·서술하고 싶었지만 너무 분량이 많아져서 영국의 노던아일랜드, 아프가니스탄과 이라크에서 자행된 미국의 고문 사례, 고문방지협약을 비롯한 고문에 대응하는 국제적 사례들을 정리하는 것으로 마무리했다.

2004년 12월에 이른바 이철우 의원 사건이 터졌다. 한나라당 국회의원 주성영 의원이 열린우리당 소속 이철우 의원에 대해 "지금도 조선노동당 간첩이 국회에서 암약하고 있다"라고 발언한 것이다. 이 의원은 1992년 민족해방애국전선사건이 고문에 의해 조작된 것이라고 주장했다. 우리의 정치문화가 아직 이 정도인 것에 대해서도 실망했지만, 진정한 민주주의와 인권이 이 땅에 뿌리내리기 위해서는 과거의 올바른 청산과 정의의 복원이 필요하다는 사실을 절감하게 만든 사건이었다. 고문과 용공조작으로 간첩을 만들어놓고, 그 범죄를 처벌하고 고문피해자를 복권하는 대신 지금에 와서 그 피해자를 간첩으로 몰아붙이는 것은 역사적인 적반하장이다. 과연 우리 사회에 고문과 조작의 현실이 어떠했는지 정확히 살펴보는 일, 그 억울한 희생자들을 보듬는 문제는 결코 과거가 아닌 현실의 문제일 수밖에 없다.

국가보안법에 이어 고문에 관한 이야기들을 정리해보겠다고 결심한 것은 오래전의 일이었다. 나름대로 신문 스크랩도 하고 외국에 있으면서 자료를 모아두기도 했으나 막상 집필은 엄두도 못 내고 있었다. 세 권의 『국가보안법 연구』가 처음 나온 지 16년이 되었으니, 그동안 그 결심을 이행하지 못하고 있었던 것이다. 지난 2004년 12월 미국 스탠포드대학에 강의를 맡게 되면서 수개월을 일상사에서 도망칠 수 있었다. 나는 그동안 모아둔 자료를 여행가방에 모두 쑤셔넣으면서 그 결심을 이행하기로 했다. 강의를 준비하는 최소한의 시간 외에는 2005년 1월에서 3월까지 석 달을 밤낮없이 이 책의 집필에 쏟았다. 밥 먹고 화장실 가는 것 말고는 이 책을 정리하는 데 모든 것을 쏟았다. 되도록 고문피해자의 목소리를 직접 전하기 위해 노력했다. 그런데 고문피해자의 목소리는 많이 남아 있지 않아 때로는 일간신문, 인권하루소식, 한국기독교교회협의회 인권보고서, 앰네스티 인터내셔널(Amnesty International)의 자료 등 광범한 간접 자료를 찾아 인용했다. 여러 자료들을 인용했던 인터넷 사이트가 수개월, 수년이 지난 지금에는 폐쇄되어 다시 접근하기 어려운 경우도 몇몇 있었다. 그럼에도 고문의 진실과 상황을 이해하는 데 큰 도움이 되는 것들은 그대로 인용했다. 이 책의 원고가 전달된 2005년 8월부터 근 1년간 교정과 출처 대조 등으로 땀방울을 흘린 역사비평사의 김수영, 김은미 씨에게 특별히 이 자리를 빌려 감사를 드리고 싶다.

이 책을 다 쓴 지금도 개운하지 못하다. 우선 여기에 수록되지 못한 고문 사례도 적지 않을 것이다. 사실 참혹한 고문을 당하고도 언론에 보도되지 않았거나 자신이 체험 기록을 남기지 않은 사건은 내가 알 도리가 없다. 그런 사건이 비일비재할 것이다. 그뿐만 아니라 내가 기록을 찾고 기사를 찾는 데도 한계가 있었다. 그렇게 해서도 놓친 사건이 있을 터다. 무엇보다 이 책이 실질적으로 그 시대의 고통을 온전히 드러내는 데 미진하다는 생각과 더불어 지금도 고통받고 있는 그 사람들에게 현실적인 도움이 되기에 불충분하다는 생각 때문이다. 내 스스로의 부채감과 죄의식을 없애는 데 조금의 도움이 되었을 뿐이다.

이 땅 어느 곳에서 그들과 가족들은 여전히 한숨짓고 고통의 나날을 보내고 있는데 내가 한 일이라곤 그것을 이렇게 한 번 정리해본 것일 뿐이니, 뭔가 그들의 고통을 현실적으로 해소할 수 있도록 힘을 보탰으면 하는 생각이 간절하다. 이 책으로 말미암아 그들을 함께 생각하고 돌아보는 작은 계기라도 만들어졌으면 좋겠다.

2006년 8월
희망제작소에서 새로운 희망을 꿈꾸며
박원순

불귀(不歸)　　　김지하

못 돌아가리
한번 디뎌 여기 잠들면
육신 깊이 내린 잠
저 잠의 저 하얀 방, 저 밑모를 어지러움

못 돌아가리
일어섰다도
벽 위의 붉은 피 옛 비명들처럼
소스라쳐 소스라쳐 일어섰다도 한 번
잠들고 나면 끝끝내
아아 거친 길
나그네로 두 번 다시는

굽 높은 발자국 소리 밤새워
천장 위를 거니는 곳
보이지 않는 얼굴들 손들 몸짓들

소리쳐 웃어대는 저 방
저 하얀 방 저 밑모를 어지러움

뽑혀나가는 손톱의 아픔으로 눈을 홉뜨고
찢어지는 살덩이로나 외쳐 행여는
여윈 넋 홀로 살아
길 위에 설까

덧없이
덧없이 스러져간 벗들
잠들어 수치에 덮여 잠들어서 덧없이
매질 아래 발길 아래 비웃음 아래 덧없이
스러져간 벗들
한때는 미소짓던
한때는 울부짖던
좋았던 벗들

아아 못 돌아가리 못 돌아가리
저 방에 잠이 들면
시퍼렇게 시퍼렇게
미쳐 몸부림치지 않으면 다시는
바람 부는 거친 길
내 형제와
나그네로 두 번 다시는

비녀꽂이 　　김남주

한 사내가 와서
지하의 세계에 와서
나에게 와서
명령했다 무릎을 꿇으라고
선 채로 나는 대꾸했다
내 무릎을 꺾으라고

무릎을 꺾어놓고
시멘트 바닥에 내 무릎을 꺾어놓고
그 사내는 비녀꽂이를 하기 시작했다
비명소리로 세상은 조용했고
단 냄새로 내 목청은 뜨거웠다

비녀꽂이가 끝나고
나는 말했다 지하의 사내에게
아픔을 주더라도 남에게

굴욕의 상처를 남기는 그런 아픔은 주지 말라고
육체적인 고통은 쉽게 잊혀지지만

인격이 수모를 당하면
인간은 그것을 영원히 기억하게 된다고

고문 　　고은

고문을 당해보면
인간이 인간이 아님을 알게 된다
고문하는 자도
고문당하는 자도
깊은 밤 지하 2층 그 방에서

나를 두렵게 하는 것은

할프단 라스무센(Halfdan Rasmussen)

나를 두렵게 하는 것은 고문가해자도
다시 일어설 수 없는 몸도 아니다

죽음을 가져오는 라이플의 총신도
벽에 드리운 그림자도
땅거미 지는 저녁도 아니다

희미하게 빛나는
고통의 별들이 무수히 달려들 때

나를 두렵게 하는 것은
무자비하고 무감각한 세상 사람들의
눈먼 냉담함이다

| 제1장 |

전두환 정권과 고문

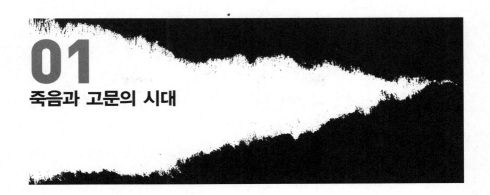

01
죽음과 고문의 시대

1. 고문으로 시작해서 고문으로 끝나다

전두환 정권이 새롭게 만든 헌법은 유신헌법과 마찬가지로 고문당하지 않을 권리를 자랑스럽게 선언하고 있다. 그러나 한 발짝 더 나아가 고문으로 만들어진 증거능력을 부정하는 조항까지 삽입하고 있다.

제12조 제2항 모든 국민은 고문을 받지 아니하며, 형사상 자기에게 불리한 진술을 강요당하지 아니한다.

제11조 제6항 피고인의 자백이 고문, 폭행, 협박, 구속의 부당한 장기화 또는 기망 기타의 방법에 의하여 자의로 진술된 것이 아니라고 인정될 때 또는 정식 재판에 있어서 피고인의 자백이 그에게 불리한 유일한 증거일 때에는 이를 유죄의 증거로 삼거나 이를 이유로 처벌할 수 없다.

그러나 이런 헌법 조항이 장식물에 지나지 않았음은 전두환 정권의 성립과 정부터 고문이 일반화되었던 사실에서 알 수 있다. 이른바 "박정희 대통령 시해사건의 피고인 김재규 등에 대한 판결에서 내란 목적 살인죄를 인정할 수 없다는 취지의 소수의견을 낸 양병호 대법원 판사를 (1980년) 8월 3일경 자택에서 서울 용산구 서빙고동 소재 보안사 서빙고 분실로 연행해 3일 동안 소수의견을 내게 된 경위 등을 조사하면서 사표를 강요하여 그로 하여금 사표를 제출하게"[1] 했던 것이다.

판결이 마음에 들지 않는다고 판사를 연행해서 조사할 정도라면 나머지 일은 상상이 가고도 남는다. 5·18광주항쟁, 김대중 내란음모사건, 삼청교육대사건, 계엄포고령 위반사건 등에서 예외 없이 가혹한 고문이 자행되었음은 물론이다. 정권의 기반을 만드는 과정부터 손에 피를 묻혔던 신군부가 정권 성립 후에 그 죄악을 멈출 리 만무했다. 정통성이 없는 정권에 국민들의 저항이 잇따를 것은 불 보듯 뻔한 일이었고, 그 저항을 분쇄하기 위해 강도 높은 탄압과 구금이 이어지면서 고문과 가혹행위가 뒤따랐다. 5공정권 내내 이런 억압과 저항의 숨바꼭질과 악순환이 반복되었다. 5공 후반부에 이르러 고문행위가 훨씬 더 빈번해지면서 김근태 고문사건, 박종철 고문치사사건, 부천경찰서 성고문사건 등이 일어났다. 결국 이런 고문사건으로 전두환 정권은 치명상을 입고 더 광범한 국민의 저항을 초래했다. 5공정권은 고문으로 시작해 고문으로 끝난 정권이라 할 만하다. 그리고 마침내 5공정권이 끝난 뒤 전두환 전 대통령은 '5공 청문회'에 서게 되었다. 청문회를 위해 국회가 마련한 72개항의 질문서에는 5공 때 저질러진 많은 악정 중에 '최고의 악정'이라 할 간첩조작 항목에 관해 다음과 같이 표현했다.

---

1. 전두환 전 대통령 등에 대한 공소장 중에서.

제49항 보안사나 안기부, 치안본부 등 수사기관에서 재일동포, 납북어부, 6·25 때 월북했거나 납북된 자의 가족 등을 대상으로 각종 고문 등 인권유린을 통하여 무고한 사람들을 간첩으로 조작했다는 데 대하여.[2]

2. 국제사회가 본 전두환 고문정권

전두환 정권 시절의 고문이 어느 날 갑자기 생겨나고 확산된 것은 아니다. 이미 박정희·이승만 시대는 물론이고 일제 때부터 고문 체제가 유지되고 발전되어 온 것이다. 그러나 이 시기에 이르러 워낙 많은 지식인과 학생, 노동자들이 국가보안법이나 공안 관련 법률로 구속되고 수감되다 보니, 상대적으로 고문과 가혹행위 사실이 더 많이 드러난 측면도 있다. 당시 감옥을 드나든 학생들에 의해 미전향 장기수의 존재가 널리 알려졌던 것이 대표적인 예이다.

전두환 정권의 고문이나 가혹행위에 대해서는 외국에서도 많은 관심과 반응을 보였다. 앰네스티 인터내셔널은 해마다 정기적으로 또는 임시로 고문과 인권상황 조사를 위해 방한했고, 그밖에도 아시아 워치(Asia Watch: 현재의 정식 명칭은 Human Rights Watch/Asia) 등의 국제 인권단체들이 이 시기에 집중적으로 방한해 조사활동을 벌인 후 보고서를 발간했다. 다음은 당시 아시아 워치 보고서의 한 대목이다.

:: 전두환 대통령의 광범한 탄압의 가장 우려할 만한 측면은 정치적 반대자에

---

2. 1989년 12월 31일 국회 5공 청문회에서 마련한 전두환에 대한 72개 질문 사항 중 하나이다. 서준식, 「조작간첩사건과 일본사회」, 『분단조국의 희생양, 조작간첩』, 천주교조작간첩진상규명대책위원회, 1994년 11월 1일, 5쪽.

대해 고문을 점점 더 사용하고 있다는 점이다. 아시아 워치 대표단이 1985년 6월 방한시에 만났던 젊은 학생지도자들 가운데 한 사람인 김근태 씨가 9월 초에 구금되어 고문받았다는 사실을 알게 되었다. …… 한국기독교교회협의회의 또 다른 보고에 따르면, 전북 지역의 41세 된 목수 한 사람이 1985년 가을 경찰에 의해 폭행당했다고 한다. 그는 너무 심하게 맞아 내부 상처 때문에 수시간 안에 사망하였다. 교회 측에 의하면 경찰이 가족에게 압력을 넣어 장례를 조용히 빨리 치르게 하였다고 한다. 1985년 10월 20일자 『뉴욕 타임스』에 따르면, 미 국무성은 최근 한국의 고문의 예에 대하여 반응하기를 3명의 언론인과 1명의 청년활동가가 한국의 비밀경찰에 의해 고문받았다는 믿을 만한 보고를 인정하였다고 한다. 미 국무성 대변인은 그 사건을 '개탄할 만한 일'이라고 말하면서 한국정부에 우리의 관심사를 알게 하였다고 한다.

수인의 고문과 인권남용은 결코 전두환 정부에 새로운 것이 아니다. 아시아 워치 대표단은 고문이 자백을 얻기 위해 그들의 가족에게 가해졌다고 주장하는 장기수의 어머니와 부인들을 만났다. 그들은 장기수를 때리고 억압하는 일반 잡범과 함께 수감되어 있다고 알리기도 하였다. …… 김근태 씨에게 가해진 고문 외에도 경찰과 보안대는 관행적으로 정치적 구금자들을 폭행한다. 아시아 워치 대표단이 만난 많은 학생활동가들과 인권 모니터들은 그러한 대우를 견뎌야만 했다고 말했다. 전 정권은 법원으로 이송되어 재판받지 않았음에도 불구하고 개인을 처벌하기 위한 목적으로 감옥에서 구타와 인권침해를 (정책으로) 사용하고 있다고 보인다.[3]

미 국무성은 '개탄할 만한 일'이라고 지적하며 한국정부에 '관심'을 표하는 것으로 고문사건들에 개입했다. 미 국무성은 해마다 나오는 보고서를 통해 한국

---

3. Asia Watch, *Human Rights in Korea*, January 1986, xxii.

의 고문문제를 이렇게 파악하고 있었다.

:: 1983년에는 그 전에 비해 고문의 주장이 상대적으로 줄어들었다. …… 그러나 경찰에 의한 과도한 물리력의 사용이 고위층의 제거 또는 경감 노력에도 불구하고, 광범하고 상습적인 것으로 증명되었다. 1983년의 가장 주목할 만한 사건은 그해 3월 부산에서 비정치적인 사건으로 경찰에 의해 심문받던 중 구타로 사망한 기업체 이사 김근조 사건이다. 그 경찰관은 7년형에 처해지고, 내무장관은 사과하고 비슷한 고문을 가하는 경찰관은 해고하겠다고 약속하였다.[4]

그 어느 쪽이든 '광범하고 상습적인' 고문 체제가 한국에 자리잡고 있음을 인정하고 있다. 민간 학자들도 당시 한국의 인권과 고문이 인기 있는 주제 중 하나였다고 한다. 아래의 글을 보면 한국의 고문을 칠레나 아르헨티나 못지않게 체계화된 것으로 파악하고 있다.

:: 데모에 참여한 수천 명의 학생들이 매년 전두환 정권에 의해 구금되고 있는데, 이들은 일반적으로 경찰서에서 구타에 일상적으로 노출되어 있다고 보인다. 1982년에는 몇 건의 고문 관련 죽음이 있었다. 김종도라는 무직 정치인이 죽기 몇 시간 전에 쓴 편지에서 경찰관이 자신을 5일 동안 자백을 얻기 위해 때렸으며, 그러한 구타와 아무런 의료 조치를 하지 않은 채 방치한 것이 심각한 상황이 된 이유라고 썼다. 다른 사건에서 박관현은 고문당한 사실에 항의하기 위하여 광주교도소에서 단식 후에 10월 사망했다. 석방되는 사람은 구금 중에 고문당하지 않았다는 진술서 쓰기를 관례로 강요당한다. 따라서 고문의 보고는 확인하거나 동시에 무시

---

4. 미 국무성 인권보고서(DOSCR), 1983, pp. 815~816.

하기가 어렵다. 그럼에도 불구하고 그러한 보고들이 충분하고 많아서 대부분의 사람들은 고문의 관행이 일반화되어 있다고 믿을 수밖에 없다.[5]

5. Jerome A. Cohen & Edward J. Baker, "U.S. Foreign Policy and Human Rights in South Korea", *Human Rights in Korea—Historical and Policy Perspectives*, 1991, p. 199.

02
전두환 정권 성립 시기의 고문범죄

전두환 군사정권은 성립과정에서부터 폭력적인 방식을 동원했다. 유혈 쿠데 타로 군부를 장악한 다음, 김대중 내란음모사건을 통해 정적을 제거하고 정치적 공포 상황을 조성했다. 그에 저항하는 5·18광주민중항쟁을 피로 진압한 다음에 는 계엄령을 통해 사회 전체를 폭력과 위협으로 통치하려 했다. 이른바 '서울의 봄'을 꽃피우려고 했던 학생, 언론인, 문인 그리고 재야인사들이 모두 잡혀갔다.

:: 　12·12사건 관련 피고인들은 자신들의 개인적 목적을 위해 군인으로서의 사 명과 직분을 망각한 채, 휴전선을 지키는 전방부대 병력까지도 불법동원하여 적이 아닌 아군에게, 그것도 직속상관에게까지 총격을 가하면서 중앙청, 국방부와 육 본, 수경사와 특전사 등을 무단 점거하였습니다. 나아가 5·18사건 관련 피고인들 은 치밀한 사전 계획하에 합법적인 외관을 가장하여 정권을 장악하였습니다.

피고인들은 자신들로 인하여 야기된 혼란한 시국 상황을 오히려 자신들의 정권 장 악 의지를 관철시키는 절호의 기회로 보고, 국가의 안전보장과 자유민주적 기본질서의 수호를 위해 사용되어야 할 비상계엄을 악용하여 국민들의 자유로운 의사를 억압한 채 집권 기도를 가속화시켜나갔던 것입니다. 더욱이 국민의 군대를 피고인들의 정권 장악을 위한 도구로 전락시키고, 자신들의 불법적 기도에 반대하는 민주시민들을 폭도, 불순분자 등으로 매도하면서 계엄군으로 하여금 국민의 가슴에 총부리를 겨누도록 하였던 것입니다.[1]

불의한 '신군부'와 한통속이었던 검찰이 전두환 정권을 이렇게 단죄하리라고는 상상도 할 수 없었다. 역사는 이렇게 돌고 도는 것이다. 그러나 당시에는 무소불위의 총칼에 의해 수많은 사람들이 갖은 고문과 가혹행위로 고초를 겪어야 했다. 아무도 이들의 권력을 통제할 수 없었다. 고삐 풀린 망아지처럼 이곳저곳에서 닥치는 대로 사람을 고문하고 살상했다. 이 시기에 일어났던 주요한 고문, 가혹행위, 살상의 사례들을 정리해본다.

1. 고문과 재산 포기 — 김재규 중앙정보부장 (1979년 10월)

전 중앙정보부장이었던 김재규 씨의 미망인 김영희 씨가 국가 등을 상대로 소송을 제기했다. 지난 1979년 10·26사태 후 국가에 강제로 빼앗긴 경북 선산과 경기 화성 일대의 임야와 대지, 전답 등 모두 41필지 7만 2,000여 평을 돌려달라는 소유권 이전 등기말소 청구소송을 1990년 3월 7일 서울민사지법에 낸 것이다. 김 씨는 소장에서 "남편 김 씨가 10·26 다음 날인 10월 27일 새벽 보안사 서

---

1. 「12·12, 5·18 재판 검찰 논고문」, 1996년 8월 6일자 『한겨레신문』 기사.

빙고 분실로 연행돼 전신을 구타당하고 전기고문을 당한 상태에서 수사관이 소
유재산 등기명부를 내놓고 재산을 포기할 것을 강요당했다"라며 "이는 강박에
의한 의사 표시로 재산 헌납 행위가 무효"라고 주장했다.[2] 그러나 이 소송은 강요
로 인한 것이라고 볼 만한 증거가 없다는 이유로 기각되었다.[3] 한때 최고의 정보
기구에서 천하를 호령하던 정보부장조차 이제 고문당하는 신세가 된 것이다.

2. YMCA 위장결혼사건 — 1979년 11월

1979년 11월 24일 서울 명동 YMCA 강당에서는 특별한 결혼식이 열렸다.
바로 결혼식을 가장한 '통일주체국민회의 대의원에 의한 대통령 선출저지 국민
대회' 사건('통대선출저지국민대회사건')이다. 여기에 참석했다가 현장에서 중부경찰
서로 연행된 사람만 80여 명 정도이다. 그들은 그날 밤 11시경 시내 각 경찰서로
분산, 수용되었다. 그중 24명은 용산경찰서로 끌려가 다음 날인 25일 새벽까지
조사를 받았고, 그 가운데 10여 명이 오전 8시쯤 합동수사본부로 넘겨졌다.

1) 김 모 씨의 경우 — 전직 교수

:: 나는 1979년 11월 25일 오후, 2명씩 포승줄에 묶여 10명이 먼저 서빙고동에
위치한 계엄합동수사본부(보안사)에 도착했다. 도착하자마자 지하 감방에 분산시
켜 수용하고는 "옷 다 벗어!" 하면서 얄팍한 군 작업복을 던져주었다. 속옷을 다

2. 「김재규 씨 재산 반환소 — 미망인, 10·26 직후 빼앗긴 임야 등 수십억대」, 1990년 3월 7일자 『동아일보』 기사.
3. 1992년 1월 8일자 『동아일보』 기사.

벗고 군 작업복으로 갈아입자, 내 방으로 5명의 군인들(청와대 경호헌병과 수사관들)이 들어왔다. 그들은 들어오자마자 나를 둘러싸고 군화발길질, 몽둥이질, 고무신으로 얼굴 후려치기 등 1시간 정도 사정 볼 것 없이 고문했는데, 엎어지고 나뒹굴고 퍼져서 어디를 어떻게 맞았는지 기억조차 할 수 없는 끔찍한 일을 당했다. 그런 다음 정신 차릴 겨를도 없이 빨간색 카펫이 깔린 조사실로 끌려갔는데, 조사받으며 당한 고문 때문에 나는 그 방을 고문실로 기억하고 있다.

수사관들은 조서를 받기 전에 내 머리채를 휘어잡아 뒤로 홱 젖히며 본 사건의 자금 출처부터 캐었다. 그 자금 출처가 "이북이냐, 조총련이냐" 하는 것이었다. 내가 아니라고 대답하자, 감아쥔 내 머리채를 벽에다 몇 번 박아치기 하며 "나는 혁명가입니다라고 말해봐" 해서 내가 "아닙니다" 하니, 벽에 나를 기대어 세워놓고 군홧발로 짓이기기 시작하였다. 얼굴, 가슴, 다리, 옆구리 등을 사정없이 갈겨대었다. 쓰러지면 바로 서게 해서 갈기고 또 쓰러지면 다시 세워 깔아뭉갰다. 그들은 겁에 질린 나에게 "나는 애국자입니다라고 말해봐!", "나는 민주인사입니다라고 말해봐! 이 새끼야!" 하며 강요했다. 나는 도저히 고통을 이겨낼 수 없어 "아닙니다" 해도 군홧발 짓이기기는 사정없이 가해졌다. 자세히 시간을 기억할 수는 없지만 2시간 정도를 그렇게 당했던 것 같다.

이렇게 한 후 다음 고문이 계속되었다. 그것은 양 무릎을 꿇어앉혀놓고 허벅지와 정강이 사이에 굵은 몽둥이를 끼워넣고 그 상태에서 허벅지를 군홧발로 지근지근 살이 뭉개지도록 짓밟는 것이었는데, 내가 고통을 못 이겨 비명을 지르며 나가자 빠지거나 엎어지면 몽둥이로 등·어깨·허리 할 것 없이 마구 내리쳤다. 그러고는 "다시 ×××라고 말해봐!" 하는 말에 "아닙니다"라고 대답하면, 고무신짝으로 얼굴을 내리갈겼다. 이렇게 해서 첫날은 두 번 기절했었다. 이렇게 오랜 시간 먼저 고문을 가한 후 비로소 조사를 시작했으며, 조사가 끝난 후에는 스스로 걸어갈 수가 없어서 2명의 군인이 나를 끌어다 내 감방에 데려다주었다.

둘째 날도 첫날과 같은 고문을 한 후에야 조사를 하곤 했는데, 조사과정에서 받은 몽둥이질, 군화발길질, 고문신짝으로 얼굴 후려치기 등은 이루 다 기억할 수가 없다. 3일간을 이렇게 계속해서 고문조사를 받았다. 그후 수사 윤곽이 잡히면서 좀 나아졌는데, 그러나 조사를 끝내고 내 지하 감방에 오면 우리를 감시하는 군인(헌병)들이 가만히 내버려두지 않았다. 그들은 우리 감방 앞을 지나칠 때마다 마침 심심한데 잘되었다는 듯 시비를 걸거나 별 이유도 없이 군홧발로 공 차듯 걷어찼다. 매일 일정한 횟수는 아니었으나 하루 5, 6회가량 그 짓을 당했다. 이런 치욕과 울분의 일주일 동안은 팔을 마음대로 들어올릴 수도 없고, 다리도 움직일 수 없어서 화장실 갈 때도 부축받아 간신히 기다시피 다녔으며, 용변 보기도 큰일을 치르듯이 해야 할 만큼 힘에 겨웠다. 그것은 다른 사람도 마찬가지였다. 그들이 석방된후 자신들이 당한 고문을 들으니 대부분 내가 당한 이상의 모진 고문을 당했다. 같은 건물 안에서 조사를 받으면서도 밀폐된 방에서 각기 다루어졌기 때문에 서로의 형편을 알지 못했다. …… 이때의 나의 손발은 군홧발에 밟혀져 시커멓게 멍이 들었고, 다리의 살점이 떨어져나가 그 자리에 피가 엉겨 붙어 있었으며 온몸에 피멍이 들어 신음과 공포 속에서 지내었다. ……[4]

그는 보안사에서 17일 만에 석방되어 시내 백병원을 찾았는데, 병원 원장이 "지금 이 상태로는 진찰조차 어려우니, 3~4일 집에서 목욕을 하면서 안정하면 가라앉을 부분과 그렇지 않은 문제의 부분이 나타날 터이니, 그때 가서 치료해보도록 합시다"라고 했다. 그후 오랫동안 "30분도 안 되는 시간을 걷거나 버스를 타고 나면 주저앉고 싶을 만큼 괴롭다. 엑스레이에 나타난 바로는 엉치뼈가 회복하기 어려운 절단상태에 있는 것"이라 했다. 그나마 그는 석방되어 집에서 치료

4. YMCA 위장결혼사건 김 모 씨의 진술. 한국기독교교회협의회 인권위원회, 『복음과 인권—1982년도 인권문제전국협의회 자료집』, 1982, 201~203쪽.

라도 할 수 있었으니 불행 중 다행이라 하겠다.

2) 이 모 씨의 경우 — 작가, 구류 10일

이 고문피해자는 작가답게 당시 엄청난 고문을 받는 황망한 상황에서도 고문가해자들의 심리적 상황을 읽어내고 있다. 아래의 글을 보면 박정희 암살과 유신 몰락 이후의 정신적 충격이 일반 군인들에게도 컸다는 사실을 알 수 있다.

:: 1979년 11월 24일 YMCA 강당 현장에서 중부경찰서로 연행되어 다음 날 오전 11시경 서빙고동에 있는 보안사로 이송되었다. 계엄사에 도착한 후 지하실로 끌려가 군 작업복으로 갈아입고 사진을 찍은 후 곧바로 방으로 데려가더니 5~6명의 군인들이 군홧발로 온몸을 가리지 않고 걷어차는데, 그들의 표정을 기억해보면 죽은 박정희 대통령에 대한 변함없는 충성심과 사랑으로 가득 찼던 그들이기에 우리를 원수 잡듯 개 패듯 달려들어 짓이기는 것이 마치 나라를 위하는 행동인 양 도도하고 원한에 찬 얼굴들이었다. 그런 후 2층 취조실로 데려갔다. 거기서도 검은 테이프를 감은 야구방망이 같은 것으로 온몸을 얻어맞고 발길질을 실컷 당한 후 조사가 시작되었다. 조사받기 전에 당한 매질로 머리(정수리 부분)가 찢겨져 조사실 옆에 있는 간이병원에 가서 일곱 바늘을 꿰매었다.

그때 그곳에는 김용복 선생(기독교 사회문제연구원 부원장)이 기절하여 침대에 누워 있었는데 얼굴을 알아볼 수 없을 정도로 통통 부어 있었으며, 눈썹이 찢어져 다섯 바늘가량 꿰매었다. 조사를 받은 후에는 지하 감방으로 다시 끌려와 무릎을 꿇고 앉아 있게 했는데, 2분 간격으로 군인들이 들어와서 구둣발로 걷어찼으며 특히 머리의 수술한 부분을 일부러 걷어찼다. 이런 고문으로 며칠 동안은 화장실을 기어 다녔다. 그들은 고문을 하는 도중 도중에 "내가 각하를 모시고 있던 경호원인데

각하가 돌아가신 지 한 달도 안 되었는데 지랄이냐", "너는 빨갱이보다 더한 놈이다", "각하가 나라를 위해 얼마나 애쓰신 줄 아느냐", "함석헌도 빨갱이다", "유신이 죽은 줄 아느냐" 등의 위압적이고 모욕적인 말로써 기를 죽였으며, 거기서 풀려날 때 "나가서 맞았다는 얘길 하면 다시 와서 죽을 줄 알아라" 하는 협박을 받았다.[5]

3) K모 씨의 경우 — 목사

이분은 1979년 11월 26일 오전 10시경 관악경찰서로 연행되어 1차로 조사를 받았다. 그후 12월 2일까지 그곳에 있다가 12월 3일 계엄사 합동수사본부로 이송되어 2차 조사를 받았다. 12월 5일에는 서빙고동에 있는 계엄사로 김상근 목사와 같이 이송되었다. 그후의 상황이다.

:: 계엄사에 도착한 것이 오후 12시 15분경이었는데 곧바로 지하실의 감방으로 끌려갔다. 내려가자마자 "옷 벗어!" 하면서 군홧발로 무릎을 두 번 내리쳤다. 그들이 주는 푸른 수의로 갈아입고 11호 감방에 수감되었다. 수감된 지 5분 후에 군복을 입은 군인 4명과 검정 군 작업복을 입은 2명 등 6명이 감방 안으로 몰려 들어왔다. "이 새끼! 무릎 꿇고 앉아!" 하기에 무릎 꿇고 앉자마자 그때부터 6명이 허벅지, 가슴, 등, 목 등을 후려치기 시작했다. 속으로 육십까지 수를 세었으나 그후로는 쓰러져서 잘 모르겠다. 그러자 그들은 "이 새끼! 엄살떨어. 드러누워 다리 들어!" 하더니 곡괭이 자루같이 생긴 몽둥이로 발바닥을 15회가량 갈겼다. 그후 다시 무릎 꿇고 앉힌 후 군홧발로 양 무릎, 양팔을 짓이겼으며 목을 사정없이 내리쳤

5. YMCA 위장결혼사건 이 모 씨의 진술. 한국기독교교회협의회 인권위원회, 『복음과 인권 — 1982년도 인권문제전국협의회 자료집』, 1982, 205~206쪽.

다. 다시 일어나 앉게 한 후 몽둥이찜질을 대여섯 차례 하고 나서 조사실로 데려갔다. 거기서도 무릎을 꿇고 앉아 양손을 머리 위로 치켜들고 5~6분 앉아 있으니까 수사관이 들어와서 조사가 시작되었다. 그 안에서 들은 폭언은 수없이 많으나 몇 가지 생생하게 기억되는 것은 "야, 이 목사 새끼야!", "목사놈, 대답 크게 하라우", "야, 이 간나 새끼야, 하나님이 대답 크게 하라신다" 등의 치욕적인 말들이었다. 12월 5일 밤 7시쯤 해서 풀려나왔는데 그들은 내보내기 전에 "너, 나가서 맞았다고 입 놀리면 다시 끌려와 정말 죽을 줄 알아"라며 협박했다.[6]

4) 백 모 씨의 경우 — 문인, 징역 1년 6개월, 병보석

:: 백 선생의 경우야말로 본 사건 피의자들에 대한 야만적인 고문행위가 가장 대표적으로 저질러진 예라 할 수 있다. …… 그는 서대문구치소에서 구속되어 있던 중 결국 병보석으로 풀려나왔다. 구치소 안의 의료시설로서는 더 이상 그의 생명을 유지시킬 방도가 없다고 판단하여 병보석 결정을 내린 것이다. 그는 구치소에 넘어오기 전 보안사에서 당한 고문 때문에 48시간을 혼수상태에서 지냈다. 병보석으로 풀려난 후 여러 차례에 걸쳐 한양대학 부속병원에서 입원치료를 받았는데, 육체적 여러 질환은 그만두고라도 기억상실증, 정신분열증 등의 정신신경과 치료를 받지 않으면 안 될 만큼 폐인이 되었다. …… 그는 보안사에 끌려들어간 지거의 3년이 다 되어가는 현재까지 과거의 건강을 되찾지 못한 채 모든 사회활동이 불가능한 상태에서 자택에서 요양 중이다.[7]

---

6. YMCA 위장결혼사건 K모 씨의 진술. 한국기독교교회협의회 인권위원회, 『복음과 인권—1982년도 인권문제전국협의회 자료집』, 1982, 207쪽.
7. YMCA 위장결혼사건 백 모 씨의 진술. 한국기독교교회협의회 인권위원회, 앞의 책, 208쪽.

5) 박철수 군의 경우 — 한신대학 2학년 학생

박철수 군은 자신이 계엄사 합동수사본부에서 이틀 동안 당한 고문을 이렇게 요약 정리했다.

① '앉아, 일어서'를 수천 번 계속했고,
② 나로선 제일 고통스러웠던 것으로 '무릎 꿇기'가 있었는데, 그것은 무릎을 꿇되 앞정강이를 붙인 채 엉덩이를 바닥에 대고 발목을 안쪽 복사뼈가 밖으로 향하게 한 자세로 앉아 있는 것이었고,
③ 꼴아박기(군대 속어로서 머리를 땅바닥에 박은 채 양 다리를 쭉 펴고 양손은 허리에 얹어놓는 자세)를 시켜 장시간 견디지 못하고 자세가 흐트러지면 몽둥이로 내리쳤고,
④ 무릎 사이에 알루미늄으로 된 침대각목을 끼우고 한쪽으로 스팀파이프에 고정시켜 꿇어앉은 자세에서 밑으로 누르는 것이었으며,
⑤ 엎드려뻗친 자세를 시킨 다음 엉덩이를 몽둥이로 지칠 때까지 후려치고,
⑥ 고무신으로 얼굴을 후려치거나,
⑦ 철창에 매달리기를 수십 번 시키는데 만약 힘에 부쳐 땅으로 떨어지면 그 벌로 창살 밖으로 다리를 내밀게 한 후 여러 차례 군화발길질을 하였고,
⑧ '빈대 붙어 있기'라는 것이 있는데, 이것은 벽에 다리와 팔을 최대한 쫙 벌려 밀착시키고 목은 바짝 뒤로 젖히는 동작을 시켜 기진맥진하게 만들었고,
⑨ 손바닥 그리고 손등을 몽둥이로 수십 번씩 내리치거나,
⑩ 조사받는 이틀 동안 꿇어앉혀놓고 눈을 감지 못하게 하거나 다른 고문을 가해 잠을 전혀 못 자도록 했으며,
⑪ 벽에 등을 붙인 자세에서 양팔을 똑바로 위로 올려서 손바닥을 벽에 붙이게 한 후 한 걸음 앞으로 걸어나오는 동작을 시키고,

⑫ 이외에도 빨갱이 새끼, 간첩 새끼 등의 욕설을 퍼부어댔고, 내가 있는 지하실에서 한강 하수구로 곧바로 통한다는 등으로 겁을 주었으며, 또한 지하 감방에서 계속 '으악!', '어머니!', '아부지!' 등의 고문으로 인한 비명소리가 들려와 정말 죽어나가는 게 아닌가 하여 극도의 불안 속에서 지내야만 했다. 이틀 동안을 이렇게 지내고 서대문경찰서 유치장으로 넘겨질 때 위와 같은 고문 사실을 외부에 알리는 경우엔 어떤 처벌도 받겠다는 각서에 날인하도록 강요했다.[8]

3. 장군에게까지 고문 — 정승화 육군참모총장 (1979년 12월)

권력에 눈이 먼 전두환 보안사령군 등은 자신의 상관이며 계엄사령관인 정승화 육군참모총장을 체포하고 구금한다. 그것도 모자라 자신들의 반란적 행동을 정당화하기 위해 김재규와 공모해 박정희 전 대통령을 살해한 것으로 조작하려 시도한다. 그 과정에서 정승화 장군에게 물고문까지 동원되었다. 정승화 본인의 증언을 들어본다.

:: 보안사령부 분실에 끌려오게 된 다음 날인 (1979년) 12월 13일 …… 오전 9시경이나 되었을 무렵에 건장한 두 사내가 들어오더니 "빨리 나가자"는 것이었다. 그들은 양쪽에서 나의 손목을 각각 잡고 꼼짝 못하게 하여 데리고 나갔다. 내가 갇혀 있던 건물 옆에 창고 같은 건물이 있었다. 2층으로 끌고 가더니 어느 방에 들어갔는데 그 방이 보기에 고문하는 방인가 싶었다. 그들은 나를 이상하게 생긴

---

8. 정승화, 『12·12사건, 정승화는 말한다』, 까치, 1987, 135~136쪽.

철제 의자에 앉히더니 거기에다가 비끄러매는 것이 아닌가. 나는 이놈들이 나를 고문하려는구나 직감하면서 주위에 있는 5∼6명에게 말했다. "너희들이 날 고문할 모양인데, 내가 육군대장으로서 너희들에게 고문당할 수는 없다. 고문을 당하기 전에 내 예비역 편입원을 써놓고 당해도 당해야겠다." 그중 한 명이 "그런 것 안 써도 이미 예편되었으며, 참모총장도 아니니 걱정하지 마라"고 소리쳤다. 2명이 나를 의자에 비끄러매고 머리를 뒤로 잡아 제치고 여러 명이 소리를 꽥꽥 지르고 위협을 하며 분위기부터 살벌하게 만들더니 곡괭이 자루인 듯한 몽둥이로 내 허벅지 위를 치고, 정강이를 치고, 목 뒤를 치기도 하며, 마치 미쳐 날뛰는 것처럼 서로가 격려라도 하는 것처럼, 신명이 난 듯 교대로 치며 무조건 나더러 "바른 대로 말해. 이 자식, 김재규하고 공모했지. 다 알고 있는데 이 자식 거짓말해야 소용없어" 하며 마구 날뛰었다.

그러한 고문은 견딜 수 있었으나 머리를 제치고 얼굴에 물수건을 씌운 다음 주전자 물을 계속 얼굴 위에다가 들이붓는 것은 참으로 견디기 어려웠다. 숨을 코로 쉴 수 없어 입으로 쉬니 물이 목구멍을 막아 물을 먹는 순간 그때마다 약간씩 숨을 쉬게 되어 한참 당하니 정신이 빠져나가는 것 같았다. …… 그들은 얼마 동안 물고문을 하더니 중지하였다. 나는 그래도 의식이 남아 있어서 고문을 그만두는 것을 어렴풋이 느낄 수 있었던 것이다. 이윽고 나를 고문의자에서 풀더니 발가벗기고 알몸에 낡은 전투복을 입힌 뒤 끌어다가 처음 신문받던 받침대에 눕혀놓았다. 나는 다시 얼마 동안 정신을 잃었다.[9]

---

9. 정승화, 앞의 책, 213∼214쪽.

4. 삼청교육대사건 — 한국판 아우슈비츠 수용소

1) 사건의 경과

삼청교육 피해자는 1980년 8월 4일 '국가보위비상대책위원회'가 사회악 일소 특별조치에 따라 전국 각지에서 시민들을 영장 없이 체포해 군부대 내에 설치한 삼청교육대에서 강제적인 순화교육을 받게 하는 과정에서 발생했다. 이 조치는 1980년 7월 29일자 불량배 소탕계획인 '삼청계획 5호'에 따라 추진된 사업이다.[10]

:: 계엄군은 전국 방방곡곡에서 경찰을 충견으로 내세워 인간사냥에 나섰다. 그들은 노약자, 팔이 없거나 다리를 심하게 저는 소아마비 환자 등 지체장애자, 연약한 부녀자, 미성년자, 심지어는 폐병 환자까지 무차별하게 잡아들였다. 시민들은 유원지에서 다른 사람과 시비를 벌이다가, 부부싸움을 하다가, 공원에서 이성과 포옹을 하다가 영문도 모른 채 사냥당했다. 계엄군과 경찰은 또 계(사채)를 했다는 이유로, 제때 노임을 주지 않았다는 이유로, 머리카락이 길다는 이유로, 장발이라는 이유로 잡아갔다.[11]

1989년 1월 25일 국방부 발표에 따르면, 모두 6만 755명을 검거했고 A급 3,252명은 "폭력 실형 전과 2범 이상과 강도·절도·마약 현행범" 등으로 군법회

---

10. 삼청교육이라고 칭하게 된 이유는 국가보위비상대책위원회 사무실이 있던 삼청동에서 기획되었기 때문이라고 한다. 의문사진상규명위원회, 직권 제85호 전정배 사건 발표 자료, 2002년 10월 1일.
11. 편집부, 「군은 '삼청학살'에 대해 고해하라 — 삼청교육대 피해자의 증언」, 『월간 말』 2004년 10월호.

의에 회부되거나 검찰에 송치되었고, B급 1만 7,872명은 "폭력·강도·밀수·정치·경제사건 전과자로서 재범의 우려가 있거나 이에 준하는 자"로 삼청교육대 순화교육 및 근로봉사, C급 2만 2,475명은 "우발적인 범죄자 또는 범죄 사실이 경미한 자"로 삼청교육대 순화교육, D급 1만 7,156명은 대부분 학생이거나 소년들로 서약서를 받고 훈방했다는 것이다.

1988년 12월 20일 치안본부가 국회에 제출한 자료에서 삼청교육대로 끌려간 시민들을 직업별로 보면 고등학생 980명, 대학생 429명, 교수 포함 교원 13명, 공무원 32명, 언론인 36명, 의사 7명, 축산업자 55명, 기업체 사장 등 사업가가 3,329명이었다. 그러나 대체로는 가난하고 힘없는 사람들이 대부분이었다.[12]

그런데 위와 같은 분류는 자의적이고 불완전한 것이었다. 정부기관의 문서에는 흔히 삼청교육대 피해자들이 전과자들이거나 폭력사범들이라고 규정되어 있다. 그러나 5범 이상의 전과가 있는 사람은 8.2%인 데 반해 초범은 22.3%이며, 전과가 없는 사람도 35.9%에 달하는 것으로 알려졌다. 폭력사범이 80.8%를 차지한다고 기재되어 있으나, 실제로 피해자들의 증언을 종합해보면 "친구들끼리 싸우다", "이웃 간의 싸움을 말리다", "술을 마시다 시비가 붙어서" 등 우발적인 사건에 휘말려 잡혀온 사람들이 폭력범으로 둔갑된 경우가 많았다.[13] 몸에 문신이 있으면 폭력사범, 밤에 술을 지나치게 마시면 사회풍토 문란사범이 되는 식이었다. 지방에서는 지역 토호들에 반대했던 이들이 삼청교육 대상으로 선정되기도 했고, 심지어 경찰관과 개인적인 원한이 있는 이들이 붙잡혀가는 경우도 있었다. 당시 국가보위비상대책위원회에서 전국 각 경찰서에 검거 숫자를 할당하다 보니, 계엄포고령이 정한 단속 대상과는 무관한 이들이 마구잡이식으로 붙

---

12. 삼청교육대 피해자들은 저학력자 등 가장 힘없는 사람들이었다. 당시 삼청교육대로 끌려간 사람들 가운데 대학 졸업자는 1.6%에 불과하고 초등학교 졸업자가 48.6%에 이른다. 김영원, 「22년째 방치된 '삼청교육'의 진실」, 2003년 1월 22일자 『오마이뉴스』 기사.
13. 김영원, 앞의 기사.

잡혀간 것이다.[14] 당시 경찰은 "검거 대상이 바닥나자 동네에서 가장 진정을 많이 한 사람, 도박(소규모 화투판) 가담자, 여성 등에 이르기까지 무차별적으로 대상을 확대"했다. "충남 서산 이 모 씨는 예비군 면대장의 비리에 대해 진정하는 등 불의 고발에 앞장섰다는 이유로 검거됐으며, 같은 지역에 사는 임 모 씨는 이웃이 폐수와 퇴적물을 버리는 것에 항의하다 검거됐다. 삼청교육 대상이 된 여성도 319명에 달했다."[15]

2) 고문피해 현황

이렇게 아무 법률적 근거도 없이 체포되고 불법연행된 사람들은 각 군부대에서 이른바 '순화교육'을 받았다. 전국에서 순차적으로 이루어진 순화교육의 대상자, 일자, 교육 장소를 정리해보면 옆의 표와 같다.[16]

군기가 가장 엄한 공수부대가 교육 장소로 선택된 것도 주의 깊게 살펴봐야 할 대목이다. 삼청교육의 현장은 흔히 '한국판 아우슈비츠'라고 불린다. '교육'이라는 이름이 붙었을 뿐 실제로는 "폭력·고문·살상으로 점철된 인간 도살장"이었다. 최저 수십 일에서 최고 수년 동안 이들은 삼청교육이라는 이름의 잔혹한 학대에 시달려야 했다. 사실 그것은 '교육'이 아니라 '조직적 고문'이었다.[17] 고문 사례를 정리해본다.

> :: 시민들은 잠자는 시간만 빼놓고 내내 고된 훈련과 기합에 시달려야 했다. 군
> 홧발과 몽둥이세례 등 구타는 일상적인 행위였다. 또 삼청교육대에서는 일체의 면

---

14. 김창석, 「삼청학살, 버림받을 수 없다」, 『한겨레 21』, 2001년 1월 30일.
15. 의문사진상규명위원회, 직권 제85호 전정배 사건 발표 자료, 2002년 10월 1일.
16. 삼청교육대인권운동연합, 『2002 삼청교육대백서(하)』, 2003, 54쪽.
17. 김창석, 앞의 글.

삼청교육대 순화교육 실시 현황

교육 주기		인원	1980년					1981년	교육 장소
			8월	9월	10월	11월	12월	1월	
1단계		23,810	4~30일						1, 2, 3군 휘하 25개 부대
		319(여자)	12일~	20일					11공수
2단계	1차	1,759		8일~	4일				11공수
	2차	1,429		15일~	11일				13공수
	3차 (학생)	625		22일~	18일				11공수
	4차	669			6일~	1일			13공수
	5차	1,143			13일~	8일			11공수
	6차	831			27일~	22일			38사단
	7차	187				3~29일			38사단
	8차	3,454					8일~	3일	11공수, 38사단
	9차	2,939						5~23일	2군 휘하 6개 부대
	10차	1,861						5~23일	11공수, 38사단
합계		39,026							

회가 허용되지 않았다. 수용소 내에서는 화폐가 통용되지 않기 때문에 생필품이나 간식을 먹기 위해 PX를 사용할 수도 없었다. …… 항상 허기진 배를 움켜잡아야 했다. 식사시간은 3분을 넘기지 못하게 되어 있었다. …… 또 공공연하게 "너희들 이 죽으면 정부는 관 값으로 2만 원을 준다"고 시민들을 조롱하곤 했다. 삼청교육 대는 인간의 존엄성이니 인권이니 하는 말이 통하지 않는 죽음의 수용소로 한국판 아우슈비츠요, 바스티유 감옥이었다.[18]

:: 　저는 시골 농부입니다. 1980년 군에서 농촌에 별 필요치 않는 '보온 못자리

---

18. 편집부, 「군은 '삼청학살'에 대해 고해하라 — 삼청교육대 피해자의 증언」, 『월간 말』 2004년 10월호.

용 불량 비닐하우스용'이 많이 나와서 억지로 팔려고 농부들에게 부담을 주므로, 동회의 때 제가 발언을 하기로 "부농은 많이 가져가고 빈농은 적게 가져가도록 하자"고 건의하며 큰소리로 말한다고 동리장이 불평하였습니다. 당시는 투서만 넣으면 잡아가는 시대였습니다. 1980년 7월 14일 농협에 농약 사러 갔다가 잠복 형사에게 연행되어 형사 자가용으로 경찰서에 갔습니다. 그 형사는 취조기술이 소문난 형사로 알려졌고, 저는 조사받을 때 현역 소령이 입회하고, 통닭구이 취조, 엘리베이터 취조, 알몸 취조, 척추갈비뼈 부수는 취조를 당하며 수일간 경찰서에 있다가 창원 39예비사단에 넘어가서 삼청교육을 받던 중 빨간 모자를 쓴 특수부대 요원한테서 단체기합을 받는데, 야전곡괭이 자루로 척추를 때려서 척추골절(의사진단)이 되었고, 그때 귀를 때려서 귀막파열(청각 3급)이 되었습니다.[19]

:: 끔찍했던 1980년 여름. 새벽 6시에 들이닥친 경찰들에 의해 남편 없이 살고 있는 어린아이들을 집에 남겨두고 개같이 끌려가는 나는 선량한 시민 중의 한 사람인 가정주부였습니다. 지난날 모종의 사건으로 관련 두 차례 벌금형을 받은 바 있었으나 현행범은 아니었습니다. 유치장에 있다가 버스에 태워져 강원도 ○○리 여군 공수부대에 끌려가 필설로 형언할 수 없는 악행을 당해야 했습니다. 공수부대의 젊은 여군이 진압봉을 들고 있고 남자 군의관 앞에서 옷을 벗은 채 신체검사를 받는 굴욕을 감수했습니다. 두려워서 시키는 대로 할 수밖에 없었습니다. 군대를 안 가본 여자들이 군사훈련을 받자니 수없이 다치고 부러져 아비규환이었습니다. 조교들은 PT체조에 원산폭격, 낮은 포복과 낙하산 훈련 외에도 자기들 기분에 따라 아주 심한 기합을 예사로 했습니다. …… 죽지 못해 이를 악물고 버틴 지 20여 일 만에 출소하여 그리운 자식들의 품으로 돌아올 수 있었지만, 출소 이후에도

---

19. 울산시 울주군 두동면 심강수 씨의 증언. 삼청교육대인권운동연합, 『2001 삼청교육대백서(상)』, 2003, 428쪽.

주민등록 초본 상단에 삼청교육 이수자라고 찍혀 있어서 이사를 하는 데도 어려움이 있었고 이로 인해 많은 불이익을 받아야 했습니다.[20]

∷ …… 여인동 씨는 계속되는 통증 때문에 밥도 제대로 먹지 못하고 호흡을 제대로 하지 못하였는데 알고 보니, 군홧발에 옆구리를 맞아서 갈비뼈(늑골)가 부러졌다는 것을 알았습니다. 의무대에서 치료는 하지만 약물치료에만 그치고 입원을 하지 못해 밤이면 잠을 자지 못할 정도로 고통을 당하였습니다.[21]

∷ 귀 잡고 오리걸음, 유격 올빼미 기합, 수틀리면 워커발 총개머리, 어깻죽지 얻어막기 일쑤에 봉체조까지 해야 했습니다. 산골짜기에 흐르는 물에 하나, 둘, 셋까지 셀 동안 세탁을 끝내야 했고, 못하면 또 워커발과 몽둥이로 맞아야 했습니다. 하다못해 부모형제에게 죽게 되었으니 면회 오라는 글을 썼다가 들켜 밤새도록 기합받고, 포복시키고, 좌우로 굴려 옷을 벗기고, 10리 길 치악산 산골짜기에 가서 개새끼 패듯 때리고, 아예 인간 취급은 하지 않았습니다. 나는 월남전에도 참전했었지만 이런 훈련은 받지 않았습니다. 결국은 팔이 부러졌고 코뼈가 돌 바위에 굴러 부러지고 말았습니다.[22]

∷ …… 어느 날 아침에 앞에 있던 동료가 훈련을 하며 저의 발등을 밟아 몹시 아프기에 그 동료를 보고 심한 욕을 하였더니, 옆에서 듣던 조교가 "도둑놈 제 발 찍는다"는 말과 같이 가혹한 훈련을 시키는 죄의식에 사로잡혀 있어서인지 자기에게 욕을 했다며 저를 열십자로 묶어서 지프 뒤에 매어달고 연병장을 세 바퀴나

20. 부산시 동구 박영숙 씨의 증언. 삼청교육대인권운동연합, 앞의 책, 430쪽.
21. 성남시 중원구 중동 여인동 씨의 증언. 삼청교육대인권운동연합, 앞의 책, 435쪽.
22. 서울시 은평구 구산동 유동욱 씨의 증언. 삼청교육대인권운동연합, 앞의 책, 438쪽.

돌았습니다. 그 억울한 벌칙으로 인해 양쪽 무릎과 양발 뒤꿈치와 배와 등은 말할 것도 없고 온몸이 심한 부상을 입었습니다. 그리하여 찢어진 내 몸을 보니 너무나 화가 나서 조교 대여섯 명이 듣는 데서 강한 반발과 욕을 하였더니, 그 조교들이 몽둥이를 가지고 와서 마구 치면서 "야, 이 새끼야! 지금 때가 어느 때인데 발광을 하니? 너 같은 새끼는 전두환 대통령 각하께서 '한 놈도 살려두지 말고 아예 죽어버려라'고 했다"며 ⋯⋯.[23]

∷   참나무 몽둥이 같은 거를 들고 오면은 낫으로 5cm씩 남겨놓고 가지를 날카롭게 다 친다 말입니다. 그러면 날카로운 가시들이 참나무 몽둥이에 다 붙어 있는 거예요. 그걸 들고서 알몸으로 기는 우리들의 가슴이나 잔등이나 허벅지를 사정없이 조교들이 내려치는 거예요. 그러면은 꽁꽁 얼은 장작이 뽀개지듯이 뽀개지는 거예요. 살이.[24]

∷   조용훈 하사가 하나님께 대표로 기도할 사람이 있으면 손들라고 하여서 본인이 손들자 기도하게 하여놓고 내무반에 오라고 하여 가니 "하나님이 너 보고 여기 들어가냐고 하더냐?"며 약 2시간 동안 구타를 당했음. 매일 밤이면 점호시간에 침상 밑에 쥐잡기 기합, 침상에서 땅에 머리 처박기 기합, 그때마다 조용훈 하사는 본인을 구타하면서 자기 고모가 예수 믿으면서 위선자였다고 하면서, 한 주일에 3～4회는 조용훈 하사 고모와의 갈등을 나에게 분풀이하여 퇴소까지 이런 이유로 두들겨 맞았다. 서부전선 최전방 부대이기 때문에 10월부터는 굉장히 춥기 시작하는데, 한 주일에 3～4회는 팬티만 입고 뒤 연병장에 헤쳐 모이라고 하여 모이면 양팔을 벌리게 하여 황새가 날아가는 것같이 하고 있다가 앞으로 굴러, 뒤로 굴러

23. 오종학 씨의 증언. 삼청교육대인권운동연합, 『2002 삼청교육대백서(하)』, 2003, 57쪽.
24. 삼청교육대인권운동연합, 앞의 책, 63쪽.

해서 눈이 녹으면 흙탕물에 미꾸라지처럼 물에 젖게 하는데 보통 2시간 이상 하였음. 본인은 조용훈 하사에게 2시간 정도 곡괭이 자루로 구타를 당하고, 기어서 자기가 신은 군화를 본인의 혀로 닦으라고 하여 그렇게 하였음. 거기서 그 고통을 못 이기고 탈출한 대원을 잡아와서 얼마나 구타하였는지 장이 파열되어 대변을 줄줄 흘리며 각 내무반에 다니며 자기 때문에 여러분께 고통을 주어 미안하다고 하며 지나가는데 대변을 줄줄 흘리다가 죽었음.[25]

당시 26사단에서 일반 사병으로 근무하면서 삼청교육대 현장을 목격한 사람의 증언도 있다.

:: 우리 연대의 각 대대에는 4중대 옆에 '감호중대'라 불리는 중대가 하나 더 있었는데, 삼청교육대를 우리는 그렇게 불렀다. 그 감호중대 주위엔 철망이 쳐져 있었고, 4개 중대 병력이 교대로 24시간 경계를 섰다. 그곳에는 일석점호시간만 되면 기합으로 침상에서 구르는 소리, 쾅쾅거리는 소리, 악악거리는 소리가 신참으로 가뜩이나 불안한 내 마음을 뛰게 만들었다. 그들은 비가 오는 날이면 팬티 차림으로 마당에 불려나와 각종 취침(앞으로 취침, 뒤로 취침 등) 형태의 얼차려를 받았고, 김밥말이와 지금은 이름도 잊혀진 각종 기합으로 시간을 보냈다. 온몸이 머리 끝부터 발끝까지 진흙투성이가 되어 있는 것을 볼 수 있었다. 어느 일요일 날 나는 총에 대검을 꽂고 감호중대 경계를 섰다. 그런데 앞에 아주 나이 어린 아이가 보이는 것이었다. 나는 나지막한 소리로 불렀다. ⋯⋯ 그리고 몇 살이냐고 물었다. 놀랍게도 열두 살이라고 했다. 어떻게 들어오게 되었느냐고 물었다. 구두닦이를 하고 있다가 그냥 잡혀왔다고 했다. ⋯⋯ 삼청교육대생들은 거의 사람이 아니었다.

25. 이연수 목사의 증언. 삼청교육대인권운동연합, 『삼청교육대 피해자의 명예회복 및 피해배상특별법 제정을 위한 대토론회 자료집』, 2001년 9월 28일, 59~61쪽.

사람의 모습을 하고 사람의 언어를 썼을 뿐, 짐승이었다. 그렇게 취급받았다. 아침이면 사방에 총을 든 사병의 감시를 받으며 남루한 작업복에 통일화를 끌고 팔을 휘두르며 사역을 나가 하루 종일 삽질과 흙 나르기, 각종 공사로 중노동에 시달렸다. 그리고 밤엔 한시도 쉴 틈 없이 기합을 받는 그런 세월을 보냈다.[26]

당시 강제연행된 피해자들은 군부대 내 순화교육 중 일어난 가혹행위 등으로 현장에서 장파열, 뇌진탕, 질식사 등으로 사망하였거나 그 후유증으로 각종 질환에 시달리고 있다. 당시 폭행과 구타로 사망시킨 군인들에 대한 공소장을 보면, 얼마나 비인간적인 폭력이 자행되었는지 잘 드러나 있다.

:: 위 피해자가 위 교육(무게 약 180kg인 목봉의 한쪽 끝 부분을 어깨에 메고 서 있는 일명 특수교육이라 불리는 군기교육) 중 위 목봉을 내던지고 부근의 윤형철조망으로 뛰어들고 피고인(교관 군인)들에게 욕설을 하는 등 심하게 반항하자, 위 (피고인) 박병모는 전투화로 피해자의 복부를 1회, 위 허칠선은 전투화로 동인의 하퇴부를 4, 5회 각 차고 공소외, 안창기와 같이 피해자의 양 손목을 노끈(증제 1호)으로 위 목봉에 묶고 목봉을 가슴 안으로 넣고 세운 다음 도복 끈(증제 2호)으로 입을 묶은 다음 계속 군기교육을 시키던 중 피해자가 힘에 겨워 목봉을 안고 쓰러진 것을 위 허칠선이 목봉 위에 올라가 2회 굴러 피해자가 실신하게 되자, 동인의 얼굴 위에 물을 붓고 다시 동인을 일으켜, 위 김희찬이 동인의 옆구리를 전투화발로 2회 폭행하고 다시 쓰러지자, 위 김희찬, 위 노찬호, 위 주태식은 각 목봉 위에 올라가 각 7회, 3회, 3회씩 구르고 다시 군기교육을 시키고 피해자가 쓰러지자, 위 윤익세가 "일어나라"면서 전투화발로 피해자 둔부를 2회 차고 위 목봉 위에 올라

26. 여인철, 「내가 목격한 삼청교육대, 그 끔찍한 기억들」, 2002년 10월 30일자 『오마이뉴스』 기사.

가 2회 구르고, 다시 위 주태식, 박병모는 위와 같은 방법으로 각 3회씩 굴러 피해자의 입에 피가 나오자 혀를 깨물지 못하게 한다는 이유로 피해자의 입에 위 박병모는 돌(증제 3호)을 집어넣고 끈(증제 4호)으로 다시 입을 묶어놓는 등 폭행을 가하여 같은 날 오후 6시 30분경 병원으로 후송 도중 위 군기교육 도중 입은 좌측 폐허탈 및 양측 흉부피하기종, 하악골골절, 장간막출혈 등으로 2시경 동인을 사망에 이르게 한 것이다.[27]

위 피고인들의 '폭행치사죄'에 대한 판결은 1년 6개월의 징역형이었으나 그것마저도 집행유예 2년을 선고받았다. 더구나 군법회의 판결 직후 사면하고 말았다.

구타로 인한 8명의 사망자는 명백히 고문과 폭력으로 사망한 것이다. 그 외에도 질병이나 사고로 위장된 사망이 상당 부분 있었을 것이다. '뇌출혈'이나 '심부전증', '패혈증', '기도 폐쇄' 등은 자연적 질병이었다기보다 당시 엄혹한 수용생활과 폭력, 가혹행위 등으로 유발되었을 가능성이 크다.

1989년 1월 20일 정부는 삼청교육대 군부대 안에서 죽은 사망자가 52명, 후유증 사망자가 397명, 정신이상자를 비롯한 장애자가 2,768명이라고 발표했다. 그러나 이것은 노태우 정권 당시 40일 동안 신고받은 내역을 정리한 것에 불과하다. 실제로 그 피해자는 더 많을 것이라는 이야기다. 2002년 4월 MBC에서 방영한 〈이제는 말할 수 있다〉라는 프로그램에서 당시 교관 또는 조교를 지낸 사람들의 증언에 따르면, 한 연대에서만 11명의 사망자가 나오는 등 최소한 수백 명의 사망자가 있었을 것이라는 추정도 있다. 심지어 다음과 같은 주장까지 있다.

---

27. 1981년 11월 2일 오후 2시경부터 6시 30분경까지 감호생 탁중진이 군기교육을 받다가 사망한 경위. 삼청교육대인권운동연합, 『2001 삼청교육대백서(상)』, 2003, 301쪽.

삼청교육대 사망자 현황(1989. 1. 20. 정부 발표)

	사망 원인	사망자 수
질병	심부전증	7명
	패혈증	5명
	복막염	4명
	폐렴	4명
	기도 폐쇄	3명
	뇌출혈	2명
	결핵	2명
	기타	10명
사고	구타	8명
	총기사고	3명
	안전사고	2명
	자살	2명

:: 삼청교육대 학살과 소각사건의 만행의 역사 현장은 1980년 당시 경기도 연천군 전곡읍 5사단 의무대 내에서 귀속된 한탄강 부근 3,000여 평에 '삼청학살 사망자 사체소각 처리공장'을 운영하여 학살된 사체에 대한 소각 처리가 되었다고 당시 소위 유경종은 고백하였다. 이 '삼청학살 사망자 사체소각 처리공장'에서는 하루에 적게는 30명에서 많게는 80여 명까지 학살된 사체를 소각 처리하여 소각 처리된 사체의 그슬린 연기가 하루 종일 전곡읍 한탄강 하늘을 희뿌옇게 물들였다고 하고, 인근 마을 주민들은 그슬리는 냄새에 몸서리를 쳤다고 합니다.[28]

당시 이런 비인간적인 상황에 대해 정식 재판 청구와 처우 개선을 요구하는 시위가 벌어졌는데, 그 시위대에 발포해 사망자가 생기기도 했다. 의문사진상규명위원회가 민주화운동 관련자로 인정한 전정배 사건이 바로 그것이다.

---

28. 삼청교육대인권운동연합 웹사이트(http://www.samchung77.or.kr) 사업 취지 참조.

::   (의문사진상규명)위원회는 1981년 6월 20일 육군 5사단 내에 설치된 삼청교육대 감호분소에서 정식 재판, 사회 복귀, 처우 개선 등을 요구하며 시위를 벌이다 우측 대퇴부에 관통 총상을 입고 사망한 전정배 씨에 대해 지난 (2002년) 9월 15일 민주화운동과 관련하여 공권력의 위법한 행사로 사망하였다고 인정하고, 이 사건에 관하여 민주화운동 관련자 명예회복 및 보상심의위원회에 전정배 및 그 유족에 대해 명예회복 및 보상 등의 심의를 요청하며, 삼청교육대 실시에 대한 진상조사와 피해자 구제 등에 대한 조치를 국가에 권고키로 결정하였습니다. 위원회는 전정배 씨가 포함된 당시 감호생들의 시위행위는 내란죄에 해당하는 비상계엄의 전국 확대 조치하에서 이루어진 불법연행·구금 등에 대한 항의이자, 사회보호법에 의한 감호 처분에 대한 항의로 위법한 권위주의적 통치에 항거한 행위로 보아야 할 것이며……[29]

그러나 이렇게 가혹한 폭행과 구타, 고문을 자행하고도 가해자들은 책임을 지지 않았다. 심지어 당시 삼청교육대생들을 구타해 사망한 3건의 사건에 대해서도 정호용 군법회의 관할관은 모두 형집행을 면제했다. 예컨대, 1980년 8월 18세 소년을 집단치사한 당시 제9여단 경비대 소속 군인 3명은 그해 9월 19일 징역 4년씩을 선고받았으나 10일 뒤 형집행 면제로 풀려났다.

3) 순화교육 이후 계속된 피해와 고통

삼청교육대 피해자들의 고통은 군부대 내에서의 순화교육으로 끝나지 않았다. 상당수는 새롭게 생긴 사회보호법에 따라 보호감호 처분을 받아 기한 없는

---

29. 의문사진상규명위원회, 직권 제85호 전정배 사건 발표 자료, 2002년 10월 1일.

수감생활을 계속해야 했으며,[30] 또 일부는 귀가한 후에도 계속 감시와 사회적 냉대에 시달려야 했다. B·C급으로 분류돼 순화교육을 받았던 사람들의 경우 원래 4주 교육 후 집으로 돌려보내준다는 약속이 6개월간의 강제노역으로 이어졌고, 다시 최장 5년의 감호형으로 이어졌다. 1980년 12월 전두환 정권은 사회보호법을 만들어 삼청교육대 교육자 중에서 7,578명을 재판도 없이 단지 법무부 사회보호위원회 심사만으로 청송보호감호소로 이송하여 수형생활을 강요했다.

순화교육 이후 곧바로 귀가했거나 보호감호소까지 거친 이후에도 피해자들에게 그 시절의 기억은 단지 한순간의 악몽으로 끝나지 않았다. 그 악몽은 많은 사람들의 몸과 마음에 큰 상처를 남겼다. 그 후유증으로 사망하거나, 생존했더라도 각종 상처와 후유증, 정신질환을 안고 살아가야 하는 신세가 된 것이다.

:: 1980년 8월 어느 날 새벽 남편이 일 때문에 집에 들어오지 않았는데 무장한 두 명이 담을 넘어와 다짜고짜 남편을 찾는 거예요.…… 경찰서로 넘겨진 남편은 부천 33사단으로, 또 전방부대로 옮겨다니면서 혹독한 군사훈련을 받았대요. 몇 달이 지난 뒤 돌아온 남편은 온몸에 피멍이 들어 시름시름 앓다 각혈까지 했죠. 돈이 없어 병원 갈 엄두도 못 내고……. 다리가 마비되면 밤새 주물렀어요.…… 남편 김 씨는 결국 결핵에 정신분열증까지 겹쳐 5년 만에 숨졌다.[31]

:: 서울 서초동에서 사업을 하고 있는 박광수 씨 역시 삼청교육대 피해 가족이다. 박 씨의 동생 이수(46) 씨는 1980년 당시 고등학교를 졸업하고 형의 가게에서 일하던 중 동대문운동장에 놀러 갔다가 암표상으로 몰려 삼청교육대로 끌려간 경

---

30. 사회보호법 부칙 제5조 제1항은 "이 법 시행(1980년 12월 18일) 당시 80년 8월 4일 선포된 계엄포고 제13호에 의거하여 특정시설에 수용돼 있는 자로서 재범의 위험성이 있다고 인정되는 자에 대하여 위원회는 제5조 제2항이 정한 기간(7년)의 범위 안에서 기간을 정하여 결정으로 보호감호에 처할 수 있다"라고 되어 있다.
31. 김창석, 「삼청학살, 버림받을 수 없다」, 『한겨레 21』, 2001년 1월 30일.

우이다. "한 달 만에 집으로 돌아온 동생은 가족을 몰라볼 정도로 정신이상 증세가 심했어요. 국립정신병원에 입원시켰다가 지금은 경기도의 한 기도원에 평생토록 맡긴 상태입니다."[32]

:: 1980년 10월 어느 날 저녁 서대전역 앞에서 형사들에게 연행돼 조치원에 있는 33사단으로 영문도 모른 채 끌려갔다. 나중에 안 일이지만 1963년부터 김두한 국회의원의 수행비서 생활을 해 요시찰 인물이라는 것이 이유였다. 그후 정정웅 대표는 일산 9사단 교육대로 이송됐다. 거기서 삼청교육대로 끌려온 수많은 사람들과 함께 무자비한 폭행을 당하게 되고 결국 갈비뼈가 부러지고, 방광에 치명적인 상처(위축방광요실금)를 입고 보조기를 차고 다니는 장애를 안게 되었다. …… 86년 자녀의 장래를 위해 부인과 이혼을 했고 …… 부산과 서울 등지에서 떠돌다가 정착한 곳이 진해시 자은동이다.[33]

:: 군 장교였던 남편을 일찍 여의고 경북 포항에서 딸 둘과 아들 둘을 키우는 평범한 주부였던 전(영순)(삼청교육대인권운동연합) 회장은 1980년 8월 느닷없이 경찰의 출두 요청을 받고 영문도 모른 채 강원도 산골의 한 군부대로 끌려갔다. 이웃들과 함께했던 곗돈 때문에 누군가 시비를 걸어 이른바 '여자 삼청교육대'에 붙잡혀간 것이었다. "단 보름의 교육기간이었지만 온갖 매질에 고막이 터졌고, 하루 종일 땅에 머리를 대고 물구나무서기를 시켜 머리 피부가 다 벗겨지는 등 지옥이 따로 없었습니다." 고문에 가까운 교육으로 보름 동안 몸무게가 15kg이나 줄고 한 동안 앓아누운 것은 물론 심한 매질 때문에 그는 청력을 거의 잃어 보청기에 의지한 채 생활하고 있다. 가볍게 절뚝거리는 걸음걸이 역시 20여 년 동안 그를 괴

32. 김창석, 앞의 글.
33. 김홍식, 「삼청교육대 전국 투쟁위 정정웅 대표」, 2005년 2월 1일자 『진해신문』 기사.

롭히고 있다.[34]

　육체적 상처와 후유증, 피폐해진 육체와 정신으로 말미암은 이혼과 파탄 등 가족들이 겪는 고통은 말할 것도 없고, 심지어 사회적 냉대와 차별까지 겪어야 했다. '삼청교육대'라는 이름만으로 주변 사람들은 기피하고 멀리했다. "삼청교 육대 있을 때 당한 매질의 후유증 때문에 고생했던 것보다 '갈 만한 사람이니까 갔지' 하는 주위의 시선이 너무 참기 힘들었습니다"라는 전영순 씨의 고백[35]이 바로 그것을 증명한다.

　그런데 의문사진상규명위원회에서 입수한 여러 자료에 따르면, 이들 삼청교 육에 희생된 사람들을 지속적으로 관리하고 있었음을 알 수 있다. 「삼청 관련자 전산기록」은 경찰청이 최소한 1989년까지 이들을 체계적으로 전산관리하고 있 었음을 보여주며, 「순화교육 이수 귀가자 사후관리 지침」은 순화교육 후 귀가자 에 대해 사후관리가 이루어졌음을 보여준다. 또한 「전국검사장회의기록」은 1980 년 8월 19일 전국검사장회의에서 삼청계획 5호의 지속성을 위한 보호관찰제도 도입이 건의되어 삼청교육생의 보호감호 처분이 추진되었음을 확인시켜준다.[36]

4) 피해 보상과 해결과정

　삼청교육대 피해자와 인권단체들은 그동안 정부 측에 피해배상 및 명예회 복, 특별법 제정, 책임자에 대한 형사 처벌 등을 요구해왔다. 이미 삼청교육 희생 자들의 문제는 사회공론이 되어 있었다. 그러나 정부는 재정 부담 능력 등 현실

---

34. 「"삼청교육대 고통 이젠 끝났으면 ⋯⋯"—지난 연말 '보상법' 국회 통과 앞장섰던 전영순 씨」, 2004년 1월 6일자 『문화일보』 기사.
35. 삼청교육대인권운동연합 전영순 회장의 증언. 앞의 『문화일보』 기사.
36. 의문사진상규명위원회, 직권 제85호 전정배 사건 발표 자료, 2002년 10월 1일.

적인 어려움을 표하면서 크게 관심을 보이지 않았다. 1988년 11월 26일 노태우 대통령은 "삼청교육 사상자에 대해서는 신고를 받아 피해보상을 할 것"이라고 특별담화를 통해 언명했고, 그해 12월 3일 당시 오자복 국방부장관이 1988년 12월 12일부터 다음 해 1월 20일까지 신고를 받는다는 담화문을 발표했다. 그에 따라 삼청교육 피해자 3,221명이 신고했음에도 담화문의 약속은 실현되지 않았고, 피해자들은 아무런 보상을 받지 못했다.

피해자들은 그동안 헤아릴 수 없이 많은 집회, 시위,[37] 청원[38]과 탄원을 벌였고 진상조사를 통해 백서를 만들고 증언집을 펴내기도 했다. 이들의 주장에 동의하는 국회의원들이 국회에 보상법을 제출한 것도 여러 차례였다.[39] 그러나 회기 만료로 폐기되기 일쑤였다. 심지어 여러 차례에 걸쳐 삼청교육대 입안과 실시에 관련된 인물들에 대한 고소와 배상 요구 소송을 사법부에 제기했으나 이마저도 여의치 않았다. 다음은 이들의 고소와 배상 요구 사례들이다.

① 삼청교육 피해자 이택승 씨는 1989년 12월 최규하, 전두환, 이희성, 김만기(당시 국보위 정화분과위원장) 등을 감금, 폭행 및 가혹행위, 살인 및 살인교사죄로 서울지검에 고소했다. 이 사건은 무려 3년이 지난 뒤인 1992년 서울지검으로부터 공소권 없음 결정을 받는다. 이 씨는 항고, 재항고, 재정신청까지 해봤으나 1993년 4월 공소시효가 만료되었다는 대답만 들었다.

② 이택승 씨는 1995년 재차 검찰에 고소장을 내봤으나 허사였고, 그해 12월 헌법

---

37. 2003년 1월 23일에는 서울 도심에서 시위 도중 삼청교육대 피해자의 한 사람이 할복자살을 기도해 충격을 주었다. 그는 삼청교육대에서 당한 고문으로 장애인이 되었다고 한다. 이경석, 「삼청교육 피해자 도심에서 '할복'」, 2003년 1월 24일자 『오마이뉴스』 기사.
38. 삼청교육대 피해자 명예회복에 관한 청원은 제171회 임시국회에서 국회법 제126조 제1항에 따라 정부에 이송하는 것으로 끝이 났다.
39. 1988년 11월 7일 김현 의원 외 34명이 '삼청교육피해자의보상에관한특별조치법'을 제안한 것을 시작으로 1992년 10월 29일 이원형 의원 외 94명의 명의로 '삼청교육피해자의보상등에관한특별법'이 발의되었으며, 1996년 11월 9일에는 임복진·권노갑·박정훈·천용택·정동영·이해찬 의원 외 73명의 이름으로 다시 '삼청교육피해자의배상등에관한특별법'이 제안되었다.

소원을 냈다. 헌법재판소 역시 공소시효가 완성되었다는 판단을 내려 처벌의 여지가 사라졌음을 확인할 수 있을 뿐이었다.

③ 삼청교육 피해자들은 "출소할 때 발급된 수료증에 따르면 지금까지 삼청교육이 진행 중이고 고소시효는 적용될 수 없다"며, 지난해(2001년) 10월 관련자들을 직권남용·살인 등의 혐의로 고소했다.······ 5공정권이 막을 내린 88년 이후 삼청교육대 피해자들은 수차례 관련자들을 고소했으나 공소시효 경과 등을 이유로 법정 공방조차 벌이지 못해왔다. 그러나 정부가 공식적으로 삼청교육의 종료를 선언한 일이 없다는 사실이 확인되면서 재차 고소장을 냈던 것이다. 5공정권은 삼청교육을 마치고 풀려난 사람들에게 '수료증'을 나눠준 바 있는데, 그 수료증은 "본 수료증은 항시 휴대하여야 한다"며 "본 교육 수료자가 재범시는 엄중 처단된다"고 지시하고 있다.[40]

이와 같이 검찰, 법원, 헌법재판소 모두 '공소시효의 포로'[41]가 되어 피해자들의 주장을 완전히 배척했다. 여러 차례 민사소송을 제기하기도 했으나 최종적으로 승소한 경우는 없다. 특히 2003년 11월 대법원에서 그나마 대통령의 담화를 근거로 했던 신뢰 상실로 입은 위자료를 인용한 원심 판결[42]을 깨고 파기환송함으로써 사법적 구제를 완전히 불가능하게 만들었다. 그 판결의 요지는 다음과 같다.[43]

---

40. 그러나 이 사건도 2002년 3월 13일 서울지검 최창호 검사가 "이미 불기소 결정을 내린 사건에 대해 새로운 증거 없이 고소·고발하는 경우에 해당한다"라며 각하 처분을 내렸다. 이창조, 「검찰, 삼청교육대 고소 각하」, 2002년 4월 9일자 『오마이뉴스』 기사.

41. 이창조, 「시효는 없다, 반인도적 국가범죄」, 2002년 3월 15일자 『인권하루소식』 기사.

42. 광주지법 제11민사단독 곽민섭 판사는 (2003년 7월) 1일 1980년 삼청교육대 피해자 전 아무개 씨가 국가를 상대로 낸 위자료청구소송에서 "국가가 정당한 이유 없이 배상 약속을 어기고 후속 조처를 취하지 않아 피해자들에게 신뢰를 어겼다고 밝히면서 정부는 전 씨에게 2천만 원을 지급하라"고 선고했다. 정대하, 「법원, 삼청교육 배상 약속 어긴 국가 위자료 내야」, 2003년 7월 1일자 『오마이뉴스』 기사. 서울지방법원도 삼청교육대 피해자 유 모 씨 등 7명이 국가를 상대로 낸 손해배상청구소송에서 정부의 신뢰 위반을 이유로 500만 원씩의 위자료를 지급하도록 선고했다. 2003년 5월 29일자 YTN 뉴스.

::　　대통령이 담화를 발표하고 이에 따라 국방부장관이 삼청교육 관련 피해자들에게 그 피해를 보상하겠다고 공고하고 피해 신고까지 받음으로써, 상대방은 그 약속이 이행될 것에 대한 강한 신뢰를 가지게 되고, 이러한 신뢰는 단순한 사실상의 기대를 넘어 법적으로 보호받아야 할 이익이라고 보아야 할 것이나, 삼청교육으로 인한 피해와 관련하여 노태우 대통령이 1988년 11월 26일 발표한 담화는 그 발표 경위와 취지 및 내용 등에 비추어보면 그것은 그 담화를 발표한 대통령의 시정방침에 지나지 아니하고, 한편 후임 대통령이 전임 대통령의 시정방침을 그대로 승계하여야 할 법적인 의무가 있다고 볼 수도 없으므로 노태우 대통령이 위 담화에 따른 아무런 후속 조처를 취하지 아니하여 보상 관련 정부 법률안을 국회에 제출하지도 않은 채 방치하다가 1993년 2월 24일 퇴임한 이상, 그때 삼청교육 피해자들의 신뢰는 상실되어 손해배상청구권이 발생하였다고 할 것이고, 그후 일부 국회의원들을 중심으로 매 회기마다 보상 관련 법률안이 발의되어 그 법안이 국회에 계속 보류가 임기 만료로 자동폐기된 바 있다거나, 김대중 대통령이 당직자회의에서 보상입법을 지시하여 그것이 언론에 보도된 바 있다고 하더라도 그러한 사실들은 위 손해배상청구권의 발생에 영향이 없다고 할 것이다. 따라서 위와 같은 신뢰 상실로 인한 손해배상청구권은 노태우 대통령의 임기가 만료된 다음 날인 1993년 2월 25일부터 기산하여 5년이 경과하면 시효로 소멸되었다고 봄이 상당하다.[44]

　　국가인권위원회는 '광주민주화운동관련자보상등에관한법률', '제주4·3사건진상규명및희생자명예회복에관한특별법' 등과 같이 여러 종류의 특별법이 제정된 점을 고려하여, 모든 법적 구제 수단을 차단당한 삼청교육 피해자들에 대해

---

43. 이 대법원 판결에는 다수의견에 반대하는 소수의견이 있었다. "설사 대통령의 담화와 그에 따른 일련의 행위가 다수의견이 보는 바와 같이 단순히 정치적으로 대통령으로서의 시정방침을 밝히면서 일반 국민들의 이해와 협조를 구한 것으로 해석하더라도, 채무자인 국가의 소멸시효 항변은 신의성실의 원칙에 어긋난 권리남용에 해당한다"라는 것이다.
44. 대법원 2003년 11월 28일 선고 2002도 72156호 사건 손배상 판결문.

서도 특별법을 제정해 삼청교육 전과정에 대한 진상규명과 피해자 및 유가족들에 대한 구제 조치가 조속히 이루어져야 할 것으로 판단하고, 2003년 3월 10일 국회의장과 국방부장관에게 특별법을 제정할 것을 권고했다.[45]

피해자들의 강력한 요구와 압력, 국가인권위원회 등 국가기관의 권고 등에 힘입어 드디어 2003년 12월 29일 '삼청교육피해자의명예회복및보상에관한법률'(이하 '보상법')이 국회에서 통과되었다. 1980년으로부터 25년 만의 일이었다. 국방부는 '삼청교육피해자명예회복및보상심의위원회'를 국무총리실 산하에 설치해 2004년 8월부터 2005년 7월 30일까지 피해자 또는 유족들로부터 보상신청을 받았다. 그후 국방부는 과거사 진상규명의 바람과 함께 스스로 국방부 내에 '삼청교육피해보상지원단'을 만들었다고 밝혔다.[46] 그러나 '보상법'은 "사망한 사람이나 실종된 사람에 초점이 맞춰져 있을 뿐 정말로 고통받아온 생존자들이 보상에서 제외될 가능성이 크다는 점에서 '누더기' 법이나 마찬가지"이고, "생존자들은 자기가 입은 상처를 입증하기 위해 20여 년 전 봉급명세서 등을 준비해 …… 제출해야 보상금을 받을 수 있는 자격을 갖추게 된다"는 등 입증 책임을 피해자가 져야 하는 문제점이 있다.[47]

5. 김대중 내란음모사건 — 1980년 5월

김대중 내란음모사건은 새로운 군사정권의 성립과정에서 최대 장애물이던

45. 국가인권위원회, 『연간보고서 2003』, 2004, 23쪽.
46. 「'삼청교육대' 진상 밝힌다 — 과거사 조사대상 포함 … 5개 TF 구성」, 2005년 1월 6일자 『경향신문』 기사.
47. 투쟁위원회 공동대표 정정웅 씨와의 인터뷰, 2004년 10월 6일자 『국제신문』 기사.

김대중 씨를 구속시키기 위한 사건이었던 만큼 고문도 심각했다. 당시 관련자들의 고문 주장을 다음과 같이 요약해본다. 요약하기에는 고문의 상황이 너무나 엄중하지만, 간단한 요약만으로도 당시의 상황이 어떠했는지 짐작이 가고도 남는다.

조성우: 연행되자마자 거꾸로 매달려 물 두 양동이를 마셨고 여러 차례 졸도했다. 고문하는 사람이 지칠 만큼 거꾸로 매달려 구타당했다. 조사 기간 중 얻어터지지 않은 시간이 있다면 고문하는 사람이 지치거나 진술서를 쓰는 시간이라 기억된다.

설훈: 너무 많이 맞아 다리 전체에 피멍이 들었으며 수사관들이 "다리가 끊어지겠다"고 오히려 걱정해줄 정도였다.

이해동: 너무 많이 맞아 같이 조사받던 피고인들도 알고 있을 정도였으며, 피멍을 없애기 위해 쇠고기를 썰어 붙인 채 3일간을 인사불성으로 엎드려 지냈고, 여러 차례 허위 사실을 시인하기보다는 차라리 죽는 게 나으니 죽여달라고 호소했다.

이호철: 갖가지 고문에 정신이상을 일으켜 수사관을 한동안 "엄마"라고 불렀다.

이신범: 손톱, 발톱을 구둣발로 밟았으며 다리 사이에 각목을 끼고 비틀어대었다.

김대중: 60여 일 조사받는 동안 24시간 꼬박 수사관과 같이 생활하며 지하실에서 햇빛 한 번 못 본 채 하루 18시간씩 조사를 받았으며, 여러 차례 옷을 발가벗기고 "고문하겠다"는 협박을 받았다.

문익환: 날조된 혐의 사실을 시인하지 않자 "젊은 군인들한테 넘기겠다"며 옆방에서 흘러나오는 참혹한 고문 소리를 들려주었다.

이문영: 6월 7일부터 군대용 침대 각목으로 무수히 구타당했으며, 그 상처로 1심 완결 때까지도 왼쪽 팔을 들지 못하고 있었다.[48]

---

48. 김대중 내란음모사건의 고문 진술 내용. 한국기독교교회협의회 인권위원회, 『복음과 인권 — 1982년도 인권문제전국협의회 자료집』, 1982, 200~201쪽.

고문피해자 중 한 사람인 조성우 씨는 당시 김대중 내란음모사건은 "거꾸로 매달아 패서 떨어진 부스러기를 주워 모아 쥐어짠 것"이라고 말했다.[49] 사건 내용은 완전한 조작이며 고문의 결과였다는 주장이다. 다음은 또 다른 고문피해자 김종완의 회고이다.

::　　이 일(1980년 5월 초의 민주화추진 국민선언)로 인해 우리는 중앙정보부에 연행되어 형언할 수 없는 고초를 겪었습니다. 뿐만 아니라 그 이후에는 광주민주화운동을 배후 조종하여 폭력혁명을 선동하려 했다는 이른바 '김대중 내란음모사건'을 조작하려는 군사정권으로부터 무수한 고문과 폭력을 당해야만 했습니다. 그러한 시기에 한 변호사를 포함한 민주동지들이 각기 다른 독방에서 함께 옥고를 치르고 있다는 사실은 그 자체만으로도 내겐 커다란 위안이 되곤 했습니다. 당시 나는 계속되는 고문과 구타로 연일 실신과 기절을 거듭하곤 했는데, 수사관들은 연이어 물을 먹이면서까지 깨어놓은 다음에 다시 몽둥이질과 발길질을 가하곤 했습니다. 그들은 며칠 동안이나 밤을 새워가며 내게 허위자백을 강요하곤 했는데, 잠 안 재우는 것이 얼마나 무서운 고문인지를 절실히 깨달을 정도였습니다. 그들은 내가 졸면 세워놓고, 서서도 자면 무차별 구타를 가하거나 아니면 펜대 같은 날카로운 물건으로 사정없이 이마와 옆구리 등을 찔렀습니다.…… 다른 한편으로 인간으로서는 도저히 참을 수 없는 한계에 다다랐다는 생각이 나로 하여금 자살을 결심하게도 했지만, 그것마저도 내 뜻대로 되지 않았을 만큼 그들의 감시는 철저했고 지독했습니다.[50]

49. 김대중 내란음모사건의 고문 진술 내용. 한국기독교교회협의회 인권위원회, 『복음과 인권―1982년도 인권문제전국협의회 자료집』, 1982, 201쪽.
50. 김종완, 「감옥 동기생이 본 그의 참모습」, 한승헌선생화갑기념문집 간행위원회 편, 『한승헌선생 화갑기념문집―한 변호사의 초상』, 범우사, 1994, 84~85쪽.

6. 광주항쟁 관련 구속자들 —1980년 5월

:: 추기경 각하.

여기 광주사태 구속자들이 얼마나 잔인한 고문 속에 부당한 수사와 재판을 받았는지를 사실 그대로 아뢸까 합니다. 이 부당한 억울한 사실들을 부디 인지하시어 저희들의 한 맺힌 가슴들을 관계 기관에 호소하여주십시오. 다만 총망중에 작성한 글이라 몇 분의 중형자로만 예로 하였사오니 참고하시옵소서.

① 전남대학교 복학생 정동년(38)의 경우를 보면 학생의 신분으로 내란수괴로 몰려 사형선고를 받았습니다. 5월 17일 밤 예비검속되어 제505보안부대에서 포고령 위반 죄목으로 수사를 받다가 전남대 복학생 대표라는 이유로 7월 10일부터는 내란죄로 몰아 내란수괴가 되어버렸습니다. 인간으로서 더 이상 견딜 수 없는 상황에서 날조된 조서를 꾸며가지고 무수한 고문을 가했고, 특히 현행 형법상에서는 그 유례를 찾아볼 수 없는 가법정에서 수사관들을 뒤에 앉혀놓고 법무사 앞에서 선서를 시키고 폭행과 협박, 공갈로 가재판을 받았고, …… 자기만의 피해로 이 날조된 공소장이 끝나야 하는데 또 다른 피해자가 있을 걸 생각하니 견딜 수가 없어서, 자기만 죽어지면 끝날 것 같은 생각에서 만신창이의 몸으로 입원해 있던 광주국군통합병원에서 동맥을 끊고, 배를 가르고, 머리를 부딪쳐 자살을 기도하기도 했습니다. 12명의 수사관들에게 모진 고문을 당하며 인간 이하의 취급을 어찌 참아내겠습니까. …… 그때 당시의 심한 고문으로 지금은 왼쪽 어깨가 마비상태인데 사형수라는 이유로 24시간 수갑을 차고 몸이 묶여 있습니다.

② 조선대학교 학생, 사형수 김종배(29)를 보면 광주사태수습대책위원회 학생 측 위원장이라는 직책 때문에 27일 새벽 계엄당국에 연행되어 밤낮을 가리지 않고

수없이 고문을 당하던 중, M16 총대로 맞으면서 앞니 2개를 부러뜨리고 안면과 이마를 심하게 구타당하여 지금도 그 흉터가 남아 있고, 세 번씩이나 의식불명이 되는 등 인간으로서 당할 수 없는 폭행과 고문을 당하여 허위자백을 하게 되었으며…….

③ 운전사인 박남선(25)은 이미 짜여진 각본에 맞추기 위해 허위자백을 받아야 하는 목적에서 송곳으로 열 손가락 손톱만을 콕콕 찌르고, 손톱이 빠지면 등을 찌르고 치아를 두 개나 빠지게 패고 맞아서 까무러친 구타의 횟수는 수없이 많고, 손톱이 빠져 도저히 무인을 찍을 수가 없을 정도였습니다.(사형)

④ 변호사인 홍남순 씨는 68세 된 노인으로 48일간 팬티 차림으로 잠을 못 자게 하는 고문에서 허위진술을 자백받았고…….

⑤ 김상윤(전남대 복학생, 32)은 5월 17일 예비검속되어 포고령 위반으로 수사를 받던 중 광주사태 책임자로 몰려 광주사태 구경 한 번 하지 못하고 조작에 의한 내란죄로 지목되어 인간으로서는 참아낼 수 없는 상황하의 고문 속에서 허위사실을 인정하게 하였고, 날조된 조서로 기소되어 검찰 신문과정에서 모든 것을 부인하자 다시 합동수사반으로 옮겨져 무수한 고문 끝에 또 이미 작성된 기소장에 무인을 찍게 하였습니다. 그리고 가재판도 받았는데 정동년 씨의 경우와 같습니다.(징역 20년)

⑥ 김영철은 광천동 새마을 지도자이며 YWCA 신협에 근무하는데, 27일 새벽 계엄군에 검거되었으며 검거된 직후부터 간첩 혐의를 받아 무수하게 구타당하고, 마침내는 고문을 견딜 수 없어 억울한 나머지 자살을 결심하여 감옥 쇠창살에 머리를 부딪쳐 사경을 헤매다가 한 달 만에 의식을 찾았습니다. 지금도 후유증이 심하게 남아 있습니다.

⑦ 전남대 명노근, 송기숙 교수 역시 잠 재우지 않기와 포플러 생나무 뭉치로 보안부대 지하실에서 무수히 구타당했습니다.

⑧ 박용성(전남대 학생)의 경우를 보면, 6월 3일 아버지의 권유로 합동수사반에 자수하여 자수 직후부터 6월 7일까지 무수히 구타, 고문당하여 척추에 중상을 입고 혼수상태에 빠졌습니다. 국군통합병원으로 후송되었는데, 정신이상 증세가 나타났으나 병원 측에서 성의 있는 치료를 하지 않고 계속 진통제를 복용케 하여 말할 수 있는 기능을 상실해버렸습니다.(실어증) 현재 공소중지 상태로 병보석을 신청했는데 기각당하여 지금까지 입원해 있는 중입니다.[51]

당시 광주항쟁은 '신군부'의 집권과정에서 돌출한 최대의 장애물이었다. 그것을 넘어서지 않고서는 집권이 불가능했다. 그러므로 그 진압은 잔혹하고 참혹했다. 당시로서는 고문을 당했다고 하더라도 그것으로 사건이 조작되어 어느 수사기관, 어느 재판기관에 호소한다는 것이 무의미한 일이었다. 그나마 찾아간 곳이 김수환 추기경이었다. 이 호소문에 등장하는 사람 외에도 당시 연행된 모든 사람들이 고문을 당했다고 해도 과언이 아니다.

:: 80년에 합수부로 끌려간 예비검속자와 도청지도부는 수사과정에서 옷 벗기기, 몽둥이 뭇매, 잠 안 재우기, 각목 끼우고 무릎 짓밟기, 고춧가루물 먹이기, 상처난 데 골라 곤봉으로 구타하기 등 온갖 고문을 당하며 공산주의를 신봉하거나 김대중 씨의 사주를 받았다는 자백을 강요받았다. 이들은 합수부가 신군부의 권력 찬탈 의도를 감추고 양민학살을 정당화하기 위해 '5·18'을 '좌경용공 세력의 폭동'이나 '김대중 일당이 음모한 내란'으로 낙인찍고, 연행자들을 '불순분자'나 '폭도'로 만들기 위해 근육과 뼈대를 비틀어대며 각본대로 진술을 받아냈다고 증언하고 있다.

---

51. 1980년 12월 10일자 광주사태 구속자 일동 명의로 김수환 추기경에게 보낸 호소문.

이런 무도한 고문으로 연행자 박남선(54, 당시 항쟁지도부 상황실장) 씨와 위인백(48, 당시 변호사 사무장) 씨는 발목뼈 등이 부러지는 중상을 입었고, 김영철(48, 항쟁지도부 기획위원) 씨는 고통을 견디다 못해 머리를 영창 벽에 부딪쳐 자살을 기도했다가 16년이 지난 지금까지 정신병원에 수용돼 있다. 정동년(52, 당시 전남대 복학생) 씨도 김대중 씨와 만난 횟수, 받은 자금의 액수 등을 대라는 고문을 견디다 못해 헌병대 화장실에서 부러진 숟가락 자루로 손목·배를 긋고 벽에 머리를 부딪치기도 하였으나 끝내 거짓자백을 하고 내란수괴로 몰려 사형선고를 받았다.[52]

이들은 오랜 세월이 지난 1996년 11월 10일이 되어서야 비로소 당시의 고문자들을 고발하기에 이른다. 당시 최예섭 계엄사 전남북계엄분소 합동수사본부장, 수사과장인 서의남 중령 등 책임자와 고문가해자들을 광주지검에 고소한 것이다. 5·18 피해자들과 가족들은 당시 합수부가 "나치 포로수용소를 연상할 만큼 극악한 고문을 했을 뿐만 아니라 신군부에 대한 협조와 전두환 체제 인정을 강요하며 회유하기도 했다"라고 증언하면서 검찰의 철저한 수사를 촉구했다. 당시 모진 고문 끝에 내란중요임무종사죄로 징역 5년을 선고받은 송기숙 교수의 회고이다.

:: 80년 6월 27일 경찰에 자진 출두하자 곧바로 계엄사 합동수사본부가 있는 광주 보안대 지하실로 끌려갔다. 다른 교수들은 학원반에, 나와 명노근 교수는 재야반에 배당됐다. 이 아무개라는 경찰관이 사나흘 동안 시민학생수습위원회 결성과 김대중 씨가 보낸 사람을 만난 사실이 있는지 여부를 캐물었고 나는 완강하게 부인했다. 그런 승강이 끝에 7월 1일쯤 자정 무렵 나는 지하실에서 가장 큰 방으

---

52. 「'80년 합수부 가혹행위' 피해자들 한목소리」, 1996년 1월 16일자 「한겨레신문」 기사.

로 불려갔다. 첫 말이 옷을 벗으라는 것이었다. 팬티만 남기고 옷을 벗자, 김대중이가 보낸 사람을 대라고 다그쳤다. 9명이 세 사람씩 3교대로, 꼬박 사흘 동안 같은 질문을 되풀이했다.

사흘째 초저녁 헌병대 김 하사가 들어오면서 분위기가 싹 달라졌다. "야, 이 새끼 맷집 좋네" 하더니 다짜고짜로 발목 굵기의 버드나무 몽둥이로 내 등을 후려갈겼다. 다음 날 자정쯤 재야반 과장이라는 김 경정이 들어와 곧바로 고문을 시작했다. 몽둥이를 무릎에 끼운 채 30분 남짓 모래 깔린 시멘트 바닥에 꿇어앉게 했다. 그는 이것저것 묻더니 느닷없이 "이 새끼야, 여기가 어딘 줄 알아! 너 하나 죽여봤자 광주사태 사망자가 하나 더 늘 뿐이야"라고 고함쳤다. 나는 공포감에 김대중이가 보낸 사람을 만났다고 해버렸다.

그런데 이 대답이 오히려 시작이었다. "만난 사람이 이름이 뭐냐", "김대중이가 보낸 돈이 얼마였느냐" 등 있지도 않았던 일에 이제 그들이 원하는 대답을 하느냐가 문제였다. 각본에 맞는 대답이 아니면 몽둥이는 사정없이 날아들었다. "그 돈을 누구한테 줬지?" 나는 한 가닥 남은 양심마저 포기해야 했다. 여기서 당장 맞아죽기보다 생명을 연장해 사형 쪽을 선택한 나는 몽둥이만 피하고 싶은 한 마리의 짐승이었다. 그들은 내가 또다시 자백을 부인하자 이번에는 보자기를 얼굴에 뒤집어씌운 채 날이 새도록 등짝에 매타작을 날렸다. 내 오른쪽 어깨가 거의 부러져 덜렁거렸다. 나는 항복하고 말았다.[53]

시민들만이 광주항쟁의 피해자는 아니었다. 심지어 군인이나 경찰관이던 사람들조차 진압에 소극적이었다는 이유로 해임되고, 고문받고, 처벌받았다. 미국에서 제기된 다음의 소송은 당시 해직 경찰관의 고문 사실을 확인시켜준다.

---

[53]. 「5·18 해직 교수 합수부 고소 … 송기숙 씨 '고문' 회고」, 1996년 1월 11일자 『한겨레신문』 기사.

:: 　전두환·노태우 두 전직 대통령을 상대로 6억 달러(우리 돈 약 480억 원)의 손해
배상소송이 제기돼 현재 미국 법원에 계류 중인 사실이 뒤늦게 밝혀져 관심을 끌
고 있다. 현재 미연방 제9관할구 항소법원에 계류 중인 이 소송은 지난 80년 5·18
당시 전남도경국장을 지낸 고 안병화 씨의 유가족이 전·노 씨와 허화평, 허삼수,
권정달 씨 등 과거 신군부 인사 11명을 상대로 지난 (1996년) 1월 제기한 것이다.
안 씨의 유족은 소장에서 "광주사태 당시 도경국장이었던 고인이 시위 진압에 적
극적이지 않았다는 이유로 신군부의 지시를 받은 수사관들에게 고문을 당해 그 후
유증으로 앓다 숨졌다"며 "전두환 씨 등 11명은 손해배상을 할 책임이 있다"고
주장했다.[54]

이 소송의 쟁점은 미국 법정에 이 사건의 관할이 있느냐 하는 것이었다. 최
종적으로 이기지는 못했지만 고문 책임자들의 가슴을 서늘하게 만들었던 것은
사실이다. 한편 광주항쟁 과정과 그 직후 구속자뿐만 아니라 구속자들의 석방을
요구하는 시위를 하다가 잡혀간 사람들조차 고문 세례를 면할 수 없었다.

:: 　그곳은 광주경찰서 정보과였다. 그곳에서 우리에게 수갑을 채우며 온갖 욕설
을 하기 시작했다. 함께 간 젊은 부인은 아기를 안고 있었는데 한 손엔 수갑을 채
웠다. 수갑을 빨리 차지 않는다고 하며 뺨을 쳤다. …… 말 한마디 물을 때마다 몽
둥이와 주먹으로 구타를 시작했다. 때리는 것만으로는 부족했던지 "쌍년!", "개
같은 년", "씨팔년!" 온갖 입에 담을 수 없는 욕을 하며 정신을 차릴 수 없도록 두
들겨 팼다.[55]

---

54. 「전·노 씨 '원죄' 해외 법정에」, 1996년 11월 18일자 『한겨레신문』 기사.
55. 박철 군의 어머니 장상남 여사의 경우. 한국기독교교회협의회 인권위원회, 『1980년대 민주화운동 — 광주 민중항쟁 자료
집 및 상반기 일지(I)』, 1981년 2월 18일, 348쪽.

7. 언론인 탄압사건

1) 언론인 이경일 씨의 경우—1980년 6월

1980년은 이미 또 다른 고문의 시대로 접어들고 있었다. 쿠데타로 집권의 기초를 마련한 폭압정권은 그 앞에 놓인 모든 장애물들을 고문과 폭력으로 해결하려 했다. 1980년 5월 당시 『경향신문』 외신부장으로 있던 이경일 씨는 광주민주화운동 탄압에 항의해 제작 거부에 참여했다는 이유로 고문의 제의(祭儀)를 치러야 했다.

:: "고문을 당할 때 속으로 제발 의식이 빨리 사라져달라고 빌었다." '고문기술자' 이근안 씨에게 고문을 당했던 전직 기자가 자신의 고문 체험을 적어 펴냈던 자서전이 관심을 모으고 있다. 언론재단 이경일(58, 전 『조선일보』 기자, 『문화일보』 논설위원) 이사는 93년 자서전 『10년 전에는 무엇을 하셨죠』를 통해 지난 80년 6월 9일 남영동 치안본부 대공분실에 끌려가 2주 동안 당한 고문 체험을 낱낱이 기록하고 있다. 이 씨는 "당시 합수부 군인들에게 끌려가 이 씨 등 경관들이 팬티만 걸친 나를 이른바 칠성판이라고 불리는 판자 위에 몸을 묶고 얼굴에 수건을 씌운 채 물을 계속 부으면서 몽둥이로 수없이 때렸다"고 회고했다. 이 씨는 특히 "이근안 씨는 물고문하기 전에 무수하게 뺨과 전신을 때린 뒤 몽둥이를 두 다리 사이에 넣고 밟는 예비 고문을 했다"며 "고문도 무섭지만 고문받기 전 두려움이 더 고통스럽고 무섭다"고 밝혔다.[56]

---

56. 「80년 고문당한 이경일 씨 "요즘도 고문 악몽 … 잠 깨는 날 많아"」, 1999년 11월 3일자 『조선일보』 기사.

이경일 씨는 이근안이 잠깐 자리를 비운 사이에 자신을 신문한 피의자 신문 조서에서 '이근안'이라는 이름을 기억해두었다가 1987년 김근태 씨에게 그 이름을 말해주어 '고문기술자' 이근안의 존재와 이름을 세상에 널리 알리는 계기를 만들었다.

2) 기자협회 계엄포고령 위반사건 — 1980년 6월

:: 1980년 5월 기자협회 간부들이 모여 계엄사의 검열을 거부하기로 결의한 것이 문제돼 계속 수사를 받아오다 6월 말 남영동 대공분실로 잡혀갔다. 1주일 정도 있는 동안 욕조에 머리를 처박는 물고문과 고춧가루 고문 등 골고루 겪었다. 특히 그들은 흥분상태에서 쉴 사이 없이 몽둥이를 휘두르며 구타했는데, 그때 척추가 비켜나가면서 그대로 굳어버려 지금은 치료가 거의 불가능한 상태로 심각한 통증에 시달리고 있다. 당시 고문수사관으로 유명한 이근안 경위는 고문수사의 공으로 '청룡봉사상'까지 받은 것으로 들었다.[57]

서슬 퍼런 계엄사의 검열을 거부하기로 했으니 아무리 기자들이라고 해도 무사할 리가 없었다. 기자협회 차원에서의 대응이었으니, 그래도 이때는 기자 정신이 살아 있었음이 분명하다. 그러나 노향기 기자협회 회장을 포함한 당시 간부들이 곤욕을 치러야 했다.

---

57. 「발가벗긴 채 물고문·전기고문 — 시국사범 9인 남영동 대공분실 고문 증언」, 1988년 10월 25일자 『한겨레신문』 기사.

8. 시인 황지우의 고문 체험 — '마취 없는 외과수술'(1980년 5월)

:: 1980년 5월 24일, 나는 정장을 하고 안개꽃 한 다발을 들고 종로3가 단성사 앞으로 나갔다. 안개꽃 다발은 2천 광주시민 학살을 규탄, 호소하는 유인물이 든 가방을 위장하기 위한 것이었지만, 꽃다발로 감춘 죽음의 그 진실은 안전핀을 뽑은 수류탄을 안고 있는 것처럼 조마조마하고 두려운 것이었다. 지하철 입구마다 전경들이 쫙악 깔려 있었고, 극장 앞에 기동대 버스가 대기 중이었다.
나는 청량리 지하철 플랫폼에서 체포되었다. 손목이 등 뒤로 묶인 채 나는 사자들에게 거칠게 끌려갔다. 오월 마지막 날 오후 햇살이 역광으로 쏟아져 내려오는 588사창가 골목으로 나가는 지하철 입구를 나는 지금도 잊지 못한다. 이미 지옥인 지상으로 올라가는 계단에서 뭐라고 고래고래 고함치던 나를 피해 지나가던 서울의 행인들에 대한 그때의 나의 막막함을 나는 지금도 잊지 못한다. 그해 여름 내가 보낸 한철의 지옥은, 다른 많은 사람들에게도 그랬지만 마취 없는 외과수술 바로 그것이었다. 거꾸로 매달린 내 몸에서는 나도 모르게 어찌할 수 없는 짐승소리가 났다. 죽을 수 있는 희망마저 없던 그곳에서 고문의 심각한 효과는 견딜 수 없는 자기 혐오감이었다. 나는 그 혐오감을 기본 정서로 지난 80년대를 살았다. 최승자 시인이 노래했던 것처럼 "죽을 수도 살 수도 없던" 시절에 나는 견딜 수 없어서 시를 썼더랬다.[58]

이렇게 쓰인 시가 「새들도 세상을 뜨는구나」였다. 비록 고문의 구체적인 묘사는 되어 있지 않지만 고문의 진한 체험이 그의 시의 원형을 이루고 있다.

---

58. 「나의 작품 나의 얘기 — 흉측한 삶 … 80년대 '고문 체험'」, 1990년 10월 11일자 『동아일보』 기사.

영화가 시작되기 전에 우리는

일제히 일어나 애국가를 경청한다

삼천리 화려 강산의

을숙도에서 일정한 군(群)을 이루며

갈대 숲을 이룩하는 흰 새떼들이

자기들끼리 끼룩거리면서

자기들끼리 낄낄대면서

일렬 이렬 삼렬 횡대로 자기들의 세상을

이 세상에서 떼어 메고

이 세상 밖 어디론가 날아간다.

우리도 우리들끼리

낄낄대면서

깔쭉대면서

우리의 대열을 이루며

한 세상 떼어 메고

이 세상 밖 어디론가 날아갔으면

하는데 대한 사람 대한으로

길이 보전하세로

각각 자기 자리에 앉는다

주저앉는다.[59]

---

59. 황지우, 「새들도 세상을 뜨는구나」, 『새들도 세상을 뜨는구나』, 문학과지성사, 1983.

9. 미스유니버스대회 방해음모사건
— 황인오·권운상 씨의 경우(1980년 6월)

1980년 6월에 서울에서 개최 예정이던 미스유니버스대회에 대해 사북탄광 광부 출신으로 당시 통일사회당 당원이던 황인오 씨와 노동국장 권운상 씨 등이 나눈 대화가 문제되어 벌어진 사건이다. 5·18광주사태와 같은 민족적 비극이 벌어진 이때에 미인대회를 연다는 것은 용납할 수 없는 일이라는 내용의 대화를 나누었던 이들은 결국 폭발물 사용음모 및 계엄령 위반으로 징역 10~20년의 중형을 선고받았다. 다음은 황인오 씨의 상고이유서 중에서 고문에 관계된 부분을 발췌한 것이다.

:: 　상고인은 1980년 6월 27일 정선경찰서에서 체포된 이래 동년 7월 29일 서울구치소에 들어간 이후 8월 중순까지 현지 강원도 정선경찰서, 치안본부 특별수사대, 동 대공분실, 수경사 검찰부, 서대문경찰서 등 각종 수사기관을 전전하며 온갖고문을 당해보았습니다. 상고인이 당한 내용은 1980년 6월 27일 오후 8시경부터동 28일 새벽 6시까지 10시간 동안 정선경찰서장 총경 권 모의 전화 지시와 동서수사과장의 지휘 아래 순경 고연군 외 7~8인이 20여 평 되는 홀에서 상고인의손·발목에 수갑을 채우고 코에 물 붓기, 코와 입으로 고춧가루물 붓기, 비녀꽂기,통닭구이, 무릎에 몽둥이를 끼우고 3인이 교대로 뛰어내리기, 발가벗고 거꾸로 매달려서 소위 비행기 타기, 넓은 홀 한가운데 두고 7~8인이 몽둥이와 고무호스로무차별 타작하기, 손톱 밑에 바늘 찌르기 등등과 치안본부 특별수사대 제3반에서대장 안현상 총경의 직접 지시에 의해 윤충훈, 오 모, 유 모에 의해 6월 28일 오후11시부터 7월 8일경까지 헌병 이영호 병장 등 7~8명이 교대로 들어와 전술한 정

선경찰서의 고문 내용과 대동소이한 폭행, 고문, 잠 안 재우기 등과 7월 8일 이후 남영동 소재 치안본부 대공분실에서 경위 이근안에 의해 전기의자에 앉기까지 했습니다.

그러나 고문은 경찰 수사 단계에서 그친 것이 아닙니다. 놀랍게도 구치소에 수감된 이후 군 검찰 취조과정에서도 상고인은 고문을 당했습니다. 경찰의 엄청난 고문에 의해 강요된 자백을 부인한다는 이유로 1980년 5월 1일 하오 2시경 수도경비사령부 검찰부장 검찰관 대위 신건수는 상고인을 검찰부 변소로 데려가 헌병 3인을 불러 집단폭행을 지휘하였습니다. 그러나 아무리 어려운 신체적 고문이라도 상고인 자신에게만 가해졌다면 이토록 서럽고 한스럽지는 않을 것입니다. 죄 없는 여동생까지 끌어다가 신체적 만행을 자행하고 상고인인 오빠로 하여금 이를 목격하도록 했을 때 상고인은 차라리 죽을 수 있는 방법이 없을까 찾아보았습니다. 1980년 6월 30일 오전 9시경 국립과학수사연구소 내의 치안본부 특별수사대(합동수사본부 제9국 2지대) 대장실에서 대장 총경 안현상이 본인과 동소속 제3반장 권 모 경감에게 "이 녀석(상고인을 지칭)의 여동생이란 년을 연행해서 본때를 보여줘"라고 하기에 상고인은 그래도 설마 하여 그들에게 간절히 눈물로 호소하며 사실을 전부 말한 것이니, 제발 믿어주고 죄 없는 여동생은 살려주기를 애원했음에도 불구하고 오전 10시경 호텔의 식당 종업원으로 고생하는 천한 몸이라고, 강원도 광산의 사흘 굶은 개도 안 물어갈 탄광장이 딸이라고 해서 그들은 건물 1층 좌측 제3반의 압수물 창고에서 상고인과 권운상 씨의 앞에서 제3반장 권 모 경감의 지휘 아래 오 모, 유 모 수사관과 특히 윤충훈 수사관에 의해, 갖은 고생을 하며 고등학교를 겨우 졸업하고 제대로 기 한 번 펴보지 못하고 자란 제 여동생을 23세나 되는 가엾은 여동생을 옷을 발가벗기고 수갑을 뒤로 채우고 코에다 물을 들이붓는 만행을 서슴지 않고 자행했던 것입니다. 상고인은 지금 이 글을 쓰면서 견디기 어려운 치욕과 분노와 수치를 온몸으로 감당하며 정신을 수습하고 있습니다.[60]

10. 계엄령 위반사건들과 임기윤 목사 사건 —1980년 7월

  계엄령 위반으로 잡혀간 정치적 사건에서 고문은 거의 예외 없이 이루어졌다. 박정희 암살 이후 활발한 활동을 벌였던 200여 명에 이르는 학생, 기자, 재야 인사들이 5월 17일 이후 연행되고 구금되었다. 그들 대부분에게 심문과정에서 고문이 자행되었다.[61] 그들은 5·18특별법이 만들어진 다음 재심을 청구하기도 했다.

  :: 5·18광주항쟁을 시민들에게 알렸다는 이유로 보안사에 끌려가 고문을 당하고 억울한 옥살이를 한 김정중(58) 씨와 박노순(57) 씨가 5·18특별법에 따라 (1996년 1월) 20일 인천지법에 재심을 청구했다. 김 씨는 지난 80년 6월 계엄군이 광주 시민을 학살했다는 유인물을 배포하고 다시 합수부장인 전두환 씨를 비방했다는 혐의로 보안사에 끌려가 고문을 당한 뒤 군법회의에 회부돼 계엄포고령 위반죄로 실형 1년을 선고받고 복역했다. 박 씨는 계엄군이 광주 시민은 물론 여학생들까지 죽이고 있다는 유언비어를 유포했다는 혐의로 보안사에 끌려가 고문을 당하고 2개월간 옥살이를 했다. 또 80년 5월 계엄 해제를 요구하는 교내 시위를 주도해 계엄포고령 위반죄로 군법회의에서 징역 1년 6개월을 선고받아 복역한 정광민(30, 당시 부산대 경제3) 씨도 지난 19일 부산지법에 재심을 청구했다.[62]

---

60. 대한변호사협회 인권위원회, 「미스유니버스대회 방해음모사건 황인모, 권운상 씨 경우」, 『고문근절대책공청회 자료집—고문 피해의 증언』, 1987, 14~15쪽.
61. Jerome A. Cohen & Edward J. Baker, "U.S. Foreign Policy and Human Rights in South Korea", *Human Rights in Korea—Historical and Policy Perspectives*, 1991, p. 198.
62. 「계엄 위반 옥살이 재심청구 잇따라」, 1996년 1월 20일자 『한겨레신문』 기사.

이 과정에서 최악의 사태는 1980년 7월 고문으로 사망한 임기윤 목사 사건이다. 임기윤 목사는 부산 제일감리교회 목사로서, 1970년대에 인권신장과 민주주의 실현이 곧 하나님의 사회정의 실현이라는 생각을 갖고 유신 반대와 구속자 석방 등 반정부 활동을 해왔던 사람이었다. 신군부가 김대중 씨 등 정치인과 민주인사들을 연행하고, 비상계엄 전국 확대 조치에 항의하는 광주시민들의 시위를 진압하자, 임 목사는 부산에서 시국강연회와 기도회를 열어 광주학살의 진상을 전하고 "5·18과 같은 사태가 일어난 것은 믿음을 가진 자들의 기도가 부족한 탓이다"라는 등의 설교를 했다. 그는 1980년 7월 19일 계엄포고령 위반으로 출석 요구를 받아 보안사령부 부산지구대에 자진 출석했다. 의문사진상규명위원회가 밝힌 그 이후의 상황이다.

::　　합동수사반은 출석한 피조사자들 대부분을 군복으로 갈아입히고 도망가지 못하도록 앞 코가 잘린 고무신을 신긴 채, 착검한 M16소총으로 무장한 병사들의 감시하에 철제 책상 하나와 의자 2개에 형광등만 희미하게 비치는 캄캄한 지하실 방에서 조사를 진행하였고, 조사과정에서 피조사자들에 대해 욕을 하거나 큰소리로 언쟁을 벌이면서 밤늦도록 잠을 재우지 않고 조사를 계속하기도 하였다. 한편 합동수사단 수사관들은 ① 임기윤과 함께 합동수사단의 조사를 받은 부성수에게 고문실과 전기고문 장치를 보여주면서 출석하는 순간부터 죄인 취급을 하고 욕을 하기도 하였고, ② 수갑이 채워져 연행이 되었던 성동구를 다짜고짜 고문실로 데려가 "빨갱이는 죽어야 한다"고 말하며 구타를 가하였고, ③ 심상대가 조사과정에서 진술에 별다른 변화가 없자 "네 새끼, 군법회의에 가야 되겠다"며 구타를 하고, "너 전기의자에 한 번 탈래, 바르게 이야기해라"고 협박하면서 누군가 고문당하는 효과음을 들려주며 공포 분위기를 조성하기도 하였다.
담당수사관 김창기는 조사과정에서 임기윤에게 "김대중이 김일성과 한통속인데 빨갱이가 확실하지 않느냐", 또 임기윤과 김대중과의 관계를 들어 "임기윤이 종교 활동을 하는 것은 위장이고 실제로는 빨갱이 활동을 하는 것이 아니냐"라고 추궁하였고, 이에 대하여 임기윤은 완강하게 부인하였으며, 그 과정에서 서로 큰소리로 언쟁을 하였다. 임기윤은 합동수사단 측에 "목사로서 일요일인데 교회 예배를 주관할 수 있도록 조치해줄 것"을 요청하였으나 묵살당하고 구금상태에서 계속 조사를 받았고, 임기윤이 이에 대해 항의하고 불쾌감을 토로하기도 하였으며, 담당수사관들의 무례한 조사 태도에 1980년 7월 19일 밤에 잠을 이루지 못하기까지 하였다. 합동수사단이 임기윤에 대해서 조사를 개시한 지 3일째 되던 날인 1980년 7월 21일 오전 무렵 담당수사관 김창기는 임기윤에게 책상을 '탕' 치면서 "교직자라는 사람이 교단이나 지키고 하나님이나 잘 모실 것이지 왜 정치를 하느냐"고 말하자, 임기윤은 "뭐라고 말 잘했다. 군인이란 신성한 국토를 수호하는 것이 주어진 의무인데 그 직분을 이탈해서 왜 정치에 관여하여 우리를 이 꼴로 만드는 것이냐"라고 격분하여 항의하였고, 곧이어서 위 김창기가 "허어, 이것 조사가 안 되겠네"라고 말하면서 서류 뭉치를 들고 조사실 밖으로 나왔다. 위 김창기가 조사실을 나간 후 얼마 안 되어 임기윤은 자신이 조사를 받던 방에서 나와 부성수에게 "어, 선생, 내 좀 이상해요. 혈압이 높은 것 같네요" 하며 몇 발자국 걸어가다가 문틀에 주저앉아 옆으로 누우면서 "머리를 위로 좀 올려달라"고 부성수에게 요청하였고, 이에 부성수가 머리를 양손으로 받쳐주었으나 임기윤은 곧바로 혼수상태에 빠졌고, 국군통합병원으로 후송되었다.[63]

의문사진상규명위원회는 이 사건에 대해 "모욕적인 언사, 진술 강요 등의 위법한 공권력의 행사"를 인정했으나 적극적인 고문 사실을 밝혀내지는 못했다.

---

63. 의문사진상규명위원회, 진정 제47호 결정문.

그러나 위에서 이미 밝힌 것만으로도 당시 합동수사단에서 폭언과 모욕, 잠 안
재우기 등의 가혹행위가 있었던 것은 분명하다.

03
전두환 정권 초기 시국·공안사건의 고문 사례

재일동포 간첩사건 신귀영 씨의 경우 — 1980년 3월

:: 1937년 일본에서 출생했고, 45년 가족과 귀국했다. 원양어선 선원으로 근무하던 65년 일본에 살던 형님을 만났다. 그 어선이 일본 시모노세키에 정박하는 사이 20년 만에 형 신수영을 만날 수 있었다. 이후부터 79년 9월까지 배가 일본에 기항하면 자연스럽게 형을 만나고 통화하거나 집에 가서 식구들과 어울렸다. 그리고 가족들의 대소사에 대한 축의금과 어머님께 드리는 형님 돈을 받아온 게 간첩행위로 단정돼 81년 6월 대법원에서 15년형을 선고받았다. 신춘석과 서성칠도 원양어선을 타고 일본 기항 중 친인척을 만나는 자리에서 신수영을 만났다는 이유로 간첩이 되었다. 결국 이는 신수영이라는 조총련계 재일동포를 매개로 구성된 간첩단사건인 셈이다.

1980년 3월 25일 부산시경 대공분실에 구속영장 없이 연행돼 78일 동안 불법구금 상태와 심한 고문 속에서 강제자백을 할 수밖에 없었다. 조사받을 당시 나는 물론 그 집안 남자들은 거의 모두 붙들려가서 모진 고문을 받았으며(67세 노인에서부터 3살짜리 어린애까지 20일간) 보안 유지란 명목으로 감금당했다.

신춘석은 1980년 3월 24일 구속영장 없이 부산시경으로 불법연행되어 50여 일 동안 잔인한 고문과 위협에 의해 마침내는 허위자백과 틀에 짜인 자술서를 쓰게 되었다. 이러한 허위자백과 불법수사는 생명을 끊는 최후의 순간에서나 볼 수 있는 배설을 세 번이나 하였고, 20여 일간 피고인은 걷지도 못한 채 앉은뱅이로 또는 등에 업혀 고문실과 조사실을 다녀야 했고, 의사와 간호사가 비상대기를 하는 상황에서 자백이 이루어졌다.

서성칠은 1980년 3월 7일 아침 7시에 부산시경에 구속영장 없이 연행되어 처음에는 일본에 있는 친족 관계에 대해 조사를 받다가 이후 신수영(사촌 처남)과의 관계를 추궁당하며 갖가지 고문을 당하였다. 잠 안 재우기 고문은 물론 구타, 전기고문, 물고문, 발톱 빼기 고문 등을 70여 일 동안 당하였다. 육체적·정신적으로 최후의 순간이 옴을 느낀 그는 일단 살아야겠다는 생각으로 허위자백을 했다고 후일 밝혔다. 서성칠은 고문의 후유증으로 1990년 대구교도소에서 복역 중 사망했다.[1]

끔찍한 일이다. 마치 중세시대의 고문실로 되돌아온 느낌이다. 우리가 이런 시대를 살아왔다는 말인가. 아마도 그때 그 시간에 많은 사람들은 자신의 일상 속에서 바삐 살아가고 있었을 것이다. 한 인간이, 한 이웃이 그렇게 말 못할 고초를 겪고 있는 줄은 까맣게 모른 채, 그렇게 사람들은 살고 있었을 것이다. 이 사건에 대한 문재인 변호사의 법률 분석을 보자.

::　　수사기록에 의하면, 연행 이후인 80년 4월 11일까지의 기간 동안 피고인들을 조사한 기록은 전혀 나타나지 않고, 80년 4월 11일 작성된 자술서부터 피고인

---

1. 신귀영 씨의 증언. 김지은, 「"11년 전 160번 수사관 똑똑히 기억"—국보법 피해자 증언대회」, 2004년 12월 16일자 『오마이뉴스』 기사.

들이 일제히 간첩 범행을 자백한 것으로 되어 있다. 연행 이후 첫 자술서가 작성된 80년 4월 11일까지 47일 내지 19일 동안 어떤 일이 있었을까. 그때까지 엄청난 고문을 당하였다는 피고인들의 호소를 듣지 않더라도 이들이 그동안 어떤 일을 겪었을까 짐작하기 어렵지 않다. 오늘날의 인권의식에 의하면, 어떻게 그런 일이 있을까 싶을 정도로 수십 일간의 영장 없는 불법구금과 고문이란 미궁의 불법수사가 자행되어왔던 것이다.

…… 피고인들은 대공분실과 검찰에서는 범죄 사실을 모두 자백하였으나 법정에서는 시종일관 전면 부인하였고, 대공분실에서의 자백은 엄청난 고문에 못 이겨서, 검찰에서의 자백은 다시 끌고 가서 고문한다는 위협과 공포 때문에 허위자백한 것이었다고 강력하게 호소하였다. 그러나 1심 법원은 고문에 대해서는 물론이고 장기간의 불법구금 사실도 외면한 채 피고인들이 검찰에서 한 자백을 증거로 삼아 유죄 판결과 함께 징역 15년이란 엄청난 형을 선고하였고, 고등법원과 대법원도 항소 및 상고를 기각하고 말았다. 간첩사건이란 특성과 5공 초기라는 시기적 조건 때문에 형사소송법도, 기본적인 증거 법칙도 모두 무시된 재판이었다고 할 수 있다.

더더욱 기막힌 일은 범죄 사실의 거의 대부분이 물증이나 객관적인 증거 없이 피고인들의 자백에 근거하여 인정되었다는 점이다. 피고인들은 모두 일본에 거주하는 신수영이란 인물의 간첩 지령으로 간첩행위를 한 것으로 되어 있으나, 신수영은 조사되지 않았고 목격자도 없었으므로 피고인들이 그로부터 간첩 지령을 받았다는 사실이나 지령받은 내용은 피고인들의 자백 속에만 나오는 이야기였다. 신수영이 과연 간첩 지령을 할 만한 신분과 지위에 있었는지 여부를 가릴 만한 객관적인 증거자료가 제출된 바도 없었다.

…… 피고인들이 간첩행위를 하였다는 물증도 전혀 없었다. 간첩사건에서 흔히 나오는 난수표, 단파 수신 라디오 등의 간첩 장비나 공작품이 입수된 바 없었던 것

은 물론이고, 피고인들이 신수영에게 국가기밀 또는 군사상 비밀을 제보하였다거나 부산 시가 지도, 부산시 전화번호부, 군부대의 사진 등을 갖다주었다는 내용도 물증 없이 피고인들이 그렇게 자백했을 뿐이었다. ……[2]

진도 간첩단사건과 석달윤 씨 — 1980년 8월

6·25전쟁 때 행방불명된 고종사촌 형에게 포섭되어 이적행위를 해왔다는 혐의로 일가족 5명이 구속되었다. 이른바 '진도 간첩단사건'이다. 그러나 정작 석달윤 씨는 그 고종사촌 형을 만난 적도 없었다. 1980년 8월 21일 영장 없이 중앙정보부에 불법연행되어 47일간의 불법구금 상태에서 성명불상 중앙정보부 수사관 6명에게 온갖 종류의 고문을 당했다. 1980년 10월 6일 국가보안법 위반으로 영장이 발부되었고 무기징역을 선고받았다. 그가 당한 고문의 실상은 이렇다.

① 작은 송곳으로 47일간 허벅지를 찔러 피가 전신을 적셨다. 수사관들은 고문의 흔적을 지우기 위해 쇠고기를 얇게 썰어 상처 부위를 싸서 압박붕대로 동여매 주었다.

② 손발을 함께 묶은 뒤 몽둥이를 손과 발 사이에 끼우고 책상 두 개 사이에 몽둥이를 걸치면 통닭구이 모양이 되었다. 이러한 상태에서 석달윤의 얼굴에 물을 부었다. 물을 많이 먹었으면 먹은 물을 빼내기 위해 다시 거꾸로 뒤집어놓고 발로 배를 밟아 이리저리 굴리며 짐승 다루듯 했다.

③ 수갑을 채우고 포승으로 묵은 후 몽둥이세례를 퍼부었다. 그 몽둥이는 길이가 50cm, 직경이 3cm 정도의 지휘봉인데 그것으로 양쪽 어깨와 등을 구타했다. 집중 구타로 전신이 부어 움직이기 어려웠다.

2. 문재인, 「신귀영 씨 간첩사건의 문제점」, 『분단조국의 희생양, 조작간첩』, 천주교조작간첩진상규명대책위원회, 1994년 11월 1일, 26〜27쪽.

④ 밤에는 잠을 자지 못하도록 양손에 수갑을 채워 높은 곳에 매달아 물 먹이기, 몽둥이로 구타를 했다.

⑤ 매일 오전 10시경이면 의사에게 혈압 체크를 받았다. 의사가 나가면 "혈압이 정상이다"라며 다시 물고문, 구타 등의 고문이 시작되었다.

⑥ 무릎을 꿇어앉힌 후 전신 구타.

⑦ **잠 안 재우기 고문**: 2~3주간 잠을 전혀 재우지 않고 전신을 집중 구타했다. 극심한 수면 부족과 공포로 인해 판단 능력을 상실했다. 그래서 자신도 알 수 없는 말을 하거나 이유 없이 울었다.

⑧ **성기고문**: 볼펜 심지를 성기의 요도에 보이지 않도록 쑤셔넣는 고문으로 성기에서 피가 쏟아졌다. 특히 성기고문을 하는 동안 "이제 포기하고 자백해!"라고 했다. 이를 부인하자 "더 이상 안 되겠다. 전기 맛을 좀 봐야겠어"라고 협박했다. 수사관들은 "허위로라도 자백하지 않으면 고문받다 죽어도 의사의 진단서 한 장이면 끝나"라며 위협했다. '정말 나를 죽이겠구나. 죽어나가는 것보다 징역을 살더라도 살아서 가족을 봐야 한다'는 생각에 허위자백을 하게 되었다. 허위 자술서를 쓰기 시작하자 수사관들은 이 내용을 기억시키기 위해 매일 오전, 오후 두 번씩 40여 일을 허위로 작성한 자술서를 양면지 위에 반복해 쓰게 만들었다. 글자 한 자라도 틀리면 몽둥이로 구타당했다.[3]

맹인도 '간첩'이 될 수 있다 — 정종희 씨 경우(1980년 11월)

:: …… 저는 1980년 11월 전두환 독재정권의 태동 당시 저 고문과 인권유린의 대명사가 되어버린 안기부에 끌려가 서울지방법원에서 사형을 구형받고 15년을 선고받은 후, 2심·3심에서 12년의 형이 확정되어 현재 광주교도소에서 8년을 생

---

3. 국가보안법폐지국민연대, 『국가보안법, 고문·용공조작 피해자 증언대회 자료집』, 2004년 12월 16일, 29쪽.

활하고 있는, 온 세상의 빛을 잃어버린 장님, 정종희(수감번호 2526)의 아내 윤점순입니다. 이 세상을 모두 자기 앞에 갖다준다 해도 손에 쥐어드리지 못하면 모를 저희 남편, 길에서 마주쳐도 내가 먼저 아는 체하지 않으면 자기의 사랑하는 아내가 바로 옆에 있는지도 모를 사람. 그에게 8년이란 세월은 인간으로서는 도저히 견뎌내기 어려운 형극의 나날들입니다.[4]

정종희 씨의 처 윤점순의 주장대로 이 사건은, "국민의 지지기반이 없이 총칼에 의한 폭력으로 정권을 탈취했던 군인들이 그것을 무마하기 위한 호도책으로 이미 15년이나 지난 일을 가지고 이른바 중앙정보부에서 국가안전기획부로 이름을 바꾼 이후 첫 작품(?)으로서 세상에 발표한 것"이었다. 발표 때도 일부러 '맹인'이라는 사실을 빼고 발표함으로써 '맹인'이 간첩이 될 수 있는가에 대한 일반인의 의구심을 배제시켰다고 한다. 과연 맹인이 간첩이 될 수 있는가?

  ::   주위 사람들의 도움 없이는 식사도 할 수 없고, 걸어다닐 수도 없는 그 사람, 그래서 자식들의 손을 잡아야만 동네 나들이도 할 수 있었던 저의 남편, 23년 전 북한에서 내려온 혈육을 만나고도 이를 신고하지 않았다는 이유 하나만으로 온갖 고문에 의해서 북한 방송을 청취하여 암호문을 기록했다든지 무인 포스트를 설치하여 그들과의 접선을 꾀했다는 등 어처구니없는, 도저히 상식적으로 이해가 가지 않는 온갖 죄를 뒤집어씌워 맹인이 전혀 저항할 수 없는 상태를 만들어놓고 사형까지 구형하였던 것입니다. 안기부의 하수인이었던 검사의 독사 같은 눈을 생각하면 지금도 소름이 끼칩니다.[5]

---

4. 1988년 11월 1일자 정종희 씨의 처 윤점순 명의의 호소문. 민주화실천가족운동협의회 산하 장기수가족협의회 조작된간첩사건가족모임, 「간첩조작은 이제 그만」, 1989, 60쪽.
5. 윤점순 명의의 호소문. 민주화실천가족운동협의회 산하 장기수가족협의회 조작된간첩사건가족모임, 앞의 책, 60쪽.

앞도 못 보는 맹인이 '암호문'을 기록하고 '무인 포스트'를 설치했다는 믿기 어려운 일들이 안기부에 의해 조작되었던 것이다. 윤점순 씨의 말대로 기네스북에 오를 만한 "어처구니없는 현실"이었다. 만약 좋은 변호사가 선임되어 변론의 도움을 얻었다면, 좋은 판사가 이 사건을 담당했더라면 이렇게까지 되지는 않았을 것이다. 그러나 다행히 맹인 정종희 씨 옆에는 참으로 좋은 아내가 있었다.

:: 남편의 나이는 현재 56세입니다. 집에서도 봄만 되면 위궤양 때문에 없는 살림에 약은 못 구해 드리고 쑥잎을 찧어서 즙을 내서 마셔야 할 정도로 건강이 약한 사람이었습니다. …… 점점 약해지는 남편의 모습에서, 위장병으로 인해 거무스름해진 그의 얼굴과 이미 하얗게 되어버린 백발을 보면서, 앞 못 보는 젊은 사람이 딱해 아내가 되기를 주저하지 않았던, 나를 필요로 하는 사람에게 꼭 필요한 자리에 있게 됨을 자랑으로 여기며 그이를 선택한 여자로서 자식들의 성장을 지켜보면서 손바닥만한 논 한 마지기 가지고도 온갖 힘든 일을 해냈던 지난날들에 대한 보상이 …… 과연 이것인가를 생각하면 서러움과 분함에 어찌할 바를 모르겠습니다.[6]

남매간첩사건과 재심 신청 — 1981년 2월

나진, 나수연 두 남매에 대한 국가보안법 위반 혐의는 이렇다. 나진이 1963년 1월 말경 남파간첩 김수상과 함께 월북해 3, 4일간의 단기 간첩교육을 받은 후 서울로 돌아와 1981년 2월까지 간첩활동을 했다는 것과, 나수연이 1962년 7월경부터 1966년 7월경까지 남파간첩 김수상의 간첩활동을 방조하고 그후로도 1966년 3월 21일까지 때때로 국가기밀을 탐지·수집했다는 것이다. 그러나 고문

---

6. 윤점순 명의의 호소문. 민주화실천가족운동협의회 산하 장기수가족협의회 조작된간첩사건가족모임, 앞의 책, 60~61쪽.

으로 이 사건이 조작되었다고 믿었던 조영래 변호사 등이 재심을 신청했다. 다음은 재심 신청의 이유이다.

:: ⋯⋯ 그러나 위 범죄 사실을 뒷받침할 실질적인 증거라고는 수사기관에서 무려 3개월에 걸친 불법구금(연행된 후 3개월 만에 구속영장이 나옴)과 온갖 잔혹한 고문에 의하여 얻어낸 피고인들의 허위자백 외에는 아무것도 없으며, 피고인들은 공판정에서 고문 사실을 폭로하고 범죄 사실을 명백히 부인하였으므로 청원들이 보기로는 재판부로서도 피고인들의 무죄에 대한 심증이 충분히 형성되었을 것임에도 불구하고, 5공화국 출범 직후인 당시의 억압적인 정치 상황 때문에 부득불 피고인 나진에게는 징역 15년, 같은 나수연에게는 징역 7년의 각 유죄 판결을 선고하였던 것입니다.(월북한 간첩에게는 으레 사형 또는 최소한 무기징역을 선고하는 것이 관행처럼 되어 있던 실정에 비추어, 위 징역 15년의 양형은 지극히 이례적이며 이것만으로도 위 법원이 유죄의 심증에 자신이 없었던 사정을 넉넉히 짐작할 수 있습니다)[7]

신앙공동체도 자유롭지 않다 ― 한울회사건(1981년 3월)

한울회는 "3∼4명이 공동생활을 하면서 예배와 성서 연구, 섬김과 봉사의 훈련"을 하고, "공동생활을 통해 개인주의와 이기주의를 극복하고 서로의 형제애를 나눔과 섬김 속에서 철저히 체득"하려는 신앙공동체였다. 그러나 공안당국의 눈에는 신앙공동체 생활 자체가 불온하게 비쳤는지 한울회 공동체는 바로 반국가 단체로 몰리게 된다.

:: 서부경찰서에서 기초 조사를 받은 우리는 밤에 눈을 가리운 채 승용차에 태

---

7. 1988년 5월 21일자 변호사 조영래·박성민 명의의 법무부장관에 대한 석방 청원서. 민주화실천가족운동협의회 산하 장기수가족협의회 조작된간첩사건가족모임, 『간첩조작은 이제 그만』, 1989, 20쪽.

워져 대공분실 지하실로 끌려갔다. 이때부터 우리는 이 지하실과 모 여관 사이를 번갈아 끌려다니며 온갖 못 당할 짓을 당했다. 욕설, 모욕, 구타는 상식이었고 잠 안 재우기 고문, 밥 안 주기 고문 등의 가혹행위가 사용되었다. 우리는 나흘에서 일주일씩 잠을 못 자서 정신 집중이 매우 어려운 상태로 유도심문에 응해야 했다. 우리가 부인한 내용은 기록하지 않고 경찰이 요구한 내용만 기록했다. 그리고 그런 내용의 자술서를 몇 번이나 다시 쓰고, 같은 내용의 조서를 여러 번 반복해 썼다. 내 기억으로는 스무 번쯤 썼던 것 같다. 나중에는 무슨 질문을 하든 자동 인형처럼 암기된 내용이 저절로 새어나올 지경이었다.

수사는 끝날 줄 몰랐다. 지하실 천장 가까이에 나 있는 창문으로 밤이 오고 새들이 지저귀는 소리와 함께 아침이 밝았으나 몇 날이 지났는지는 알 수 없었다. 영원히라도 계속될 것 같은 수사였다.…… 경찰은 교대로 밤참을 먹어가며 조서를 쓰고, 우리는 허기지고 몽롱한 상태에서 여러 날을 견디며 유도심문을 견뎌야 했다.…… 수사의 결말이 이어지면서 나는 이들이 엄청난 사건을 날조하고 있다는 사실을 느꼈다. 고문조작 이야기는 많이 들었어도 설마 했었는데, 결국 나도 그것을 겪고야 마는구나 하는 생각이 들었다.[8]

한울회 공동체 사건은 이례적으로 대법원에서 무죄가 선고되었다. 한울회 공동체는 순수한 신앙공동체이지 반국가단체가 아니라는 것이다. 그러나 이 사건을 파기 환송받은 고등법원이 다시 유죄 판결을 하는 등 다섯 번이나 재판을 받으면서 결국 유죄 선고를 받았다.

8. 이규호, 「역사 앞에 밝히는 이야기, 반국가단체 한울회사건」, 5공정치범명예회복협의회, 『역사의 심판은 끝나지 않았다』, 살림터, 1997, 246~247쪽.

진도 고정간첩단사건──1981년 3월

1988년 10월 3일 서울대 교수회관에서 열린 한국형사정책학회 주최 제5회 정기학술회의에 특별한 손님이 초대되었다. 바로 간첩활동 혐의로 구속되어 7년 형을 선고받고, 그해 5월 만기 출소한 전남 진도군 고군면 전 부면장 박경준(55)씨였다. 이 날의 회의 주제는 '간첩수사 실상에 대한 고발'이었다.

:: 　간염으로 건강이 악화돼 공직에서 은퇴한 뒤 집에서 요양 중이던 박 씨가 영문도 모르고 졸지에 연행된 것은 서슬 푸르던 제5공화국 초기인 1981년 3월 9일. 박 씨가 끌려간 안기부에는 이미 형수 이수례(당시 57세) 씨를 비롯해 조카 박동운·박근홍 씨, 매제 허현 씨 등 가족들도 끌려와 조사를 받고 있었다. 수사관들이 이들에게 집요하게 자백을 강요한 것은 6·25 당시 행방불명된 박 씨의 형 영준 씨가 남파간첩으로 내려와 접선, 이들이 고정 간첩활동을 해왔음을 실토하라는 것이었다. "30여 년간 생사 여부도 모르는 사람에게 국가기밀을 제공했다는 것을 자백하라니 기가 막힐 노릇이었다"고 박 씨는 말을 이어나갔다. 그러나 이 같은 누명을 벗어나 결백을 주장하기란 60일간에 걸친 끔찍한 고문과 공포 분위기 속에서는 애당초 힘든 일이었고, 박 씨 가족들은 결국 항복, 수사관들이 불러주는 대로 진술서를 받아쓰기에 이르렀다.

박 씨는 그때 당한 고문으로 원래 시력이 약했던 오른쪽 눈이 완전히 실명된 상태다. 이 같은 강요된 자백은 재판과정에서도 그대로 증거로 채택돼 이수례(집행유예 2년) 씨를 제외한 가족 4명이 모두 감옥행 신세가 되고 말았으며, 진도군 농협 대부계장을 지내던 동운 씨는 무기징역을 언도받았다. …… 박 씨는 "가난하고 배운 것도 보잘것없는 이들 억울한 복역수들을 국민적 차원에서 철저하게 재조사, 흑백을 가려내 줄 것"을 호소했다. "나를 고문한 수사관들에 대해서는 이미 인간적으로 용서를 했지만, 이 땅에 저와 같은 불행한 사람이 다시 없기를 바란다"면서 박

씨는 1시간 30분에 걸친 강연을 마치고 농사일이 바쁘다며 총총히 학술회의장을 빠져나갔다.[9]

이 사건이 바로 '진도 고정간첩단사건'이다. 1981년 7월 31일 신문과 방송은 '간첩단사건 일망타진'이라고 대대적으로 떠들어댔다. 물론 안기부가 제공한 기사였음은 두말할 나위 없다. 당시는 5공화국 정권이 자신들의 집권 정당성을 확보하기 위해 끊임없이 간첩사건을 만들어내던 시기였다. 이들은 일반적인 물고문과 구타, 잠 안 재우기, 협박은 말할 것도 없고 다음과 같은 기막힌 성고문까지 당했다.

:: 박 씨의 처 한증자 씨와 출가한 여동생(허현의 처)도 실오라기 하나 없는 알몸으로 무수히 구타당하고 물고문으로 조작된 사실에의 시인을 강요당했다. 박 씨의 매제 허현 씨에게는 성기에 종이를 말아 불을 질러 살갗이 짓물러지고 심한 화상을 당하는 등 인간이 저지를 수 있는 극악한 행위를 서슴지 않았다고 한다.[10]

이 사건의 또 다른 피고인 박동운 씨는 자신의 아버지를 만나러 북한까지 다녀온 것으로 조작되어 사형을 선고받았다. 그러나 이것도 피고인 자신의 자백 외에는 다른 증거가 없었다. 그는 나중에 사형에서 무기징역으로 감형되었다.

외항선원 '간첩' 조봉수 씨의 경우─1981년 4월
1981년 4월, 이 시기는 아직 5공화국이 정권의 정당성을 만들어가야 하는 집권 초기에 해당한다. 유난히 1980년과 81년에 간첩사건이 많이 양산된 것은

9. 1988년 10월 27일자 『한겨레신문』 기사.
10. 「정권 안보와 간첩 조작」, 『월간 말』, 93쪽.

이런 정치 정세와 무관하지 않다. 이 와중에 또 한 사람의 희생자가 생겼으니 바로 조봉수 씨이다.

> :: 저는 딸 넷을 둔 외항선원으로 성실하게 일했던 올해 47세의 조봉수 씨의 처 성영희입니다. 저희 아빠는 주로 일본 등지를 왕래하며 일을 하였습니다. …… 그러던 1984년 4월 어느 날, 삼천포에 있던 저희 집에 창원경찰서 대공과 형사 7~8명이 들이닥쳐 저희 아빠를 연행해갔습니다. 영문도 모른 채 끌려가는 저희 아빠를 저의 힘만으로는 구출할 수 없었습니다. 이내 수소문을 해보았지만 열흘이 넘고 한 달이 넘어도 알 수가 없었고, 52일이 경과된 후에 신문에서는 간첩사건을 발표하였는데 그 간첩이라는 사람이 저희 아빠라는 사실에 저는 망연자실하고 의식을 잃고 말았습니다. 그렇게 찾던 아빠가 간첩이라니![11]

가족 앞에서 불법연행되어 어디에 있는 줄도 모른 채 50일이 넘게 격리시켜 '절해고도'의 상황을 만들어놓고 신문한다는 것 자체가 이미 반인륜적이고 반인권적이다. 그리고 고문으로 조사한 결과를 일방적으로 발표해 기정사실로 만들어놓고 만다. 가족의 충격이 얼마나 클지 상상이 가고도 남는다. 조봉수 씨 역시 외항선원으로 일본의 친척을 만난 것이 문제가 되었다.

> :: …… 내용인즉, 일본에 있는 형님으로부터 지령을 받고 간첩활동을 했으며 밀수를 했다는 것입니다. …… 일본에는 저의 시숙 세 분이 살고 계십니다. 저희 시숙들은 일본에서 일정한 경제적 여유를 가지신 분들인데 큰형님은 거류민단 감찰역을 하셨고, 둘째 형님은 오래전에 조총련계에서 탈퇴하고 거류민단에 소속되

---

11. 조봉수 씨의 처 성영희 명의의 호소문. 민주화실천가족운동협의회 산하 장기수가족협의회 조작된간첩사건가족모임, 『간첩조작은 이제 그만』, 1989, 62쪽.

어 있으며, 셋째 형님은 조총련계 소속인 것으로 알고 있는데 저희 아빠는 거류민

단이든지, 조총련이든지 어떤 단체에 소속되어 있다는 것이 형제들이 만나는데 하

등의 문제가 될 수 없다고 생각하여 형님들을 두루 만나기도 하였다고 합니다. 상

대적으로 부유한 형님들은 외항선원으로 근면하게 살아가는 동생에게 여비 정도

보태주는 것은 너무나 자연스럽고 인간적인 형제애를 표시한 것에 불과합니다.

…… 저희 아빠는 52일간의 불법구금 상태에서 모진 고문과 협박에 인간으로서의

자기변명과 주장을 펴지 못한 채 형사들이 작성한 시나리오에 따라 앵무새처럼 진

술하였고, 이것이 그들이 의도했던 간첩 확정의 근거가 되었다는 사실 ……. 오히

려 대공과 형사라는 작자들이 '탄원서를 취소하라. 그렇지 않으면 곤란한 일이 생

긴다' 는 등의 온갖 협박으로 저희의 노력을 짓밟아버리곤 하였습니다.[12]

전국민주학생연맹사건과 남영동의 고문 — 1981년 6월

전두환 정권이 집권 초기에 정권의 정당성을 입증하기 위한 방편으로 만들

어낸 몇 가지 용공조작 사건들 중 하나가 바로 전국민주학생연맹사건이다. 이 사

건은 남영동 대공분실에서 고문이 이루어졌다. 고문 내용이 김근태 고문사건과

유사한 것은 어찌 보면 당연한 일이다. 그러나 당시 피고인들이 당한 고문의 실

상은 제대로 알려지지 않았다.

① 이태복 씨의 경우

변호사(이돈명) : 연행된 경위에 대해 얘기하세요.

이태복 : 6월 10일 혜화동 로터리에서 신원을 알 수 없는 4명한테 검은 차에 실려

연행되었습니다. 처음엔 어딘 줄도 몰랐는데, 나중에 그곳이 남영동 대공분실인

---

12. 조봉수 씨의 처 성영희 명의의 호소문. 민주화실천가족운동협의회 산하 장기수가족협의회 조작된간첩사건가족모임, 앞
의 책, 62∼63쪽.

줄 알게 되었습니다.

변호사: 그날부터 계속 구속상태에 있었죠. 고문 내용에 대해 얘기하세요.

이태복: 맨 처음 꿇어앉히고 구타당했는데, "네가 수괴지, 코뮤니스트지"라고 했습니다. 제가 처음 들은 이야기이기 때문에 잘 모르겠는데, 공산주의자이고 수괴가 아니냐고 추궁했습니다. "꼼은 아니고 수괴가 아니다"라고 하니 다짜고짜 발가벗긴 채 고문판에 사지를 묶고 물고문을 하며 "무조건 항복하라"고 요구했습니다. 즉 "수괴이고 꼼이라는 걸 인정하라"는 것입니다. 물고문을 하니까 토하고 위에서 심한 경련이 일어나 비명을 지르니까 수건을 입에 물려 물고문, 전기고문, 발바닥고문을 하고 들어오는 사람마다 때렸습니다.

변호사: 어떤 조직에 관한 것이었습니까?

이태복: 그 당시에는 "남민전과 같은 조직을 하지 않았느냐"며 전국 흥사단 아카데미를 통한 학생 조직과 서울, 부산, 광주, 춘천, 대구, 수원의 양서협동조합과 YH, 청계 피복, 원풍, 반도 등의 각 노조 간부 등과의 노동자 조직을 가진 방대한 지하조직을 하지 않았느냐는 질문 공세를 했습니다. 인원이 너무 방대하고 수천 명이 넘는 거였습니다. 민주노동자연맹사건으로 기소된 노동운동을 한 사실이 있지만 전혀 알지 못하는 사람과 광민사 사무실 전화 도청한 것 가운데 이름이 나온 사람을 찾았다고 합니다. 이선근이가 민주학생연맹을 조직했다는데, 이선근과 공산주의 혁명을 위한 보조 집단으로서의 반국가단체로 민주학생연맹을 조직하고 수괴로 앉지 않았느냐고 공박했습니다.

변호사: 피고인은 전혀 민주학생연맹 조직을 몰랐고 거기서 처음으로 알았다고 했죠.

이태복: 그 당시는 민주학생연맹이란 이름을 칭하지 않고 조직이라고 하며 욕설을 퍼붓고 고문을 했습니다. 책임자가 "아직까지 항복받지 않았냐"고 하며 "고문하다가 죽여도 좋다. 항복을 받아라"고 했습니다. 그때 부인을 계속하니까 "네가

죽겠느냐, 이선근이가 죽겠느냐"고 했습니다. "한강에다 빠트려 죽이겠다, 휴전선에다 버리겠다"는 등의 협박을 했고, 각본이 다 짜여진 것 같았고 계속 부인하면 이로울 것이 없다고 판단하여 나중에 인정할 수밖에 없었습니다.

변호사: "인정 안 하면 이선근이가 죽든, 네가 죽는다"는 협박을 받았고, 피고인은 한 일이 없기 때문에 그런 과정을 거칠 수밖에 없었단 말이죠.

이태복: 맨 처음에는 서울 무슨 연합회라 하고 중앙위원 이름도 수사관이 시키는 대로 썼습니다.

변호사: 단체 이름, 단체에 가담한 사람, 단체가 무엇을 하고의 연결성을 전혀 알지 못하고 수사관이 시키는 대로 자신이 한 것처럼 진술했단 말이죠. 피고인은 구속영장이 발부된 것이 7월 23일이었나요?

이태복: 네.

변호사: 6월 10일부터 7월 23일까지는 전혀 영장이 없이 대공분실에서 감금상태에서 고문당했습니까?

이태복: 그 당시는 영장이라는 법률문제보다도 생사의 문제가 달려 있었습니다.[13]

"법률문제보다는 생사의 문제"였다고 말하는 피고인의 말이 인상적이다. 그만큼 생사를 넘나드는 끔찍한 고문이 있었다는 상징적인 표현이다. 전국민주학생연맹 또는 전국민주노동자연맹의 최고 '수괴'라는 사람이 고문장에서 비로소 조직의 그 이름을 처음 들었다 하니, 고문은 없는 조직도 만들어낼 수 있었던 것이다.

---

13. 1982년 4월 26일 오전 10시 서울형사지법 대법정에서 피고인 이태복이 한 진술. 대한변호사협회 인권위원회, 「전국민주학생연맹사건 이태복 씨 경우」, 「고문근절대책공청회 자료집 — 고문 피해의 증언」, 1987, 6~7쪽.

② 신철영 씨의 경우

::   8월 3일 오전 9시경 집에서 연행당했는데, 처음엔 "잠깐 참고로 조사할 일이
있으니 같이 가자"면서 신분을 정확히 밝히지 않는 사람들에 의해 차에 실려가다
가 한강 다리를 넘으면서 "고개를 숙이라" 하며 눈을 가리고 끌려갔습니다. 방에
들어가서 제일 처음 "이태복이 아느냐" 해서 사실대로 얘기했습니다. 8월 4일까
지 이틀간에 걸쳐 "사실이 그런 게 아니라 사회주의 할려고, 민주노동자연맹 할려
고 했다"라고 하라면서 "노동자연맹 규약을 내놓으라"고 했습니다. 그것은 소각
했다고 하자 "네가 산업선교에 들어가서 사회주의 교양한 것을 얘기하라"고 했습
니다. 8월 4일 오후 담당수사관보다 높은 사람이 들어와 안 되겠다 하며 4명이 더
들어와 5~6명 정도가 두들겨 패기 시작했습니다. "너 같은 새끼는 한 달만 있으
면 겉으로 표시 안 내고 죽일 수 있다"면서 "새끼 여기가 어딘 줄 아느냐"면서 엎
드려뻗쳐 시키고 마구 때렸습니다. 그 다음부터는 될 수 있는 대로 말대답을 안 했
습니다. 밤늦게 다른 방(고문실)으로 데려가서 옷을 모두 벗겨 팬티만 입히고 결박
된 상태로 얼굴에 수건을 덮어씌우고 물을 붓고 "박형규 목사한테 노동자연맹 조
직에 대해 보고했다"고 자백하라는 것이었습니다. 나중에 견디다 못해 "박형규 목
사한테 보고했다"고 허위자백했습니다. 물을 붓고 전기선을 연결해 전기고문을
하고 발바닥을 때리기 시작했습니다. …… 그날 밤 자고 사회주의 했다는 진술서
를 쓰라고 했습니다. 공소장 모두부분에 해당하는 것을 쓰라는 것이어서 사실대로
쓰니까 사람들이 우르르 몰려들고 저녁 먹이지 말라고 하고선 나중에 고문대에 올
라가서 다시 쓰기 시작하니까 도저히 문장을 만들 수가 없었습니다. ……[14]

물고문, 전기고문 등이 등장하고 있다. 이 당시에도 1986년 김근태 고문사

---

14. 전국민주학생연맹·전국민주노동자연맹사건 신철영 피고인의 변호인 반대신문. 한국기독교교회협의회 인권위원회, 『복음
과 인권―1982년도 인권문제전국협의회 자료집』, 1982, 186~187쪽.

건에서 등장하는 고문실과 고문대가 그대로 설치되어 있었음이 틀림없다. 만약 당시 이 사건을 다루었던 검사나 판사가 피의자의 고문 호소를 좀더 주의 깊게 듣고 적절한 조치를 취했더라면, 그렇게 많은 고문희생자들이 생겨나지 않았을 것이고 박종철 군은 죽지 않아도 되었을 것이다.

③ 양승조 씨의 경우

:: (고문의 정도가) 신철영 피고인과 김철수 피고인과는 비교가 안 됩니다. 8월 1일 집 앞에서 연행되었는데 보자마자 수갑을 채웠습니다. 다짜고짜 때려요. 세 사람이 때렸는데 차에 타자마자 고개를 수그리게 했습니다. 남영동에 가자마자 "너는 빨갱이다" 하면서 "이태복이 아느냐"고 묻길래 "이태복이와 친구 사이고 이태복이는 양심적 지식인의 한 사람입니다" 했더니, 빨갱이가 어떤 건지도 모르고 있는데 "공산주의자라고 시인해라" 하면서 꼬박 밥도 안 먹이고 잠도 안 재우고서 각목으로 이틀 동안 때렸습니다. 멍이 안 풀려 가슴에 붕대를 감고 있었습니다. 다시 고문실로 가서 발가벗겨갖고 "항복을 할래" 하면서 묶어놓고 못 움직이게 하고선 물 호스를 입에 대고 1시간씩이나 힘을 못 쓸 때까지 계속해댔습니다. 눈하고 코하고 다 막아났으니 항복하면 발만 까딱였습니다. "쓸 수가 없다. 뭘 알아야 쓰지 않겠느냐" 하며 사람이 기진맥진하니까 멍이 안 든 데만 골라서 때렸습니다. …… '이렇게 맞고 사는 것보다 차라리 죽는 게 낫겠다'고 생각했습니다. 자술서는 내가 쓴 것이 아니라 나를 담당한 수사관 이근화 씨가 쓰라 해서 두 번 베꼈습니다.[15]

고문에는 남녀 구별이 없었다. 이 사건의 공동 피고인 박태연 씨는 "피고인

---

15. 전국민주학생연맹·전국민주노동자연맹사건 양승조 피고인의 변호인 반대신문. 한국기독교교회협의회 인권위원회, 앞의 책, 189쪽.

은 여자라 앞에서 말한 고문을 당한 일은 없겠죠"라고 묻는 변호인의 질문에, "저는 남자분들이 진술하는 것과 같은 고문을 당했습니다"라고 대답했다. 그녀는 이어 "처음에는 그런 사실이 없어 부인했지만 고문대에 올라 고문을 받고서는 허위자백을 할 수밖에 없었습니다"라고 말함으로써, 고문대에서 물고문과 전기고문을 받았음을 증언했다.[16] 당시의 고문경관들에게는 양심도, 사정도 없었던 것이다. 이 사건의 또 다른 여성 피고인 노숙영 씨의 증언이다.

> ::   제가 며칠간 도피를 하고 있었는데 1차 조사가 끝나고 일부 학생들이 훈방되어 나오면서 "구속된 몇 사람이 공산주의자로 몰리고 있다"고 해서, 자신도 이태복 씨와 관련이 있으니 잡히면 분명히 공산주의자로 몰리게 될 것이라고 여겨져서 도피를 하고 있는 중이었습니다. 자가용으로 4명의 수사관이 연행했는데……내가 먼저 "나는 공산주의자다"라고 말을 했습니다. 왜냐하면 내가 여자의 몸으로 고문대에 올라가서 고문을 받고 병신이 된다면, 자신이 정말 비참하다는 생각이 들어 그랬는데도 불구하고 고문을 했습니다. 고문대에 사지를 벨트로 묶고 얼굴에 수건을 덮고 딴 사람이 말한 것 같은 고문을 했습니다.……공산주의자라고 인정은 했지만 뭘 알아야 쓰죠.……종합반이라는 반이 돌아다니면서 자술서 작성방법에 대해 지도를 했습니다. 제 방에 『신상초의 레닌과 러시아혁명』이라는 책이 있었는데 그것을 읽고 베꼈습니다. 제가 어느 정도 쓰면 담당수사관이 가져가서 보고 삭제를 해버리고 하면, 다시 깨끗한 종이에 다시 베껴 썼습니다.[17]

'종합반'이라는 표현이 재미있다. 피의자가 자술서 쓰는 것을 지도하는 것

---

16. 전국민주학생연맹·전국민주노동자연맹사건 박태연 피고인의 변호인 반대신문. 한국기독교교회협의회 인권위원회, 『복음과 인권 —1982년도 인권문제전국협의회 자료집』, 1982, 190~191쪽.
17. 전국민주학생연맹·전국민주노동자연맹사건 노숙영 피고인의 변호인 반대신문. 한국기독교교회협의회 인권위원회, 앞의 책, 195쪽.

인데, 사건의 줄거리를 꿰맞추어 하나의 사건으로 일목요연하고 일관되게 만들어내는 그야말로 조작의 기술자들인 셈이다.

부산 미문화원사건의 피고인들—1981년 7월

① 나는 안전기획부에서 배후와 도피 경위에 대해 집중 추궁을 당했다. 세 사람이 나의 손을 뒤로 묶고 눈을 가린 채 비틀고(켄터키치킨처럼) 구타하였는데, 나의 입에서는 피가 나왔다. 또한 물고문도 당했다. 그리고 그들은 김은숙을 내가 보는 앞에서 욕보이겠다고 했고 또 그렇게 믿을 수밖에 없는 상황이었다. …… 나를 딴 방으로 끌고 갈 때 나는 김은숙을 진짜로 욕보이는 줄 알았다. 치안본부 대공분실에서는 김현장이 "북한에 연락 무전기를 언제 치더냐"하면서 무전기가 최 신부 방에서 발견되었다고 했다. 부산에서는 웃통 벗기고 수갑을 채운 손을 다리 사이에 끼워 켄터키치킨처럼 돌리면서 액체를 내 코에 부었다. 이 같은 일이 3~4회 이상 있었는데, 그때마다 나는 거의 정신을 잃었다. 광주사태 얘기가 나오거나, 내가 민주주의를 지향한다는 말만 하면 때렸다. 그래서 나는 용공분자가 되었고, 김현장을 나의 배후 인물로 만들었다. 검찰에 와서도 나는 재조사에 대한 위협과 공포 분위기 때문에 경찰 조서를 그대로 인정할 수밖에 없었고, 검찰은 자신들이 조서를 꾸며나갔다.(7월 12일, 문부식)

② 안전기획부에서 문부식이 맞는 것을 알았다. 뒤에 봤을 때 그의 얼굴은 부어 있었다. 부산에 와서는 내외문화사라는 곳에서 조사를 받았는데 사회주의 체제로 이행시키기 위함이었다는 것을 강요받았고, 또한 그렇게 해줄 수밖에 없었다. 문이 열리면서 누군가가 "이년이 제일 지독해!"하면서 남자 7~8명이 둘러싸고 옷을 벗기라고 해서 그들이 옷을 벗기려고 덤벼들기에 내가 벗었다. 팬티 하나만은 입고 있으라고 했다. 그러고는 눈을 가리고, 팔을 뒤로 묶고 욕조에 물을 틀면서, 나를 그쪽에 데려가 욕조 물속에다 대고 머리를 눌렀다. 기력이 다

해 반항하지 못하면, 세워두고 다시 깨어나면 반복하기를 수차례 했다. 나는 남자 앞에서 옷을 벗은 수치감과 물을 먹으니까 정신이 몽롱해져 그들이 해달라는 대로 해줬다. 그후, 나는 한때, 물 트는 소리에 놀라는 병을 얻었다. 정신을 못 차리게 되는 것이다. 대질심문 당시 나의 경우는 고문이 끝난 뒤였는데, 박정미는 벗겨진 채 알몸으로 담요 같은 것을 두르고 있었다. 나는 그를 보고 울었다. 그리고 우리는 수사관이 하라는 대로 "속았지"라고 말했다. 생각해보니 이 말은 문부식에게 속았다고 하라는 말로 해석된다. 그리하여 결국 나는 북괴를 이룝게 할 목적으로 방화하고 공산주의혁명을 위해 공부한 사람이 되었다.(7월 12일, 김은숙)

③ 원주에서의 교육 내용에 대해, 그들의 요구에 거부하자 경찰은 "문부식이나 김현장처럼 죽어나가고 싶으냐"고 하면서 구타했다.(7월 12일, 유승렬)

④ 물고문을 많이 당했다. 그들의 요구사항은 유승렬을 대라는 것과, 사회주의 사상을 가졌다고 말하라는 것, 그리고 문부식의 행방을 대라는 것, 그리고 대신동 삐라사건을 대라는 것 등이었다. 그들은 건강한 남자 3명이 팬티만 남긴 채 옷을 벗기고 물고문을 시켰다. 처음에는 수치감을 느꼈으나 당시는 오직 살아야 하겠다는 생각만 있었다.(7월 19일, 김지희)

⑤ 살고 봐야 하겠기에 그들이 부르는 대로 썼다. 그들은 "너 같은 놈 하나 죽여도 위에서 칭찬하지 뭐라고 하지 않는다"고 했다.(7월 19일, 박원식·최충언)

⑥ 3~4명의 건장한 사람들이 달려들어 옷을 벗기고 팬티만 입힌 채, 양손에 수갑을 뒤로 채우고, 무릎과 허리를 때려 지금도 상처가 있다. 또한 욕조 속에 머리를 처박았다. 나는 실신도 했는데, 그들의 요구사항은 공산주의자라고 자백하라는 것과, 방화사건에 직접 가담했다고 말하라는 것이었다.(7월 19일, 박정미)

⑦ 그들이 옷을 벗으라고 하기에 벗지 않자, 욕조 있는 곳으로 끌고 가 머리를 처박았다. 또 뒤로 손을 묶고 물수건을 코에 댄 채 물을 부었다.(3회 정도) 그리고

그들은 구둣발로 내 머리를 지근지근 밟았다. 그들이 요구하는 것은 김현장과 공부할 때, 사회주의와 북괴를 찬양했다고 말하라는 것이었다.(7월 19일, 김영애)

⑧ 나는 4월 2일 자수하여 8일 부산으로 오기까지 잠을 자지 못했다. 4월 5일부터 나는 내 몸을 주체하지 못했다. 당시의 내 몸 상태를 보고 치안본부 대공분실에서는 고문도 하지 못했다. 10일부터 부산에서 내외문화사인지, 해외문화사인지에서 조사를 받았는데, 공산주의자라고 말할 것을 강요했다. 그리고 "성해가지고 나갈래? 몸을 다칠래?" 하면서 손을 뒤로 묶고 때렸다. 당시 내 배는 홍시감처럼 부어 있는 상태였다. 그리고 무전기를 내놓으라고 했다. 그래서 할 수 없이 최 신부에게 맡겨놓았다고 했다. 방화 관련을 부인하니까 더욱 혹심하게 다루었고, 국내외의 존경을 받는 주교님(지학순 주교를 가리킴)을 모략하는 발언을 할 것과 방화사건 배후로 최기식 신부를 댈 것을 요구하였다. 나는 차라리 나를 죽여달라고 애원했다. 묶고 손을 뒤로 돌려 내 코에 와사비를 부었다. 그것을 6차례나 당했다. 그 뒤로는 불러주는 대로 자술서를 썼다. 지금도 허리를 펴지 못하는 상태이며, 죽을 먹고 있다. 그리고 각혈도 하고 있다. 그러나 교도소 의무과에서는 감기 기운이라고 말하고 있다.(7월 19일, 김현장)[18]

아람회사건의 피고인들 — 1981년 7월

:: 1981년 5월 17일 오후, 충남 대전에 있는 김난수(당시 육군대위) 집에서는 김 씨의 딸 아람이의 백일잔치가 열리고 있었다. …… 이 같은 아람이의 백일잔치가 3개월 뒤 '아람회'라는 반국가단체를 구성한 자리로 둔갑할 줄은 그 누구도 몰랐으리라.[19]

---

18. 대한변호사협회 인권위원회, 「부산 미문화원 문부식·김현장·김은숙·박정미·김영애·유승렬·김지희 씨 등」, 「고문근절대책공청회 자료집 — 고문 피해의 증언」, 1987, 10~11쪽. 이상의 내용은 피고인들의 1심공판 진술을 정리한 것임.
19. 1988년 9월 25일자 「한겨레신문」 특집기사.

아람회사건 관련자들은 현역 육군장교, 현직 경찰관, 검찰 직원, 교사 등 금산고등학교 동창생들의 친목계에 불과했는데, 이토록 엄청난 조직으로 조작되었다. '아람'이는 그중 한 명인 김난수 대위의 딸아이 이름이었고, 동창들끼리 모여 축하한 평범한 백일잔치에 불과했던 행사가 국가보안법에 등장하는 반국가단체의 결성식으로 바뀌었다. 이런 과정에 고문이 끼지 않을 수 없었다.

:: ⋯⋯ 그 원인도 모른 채 1981년 7월 16일 오후 3시경, 소속, 성명, 인적 사항 등 정체불명의 사나이 4명에게 이유 불문하고⋯⋯ 사법부의 구속영장도 없이 ⋯⋯ 불법구속을 강제당하였고,(당시 헌법 제11조 제1항 및 3항, 형사소송법 제207조 위배)⋯⋯ 또 81년 7월 18일에서 8월 20일까지 불법구속을 강제당하면서 그들이 미리 준비한 메모지의 내용대로 조작된 사건에 대하여 범죄 사실의 허위자백을 강요당하였다. 만일 본인이 이에 불응하거나 위반 사실이 없음을 주장하면 사법경찰관들은 길이 80cm가량, 두께 3.5~4cm가량의 몽둥이나 주먹, 택견 등으로 본인을 개 패듯이 수없이 두들겨 패고, 그래도 끝까지 위반 사실이 없음을 주장하면 그 지하실 내에서 또다시 눈을 가리워진 채 또 다른 고문실로 끌려들어가, 인간 수치의 발가벗겨진 모습으로 두 손에 수갑이 채워지고 두 무릎 사이에는 각목이 끼워져 거꾸로 매달려지고 하늘을 향해 드러내진 얼굴에는 수건을 뒤집어씌운 다음, 코와 입 사이에 사정없이 수돗물을 붓는 바람에 수건이 물에 젖으면서 수막현상을 일으켜 거의 질식상태에서 몸부림쳐야 하는 참담할 정도의 고문행위를 30~60분가량 계속 당하여 거의 반사상태인 죽음에 직면한 상황에 이르게 되면, 인간의 삶의 처절한 욕구는 어쩔 수 없이 본인의 의지와는 반하는 사법경찰관이 불러대는 조작된 허위 사실에 끄덕이는 머리 모양만으로 시인되어버렸고, 진술서의 작성이 강제되어버렸다.

⋯⋯ 이것이 끝나면 지금까지 허위 조작된 진술 내용이 녹음기에 녹취되고, 반복

청취되는 등 공포 분위기 속에서 강제된 세뇌교육이 이루어짐으로써 대한민국 경찰에 의한 공산주의 이론이 강제 학습되고, 피해망상증·정신착란증·공포증의 심리적 강제 속에서 본인의 선한 의지와는 무관한 범죄 서류가 1981년 7월 19일에서 8월 20일 사이에 모두 작성되어버렸다는 것이다. 이외에도 81년 7월 19일부터 대략 10일간 몇 촉인지 모르는(당시 생각키로는 야구 경기장의 조명등 불빛 같았다) 조명등을 24시간 받으면서 잠 못 자는 고통은 지금도 몹시 괴로운 기억으로 떠오르고, 3~4일간 굶주린 고통, 수시로 수사실 복도에 설치된 욕조 물속에다 머리를 처박혀 고통의 수난을 당했던 일들은 기억조차 하기 싫다.[20]

::   김 씨 성을 가진 40대가량의 좀 뚱뚱한 형사와 그보다 나이가 든 상급자는 나를 고속버스에 태워 대전으로 데려갔다. 대전에 도착해 고속버스터미널 앞 지하초소에서 잠시 휴식을 취하고, 그들은 나를 미리 대기해놓은 승용차에 태워 검은 천으로 눈을 가리고는 20~30분을 달린 끝에 어느 건물 지하실로 끌고 갔다. 나중에 그곳이 바로 대전 보문산 밑에 있던 충남도경 대공분실 지하실임을 알았다. 그 지하실에서 나는 그날부터 햇빛 한 줌을 보지 못하고 8월 20일 구속영장이 떨어지기까지 불법감금되어 32일 동안 '인간'이 아닌 '짐승' 같은 나날을 보내야 했다. 16년이 지난 오늘에도 생지옥 같던 그날의 참혹한 광경을 떠올리면 전율을 금할 수 없다. 그들은 처음 일주일 가까이 잠을 재우지 않고 나에게 자술서를 강요했다. 담당형사가 자리를 뜰 때에도 보안사 군인인지 전경인지 머리를 짧게 깎은 사복 청년을 내 곁에 붙여 24시간 내내 감시했다. 내가 책상에 앉아 잠시라도 졸을라치면 그들은 핀으로 콕콕 내 몸뚱이를 찔러 나를 깜짝깜짝 놀라게 했다.

…… 그들은 내 자술서에서 범죄 사실이 나오지 않자 잠을 자지 못해 의식이 몽롱

---

20. 황보윤식, 「나와 아람회사건」, 5공정치범명예회복협의회, 『역사의 심판은 끝나지 않았다』, 살림터, 1997, 64~66쪽.

해진 나를 몽둥이로 사정없이 두들겨 패기 시작했다. 시골에서 도리깨질을 할 때 쓰는 나무몽둥이에 텅텅 얻어맞아 내 머리통은 사방에서 혹이 났고 나중에는 시렁에서 방바닥으로 떨어진 메주처럼 얼굴이 일그러졌다. …… 그들은 이제 본격적인 고문을 가했다. 때에 따라 옷을 벗기고 몽둥이를 무릎 사이에 끼우고 시멘트 바닥에 꿇어앉힌 채 양쪽에서 그 몽둥이를 밟아 누르기도 하고, '원산폭격'을 시키기도 하고, 슬리퍼로 내 발톱을 밟아 짓이기기도 하고, 얼굴 턱을 잡아 뽑을 듯이 눌러 당기기도 하고, 머리털을 움켜잡아 뽑기도 했다. 대여섯 명이 한꺼번에 달려들어 집단 린치를 가할 때는 경위 계급의 조장이 지휘했다. 나는 이럴 때마다 '인간'의 비명을 지를 수 없었고 '짐승'의 울부짖음처럼 앙올앙을 소리를 내질렀다. 지하실에서 벌어진 이런 한 덩어리 고문의 장면은 고문하는 자나 당하는 자 모두 '인간'으로 볼 수 없는, '짐승'의 사냥 바로 그것이었다.

…… 이렇게 사건 조작이 한창 무르익으면서 물고문이 추가됐다. 그들은 팬티만을 걸친 알몸의 내 무릎에 기다란 몽둥이를 지르고 묶은 다음, 양쪽 책상을 받침대로 해 나를 공중에 매달아놓고 머리채를 잡아 내 몸의 수평을 유지시키면서 수건을 얼굴에 덮고 주전자의 물을 그 위에 부어댔다. 물고문은 숨을 제대로 쉴 수 없는 내가 코와 입으로 물을 잔뜩 먹고 기절해 축 늘어질 때까지 계속되었다. 이런 물고문 뒤 또다시 물고문을 받을 수 있는 최소한의 몸으로 기력이 회복되기에는 적어도 4~5일이 걸렸다. 이런 주기에 맞춰 나는 사건 조작이 완성될 때까지 모두 네 차례 물고문을 받고 그때마다 혼절해 저승의 문턱에 다다르곤 했다. 이런 상황에서 모든 것은 그들의 요구대로 그림이 그려지고 한 편의 '반국가단체' 소설이 '탄생'하게 되었다. …… 나는 이 단계에서 더욱 혹심한 고문을 받으며 사건 주모자로 조작되었고, "너 같은 놈 죽으면 거적에 싸서 뒷산에 묻으면 그만이다"는 협박과 함께 그들이 불러주는 대로 '김일성 장군을 위해 죽는다'는 내용의 유서까지 강제로 쓰게 되었다.[21]

::   1981년 7월 22일, 여름방학을 맞아 부모님을 먼저 뵙고자 (진안군 용담면) 시골로 가던 길에 금산읍에 도착하자 전부터 알고 지냈던 금산경찰서 정보과 형사인 진 아무개 순경이 잠깐 보자고 하면서 경찰서로 연행하는 것이 아닌가! …… 대전 보문산 근처에 있는 지하실로 눈을 가린 채 끌려가 불법감금되었다. 증거 제시도 없고 영장도 없이 무슨 영문인지도 모르고 어이가 없어 할 말을 잊고 있었다. 철제 책상만 놓여 있는 지하실에 집어넣고 허리끈을 풀고 다짜고짜 무릎부터 꿇게 하는 것이다. …… 잠을 재우지 않고 자술서 쓰기를 강요한다. 며칠이 지나자 박해전, 이재권의 비명소리가 들려와 모진 고문이 행해진다는 것을 알게 된다.

…… 유○○란 수사관은 우둘투둘한 몽둥이를 들고 방마다 돌아다니면서 빨갱이라는 것을 시인하라면서 두들겨 패기만 하는 무식한 놈이었다. 나를 벽에 기대어 세워놓고 손을 들게 한 채 구타를 해오기에 오른손으로 방어하다 뼈마디를 다치게 되어 펜을 쥘 손가락(무지와 인지)이 힘을 쓸 수가 없어, 무지와 명지로 펜을 쥐어 자술서를 쓰다 보니 글씨가 엉망이 되었다. …… 하루는 통과의례처럼 물고문을 한답시고 손과 발에 수갑을 채워 꽁꽁 묶은 다음 그 사이로 막대기를 꼽고 양쪽 책상에 걸치어 거꾸로 매달리게 한다. 마치 팔려가는 돼지 모양을 하고 있는 것이다. 이어서 코에 수건을 얹고 물을 붓는 것이었다. 나는 버둥거렸기 때문인지, 그네들이 가볍게 다루어서인지 물이 많이 들어오지 않아 큰 고통을 느끼지는 못하였다.[22]

1심인 대전지방법원 제2형사부(재판장 김학세, 판사 황승연·이인제)는 고문과 조작으로 만들어진 이 사건에 대해 1982년 2월 11일 검찰의 공소 사실을 모두 인정하면서 박해전에게 징역 10년, 자격정지 10년의 중형을 선고했다. 그런데 놀랍게

---

21. 박해전, 「역사의 물길을 민중의 바다로」, 5공정치범명예회복협의회, 『역사의 심판은 끝나지 않았다』, 살림터, 1997, 85~89쪽.
22. 정해숙, 「새는 역사를 노래하고 나무는 증언을 한다」, 5공정치범명예회복협의회, 앞의 책, 45~48쪽.

도 서울고법(재판장 이정락)에서 '아람회'가 반국가단체라는 것을 부정하며 무죄를
선고했다. 물론 나중에 대법원에서 다시 번복하면서 유죄가 되었다.[23]

삼척 일가족간첩단 조작미수사건 — 1981년 7월

::　　지난 81년 보안대가 강원도 삼척군 원덕읍 월천리 이정복(51) 씨 일가를 포
함, 33명의 양민을 간첩 혐의로 몰아 고문을 가한 사실이 최근 피해자들이 평화민
주당에 진정해옴으로써 그 진상이 드러나게 되었다. 피해자들로부터 진정을 받은
평화민주당 인권위원회는 1988년 12월 10일부터 12일까지 3일간 현지조사를 통
해 다음과 같은 사실을 밝혀냈다.

81년 7월 10일 새벽 4시 강원도 삼척군 원덕읍 월천리에 사는 이정복 씨가 아무
영문도 모른 채 강릉보안대 요원들에 의해 납치되어 수갑과 포승줄에 묶여 보안대
지하실로 끌려갔다. 같은 시각 월촌리 마을 주변 야산은 중무장한 군인에 의해 완
전히 포위되었다. 그로부터 이광옥, 이옥자, 박동배 씨 등 이 씨의 친·인척 및 친
구들 33명이 강릉보안대에 연행되어갔다. 이유인즉 6·25 때 의용군으로 끌려갔
던 이정복의 형 이종찬 씨가 간첩으로 내려와 잡혔는데, 이 씨에게 무전기·난수표
를 주었다는 것이었다. 그러나 이종찬 씨가 간첩으로 우리 수사기관에 체포된 사
실조차 확인되지 않고 있다.

33명의 연행자는 그날부터 구타, 고춧가루 고문, 물고문, 전기고문 등 살인적 고
문에 시달려야만 했다. 강릉보안대에서 12일간 고문을 받은 그들은 일반 승객과
함께 고속버스 편으로 서울보안대에 옮겨져 다시 혐의 사실 인정을 강제하는 지독
한 고문이 시작되었다. 서울보안대에서 열흘을 한잠도 못 잔 이 씨의 경우는 환각

---

23. 대법원 제2부(재판장 신정철)는 1982년 9월 28일 "국가보안법상의 결사나 집단의 구성은 명칭, 회칙, 대표자 선임, 결
단식 등 형식적 요건을 갖추지 않아도 두 사람 이상이 임의적으로 공동의 목적을 갖고 계속해서 결합했다면 반국가단체
구성으로 보아야 한다"라며 고법의 무죄 판결을 깨고 이 사건을 서울고법으로 환송했다.

상태에까지 빠졌고, 나머지는 혼수상태에서 헤어나지 못할 정도였다. 그러나 이씨가 끈질기게 허위자백을 거부하는 바람에 간첩 누명은 모면할 수 있었다. 결국 22일간의 살인적 고문의 대가는 "미안하다"는 말 한마디와 '절대 함구'라는 협박을 받았을 뿐이다. 그후 이 사건의 피해자 중 김진욱·홍성관·안무신·이병수·김광수 씨 등이 고문후유증으로 사망했고, 이정복 씨는 성불구 및 노동력 완전 상실로 폐인이 되어버렸다.[24]

당시 이 끔찍한 고문 체험을 한 이정복 씨와 이광옥 씨의 자술서 일부이다.

:: …… 무전기, 암호문, 난수표 등의 접수 일시와 은익 장소를 가르쳐내라면서 몽둥이와 구둣발길로 난타 후 옷을 전부 발가벗기고 오금 밑에 몽둥이를 넣어서 포승줄로 꽁꽁 묶고 입에는 입 다물지 못하게 나무를 물리고 그런 다음, 거꾸로 달아매어 고춧가루를 진하게 탄 독수를 코에다 붓는데 숨이 안 넘어갈 정도로 반복하였으며, 밤에는 군인 2명이 교대로 보초 서서 눈만 감으면 총개머리로 어깨를 쳐서 한잠도 못 자게 하고, 날이 새면 전기고문하는데 정신을 잃으면 냉수를 끼얹고 미리 대기시켜 놓은 의사의 소견을 듣고 다시 계속하였습니다. …… 이런 식으로 7월 10일부터 7월 21일까지 11일간 계속되었습니다.
…… 7월 23일 서울보안사령부에 가서 역시 혹독한 고문은 강행되었지만 아무런 단서를 잡지 못하자 7월 26일 강릉으로 보내져서 5일간 치료하였는데, 전기고문에 의한 생식기 파열을 중점 치료받고 석방되었는데, 나올 때 그들은 허위 간첩에 의하여 당신들도 고생하고 우리도 고생했다 하면서 일반 사회에 나가서 절대 함구할 것을 다짐하는 의미의 각서를 쓰라기에 써주고 7월 31일 귀가하였습니다. 귀가

24. 평화민주당 인권위원회, 「인권백서 1988~89」, 1990, 73~75쪽.

해보니 본인의 어린아이들도 학교를 3일간이나 정학하고 강릉보안대에 감금되었으며, 75세 고령으로 계시는 백모님도 7월 12일부터 7월 15일 3일간이나 2차 연행하여 몽둥이로 고문을 당하였습니다. 아무런 죄 없이 심신에 상처 입어 평생을 공탕병을 거머졌으며, 사회로부터는 지탄과 백안시되어 내 나라 내 땅에 설 곳이 없습니다. 굽어 살펴소서.[25]

:: …… 자백하라 하면서 몽둥이로 개 패듯 하고 구둣발길로 차며 거꾸로 매달아 코에다 고춧가루를 넣고 물을 부으며, 머리채를 잡아 제쳐 주먹으로 사정없이 치니 입으로 유혈이 낭자하고, 몽둥이로 유방과 홍문을 찌르는 등 가진 만행을 다하고도 밤이면 군인 보초가 한잠도 못 자게 총개머리로 쳐서 연약한 여자의 정신은 몇 번이나 까무러쳤는지 모릅니다. 보안대원인지 취조하는 사람들의 쌍소리는 대한민국 어디에서 이런 작자들만 모아놓았는지 지금도 이 작자들의 말만 하면 치가 떨리고 소름이 끼칩니다.[26]

부산 양서조합사건(부림사건) — 1981년 9월

:: 1981년 9월 부산에서 민주화에 대한 공동 관심을 가진 학생들을 보안법 위반으로 기소한 사건에서 이상록, 고호석, 송세경, 설동인, 송병근, 노재열, 김희옥, 이상경, 김재규, 최준영, 주정민, 이진걸, 전중근 등 19명은 한결같이 눈에 반창고를 붙이고 한 시간 간격으로 몽둥이질을 당하는 등 사회주의자임을 허위자백하였습니다.

이상록 씨의 경우에는 "말을 잘 듣지 않으면 바닷물에 집어넣겠다. 우리는 너 하나쯤 죽여도 문제되지 않는 신분에 있는 사람들이다"라는 협박을 받으며, 계속 몽

25. 평화민주당 인권위원회, 『인권백서 1988~89』, 1990, 75~76쪽.
26. 평화민주당 인권위원회, 앞의 책, 77쪽.

동이질 앞에서 자존심도, 인격도, 생명조차도 부지할 자신이 없을 정도였으며, 고호석 피고인도 발톱이 빠질 정도였으며, 그 외 모든 관련자들이 고문에 못 이겨 공산주의자이며 사회주의 국가건설을 목표로 했다고 자백할 수밖에 없었습니다.

이러한 허위자백이 본인에게 가져올 불이익이 무엇인지 잘 아는 피의자들이 얼마나 고문이 혹독했으면 수사관들이 불러주는 대로 받아쓰거나, 고문을 당하지 않기 위해 오히려 수사관이 가르쳐준 내용과 자신의 생각, 활동들을 연결시켜 가능한 한 과장하고 살을 붙이고, 전혀 없었던 사실을 스스로 날조하기에 혈안이 되었을까요. 당하지 않은 사람은 아무도 이해할 수 없습니다.[27]

① 이상록 씨의 경우

아래의 글에서는 고문을 받으며 어떻게 의식이 변화해가는지, 어떻게 자신에게 불리한 진술서를 만들어가는지 잘 설명되어 있다.

:: 1981년 7월 21일, 주례1동 저의 조그만 자취방을 나서서 아랫마을의 시장에 아침 반찬을 사러 가려고 대문간을 막 나오자 난데없이 나타난 두 사람이 앞뒤를 가로막으며 허리를 턱 움켜쥐고 끌고 가는데 벌써 앞에는 또 한 사람의 험상궂은 사람이 쑥 나타나고 있었습니다. 고함지를 새도 없을 만큼 재빠르며 우악한 행동이었습니다. 주례 삼거리의 주례파출소에서 눈을 가리고 팔을 묶인 채 택시에 실려 기차소리가 시끄러운 어느 원색 페인트로 칠해진 방 안에 도착했을 때는 아직도 7시쯤의 아침이었습니다. 어딘지 장소를 짐작할 수가 없어서 어리둥절해 하고 있는데 방 안 가득 험상궂게 생긴 사람들이 나타나서 "…… 말을 잘 듣지 않으면 바닷물에 집어 던져넣겠다. 우리는 너희 하나쯤 죽여도 문제되지 않는 신분에 있

27. 대한변호사협회 인권위원회, 「부산 양서조합(부림)사건」, 『고문근절대책공청회 자료집 — 고문 피해의 증언』, 1987, 12쪽.

는 사람들이다"라는 말을 했다. 몇 가지를 물어보더니 더 이상의 말이 없이 다시 눈에 반창고를 붙이고 손발을 묶인 채 몽둥이질과 발길질이 시작하는 것이었다. 이렇게 그날은 밤까지 몽둥이질이 계속되었습니다. 별반 물어보는 것도 없었습니다. 한 시간 간격으로 매질이었습니다. 한번 매질이 시작되면 이제 곧 죽을 것 같다는 생각이 들 정도였습니다. 의식을 잃은 적도 있었습니다.

그 다음 날도 똑같은 날이 계속되었습니다. 사흘째 되는 날부터 정 부장이라는 담당수사관이 저에게 배치가 되고 수사가 시작되었습니다. 수사 방향과 목적은 이미 이틀간의 매질 속에서 짐작이 갔었습니다. 이틀 동안 거듭해서 묻는 말이라곤 "너의 사상이 공산주의가 아니냐?" "너희들의 목적이 사회주의 국가건설이 아니냐?"는 두 가지가 대강이었습니다. 사흘째 되는 날부터는 저도 공산주의자보다는 조금 부드럽다고 느껴지는 사회주의자가 되어 있었습니다. 송병곤이 사회주의자 인데 제가 사회주의자가 되어 있었습니다. 앞서 잡혀왔던 송병곤도 이렇게 해서 사회주의자가 되었구나 하는 생각이 들었습니다. 송병곤의 진술서라고 들고 온 것을 간간이 보여주면서 쓰라는 것이었습니다. 또 그들의 주장은 제가 송병곤의 선배이니, 송병곤보다는 이론적인 차원이 높아야 한다는 것이었습니다. 그래서 유식하다고 느껴질 만한 문자도 넣어보았습니다. 이때쯤에는 몽둥이 앞에서 저 자신은 자존심도, 인격도 없는 벌써 잊은 존재였습니다. 저 자신의 존재조차도 의심스러운, 생명조차도 보장되어 있지 못한 그런 존재였습니다. 그들이 몽둥이질을 시작할 때에는 정말 생명도 아랑곳하지 않는 태도였으며, 또한 생명조차 빼앗을 수 있는 권리가 있다고 큰소리치는 것이었습니다. 생명조차도 그 신분도 이름도 알 수 없는 사람들에게 빼앗길지 모른다는 불안 속에서 살아가는 나날이었습니다.

8월달로 접어들자마자 다른 친구들이 한꺼번에 잡혀왔습니다. 이 방 저 방에서 아침 나절부터 시작되는 비명소리는 밤까지 끊일 새가 없었습니다. 벽 하나를 건너서 또는 도어 하나를 건너서 들려오는 몽둥이질, 욕, 비명소리는 온 집을 아수라장처럼 가득 채웠고 바로 제 자신의 뼈를 녹여내리듯, 부러뜨리듯 아픈 것이었습니다. 또다시 이곳저곳에서 자술서가 저에게로 막 날아오기 시작했습니다. 친구들이 자술한 내용이라며 불러주는 것을 이제는 막 받아 적었습니다. 더 이상 사실이 아니라고 부인할 기력이 이미 없었습니다. 친구들이 무던히도 원망스러웠지만 그들 자신도 저의 자술서 때문에 당하고 있을 것을 생각하면서 이해하는 수밖에 없었습니다. 이제는 수사관들이 요구하기도 전에, 그들의 요구하는 방향과 기호를 잘 알고 있는지라 미리 과격하게, 그리고 '사회주의혁명'이라는 단어를 한 군데쯤 끼워서 써주어버리곤 했습니다. …… 이런 수사를 받기 한 달 넘어 지나 8월 말쯤 해서는 조서를 종결짓는 듯했습니다.[28]

② 고호석 씨의 경우

고호석 씨 역시 발톱이 빠질 정도로 심각한 고문을 이기지 못해 "가능한 한 자신의 죄상을 늘리려고" 하는 참담한 지경에 이르고 있다. 헌법에 등장하는 '자기부죄진술거부권(自己負罪陳述拒否權)'이 종이쪽지로 전락한 것을 잘 알 수 있다.

:: 며칠간 거꾸로 매달리고 몽둥이로 맞고 죽음의 위협을 당하는 악몽 같은 시간이 흐르자, 저로서는 도저히 더 이상 버틸 수가 없었습니다. 그동안에, 이렇게 고통을 당하고 결국 공산주의자들로 몰릴 바에는 차라리 죽어버리자고 몇 번 결심했으나 텅 빈 방 안에서 한 발짝을 제대로 걸을 수 없을 만큼 멍들고 터진 육신으로는 죽을힘마저 없어, 난타하는 수사관들에게 빨리 죽여달라고 눈물로 호소했으나 그 대가는 모진 고문과 싸늘한 냉소, 그리고 "두고두고 골병을 들여 죽이겠다"는 소름끼치는 협박밖에 없었습니다. 그들은 "우리는 언제까지라도 너를 잡아놓

28. 1982년 5월 21일자 이상록의 재판부에 대한 진술서. 한국기독교교회협의회 인권위원회, 『복음과 인권—1982년도 인권문제전국협의회 자료집』, 1982, 163~165쪽.

을 수 있다", "시키는 대로 하지 않고서는 살아나갈 생각을 말라", "너가 죽으면 돌을 매달아 바다에 버리면 그만이다"라고 협박했고, 수사를 서두르는 기색도 없었습니다. 제가 발톱이 빠지고 여러 군데서 피를 흘리면서도 그들이 원하는 대답을 잘하지 않자, 그들은 내용을 구체적으로 세분화해 제가 써야 할 내용을 은근히 귀띔해주고, '결정적 시기'의 뜻, 통일전선전술 등에 대해서도 가르쳐주었습니다. 결국 저는 그 고경을 벗어나기 위하여 "나는 공산주의자"라고 허위자백하고, 그들이 가르쳐준 내용과 저의 생각, 활동 등을 연결시켜 가능한 한 부풀리고 살을 붙이고, 전혀 없었던 사실을 날조하기에 혈안이 될 지경이었습니다. 또 당시 같이 수사를 받았던 8명 중 어느 한 사람의 입에서라도 날조·과장된 자백이 나오면, 그와 관련된 다른 사람들에게도 똑같은 것을 자백하도록 강요하면서 구타했고, 저는 두말없이 베껴 써주었으며 가능한 한 저의 죄상을 늘리려고 노력했습니다. 그로부터는 고문이 훨씬 덜해졌으나 조금만 저의 진술이 온건한 내용이 되면 가차없이 난타했고, 그때마다 저는 과격한 공산주의자가 되지 않을 수 없었습니다.[29]

③ 송세경 씨의 경우

연행한 후 곧바로 '군인 작업복'을 입히는 것과 협박의 양상이 안기부나 치안본부 대공분실에서의 그것과 너무도 유사하다. 이미 고문이 그 시대의 보편적인 수사방법이 되었음을 알 수 있다.

:: 피고인은 1981년 7월 31일 오전 9시경 직장에 출근하던 중 부산시경 앞 버스정류장에서 정체불명의 괴한 3명에게 연행되어 시내 중앙동 모처에 있는 3평 남짓한 독방에 연행되었습니다. 도착하자마자 피고인임을 확인한 후 군인 작업복

---

29. 1982영 5월 15일자 고호석의 재판부에 대한 진술서. 한국기독교교회협의회 인권위원회, 『복음과 인권 — 1982년도 인권문제전국협의회 자료집』, 1982, 166~167쪽.

을 입게 하고, "이태복·이선근을 아느냐?", "노재열·이호철이 있는 곳을 말하라"는 등 간단한 질문을 하여 피고인이 아는 대로 답변을 하자, "너희들 조직은 다 깨졌다. 사실대로 이야기하면 살아서 나가지만, 숨기려고 할 경우 쥐도 새도 모르게 죽여버리는 곳이다. 송병곤이를 만나게 해줄 테니 만나보고 알아서 이야기하라"하고 나간 후 송병곤을 데리고 왔는데, 그 모습을 보니 마치 사진에서 본 비아프라의 기아에 허덕이는 주민의 모습인 듯 앙상한 몰골이었습니다.

곡괭이자루, 경찰봉 등을 가져와 앞에서 말씀드린 바와 유사하게 폭행을 가했으며, 이에 항의하자 반항한다며 더욱 심하게 구타하여 실신할 정도에 이르게 되었습니다. 이와 같은 야만적 고문을 8월 중순까지 거의 매일에 걸쳐서 사회주의 국가 건설을 기도했다는 것을 말하도록 강요했던 것입니다. 이 과정에서 피고인의 온몸은 검붉게 멍이 들고, 심한 고통으로 앉지도 눕지도 못할 정도였으며, 손을 움직여 글을 쓰는 데도 심한 고통을 받아야 했습니다. 그리고 옆방에서 조사를 받던 고호석, 이상경, 설동일 등의 처절한 비명소리는 아직도 귀에 생생하며, 그 공포는 이루 필설로 표현할 수 없습니다. 밤새워 글을 써놓으면 아침에는 그들이 마음에 들지 않는다 하여 구타당하는 것을 반복하다가, 피고인은 생명의 위협을 느끼지 않을 수 없었으며, 그렇지 않다 하여도 신체적 불구자가 될지도 모른다는 공포에 젖게 되었고, 빨리 가족에게 연락하여 이 불법구속과 혹독한 고문에서 벗어나야겠다고 생각했습니다.[30]

④ **김희옥 씨의 경우**

자술서를 '타술서'라고 말하는 것이 이채롭다. 이렇게 처절한 고문으로 조작된 진술서는 '자술서'가 아니라 이미 '타술서'임에 틀림없다. 그런데 안기부

---

30. 송세경의 옥중 진술서. 한국기독교교회협의회 인권위원회, 앞의 책, 168~169쪽.

는 왜 고문 사실을 조사해갔던 것일까?

:: 4명의 사람이 몽둥이 2개와 끈을 갖고 들어오더니 이규홍이란 수사관의 지휘하에 무조건 욕을 하며 면상을 갈기더니, 벽에 기대게 한 후 몽둥이로 허리에서 종아리 부분을 개 패듯 난타하기 시작했습니다. 다시 바닥에 엎드리게 한 후 발바닥, 발가락을 세운 후 손등, 손바닥을 수없이 난타하고는 '통닭구이' 하고 외치더니 끈으로 손, 발을 묶고는 손과 종아리 사이로 굵고 긴 몽둥이를 가로질러 넣고는 매달아놓았습니다. 그러고는 손, 발, 온몸을 때리고 문지르고 나더니 "너의 사상이 무엇이냐?" 하고 물었습니다. 대답을 못하니까 또 때리고 몇 번 욕을 하면서 되풀이해서 물었습니다. 그래도 대답을 못하니까 "사회주의냐, 공산주의냐?" 하면서 힌트를 주더군요. 너무 엄청난 이야기라서 정신 없이 있으니까 아직 멀었다고 하면서 계속 더 심하게 고문을 했습니다. 그러면서 여기는 6법전서도 안 통하는 곳이라며 병신이 되거나 죽거나 아무도 모르는 곳이라며 정신적·육체적 고통을 주었습니다.

이렇게 약 1시간 동안 고문을 당하니 정신이 몽롱해졌습니다. 그러자 수사관들은 나의 의식 상실을 빙자하기 위해 자기의 구호를 복창하도록 요구하면서 계속 복창을 시켰습니다. 상황이 이렇게 되자 더 이상 견디지 못하겠고, 또한 어떤 결과가 나타나든 여기서 병신 되기보다는 낫겠다는 생각이 들어서 저 자신을 완전히 포기하게 되었습니다. 특히 북한의 전략전술 및 결정적 시기에 대한 것은 모두 그들의 구술을 받아 적는 완전히 타술서가 되었던 것입니다. 특히 이 고문 사실은 1심을 언도받은 날인 2월 23일 오후 국가안전기획부 요원이 교도소에 찾아와 우리가 고문당한 6～7개월의 지나간 상처를, 발톱이 빠지고 신경이 약해지고 운동하기에 지장이 있는 신체상의 후유증을 직접 눈으로 확인하고 상처 형태를 그대로 그림으로 그리고 설명을 곁들여 쓰고 그 후유증의 상태까지 세밀하게 조사해갔습니다.[31]

⑤ 증인 김성균 씨의 경우

다른 사건에서도 흔히 볼 수 있는 일이지만 수사기관은 증인조차도 고문해 자신들에게 유리한 증언을 확보한다. 이 사건에서도 경찰의 고문으로 피고인들에게 불리한 증언을 하게 된 증인이 있었다.

:: 본인은 1978년 11월부터 1979년 6월까지 약 6개월간을 대구 침산동 소재 선학알미늄 주식회사에서, 김재규를 무역부의 상사로 모시고 하숙집을 한집으로 정하여 생활한 적이 있는 김성균입니다. …… 81년 10월경 직장 관계로 김재규 씨와 긴히 상의를 할 일이 있어 방문했다가, 어떤 사건으로 인하여 경찰에 송치되었다는 이야기를 듣고 너무나 놀랍고 뜻밖이라 충격적인 마음으로 며칠을 보내던 중, 본인이 아는 사람으로부터 좀 만나고 싶다는 연락을 받고, 중앙동에 있는 모처에서 담당자(수사관)와 처음으로 상면하게 되었습니다. 그 사람들의 이야기인즉, 이곳은 이야기하나마나 협조를 하지 않고, 그들의 요구에 응하지 않을시는 쥐도 새로 모르게 날려 보낸다는 식으로 환기를 긴장시켜 놓은즉, 김재규 씨는 자타가 공인하는 공산주의, 사회주의자이니, 그와 같이 생활했던 기간과 사실을 확인한 후에, 들은 이야기 및 활동에 관하여 사실대로 기술하라는 것이었는데, 하도 얼떨떨하고 오래된 일인지라, 솔직히 실제 있었던 일이나 사실을 제외하고는 그들의 의도대로 쓴다는 것이 불가능한 일이었는데, 그들의 하는 말이 "빨갱이를 옹호하는 것은 빨갱이보다 더한 놈" 운운하며, 여기가 어떤 곳인가 보여주겠다며 가증스런 협박과 구타와 고문이 시작되었던 것입니다.
그 당시 저의 양심으로서는 그들의 요구가 무엇인지 알면서도 한낱 패륜아가 되지 않겠다는 일념으로 그렇게 순순히 허위자백을 할 수 없었던 것이고, 그러면 그럴

---

31. 1982년 5월 18일자 김희옥의 재판부에 대한 진술서. 한국기독교교회협의회 인권위원회, 『복음과 인권—1982년도 인권문제전국협의회 자료집』, 1982, 171쪽.

수록 심해지는 폭행과 고문은 그들의 무지막지한 야만적인 유희 때문에 약간은 붉은 색채를 띤 공산주의자로 변해갔던 모양이었고, …… 결국 그의 진술서를 시인하고야 말았고, 급기야는 그곳에서 일어났던 일과 모든 사실을 누설하거나 알리면 처벌받는다는 각서까지 쓰기에 이르렀고, 그날 이후 본인이 알고 있는 모든 사람들에게 감시를 받는다는 공포심과 위협감 때문에 연락 한번 시원스럽게 취하지 못하고 갑갑한 마음으로 생활해…….[32]

이렇듯 이 사건에서는 증인에게조차 온갖 고문을 하여 사건을 조작하는 치밀함과 잔혹함을 보였다.

강경하 씨와 이성국 씨 — 외할아버지와 외손자의 비극(1981년 12월)

::　　강(연옥) 씨가 아들의 무죄를 주장하며 석방운동에 적극 나선 것은 작년 가을에 면회 갔다 온 뒤부터다. 7년 동안 교도소에 수감 중이던 이성국 씨는 어머니 강 씨에게조차 고문 사실을 털어놓지 못하며 지냈던 것이다. "어머니, 나는 구속영장이 떨어지기 전 89일 동안 지하실에 감금되어 온갖 고문에 코도 비뚤어지고 참다못해 동맥도 끊었었어요." 그때의 상처라며 팔을 내미는 아들을 보고 강 씨는 그 자리에서 실신했었다. 강연옥 씨는 아버지 강경하 씨도 고문후유증으로 죽었을 거라 한다. "우리 아버지는 그냥 베개를 베고 잠자다 베개를 빼면 그냥 고개를 들고 잠잘 정도로 장사였어요. 그런 분이 교도소에 수감된 지 2년도 못 돼 온몸에 물이 차 퉁퉁 부어 사망한 거예요. 지금 생각하니 그래요. 우리 아바이는 북의 정치가 싫다고 나왔는데 예선 간첩으로 몰리니 우리가 설 땅이 어디예요."[33]

---

32. 증인 김성균의 진술서. 한국기독교교회협의회 인권위원회, 『복음과 인권 — 1982년도 인권문제전국협의회 자료집』, 1982, 176쪽.
33. 최진섭, 「납북 귀환어부 간첩 만들기」, 『월간 말』 1989년 9월호, 96~97쪽.

외할아버지와 외손자가 함께 고깃배를 타고 나갔다가 월북되고 그후 귀환했는데, 두 사람이 동시에 수사기관에서 고문을 받고 간첩으로 조작되었다. 납북 귀환어부들은 어떤 연유에서든 북한에서 몇 달간 체류한 사람들이기 때문에 간첩으로 몰기 딱 좋은 조건이었다. 전북 옥구군에 있는 1,500명 인구의 개야도라는 작은 섬에서는 10여 명의 어부들이 국가보안법으로 중형을 선고받았다고 한다.[34]

양정이 씨의 경우—1982년 3월

:: 저는 1982년 3월에 국가안전기획부에 끌려가 약 3개월 조사를 받고, 1982년 9월 초 서울구치소에 수감되어 국가보안법 위반의 혐의를 받고, 징역 5년에 자격정지 5년을 선고받아 광주교도소에서 1987년 10월에 만기 출소한 김영추라는 사람입니다. 우리 사건에 연루된 4명 중 주범으로 되어 있는 김영희는 사형으로 1987년 5월 형집행이 되었습니다. 다음에 저의 어머님 양정이(67)는 15년의 형을 받고 광주교도소에서 복역 중에 있습니다. 다음에 저는 5년의 형을 마치고 출소했고, 마지막으로 김영희의 오빠인 김영준은 3년형을 살고 나와 지금은 사회안전법의 적용으로 주거 제한을 받고 있습니다.

…… 저의 어머님인 양정이는 폐결핵 3기로 거의 절망적인 상태로 치료도 제대로

---

34. 최진섭, 앞의 글, 96쪽. 1989년 2월 민가협의 『장기복역 양심수 실태보고서』에 따르면 20여 명의 납북어부들이 그 당시에도 국가보안법으로 복역하고 있었다.

성명	납북 연도	나이	수감 교도소	형량(감형)	성명	납북 연도	나이	수감 교도소	형량(감형)
안장연	1962	67	광주	15년	이민호		42	광주	10년
김홍수	1959, 1963	52	광주	15년	이병규	1968	40	전주	7년
김이남		50	광주	20년	윤질규		37	대구	10년
김영일	1974	50	광주	10년	이성국	1971	35	대구	10년
정 영		50	대구	무기(20년)	이상철		35	전주	10년
김정묵	1958	46	광주	무기	이상국		29	전주	7년
이재용		45	대전	무기+15년	김용이		35	전주	7년
서창덕		45	광주	10년	정삼근	1968	46	전주	7년

못하고 하루하루 삶을 영위하고 있다가 일본에 민단으로 있는 동생(양행진)의 초청으로 일본으로 건너가 병도 치료하고 돈도 조금 벌어왔습니다. 그후 3번 정도 일본에 왔다갔다 했으며 그 인연으로 이종형제인 김영희와 김영준이도 일본에 갔었습니다. ······ 일본에 있는 외삼촌 두 사람은 조총련인 양달진(어머니 오빠)과 양행진(민단)이 있습니다. 서로 형제지간에 왕래를 하고 더욱이 양달진 집에서는 하등 사상 이야기도 하는 것이 없었습니다. ······ 그러다가 ······ 82년 3월 고국으로 돌아왔습니다. 그후 3개월이 지나 이 사건이 터진 것입니다.

안기부에 끌려가 근 3개월이나 죽지도 살지도 못하는 형편하에서 어떻게 견딜 수가 있겠습니까. 나중에는 이북에서 나온 잡지에서 그럴싸한 문장을 골라 자기들이 작성하여 강제로 손도장을 찍게 하였습니다. 그러니 저의 어머님은 어떠했겠습니까. 글도 모르고 하니 무조건 예, 예 했을 것이 뻔합니다. 제가 겪은 고초로 봐서 항우장사라도 견뎌낼 장사가 없다고 확신합니다.[35]

역시 재일동포 관련 국가보안법 위반사건이다. 여기서는 고문 이야기가 자세히 나오지는 않지만 "항우장사라도 견뎌낼 장사가 없다"는 말 한마디가 모든 상황을 설명해주고 있다. 더구나 양정이 씨는 67세의 노인이며 여자인데 2개월 동안 안기부에서 그 모진 수사를 받았으니 상황을 짐작하고도 남는다. 특히 이 사건은 양정이 씨의 두 오빠가 조총련과 민단으로 갈려 있는 비극 속에서 잉태되었다. 안기부에서는 형제끼리 왕래하는 자연스런 일조차 꼬투리 삼아 국가보안법으로 엮어냈다. 더구나 조총련 쪽인 양달진을 검찰 측에서 확보한 후 재판과정에서 증인으로 내주지 않았고, 또한 "민단으로 전향 보상금을 받고 지금은 그 보상금으로 아파트를 사고 새 여자를 얻어 상계동에서 살고" 있다는 것으로 미루어

---

35. 김영추 명의의 '국민 여러분께 드리는 탄원서', 민주화실천가족운동협의회 산하 장기수가족협의회 조작된간첩사건가족모임, 『간첩조작은 이제 그만』, 1989, 35쪽.

보면 모종의 공작이 있었을 것으로 짐작된다. 오빠인 양달진이 동생 양정이를 배신한 이 사건처럼 형제끼리 의를 끊어놓는 일이 국가보안법 위반사건에서는 비일비재하다.

횃불회와 기종도 고문치사사건 ― 1982년 3월

:: (5·18광주사태로 인한 교도소) 출감 후에 위궤양증으로 자가치료하여 왔는데, 1981년 10월 중 평소 친한 친지 몇 사람과 친목을 목적으로 '횃불회'라는 계를 만들었는데, 경찰 당국에서는 불온단체로 은연중에 내사를 해오던 중 1982년 3월 23일 밤중에 집에서 잠들어 있는 남편을 깨워서 영장 없이 강제연행하여 시내 화정동 소재 경찰국 대공분실에 감금하여 검정보자기로 씌우고 사건 담당수사계원인 전남도경 이제방 경사 외 4, 5명이 몽둥이로 전신을 구타하고 발로 차는 등 반죽음에 이르도록 고문행위를 자행하였고, 조사과정에서 본의 아닌 엉뚱한 반국가 행위로 조작하자 이를 부인하면 다시 발길과 주먹으로 가슴과 복부를 구타하여 졸도하게 되자, 1982년 3월 29일 시내 대인동 소재 안정남외과 병원에 입원 조치를 하였으며, 그곳에서 저의 남편 상처 부위를 확인한 결과 가슴 부위는 붕대로 감겨 있었고, 가슴·팔·다리·허리·어깨 등은 온통 푸른 상처로 응어리져 있었고, 특히 가슴 부위는 몽둥이로 찔러 숨을 쉬지 못할 정도라고 하였습니다. 본인은 이 고문행위로 입은 상처 때문에 얼마 못 살게 될 것 같다고 하였습니다.

…… 경찰 당국은 그리하여 고문에 의한 상처는 제외하고도 4주간의 치료를 다 마치기도 전에 구속영장을 발부받아 영장집행을 단행하여 …… 5월 14일 저녁 사경에 이르자 그때서야 가족들에게 연락하여 사경 직전의 환자를 인수받아 전대병원에 입원시키라고 건의하였습니다. …… 저의 남편은 저 무지한 경찰국 수사관들에 의하여 17일간의 병상생활을 마치고 영원히 이 세상을 볼 수 없으며, 저와 또 저의 아이들이 볼 수 없는 저 세상으로 떠난 것입니다. …… 이 글을 보시는 여러 선

생님들이여, 이 가냘픈 여인은 싸늘한 시신을 볼 수 없으며 남편이 저에게 한 말을 잊을 수가 없습니다. 마지막 생명을 다하려는 순간 나의 억울함을 파헤쳐달라고 혀 끝으로 고문 결과를 파헤쳐달라는 말을요![36]

수많은 고문과 억울한 사연은 이 땅의 아내들에게 너무나 큰 시련을 주었다. 기종도 씨의 부인이 쓴 호소문을 보면, 가족들이 초기 대응을 얼마나 잘못했는지 알 수 있다. 고문피해를 당했다는 것이 병원에서 이미 명백해진 만큼 곧바로 언론에 알리거나 인권단체와 변호사단체 등에 진정하고 고문자들을 고발했다면, 교도소에서 오랜 시간을 지체하거나 병세를 악화시키지 않고도 남편의 목숨을 구할 수 있었을 것이다.[37] 그러나 당시 경찰국에서 조사한다고 하니, 부인은 겁부터 집어먹었을 것이 분명하고, 또한 사태가 이렇게 심각해질 줄은 꿈에도 몰랐으리라. 어찌 그 부인의 유약함과 무지함만 탓할 수 있겠는가.

이순희 씨의 경우 — 1982년 6월
너무나 간명하고 정확한 호소문이어서 가능하면 전문을 그대로 인용한다. 더 이상의 설명이 필요 없을 정도이다.

:: 너무도 억울하여 호소합니다. 저는 국가보안법 등으로 12년형을 언도받아 광주교도소에서 7년째 복역하고 있는 이순희의 에미 되는 사람입니다. …… 일본에서 직업상 만난 사람이 조총련계랍니다. …… 공소장에 나타난바 "일본에서 손

---

36. 1982년 6월 고 기종도의 처 박유덕 명의의 호소문. 한국기독교교회협의회 인권위원회, 「복음과 인권 — 1982년도 인권 문제전국협의회 자료집」, 1982, 156~159쪽.
37. 교도소 당국에서도 기종도 씨를 방치했다. 제대로 음식을 먹지 못하고 고문후유증으로 고통받고 있는데도 아무런 대책을 마련하지 아니하여 "고통과 신음, 아사 상태의 몸부림을 보다 못한 옆 감방의 최운용 씨, 박관현 등이 문짝을 차며 사람이 죽어가는데도 이렇게 방치할 수 있느냐고 강력히 항의하니까 그때서야 병실로 이감했고, 병실에 이감된 뒤에도 독방에 처넣어버린 후 치료는커녕 물 한 모금 갖다주는 사람 없이 죽은 개새끼 버리듯 2주일 동안 버려둔 채 방치했다"는 것이다. 박유덕 명의의 호소문. 기독교교회협의회 인권위원회, 앞의 책, 157쪽.

님으로 만난 조총련계의 전 모 씨로부터 공작금이라며 돈을 많이 받아 썼고, 공작원을 만나 교육을 받았고, 서울에서 막 입대한 동생을 후방으로 보내달라고 청탁하여 동생을 면회, 군사기밀을 탐지·보고했다." 이것이 전부입니다.

공소장에 조작한 공작금을 합해보니 자그만치 1억 원이 넘더군요. 요즘 북한에서 간첩에게 1억 원이 넘는 돈을 공작금으로 지급을 한다고 생각하십니까? 그리고 군사기밀 탐지 목적이었다고 하는데, 여자의 몸으로 군사기밀 탐지가 가당키나 하다고 생각하십니까? 도대체 증거라고는 일본 가는 여권 하나뿐, 증인도 없고 아무 것도 없습니다. …… 어떠한 간첩이라도 군사기밀을 탐지하기 위해서는 전방을 찾는 것이 상식인데도 후방으로 동생을 보내기 위해 청탁한 것이 어찌 후방의 군사기밀을 탐지하기 위한 것이라 할 수 있겠습니까? 이것은 수사관들이 구실을 찾다 못해 군대 간 동생 면회 간 데서 착안해 이런 난센스를 빚었나 봅니다.

우리 순희가 법정에서 진술하길 처음에 수사관들이 몇 가지를 물어봐 모른다고 하자, 그때부터 아무 말도 없이 이틀간 물고문, 전기고문을 하더랍니다. 그래서 제발 시키는 대로 다할 테니 고문만 말아달라고 했답니다. 다음 날부터 수사관들은 나중에 작성된 진술의 내용을 불러주었고, 순희는 내용도 모르고 받아 썼답니다. 그리고 손도장만 찍은 것이 간첩 이순희 사건의 진술서 전부였습니다.

법정에서 수갑 찬 두 손으로 발목에 전기코일을 감는 모습으로 전기고문 당하는 것을 재현해보일 때 그 광경을 보는 이 엄마는 미쳐버렸습니다. 진실이 한 조각이라도 이 세상에 존재한다면 우리 순희는 나와야 합니다. 수사관들이 자신들의 물욕 때문에 죄 없는 젊은 여자를 고문으로 날조해 꽃다운 청춘을 감옥에서 보내게 하는 이곳이 도대체 사람 사는 곳입니까. 지나간 날은 다 필요 없습니다. 지금 당장 우리 순희를 석방하여 사람처럼 살게 해주시옵소서. 제발 좀 석방되게 해주시옵소서.[38]

원래 이순희 씨는 국내에서 요정 접대부로 전전하다가 1974년 일본으로 건너가 한식 요정 접대부, 가수로 취직한 다음 몇 차례 한국을 왕래하던 중 1982년 6월 치안본부 대공분실에 연행된 것이다. 이순희 씨가 1976년 일본에서 한식 요정인 도쿄 금융각의 접대부로 일할 당시 조총련 산하 조선상공인연합회 전연식 회장에게 포섭되어 금품수수 및 군사기밀을 누설했다는 것이 혐의 내용이었다. 이 사건으로 그는 징역 12년을 선고받았다.

그러나 본인과 가족들은 주일공사 전재덕이 이순희로 하여금 조총련 간부인 전연식을 전향케 하려다 실패하자 그 사실이 드러날까봐 오히려 이순희를 간첩으로 본 것이라고 주장한다. 다음은 이순희 씨 변호인의 주장이다.

:: 　금융각에서 피고인과 기거를 같이 한 증인 김석순, 김옥기의 증언에 따르면 위 전연식이 피고인을 끔찍이 사랑한 것 외에는 아무런 수상한 언행이 없었다는 것이며, 주일한국대사관 당국에서 위 전연식을 잘 대접하라고 당부하고 전연식과 전재덕 공사 또는 김성규 영사가 자주 금융각에서 자리를 함께한 주석에서 피고인이 접대하였다는 것으로서, 오히려 피고인은 위 전연식의 전향을 위하여 국가기관에 협조한 증거가 있을 뿐입니다. …… 경국지색의 어휘가 말해주듯이 남녀 간의 애정은 상식을 초월한 행위나 결과였음은 동서고금이 마찬가지이고, 어떤 거부가 일시 사귄 여자에게 정사에 대한 대가로서 수천, 수억 원을 던졌다는 이야기는 흔히 있는 세상사인 것입니다.[39]

---

38. 1988년 11월 24일자 이순희의 어머니 임수진 명의의 호소문. 민주화실천가족운동협의회 산하 장기수가족협의회 조작된 간첩사건가족모임, 「간첩조작은 이제 그만」, 1989, 43~44쪽.
39. 서울형사지법 82고합 제706호 사건의 피고인 이순희에 대한 이재권 변호사의 변론요지서, 3~4쪽.

차풍길 씨의 경우 — 1982년 8월

::   처음 어떻게 남편이 연행되었는지를 말씀드리겠습니다. 82년 8월 8일 아침
식사 후, 지금 운영하고 있는 이불가게에서 세무서에서 왔다는 두 사람과 함께 나
간 뒤, 얼마 후 네 사람이 다시 와서는 방 한 칸을 온통 뒤지고는 "감추어놓은 것
내라" 하여서…… 처음에는 세무서에서 왔다기에 동두천에서 양복점 할 때의 세
금 미수 때문인지 알았는데, 며칠 후 다시 와서는 남편 양복 1벌과 사진 앨범을 가
져가면서 "옆집에도 알리지 말고, 어디 갔느냐고 하면 일본 갔다고 하라"면서 알
리면 좋지 않다는 것입니다.

…… 몇십 일이 지나도 소식이 없자 저는 펜을 들어 탄원서를 쓰게 되었습니다.
탄원서를 보내고 며칠 후, 두 사람의 수사관이 화를 내며 집으로 들어왔습니다.
"당신 한 번만 더 그런 글을 보내면 영원히 당신 남편 못 볼 줄 알라"며…… 당부
하고 갔습니다. …… 영 소식이 없다가 10월 9일자로 남편이 서대문구치소에 이첩
되었으니 변호사를 선임하라는 내용의 엽서가 왔습니다. 하늘이 무너지는 심정이
었습니다.[40]

이렇듯 순진한 부인에게는 '하늘이 무너지는 일' 이었을 터이다. 그러나 차풍
길 씨는 담대한 사람이었다. 그는 법정에서 고문피해 사실을 이렇게 진술했다.

1. 66일간 햇빛도 못 보고 지하실에 생활한 일.
2. 6일간 한잠도 안 재운 채 몽롱한 상태에서 받은 고문과 공소 사실을 조작하면
   서 새벽 5시부터 밤 늦게까지 받은 고문은 인간으로서는 당할 수 없는 살인적
   인 것이었다.

---

40. 1983년 4월 21일자 차풍길의 처 박명자 명의의 호소문. 민주화실천가족운동협의회 산하 장기수가족협의회 조작된간첩
사건가족모임, 앞의 책, 67~68쪽.

3. 지하실에서 3일 후 죽인다, 5일 후 식구를 다 죽인다며 협박한 사실.

4. 안기부 수사관들의 일방적인 조작으로 꾸며진 ① 양복점을 위장 경영하였다는 내용과, ② 한미 팀스피리트 작전 내용과, ③ 군사기밀사건, ④ 와이에이치 사건과, ⑤ 학생사건과, ⑥ 근로자 보수문제 등은 모두가 본인은 꿈에도 생각하지 못했던 것이라며, 안기부에서 누렇게 퇴색된 신문을 오려다주며 3일간 외우라 하고, 안기부 수사관들 4명이 동두천에 가서 알아온 것이라며 흰 메모지에 군사정보 내용을 내놓으면서 외우라 하였고, 남편이 외우지 못하자 "보고 쓰라"고 시키고…… "상부에 보고가 되어서 할 수 없으니, 우리 6~7명 '시말서' 좀 쓰지 않게 해달라. 너 혼자 3년만 살아주면 된다"며, 나중에는 "우리들 좀 살려주라"며 사정까지 하였다고 합니다.[41]

고문과 회유, 그리고 탐지했다는 군사기밀…… 모두가 천편일률적이다. 여기에다가 "회사 휴일날 몇 명이 회사 옆에 있는 보트장에 가서 찍은 사진을 만경봉호에서 찍었다"라고 했을 정도로 희극적이다. 만약 검찰과 재판부가 좀더 성의를 가지고 확인해보려 했다면 그것이 과연 만경봉호에서 찍은 것인지 확인할 수가 없었겠는가? 그러나 재판부는 이렇게 말했다.

::   부장판사님께서 피고인에 대해 "큰 죄는 찾을 길이 없고 혐의 사실도 없지만 다만 고문에 못 이긴 것이든 어쨌든 서류를 볼 때 순수한 자백으로 인정되고, 어떤 처지든 간에 친구들의 증언[42]이 있으므로……" 하시며, 증거도 없는 사실을 잘 아시면서도 10년을 선고하였습니다.[43]

41. 박명자 명의의 호소문. 민주화실천가족운동협의회 산하 장기수가족협의회 조작된간첩사건가족모임, 『간첩조작은 이제 그만』, 1989, 69쪽.

42. 박명자 씨는 그 친구들이 증인으로 나올 때도 안기부 직원들이 팔을 끼고 나왔다고 한다.

어쨌든 "서류를 볼 때 순수한 자백으로 인정"된다고 한 재판부는 진정 그 '서류'가 피맺힌 고문으로 얼룩져 있다는 것을 몰랐을까? "고문에 못 이겨" 작성된 서류라면 당연히 증거가 없을 텐데, 그럼에도 10년이나 선고했던 것이다.

오송회사건─1982년 11월

::   그때 우리는 산책을 좋아했다. 햇빛 밝은 날, 들과 산을 하루 온종일 '풋내를 띠고' 돌아다녔다. 그 산책길에 우리는 문학과 시와 정치를 얘기했다. 읽은 책 얘기도 나누었다. 시국문제도 토론했다. 참으로 순수하고 정열적인 교사들이었다. 어느 때부터인가 슬그머니 4·19가 국경일에서 제외되었다. 국민의 저항의식을 두려워한 반민주적, 반민중적 독재권력의 성격 때문이라고 규정한 우리 몇몇 뜻있는 교사들은 4·19기념일에 위령제라도 지내자고 제의했다. 모두 다 찬성했다. 그날의 4·19위령제가 훗날 오송회사건의 중심 고리가 되었다. 우리는 막걸리 10병과 오징어 안주를 들고 학교 뒷산에 올라갔다. 소나무 아래서 4·19 희생자와 5·18광주항쟁 희생자에 대한 추모의식을 마치고 술 몇 잔씩 돌려 마시며 자연스럽게 시국에 대한 비분강개가 토로되었다.[44]

학교 뒷산에 소나무 다섯 그루가 있었다고 해서 이 단순하고 감성적인 교사들의 모임이 '오송회'라는 반국가단체로 만들어졌다.[45] 젊은 교사들의 '비분강개'와 시국 토론이 반국가 활동이 되는 과정에는 다른 조직 사건처럼 고문과 협

---

43. 1983년 4월 21일자 차풍길의 처 박명자 명의의 호소문. 민주화실천가족운동협의회 산하 장기수가족협의회 조작된간첩사건가족모임, 앞의 책, 71쪽.
44. 박정석, 「진보가 우리를 자유케 하리라」, 5공정치범명예회복협의회, 『역사의 심판은 끝나지 않았다』, 살림터, 1997, 158쪽.
45. 오송회사건의 발단은 한 권의 시집이었다. 관련자 중 한 사람이 지니고 있던 월북 시인 오장환의 『병든 서울』이라는 시집을 문학에 관심이 있는 몇몇 교사들이 복사해 나누어 가졌다. 그 필사본을 한 학생이 선생에게서 빌려갔다가 버스 속에 두고 내렸는데, 공교롭게 정보기관이 그것을 취득해 수사가 시작된 것이다. 강상기, 「내가 껴안아야 할 상처, 내 뜨거운 사랑인 것을」, 5공정치범명예회복협의회, 앞의 책, 169쪽.

박이 매개가 되었다.

::   82년 11월 2일 불법연행된 뒤 전주 대공분실 지하실에 끌려가 혹독한 고문을 당한다. 얼굴에 칼자국으로 보이는 흉터가 있는 신갑생이라는 고문 전담자(스스로가 고문기술자라고 했다)는 보기만 해도 전율이 스쳐가는 공포의 대상이었다. 대공분실의 지하실은 음산하고 어두웠다. 거기에는 탁자 두 개만 놓여 있을 뿐 벽열전등만 하얗게 빛나는 곳이었다. 그 비인간적 단조로움은 도살장의 냄새를 풍기고 있었다. 나는 그곳에서 육신과 영혼이 갈가리 찢기는 체험을 겪었다. 실오라기 하나 걸치지 않고 발가벗겨진 나는 통닭처럼 긴 막대에 두 손과 발이 묶여 거꾸로 매달렸다. "야, 이 새끼야, 너 간첩이지? 너희들과 관계 있는 놈들의 이름 다 불어, 불지 않으면 살아 돌아갈 수 없는 줄 알아. 너희 같은 새끼는 죽여도 괜찮아. 죽으면 길가 아무 데나 버리면 왜 죽었는지 아무도 몰라 임마." 그러고는 나의 엄지손가락에 전선을 감고 전기고문을 시작했다. 그때의 고통은 필설로 다할 수 없다. 지옥이 바로 그곳이었다. 온몸이 갈가리 찢겨나가는 것 같은 고통으로 비명을 목이 쉬도록 질러대었다. 쩌릿쩌릿 온 육체는 감전의 충격으로 죽을 것 같았다. 처음에 나는 결백을 주장했지만 그것은 고문의 강도를 높일 뿐이었다. …… 그래도 그 악귀들은 물고문으로 바꾸었다. 얼굴에 무슨 천 같은 것을 씌우고 그 위에 물을 퍼붓는 것이었다. 아무리 몸부림쳐도 숨을 쉴 때마다 콧속으로 물을 흡입할 수밖에 없었다. 숨이 칵 막히고 재채기가 쏟아지고 심장이 탁 멈추는 것 같았다. 단말마의 비명이라는 비유가 있지만 그때 나의 비명소리가 바로 그랬을 것이다. …… 이러한 잔인한 고문은 몇 시간이나 계속되는 것처럼 길게 느껴졌다. 몸부림치다 기절하는 것 같으면 심문을 했다.
"너 누구 영향을 받았어? 너희들의 조직 이름을 대, 있는 대로 말하면 용서해주겠다."

이러한 협박이 계속되었다. 견디다 못한 나는 엉겁결에 단재 신채호 선생의 이름을 대었다.

"신채호가 누구야?"

"역사학잡니다."

"이 새끼야, 살아 있는 놈 중에서 생각해봐."

고문이 가해질 때마다 신음처럼 아무 관계 없는 사람의 이름이 튀어나왔다. 아마 그때 문규현 신부님과 조성용 선생님의 이름이 나온 것 같다. 그것은 두고두고 나를 부끄럽게 하고 죄의식에 시달리게 했다. 아무 죄 없는 조 선생님이 영문도 모르고 대공분실에 끌려오게 되었다. ……

나는 두 차례의 고문을 당했다. 그후에도 "너 또 비 맞고 싶어?"(고문당하고 싶으냐는 은어) 하는 소리만 들어도 공포감으로 사색이 다 되었다. 공포의 40일간이었다. 잠을 안 재우는 고문도 당했다. 며칠씩 잠을 안 재우고(그들은 교대했다) 겨우 몇 시간 깜빡 잠들게 했다. 그것은 미칠 것 같은 수면이었다. 그렇지만 단잠은 곧 깨워졌고, 다시 깨워진 나는 똑같은 자술서를 썼다. 끄덕끄덕 졸면서 또는 혼몽한 의식 상태 속에서 자술서를 쓰고 또 썼다. 토씨 하나라도 틀리면 구타와 욕설이 뒤따르고 그것을 핑계 삼아 같은 내용을 다시 쓰게 했다. 몇 자루의 볼펜이 닳을 때까지 그 작업은 반복이었다.[46]

김창호 씨의 경우 — 1982년 12월

1941년 일본에서 태어난 김창호 씨는 해방 후 가족과 함께 귀국하였으나 먹고살기가 힘들어 다시 일본으로 돌아갔다. 도쿄의 여러 건축 현장에서 10여 년간 노동자 생활을 했던 그는, 자신이 일했던 회사가 조총련과 관계가 있다고 하여

---

46. 박정석, 「진보가 우리를 자유케 하리라」, 5공정치범명예회복협의회, 『역사의 심판은 끝나지 않았다』, 살림터, 1997, 159∼161쪽.

1982년 12월 안기부로 연행되었다. 그는 안기부에서 고문과 조작으로 북한의 간첩이 되었다.

안기부는 그가 1973년에 간첩교육을 받기 위해 북한을 갔다 왔다고 주장했으나, 그는 북한을 다녀온 것은 사실이나 간첩교육을 받으러 간 것은 아니라고 부인했다. 또한 안기부는 그가 일본으로 돌아온 후 무전교신을 했으며, 1981년 한국 방문 때에도 국가기밀을 수집·전달했다고 조작했으나 안기부 수사 당시 자백했던 내용 외에는 구체적인 증거가 빈약했다.[47]

함주명 씨의 경우 ― 1983년 2월

:: 저는 1983년 2월 18일 기독교방송국에서 용무를 마치고 나오다 불법으로 영장도 없이 치안본부 대공분실(남영동 소재)로 강제연행되어 불법감금 상태 속에서 2개월이 넘는 장시간, 필설로는 설명키 어려운 살인적인 고문과 구타, 수면 부족으로 죽음이 경각을 달리며 정신분열 상태 속에서 자신의 목숨을 구하고자 수사관들이 지시하는 대로 진술서를 작성하여, 간첩이란 엄청난 누명을 쓰고 현재 무기수로 억울하게 복역 중인 함주명(전주교도소 수감번호 2329)의 아내 이춘자입니다.[48]

이런 진정서, 탄원서, 호소문을 쓰는 사람들은 대체로 고문피해자의 아내들이다. 어느 날 갑자기 사라진 남편을 찾아 헤매다가 어느 날 수사기관에서 또는 구치소에서 몰골이 달라진 남편을 만날 때 이들이 당한 그 고통의 깊이를 이해하기는 쉽지 않을 것이다. 고문당하는 본인의 고통도 크지만 그것을 밖에서 발만 동동 구르며 지켜봐야 하며, 남은 가족의 생계를 책임져야 했던 아내들의 운명도

47. Amnesty International, Republic of Korea: Long-term prisoner Kim Chang-ho, AI Index: ASA 25/10/97, January 1997.
48. 1988년 11월 함주명의 처 이춘자 명의의 호소문. 민주화실천가족운동협의회 산하 장기수가족협의회 조작된간첩사건가족모임, 「간첩조작은 이제 그만」, 1989, 72쪽.

이 땅에 태어난 사람으로서 큰 업보가 아닐 수 없다. 함주명 씨 사건과 그 과정에서의 고문 사실은 이근안 경감 때문에 널리 알려져 있다.

① 저의 시아버님(함정일, 작고)은 일제시대부터 경기도 개성에서 인삼 경작과 해외 지사망을 가지고 인삼무역을 하시던 거상의 한 분이었습니다. 큰형(함주희, 75)은 일본 메이지대학을 졸업하고 6·25 당시에는 교직생활을 하셨고, 둘째 형(함주성, 60)은 육군 경리사관학교 생도 신분이어서 1950년 6·25동란시 북괴들이 말하는 반동가족으로 낙인찍혔습니다.

② 남편(함주명, 58)은 당시 고등학교 재학 중 형들의 희생물로 북괴의용군에 강제로 끌려나갔습니다. 그후 전선에서 한쪽 눈이 실명되어 다행히 의용군에서 풀려나 집으로 돌아올 수 있었습니다.

③ 고향집으로 돌아왔으나 온 식구가 월남한 후라, 옆집 아주머니의 배려로 일정 기간 그 집에서 숙식을 제공받게 되어 그 집 딸(우순학, 여중생)과 알게 되었을 뿐 그 이상의 아무것도 없는 무관한 사이입니다.

④ 1954년 부모형제가 살고 있는 곳으로 오기 위하여 죽음을 무릅쓰고 월남하여 즉시 전선에서 자수하여 1983년 2월 치안본부에 연행될 때까지 30여 년간을 나름대로 착실하게 살아온 사람입니다.

⑤ 광주사태 당시 남파되어온 홍 모라는 자가 당국에 검거되어 조사를 받던 중 자기 구명책의 하나로 "개성 모 학교에 재직시 같이 근무한 우순학이가 개성인으로서 타 지방에 전출가지 않고 살고 있으니 혹시 그녀의 남편되는 진정인이 월남하여(54년 월남) 간첩행위를 하고 있는 공의 대가가 아닌가"라고 말을 하자, 1954년도 월남한 개성인을 조사한 끝에 저의 남편을 지목하였습니다. 또한 수사관들은 우순학의 남편이 함주명이라는 것입니다. 여중생과 고교생이 결혼하였다는 것입니다. 참으로 상상도 못할 일을 수사관들은 거리낌 없이 만들고 있

습니다.

ⓒ 치안본부 수사반에서는 1982년부터 1년 가까운 장시간의 내사를 하였습니다. 전화 도청, 미행, 잠복 등 모든 수사능력을 총동원하였으나 아무런 의심스러운 행동이나 물증이 없자, 1983년 2월 18일 강제연행해 갔습니다.

ⓓ 남편의 친구, 동창생들 많은 분들이 소환되어 조사 중, 고문에 못 이긴 남편에게 수사관들이 부르는 대로 적으라며 남편의 친필로 사건 내용을 적게 하고, 그 친필 내용을 증인들에게 보이며, "당사자가 시인했는데 왜 부인하느냐, 위증죄가 무엇인 줄 아느냐"며 협박, 공갈을 하는 바람에 증인들은 생계에 바쁘고, '본인이 그랬다니 할 수 없구나' 하고 그들의 유도심문에 조서 내용을 조작하게 되었다고 하였습니다.[49]

비운의 가정이다. 한 개성의 거상이 분단과 전쟁으로 말미암아 어떻게 몰락의 길을 가는지 보여주고 있다. 동시에 어처구니없는 로맨틱한 소재도 있다. 함주명 씨에게 도움을 준 옆집 딸과의 관계를 수사관들이 확대 해석한 것이다. 고등학교 때 맺은 인연 때문에 지금까지 간첩행위를 하고 있다는 구성 자체가 지나친 비약이고 현실성이 떨어지는 대본이다. 그런데도 모두 유죄 판결을 받고 형을 살았다. 그가 스스로 털어놓는 고문과 조작의 과정은 훨씬 더 실감이 난다.

:: 함주명 씨가 끌려간 곳은 치안본부 대공분실. 그를 기다리고 있는 것은 몸서리쳐지는 고문과 간첩조작이었다. 63일간 불법감금의 악몽이 시작되었다. "그들은 처음에 재북 중 제가 군사정전위원회 북한 측 담판요원으로 있었고 '우순학'이가 저의 재북처라는 것입니다." 군사정전위원회가 어디에 있는지도 모르는 함

---

49. 1988년 11월 함주명의 처 이춘자 명의의 호소문. 민주화실천가족운동협의회 산하 장기수가족협의회 조작된간첩사건가족모임, 『간첩조작은 이제 그만』, 1989, 73쪽.

씨였으나 버틸 도리가 없어 "그렇다"고 대답했다. '허위'로 시인해도 곧 진실이 드러날 것으로 굳게 믿었기 때문이다. "그러자 그들은 저에게 우순학과의 관계를 중점적으로 따지면서 구체적으로 말하라는 것이었습니다." 그들이 요구하는 구체적 관계라는 의미를 함 씨가 알 턱이 없었다. 함 씨는 "우순학은 낙향 후 거처하던 하숙집 주인 딸"이라고 사실대로 말했다. 말이 떨어지는 순간 함 씨는 몸 사방에 강한 통증을 느꼈다. 어떻게 때리는지 몰랐지만 정신을 차릴 수가 없었다. 마구잡이 몰매에 공포가 함께 실려왔다. 야만적인 구타에 못 이긴 함 씨는 "우순학은 재북처"라고 신음하듯 시인했다. 누군가의 입에서 "바른 대로 이야기하지 않으면 죽을 줄 알라"는 협박조의 말이 흘러나왔다.

…… 고문이 시작되었다. 함 씨는 10~15일 정도 잠을 잘 수 없었다. 그들은 함 씨를 자리에 앉혀놓고 책상 모서리에 백열등을 켜놓은 채 전구를 들여다볼 것을 강요했다. 함 씨가 깜빡 졸면 빨래방망이로 손바닥을 내리쳤다. 그와 함께 전기고문이 병행되었다. 칠성판에 눕혀진 함 씨의 새끼발가락에 전선이 이어지고 전기가 걸렸다. 함 씨는 고통에 못 이겨 비명을 지르며 횡설수설하였다. 오직 고통에서 벗어나고 싶은 생각에서 '조규삼'이라는 북괴공작원을 지어냈고, 친구들 이름을 중얼거렸다. 이 과정에서 함 씨는 우영일이라는 고정간첩으로 화했고, 31-2-1-8-23이라는 노동당 당증 번호마저 갖게 되었다.

"다음엔 제가 신문광고를 통하여 북괴와 연락을 했을 것이라고 하며 또 고문이 시작되었습니다. …… 저는 견딜 수 없어 54년 10월 '김영일아 보아라 어머니 위독하니 속히 돌아오라, 028'이라는 광고를 냈다고 허위진술을 하게 되었습니다." 수사관들이 당시 신문광고를 뒤졌으나 애당초 없던 광고가 나올 리 만무했다. "귀신을 속이지 나를 속이느냐"며 내놓은 광고는 "김종운 보아라 어머니 위독하니 속히 돌아오라"는 광고였다. 그러나 53년 10월 31일자 『동아일보』에 실린 이 광고는 실황조사에서 진짜 광고를 낸 사람이 나타나 조서에서 빠졌다. "다음에 그들은 서로 연락할 수 있는 무인 포스트가 있어야 지령을 받고 보고를 할 것 아니냐면서 또 고문을 하는데 이번에는……." 그들은 함 씨를 다른 방으로 데리고 가 '칠성판' 위에 눕히고 손과 발을 꽁꽁 묶었다. 그리곤 입 위에 수건을 올려놓은 뒤 샤워꼭지를 대고 수돗물을 부었다. 전기고문까지 겹쳐지자 함 씨는 더 이상 견딜 수 없는 상태가 되었다. 정신이 아마득해질 즈음이면 함 씨의 사지를 풀어주었다. 함 씨의 입에서 한 바케츠 이상의 물이 토해져나왔고 함 씨는 실신상태에 빠졌다. "기진맥진해진 저에게 그들은 따뜻한 소금물을 가져다주었습니다.…… 이와 같은 잔인한 고문하에서 무슨 정의가 있고 진실이 있겠습니까. 결국은 또 거짓진술이 나오는 것입니다."

현저동 선바위 앞 제상다리 밑이 무인 포스트로 결정되었다. 수사관들과의 '합의'에 의해 함 씨는 1954년부터 1975년까지 매년 2회에 걸쳐 무인 포스트를 통하여 '북괴공작원'과 회신한 것으로 되었다. 하지만 선바위 앞도 현지답사 결과 시멘트 바닥임이 드러나 무인 포스트는 선바위 200m 지점과 화계사 입구 등산로에 있는 느티나무 세 그루 중 샘터 옆, 봉은사 등 세 곳으로 결정되었다.

"다음으로 그들은 저에게 무전기 같은 것이 있을 테니 내놓으라는 것입니다. 무전기는 구경도 못해 보았고 암호문구가 뭔지도 제가 알 수 없는 노릇인데……. 며칠 후에 통신책임자라는 분이 나타나 저에게 이것저것 물었으나 아는 것이 없어 대답을 하지 못하고 있으니까……." 123번, 66번, 23번 등 아무 번호나 주워대는 함 씨에게 통신책임자가 "7호나 5호 같으면 몰라도" 하고 힌트를 주었다. 고문의 공포 때문에 극도로 위축되어 있던 함 씨는 눈이 번쩍 뜨여 7호 전문이라고 대답했다. "그것은 딱 세 번 방송된 적이 있다"고 통신책임자가 대답했다. 또 그들은 함 씨가 조 모라는 공작원에게 몇 차례에 걸쳐 180만 원의 공작금을 받은 것으로 만들었다가, 그동안 함 씨가 너무 가난하게 살아왔으므로 두 번에 걸쳐 40만 원을 받아 쓴 것으로 만들었다. "그후 그들은 제가 살아온 30년간의 모든 곳, 사업상 또는 직업 관계로 다닌 곳은 모조리 데리고 다니면서 열차편 혹은 버스편으로 지나다니며 본 군사시설 모든 것을 군사기밀 탐지라는 것입니다. ……"[50]

오주석 씨의 경우 — 1983년 3월

:: 이 땅의 겨레와 민주주의를 사랑하는 여러분! 단 하루 만에 '간첩'이 될 수 있습니까? 일본에 사는 친척을 난생 처음 만나 저녁을 들며 정리를 나눈 지 몇 시간 만에 '포섭, 세뇌'되어 장황한 '지령'을 접수하는 것이 과연 상식적으로 가능할 수 있겠습니까? 남에게 손 벌릴 곤궁함도, 그렇다고 남에게 손가락질을 받을 그 어떤 부정함도 없이 노모와 아내, 그리고 다섯 자녀와 함께 평범하게 생활하는 삶을 행복으로 믿고 살던 '평범한' 보통사람이며, 젊은 시절을 경찰관으로 지내온(1953~1961) 사람이 정녕 무서운 간첩이 될 수 있습니까?[51]

오주석 씨에 대한 호소문은 이렇게 시작되고 있다. 그러나 이 질문에 대해 당연히 '그렇다'고 대답해야 한다. 왜냐하면 안기부에서는 그런 일이 가능하기 때문이다. '평범한 보통사람'이 어느 날 안기부로 연행되어 몇 달의 불법구금과 고문을 거쳐 '간첩'이 되어 나오는 것을 너무나 많이 보아왔기 때문이다. 그것이 오히려 '상식'이고 '이성'이 되어버린 그런 시대가 있었다. 이 사건으로 오주석 씨는 징역 7년을 선고받고 복역했다.

:: 저의 남편은 1980년 5월 8일에서 5월 25일(17일) 동안 일본 유통업계 연수 및 시찰계획에 따라 도일하였습니다. 이때 저의 시어머니(이금중, 당시 80)가 일본으

---

50. 최민희, 「이근안이 만든 '간첩' 함주명의 빼앗긴 10년」, 『월간 말』 1992년 2월호, 109~110쪽.
51. 1988년 11월 30일자 오주석의 어머니, 아내, 아들, 딸들의 명의로 된 호소문. 민주화실천가족운동협의회 산하 장기수가족협의회 조직된간첩사건가족모임, 『간첩조작은 이제 그만』, 1989, 39쪽.

로 징용 간 저희 시아버지를 뒷바라지를 하러 일본에 갔을 때(1943) 함께 살았던, 저의 남편의 시고모 되는 오옥순을 찾아보라는 당부를 하였습니다. 남편은 어머니를 도와준 고모라는 오옥순을 찾기 위하여 친척 되는 오옥길에게 전화를 하였고, 5월 11일 저녁 오옥순에게서 전화를 받게 되었습니다. 안교윤은 바로 오옥순의 사위로서 저의 남편과 고종사촌 처남·매부 간이 되는데, 5월 12일 저녁 김문자·안교윤 부부의 방문을 받고 함께 저녁을 들고 환담을 나눈 뒤 숙소인 호텔로 돌아왔습니다. 난생 처음 만난 이들과 이야기를 서너 시간 동안 나누었다는 것은 인간적 정리에 따른 것으로 그 내용은 안기부가 발표한 것과는 다른 단순한 가족 근황을 소개하는 정도에 불과했습니다.

처음 일본에 와서 친척이라고 찾아와준 사람들과 저녁을 먹고 담소를 나누면서 과연 '교양학습과 지령'에 해당되는 그러한 '낯설고 심각한 그리고 엉뚱한' 회합을 가질 수가 있었겠습니까? 그리하여 몇 시간에 '포섭'되어 갑자기 열렬한 열성분자가 되기로 맹세하는, 자신의 일생을 완전히 뒤바꾸는 '간첩활동'을 하였겠습니까?…… 이런 사실을 갖고서 간첩활동을 한 양 조작하기 위하여 저들은 '산업계 시찰 구실 도일 간첩교육'이라는 조작된 사실을 만들어내야만 했고, 이 과정에서 근 두 달간의 불법구금과 온갖 고문, 폭행이 필요했던 것입니다.[52]

김성규 씨의 경우 — 1983년 3월

:: …… 저는 처음 수사 개시부터 인권을 유린당했습니다. 옷을 군복으로 갈아 입힌 후에 '암수표'를 내놓으라고 하면서 각목으로 사정없이 온 전신을 패기 시작하니 각목이 부러져나가고, 정신 잃기를 한두 번이 아니었으며, 또 옷을 벗기고 각목을 양쪽 무릎 안쪽으로 끼우게 하고 꿇어앉게 한 후에 발로 각목 위에 올라서

52. 오주석의 어머니, 아내, 아들, 딸들의 호소문. 민주화실천가족운동협의회 산하 장기수가족협의회 조작된간첩사건가족모임, 『간첩조작은 이제 그만』, 1989, 40~41쪽.

서 내리밟으니 양쪽 다리의 고통은 이루 말할 수 없으며, 이렇게 계속되니 양다리가 통통 부어오르고 부어오른 상태에서 계속 반복되니 걸음도 못 걷고 고통은 이루 말할 수 없으며, 의사의 치료를 매일 받아가면서도 계속 고문을 가했습니다. 옷을 항상 벗기고 땅바닥에 무릎을 꿇어앉혀놓고 한 사람은 양 무릎 위에 구둣발로 올라서고 한 사람은 등과 허리를 마구 치고 걷어차며 밟으니 고통은 말할 수도 없고 정신을 잃기를 반복하였습니다. 맨바닥에 두 다리를 펴고 누인 후에 두 사람이 번갈아가며 각목으로 양쪽 발바닥을 맨발인 채로 패기 시작하여 두 사람이 번갈아서 계속하니 머리가 울리고 하여 죽는 줄 알았습니다.

이렇게 정신을 잃은 게 수없어 글로 표현하기 어렵습니다. 밤잠도 재우지 않아 괴로워서 정신을 차릴 수 없고, 당시에 저는 완전히 병신이었습니다. 그 외에도 앞정강이를(소위 조인트를 발로 깐다는 표현) 마구 차서 피가 흐르고 엎드려서 팔 굽혀펴고 한쪽 다리를 들고 있게 하는 등 일일이 소소한 것은 생략하더라도, 아주 흉한 입에 담지 못할 욕설과 음담패설을 심지어는 너의 마누라도 잡아다가 옷을 홀랑 벗기고 너와 같이 고문하겠다는 등 갖은 욕설은 말로 표현할 수 없으며, 정신적 위축감은 물론이요 혈압이 높은 이 몸으로는 도저히 지탱할 수 없음으로 죽지 못하여 시키는 대로 하겠다고 하였으며, 모든 것은 허위로 자백한 것입니다.

더욱이 김종주 고모님이 바로 좌측 옆방에서 고문당하는 소리와 비명소리가 나더니 두 번이나 병원에 끌려나가는 신음소리를 듣게 되었으며, 또 우측 옆방에서는 송석민 씨가 고문당하여 비명소리와 함께 부르짖는 소리가 계속되니, 저의 심정은 말할 수 없으며 연약한 나이 많은 여자도 무자비하게 고문하여 병원에 끌려가는 판인데 저의 육신의 육체적 고통과 심적 고통은 오죽했겠습니까. …… 이러한 쇼크로 인하여 며칠씩 밥을 먹지 못하고 더욱이 잠을 못 자니 고통이 더 심했으며 …… 이렇게 죄 없는 무고한 자를 죄인으로 몰아세운 것이 더없이 억울함을 금치 못했으며, 알고 보니 공소 사실 9항과 11항은 수사과정에서 군부대 아는 것을

모두 적어내라고 해서 대방동에 공사가 있다, 태능에 육사가 있다, 용산에는 미8
군이 있다 등으로 수없이 적어서 내었더니 거기에서 마음대로 두 건을 추려서 등
재한 것이며, …… 11항의 수원비행장을 간첩했다고 했으나 이는 제가 60년대에
수원에 5년간 살았다는 것을 허위로 등재한 것입니다. 비행장에 저는 가본 일도
없고 하여 정문에 무엇이 경비하고 격납고가 보이는지 안 보이는지 알지 못하는
것임을 분명히 진술하오며, 또 수원비행장이 있다는 것이야 저뿐 아니라 수원에
사는 사람이라면 누구나 알고 있는 실정입니다.

…… 그 외는 위 진술한 바와 같이 수사기관에 불법적으로 59일간 장기 구속시켜
혹독한 고문으로 인하여 허위로 진술서를 수사관이 써준 것을 그대로 보고 쓴 것
이며, 편지를 쓴 내용도 수사관이 써준 대로 보고 쓴 것입니다. 그리고 심문서도
읽어본 일도 없이 무인을 찍었을 뿐인 것이며, 모두가 전부 조작한 것입니다.[53]

안기부에서 이루어진 또 하나의 간첩조작 사례이다. 고문 방법이나 강제로
진술하게 한 국가기밀의 내용 등 모두가 간첩조작 사건의 전형이고 고전이다. 누
구라도 데려다가 조금만 고문하면 나올 법한 이야기들이다. 59일간이나 불법구
속을 했다면 그것만으로도 수사관들을 데려다가 경을 쳐야 할 일이 아닌가. 그
장기간의 구금 동안 도대체 무엇을 했단 말인가. 뻔한 이치이다. 고문하고 조작
하는 데 걸린 세월이다. 하루 이틀의 고문에도 심신이 파괴되고 자백이 술술 나
오는 판인데 이렇게 긴 기간 동안이라니!

김병진과 보안사의 악연 — 1983년 7월

이번에는 보안사이다. 보안사는 전매특허를 낸 것처럼 주로 재일동포 유학

---

53. 대법원 84도 748(749) 국가보안법 위반사건의 피고인 김성규의 상고이유서. 민주화실천가족운동협의회 산하 장기수가
족협의회 조작된간첩사건가족모임, 「간첩조작은 이제 그만」, 1989, 16~17쪽.

생들을 간첩으로 만들었다. 재일동포 사회는 조총련과 민단이 경쟁하고 있었지만 동시에 서로 교류하면서 함께 지내는 사람들이 많았기 때문에 이를 꼬투리 잡아 간첩으로 만드는 일은 식은 죽 먹기보다 더 쉬웠다.

:: 연세대 대학원 국문과 재학 중이자 삼성종합연수원 일어과 강사로 재직 중이던 1983년 7월 9일 토요일, 저는 보안사 서빙고 분실(대공처 수사과 분실)에 불법연행되었습니다. 연행되자마자 수사관이 법전을 제 눈앞에 내던지며 국보법을 보라고 고함질렀습니다. 이들의 예기치 않은 공갈과 그리고 처음으로 접했던 국보법의 기막힌 내용에 전율을 느꼈습니다. 재일동포(해외동포)와 북한 주민들은 모두 다 범죄자였던 것입니다. 태어나면서부터 우리가 범죄자라는 낙인이 찍혀 있는 것이 국보법이었습니다. …… 이 과정에서 제가 간첩이 아니라는 사실을 증명하기 위해서 …… 사실을 솔직히 말했고, 따라서 저는 간첩일 수 없다고 주장하였습니다. 하지만 4일 동안 잠을 안 재우는 고문에서 시작하여 몽둥이로 전신을 구타하는 폭력(이때 몽둥이를 들어 본인을 마구 친 사람은 당시 수사2계장 김용성 육군 소령이었습니다)을 당했습니다. 또 저는 내의까지 벗겨진 알몸 상태로 끌려간 속칭 '엘리베이터실'에서 물고문과 전기고문을 당해야 했습니다.
고통과 공포에 시달린 후 기진맥진한 본인이 말할 기력조차 잃어버리자 그들은 제가 상기 북한공작원들로부터 영향을 받고 공작활동을 위해서 한국으로 들어온 간첩이라는 내용의 조서를 작성해갔습니다. 본인의 진술과는 완전히 다른 내용이었습니다. …… 저는 선배 서성수에게 포섭되었다고 하는 고베 시내 모 공원에서 "남조선혁명을 위하여 목숨 바쳐 싸우겠다"고 구두로 맹세했다고 하는 대목은 본인의 조서를 작성하던 수사관 이덕룡의 창작이었습니다. …… 자장면이 싸고 맛이 있더라는 말을 했다 하여 "서울 물가시세를 탐지, 수집, 보고함으로써 간첩하여"라고 써내려가는 이덕룡의 조서 작성은 우습고도 소름 끼치는 일이었습니다. 제가

간첩이라는 물증으로 압수된 것은 본인의 여권과 대학원 학생증, 이 두 가지가 전부였습니다.[54]

여기까지는 보통 사건의 진행과 다를 바가 없었다. 이제 고문에 의한 간첩조작이 끝났기 때문에 '재일동포 유학생 간첩' 김병진은 구치소로 넘어가 형식적인 기소와 재판 절차만 거치면 되는 것이었다. 그런데 뭔가 다른 운명이 그를 기다리고 있었다.

:: 　그러나 그들은 저를 공소보류(국보법 25조) 처분하고 보안사에 근무할 것을 강요했습니다. 이는 저에게 이중으로 고통을 주는 일일 수밖에 없었습니다. 그러나 그해 4월에 태어난 제 장남과 처, 가족이 인질로 묶인 상황에서 저항은 했으나 소용없는 일이었습니다. 1984년 1월부터 1986년 1월 말까지 보안사 대공처 수사과 수사지도계(내근 1계)에서 정보 분석일을 담당하면서 때로는 모국어가 서투른 재일동포 용의자(피해자)의 통역으로 당시 장지동에 새로 지은 수사과 분실로 나가야 했습니다. 저는 여기서 내국인 재외국민을 막론하고 모두 구속 영장 없이 보안사령관의 결재, 사인 하나만으로 납치되었고, 감금되었고, 또 고문당했다는 사실을 강조하고 싶습니다. 스스로 간첩으로 조작된 데다가 남들의 고통을 보고 들어야 했던 저는 보안사, 즉 군사독재를 국민 앞에 폭로할 것을 굳게 다짐하게 되었습니다. …… 1986년 2월 1일, 가족을 동반하여 간신히 일본으로 탈출한 그날 밤부터 저는 보안사를 고발하기 위한 수기를 써내려갔습니다.[55]

이렇게 탄생한 책이 『보안사』이다. 김병진은 이 책에서 '보안사'가 어떤 과

54. 김병진, 「고국에 공부하러 왔다가 간첩이 되었다」, 2004년 11월 1일자 『오마이뉴스』 기사.
55. 앞의 『오마이뉴스』 기사.

정으로 사람들을 간첩으로 조작해가는지를 생생하게 폭로하고 있다. 그의 특이한 경험이 아니면 할 수 없었던 일이다.

김병주 씨의 경우 — 1983년 11월

김병주 씨 또한 재일동포 간첩조작사건으로 고문을 겪었다. 그는 1922년에 출생한 후 가족과 더불어 1931년 일본으로 건너갔다. 1945년 해방이 되면서 귀국했으나 직장을 구하지 못해 다시 일본으로 돌아가 마쓰즈카 시에 정착해서 부동산업과 관련된 일을 하고 있었다. 한국전쟁으로 말미암아 그의 가족은 뿔뿔이 흩어져 자신은 일본에서 살았지만 그의 누이는 북한에, 부모님은 한국에서 살고 있었다. 그는 마쓰즈카 시의 민단 지부장이었고, 부모님을 뵙기 위해 또는 사업차 한국을 자주 왕래하던 중 1983년 11월 공항에서 안기부에 불법연행되었다.

1983년 11월 28일부터 이듬해인 1984년 1월 15일까지 안기부에 구금되어 고문을 받았다. 20여 명의 수사관들로부터 고문과 구타를 당했고, 죽여버리겠다는 협박에 시달려야만 했다. 안기부는 그가 1981년 평양에 간첩교육을 받기 위해 갔다 왔다고 발표했으나 단지 그는 가족을 보러 간 것뿐이었다고 말했다. 군사기밀이나 민간기밀을 북한에 전달했다고 하나 이것 역시 자신의 자백 외에는 합당한 증거들이 없는 것으로 보인다.[56] 1984년 5월 김병주 씨는 사형을 선고받았으나 감형되었다. 1997년 당시 75세의 고령이었다.

정금란 씨의 경우 — 1984년 4월

:: 저는 너무나 어처구니없게도 1984년 4월 28일 제주공항에서 대공수사과 요원 4명에 의해 영장도 없이 불법 강제연행, 구금된 후 약 30일 동안 온갖 모진 고

---

56. Amnesty International, Republic of Korea: Long-term prisoner Kim Byung-ju, AI Index: ASA 25/08/97, January 1997.

문 끝에 국가보안법이라는 무시무시한 죄를 뒤집어쓰고 지금까지 가정에 돌아오지 못한 채 쇠창살과 시멘트 콘크리트 속에 갇혀 인간동물이 된 지도 어언 4년 5개월이란 세월이 흐른 정금란(국가보안법 7년, 광주교도소 77번)의 이복동생 박정희입니다.

이복언니 정금란은 수사를 받는 그동안 연약한 여자의 몸으로서는 이루 형언할 수 없을 정도로 물고문, 전기고문 등을 당하여 제주시 소재 병원에 2번씩이나 응급처치 당하였으며, 또한 저희 가족들은 대공과 수사요원들의 회유와 협박 속에 피눈물이 나도록 고통의 나날을 보내야 했으며, 칠순에 접어든 어머님은 음식을 전폐하시다시피 지내오다가 최근에는 심장병 악화로 인하여 제대로 행동을 못하시고 계신 실정입니다.

이복언니 정금란은 찌들고 가난한 환경 속에 태어나 노모를 모셔야 했고, 동생을 뒷바라지해야 할 입장으로 일본에 가면 돈을 벌 수 있다는 말을 듣고 일본으로 취업을 가게 되었습니다. 문화여권으로 도일하여 술집에서 가수로 일할 때, 조총련계 이문숙을 알게 되었고(처음에는 몰랐음), 그 때문에 서민들은 상상도 못할 증거 없는 간첩이 되고 말았습니다.[57]

이렇게 조총련계 동포와 기이하게 만났던 정금란이라는 한 불우한 여성의 비극적인 운명은 한 편의 드라마 같다. 정금란 씨는 제주도 가난한 집안에 태어나 미장원 종업원·가정부·식당 종업원으로 전국 각지를 떠돌다가, 일본으로 건너가 가수로 취업하면 돈을 많이 벌 수 있다는 이야기를 듣고 문화기획의 주선으로 일본 술집에서 일하던 중 바로 그 이문숙을 만나게 된다. 이 사건에서 공작원이라고 지칭된 이문숙은 정금란 때문에 민단으로 전향하여 고국을 방문하기도

---

57. 정금란의 이복동생 박정희 명의의 호소문. 민주화실천가족운동협의회 산하 장기수가족협의회 조작된간첩사건가족모임, 「간첩조작은 이제 그만」, 1989, 56쪽.

한다. 그런데도 정금란은 그대로 감옥에 있었다.

::　　사실의 전말은 정금란이 술집에서 일하면서 만난 조총련계 이문숙(1984년 6월 중 민단으로 전향하였음)을 사귀는 도중에 이문숙 씨가 서로의 일상생활에 대해서 이야기하면서 정금란의 어려운 집안 사정을 알게 되자 금전적으로 도와준 것을, 공작금 운운하면서 간첩으로 만든 것입니다. 그러나 이문숙 씨가 정말로 북한의 공작원이었다면, 왜 한 여자를 위하여 즉시 전향하였겠습니까? 또한 광주고등법원 제주지법 재판장님은 그 당시 위장 전향이라고 하면서 3년 동안 지켜보겠다고 했는데, 이문숙 씨가 대한민국으로 전향한 지도 이미 5년 가까이 되고 있는데 지금도 간첩이라고 할 수 있겠습니까? 이문숙 씨는 전향 후 조국을 위하여 열심히 일하고 있으며, 이번 88올림픽도 참관하고 돌아간 것으로 알고 있습니다. 이래도 위장 전향이라고 할 수 있겠습니까?[58]

동생 박정희 씨는 수사관들에게 엄중히 묻는다.

::　　고문에 의한 자백은 법적, 인도적 차원에서도 인정될 수 없으며, 따라서 정금란은 무죄입니다. 옆방에 같이 세 들어 살던 서영진이라는 사람을 협박, 공갈로써 증인석에 서게 했던 사람은 누구입니까? 또한 대법원에 상고하려 할 때, 교도소 내에서 상고를 포기하도록 협박과 구타는 누구에 의해 자행되었습니까? 존경하옵는 수사관님들, 여러분은 법치국가, 정의사회, 봉사하는 경찰이라는 이름에 걸맞게 수사했다고 생각하십니까? 진급을 하기 위해, 또는 실적 위주의 건수 채우기를 위해 자행된 고문에 의한 증거 없는 자백은 무죄입니다. 언론 매체(주간지, 신문, 잡

---

58. 정금란의 이복동생 박정희 명의의 호소문. 민주화실천가족운동협의회 산하 장기수가족협의회 조작된간첩사건가족모임, 앞의 책, 57쪽.

지, 방송 등)에 기사화된 내용을 말하고, 대한민국이 이렇게 자유스럽다고 자랑한 것도 국가보안법(간첩죄)에 적용될 수 있으며, 반국가단체를 이롭게 했다고 보십니까?[59]

이창국 씨의 경우 — 1984년 5월

이창국 씨도 인천 제물포고등학교 앞에서 '안흥문구점'을 운영하며 창영감리교회의 장로로 시무하던 평범한 64세의 노인에 불과했다. 다만 그의 형님과 동생, 누나가 6·25 당시 월북한 사실이 있어 꼬투리가 되었다. 1984년 5월 1일 영장 없이 강제연행된 날부터 77일간의 고문 상황을 잠깐 들어본다.

① 남편은 털어놓을 말은 없고 고문의 고통을 못 이겨 죽을 결심으로 화장실 벽에 이마를 부딪혀 앞니가 3개 부러졌던 적도 있습니다.

② 77일간을 하루도 빠짐없이 폭행을 당하고, 그것도 부족하여 팔다리를 묶고 주리틀기, 온몸을 바늘로 찌르기, 남자의 국부를 지렛대로 비틀어 조이기 등을 당하였습니다.

③ 남편은 이로 인하여 정신적 불안상태, 위장장애, 치질 재발, 신체 허약 증세를 보였으며, 서대문구치소에 이감되어 처음 면회할 때는 제정신이 아닌 상태였습니다.

④ 고문으로 인하여 지병인 빈혈이 도져 화장실에서 기절하였다 깨어나니 영양제가 꽂혀 있고, 안기부의 주임 정○○ 씨는 온몸을 주무르며 "당신이 내 아버지 같아 마사지를 하여 살려놓았다"고 합니다. 아버지를 그런 상상도 못할 고문을 하는 자식이 세상에 또 어디 있겠습니까!

59. 정금란의 이복동생 박정희 명의의 호소문. 민주화실천가족운동협의회 산하 장기수가족협의회 조작된간첩사건가족모임, 「간첩조작은 이제 그만」, 1989, 56~57쪽.

⑤ 호출부호를 대라고 하기에 어떻게 하는지 잘 몰라 하니, 폭행을 가하며 가르쳐 주어 남편의 생년월일을 대었더니 틀렸다고 몇 번을 고치다, 나중에 시부의 돌아가신 날을 대었으나, 이도 맞지 않아 하지 않게 되었습니다.

⑥ 고문수사관들이 남편에게 이곳에서 말한 사실을 인정하지 않으면 네 처와 아들을 잡아다 족친다고 하며 교회에서의 동조자를 대라고 하여 남편은 사랑하는 처와 자식, 교인들에게 해가 될까 혼자 한 사실이라고 인정했답니다.

⑦ 남편에게 암호문 쓰는 법을 물어 모른다고 하면 그날은 두들겨 맞고 다음 날 통신과 요원 2명이 와서 "이렇게 쓰는 것이지요" 하며 가르치고, 다음 날 난수표 해독하는 법을 모른다고 하여 또 맞고 다음 날은 또 배우고 하여, 그곳에서 모르던 많은 것을 배웠다고 합니다.

⑧ 용유도 현장검증시 증거가 될 만한 것이 없을 때, 수사관들이 "배상태 계장님이 과장으로 진급하셔야 하는데……" 하는 탄식의 말에서도 볼 수 있듯이, 무고한 사람을 잡아다가 수사관 개인의 승진 제물로 삼고 막대한 수사비를 타내고 하는 파렴치한보다 더한 그들의 행위를 알게 되었습니다.[60]

독실한 기독교인으로서 간첩으로 몰릴 만한 활동을 하지 않은 이창국 씨가 이렇게 고문으로 간첩이 된 배경에 대해서 김병진 씨의 증언이 설득력을 가진다.

:: 　보안사령부는 당시 전대미문의 공작을 전개하고 있었다. 로마 교황인 요한 바오로 2세의 방한이 결정된 1984년 이전의 일이다. 전두환은 국가안전기획부, 치안본부, 한국 국군보안사령부 등 3기관에 밀명을 내렸다. "예산에 개의치 말라. 청와대에서 공작자금을 낸다. 종교계에 침투한 간첩을 로마 교황의 방한 이전에

---

60. 1988년 11월 15일자 이창국의 처 홍은옥 명의의 호소문. 민주화실천가족운동협의회 산하 장기수가족협의회 조작된간첩 사건가족모임, 앞의 책, 46~47쪽.

색출하라." 로마 교황이 평화의 사자인 것에 착안하여 이 특명 공작은 '평화공작'
이라 명명되었다.[61]

이장형 씨의 경우 — 1984년 6월

이장형 씨는 제주에서 태어났지만 대부분의 어린 시절을 일본에서 보냈다.
한국전쟁 동안에는 해병대 중위로 근무했고, 나중에는 서울의 한 식당 매니저로
일했다. 그런데 그가 친척을 만나기 위해 자주 일본을 방문한 것이 화근이었다.
1984년 6월 15일, 그는 영장 없이 치안본부 대공분실로 연행되었다. 거기서 67
일 동안 완전히 고립된 채 고문을 당했고, 북한을 위해 간첩활동을 한 것으로 조
작되었다. 그는 국가기밀을 일본에 있는 삼촌에게 전달했고, 간첩 훈련을 받기
위해 북한을 방문한 것으로 날조되었다. 1982년 12월 북한에 갔다 왔다는 시기
에 그의 알리바이가 증명되었음에도 유죄 혐의는 벗겨지지 않았다. 당시 당국의
협박 때문에 이장형 씨의 가족은 심지어 변호인조차 선임하지 못한 상태로 재판
을 진행했다. 그 때문에 이장형 씨는 무기징역을 선고받고 말았다. 그가 당한 처
절한 고문의 사례이다.

> :: 1984년 6월 15일 아침 8시경 정체불명의 수사요원들에게 불법납치당한 것
> 입니다. …… 그(이근안)의 악독한 고문방법 밑에서 67일 동안 견디었다는 사실은
> 주님의 가호가 계셨다는 감사로서 감루케 합니다. 이근안이라는 사람은 단적으로
> 말해서 인간 이하의 악마로밖에 달리 이해할 수 없는 사람이었습니다. 수단과 방
> 법을 가리지 않고 공명심과 금욕(현상금 5,000만 원)에 혈안이 되어 없는 사실을 조
> 작하여 목적을 달성하였던 흡혈귀였습니다.

61. 김병진, 「보안사」, 소나무, 1988, 206쪽.

저는 법에 무지하여 어떻게 하든지 고문 사선에서 빠지려고만 하였으나 능숙한 '전기고문 기술자'가 준비한 '칠성판' 위에 던져진 저의 나신은 안전벨트로 머리 위에서부터 발끝까지 8등신으로 묶어서 제멋대로 요리되는 것입니다. 무엇보다도 두려웠던 것은 저의 처와 자녀들을 나신화하여 똑같은 고문으로 요리하겠다는 것이었습니다. 저는 항복하였고, 저의 처와 자녀들은 용서한다는 조건(?)으로 모든 것을 체념, 그가 요구하는 대로 응하였습니다. 그러나 마음의 양심은 언젠가는 진리대로 밝혀질 것을 믿고서 '악몽의 마곡'인 남영동 대공수사본부에서 해방되었습니다.[62]

이렇게 고문으로 조작된 사건이 진실일 수는 없었다. 그 조작의 진실은 이렇다.

::   양심선언문에 이장형 씨는 수사 조사서와 진술서의 모(무)인이 날조되었다는 사실, 공소장에 기재된 방북 기간 동안에 도쿄에 있었다는 사실, 숙부가 조총련계에 적을 두고 있는 것은 사실이나 사업 때문에 워낙 바쁜 사람이고 같이 월북한 사실이 없다고 한국 법정에서 증언할 용의가 있다는 사실, 그리고 자신의 여행용 트렁크와 보스턴백, 그리고 사업과 관련된 서류가방은 자신에게 유리한 행적이 나오는 것을 감추기 위함인지 돌려주지 않는다는 사실 등을 처음으로 밝히고 있다.
공소장에 의하면, 이장형 씨는 1972년 삿포로 동계올림픽 참관 초청을 받아 일본에 방문한 후부터 간첩활동을 한 것으로 되어 있으며, 1982년부터 기술연수 및 도입차 세 차례 일본을 왕래한 것이 간첩활동을 하기 위한 잠입, 탈출로 되어 있다. 또한 1982년 12월 22일부터 29일까지 1주일간 북한을 방문한 것으로 되어 있다.

---

62. 1990년 2월 이장형 씨가 어느 사제에게 쓴 편지 중에서. 천주교조작간첩진상규명대책위원회, 「분단조국의 희생양, 무기수 이장형」, 『분단조국의 희생양, 조작간첩』, 1994년 11월 1일, 18~19쪽.

먼저 방북 기간에 대한 것으로서 이 사실은 일본에 있는 친지들과 친구들이 명백한 증언을 하고 있다. 아울러 이 기간에는 성탄절이 있음으로 해서 더욱더 뚜렷한 기억과 증언을 하고 있다. 특히 동향인이자 고향 동창인 ㅈ형으로부터 조촐한 성탄절 이브 접대를 받은 것을 이장형 씨는 기억하고 있다.[63]

이중간첩 조봉수 씨의 운명 — 1984년 8월

조봉수 씨는 원래 화물선 견습사원으로 승선해 일본을 방문하게 되었다. 1970년 8월경 그는 일본에 가서 조총련 활동을 하고 있던 셋째 형 조봉기를 만났고, 부산으로 돌아와 이 사실을 부산 중앙정보부 수사관에게 보고했다. 그 수사관이 조봉수에게 계속 협력을 부탁하자, 그는 일본을 들를 때마다 형 조봉기를 만나 정보를 수집해 중앙정보부에 제공해주었다. 심지어 김춘혁 등의 간첩단을 유인, 검거하는 공로를 세워 중앙정보부 부산분실에서 기념사진까지 찍고 보상금 30만 원을 수령하기도 했다.[64]

그런데 어떤 연유에선지 이번에는 조봉수 본인이 1984년 8월경 경남도경 대공분실로 연행되었다. 그는 거기서 70여 일간의 불법구금과 고문 끝에 북한의 지령을 받고 국가기밀을 탐지·보고한 간첩으로 구속 기소되었다. 결국 조봉수 씨는 '이중간첩'이 된 셈이다. 이 사건으로 그는 7년형을 선고받았다.

여학생 추행 사례(1984년 9~11월) 그리고 '알몸 수색'

시위에 참여한 학생들에 대해 구타와 폭행이 빈발했다. 시위 참여 학생들을 연행·구금하는 과정, 그리고 수사하는 과정에서 이미 체포된 부자유의 학생들을

---

63. 천주교조작간첩진상규명대책위원회, 「분단조국의 희생양, 무기수 이장형」, 『분단조국의 희생양, 조작간첩』, 1994년 11월 1일, 19쪽.
64. 대구고등법원 85도 제740호 사건의 피고인 조봉수의 항소이유서(공판기록), 415쪽.

상대로 경찰관들은 마음껏 폭력을 행사했다. 그런데 특별히 여학생들에게는 성적인 폭력이 가해졌다. 그들을 알몸으로 만들거나 성희롱을 하거나 심지어 유방을 만지는 등의 강제추행이 벌어지기도 했다. 이것이 단지 경찰관의 과도한 수사권 행사를 넘어서서 형사적 범죄를 구성하는 지경까지 나아간 것이다. 보통 개인적으로 당하는 경우에는 수치심 때문에 제대로 알리지 않는 경우가 대부분이다. 아래의 사건은 집단적으로 추행을 당한 사례를 요약한 것이다.

① 청량리경찰서 사건

:: 　지난 9월 4일, 외국어대학에서 있었던 5개대 연합 방일반대 시위에 참여했다가 연행된 경희대 여학생 김 모(수학과 3년) 양, 최 모(사학과 3년) 양, 정 모(의예과 2년) 양은 7일간의 구류를 선고받고 청량리경찰서 유치장에 송치되었다. 9월 7일, 이들 여학생 3명은 각각 조사가 끝난 후 신체검사란 명목으로 '이근'이라는 전투경찰로부터 알몸인 상태에서 기합을 받았다. "야! 이 ××년아, 그럴 줄 알면서 누가 데모하래?", "일어서", "앉아", "뒤돌아", "다리 벌려", "앉아", "일어나", "다리 더 벌려", "팔 들어", "자동으로 5번". …… 그러고 나서 브래지어와 팬티를 탁탁 털어 보이며 "입어" 하고 던져주었다. 그 당시 여대생 중 1명은 생리기간 중이었음에도 불구하고 이러한 만행이 저질러졌으며, 그후 유치장에서도 이를 항의하는 여대생들에게는 기합과 희롱으로 응수했고, 출감하는 여대생들에게 청량리경찰서 정보2계에서는 이를 함구할 것을 위협하기도 했다.[65]

---

65. 이런 사실이 알려지자 청량리경찰서는 온갖 방법을 동원해 피해자들의 허위진술서를 받으려 했다. "어려운 생계를 이어나가고 있는 (피해자) 김영순의 부모님을 경찰 승용차에 태워 딸을 찾아내라고 여기저기 끌고 다니거나", "(피해자) 정운자를 회기동의 모 여관에 데려가 시골의 아버님을 입회시키고 '추행 사실이 없다'는 내용의 거짓자술서를 쓰도록 회유"했으며, 또한 "신촌에서 사업을 하는 최선윤의 오빠에게 영업 방해와 생계 위협을 해오던 중 (피해자) 최선윤을 청량리경찰서에 연행하여 '추행 사실 무근'이라는 요지의 자술서를 작성"했던 것이다. 이 사실을 기초로 한국기독교교회협의회 여성위원회, 한국교회 여성연합회, 한국여신학자협의회, 여성평우회, 여성의전화 등이 1984년 12월 5일 관련 경찰관들을 정식으로 고발했다. 민주화운동청년연합, 「해방되어야 할 또 하나의 성—성고문, 성폭력에 관하여」, 1986년 12월.

::　　11월 3일 학생의 날 시위 도중 청량리서로 연행되어간 학생들에게 '연재구'란 전경이 술에 취한 상태에서 워커발로 따귀를 때리고, "우리는 제대 말년인데 말년풀이를 너희들한테 해야겠다"며 무차별 구타를 하고 그곳에 있던 여학생들에게 "너희 같은 년이 나한테 시집올까봐 겁난다", "이 쌍년들 여기까지 왜 왔어? 할 일 없으면 내 똥구멍이나 빨어"라는 등 참기 어려운 욕설 및 심한 구타를 하고, 이에 반항하는 여학생들의 머리채를 잡아 흔들어 머리카락이 한 움큼씩이나 빠졌으며, 이밖에도 심한 구타로 인해 안면이 일그러지고 온몸이 상처투성이가 되었다.[66]

② 서대문경찰서 사건

::　　지난 11월 3일 연세대에서 '학생의 날 부활 기념행사'가 있었다. 당일 연세대는 1일 휴강된 상태였고 교문 출입은커녕 주변 신촌로터리까지 출입이 통제되었으며, 주변에 있던 200여 명의 젊은이들이 무차별 연행당했다. 또한 연행되는 과정에서 무차별 구타를 당하던 중 사복형사와 전경들은 "어, 계집년도 있네, 집에 가서 빨래나 하지"의 욕설과 함께 폭행을 가했고, 이에 항의하던 12명의 학생은 지하실로, 눈을 가린 채 따로 끌려가 더욱 심한 폭행을 당하였다. 그중 4명의 여학생은 상의를 벗기고 남학생들이 돌아앉은 상태에서 쌀부대로 감은 각목으로, 벗은 상체를 구타당했으며, 그후 다른 장소로 끌려갔다 왔는데 그들은 완전히 탈진상태가 되어 말 한마디 못하고 쓰러졌다. 또한 서대문경찰서의 수용능력 부족으로 강서경찰서로 분산 수용되던 중 한 여학생이 화장실에 가고 싶다고 하자 몇 명의 전경이 따라갔는데 돌아온 여학생은 탈진상태였고, 따라갔던 한 전경은 자랑이나 하듯이 여학생의 유방을 만지던 모습을 재현하기도 했다.[67]

---

66. 민주화운동청년연합, 『해방되어야 할 또 하나의 성―성고문, 성폭력에 관하여』, 1986년 12월.

'알몸 수색'은 그 이후에도 여러 사건에서 지속적으로 나타났고, '인권유린알몸수색근절을위한공동대책위원회'가 구성되기도 했다. 더구나 이런 사건들이 과거 5공화국 시절만이 아니고 국민의 정부에서도 일어났음을 유의해야 한다. 그 사례들을 나열해보면 다음과 같다.

:: 　원고들은 2000년 3월 20일경 성남시 중원구 성남동에서 민주노총 대의원대회에서 민주노동당 후보를 지지하기로 했다는 내용의 인쇄물을 일반인을 상대로 배포한 혐의로 공직선거 및 선거부정방지법 위반죄의 현행범으로 체포되어 위 (성남 남부)경찰서에서 조사를 받은 뒤 유치장에 유치되었다. 위 유치 당시 원고들은 성명불상의 여자 경찰공무원으로부터 옷을 입은 상태에서 옷 위로 원고들의 신체를 더듬는 방식으로 신체검사를 받고 신발, 머리핀, 휴대폰 등을 맡겨놓는 절차를 거쳤다. 그후 같은 날 다시 오후 1시경 원고들은 경찰공무원이 지켜보는 가운데 변호인 접견을 마치고 다시 유치장으로 수감되는 과정에서 피고 이은오로부터 신체검사를 위해 웃옷을 모두 벗고 아랫도리옷을 속옷과 함께 무릎까지 내리라는 요구를 받고, 그러한 방법의 신체검사는 불필요하며 더구나 변호인 접견을 마치고 재입감되는 경우에도 다시 신체검사를 받는 것은 부당하다는 취지로 항변하면서 이를 거절하였고, 그러자 유치장 관리책임자인 선정자 정성천이 피고 이은오의 요청에 의해 나타나 원고들에게 피의자 호송규칙 등을 설명하면서 위와 같은 신체수색에 협조할 것을 요구하였다. 결국 원고들은 같은 날 오후경 자신들의 의사와는 달리 유치장 내에 있는 안에서 시정이 가능한 밀폐된 장소인 신체 수색에서 피고 이은오의 지시에 따라 뒤로 돌아서서 등을 보이고 속옷과 함께 상의를 겨드랑이까지 올리고 하의를 무릎까지 내린 상태에서 앉았다 일어서기를 3회가량 실시

---

67. 대한변호사협회 인권위원회, 「여학생 추행 사례」, 『고문근절대책공청회 자료집 — 고문 피해의 증언』, 1987, 13쪽.

하는 방법으로 신체 수색을 받았는데 당시 원고 ○○○는 생리 중이었다.[68]

::　고소인 박진영, 정윤영은 전교조 조합원이고 고소인 차수련은 전국보건의료 산업노동조합의 위원장입니다. …… 위 고소인(박진영, 정윤영)을 포함한 전교조 소속 교사들은 경찰 차량에 실려 …… 서울 중부경찰서에 도착하였고 곧바로 유치장에 수감되었습니다. …… 그후 성명불상의 경찰관은 고소인 박진영을 2층 독방에 데리고 가 옷을 모두 벗을 것을 요구하였고, 위 고소인이 이를 거부하였으나 위 경찰관은 옷을 벗을 것을 계속 강요하여 결국 위 고소인은 옷을 벗게 되었습니다. 하지만 곧바로 그 경찰관은 "뒤로 돌아"라고 지시한 후 앉았다 일어섰다를 3회 실시하였고, 다시 돌아서게 한 후 속옷까지 확인한 후 알몸 수색을 마쳤습니다. 이어 고소인 정윤영에 대한 알몸 수색이 이루어졌고, 이에 대하여 동인은 2~3차례 강하게 항의하고 "시위 중 끌려온 교사이고 파렴치범이나 중대범도 아닌데 꼭 이렇게 해야 하냐"며 호소하였으나 묵살당하고 결국 알몸 수색에 응할 수밖에 없었습니다. …… 고소인 차수련은 …… 불법파업이라는 이유로 체포영장이 발부되었습니다. …… 2000년 10월 6일 오전 7시 40분경 남대문경찰서를 출발하여 서울지방검찰청에는 8시경 도착하였고 곧바로 신원 확인 절차가 있었습니다. …… 이런 과정을 거쳐 소지품 검사가 끝난 후 김영숙 경사는 옆 복도로 여자 피의자를 이동시킨 후 여자 피의자에게 "전부 다 싹 벗어"라고 지시하였고, 위 고소인이 "이렇게 하게 되어 있느냐"며 반발하자 김영숙 경사는 "되어 있다"고 하고 계속 옷을 벗을 것을 강요하였습니다. 이에 차수련 위원장이 "프라이버시를 무시하고 여러 사람이 한꺼번에 알몸 수색을 해도 되느냐"고 반발하였으나 김영숙 경사는 근거가 있다는 얘기만 하면서 알몸 수색을 시행하였습니다.[69]

---

68. 인권유린알몸수색근절을위한공동대책위원회, 「서울지방법원 제17민사부 판결문」, 『인권유린 알몸 수색 근절을 위한 공청회 자료집—현행법상 알몸 수색 조항의 문제점과 향후 대책』, 2004년 12월 4일, 59쪽.

위의 두 사건을 보면 재야성이 강한 단체 인사들에 대한 보복적 성격도 없지 않다. 하지만 일반 유치인들의 경우에는 신체검사가 훨씬 더 남용되었을 가능성이 높다. 다행히 앞의 사건에서 판사는 각각 200만 원과 100만 원의 위자료 지급을 명하면서 피해자들의 손을 들어주었다.

> :: 처음 유치장에 수용될 당시에도 상·하의를 벗지 아니한 상태에서 신체검사를 받은 원고들에 대하여 …… (위와 같은) 이례적 방법으로 신체검사를 실시한 것은 유치장 내의 질서유지, 유치인들의 자해·도주 방지, 유치인들의 생명신체 등 안전보호라는 입감 전 신체검사의 목적 달성에 필요한 한도를 현저히 넘은 것으로서 위법한 조치라고 할 것이고…….[70]

그럼에도 이런 잘못은 되풀이되었다. 구로경찰서에서 집회 중 체포·연행되어 온 피해자들 6명에 대해 입감 신체검사를 하는 과정에서 "가운을 입지 않은 채 바지와 팬티를 내리게 하는 방식으로 과도한 신체검사를 받아 수치심과 모욕감을 느끼는 등 정신적 고통을 당했다"는 사건도 일어났다.[71]

이런 알몸 수색은 고문방지협약에서 고문의 한 형태로 정하고 있는 굴욕적(degrading) 처우가 분명하다. 얼마나 수치심을 느끼겠는가. 미국에서도 이런 알몸 수색(strip research)이 인정되기는 하지만, "피의자가 무기 또는 금(속)제품을 소지하고 있다고 믿을 만한 상당한 이유 또는 합리적 의심이 있는 경우에 한하여 허용되고 알몸 수색 이전에 외표검사가 시행될 것"을 요한다.[72] 그런데 우리나라에

69. 인권유린알몸수색근절을위한공동대책위원회, 「박진영 외 2인의 고소장」, 앞의 책, 41~44쪽.
70. 인권유린알몸수색근절을위한공동대책위원회, 「서울지방법원 제17민사부 판결문」, 앞의 책, 61쪽.
71. 국가인권위원회, 「2002 연간보고서」, 2003, 120쪽.
72. 조국, 「형사피의자의 경찰서 유치장 수용과 알몸 수색의 문제점」, 인권유린알몸수색근절을위한공동대책위원회, 앞의 책, 8쪽.

서는 근거 규정이 있다고 하여 무조건 시행되어야 하는 것처럼 착각하고 있는 것이다.[73] 일선 경찰관들도 인권에 대한 섬세한 경각심이 필요하다. 진정한 인권 선진국이 되기 위해서는 어떠한 죄를 지은 피의자라 할지라도 그 명예감이 존중되는 그런 사회여야 한다.

박형규 목사 테러사건 — 1984년 9월

:: (1984년 9월 23일) 옥상에서 예배를 마친 교인들은 아무래도 분위기가 심상치 않음을 느끼고 대책을 논의한 뒤 다 함께 무리를 지어 교회를 나서기로 하였다. 계단을 내려오던 교인들은 1층 계단과 출입문 사이의 통로가 예배실의 긴 의자로 반쯤 막혀 있음을 발견하였다. 겨우 한 사람씩만 통과할 수 있도록 만들어놓고 그 의자에는 낯선 사람들이 등을 돌리고 앉아 있었다. 앞선 교인들이 무사히 통과하고 박(형규) 목사가 통과하려 할 때 의자 앞에 서 있던 남궁철이 신호를 보냈다. 이와 동시에 의자에 등을 돌리고 앉아 있던 정체불명의 괴한들이 갑자기 일어나 박 목사의 복부를 강타하고, …… 걷어차고 밟기 시작했다. …… 교인 등이 폭력배들을 밀치고 박 목사를 들쳐메고 교회 밖으로 뛰어나왔다. 교회 밖 노상에서도 폭력배들이 기다리고 있었다. 이들이 또다시 박 목사를 폭행하여 박 목사가 땅바닥에 쓰려졌다. ……[74]

박정희 시대에서 전두환 정권에 이르기까지 반정부·민주화운동에 가장 앞장섰던 박형규 목사는 군사정권의 입장에서 보면 눈엣가시 같은 존재였다. 그리

---

73. 경찰청은 차수련 위원장의 사건이 있고 난 뒤 '피의자 유치 및 호송 규칙'에 대해 "유치장 근무자는 유치인에게 검사 목적을 충분히 설명하여야 하며, 검사로 인한 불필요한 고통이나 수치심을 유발하는 일이 없도록 배려하고, 외부에 노출되지 않는 장소에서 가운을 입혀 신속하게 하여야 한다"라고 개정했다.(동 규칙 제8조 제3항) 그러나 여전히 구속영장 발부자 전체에 대해 '정밀검사'를 하도록 하고, '반입 금지물품 휴대 의심자'라고 막연히 규정해놓아(동 규칙 제8조 제1항) 일선 경찰관들이 흔히 남용할 수 있도록 방치하고 있다.
74. 한국기독교교회협의회 인권위원회, 『폭력을 이기는 자유의 행진』, 민중사, 1987, 152쪽.

하여 일부 사이비신자를 앞세워 박 목사를 '용공목사'로 몰아세우고 폭력배까지 동원해 테러를 가한 것이다. 위의 기록은 하나의 예일 뿐이다. 오랜 기간 동안 교회를 점거하고 거의 노골적으로 테러를 가했음에도 그 현장에 있던 경찰은 수수방관할 뿐이었다. 교인들에 의해 병원에 옮겨진 박형규 목사는 병원에서 기자회견을 갖고 이것이 국군보안사령부의 교회 파괴 음모라고 발표했다.[75]

재일동포 간첩망사건 — 1984년 10월

1984년 10월 13일 국군보안사령부가 재일동포 유학생들을 상대로 조사를 벌여 어마어마한 간첩단사건을 발표했다. "북괴의 지령을 받고 모국 유학생을 가장해, 국내에 침투해 군사기밀을 탐지하고 대학가의 소요를 유발, 국내 정치와 사회 혼란을 조성하려고 기도했던 재일동포 윤정현(고려대), 허철중(연세대학원), 조신치(연세대 어학원), 조일지 등을 검거했다"는 내용이었다.

그러나 이 사건 역시 약 45일간에 걸친 불법구금과 모진 고문 끝에 완전히 조작된 것이었다. 윤정현의 경우 "1975년 8월 만경봉호를 타고 일본 니가타를 떠나 입북, 김일성종합대학 등에서 10일간 간첩교육을 받았다"라고 발표했는데, 결국 모두 허위로 드러났다. 당시 그가 운전교습을 일본에서 받고 있었다는 알리바이가 입증되었고, 함께 갔다는 인솔자도 1975년에는 입북한 사실이 없었다. 공소 사실의 핵심 부분이 허구로 드러났음에도 유죄를 선고받았으니 기가 막힐 뿐이다.

민정당사 농성 학생들 고문사건 — 1984년 11월

당시 집권 여당인 민정당사에 난입해 민주화를 요구한 학생들에 대한 경찰

---

75. 한국기독교교회협의회 인권위원회, 앞의 책, 154쪽.

당국의 연행 및 수사과정에서 불법적인 인신구속과 폭행·협박, 잠 안 재우기와 밥 굶기기 등의 고문이 자행되었다. 이 고문 사실에 대해 대한변호사협회는 자체 조사과정을 거쳐 동대문경찰서장 등 서울 시내 17개 경찰서장을 고발했다.

① 검거과정에서의 무차별 독직 폭행

:: 경찰당국은 1984년 11월 15일 새벽 4시 30분경 전투경찰 수백 명을 동원하여 민정당사의 5층 철문과 벽을 드릴로 파괴하여 진입로를 트고 동 당사 5층과 9층에 있던 학생 260여 명에 대하여 최루탄을 투척하는 등 학생들로 하여금 기동 불능케 한 후 무저항의 학생들을 체포함에 있어서, 동 당사 9층에서 1층까지 비상계단 양측에 2~3m 간격으로 배치된 전투경찰은 동료 경찰에 의하여 1, 2명씩 끌려오는 학생 260여 명에 대하여 구둣발, 또는 주먹으로 학생들의 전신을 무차별 폭행함으로써 학생 260여 명은 동 당사 9층에서 1층까지 끌려내려오는 사이에 졸도하거나 출혈상 또는 좌상 등을 입었음.

② 경찰 수사과정에서의 고문 협박 사례

신준영(연세대 여학생): 서대문서에 연행된 후 동 경찰서 지하실에 전경대원의 식당에서 탁자와 의자를 치워놓고 동서 시멘트 바닥에 꿇어앉혀놓은 후 전경대원들이 구둣발 끝으로 피해자의 얼굴을 차서 이마에 출혈상을 입히고, 허리를 같은 방법으로 수회 차고, 주먹질을 하였으며, 동 12월 17일 새벽 1시경 동서 정문 앞에서 동서 수사관들이 피해자의 눈을 수건으로 가리고 승용차에 태워 수분 후 장소 미상 건물 지하실에 인치하여 동서 시멘트 바닥에 꿇어앉히고 몸 양쪽에 쇠붙이를 끼우는 고문을 행하고 구둣발로 전신을 차고 허위진술하면 "죽일 수도 있다", "알아서 해라"라는 등 협박하고 이어 "병신 된 사람이 수다하다. 빨갱이도 3분이면 분다"고 협박하고……

김순택(연세대 경영학과 3년) : 5일간 서대문경찰서 수사관들은 새벽 신문을 함으로써 장기간 수면 부족 상태의 정신적 고문을 계속하였고, 1984년 11월 17일 새벽 1시경 피해자의 눈을 가리고 승용차에 태워 장소 미상 건물에 인치하여 플라스틱 몽둥이와 구둣발로 수갑이 채워진 피해자의 머리, 몸통을 가리지 아니하고 수회 강타하고, 무릎 사이에 각목을 끼워 수시간 동안 고통을 주고 손가락 사이에 볼펜을 끼워 돌리며 몽둥이로 발바닥을 수회 강타하여 좌상을 입히었고……

석명한 : 1984년 11월 15일 새벽 4시 30분부터 1984년 11월 20일경까지 서대문경찰서에서 수갑을 채우고 무차별 주먹질하여서 입 옆이 떨어져나갔고, 눈가림을 하여 승용차에 태우고 장소 미상 골방에 끌고 간 후 쇠파이프로 위협하고, "여기서는 살아나갈 생각 말라"고 협박하고 각목으로 발바닥을 무수히 때리고, 구둣발로 등짝을 차고, "네 팔다리 몇 개 부러뜨려도, 한두 명 죽어도 문제없다", "무에서 유를 창조하러 왔다. 새로운 것을 찾으러 왔다"라고 협박하였으며, 그로 인하여 피해자의 발에 마비증세를 일으키게 하고 동 마비증세는 검찰 송치시까지 계속되었음.

이기호(성대생) : 동대문경찰서 지하실에서 수건으로 두 눈을 가린 후 전경차에 태워졌으며, 그 상태로 약 30분간 차를 타고 어딘지 알 수 없는 곳으로 끌려가서 역시 그 상태로 독방에 놓여졌는데…… "모든 것을 솔직히 자백하지 않으면 바다에 처넣겠다. 쥐도 새도 모르게 없애버리겠다. 한 달이고 두 달이고 여기서 나갈 생각을 말라"고 협박을 하였고, 그로부터 1984년 11월 16일 오후 6시경까지 잠을 안 재운 채 조사를 하였으며…… 약 1시간 반 동안 안기부 요원을 자처하는 자가 조사를 하면서 약 30초에 한 대꼴로 안면을 구타하였음.

이정환 : 서울시경 대공분실에서 어느 수사관으로부터 권총을 머리에 겨누는 등 극도의 공포 분위기 속에서 수사를 받았고, 잠을 재우지 않는 고문을 당하였음.

급식 중단 등의 고문 : 1984년 11월 15일부터 11월 20일경 사이에 2~3일 동안 서대문경찰서 수사관들은 연행된 연세대학교 학생 70여 명에 대하여 민정당사의 '난입'과 '점거' 사실을 자백하라고 강요하면서 정상적인 수면을 취하지 못하게 하여 수면 부족 현상을 일으키게 하고, 식사 공급을 중단하는 등 고문을 자행하였음.[76]

납북어부 안정호 씨 사건 — 1985년 1월

:: 안(정호) 씨는 80년 9월 울릉도 근해에서 제2남진호 선원 19명과 함께 납북된 후 8개월 만에 송환된 납북어부다. 그는 귀환 후 1개월간 KBS 대북방송에도 협조했다. 안 씨가 수사당국에 연행된 것은 1985년 1월 18일이었으며, 명성콘도 지하실 등을 전전하며 3월 6일까지 감금된 채 수사를 받았다. 2년형을 치르고 석방된 안 씨는 갖은 고문 중에서도 '펜대 고문'이 가장 힘들었다 한다. "6하원칙에 맞춰 자술서, 조서를 꾸미는데 말하면 건방지다, 말 안 하면 실토하라고 그래 말하면 허위라고 사정없이 패는 겁니다. 차라리 나는 몰라도 자기들은 조작인 줄 뻔히 알면서 포상금·승진·수사비를 탐내 '희희낙락' 거리며 고문하는 수사관은 영락없는 짐승이었죠." 울분을 토하는 안 씨의 깨진 앞니가 그날의 '음모'를 입증하고 있었다. 안정호 씨는 강릉교도소에 수감 중이던 7개월간은 수갑을 채워 손을 허리에 묶어두는 혁수갑에 묶여 살았다. "혁수갑을 두르고 있으니 뒤를 보고 처치곤란이고, 밥을 먹으려면 개처럼 고개를 처박아야 합니다. 그 때문에 늑막염도 생겼죠."[77]

이 사건을 맡았던 강릉법원의 한 판사는 "내가 보아도 조작이니 탄원서를 쓰라"는 말까지 했다고 한다. 그만큼 조작 가능성이 뚜렷이 보이는 사건이었다. 사

---

76. 대한변호사협회, 「민정당사 농성학생들에 대한 인권침해 사건에 관한 고발장」, 『1985년 인권보고서』, 1986, 49쪽.
77. 최진섭, 「납북 귀환어부 간첩 만들기」, 『월간 말』 1989년 9월호, 98쪽.

실이 아닌 것을 알면서 조작하는 수사관들의 비인간성에 전율하지 않을 수 없다.

최해보 사건 — 1985년 3월

원양어선 선원이 되어 1961년 4월 일본으로 건너가, 조총련 도쿄상공인회 부회장이던 외삼촌을 만나 돈을 받고 지령에 따라 국가기밀을 수집·전달해왔다는 것이 최해보 씨에 대한 혐의 내용이었다. 1985년 3월 23일 경찰에 연행되어 그해 5월 30일 구속영장이 발부될 때까지 그는 약 2개월간에 걸쳐 불법구금과 고문수사를 당했다. 그와 함께 외삼촌 부인의 동생인 유종안 씨 역시 외항선원으로 일본에 건너가 매부와 누이를 만나 금품을 수수하고 지령을 받은 간첩이라는 혐의로 기소되었다. 이들은 2심에서 징역 15년형을 선고받았다.

그러나 이 간첩사건이 모두 허구라는 사실은 그후 재판과정에서 드러난 몇 가지 사실만 보더라도 명확하다. 예컨대, "제3낙동교를 1980년 10월 피고인이 촬영했다고 하나 제3낙동교가 준공 개통된 것은 1981년 9월 4일이고, 공사 중이었을 때는 제3낙동교란 호칭도 없었다"는 것이다. 조작하다 보니 이런 말도 안 되는 실수가 생긴 것이다. 더구나 최해보 씨의 원래 직업이 설계사였기 때문에 "직업상 가지고 있던 카메라가 간첩행위로까지 비화된 것은 경찰조사가 가혹했던 탓에 기인"하는 것이라고 할 수 있다.[78]

---

78. 부산지방법원 85고합 제682호 사건의 피고인 최해보에 대한 변호인 한상대의 변론요지서.

04

전두환 정권의 종말과 고문의 확산
— 1985년 이후 시국·공안사건의 고문 사례

1985년 이후는 억압적인 전두환 군사정권에 대해 학생·재야·노동·시민세력이 전반적인 저항에 나선 시기이다. 이에 대항해 정권은 가혹한 억압과 강압적인 통치로 억누르고자 했다. 김대중 씨가 미국에서 귀국했고, 12대 국회의원 총선거에서 선명야당세력이 약진했으며, 대우자동차 파업사태가 있었다. 또한 전국학생총연합회가 결성되었고, 대학생 73명의 미문화원 점거사건과 구로동맹파업사건 등이 있었다. 1985년 한 해에만 26건의 간첩사건이 발생한 것은 이런 정치 상황과 무관하지 않으며,[1] 결국 역대 정권이 '전가(傳家)의 보도(寶刀)'처럼 사용하던 국가보안법을 남용하게 되었다.

깃발사건 — 1985년 4월

:: 　대학가 유인물 '깃발' 사건(민추위사건 중 일부) 관련 구속 학생 안병룡(23, 서울

---

1. 서준식, 「조작간첩사건과 일본사회」, 『분단조국의 희생양, 조작간첩』, 천주교조작간첩진상규명대책위원회, 1994년 11월 1일, 8쪽.

대 국사학과 4년 휴학) 등 11명에 대한 제2회 공판이 29일 상오 10시 서울형사지법 합의14부(재판장 안문태 부장판사) 심리로 열려 검찰의 직접 신문이 있었다. 이날 관련 학생들은 수사과정에서 고문을 당했다고 폭로하고, 검찰이 불온 서적으로 주장한 이른바 이념 서적들을 읽고 토론한 것은 그 이론에 전적으로 동의해서가 아니라고 진술했으며, "현 정부를 미−일에 예속된 군사독재정권으로 보고 폭력혁명을 통해 사회주의 국가건설을 꾀하려고 했다"는 검찰 측 주장에 대해 "우리가 바라는 국가는 정치적 자주성과 민중의 생존권이 보장된 민주사회이며, 이를 위한 우리의 활동은 반독재 민주화투쟁이지 용공활동과는 무관하다"고 주장했다.[2]

학생들이 폭로한 고문의 내용에 대해 정확히 기술하고 있지 않음이 유감이다. 아직 김근태 고문사건 등이 터지기 이전이어서 고문에 관한 사회적 관심이 높지 않을 때였다. 그러나 이 사건과 관련해 황인성 씨가 연행되었고, 다른 연행 학생들에 대한 고문 이야기가 조금 나온다. 이로 미루어보면 당시 학생들에 대한 고문이 어떠했을지 상상이 간다.

:: 한국기독학생회총연맹 황인성 총무가 4월 10일 오전 3시 자택에서 동대문경찰서로 연행되었다. 황 총무는 이른바 '깃발사건'과 관련하여 한국기독청년협의회, 한국기독학생회총연맹, 대학가톨릭대학생연합회, 민주화운동청년연합 등 4개 청년학생단체 연명으로 성명서를 발표했는데 그 내용을 문제 삼아 연행해간 것이다. '깃발사건'이란 서울대에서 배포된 학내 유인물인데, 학생운동의 방향과 민주화에 대해 쓴 글이라 한다. 이 글 때문에 여러 명의 서울대 학생들과 일반 졸업생들이 불법으로 연행되었는데, 이 중 서울대 사회대 무역학과 황인상 군의 경우

2. 한국기독교교회협의회, 「깃발사건 고문수사」, 『악법 철폐, 하나님의 법 실현—1985년 인권주간 자료집』, 1985년 12월, 159~160쪽.

는 조사 중에 손발을 교차하여 수갑을 채우고 거꾸로 매달고 코와 입에 계속 물을 부어넣는 고문을 당해 견디다 못해 도망가기도 하였다.

한국기독학생회 청년회 등에서 발표한 성명서는 이러한 '깃발사건'이라는 불법 고문수사에 대해 이를 현 정권의 학원탄압 일환이라고 하고, ① 현 정권은 깃발 수사를 빙자한 학원탄압 음모를 즉각 중단하라 ② 인권을 유린·말살하는 불법연행, 고문수사, 비밀수사를 즉각 중단하라 ③ 남부지청 공안부 김원치 검사를 비롯한 관련 책임자를 형사 입건, 처벌하라 ④ 구속 학생 전원 즉각 석방하라고 요구했다. 현재 시경 5계에서 수사 중이다.[3]

정삼근 씨의 경우 ─ 1985년 5월

정삼근 씨는 전북 옥구에 살고 있는 '가난한 어부'였다. 그는 20대인 1968년에 배 타고 나갔다가 강제 납북되어 148일 만에 귀환한 적이 있었다. 이때도 반공법 위반으로 1년을 살았다. 그러나 20년이 지나 다시 이것이 빌미가 되어 갑자기 보안대가 들이닥쳤다. 가난한 어부로서 황당한 운명을 연거푸 맞게 된 것이다. 그야말로 사건을 채우기 위해, 그리고 자신들의 존재를 증명하기 위해 주변에서 조금이라도 북한과 관련된 것을 찾다 보니 납북어부들이 곧잘 '밥'이 되었다.[4]

::　　1985년 5월 24일 군산에 살고 있는 처제의 결혼식을 보러 갔다가 처갓집에서 밤 10시경 얼굴도 모르는 사람이 찾아와 잠깐 보자고 하여 나간 뒤 행방불명이

---

3. 한국기독교교회협의회, 「깃발사건 고문수사」, 『악법 철폐, 하나님의 법 실현 ─ 1985년 인권주간 자료집』, 1985년 12월, 159쪽.
4. 정삼근 씨만이 아니라 납북어부였던 사람들 가운데 간첩으로 몰린 사람들이 적지 않다. 정삼근 씨의 부인은 "그때 납북되었던 분들도 하나둘 간첩이 되어 잡혀가 옥고를 치르고 나왔습니다. 그분들이 잡혀갈 적마다 저희들은 불안한 생활을 하던 차에 마지막으로 제 남편이 이 꼴이 된 것입니다"라고 쓰고 있다.

되었습니다. 수십 일이 지나서야 보안대 직원이 찾아와 전주보안대에 있는 줄을 알게 되었습니다. …… 간첩이라면 종이 한 장이라도 근거가 있어야 하는데 전혀 근거가 없고, 같이 배를 타고 어업에 종사한 사람들을 증인으로 조작하여 억울하게 죄를 만들어 7년이란 형을 선고받게 되었습니다. 법정에서 증언한 증인들은 남편(정삼근)과 같이 보안대에 끌려가 모진 고문을 당하고 풀려난 사람들이며, …… 그리고 판사는 남편에게 마지막으로 할 말이 없느냐고 하여 변론할 기회를 주었습니다. 남편은 떨리는 목소리로 보안대에서 당한 고문과 조작극을 애절하게 말하였습니다.

…… 창고 같은 지하실에 집어넣고 조사를 하는데, "19년 전 연평도 고기잡이 갔다가 이북 경비정에 납치되어 끌려가 단독 특별교육을 받은 적이 있지?" 하고 물어 "절대 단독 특별교육을 받은 적이 없고, 수십 명의 선원들과 죽지 않으려고 몸부림을 쳤다"고 했다. 그러자 수사관이 "이 새끼, 정신상태가 아직 틀렸다면서 평안에 끌려왔을 때 내가 너를 직접 특별교육을 시킨 아무개다"면서 사실대로 말하라고 고문을 했습니다. …… 어찌나 매와 고문에 못 이겨 이제 살아날 가망이 없구나 생각하여 하라는 대로 할 테니 목숨만 살려달라고 했습니다. …… 내준다며 "만약에 검찰에 가서 또 하라는 대로 하지 않으면, 또 우리 보안대 손에 넘어오게 된다. 그때는 살아남지 못하고 너희 가족 모두들 전멸시키겠다"고 하여 할 수 없이 조사받은 그대로 검사 앞에까지 허위진술을 하게 되었습니다.[5]

정삼근 씨뿐만 아니라 당시 함께 납북되었던 어부들이 차례차례 보안대나 경찰서에 끌려가 간첩이 되었다는 것은 참으로 납득하기 어렵다. 납북된 어부는 모두 간첩이란 말인가. 거기에 이런 설명이 있다.

---

5. 1988년 5월 29일자 정삼근 씨의 부인 박애자 명의의 탄원서. 민주화실천가족운동협의회 산하 장기수가족협의회 조작된 간첩사건가족모임, 『간첩조작은 이제 그만』, 1989, 58~59쪽.

::　　민가협 가족모임에서 이 사건에 대해 조작 주범으로 의심을 두는 사람은 정
삼근 씨가 살고 있던 옥도면의 이장이다. 이장은 보안대 출신으로 당시 납북됐던
사람들로부터 명절 때마다 쌀을 상납받았으며, 또한 보안대에서 무슨 명목인지는
모르지만 사건이 날 때마다 쌀 두 가마니를 받아 그중 한 가마니는 피해 가족에게
전해주었다고 한다.[6]

구미유학생 간첩단사건 — 1985년 6월

① 양동화 씨의 경우 — "죽여서 버려도 아무 문제없다"

::　　나는 1985년 6월 2일 오전 8시경 전남 광주에 있는 한 다방에서 정체불명의
남자 10여 명에 의해 국가안전기획부 광주분실로 연행되었다가 다시 서울에 있는
남산분실로 옮겨졌다. 남산 안기부 지하 1층 137호로 끌려갔는데, 취조실로 들어
가자마자 군복으로 갈아입혀진 뒤 곧바로 수사가 시작되었다. "아무도 몰래 혼자
잡혀 왔으니까 협조하지 않으면 죽여서 버려도 아무 문제없다. 많은 놈들이 여기
서 죽어나갔어도 아무 일 없었다. 자! 봐라. 이 벽에 배인 핏자국이 여기 온 놈들이
고문받고 남긴 자국이다. 순순히 불어"라며 거침없이 협박했다. 내가 어리둥절하
여 대답을 하지 못하자 잠시 후 다른 안기부 수사관 3명이 들어와 그중 2명이 몽
둥이로 온몸을 무차별 구타하기 시작했다. 얼굴, 머리, 가슴, 등, 팔다리 등 온몸을
몽둥이로 내리쳤다. 2시간의 집단구타를 당한 후 온몸이 피투성이가 되어 입고 있
던 군복이 피로 적셔졌다. 그후에는 구타의 감각조차 느낄 수 없을 정도로 고통스
러웠다. 아무도 모른 채 잡혀왔다는 극심한 공포와 계속된 폭행, 기합, 협박으로
인해 '이들이 나를 능히 죽이고도 남겠다'는 생각이 들었다.

6월 15일경 갑자기 국군보안사 소속 수사관이 합동수사를 한다며 함께 수사하기

---

6. 장영석, 「진상! 조작된 간첩사건들」, 『월간 말』 1989년 2월호, 33쪽.

시작했다. 보안수사관들이 합동조사에 참여하고부터 나와 관련된 피의 사실이 더욱 과장되었다. 고등학교 후배와의 만남은 학생운동을 사주하기 위한 것으로, 후배와 농담으로 오고간 모든 얘기들이 시위 예비음모로 조작되어버렸다. 구타와 협박, 기합으로 피폐해진 심신은 저항할 기력조차 상실하였고, 그들이 요구하는 대로 마치 로봇처럼 움직이게 되었다. 그리고 그들은 고문에 의해 허위자백한 것을 수백 장의 자술서로 작성케 하여 세뇌시켰다. 쉴 새 없이 자술서 작성을 강요하며 자신들의 요구대로 쓰지 않으면 구타가 다시 시작되었다. 이런 과정이 되풀이되자 그들이 강요했던 허위 사실이 마치 내가 한 것처럼 스스로 생각하게 되었다.

연행 후 한 달이 넘어 남산 근처의 모 호텔에서 큰 형님과 30분간 면회를 할 수 있었다. 그러나 면회하는 곳에 먼저 대기한 안기부 수사관 3명이 도청 장치를 하고, 동석·감시하여 가족에게 아무런 도움을 청할 수도 없었다. 고문과 불법구금에 의한 허위자백 외에는 간첩행위를 입증할 만한 어떠한 물증도 없었기 때문에 안기부는 송치 조금 전 기자회견을 종용하여 약 5분 정도의 기자회견용 조작사건 개요를 적어주며 몇 번이고 반복케 하여 2층에 마련된 기자회견실로 데려갔다. 그 회견이 끝나자 수사관을 향해 한 기자가 "너무나 부족하다. 이 정도로 국민들이 속지 않는다"고 했던 말이 기억난다. 후에 같은 수법으로 서울구치소에서 두 번 더 기자회견을 했다.[7]

양동화 씨의 경우 기자회견을 통해 고문으로 얻어진 자백의 내용을 국민에게 널리 알리고, 이를 다시 부인하지 못하도록 하는 방법이 특이하다.

---

7. 「구미유학생 사건 양동화 씨의 증언」, 1998년 4월 24일자 『인권하루소식』 기사.

② **황대권 씨의 경우**—"임마, 간첩이 무슨 증거가 있어!"

출옥 후 『야생초 편지』의 저자로 유명해진 황대권 씨는 안기부 지하실에서 고문받으면서 기가 막힌 이야기를 수사관에게 듣는다.

> :: "도대체 무슨 증거로 저를 간첩으로 모는 겁니까? 저도 궁금해 죽겠으니 제발 좀 가르쳐주십시오!", "야, 임마, 간첩이 무슨 증거가 있어! 간첩이 증거를 남기면 간첩 자격이 없는 거지!" 1985년 국가안전기획부 본부가 있는 남산의 한 지하실에서 있었던 일이다. 영문도 모르고 끌려간 나는 무려 60일간의 고문과 구타 속에 정부가 공인하는 간첩이 되고 말았다. ……[8]

당초 없는 증거를 만들려니 당연히 고문이 따른다. 사건 조작과 간첩의 양산에 관해 이처럼 솔직하고 간명한 이야기를 듣는 것은 참으로 우습기도 하고 슬프기도 하다.

③ **김성만 씨의 경우**—'자살을 대비한 유서까지 써'
> :: 나는 단지 우리나라의 독립과 민주주의를 바라는 사람이다. 이러한 이상이 사회주의 국가에서 실현될 수 있다고 생각하였다. 국가안전기획부에서 나는 무자비하게 심문당하고 고문당하였다. 그 심문과 고문이 이루어지는 동안 내가 사망하는 경우 자살로 위장하기 위해 부모님께 자살에 관한 편지를 쓰도록 강요당하기도 하였다.[9]

---

8. 「'국보법 폐지' 릴레이 기고 3, 『야생초 편지』 저자 황대권—"임마, 간첩이 무슨 증거가 있어!"」, 2004년 9월 15일자 『오마이뉴스』 기사.
9. 김성만의 대법원 상고이유서. Amnesty International, Republic of Korea: Hidden victims: the long-term political prisoners, AI Index: ASA 25/023/97, May 1997.

김성만 씨는 1985년 6월 구속될 당시 학생이었다. 미국의 웨스턴일리노이 대학에서 정치학을 공부하던 그는 북한에 대한 호기심과 통일 가능성에 대한 연구차 동유럽 국가들을 몇 차례 방문한 적이 있었는데 그것이 빌미가 되어 간첩이 되었다. 결국 동유럽에서 만난 북한 사람들에게 준 몇 권의 리플릿은 국가기밀을 전달한 것이 되었고, 북한의 자료를 돌려본 것은 반국가단체 활동이 되었다. 그는 사형을 선고받았다. 3년 후에 무기로 감형되었지만 그 3년 동안은 사형수로 살아야만 했다.

1993년 4월 유엔의 자의적 구금에 관한 실무위원회(UN Working Group on Arbitrary Detention)는 김성만 씨의 구금이 '유엔인권선언'과 '시민적 및 정치적 권리에 관한 국제협약'에 위반된다고 판단하면서 한국 정부가 그 상황을 시정할 것을 요구했다. 그러나 대한민국 정부는 아무런 조치를 취하지 않았다.[10]

『동아일보』 편집국 기자 가혹행위사건 — 1985년 8월

1985년 8월 30일부터 9월 1일 사이에 『동아일보』 이채주 편집국장, 이상하 정치부장, 김충식 정치부 기자가 연행되어 가혹행위를 당한 사건이 발생했다. 『동아일보』 편집국 기자 일동은 9월 1일 '우리의 입장'을 발표하고, 이번 사건에 대해 항의하면서 당국의 해명과 조치를 촉구하는 동시에 이와 유사한 사태가 재발할 경우 언론인을 위한 자위노력을 기울일 것임을 다짐하는 성명을 냈다.[11] 한국기독학생회총연맹도 『동아일보』 기자들의 입장을 지지하고 나섰고, 민주화추진협의회와 신민당 역시 성명을 발표했다.

사회가 독재 치하에 억눌리고 고문이 횡행하는데 기자들이라고 안전지대에

---

10. Amnesty International, 앞의 글.
11. 자세한 것은 한국기독교교회협의회, 「동아일보 편집국 기자 폭행사건」, 『악법 철폐, 하나님의 법 실현 — 1985년 인권주간 자료집』, 1985년 12월, 149쪽 참조.

있을 수는 없는 일이었다. 과거에도 기사가 마음에 들지 않을 때 기자나 언론사 간부를 중앙정보부나 안기부에 데려다가 가혹행위를 가했던 사례들이 있었다. 언론의 자유에 재갈을 물리려는 의도였다.

서울대 민추위사건 문용식 씨의 경우 — 1985년 8월

민추위사건의 문용식 씨는 민청련사건 및 김근태 씨 용공조작사건과 밀접한 관련이 있다. 그는 당시 당국이 "학생들의 미문화원 점거농성 투쟁을 계기로 부각된 삼민투를 용공이적으로 매도하고 비공개 학생조직인 '민주화추진위원회'를 그 배후로 규정, 소위 '민추위'가 지도이념으로 내세웠다는 민족민주혁명론(National Democratic Revolution, NDR)이 김근태 전 의장이 정립해 민주화운동청년연합(이하 민청련) 간부회의에서 통과된 민청련의 지도이념으로서, 소위 북한의 '민족해방 인민민주주의 혁명전략 및 통일전선전술'에 부합하는 것이라고 하는 '민청련 – 민추위 – 전학련 삼민투'로 연결되는 고문을 통한 용공조작 시나리오"[12]의 핵심에 위치한다.

김근태 민청련	—	문용식 민추위	—	전학련 삼민투

이런 도식에 따라 군사독재 권력은 민청련을 용공이적, 학생운동의 배후로 단정하려 했다. 이런 당국의 의도에 따라 문용식 씨가 김근태 씨에 비해 먼저 잡혀와 지독한 고문을 당할 수밖에 없었다.

---

12. 민주화운동청년연합·민주화실천가족운동협의회, 「민청련 탄압의 진상」, 「민청련 탄압사건 백서 ― 무릎 꿇고 살기보다 서서 싸우길 원한다」, 1986, 13쪽.

∷　본인은 85년 8월 28일 체포되어 9월 20일 송치될 때까지 24일 동안 치안본부 대공분실에서 수사를 받았다. 수사는 고문에서 시작하여 고문으로 끝날 만큼 잔인했다. 온몸을 발가벗긴 채 고문대 위에 꽁꽁 묶여 몇십 분이고 계속해서 물을 먹어야 했다.(고문대를 그곳에서는 칠성판이라고 부른다. 나중에야 이게 관 속의 바닥에 까는 널조각을 가리키는 말임을 알았다. 이와 같은 사전적인 원래의 의미를 보아도 알 수 있듯이, 칠성판 위에 묶인 사람은 산송장이나 진배없게 된다) 움직일 수 있는 것은 손가락과 발가락뿐 물을 먹기 시작한 지 한참 지나면 위 속에 있는 걸 전부 토해낸다. 그러고도 계속 물을 먹으면 방귀를 뀌게 되고 똥을 누게 된다. 그러고는 실신이다. 이러한 고문이 처음 이틀 동안 집중적으로 계속되었고, 9월 1, 2일경에도 또 한 차례 행해졌다.

고문을 당하게 되면 수사관들에 대한 공포심은 극에 달한다. 또다시 고문을 당할지도 모른다는 공포심은, 수사관이 큰소리만 질러도 심장을 떨게 만든다. 고문으로 인한 위축된 심리상태와 불안한 정신상태는 한동안 계속되었다. 교도소로 송치된 후에도 한참 동안을 밤마다 악몽에 시달려야 했고, 덜커덩 문을 여는 소리에 깜짝깜짝 놀라야 했다.

검찰에서 조사받을 때의 심리상태는 어떠했던가? 치안본부 고문실을 벗어났다는 일종의 안도감과 함께 더 이상의 고문과 사건 왜곡이나 없으면 좋겠다는 자포자기의 심정, 바로 그것이었다. 조사를 받는 장소가 치안본부에서 검찰청으로 바뀌었을 뿐, 폭력에 대한 공포로 위축될 대로 위축된 심리상태나, 방어능력을 완전히 상실한 정신상태는 여전히 마찬가지였다. 실제로 검찰 자술서는 경찰 자술서를 이것저것 뒤져서 그대로 베끼다시피 했던 것이다.

사정이 이러함에도 검찰은 검사 조사과정에서 직접적인 폭력을 가하지 않았다는 점을 내세워 검찰조서와 자술서의 임의성을 주장하고 있다. 이러한 검찰의 태도가 자기기만이 아니고 무엇이겠는가? 수사 지휘의 책임을 맡고 있는 검찰이 경찰 수사과정에서의 고문행위에 대해 자기와는 상관없다는 식의 태도를 보이는 것 자체가 양심을 속이는 짓이리라. 검찰은 고문수사를 직접 지시했거나 방조, 묵인했을 것이다. 고문수사의 책임을 져야 할 검찰로서 어떻게 '순순히 자백' 운운의 소리가 나올 수 있단 말인가. 고문은 가장 더러운 폭력행위이며, 인간성에 대한 철저한 파괴행위이다. 최소한의 기본 인권마저 유린당하는 현실에서 '법의 심판'은 형식논리에만 매몰되어 있을 것인가?[13]

민청련사건—1985년 9월

① 김근태 씨의 경우

'고문' 하면 떠오르는 대표적인 이름이 바로 김근태이다. 그를 고문한 이근안은 고문가해자의 상징이 되었고, 김근태라는 이름은 고문피해자의 상징이 되었다. 김근태 씨에 대한 고문은 바로 폭압적인 전두환 정권의 기반을 허물어뜨린 사건이었다. 이 사건에 이어 부천경찰서 성고문사건이 터졌고, 다시 박종철 군 고문치사사건이 일어나 5공정권은 완전히 종말을 맞게 된다.

김근태 씨는 1985년 여름 치안본부에서 "인간의 상상을 뛰어넘는 20여 일에 걸친 10여 차례의 각종 고문을 당해 몸과 마음이 완전히 파괴된 상태"를 겪었다. 그런데도 법정에서의 폭로와 항소이유서 등을 통해 그는 고문이 남긴 "육체적·정신적 폐허상태를 추스르며 한 인간의 회생과 재기의 처절한 과정"을 보여주었다.[14] 그것은 고문자와 고문정권에 대한 준엄한 폭로이며 기소였다. 또한 국민에게는 경악과 동시에 인간적인 감동을 안겨주었다. 다음은 그의 고문에 관한 최초의 법정 진술이다.

---

13. 대한변호사협회 인권위원회, 「서울대 민추위사건 문용식 씨 경우」, 『고문근절대책공청회 자료집—고문 피해의 증언』, 1987, 20쪽.
14. 김근태, 『남영동』, 중원문화, 1987.

:: 이제 간략하게 9월 한 달 동안 본인에게 가해졌던 고문 내용에 대해서 말씀 드리려고 합니다. (이때 검사가 제지하고자 이의신청을 하였고, 이에 대해 방청석에서 "나둬", "도둑놈들"이라는 아우성이 터짐) 지난 9월 한 달 동안 있었던 참혹한 고문행위에 대해서 이제 간략하게 이야기하겠습니다. 본인은 이 기억을 되살리며 치 떨리는 분노와 굴욕감을 느낍니다. 우선 남영동 치안본부에서 본인에게 요구했던 것은 '항복'입니다. 항복을 받기 위해서 깨부수겠다고 이야기했고 또한 그와 같이 했습니다.

…… 본인은 9월 한 달 동안, 9월 4일부터 9월 20일까지 전기고문과 물고문을 각 5시간 정도 당했습니다. 전기고문을 주로 하고 물고문은 전기고문으로부터 발생하는 쇼크를 완화하기 위해 가했습니다. 고문을 하는 동안 비명이 바깥으로 새어 나가지 않게 하기 위해 라디오를 크게 틀었습니다. 그리고 비명 때문에 목이 부어서 말을 못하게 되면 즉각 약을 투여하여 목을 트이게 했습니다. (어지러운 듯 말을 중단하고 난간을 붙들면서 잠깐 쉬었다) 이러한 과정에서 9월 4일날 각 5시간씩 두 차례 물고문을 당했고, 9월 5일, 9월 6일 각 한 차례씩 전기고문과 물고문을 골고루 당했습니다. 8일에는 두 차례 전기고문과 물고문을 당했고, 10일 한 차례, 13일 … 13일 금요일입니다. 9월 13일 고문자들은 본인에게 "최후의 만찬이다", "예수가 죽었던 최후의 만찬이다", "네 장례날이다", 이러한 협박을 가하면서 두 차례의 전기고문을 가했습니다. (검사가 이의제기하자 방청석에서 "조용히 해", "계속해"라고 외침) 그 다음에 20일날 전기고문과 물고문을 한 차례 받았습니다. 그리고 25일날 집단적인 폭행을 당했으며 그후 여러 차례 구타를 당했습니다. 물론 잠을 못 잔 것은 말할 필요도 없고, 밥을 굶긴 것도 대략 절반쯤 됩니다. 고문 때문에 13일 이후에는 밥을 먹지 못했고 그 후유증으로 지금까지 밥을 먹지 못합니다.

그 다음에 고문을 할 때는 밥을 주지 않는데, 고문을 하지 않을 때도 밥을 주지 않아 심리적인 압박과 고문이 다가오고 있다는 두려움에 떨게 만들었습니다. 이것에 대해 몇 가지 증언을 하면, 이 고문자들은 고문을 가하면서 예컨대 8일날에는 이 사건을 지휘하고 있는 사장이란 자가 오전 10시에 5층 15호실, 본인이 고문을 받았던 그곳 실내로 들어와서 "콧구멍에 고춧가루를 넣어서 (실신)해서 (시인)케 만들어버려라, 내가 직접 이것을 지휘하겠다"고 말을 하는가 하면, 또 전무라는 자는 "정치가 법보다" 다시 말하면 "주먹이 법보다 가깝다"는 것을 본인에게 납득시키고 받아들이도록 강요했습니다. 델시 가방을 갖고 다니면서 그 가방에 고문 도구를 들고 다니는 건장한 사내는 본인에게 "장의사 사업이 이제야 제철을 만났다. 이재문이가 어떻게 죽었는지 아느냐. 속으로 부서져서 병사를 했다. 너도 각오해라. 지금은 네가 당하고 민주화가 되면 내가 그 고문대 위에 서줄 테니까 그때 너가 복수를 해라." 이러한 참혹한 이야기를 하며 본인에 대한 동물적인 능욕을 가해왔습니다. 뿐만 아니라 고문을 받는 과정에서 본인은 알몸이 되고 알몸 상태로 고문대 위에 묶여졌습니다. 추위와 신체적으로 위축돼 있는 상태에서 본인에 대해 성적인 모욕까지 가했습니다. 말씀드리면 제 생식기를 가리키면서 "이것도 좃이라고 달고 다녀? 민주화운동을 하는 놈들은 다 이 따위야!" 이렇게, 말하자면 깔아뭉개고 용납할 수 없는 만행을 저질렀습니다.

고문을 할 때는 온몸을 발가벗기고 눈을 가렸습니다. 그 다음에 고문대에 눕히면서 몸을 다섯 군데를 묶었습니다. 발목과 무르팍과 허벅지와 배와 가슴을 완전히 동여매고 그 밑에 담요를 깝니다. 머리와 가슴, 사타구니에는 전기고문이 잘되게 하기 위해서 물을 뿌리고 발에는 전원을 연결시켰습니다. 처음엔 약하고 짧게 점차 강하고 길게, 강약을 번갈아 하면서 전기고문이 진행되는 동안 죽음의 그림자가 코앞에 다가와 (이때 방청석에서 울음이 터지기 시작, 본인도 울먹이며 진술함) 이때 마음속으로 '무릎을 꿇고 사느니보다 서서 죽기를 원한다' (방청석은 울음바다가 되고 심지어 교도관들조차 숙연해짐)는 노래를 뇌까리면서 과연 이것을 지켜내기 위한 인간적인 결단이 얼마나 어려운가를 절감했습니다. 죽음의 그림자가 드리울 때마다 아우슈비츠 수용소를 연상했으며, 이러한 비인간적인 상황에 대한 인간적인 절망에 몸서리쳤습니다. (방청석 통곡) 그러고는 인간적인 고문이 자행되는 것을 보니 '새로운 광주사태가 발생하거나 준비되고 있구나' 하는 생각을 하며 본인은 여기에서 죽을 것을 결심했습니다. 그러한 결심을 고문담당자에게 말하자 "그것은 말하지 않겠다는 것이다. 굴복하라"고 강요했습니다.

…… 그들은 고문을 하면서도 분노와 흥분의 빛이 없이 냉담하게 미소까지 띠우고 있었습니다. 과연 인간이 한 인간의 고뇌와 죽음의 몸부림 앞에서 저렇게 냉담할 수 있을까를 생각하니 인간에 대한 신뢰가 산산이 부서지지 않을 수 없었습니다. 그들은 고문을 하면서 "시집간 딸이 잘 사는지 모르겠다", "아들놈이 체력장을 잘 치렀는지 모르겠다"는 등 자신의 가족들에 대한 애정 어린 말들을 주고받았으며, 본인에게도 이야기를 했습니다. 어떻게 이처럼 고문과 폭력적 행위를 자행하는 자들이 개인의 가족들에게는 인간적인 사랑을 줄 수 있단 말입니까? 이렇게 양면성이 공존할 수도 있단 말입니까?…… 결국 9월 20일이 되어서는 도저히 버텨내지 못하게 만신창이가 되었고, 9월 25일에는 마침내 항복을 하게 되었습니다. 하루만 더 버티면 여기서 나갈 수 있는 마지막 날이 된다는 것을 알았지만 더 이상 버틸 수가 없었습니다. 그날 그들은 집단폭행을 가한 후 본인에게 알몸으로 바닥을 기며 살려달라고 애원하면서 빌라고 하였습니다. 저는 그들이 요구하는 대로 할 수밖에 없었고 그들이 쓰라는 대로 조서 내용을 보고 쓸 수밖에 없었습니다. 9월 26일날 포니 승용차를 타고 서부역을 지날 때 낯익은 거리, 푸른 하늘이 아직도 있구나, 푸른 하늘이 나에게 다시 왔다.……[15]

김근태 씨의 고문 폭로는 그동안 비슷한 고문을 당하고도 말하지 못했던, 아

---

15. 대한변호사협회 인권위원회, 「민청련 의장 김근태 씨 경우」, 『고문근절대책공청회 자료집─고문 피해의 증언』, 1987, 16~18쪽.

니 말할 수 없었던 많은 피해자들을 대변하는 결과를 낳았다. 그 이전에도 고문의 주장이 있기는 했지만 이렇게 국내외로 충격과 영향을 미친 적은 없었다. 그의 폭로로 인해 한국의 고문이 세계적으로 유명해졌고, 아주 체계적이며 조직적으로 고문이 이루어지고 있음을 보여주었다.

② 다른 민청련 피고인들의 경우

김근태 씨는 당시 민주화운동청년연합 의장직을 지냈고, 민청련은 공개 운동을 지향한 단체였다. 그런데 전두환 정권은 어떤 조직이건 간에 모든 민주화운동 자체를 용인할 수 없었던 것이다. 김근태 씨 구속 전후로 민청련 간부들은 대부분 연행·구속되었고, 민청련 사무실은 아예 경찰들이 폐쇄한 상황이었다. 5공 정권은 점점 스스로를 막다른 골목으로 몰아가고 있었다. 민청련 관련자들은 모두 치안본부 남영동 대공분실에서 조사받았다. 이들이라고 혹독한 고문을 비켜날 수 없었다. 이들이 공판정에서 밝힌 고문의 진술이다.

이을호 : 들어가자마자 머리를 물에 처박아 숨을 쉬지 못하게 했습니다. 몇 번인지 기억조차 할 수가 없습니다. 나중에는 변이 안 나왔고 먹지도 못했습니다. 변을 한 번도 못 봤습니다.[16]

김종복 : 대공분실에서 조사를 받으며 고통으로 울부짖은 적은 많지만 깊은 좌절과 절망으로 운 것은 9월 20일, 단 한 번뿐입니다. 남영동에서 씨.엔.피에 관해 조사받으며 이에 저항했는데 9월 20일 그곳 간부가 저에게, 민청련은 씨.엔.피와 관련해 반국가단체로 합의했다고 언질을 주며, 이것을 인정할 것을 요구했습니다.

---

16. 민주화운동청년연합·민주화실천가족운동협의회, 「이을호 피고인의 제10차 공판에서의 진술」, 『민청련탄압사건백서 — 무릎 꿇고 살기보다 서서 싸우길 원한다』, 1986, 39쪽.

20일에서 25일까지 거의 기진맥진한 상태에서 이를 버티다 결국 항복하며 피의자 신문조서에 가인을 하며 울었습니다.[17]

김희상: 10월 2일 새벽 치본으로 연행된 후 처음에는 그곳 수사관들이 저에게 모든 것을 사실대로 쓰라고 강요해 기억나는 일들을 일기식으로 썼습니다. 그것을 보더니 작은자리 모임과 5·25의 운영위원회의 두 가지가 빠졌다고 협박을 했습니다. 저는 건강이 안 좋으니 봐달라고 빌었는데 그들은 곧 물고문을 할 듯이 위협했습니다.[18]

춘천 지역 고문사건 — 1985년 9~10월

폭행과 고문의 정도 차이는 있지만 1985년에는 유난히 고문과 가혹행위가 전국을 휩쓸었다. 단지 무시무시한 대공분실과 안기부에서만이 아니라 전국 곳곳에서 가혹행위가 말썽이었다. 다음 두 개의 사건은 춘천의 한 경찰서에서 벌어진 고문 내용이다. 무조건 연행해서 고문을 하고 아니면 그만이라는 식의 수사방법이 난무하고 있다.

:: 　(1985년) 9월 19일에 있었던 강원대 총장실 및 총학생회실 화염병 투척사건을 수사하면서 강원대학의 심동춘(자원공학 1) 군과 정재필(국문과 2) 군 등 13명의 학생들을 연행하여 폭행과 고문을 하였다는 것인데, 이들에 대한 연행 이유는 단지 이들이 소위 이념서클에 속해 있다는 것 외에는 뚜렷한 혐의도 없었다고 한다. 이들 13명 중 심 군, 정 군 등은 전기몽둥이로 머리와 목을 구타당하고 머리를 뒤로 젖힌 채 코에 물을 붓는 고문 등을 받아 여러 번 실신하였다고 한다. 또 이선숙

17. 민주화운동청년연합·민주화실천가족운동협의회, 「김종복 피고인의 제7차 공판에서의 진술」, 앞의 책, 43쪽.
18. 민주화운동청년연합·민주화실천가족운동협의회, 「김희상 피고인의 제7차 공판에서의 진술」, 앞의 책, 43쪽.

(심리학 3) 양과 박희숙(교육학과 3) 양 등은 여학생들이었음에도 불구하고 구둣발과 주먹으로 전신을 구타당하는가 하면, 마대로 말은 각목으로 허벅지와 정강이를 구타당하기도 하였다고 한다. 이러한 고문에도 불구하고 아무런 혐의를 찾을 수 없게 되자, 경찰은 이 중 한 명만 즉심에 넘겨 구류 25일을 받게 하고 나머지 11명은 전원 무혐의 석방하였다고 한다.

또 춘천 교동교회 청년회원인 유정배(강원대 사학 3) 군은 10월 4일 오후 11시경 교회에서 청년회 모임을 마치고 귀가 도중 춘천 동부시장 골목에서 형사 2명이 다가와 신분증 제시 없이 불심검문을 하여 폭력으로 소지품을 빼앗으려 하였으나 유군은 이에 불응하였는데, 다음 날 새벽 3시경 형사 4명이 유 군 하숙방에 불법 난입하여 불심검문에 불응했다는 이유로 방에 꿇어앉혀놓고 마구 구타 후 자료 등을 압수하고 춘천경찰서에 강제연행하였다. 연행 후 교동교회 청년회 조직 사무실의 규모와 성격 및 개인 인적 사항 등을 조사받는 과정에서 유 군은 주먹·발길질·경찰봉·의자 등으로 얼굴·가슴 등 전신을 심하게 구타당하고, 무릎 사이에 곤봉을 끼우고 꿇어앉히고 원산폭격·물구나무서기 등의 가혹한 고문을 당하였는데, 결국 아무런 혐의가 없음이 밝혀지자 오전 10시경 석방되었다고 한다.[19]

일본 유학생 이나바 씨의 경우 — 1985년 9월

고문은 외국인에게도 어김없이 가해졌다. 연세대학교 사학과에 5년째 유학 중이던 '이나바'라는 일본인 유학생이 간첩 혐의로 1985년 9월 9일 김포공항에서 체포되었다. 『아사히 저널』에 실렸던 그의 고문 수사과정, 감옥 체험기 중의 일부이다.

---

19. 한국기독교교회협의회, 「춘천 지역 고문사건」, 『악법 철폐, 하나님의 법 실현 — 1985년 인권주간 자료집』, 1985년 12월, 158쪽.

:: 나는 쇼크와 피로로 하루 3번 주어지는 식사도 목구멍으로 넘어가지 않아 끼니를 끊고 있었고, 24시간 내내 조사받느라고 잠을 자지 못해 머리와 몸이 흐늘흐늘해졌다. 머릿속으로 세제의 거품 같은 것이 빠른 속도로 흘러간다. 전차가 나의 쪽으로 달려오기도 한다. 그 뒤 세수를 하게 하고 나서 차렷 자세로 세운다. 의식이 조금 살아나면 다시 앉게 하고 신문조사가 시작된다. '조사'라는 말에 걸맞은 상태가 아니다. …… 드디어 한계가 와서 나는 쓰러졌다. 정신이 드니 침대에 뉘어져 있고 팔에 링거 주사를 맞고 있었다. 조사받는 동안 2~3번 쓰러져 링거 주사를 맞은 기억이 있다. 좀 기운을 차리면 다시 의자에 앉혀지고 신문이 시작된다. 몇 번 되풀이해도, 수사관이 바뀌어도, 신문 내용은 똑같다. 나는 어떤 일도 한 적이 없으므로 계속 부정했다. …… 그들은 짜증을 내서, 북한에서 간행된 책을 갖고 있었다는 것을 이유로 구속영장이라는 것을 작성했다. …… 조사는 계속되었다. 위를 올려다보면 세 모퉁이가 거울로 되어 있다. 안쪽에는 텔레비전 카메라가 숨겨져 있어 나를 감시하고 있다.[20]

납북어부 김성학 씨 사건 — 1985년 12월

:: "처음에는 약한 전기를 내보내 신체 반응을 알아본다. 미열이 느껴지는 정도인데 보통은 저도 모르게 발가락을 꼼지락거리게 된다. 이것이 본격적인 전기고문의 신호다. 전기가 통하는 것을 확인하면 그때부터 사정은 달라진다. 갑자기 억센 전류가 흐르면 그 충격을 못 이겨 저도 모르게 상체를 벌떡 일으킨다. 내 경우는 충격이 너무 세 상체를 묶은 벨트가 터져나갈 정도였다. 고문이 계속되면 땀구멍에서 연기가 나고 고통이 극에 이른다. 이쯤 되면 살갗 타는 냄새가 진동한다. 고문하는 놈들도 역한 냄새를 견디다 못하고 임무를 교대하기 일쑤였다."

---

20. 이나바 지음, 조순 옮김, 『신인류국 너무하기 — 서울구치소 유학』, 민조사, 1988, 24~25쪽.

전 경기도경 대공분실장 이근안 씨에게 붙잡혀 모두 여섯 차례 전기고문을 당하는 등 모진 고초를 겪은 김성학 씨는 아직도 그때의 고통을 생생하게 기억한다. 김 씨가 악명 높은 '고문기술자' 이 씨와 불구대천의 원수로 인연을 맺게 된 때는 1985년 12월 간첩 혐의로 이 씨 휘하 형사들에게 연행되어 경기도경 대공분실(인천)에 불법감금된 직후였다. 김 씨는 여기에서 이 씨를 이름도 성도 없는 '사장님'으로 대면했다. 이 씨의 부하들이 그를 그저 '사장님'으로만 불렀기 때문이다.

72일간의 불법감금 상태에서 김 씨는 사장님으로부터 잠 안 재우기, 각목 구타, 굶기기, 물고문, 전기고문 등 온갖 형태의 고문을 당했다. 이유는 간단했다. 김 씨가 간첩활동 혐의, 즉 자신으로서는 전혀 사실이 아닌 사실을 자백하라는 경찰 측 강요를 순순히 받아들이지 않았기 때문이다. 경기도경 대공분실을 나갈 무렵 김 씨의 심신은 형편없이 망가진 상태였다. 허리뼈를 크게 다쳐 제대로 앉지 못했을 뿐만 아니라 의식마저 '볼펜이 지렁이로 보이고 진술서 용지가 요술담요로 보이는' 비정상 상태로 빠져들었다.

경찰에 체포될 당시 김 씨는 경기도 하남시로 이사해 전자대리점을 운영하는 평범한 사회인이었지만, 사실 그에게는 당시로서는 매우 '심상치 않은' 약점이 있었다. 강원도 속초시에서 태어난 김 씨는 스무 살 때인 71년 아버지가 선장으로 있던 오징어잡이 배를 타고 나갔다가 북한 함정에 나포되어 1년간 억류된 끝에 귀환했었다. 또 74년께 첩보부대에 입대해(김 씨는 이를 강제입대라고 주장한다) '특수훈련'을 받은 경력이 있었다. 이 같은 김 씨의 이력은 경찰의 조사과정에서 모두 간첩 혐의를 입증하는 자료로 활용되었다. 예컨대, 김 씨가 첩보부대에 입대한 것은 북한의 지령에 따른 것으로, 그는 여기서 받은 통신·폭파 등 각종 특수기술을 제대 이후 '국가기밀 탐지' 활동에 썼다는 것이다. 경찰조사는 좋게 말해서 조사였을 뿐이지, 사실은 조작이나 다름없었다.[21]

납북어부 김성학 씨 사건은 고문기술자 이근안으로부터 고문을 받은 사실 때문에 김근태 씨 사건과 더불어 널리 알려졌다. 더구나 경찰의 불법감금과 강압 수사 때문에 무죄가 인정된 흔치 않은 '운 좋은 사건'이었다. 그후 그는 고문수 사관들을 고발했고, 검찰이 기소유예 결정을 내리자 재정신청을 통해 고문수사관들에 대한 응징의 칼날을 갈았다. 그는 이제 평범한 사회인이 아니라 인권운동가의 새로운 삶을 살아가게 되었다.

강광보 사건─7년에 걸친 두 번의 고문(1986년 1월)

강광보 씨의 경우는 세 번이나 강제연행되어 조사받았다는 점이 특이하다. 1962년 백부를 찾아 일본으로 밀항한 그는 백부의 집에서 기거하며 지내다가 1979년에 귀국했다. 귀국하자마자 안기부에 연행되었으나 어찌된 일인지 곧바로 풀려났고, 그해 10월 다시 제주경찰서 정보과에 연행되어 두 달간 모진 고문을 받고도 무혐의로 풀려났다.

다시 세 번째로 연행된 것이 그로부터 7년 뒤인 1986년 1월이었다. 제주보안대에 끌려가 35일 동안의 혹독한 고문 끝에 구속되어 7년형을 선고받았다. 한번 당할 일을 세 번이나 당한 것이다. 강 씨는 백부에게 포섭되어 지령을 받고 귀국한 후 동조자를 포섭하고 국가기밀을 탐지·수집했다는 혐의였는데, 동조자 포섭이라는 것이 동향 친구들을 만나 시국에 관해 몇 마디 말을 나눈 것뿐이었다.[22]

양승선 씨의 경우─1986년 2월

양승선 씨는 조작된 간첩사건 중에서 재일동포 또는 납북어부 관련자들과

---

21. 박성준, 「끔찍한 악연, 고문당한 세월」, 『시사저널』, 1998년 7월 30일.
22. 박원순, 『국가보안법연구 2─국가보안법 적용사』, 역사비평사, 1992, 461쪽.

달리 인텔리 계층에 속하는 사람이었다. 보통 고문하고 조작해도 사회적 항변을 하기 어려운 빈곤 계층이 간첩조작의 대상이 되는 경우가 많았다. 양승선 씨는 1954년 일본으로 유학해서 도쿄 농대를 졸업하고 같은 대학 육종학 연구실에 연구생활을 하다가 1961년 7월에 귀국했다. 그러나 서울대 법대 최종길 교수 사건에서처럼 일단 공안기관의 눈에 잡힌 이상 벗어날 길은 없었다. 양승선 씨의 경우 월북한 삼촌들이 있어 과거 연좌제의 대상이었다. 이는 수사기관에서 걸 수 있는 유일한 동기가 되었다.

:: 저는 1986년 2월 15일 무지막지한 5명의 시경 대공분실(옥인동 소재) 수사관들에 의해 강남구 논현동 자택에서 영장도 없이 강제연행되어 2개월이 넘게 불법감금되어 살인적 폭행, 고문으로 처음부터 끝까지 조작, 날조된 간첩으로 억울하게 복역(국가보안법, 7년 선고) 중인 양승선(전주교도소 수감번호 2015)의 아내 김의선입니다. …… 2개월간(2월 15일~4월 27일)의 수사과정의 고문과 검사와의 진술과정을 옮겨보면,

① 백발의 수사관(조 씨, '대장님'이라 칭함)은 남편에게 "당신은 일단 여기에(군기관으로 속이고) 들어왔으니 억울하든 그렇지 않든 일단 법 절차를 밟아야 하니, 모든 진술서(강압에 의한)에 사인만 하면 내가 책임을 지고 신원보증을 서 석방시켜주겠다"라는 등의 감언이설을 하였다 합니다. 저의 남편은 진급에 혈안이 된 수사관들의 제물이 된 것입니다.

② 형사 이태성은 자신의 신발 바닥을 혀로 핥으라는 등 인간으로서 못할 짓을 매일 강요(조사 기간 중)해서 남편으로 하여금 자기 자신이(남편) 인간 이하임을 인식시키려는 정신적 강압을 가해왔습니다.

③ 형사 ○○○은 각목으로 남편의 머리를 폭행, 고문하였습니다. 그후 현기증과 헛구역질이 자주 있었고, 눈이 보이지 않았다고 합니다. 현재 우측 눈은 실명하여

의학적으로 소생이 불가능하다고 판단이 나왔습니다.(서소문 김안과 의사의 진단에 의하면, 충격·타격으로 인한 실명이고 소생이 불가능하고 좌측 눈 역시 시력 후퇴 현상이 있어 치료치 않을 경우 좌측 눈마저 실명할 우려성이 있다고 진단함)

④ 형사 ○○○는 주먹으로 얼굴을 폭행해 지금도 이가 흔들린다고 합니다. 또 가슴을 폭행해 한때는 가슴이 보기 흉할 정도로 부어 있었고, 날씨가 흐리면 가슴이 저려 고통을 호소하곤 했습니다.

⑤ 형사 ○○○와 ○○○는 조총련 가입번호를 쓰라고 하였고, "너 이거 한 번 먹으면 병신되서 나가니 잘 생각하라. 너는 아무도 모르게 한강에 돌 매달아 죽일 수 있어", "야, ××야, 니 마누라와 자식 새끼들이 지금 여기서 얼마나 고생을 하고 있는 줄 알아" 등의 공갈 협박, 고문에 못 이긴 남편이 생일이 가까워 음력 생년월일(1932. 2. 12)을 썼다 합니다.

⑥ 남편은 심한 고문, 폭행을 당한 후 하혈한 내의를 밖으로 내보내야겠다고 생각으로 숨겨놓았다가 저희와 면회가 되었을 때 내보냈다 합니다. 그러나 저희는 받아보질 못했습니다. 그들은 자신들이 행한 행위의 증거를 없앤 것입니다.

⑦ 시경 형사들은 많은 양의 조서를 꾸미고 남편에게 국가보안법이라는 엄청난 죄를 씌운 후 검사 앞에서 자기들이 꾸민 모든 조서를 시인하게 하는 연습을 시켰습니다.(간단히 표현해 세뇌교육) 한 형사가 책상에 앉아 "내가 검사다. 그러나 검사로 생각하면 안 된다. 그럼 당신이 시인한 내용을 적어보시오"라고 밤잠을 못 자게 하며 수없이 연습을 시켰답니다.

⑧ 이때부터 남편은 자기 자신의 정신이 오락가락했다 합니다. 그리고 첫 면회 때 남편은 삼자가 보아도 정신이상자였습니다. 식구들을 제대로 못 알아보았고 언어장애가 있었고 횡설수설하였습니다. ······[23]

---

23. 1988년 3월 8일자 양승선 씨의 처 김의선씨 명의의 호소문. 민주화실천가족운동협의회 산하 장기수가족협의회 조작된 간첩사건가족모임, 『간첩조작은 이제 그만』, 1989, 29~31쪽.

김양기 씨의 경우 — 1986년 2월

이 시기는 수사기관들이 경쟁적으로 '간첩조작사건'을 만들어냈던 때이다. 김양기 씨의 경우는 광주보안대였다. 보안대는 원칙적으로 민간인을 대상으로 수사할 수 없으나 군사기밀을 탐지했다는 근거로 민간인을 잡아다가 마구 간첩으로 만들곤 했다. 특히 보안대와 보안사가 주목하고 수사한 쪽은 재일동포 또는 재일동포를 친척으로 둔 사람들이었다. 재일동포를 방문하고 돌아올 때에는 약간의 돈과 편지, 또는 선물들을 받아오기 마련인데 이것이 공작금이나 증거물이 되고, 만나서 나눈 대화는 국가기밀 탐지와 누설이 되는 것이다.

김양기 씨의 부친은 여순반란사건에 연루되어 복역하고 6·25전쟁 발발 직후 처형된 사람이었다. 모친마저 개가함으로써 천애고아로 자란 김양기 씨는 고모부 손에서 어렵게 자라다가 1974년 12월경 재일동포인 숙부 김용신의 초청으로 일본에 건너가게 되었다. 그 뒤 도쿄의 한 운수회사에서 철판 절단공으로 종사한 것을 비롯해 여섯 차례 도일하여 취업했다. 그렇게 모은 돈으로 귀금속류 분석업을 운영하면서 기반을 잡을 무렵인 1986년 2월 20일 광주보안대로 연행당했다.

:: 저는 지난 1986년 2월 20일 보안대 요원들에게 납치되어 두 달간이라는 모진 고문 끝에 …… 현 국가보안법 위반이라는 죄를 뒤집어쓰고 7년형을 선고받은 김양기의 처 김희유입니다. …… 저와 결혼 후 여수에서 금분석업소를 운영하면서 …… 서울에 금을 사러 갔다가 보안대 요원들에게 납치되어 두 달 동안 한 번도 가족과 면회도 시켜주지 않고 광주보안대 지하실에서 물고문, 전기고문, 고춧가루고문, 잠 안 재우기, 몽둥이로 수없이 때리는 등 남편이 구치소에서 말할 때 "나는 몇 번이나 죽었으나 그때마다 병원에 실어가서 다시 살리곤 하였다"고 할 정도였습니다. 저는 그 자리에서 엉엉 울 수밖에 없었습니다.

…… 그리고 보안대에서 내세운 증인들은 남편 동업자들로서 보안대에 며칠씩이나 감금당하고 협박당하여 고통에 못 이겨 각본을 앵무새처럼 줄줄 외었습니다. 제가 그 사람들(증인들) 집에 위증에 대해 항의 전화를 하자 부인 되는 사람이 보안대 사람들이 "시키는 대로 안 하면 자식들까지 안 좋을 줄 알라"고 하며 협박을 하니 어쩔 수가 없었다고 하면서 눈물을 흘렸습니다. 어느 세상에 증인을 기관원이 고문과 협박으로 위증을 시켜도 되는 나라가 있습니까!

저의 친구는 보안대에 끌려가 고통을 너무 심하게 당해 두 달 동안이나 정신병원에 입원치료를 받았습니다. 그리고 저희 가족들이 당한 고통을 이루 말로써 다 표현할 수가 없습니다. 시어머니께서는 광주보안대로 끌려가서 지하실에 감금되어 "여기는 대통령이 들어와도 성하게 나가지 못한다", "저 몽둥이가 무엇인 줄 아느냐, 살아서 나가고 싶으면 바른 대로 말해라" 하여서 "우리 아들은 절대 그럴 리가 없다"고 반항하자 온갖 욕설과 매질을 당했습니다. 저 자신도 보안대에 끌려가 이틀 동안이나 잠을 재우지 않고 정신을 잃을 정도로 매질을 해대고 자신들이 시키는 대로 자술서를 쓰지 않으면 죽도록 때리고 하여 그것을 옆에서 본 제 딸은 이제 사람 많은 데만 가면 자지러지게 울곤 합니다. 사람의 탈을 쓰고서 어떻게 이럴 수가 있습니까?[24]

본인은 말할 것도 없고 주변 동업자와 친구, 어머니와 아내까지도 불러다가 고문하고 진술과 위증을 강제하고 있다. 문제는 이렇게 조작된 사건이 검찰과 법원을 그대로 통과한다는 사실이다. 왜 그들의 고문 주장에 대해 꼼꼼하게 조사해보고 그 허점을 수사하거나 증거조사를 해보지 않는단 말인가? 김양기 본인으로부터 처참한 고문의 참상을 직접 들어본다.

---

24. 1987년 9월 28일자 김양기 씨 처 김희유 명의의 호소문. 민주화실천가족운동협의회 산하 장기수가족협의회 조작된간첩사건가족모임, 『간첩조작은 이제 그만』, 1989, 18~19쪽.

:: 본인은 지난 1986년 2월 21일 광주보안대로 끌려가 지하실에 감금되어 군복으로 갈아입혀진 후 43일 동안 불법감금되어 잔인하고 악랄한 고문과 매질을 당하였습니다. 끌려간 그날부터 잠을 자지 못하게 하고 잠시도 서 있지도 앉아 있지도 못하도록 밤을 새워 지하실 안을 걸어다녀야 했고, 6～7일 지나도록 잠을 자지 못하게 함으로써 천장이 움직이고 벽이 움직이고 헛것이 보이고 밤인지 낮인지 며칠이 지났는지 구별을 하지 못하고, 정신과 몸을 지탱하지 못하고 의식을 잃고 말았습니다. 그후 그들은 손가락 사이에 볼펜을 끼워 책상 위에 올려놓고 양쪽을 짓눌러 손가락이 부러지는 고통을 가하고…… 옷을 모두 벗기고 철제 의자에 결박한 후 전기선 한쪽은 발가락에 감고 한쪽은 성기에다 감아 전기고문을 가하여…… 고문과 폭력은 날마다 밤마다 반복되어 저의 의식은 생사를 헤매고 있었고, 저의 몸뚱어리는 핏빛으로 물들어 있었습니다.[25]

보임·다산사건 — 1986년 3월

① 김상복 씨의 경우

:: 지난 1986년 3월 28일 연행돼 20여 일 동안 남영동에서 조사를 받았다. 나는 한쪽 다리가 없는 불구인데 짚고 다니던 목발로 세 차례에 걸쳐 등·가슴 등 온몸을 수없이 구타당했다. 물고문도 다섯 차례나 당했다. 몸을 거꾸로 번쩍 들어 욕조 속에 처박는 고문을 세 차례, 수건으로 얼굴을 덮고 샤워기로 물을 쏟아붓는 고문을 두 차례 받았다. 고문은 이(김)봉우 상무(경감), 최 아무개 경사 등 담당수사관들이 직접 했으며, 백남은 전무가 총괄했다.

백남은은 "이 자리에서 이재문, 이태복, 김근태, 허인회가 모두 나한테 당했다", "근태는 결국 내 앞에서 살려달라고 말하며 기었다"고 계속 자랑했다. 백 전무는

---

25. 88도 제2111호 구반공법위반 등 사건(파기 후)의 피고인 김양기의 상고이유서.

이런 말도 서슴없이 해댔다. "허인회가 나가더니 고문받았다고 떠들고 김근태도 계속 떠드는데, 너도 나가거든 실컷 떠들어봐라. 그러나 나는 끄떡도 안 한다. 증거가 있느냐? 고문으로 내 목이 날아갈 것 같았다면 아예 고문하지도 않는다. 어디 한 번 싸워보자." [26]

② **고경대**(31)·**고경미**(26) **남매**

∷ 1986년 3월 25일께 서적 출판을 둘러싼 세미나가 용공이적 단체 구성을 목적으로 했다는 이유로 남영동 분실에 연행, 30여 일 동안 고문과 취조를 받았다. 처음 3일 동안 주로 구타와 박종철 씨가 당한 것과 같은 물고문을 받았는데 차라리 이것은 견딜 수 있었으나, 동생 경미를 함께 취조하면서 가한 협박은 심각한 정신적 상처를 주었고 심적인 영향이 지금도 남아 있다. 당시 우리 보임사건을 총지휘했던 사람은 '화이트'라고 불린 백 전무였고, 다산기획은 홍 상무였는데 최근 국정감사를 보고 백 전무는 백남은, 홍 상무는 홍승상임을 알 수 있었다. [27]

③ **강우근 씨의 경우**

∷ 4월 10일 함께 연행된 강우근의 어머니가 속옷을 갈아입혀서 입었던 속옷을 가지고 나왔는데, 그 속옷에는 고름과 피가 묻어 있었습니다. 아무래도 이상해서 의대 5학년인 강우근의 형에게 보인 결과 그것은 콩팥이나 대장에 이상이 생겨 나오는 체액일 가능성이 높다며 외상은 없어도 속으로 골병은 상당히 든 것이 분명하다고 하더군요. 이 사실에 놀란 우리는 4월 11일 확실한 고문의 사실을 확인하기 위해 또다시 면회를 신청했습니다. 4월 11일 당시 오빠는 육체적 고문 외에도 화학적 고문(약물 복용)의 흔적을 확인했는데, 오빠는 계속 "기억이 잘 나지 않아"

---

26. 「발가벗긴 채 물고문·전기고문 ─ 시국 사범 9인 남영동 대공분실 고문 증언」, 1988년 10월 25일자 『한겨레신문』 기사.
27. 앞의 『한겨레신문』 기사.

라는 말만 되풀이하면서 ······.[28]

강희철 씨의 고문 — 1986년 4월

민주주의에 대한 요구와 탄압으로 소란스러운 시절이었다. 그러나 그런 소란과 아무 상관도 없이 홀로 엄혹한 고문과 맞서 싸워야 하는 사람이 있었다. 바로 강희철 씨였다. 그는 1986년 4월 수사기관에 끌려가 무려 85일간이나 완전한 고립상태에서 고문을 당했다. 뻔한 코스대로 그는 일본에서 간첩 교육을 받아 간첩이 되었고, 한국의 도로 상황과 정부기관에 대한 정보들을 일본의 북한 첩자에게 전달했다는 혐의가 조작되었다. 그리고 법정에서 유죄가 인정되어 무기징역이 선고되었다. 그에 대한 혐의는 엄중했지만 사실 증거는 하나도 없었다. 도로와 정부기관을 찍었다는 사진도 없었다. 심지어 당시 조사했던 경찰관조차 이런 사실을 실토했다. 단지 그의 자백만이 유일한 증거였다.

강희철은 1975년 일본으로 건너가 먼저 가 있던 부모와 만났다. 1981년에 불법입국 사실이 밝혀져 한국으로 송환되어 한국에서 결혼도 하고 호텔 종업원으로 일하고 있었다. 하지만 과거 일본에서 부모와의 만남이 문제가 되어 그 엄청난 일로 번진 것이다. 강희철은 고문후유증으로 정신질환까지 갖게 되었다. 국내에는 가까운 친척조차 없는 형편이었다. 단지 앰네스티 인터내셔널이 그를 양심수로 지정하여 즉각적이고 무조건적인 석방을 요구했다.[29]

5·3인천사태의 고문 — 1986년 5월

1986년 5월은 정국이 요동치며 집권세력 대 범민주화 운동권이 첨예한 대

---

28. 대한변호사협회 인권위원회, 「백산서당, 보임사 관련자」, 『고문근절대책공청회 자료집 — 고문 피해의 증언』, 1987, 33쪽.
29. Amnesty International, Republic of Korea: Hidden victims: the long-term political prisoners, AI Index: ASA 25/023/97, May 1997.

결을 벌이는 시기였다. 야당인 신민당이 개최한 인천개헌대회를 재야운동세력은 호기로 보고 전면적인 반정부 시위를 계획했다. 그 결과 많은 사람들이 연행되어 구속되거나 즉심에 회부되었다. 구속된 사람들은 수사과정에서 심한 고문을 당했다. 신민당 조사단이 작성한 인천사태 보고서를 통해 당시 고문 사례를 살펴본다.

1. 전원이 폭행당하여 교도소에 입소할 때에는 제대로 걸음을 걷는 사람이 없을 정도로 모두 심한 폭행을 당하였다.

2. 일반적·공통적인 고문 사례는,

① 양발과 양손을 모두 수갑으로 채우고 그 아래, 위의 수갑을 끈으로 묶고, 그 끈에 침대봉으로 끼워 사람을 침대봉을 책상과 책상 사이에 걸쳐놓아 사람의 몸을 매달아 발로 찼음.(별명 통닭구이)

② '야구방망이'로 발바닥, 정강이를 때렸음.

③ 책상 위에 나란히 엎드려놓고 그 몸 위를 구둣발로 질경질경 짓밟으며 여러 차례 왕복하여 걸었음.

④ 여자의 경우 하복부, 음부 같은 곳을 구둣발로 차서 고통과 모욕감을 주었음.

⑤ 엎드려뻗치기 1시간, 뜀박질 100회 시킴.

⑥ 주먹으로 머리, 얼굴, 목덜미 때리기.

이상의 형태로 먼저 약 1시간가량 폭력을 행사한 뒤 기진맥진하여 허탈감과 환멸을 낳게 하여 자백시키는 것이 일반적인 고문이었다. 개개인의 구체적인 조사에 나타난 고문 사례는,

⑦ 묻는 말에 부인하면 또 때리고, 그래서 시인하다가 또 부인하면 또 때리는 식이었는데, 특히 박병무의 경우, 이는 부평경찰서에 5월 3일 구속되었는데, 부평경찰서에서 동부경찰서로 이송되는 과정에서 전경으로부터 무수히 구타당하고

보호실에서도 구타당하였는데 그것은 5월 3일 밤 12시부터 5월 4일 아침 7시까지 무려 7시간 동안 약 10분 간격으로 이러한 구타와 기합을 당하여 입과 코에서 유혈이 낭자했고, 조사자인 김영기 형사는 소위 조직조사를 한다며, 부평서의 지하실에서 박병무의 옷을 벗기고 수건을 얼굴에 씌우고 주전자의 물을 코에 넣어 물고문까지 하였음.

⑧ 한휘석의 경우, 역시 부평서에서 조사받았는바, 5월 3일에 수감되었으나 2박 3일 동안 전경이 내무반에서 구타하고, 역시 위와 같은 방법으로 주전자 '물고문'을 하다가는 지하실로 데려가 공포 분위기 속에서 '전자봉'이라는 특수기구를 팔뚝에 대어 전기를 가전시켜 지금도 피부가 타서 그 자국이 있다 하며.

⑨ 이상명의 경우 '헤드 락'이라는 수법으로 가혹행위를 당하였는데, 이는 경찰관이 머리카락을 손으로 움켜쥐고 방 안을 빙빙 돌리거나 한 손으로는 머리카락을 휘어잡고 또 한 손으로는 턱을 잡고 좌우로 고개를 흔들어대는 수법인데 머리가 부었다 함.

⑩ 왕주연의 경우, 지금도 머리에서 고름이 나온다 하며.

⑪ 여자의 경우(전미영, 여대생, 석방) 30여 세 된 조사관이 조사하면서 그 여대생 앞에서 바지를 반쯤 벗어 내리고 자기의 '팬티'를 보여주어 여자의 수치심을 자극, 환멸감에 빠져 모든 것을 묻는 대로 답변하는 자포자기 심리를 유발하였고.

⑫ 온태희의 경우 '당구봉'으로 온몸을 맞아 온몸이 새카맣게 멍이 들었고(이 점은 같은 방 수감자인 최인호가 입증), 특히 허벅지 뒤의 볼기짝이 새카맣게 멍들었는데, 10일 후에 멍이 가셨다 하며 담당 이광수 형사(부천경찰서) 외 5명이 번갈아가며 주먹과 몽둥이로 때렸는데 팔을 뒤로 제쳐 꺾고, 특히 발바닥을 몹시 때려 걷지를 못하였고…….

⑬ 이상명의 경우도 위와 같이 '헤드 락'을 당하고 무릎 굵기와 수갑 뒤로 채우기에 수시 폭행을 당하자 '차라리 죽는 것이 낫겠다'는 생각과 인간이 싫어지고

인간세상을 부정하고 싶은 환멸이 생겨, 경찰이 시키는 대로 시인하였는데 무릎과 허리와 어깨를 많이 맞았다 하며……. [30]

워낙 한꺼번에 많은 사람들이 연행되었고 특정 사건을 조작하는 것이 아니었음에도 심각한 고문들이 적지 않았다. 물고문도 있었고, 성적인 폭력도 있었다. 이 정도라면 일선 수사기관에서 고문이 평소 관행이 되었다고 보지 않을 수 없다.

서울노동운동연합사건 —1986년 5월

① 김문수 씨의 경우

::   그의 말에 의하면 1986년 5월 6일 밤 11시경 잠실아파트 서혜경의 집에서 서혜경, 최한배, 노정래, 유시주, 손세환 등과 함께 두 사람에게 연행되어 송파에 있는 보안사에 갔는데(김문수는 세단차로 가고 나머지는 다른 차로 갔음) 아파트 방 안에서 도주하려고 했다는 이유로 두 사람에게 발로 채이고 밟히고 몹시 구타당하였으며, 차 안에서도 발로 채이고 주먹으로 얻어맞았으며, 보안사에 도착하여 차에서 내리자마자 마당에서 10명이 달려들어 간첩보다 나쁜 놈이니 죽여야 한다고 하면서 야구방망이로 때리고 발로 차는 등 온몸을 마구 때려 실신했다.

그들은 곧 지하실로 데리고 가더니 두 사람이 들어와서 심상정, 박노해의 소재를 대라고 하기에 모른다고 하자 몽둥이로 온몸을 사정없이 때린 다음 옷을 발가벗긴 다음, 다시 또 한 층 아래의 지하실(지하 2층)로 끌고 가서 쇠의자(속칭 엘리베이터)에 앉히고 팔걸이에다 손목을 묶고 팔뚝·몸체·무릎·발목을 의자에 단단히 묶은 다음 양쪽 엄지손가락에 전깃줄을 감고 온몸에 물을 끼얹고 나서 15명이 들어와서 방

30. 대한변호사협회 인권위원회, 「5·3인천사태 고문 사례」, 『고문근절대책공청회 자료집—고문 피해의 증언』, 1987, 31~32쪽.

안의 전등을 끄고 컴컴하게 한 다음, 플래시로 얼굴을 비추면서 또다시 심상정, 박노해의 소재를 대라고 하기에 모른다고 하자 전기 스위치를 넣어 차츰 전압을 높여갔다. 피구속자가 견디다 못해 요동을 하면서 이야기를 안 하자, 이제는 고춧가루를 보이면서 고춧가루 고문을 하겠다고 협박을 하더니 옆에 있는 드럼통 물에 고춧가루를 탄 다음 피구속자의 얼굴을 수건으로 가리고 목을 의자 등받이 뒤로 꺾게 하고 고춧가루물을 수건 위에 부어서 코와 입, 눈, 그리고 귀에 스며들게 했다.

이러한 전기 및 물고문을 약 30분간 계속하여 피구속자가 실신하자 업어다가 지하 1층에 있는 침대에 눕히고 두 사람이 마사지를 하여 정신을 깨게 했다. 정신을 차리자 또다시 두 사람의 소재를 대라고 해서 박노해의 장인집 약도를 그려주었더니, 심상정의 거처도 마저 대라고 해서 모른다고 하자 발가벗긴 채 또다시 지하 2층으로 데리고 가서 다시 1차 때와 같이 쇠의자에 앉혀 꽁꽁 묶고 전기고문과 고춧가루 고문을 더 심하게 했다. 그래도 대지 않자, 야구방망이로 무릎을 때리고 막대기로 성기(자지)를 때리는 것을 비롯하여 온몸을 때리는 등 이러한 고문을 약 30분간 계속하였다.(그동안 드럼통 2개 반의 고춧가루물을 얼굴에 부었다) 이리하여 다시 기절하자 또다시 지하 1층 침대방에 업어다 눕히고 마사지를 하여 정신을 차리게 했는데, 위와 같은 고문을 5월 6일 밤부터 5월 7일 아침까지 계속되었다. 5월 7일 아침 날이 새자 옷을 입히고 앰뷸런스에 태워 피구속자가 그려준 약도대로 천호동 소재 피구속자의 친구집을 찾아가면서 약도가 틀리지 않느냐면서 5～6명이 몹시 때리고 전기방망이로 손과 발을 50회 이상 지저댔으며, 못 견디어 기절하자 다시 송파보안사로 데리고 와서 침대에 눕히고 마사지를 하여 다음 날 아침에야 깨어났다.

피구속자가 깨어나자 의사가 와서 진찰을 하고 맥박을 잰 다음 어디서인지는 모르나 굉장히 큰 군병원에 데리고 가서 엑스레이를 찍고 약을 주었다.(식후에 먹으라고 하면서) 그리고 또다시 보안사에 데리고 가서 매일 목욕과 마사지를 시키고 상처에 안티프라민을 발라주었다고 함. 피구속자는 위와 같은 고문으로 4일간이나 소변을 못 보고 대변도 못 보았으며, 현재 머리가 아프고 온몸이 쑤시고 가렵고 힘이 없고, 뒤틀리는지 걷지도 잘 못한다고 하며, 현재 남아 있는 고문 상처라고 하면서 보여주어 확인한바, 왼쪽 다리·허벅지에 손바닥 크기의 시퍼런 멍이 들어 있고 배에도 작은 점들이 많이 있었음. 피구속자는 1986년 5월 6일 밤에 송파보안사에 연행되어가서 독방에 갇혀 있다가 1986년 5월 15일 구속영장에 의하여 서울시경에 이송되어 성동경찰서 유치장에 수감되었다고 함.[31]

② 유시주 씨의 경우

:: 　동녀도 5월 6일 저녁 10시경 잠실 주공아파트 87동 403호실에서 김문수, 손세화, 최한백, 서혜경, 노정래 등과 같이 송파보안사로 강제연행되었는데, 아파트 방에서부터 손을 뒤로 하여 수갑을 채우고 포승으로 몸과 함께 묶어 연행하고, 송파보안사에 도착하자마자 몽둥이로 수없이 때려 얻어맞았다. 그 뒤 지하 조사실로 데리고 가서 속옷(런닝, 팬티)만 남겨놓고 겉옷을 벗게 한 다음 꿇어앉게 하고 조사관이 몽둥이를 들고 "심상정의 소재를 대라"고 해서 "모른다"고 한바, "너 죽을래" 하여 전등불을 희미하게 하고 발로 두어 번 걸어차서 얻어맞았다. 그때 옆방에서 얻어맞는 비명소리가 들렸다. 다음 날인 5월 7일 다른 조사실로 옮겨 자술서를 썼는데, 8일인지 9일인지 오후 3시경 키 크고 뚱뚱하며 경상도 사투리를 쓰는 수사관이 자술서 내용이 허위라고 하며, 죄수복 같은 파란 옷으로 갈아입히고 "물 좀 먹어야겠다"고 하며 양손을 포승줄로 묶고 그 묶인 손의 양팔을 벌려 그 안에 양 무릎을 솟아나오게 한 다음 양팔과 양무릎 사이에 목봉을 끼워넣어(속칭 비녀꽂

31. 대한변호사협회 인권위원회, 「서울노동운동연합 김문수 씨 등의 경우」, 『고문근절대책공청회 자료집─고문 피해의 증언』, 1987, 21~22쪽.

기) 그 목봉의 양끝을 책상판 의자 위에 올려놓아서 마치 목봉에 통닭구이시 통닭이 매달린 듯한 자세로 만들고 얼굴에 젖은 수건을 대고 그 위에 젖은 수건을 대고 그 위에 바가지로 물을 약 10분간 붓고는 다른 사람의 진술서를 보이며, "사실이 이런데 왜 허위로 썼느냐"고 하며, 위 다른 사람의 자술서 내용대로 자백하기를 강요하기에 "그렇게 쓰겠다"고 했더니 풀어주었다.

그 뒤 5월 10일 오전 11시경 새로운 조사관이 "심상정의 소재를 대라"고 하며 주먹으로 얼굴을 10여 회 때리고 위와 같은 속칭 비녀꽂기 고문을 약 20분간 하였다. 그리고 송파보안사에 있는 동안 고문으로 인한 상혼 치료를 위하여 더운물 목욕, 마사지 안티프라민 등의 치료를 받았다. 그 뒤 5월 12일 오전 11시 30분경 장안평에 있는 서울시경 대공분실로 이첩되어 …… 구속영장이 발부되고 중부경찰서 유치장에 있다가 6월 30일 검찰에 송치되었다.[32]

③ 가족을 찾기 위한 투쟁

가족 중 누구 하나가 갑자기 실종되어 행방이 묘연해지자, 남은 가족들은 함께 모여 조직을 만들고, 공동으로 행방을 찾아나서고, 연행된 수사기관의 소재를 찾아내 그곳으로 몰려가 면회 요구와 항의운동을 벌였다. 물론 민주화운동이 강력해지고 그동안 고문의 전례들이 쌓이면서 이런 가족 찾기와 면회투쟁이 가능해진 것이다. 과거 개별적으로 대응하거나 당혹감과 낭패감으로 발만 동동 구르며 아무 일도 할 수 없었던 시대에 비하면 엄청난 변화이다. 게다가 가족들의 조직적인 행동에 오히려 정부 기관이 당황해하는 모습도 이색적이다. 도둑질하다가 들킨 자의 모습 그 자체이다. 참으로 국가가 초라해지고 있는 것이다. 이제 시대는 그렇게 흘러가고 있었다.

32. 대한변호사협회 인권위원회, 「서울노동운동연합 김문수 씨 등의 경우」, 『고문근절대책공청회 자료집—고문 피해의 증언』, 1987, 22~23쪽.

∷ 5월 12일 오후 4시 삼각동 민주화실천가족운동협의회 사무실에서의 첫 모임 이후 납치, 실종된 자에 관한 정보 수집과 사건 진상 파악을 위해 우리 노동자 가족들은 온갖 노력을 기울여왔다. …… 우리는 14일 오후 1시부터 3시까지 강동구 거여동(보통 송파라고 한다) 보안사 정문 앞에서 면회를 요구하며 싸웠다. 우리는 ① 몇몇 노동자들이 석방될 때 가렸던 눈을 풀어준 지점이 문정동·잠실·성남 등 송파 일대였고, ② 비행기 소리가 자주 들렸으며(송파 상공이 항공로이다), ③ 서울대 사회학과 심성보 군의 어머니가 아들을 연행한 승용차를 송파 부근까지 미행하다 놓친 사실 등을 토대로 하여 치밀한 추리와 조사 끝에 33번 시내버스 송파 종점 좌측의 야산 속에서 보안사 건물을 찾는 데 성공했다.

노가투·민가협·구속학생학부모협의회·민통련 의장단 21명은 외신기자 2명과 함께 택시, 버스 편으로 33번 종점에 집결, 20여 분 산길을 걸어 오후 1시 보안사 정문에 도착하였다. 철조망과 육중한 검은 철문으로 방비된 살벌한 흰색 2층 건물, 그곳에서 우리 아들딸, 형제자매, 남편들이 갖가지 참혹한 고문을 당하며 빨갱이 자백을 받고 있는 것이다. 우리는 2시간 동안 면회를 요구하며 용감하게 농성투쟁을 벌였다. 노동자를 납치하여 열흘이 넘게 감금, 고문하면서 가족에게는 영장 제시는 물론 소재 파악조차 알려주지 않았던 보안사의 인간 백정놈들은 낯 두껍게도 사복 군인을 시켜 진입로에서부터 우리를 제지하였다. 우리는 단호히 그것을 뿌리치고 철문 앞까지 밀고 올라가 철문을 발로 차고 뒹굴며 "우리 가족 내놔라!"고 절규하였다. 숨겨진 장소까지 들킨 이들은 당황하여 20여 명의 곤색 제복 입은 군인들을 철문 앞에 배치시키고 우람한 덩치의 깡패들을 내보내어 "여기는 민간인이 들어올 수도 없고, 들어온 적도 없는 곳인데 웬 소란이냐", "여기는 군사작전 지역이므로 침입한 민간인은 체포할 수 있다"는 등의 으름장을 놓았다.

이들의 협박에도 아랑곳없이 "다 알고 왔으니 만나야겠다"는 가족들의 벌떼 같은 항의와 격렬한 몸싸움을 막아내지 못하겠는지 인간 백정놈들은 무의식중에 "어제

나갔어"라는 말로써 처음의 "민간인은 들어온 적이 없다"는 말이 거짓말이며, 우리 가족들을 이곳에 분명히 잡아두었다는 사실을 스스로 입증하고 말았다.……
결국 가족들은 실랑이 끝에 우리가 확인하고 있는 실종자들의 소재에 대한 답을 들을 수가 있었다. 황만호 청계위원장은 청량리경찰서, 박계현·가정우·박애숙 씨는 남양주경찰서에, 그리고 서울노련 관련 나머지 노동자와 학생인 제은숙(서울대 국사학과 4년) 양과 최창남(서울대 국사학과 졸) 씨는 서울시경에 이첩시켰다는 것이다.…… 그러나 무인지경의 산중에서 더 이상 버티기가 어려워 "당신 자식들도 물고문·전기고문 당해서 토하고 똥 싸봐라!"고 인간 백정의 만행에 대한 한 맺힌 저주를 남긴 채 돌아올 수밖에 없었다. 그 두꺼운 철문을 우리들만의 힘으로 열어 젖힐 수가 없었기 때문이다.[33]

부천경찰서 성고문사건 — 1986년 6월

정권의 핵심이 부패하고 정의롭지 않다 보니 최말단 경찰관까지 희한한 인권침해를 다 자행하게 된다. 바로 불의한 5공정권의 도덕성을 그 뿌리에서부터 뒤흔든 '부천경찰서 성고문사건'이 그것이다.

:: 6월 6일.
이에 문귀동은 권 양을 1층 수사계 수사실('조사실'인지도 모른다)로 데리고 가서 새벽 4시 30분부터 6시 30분경까지 사이에 걸쳐 아래와 같이 추잡한 성고문('1차 성고문'이라 부른다)을 자행하였다.
① 우선 문귀동은 권 양에게 "네 죄는 정책 변화로 풀려날 죄도 아니고 하니 수배자 중에서 아는 사람을 불어라. 불기만 하면 훈방하겠다"고 강요하였다. 권 양

---

33. 서울노동운동연합, 「노동자 가족 투쟁속보 — 제1호」, 『단결·조직·투쟁의 정신으로 승리를 향해 전진하자! — 서울노동운동연합사건 1심법정 투쟁기록』, 1987, 9~10쪽.

이 끝내 모른다고 하자 문귀동은 "이년, 안 되겠군" 하고 운을 떼면서 "나는 5·3사태 때 여자만 다뤘다. 그때 들어온 년들도 모두 아랫도리를 발가벗겨서 책상에 올려놓으니까 다 불더라. 네 몸(자궁)에 봉(막대기를 지칭한 듯하나 정확히 무슨 의미인지는 모른다)이 들어가면 안 불겠느냐"고 협박하였다.

② 권 양이 겁에 질려서 벌벌 떨고 있으니까 문귀동은 권 양에게 옷을 벗어라고 강요하였다. 권 양이 상의 겉옷(재킷)과 남방만을 벗고 티와 브래지어 및 바지를 입은 채로 있자, 문귀동은 다른 형사 1명(젊고 계급이 낮은 듯함)을 불러들여 옆에 서 있게 한 후 스스로 권 양의 바지 단추와 지퍼를 풀어 밑으로 내리면서 "너 처녀냐? 자위행위해본 적 있느냐"고 묻고 브래지어를 들추어 밀어올리며 "젖가슴 생김으로 보니 처녀 가슴 같지가 않다"고 하는 등 더러운 수작을 하면서 곧이어 제발 살려달라는 권 양의 애원을 뿌리치고 권 양의 바지를 벗겨 내렸다.

③ 이에 권 양이 극도의 굴욕감과 수치심과 공포를 이기지 못하여 엉겁결에 한 친구(노동 현장 취업과정에서 사귀게 된 이 모라는 여성으로 그 이름이 본명인지 여부도 모른다. 인천사태와 관계 없는 사람임)의 이름을 대자, 문귀동은 권 양에게 그 친구의 인적 사항을 자세히 적으라고 요구하였다. 권 양이 이 모 양의 인적 사항에 대해 자세히 모른다고 하자, 문귀동은 옆에 서 있던 형사에게 "고춧가루물을 가져오라"고 지시한 후 권 양에게 책상 위로 올라가라고 하면서 "기어이 자궁에 봉을 집어넣어야 말하겠느냐"고 협박하였다. 권 양이 위 이 모 양이 자취하던 집이라는 곳의 위치를 적어넣자, 문귀동은 그제서야 일단 수확을 거두었다는 듯 조사를 중단하고 권 양의 바지 지퍼를 올리게 했으나 그러면서도 다시 "진짜 처녀냐"고 물었다.

④ 뒤이어 대공과 형사들이 권 양에게 수배자들의 사진을 보여주면서 위 이 모 양이 수배자들 중의 하나가 아닌지를 확인하였다. 그후 권 양은 보호실로 끌려가서 그곳에서 하룻밤을 잤다.……

6월 7일 밤 9시경 문귀동이 다시 권 양을 1층 수사과 조사실(문귀동이 조사하는 방의 옆방)로 불러냈다. 당시는 수사과 직원이 모두 퇴근하였고, 청내는 모두 불이 꺼진 상태였으며, 조사실 역시 불이 꺼져 있었는데 다만 건물 바깥에 있는 등에서 나오는 외광에 의해 방 안의 물체를 어렴풋이 식별할 수 있는 정도였다. 문귀동은 토요일 밤에 퇴근도 못하고 '일'을 해야 된 데 대해서 무척 화가 난 듯 권 양에게 '독한 년'이라고 하면서 …… 무릎을 꿇어앉힌 후 안쪽다리 사이로 각목을 끼워넣고 넓적다리와 허리 부위 등을 계속 짓밟고 때리게 하면서 권 양이 이 모 양의 본명과 출신학교, 사는 집 등을 불도록 요구했다. 이로 인하여 권 양의 넓적다리는 시퍼렇게 멍이 들고 퉁퉁 부었다.

…… 권 양이 모른다고 하자 문귀동은 "이년 안 되겠다"고 하면서 형사들을 내보내더니 권 양을 조사실 옆에 있는 자기 방(양쪽이 창문으로 되어 있음)으로 데리고 갔다. 이때가 밤 9시경으로 이때부터 밤 11시까지 약 1시간 반 동안에 걸쳐 문귀동은 인면수심의 실로 천인공노할 야만적 추행을 저지르면서 권 양을 고문하였다. 이 1시간 반 동안 방 안에는 계속 불이 꺼져 있었고 권 양은 계속 뒷수갑을 찬 채로 문귀동과 단 둘이 약 2평 정도의 방 안에 남아 있었으며 주위에서도 전혀 인기척을 느낄 수 없는 절망적인 상황에 처해 있었다. 문귀동이 저지른 추행의 내용은 다음과 같다.

① 먼저 권 양에게 아버지가 뭘 하느냐고 물어 권 양이 식당을 한다고 거짓 대답하자(권 양의 아버지는 법원 서기관인데 권 양이 공무원 신분에 영향이 있을까봐 걱정이 되어 거짓 대답한 것임), 문귀동은 비시시 웃더니 "간첩도 고문하면 다 부는데 네 년이 독하면 얼마나 독하냐"는 취지의 말을 하면서 권 양에게 옷을 벗으라고 명령하였다. 권 양이 웃옷만을 벗자 문귀동은 권 양에게 다시 뒷수갑을 채운 후 브래지어를 위로 들어올리고 바지를 풀어 지퍼를 내리더니 권 양의 국부에 손을 집어넣었다. 권 양이 비명을 지르자 소리 지르면 죽인다고 하면서 옥박질렀다.

② 권 양의 팬티마저도 벗겨 내리고 의자 두 개를 서로 마주보는 상태로 놓고 권
  양을 한쪽 의자 위에 수갑 찬 손을 의자 뒤로 돌린 상태에서 앉게 하고 문귀동
  자신은 맞은편 의자를 바짝 끌어당겨 그 위에 앉아 권 양의 몸과 밀착된 자세를
  취한 다음 계속 수배자의 소재를 불 것을 강요하였다. 권 양이 제발 이러지 말
  라고 애원하였으나 문귀동은 들은 척도 않고 "너 같은 년 하나 여기서 죽여도
  아무 일 없다"고 협박하였다. 이때부터 문귀동은 수시로 권 양의 젖가슴을 주
  무르고 국부를 만지며 권 양의 몸에 자신의 몸을 비벼대었다.

③ 그후 문귀동은 권 양을 일으켜 세워 바지를 완전히 발가벗기고 윗도리 브래지
  어를 밀어올려 젖가슴을 알몸으로 드러나게 해놓은 상태에서 뒷수갑을 찬 채로
  앞에 놓인 책상 위에 엎드리게 한 후 자신도 아랫도리를 벗고 권 양의 뒤쪽에
  붙어 서서 자신의 성기를 권 양의 국부에 갖다대었다 떼었다 하기를 몇 차례에
  걸쳐 반복하였다. 이때 권 양이 절망적인 공포와 경악과 굴욕감으로 인하여 거
  의 실신상태에 들어가자 문귀동은 권 양을 다시 의자 위에 앉히더니 담배에 불
  을 붙여 강제로 몇 모금을 빨게 하였다.

④ 잠시 후 문귀동은 권 양을 의자 밑으로 난폭하게 끌어내려 바닥에 무릎을 꿇게
  하고 앉힌 후 자신은 의자에 앉아 권 양이 자신의 성기를 정면으로 보도록 하는
  자세로 조사를 계속하였다. 그러던 중 문귀동은 권양의 얼굴을 앞으로 잡아 댕
  겨 입이 자신의 성기에 닿도록 하면서 자신의 성기를 권 양의 입에 넣으려 하다
  가 권 양이 놀라서 고개를 돌리니까 난폭하게 권 양의 몸을 일으켜 세운 후 강
  제로 몇 차례 키스를 시도하였다. 권 양이 입을 벌리지 않고 고개를 돌리니까
  문귀동은 입을 권 양의 왼쪽 젖가슴으로 가져가더니 유두를 세차게 빨기를 두
  어 차례에 걸쳐 하였다.

⑤ 그후 문귀동은 다시 권 양을 책상 위에 먼저번과 같은 자세로 엎드리게 해놓고
  뒤쪽에서 자신의 성기를 권 양의 국부에 몇 차례 갖다대었다 떼었다 하는 짐승

과 같은 동작을 반복하던 끝에 크리넥스 휴지를 꺼내는 소리가 들리더니 그것으로 권 양의 국부를 닦아내고 옷을 입혔다. 이때가 밤 11시경.…… 위와 같은 추악한 만행을 저지른 후 문귀동은 권 양에게 호언하기를 "네가 당한 일을 검사 앞에 나가서 얘기해봤자 아무 소용없다. 검사나 우리나 다 한통속이다"라고 하였다.…… 일반적으로 유치장에 처음 입감될 때는 몸수색을 위하여 속옷을 벗게 하는 것이 상례인데, 이때 문귀동은 여 교관을 부르더니 "내가 다 봤으니 몸검사는 필요없다. 독방을 주어라"고 지시하고는 돌아갔다.[34]

과연 문귀동의 예언대로 검찰은 '한통속'이었다. 변호인단의 고발에도 불구하고 문귀동은 기소유예 처분을 받았고, 서울고등법원에서도 그 처분은 유지되었다. 재정신청과 부심판결정, 그리고 문귀동의 구속과 유죄 판결 선고는 세상이 한참 바뀐 뒤의 일이었다. 한편 권인숙 씨에게는 오히려 실형이 선고되었다.

이 사건을 둘러싸고 공안당국은 비열한 은폐와 권인숙 씨에 대한 비난을 거듭했고, 이것이 오히려 국민들을 자극해 성고문 폭로와 진상규명을 요구하는 목소리는 갈수록 높아졌다. 그만큼 전두환 정권의 도덕성은 땅에 떨어졌다. 이 사건만큼 사회적으로 큰 경각심을 불러일으키고 정권의 도덕성에 타격을 준 사건은 결코 없었다. 그런 사회적 공헌과 기여에도 불구하고 권인숙 씨는 오랫동안 이 사건으로 인한 고통을 감수해야 했다.

:: 햇수로는 아주 짧지만 뜻밖의 일들이 20대 전반을 거의 차지하고 있는, 그래서 길어진 나의 이야기를 쓰기 위해 나는 근 2년 동안 이 글에 질질 매여 있었다.…… 괴로웠던 순간을 쓸 때면 도피하고 싶은 마음에 원고지를 쳐다도 안 보는

---

34. 고영구 외 8명의 변호인단 명의의 고발장. 민주화운동청년연합, 「권 모 양에 대한 부천경찰서 형사 문귀동의 성고문을 고발한다」, 『해방되어야 할 또 하나의 성─성고문, 성폭력에 관하여』, 1986년 12월, 61~63쪽.

날이 반복되었다. 사건을 총정리해서 쓰기엔 아무래도 너무 일찍 시작한 듯싶었다. 그래도 출판사와의 약속, 나 자신과의 약속을 지키기 위해서 마음을 다잡고 원고지 앞에 앉으면 어디선가 눈물이 철철 넘쳐와 흐느끼고 있었다. 얼마든지 이겨나갈 수 있을 거라고 생각했던 그 사건 전체가 이토록 나의 가슴에 짙은 응어리를 심어놓았구나 하는 것을 수없이 발견하고, 내 마음이 불쌍해 또 울기도 했다.[35]

사회가 민주화되면서 가해 경찰관 문귀동 씨는 독직폭행 준강제추행죄로 징역 5년의 확정판결을 받고 출소했다. 더 나아가 이 사건 피해자 권인숙 씨는 국가를 상대로 한 손해배상청구소송에서 승소해 4천만 원을 배상금으로 지급받았다. 국가는 이에 대해 가해 경찰관 문귀동 씨에게 구상권청구소송을 내서 2,529만 1,000원을 지급하라는 판결을 받았다. 문 씨는 이 돈을 지급하지 않았을 뿐만 아니라, 재판 중이던 1993년 7월 자신의 아파트를 처형 앞으로 근저당권을 설정함으로써 강제집행면탈죄로 조사받기도 했다.[36]

백기완 씨의 경우 — 1986년 7월

:: 　본인은 금번 부천서 성고문 규탄대회(1986. 7. 19)로 구속된 백기완의 처 김정숙입니다. 본인의 남편 백기완은 지금 심각한 병 중에 있습니다. 이 병의 원인은 물론 고문 때문입니다. 1979년 당시 남편의 구속은 명동사건이었고, 그것의 목적은 민주화를 위한 것이었습니다. 그러나 그것의 대가로 돌아온 것은 상상할 수도 없이 가혹한 고문뿐이었습니다. 그의 고문으로 인한 지병은 점점 더 악화되었고, 결국 병사 직전에까지 이르러서야 겨우 병보석으로 출감하게 되었습니다.(그들은 수없이 계속된 병보석상인을 무시하였고, 이 지경에 이르러서야 출감시켰다)

35. 권인숙, 「하나의 벽을 넘어서」, 거름, 1989, 5쪽.
36. 「'성고문사건' 주인공 문귀동 — 구상권에 휘말려 집 날릴 판」, 1994년 3월 31일자 「동아일보」 기사.

그후 그에게 있어 가장 중요한 일은 무엇보다도 죽음과 싸워야 하는 처절한 투쟁의 연속이었습니다. 장장 몇 개월에 걸친 입원, 그리고 1년 이상의 요양이 그에게는 필수적인 것이었습니다. 그의 병명은 척추분리증, 골관절장애, 통풍…… 등 일반인에게는 용어조차 낯선 병명이 십여 개가 넘도록 항상 따라다녔으며 적어도 1년에 2~3번 이상의 고문후유증이 재발하곤 합니다. 입원-퇴원, 이것은 그와 제 가족에겐 1년에도 몇 번씩 겪어야 하는 일상적인 일이 되어버렸습니다.

고문은 그에게 평생 지병을 부여하였고, 따라서 고문과의 투쟁은 그의 평생 작업 중 또 하나의 중대한 일로 더해졌습니다. 그러던 중 현 정권의 부패상을 그대로 보여주는 심각한 고문 자행이 우리에게 알려졌습니다. 권 양에 대한 부천서 성고문 사건이 바로 그것이었습니다. 참으로 인간이라면 도저히 있을 수 없는 고문이 문귀동이라는 자에 의해 버젓이 자행된 것이었습니다.…… '부천서 성고문 규탄대회'는 바로 이러한 현 정권의 폭력성을 폭로하는 동시에 사실을 규명하려는 집회였음에도 불구하고, 그들은 또다시 이것을 폭력적으로 탄압했던 것입니다. 본인의 남편은 이 과정에서 병든 몸으로 그들의 수배대상이 되었습니다.…… 그럼에도 불구하고 본인의 남편은 끊임없는 저들의 추적에 시달려왔고 급기야는 후유증이 재발하여 도저히 구속될 수 없는 병약한 상태였으나, 저들은 최소한의 인간적 권리도 무시한 채 본인의 남편을 구속하였습니다. 이것은 악랄한 '보복'에 다름 아닙니다.[37]

구명우 사건 ― 1986년 9월

:: 　 그날그날은 힘들고 외로운 날들이었지만 같은 동포끼리 만나 가끔 즐거운 대화로써 타국에 나와 있는 외로움을 달랠 수 있었던 것이 지금의 엄청난 비극이 될

---

37. 대한변호사협회 인권위원회, 「백기완 씨 경우」, 「고문근절대책공청회 자료집 ― 고문 피해의 증언」, 1987, 38쪽.

줄을 누가 알았겠습니까? 피탄원인이 일본에 머문 것은 단 3개월밖에 안 되었고 여권 기한이 다 되자 즉시 귀국하기에 이른 것으로서, 그가 위 강철민으로부터 지령을 받았거나 사상적인 교류는 전혀 없었습니다.…… 피탄원인이 만약 위 강철민으로부터 지령을 받은 간첩이라면 왜 고액의 공작금을 받지 못하고 겨우 카세트 이외에 공작금 5만 엔(한화 약 20만 원)밖에 받지 못하였겠습니까? 3개월 체류 기간 중의 임금으로 받은 것을 고문 끝에 강철민으로부터 받은 공작금으로 허위자백했답니다.…… 좋은 여건에서 회사의 업무상 외국에 나가게 된 것이라면 몰라도 막노동판에 노동일을 하러 간 사람이 그것도 단 3개월간 있었는데 사상적인 교류가 있었다면 얼마나 있었겠습니까?[38]

구명우 씨는 1983년 1월경 여동생이 근무하는 회사 사장의 주선으로 일본으로 건너가 고베에서 배관 하청 공사장의 일용노무자로 일하던 사람이다. 일본에서 3개월 체류하는 동안에 조총련 소속 강철민을 몇 차례 만나 고향 이야기하고 지낸 것이 전부였다. 그러나 그는 1986년 9월 남영동 대공분실에 연행되어 40일간의 고문수사 끝에 또 한 명의 간첩으로 둔갑하게 되었다. 그는 7년형을 선고받았다. 다음은 구명우 씨의 처 문종숙의 호소문 중 일부이다.

::　　1986년 10월 26일 모처(송파 보안사)로 끌려간 지 40일 만에 제 남편 구명우가 간첩으로 둔갑하여 구속되었습니다. 어려운 생활 속에서 한 푼이라도 더 벌려고 일본으로 취업을 갔다는 것이 죄가 되어, 이제는 저와 가족들이 같은 하늘 밑에서 아빠를 그리워해야만 합니다. 아무리 생각해도 근거가 없고 억울하기만 한 남편의 죄명이지만, 하도 엄청나고 주위 사람들의 시선이 괜히 두려워 구명 호소

---

38. 1988년 6월 7일자 구명우 씨의 처 문종숙이 대통령께 보낸 탄원서.

는커녕 말조차 꺼낼 수 없었습니다. 그러나 진리를 추구하는 국민들과 용감한 학생들의 노력으로 남편처럼 조작된 간첩도 독재권력이 만들어낸 양심수임을 알게 되었습니다.

…… 모든 공소 사실의 증거나 증인은 하나도 없고 모두가 40일간의 조사를 통해 남편이 했다는 진술서를 근거로 한 것입니다. 구치소에서 2개월 만에 처음 만난 남편은 잔뜩 겁에 질려 있었고, 고문에 의한 상처가 아물지도 않았습니다. 남편은 송파보안대에서 40일간의 조사과정에서 집단구타와 전기고문, 물고문, 고춧가루 고문은 물론이고 실제로 죽일 것처럼 목을 매달기도 했다는 것입니다. 이러한 억지 증언이 무슨 증거가 된다는 말입니까? 그러나 재판과정에서 검사와 판사는 재판정에서 이런 사정을 아무리 얘기해도, 하물며 남아 있던 고문 상처마저 증거로 보여도 증거가 전혀 없는 고문조작된 조사 내용만을 인정하였습니다.[39]

문국진 사건

— 청량리경찰서부터 발병하기까지의 사건 기록(1986. 10. 12~1987. 2. 28)

1. 청량리경찰서 대공과 — 1986. 10. 12~11. 22, 40일 동안의 생활

① 3일 동안 잠을 안 재우고 취조실에서 조사함. 조사 내용은 "백원담이 어디 있는지 대라, 나머지 사람들이 어디 있는지 대라, 부천에 살던 집을 대라"는 것이었음. 이 당시 조사과정에서 경찰은 유도심문을 했는데 이미 그들은 그 내용을 알고 있었다. 본인은 진술서도 한 번 쓴 적이 없었다고 함.

② 경찰서 내에서 일어난 이해할 수 없는 일들

— 3일간 조사받은 이후로는 아무런 조사도 하지 않고 말도 안 걸고 의자에 앉아서 가만히 있게 했을 뿐이다.

---

39. 1988년 11월 구명우의 처 문종숙 명의의 호소문. 민주화실천가족운동협의회 산하 장기수가족협의회 조작된간첩사건가족모임, 『간첩조작은 이제 그만』, 1989, 12~13쪽.

— 경찰들이 무언의 겁을 주는 발언들을 하며 석유통을 문국진의 앞에 놓거나 들고 왔다 갔다 함. 석유난로는 문국진과 먼 거리에 있었음에도 불구하고.

— 문국진과 정면으로 보이게 비디오를 틀어놓고 이상한 프로그램을 계속 틀어줌.

— 청량리경찰서 과장이 "막대기 30cm짜리를 몇 개 만들어라", "어머니한테 가서……" 등의 공포적인 말을 뇌까림.

— 그 외에도 별별 일이 다 있었으나 자세히 본인은 현재 기억이 안 나고, 하여튼 경찰 측의 이러한 행동이 너무나 이상했고 본인은 이러한 상황에서 공포심이 점점 더해갔다.

— 문국진이 담당경사 김낙현에게 이런 식으로 심리적 압박을 주는 수사는 싫다고 거세게 항의하자 경찰들이 놀람.

— 이후 3일 만에 취조실에서 면회를 했는데 부모가 사간 통닭을 보고는 "나를 통닭같이 고문시키려고 사왔느냐"며 고래고래 소리를 지르며 무슨 말을 해댔는데, 현재 부모가 연로하여 잘 기억하지 못함.

③ 일주일쯤 후에 청량리경찰서 유치장 독방에 수감됨.

— 부모님이 날씨가 추워(11월 말경) 내복을 반입했으나 본인은 입지 않고 있어 형사에게 물어보니 형사가 잃어버렸다고 함. 그래서 나중에 헌 내복을 다시 가져갔음.

— 부모님이 면회할 때 몸을 자꾸 꼬고 헛소리했음.

— 아무튼 증세가 심하진 않았으나 이상했음.

— 문국진은 청량리경찰서 유치장에서 자신이 눈 오줌을 먹고 모택동, 레닌이 되어 팔짱을 끼고는 경찰, 전경들을 감시했음.('이놈은 괜찮은 놈, 저놈은 안 좋은 놈' 하며, '혁명이 되면 조놈은 어떤 직책에 앉혀야겠다'는 생각들을 함 : 정신분열증 증상이 이런 것임) 이런 모습을 본 경찰들이 "이 새끼 일부러 미친 척한다"며 또다시 구

둣발로 참.

④ 보름쯤 후 경희대병원에 의뢰하러 감.

— 그 상태로 보름쯤 있다가 과장의 지시로 경희대병원에 김낙현과 함께 갔음. 의사는 문국진을 발가벗긴 채 침대 위에 누이고 눈알을 뒤집어보고 성기를 몇 차례 움직여본 후 별 이상 없다며 다시 경찰서로 보냄.

— 이때 문국진은 경찰과 의사가 자신의 눈알을 빼고 사지와 성기를 자른 후 전향을 요구하면서 어느 이름 모를 매립지에 버릴 것이라고 생각하면서, 힘으로 자신의 육신을 토막내는 건 막을 수 없지만 결코 전향은 할 수는 없다는 생각만을 하면서 무저항 상태로 있었다고 함. 이런 광경을 지켜보던 김낙현이 눈물을 글썽이더니 뒤돌아서서 울었음.

— 이때 부모에게 경찰들은 문국진이 좀 이상해서 병원에 갔다 왔다고 했으며 집안에 정신질환자가 있었느냐고 물음.

— 그후 부모가 "자수한 사람을 왜 이렇게 오래 *끄느냐*, 내보내든지 해야 하지 않느냐"고 따지자 어떤 형사가 "건국대 일(10. 28)이 터져서 미루어지고 있다"고 말하면서 문국진의 운이 *나쁘*다고 함.(문국진이 자수한 후 10일쯤 후부터 건대 학생들이 청량리경찰서에 3, 4명씩 계속 구속되어 들어옴)

⑤ 유치장 생활 최종 5일간(~11. 22) 사복을 입고 있었음.

— 한 달 동안 경찰들과 함께 지낸 후 독방 유치장으로 옮겨짐. 독방 유치장 생활은 5일 정도였음. 이때까지도 조금 불안하고 안정되지 못했을 뿐 극단적인 행동은 없었음.

2. 성동구치소 — 1986. 11. 22 ~ 12. 12. 20일 동안의 생활

① 성동구치소 독방생활, 죄수복 입었음. 이때부터 발작이 급격하게 났음.

— 성동구치소로 옮긴 후에는 죄수복을 입었으며 상태가 급격히 나빠지면서 발

작을 함. 창살 부수고 자신이 눈 똥을 퍼서 창문을 통해 복도에 쏟아버리면서
난동을 피우자 여러 사람이 있는 방으로 옮겼으나, 이불에다 주전자물을 쏟아
붓고 밤마다 '민주방송'을 해대니까 전경 4명이 군홧발로 마구 찼으며, 성동구
치소 내의 '정신병동'으로 보냈음.

② 성동구치소 내 정신병동(10일 정도)

— 이곳에서 10일 넘게 있었는데 간수 1명이 군홧발로 계속 때림.

— 독방에다 가두고 몸을 꽁꽁 묶어놓고 칸막이로 부모님 면회할 때마다 3, 4
명의 경찰이 붙잡고 서 있었음.

③ 성동구치소 내 징벌방(4일 정도)

— 그후 징벌방(1평도 안 되는 독방)에 끌려가 꽁꽁 손발이 묶이고 온몸도 묶인 채
로 얼굴에 시커먼 수선을 뒤집어씌웠음.

— 문국진은 그 상태로 4일을 쪼그리고 갇혀서 누워 있었으며 계속 울었음.

④ 다시 성동구치소 내 독방

— 그후로 다시 독방에 갔음.

— 성동구치소 과장이 부모에게 문국진이 거울을 깼다는 이야기를 전화로 했
고, 그날 저녁에 곧바로 면회 갔는데(부모, 형 3인) 문국진이 발가벗고 사무실에
들어서면서 부모 앞에 성기를 내보이고 소리소리 지름.

— 부모가 계속해서 북부 공안과 검사에게 문국진을 정신병원에 보내달라고
애원했고, 구치소 최고 간부에게 병원에 빨리 보내달라고 했지만 "알았다"고
만 함.

— 이후 김상철 인권위원회 변호사 회장에게 감. 인권위 변호사가 검사에게 전
화를 걸자 검사는 움츠려들며 부모에게 다시는 인권위에 연락하지 말라고 함.

— 결국 인권위 변호사가 검사에게 몇 번 전화한 뒤 경찰관 입회하에 부모님,
담당형사 김낙현, 문국진이 경찰차로 12월 12일 중곡동 국립정신병원에 감. 이

때 문국진은 계속 소리를 지름.

3. 중곡동 국립정신병원 — 1986. 12. 12 ~ 1987. 2. 28. 검사 지휘하에 있었던 기간

① 중곡동 정신병원 기간도 검사 휘하에 있었던 기간으로 검사가 병원에 의뢰해서
관비로 치료받았던 기간임. 그 외 청량리경찰서에 있었던 잡범 1명도 같이 국
립병원에 동일한 상태에서 치료받고 있었음.

② 병원 치료받고 퇴원할 때 검사 지시받은 경찰관 2명이 병원에 와서 신병인수증
을 병원 측에 써주었고, 부모는 북부지청 검사가 요구하는 각서(이 문제를 가지고
말썽 일으키지 않겠다. 이의를 달지 않겠다)를 쓴 후 문국진은 퇴원하였다. 그후 기소
유예시킨 듯함.

③ 김낙현은 1993년 8월 중순경 암으로 죽었고, 수배기간 때 담당형사 김수일은
현재 시경에 근무 중임.[40]

문국진 씨의 사건 기록을 보면 경찰, 검찰, 교도소에서의 수사와 고문, 억압,
무시가 어떻게 이루어졌는지 정확히 알 수 있다. 특히 정신병이 이미 발발했다는
사실을 어느 정도 인지한 다음에도 경찰관, 교도관, 검사는 즉각적인 조치를 취
하지 않고 오히려 폭행하거나 애써 무시하거나 가족들의 항의조차 들어주지 않
음으로써 병의 진행을 더욱 악화시켰다. 고문과 가혹행위를 일삼던 권위주의적
사법기관의 태도와 관행이 어우러져 만들어낸 합작품이 아닐 수 없다.

---

40. 이렇게 한 사건이 검거에서부터 발병, 악화에 이르기까지 잘 정리된 경우는 드물다. 본인의 기억, 경찰관의 진술, 가족의
말 등을 종합해 재구성한 것을 조금만 정리하여 그대로 전재했다. 『고문은 아직도 끝나지 않았다 — 문국진과함께하는모
임 발족 자료집』, 1993년 10월 13일.

민족해방노동자당사건 심진구 씨의 경우 — 1986년 12월

이 사건의 피해자 심진구 씨의 고문 체험담은 마치 아우슈비츠를 연상케 한다. 피투성이로 변한 안기부 조사실은 이미 도살장 그 자체이다.

::   12월 10일 저녁 5시 해질녘, 서울 시흥본동 대로에서 정형근의 부하들에게 잡혀와 밤새 고문을 받으면서 나는 인간 도살장에 끌려와 난도질당하고 있음을 깨달았다. 그들은 조사 대상을 간첩으로 만들 수 있는가를 필요조건으로 봐서 체포하고, 그 뒤 고문을 통해 충분조건을 채워가는 것이었다. 당시 이 사건은 '민족해방노동자당'이라는 이름으로 세상에 알려졌고, 안기부는 '수도권 지역 노동자해방동맹', '병사혁명 소조', '구국학생연맹' 등의 조직을 조작하면서 나를 간첩으로 몰아갔다.

고문은 유일무이한 살인적 무기로써, 이때부터의 싸움은 육체적 고통과 인내가 아니라 간첩으로 조작되느냐, 막아내느냐 하는 생사를 건 싸움으로 전환되는 것이다. 이 과정에서 성기고문과 살이 찢어지고 검은 피와 피오줌을 흘리는 주리틀기, 목 조르기, 발바닥 치기 등 온갖 고문기술이 가해진다.

…… 내가 심문대 책상 뒤로 넘어지자 6명의 부하들이 달려들어 구둣발로 머리를 짓밟아대기 시작했다. 온몸을 몽둥이로 난타하더니 실오라기 하나 없이 벌거벗긴 채 손목과 발목에 수갑을 채우고 나서는 6명이 교대로 두들겨 패대는데 뼈가 부러질 것만 같았다. 나는 고통을 이기지 못하고 온몸을 타이어처럼 동그랗게 말면서 심문실 바닥을 데굴데굴 굴렀다. 온몸에서 흘러나오는 피가 심문실 바닥에 범벅이 되었다.

얼마의 시간이 흐르자 그들은 내 발목에 묶인 수갑을 풀고 "일어서! 일어서! 새끼야!" 하며 벽구석에 웅크리고 있던 나에게 "일보 앞으로! 일보 앞으로!" 하면서 심문대 책상까지 다가오게 하였다. 나의 성기가 심문대 책상에 걸쳐지자 그중의

한 사람이 몽둥이로 툭툭 치면서 "이것 아직도 살아 있구만" 하더니 1미터 정도 길이의 몽둥이로 내려치기 시작하였다. 비명을 지르면서 철제 심문대 책상 앞으로 고꾸라지자, 이번에는 뒤에서 어깨와 머리를 쳐 뒤로 젖혀지면 또 앞에서 성기를 내려치기를 수십 차례, 나는 악이 받쳤다. 대들면 죽을 것이라는 걸 알면서도 "이 개새끼들아! 차라리 죽여라, 죽여! 제발 죽여다오!"라고 외쳤다. 그들은 나를 남산 국가안전기획부 지하복도 중앙 근처에 있는 샤워실로 끌고 가더니 온몸에 범벅이 된 피를 물로 씻어내라고 하였다. 눈물이 마구 쏟아지면서 나는 태어나서 처음으로 통곡하였다. …… 눈물과 핏물과 수돗물이 섞이며 남산 지하 하수구를 소용돌이치면서 빠져나갔다.[41]

민족해방노동자당사건 하영옥 씨의 경우 —— 1986년 12월

1986년은 하영옥 씨 말대로 '광란의 시기'였다. 수사기관들이 경쟁적으로 공안사건을 만들어내고 있었다. 일련의 조작사건들은 불법연행, 불법구금, 고문, 조작, 언론 발표로 이어지는 공식을 밟고 있었다. 그러나 사람마다 조금씩 다른 경험과 느낌을 가지고 있다. 구타와 협박은 같은 것이지만 그 질과 내용이 다르다. 하영옥 씨는 끈질긴 몽둥이질에 거의 초주검이 되어 있었다.

:: 1986년 12월 15일부터 이듬해 1월 16일까지 나는 안기부 남산 지하실에 있었다. 그 당시 나는 23살이었다. 지금 생각하면 참 어린 나이지만, 안기부의 고문 수사관들은 그런 건 전혀 개의치 않았다. 전두환은 권력을 유지하기 위해 민주화 운동 세력에 대한 탄압의 강도를 한층 강화했다. 소위 '광란의 시기'라 불리는 그

---

41. 막상 기소될 때는 "안기부가 그렇게 주장했던 간첩 혐의는 빠지고 이적표현물 제작과 배포 혐의만 인정돼 1심에서 집행유예가 선고돼 석방됐다"라고 한다. 심진구, 「"간첩소리 나올 때까지 더 족쳐!"」, 2004년 12월 20일자 『오마이뉴스』 기사.

해 겨울 나는 영장도 없이 아무도 모른 채 불법연행·감금됐다. 지하 취조실에 들어가자마자 그들은 내 옷을 모두 벗기고 군복으로 갈아입혔다. 곧바로 고문이 시작되었다. 소위 '신입식'이다. 그들은 내 팔목에 수건을 두르고 뒤로 수갑을 채우고는 의자에 앉혀놓고 야전침대봉으로 약 세 시간에 걸쳐 허벅지를 위주로 정강이, 발등, 발톱까지 가혹하게 내려쳤다. 내 허벅지는 새카맣게 변해갔고 입에서는 단내가 났다. 바깥 사람들이 아무도 모르는 상태에서 생사를 넘나드는 고통이 시작되고 있었다.

일차 신입식을 마친 그들은 수갑을 뒤로 채운 채로 두 시간여 책상 앞에 앉혀놓고 인적 사항과 같은 기초적인 조사를 했다. 물론 처음부터 그들은 "너 여기 왜 왔는지 알지? 여기가 그 유명한 안기부 남산 지하실이야", "너는 여기서 죽어서 나갈 수도 있고 1년이고, 2년이고 우리가 필요로 하는 시간 얼마든지 있을 수도 있다", "저 벽에 붙은 핏자국이 보이지? 아무리 씻어내고 닦아내도 다 없어지지는 않는다" 등등의 말로 분위기를 잡아 나갔다.…… 그렇게 형식적인 취조를 두 시간쯤 받고 있을 때(아마도 자정이 다 되었던 것 같다) 5명의 수사관들이 각기 야전침대봉을 들고 취조실에 들이닥쳤다. 그들은 술 냄새를 풍기고 있었다. 그들은 내게 입혀놨던 군복마저 벗기고 완전한 알몸을 만들고는 그야말로 무차별 난타를 시작했다. 말 그대로 아무 데나 마구 휘두르는 마구잡이 매질이었다. 조금 전 신입식은 그래도 정해진 부위를 골라 때리는 것이었지만 이번은 달랐다. 그들은 나 하나쯤 죽어도 눈 하나 깜짝 안 한다는 것을 보여줄 요량으로 마구 몽둥이를 휘둘렀고, 내 몸은 머리며 어깨며 팔, 다리, 허리, 그 어느 곳 하나 성한 곳이 없었다.…… 몽둥이가 4개째 부러져나가고 새로운 몽둥이를 든 뚱뚱한 놈이 다시 매질을 시작하는 순간 나는 호흡이 끊어졌다. 가슴 한가운데를 정통으로 맞았던 것이다. 바닥에 쓰러져 호흡을 이어보려고 버둥거렸다. 아무리 애를 써도 호흡이 돌아오지 않았다. 이대로 죽는 건가 하는 생각이 들었다. 놈들도 당황했던지 더 이상의 매질은 가해지지 않았고 나를 야전침대에 뉘어주었다. 곧 내부 의료진이 왔고 몇 가지 응급약을 주었다. …… 나는 야전침대에 누운 뒤에도 몇 분 간격으로 호흡이 끊어져서 그때마다 다시금 호흡을 잇기 위해 필사적인 노력을 해야만 했다. 그들은 의논이 끝난 모양인지 나를 차에 태워 남산 안기부 밑에 있는 중앙대부속병원(필동병원)으로 데려갔다. ……

일단 위기를 무사히 넘긴 것을 확인한 그들은 그 다음 날 밤부터 또다시 취조와 고문을 계속하였다. 그들은 의사가 감아준 붕대를 풀더니 "야, 여기 좋은 것 생겼네" 하면서 그 붕대를 내 손과 발을 묶는 데 썼다. 3일 동안은 한숨도 재우지 않았다. 간간이 내려와서 감독하고 지시하던 '조조'라는 별명의 조 과장은 사람이 3일은 안 자도 끄떡없다면서 5일 동안 안 잔 사람도 봤다고 하였다. 기록 한번 세워보겠냐고 이죽거리기도 했다. 각목을 다리 사이에 끼우고 올라타서 밟는 소위 '주리틀기'와 머리를 물에 처박는 물고문을 몇 번 하더니 매질을 계속했다. 그러면서 그들은 아직 너는 정식 고문으로 들어간 건 아니라면서 정식 고문팀은 따로 있다고 계속 협박했다. 계속 매를 맞으면 죽은 피의 해독작용을 하는 간이 견디지 못하게 돼서 평생 골병이 든다는 친절한 설명도 이어졌다.

어떤 때는 아예 13시간짜리를 하겠다면서 더 이상 아무런 취조도 하지 않을 것이니 너는 그저 편안히 앉아서 매만 맞으면 된다고 하기도 했다. 실제로 그들은 13시간짜리와 8시간짜리를 나에게 가하고 말았다. 내 뒤에 40대의 배후가 있다면서 그 사람을 불 때까지 1년이고 2년이고 못 나갈 줄 알라고 협박하던 그들은 차차 나에게서 나올 것이 별로 없다는 것을 알게 되었고, 그래도 안기부가 직접 맡게 된 사건(그 이전까지 구국학생연맹사건은 치안본부에서 담당하고 있었다)이니만큼 자기들 조직의 체면을 살리기 위해서라도 뭔가 그럴 듯한 것을 찾으려고 애를 쓰고 있었다. 결국 그들은 1987년 2월 하순 학생들 개학이 있기 직전에 '민족해방노동자당'이라는 거창한 이름을 달아 사건을 발표하였는데, 발표만 그렇게 하고 실제로 기소

할 때는 아예 집어넣지도 않았다.[42]

하영옥 씨는 이때의 고통과 상처 때문에 나중에 중한 수술까지 받았다. 그러나 당시 잔혹한 고문 때문에 죽어나가던 사람까지 있는 마당에 자신은 명함을 내밀 수 없었다고 한다. 실제로 그가 안기부 지하실 취조실에서 고문을 당하고 있던 1987년 1월 14일 바로 그 시간에 박종철 군은 치안본부 남영동 분실에서 고문을 받다 사망했다. "나는 죽을 뻔한 고비에서 운 좋게 살아남았다"라고 말하지만, 하영옥 씨도 외부 병원에 긴급 후송될 정도로 삶과 죽음을 넘나들었다. 그 시대는 어딘가에서, 어느 누군가가 희생양이 되어 나올 수밖에 없는 상황이었다.

안산 노동운동자 해방투쟁위원회사건 방병규 전도사의 경우 — 1986년 12월

이제는 노동자도 전도사도 소용이 없었다. 치안본부 대공분실은 고삐 풀린 말이 되어 자신들의 먹이를 찾아 누구든 잡아들여 고문하고 족칠 태세가 되어 있었다. 1986년 하반기는 거의 통제불능 상태가 되어가고 있었다. 방병규 전도사 역시 서대문구치소로 송치된 직후에 바로 박종철 군의 그 운명의 고문실로 들어서고 있었다. 방병규 전도사 부인의 호소문이다.

    :: 12월 23일 서대문구치소로 송치된 후 옷과 담요를 가지고 12월 26일 면회를 갔으나 접견금지라 하여 담당검사를 찾아가 면회를 요청하여 토요일(27일) 오전 10시까지 나오라는 약속을 받았습니다. 12월 27일 10시 40분경 508호 안왕선 검사실에서 방 전도사를 만났습니다. 그 자리에서 방 전도사는 남영동 치안본부 대

---

42. 하영옥, 「고문의 추억 8, 민족민주혁명당사건 수감자 하영옥 씨—상처를 싸맨 붕대로 다시 손발을 묶고 …」, 2004년 12월 29일자 『오마이뉴스』 기사. 하영옥 씨는 국가보안법 사건에 2번 연루되었는데, 바로 1986년의 민족해방노동자당사건과 1999년의 민족민주혁명당사건이다.

공분실에서 밤낮 이틀간에 걸쳐 혹독한 고문을 당했으며, 이러한 사실을 반드시 여러 목회자님들께 알려달라고 간곡히 부탁했습니다. 저들은 방 전도사님을 천장에 거꾸로 매달아놓고 물을 먹이고 찬물을 가득 넣은 욕조에 장정 4명이 사지를 붙들고 거꾸로 처박아 강제로 물을 먹게 하였다 합니다. 또한 온몸을 사정없이 구타하는 등 말로만 들어도 끔찍하고 몸서리쳐지는 고문을 당했다고 처음으로 털어놓았습니다. 고문 당시 방 전도사가 반항하느라 몸부림치다가 욕조 모서리에 갈비뼈를 다쳐 면회 당시까지도 파스를 붙이고 있었고, 움직일 때마다 매우 아프다고 하며 손등의 감각도 마비되었다고 합니다. 그 말을 듣는 순간 너무도 가슴이 아프고 몸서리가 쳐서 수갑 찬 손을 만져보니 얼음장같이 차가웠습니다.

고문당한 지 한 달이 다 되도록 파스를 붙이고 있을 정도이면 그 당시의 고문이 얼마나 가혹했었나 짐작하고도 남음이 있습니다. 15일 동안 가족조차 면회를 해주지 않는 억압 상황에서, 육체적·정신적 고문에 못 이겨 방 전도사님은 수사관의 강요대로 허위자백을 할 수밖에 없었다고 합니다. 교회와 지역노동운동가들의 연관을 캐내려고 갖은 고문을 하며 수사했지만 별다른 증거가 없자 가난하고 힘없는 사람들 편에서의 정당한 선교활동을 말도 되지 않는 사건으로 조작하려 함이 분명한 것 같습니다. …… (1986년 12월 31일 방병규 전도사의 처 정영란 드림)[43]

경희대 학생회 간부들 납치사건 — 1987년 1월

독재정권의 고문은 막바지를 향해 질주하고 있었다. 1987년 1월, 그 운명의 시간이 다가오고 있었다. 박종철 군이 고문으로 죽기 바로 한 달 전, 또 한 명의 청년이 운명의 기로에 선다.

---

43. 대한변호사협회 인권위원회, 「'안산지역노동운동자 해방투쟁위원회' 관련 방병규 전도사」, 『고문근절대책공청회 자료집—고문 피해의 증언』, 1987, 35쪽.

:: 87년 1월, 그날은 지독하게 추웠다. 영하 17도라고 했다. 찬바람이 매섭게 몰아치고, 가로등에서 얼어붙는 유리와 필라멘트의 열기가 부딪혀 딱딱 소리가 났다. 자취방에서 막 선잠이 들었을 즈음 후배 현이가 문을 열고 오들오들 떨고 있었다.

"벌써 자는 거야? 형하고 학생회실에 올라가려고 왔더니…….."

"오늘은 너무 추우니 가지 마라"고 했더니 현이가 말했다.

"형도 여기 있고……, 학생회 지킬 사람이 없는 거 같은데 나라도 가야지."

나는 총학생회 문화부장이었다.

다음 날 아침 일찍 후배가 놀란 얼굴로 뛰어들어왔다. 새벽 3시에 백골단과 경찰들이 '침탈'해서 학생회실에 있던 현이와 문리대 학생회장 등 문리대 학우 2명이 잡혀갔다고 한다. 학교가 발칵 뒤집혔다. 관할 경찰서 정보과에 전화를 걸어 항의를 했지만 자기들은 모르는 일이라고 잡아뗐다.…… (그런데) 정확히 24시간 만이다. 학교 앞 대학병원 응급실에서 전화가 왔다. 이들은 어디선가 차에 태워져 10분 정도 이동한 뒤 안국동에 내려졌다. 그 뒤 경희대병원으로 간 것이었다. 응급실에 누워 있는 벗들의 얼굴이 백지장처럼 하얗게 질려 있었다. 불과 하루 사이에 파리하게 말라 있었다. 손목과 발목이 검붉었고 온몸에 고문당한 상처가 선연히 박혀 있었다.

…… 학생회관을 침탈한 애초 목적이 학생회 간부들을 납치하기 위한 것이었다. 1계급 특진이 걸린 총학생회장의 은신처를 알아내기 위한 것이었다.…… 차에 태운 후 검은 자루로 얼굴을 덮어버렸다고 한다. 차에서 내려 어느 건물로 들어가는 곳에서 솔잎 냄새가 났다고 한다. 자루가 벗겨진 곳은 음습한 고문실이었다. 잔인한 고문이 집중적으로 계속되었다. 온몸에 소금물을 끼얹고 전기고문을 했다. 소금물을 끼얹지 않으면 화상을 입는다고 했다 한다. 거꾸로 매달아놓고 젖은 수건을 얼굴에 뒤집어씌운 후 주전자로 코에 짬뽕 국물을 부었다. 고문이 반복해서 계

속되었다. 놈들이 지쳐 잠시 쉬는 사이엔 통닭구이 상태로 있어야 했다.

…… 후배 현이가 제일 심하게 당했다고 한다. 물고문까지 당했다. 고문이 멈췄는데도 현이의 비명소리는 계속 들렸다. 비명소리가 하도 끔찍해서 가슴을 후벼 팠다고 한다. 현이는 학생회 간부도 아니었다. 대자보 쓰는 일을 도와주는 홍보부 부원이었다. 누가 시키지도 않았는데 그 일을 했다. 현이는 마을 앞으로 남대천이 흐르는 강릉 인근의 농촌 마을에서 왔다. 은어처럼 해맑은 아이였다. 수줍음이 많고 작은 감동에도 눈에 눈물이 그렁그렁했다. 겁이 많아 보이는 현이가 제일 쉬워 보였는지도 모른다. …… 현이가 제일 심하게 당했다는 얘기를 듣고 우리는 걱정스럽게 현이를 바라보았다. "현아, 너 괜찮아?" 현이는 대수롭잖다는 듯 씩 웃으며 말했다. "뭐, 한 번 당해볼 만하던데." [44]

아직 어린 청년 학생이었기에 "한 번 당해볼 만하다"라고 얘기할 수 있었을지도 모른다. 그런데 문제는 얼마간의 시간이 흐른 뒤였다.

:: 벚꽃이 활짝 핀 날이었다. 우리는 늘 가던 술집에서 술을 마시고 있었다. 그런데 밖에 나간 현이가 한참 동안 돌아오지 않았다. 현이를 찾아나섰던 성호가 울먹이며 들어왔다. 현이는 어느 한옥 지붕 위에 올라가 있었다. 그곳에 어떻게 올라갔는지 모르겠다. "이 개새끼들아! 이 죽일 놈들아!" 현이는 허공을 향해 울부짖으며 팔을 휘저었다. 기와를 깨어 내던졌다. 어느 집 유리창이 깨지는 소리가 들렸다. 집주인이 놀라 뛰쳐나왔다. 살다 살다 별 미친놈을 다 보겠다며 경찰에 신고하려 했다. 우리는 고문 때문에, 고문을 당해 저런다고 울먹였다. 성호가 사다리를 타고 올라갔다. 성호가 현이를 부둥켜안고 엉엉 울었다. 성호와 현이는 단짝 친구

---

44. 유지호, 「"온몸에 소금물 끼얹고 전기고문을 …"」, 2004년 12월 28일자 『오마이뉴스』 기사.

였다.

그후 현이가 자주 발작을 했다. 갑자기 도로에 뛰어들어 차를 가로막고 소리를 질렀다. 기사가 미친놈이라고 욕을 퍼부었다. 교문에서 시위를 할 때 넋 나간 사람이 되어 최루탄과 돌이 오가는 그곳으로 성큼성큼 걸어 들어갔다. 현이는 학교를 다닐 수가 없었다. 부모님이 고향으로 데려갔다.[45]

그렇게 또 한 청년이 어두운 동굴로 사라졌다.

박종철 군 고문치사사건 — 1987년 1월

독재가 국민을 적으로 삼아 마구 연행하고, 고문하고, 처벌하던 시대. 그 5공화국의 시퍼런 칼날을 한꺼번에 깨버린 죽음, 바로 박종철 군의 죽음이었다. 치안본부 남영동 대공분실에서 구타와 전기고문, 물고문 등을 당하다가 마침내 불귀의 객이 되고만 박종철 군의 죽음은 국민들의 분노와 행동을 이끌어내는 결정적인 계기가 되었다. 당황한 5공정권은 그 죽음을 부인과 은폐로 일관했고, 그 꺼풀이 하나씩 벗겨질 때마다 정권의 도덕성은 무너져내렸다. 이토록 역사와 사회를 바꿔놓은 죽음은 이제껏 없었다.

:: …… 위와 같은 구타를 하였음에도 박(종철) 군에게서 자신들이 원하는 진술을 얻어내지 못하자 피고 조한경은 더 심한 고문을 해서라도 박종운 군의 소재를 알아내야겠다고 결심하고, 물고문 및 전기고문의 시설이 완비되어 있는 제9호 조사실로 박 군을 옮기도록 나머지 피고들에게 지시하는 동시에 피고 강진규를 불렀습니다. 1987년 1월 14일 새벽 1시 10분경 피고 조한경은 옆에 있던 이정호에게

---

45. 유지호, 앞의 『오마이뉴스』 기사.

조사실 안에 있는 길이 123cm, 높이 57cm, 폭 74cm의 물고문용 욕조에 물을 채우라고 지시하고, 피고 이정호는 그 지시에 따라 물을 채우고, 피고 강진규는 박군의 옷을 벗긴 후 이른바 '고문복'이라고 불리는 옷을 입힌 다음 욕조 앞으로 데리고 가 욕조에 올라서서 고함을 지르며 공포 분위기를 만들어 겁을 주고, 피고 조한경은 옆에서 바른 대로 말하지 않으면 죽이겠다고 위협하였습니다.

이러한 상황에서도 박 군이 박종운 군의 소재를 밝히기를 거부하자, 피고 반금곤과 피고 황정웅은 박 군의 양손을 등 뒤로 돌려 끈으로 묶음으로써 저항을 할 수 없게 한 다음 욕조 앞에 꿇게 하고, 피고 이정호는 뒤에서 양다리를 들어 박 군의 얼굴이 욕조의 물속으로 잠겨 숨을 쉴 수 없게 하고, 피고 강진규는 욕조 속에 들어가 두 손을 사용하여 고통을 참지 못한 박 군이 머리를 물 위로 들 때 다시 머리를 물속으로 누르는 등의 방법으로 물고문을 하였습니다.

위와 같은 물고문만으로 부족하다고 생각한 위의 피고인은 전기고문을 하기로 하고 위 조사실 안에 있던 이른바 '칠성판'이라고 하는 전기고문용 나무침대 위에 박 군을 강제로 올라가게 하여 박 군이 두 팔과 다리를 움직일 수 없도록 로프로 박 군의 몸을 결박하고 전기가 잘 통하도록 박 군의 몸에 물을 부은 후 미리 준비된 직류의 전기회로를 박 군의 양손 엄지와 검지 사이, 그리고 사타구니에 번갈아가며 붙였다 떼었다 하면서 처음에는 전류의 세기를 약하게 하다가 물을 뿌리며 점차 전압을 높게 하는 방법으로 전기고문을 가하여 박 군에게 극심한 육체적 고통과 공포감을 주면서 박종운 군의 소재를 대라고 강요했습니다.

위와 같은 방법으로 여러 차례에 걸쳐 물고문과 전기고문, 그리고 구타를 당한 박 군이 더 이상 견딜 힘을 상실하여 생명이 위태로운 상태에 도달하였음을 잘 알았음에도 위 피고들은 계속하여 박 군에게 박종운 군의 소재를 대라고 요구하면서 고문을 하였습니다. …… 결국 위 피고들은 박 군이 죽는 한이 있더라도 박종운 군의 소재에 관하여 자백을 받아야겠다고 결심하고 물고문과 전기고문을 반복하여 가하던 중 같은 날 11시 20분경 모든 힘을 상실한 박 군에게 전기고문을 계속 가함으로써 박 군을 살해하였습니다. 위와 같은 구타의 결과 박 군은 수십 군데에 걸쳐 피멍이 들고 또 타박상을 입었으며, 물고문을 당하던 중 욕조에 짓눌린 목 부분에 상처를 입고 폐와 복부에는 물이 가득 차게 되었으며, 전기고문의 결과 양손의 엄지와 검지 사이에, 그리고 허파와 사타구니에 전류반이라고 하는 상처를 입었습니다.[46]

박종철 군의 죽음을 기리는 많은 조사와 조시, 헌사와 헌시가 지어졌다. 많은 시인의 가슴을 움직였고 마침내 무관심하고 냉담하던 대중의 마음까지 움직였다. 그의 죽음이 결국 고문정권을 끝냈다.

이 땅에서 시인은 언제까지 추도시를 써야 합니까
이 땅에서 시인은 언제까지 비통한 추도시를 읽어야 합니까
그동안 이 시대의 질곡을 살며
나는 그때마다 추도시를 써야 했습니다
총 맞은 자와 자결한 자 암살당한 자
그리고 살해당한 자를 위하여
그들을 살려낼 수 없는 가냘픈 추도시를 읽어야 했습니다
……
박종철 영령이여
우리는 지금 슬픔만으로 서 있을 수 없습니다
우리는 지금

---

46. 박종철열사추모사업회, 「손해배상청구소송 소장」, 1988년 4월, 31~33쪽.

그대 영령 앞에서 분노만으로 서 있을 수 없습니다

그대 영령의 엄중한 명령은

우리 모두의 몸뚱아리 처절히 싸움에 나서게 합니다

……

— 고은, 「박종철 군 영령 앞에서」에서[47]

생각이 다르다는 것 하나로

한 형제가 서로에게 짐승인 이 땅에서

나의 죽음은 시작됩니다

그러므로 나의 죽음을 슬퍼하지 마십시오

우리 모두가 이미 큰 죽음 속에 있으니

……

— 김진경, 「박종철이 우리에게 주는 조시」에서[48]

---

47. 고은·김지하·양성우·김남주 외, 『反사찰 反고문 시집―공화국을 위하여』, 황토, 1990, 103~105쪽.
48. 고은·김지하·양성우·김남주 외, 앞의 책, 119쪽.

05
전두환 정권의 일반사건 고문 사례

　고문은 시국사건에 대해서만 행해진 것이 아니었다. 이미 고문은 경찰과 검찰 등 수사기관에서 널리 행하고 있는 보편적인 수사방법이었다. 고문은 증거를 얻기 위한 가장 손쉬운 수사방법이며, 검찰과 법원에서 통제하기가 어렵고, 유죄를 위한 증거로 쉽게 용인되었기에, 이러한 수사기관에서의 고문행위는 줄어들기는커녕 오히려 확산되고 있었다.

　그나마 시국사건은 고문 사실에 대한 피해자의 저항과 조작사건에 대한 폭로, 인권의식이 확고한 인권변호사들의 참여와 지원, 가족과 인권단체·사회단체들의 개입 등으로 말미암아 비교적 언론과 일반에게 잘 알려질 수 있었다. 그러나 일반사건의 경우 본인은 말할 것도 없고, 가족들의 무지와 무관심, 변호인들의 지원 결핍과 부족 등으로 말미암아 고문이 자행되어도 이를 법정에서 폭로하거나 사회에 알리는 일이 불가능했다. 따라서 여기 알려진 사건들은 수많은 고문 개입 사건 중 대표적 사례에 불과하다. 빙산의 일각인 셈이다.

의왕 농협청계분소 살인사건과 최재만 씨의 경우 —1981년 2월

1981년 2월 6일 밤에서 7일 새벽 사이에 경기도 의왕의 농협청계분소에서 끔찍한 살인사건이 일어났다. 7일 아침에 직원 윤무영 씨가 출근해보니 숙직실에서 분소장 이원항 씨가 가슴과 등이 흉기로 찔리고 입에는 재갈을 문 채 피투성이인 것을 발견했다. 이 사건을 수사하던 경찰은 사건 발생 2주쯤 후에 최재만, 이태성, 권혁구 세 사람을 이 사건의 범인으로 지목하고 추궁 끝에 자백을 받아냈다. 그리고 사선변호사도 선임하지 못한 상태로 1981년 5월 26일 수원지법 1심에서 최재만에게는 사형, 나머지 두 사람에게는 무기징역이 선고되었다. 항소심, 상고심에서도 유죄가 그대로 인정되어 결국 최재만은 사형수가 되었다. 그러나 이들은 법정에서 끝까지 무죄와 고문조작을 주장했다. 다음은 최재만의 상고이유서의 일부분이다. 좀 길지만 고문으로 어떻게 사건이 조작되는지를 잘 보여주는 대목이어서 그대로 인용해본다.

:: ······ 저와 형사 4명은 호텔 2층 모 방으로 들어갔습니다. 20분 정도의 시간이 흐르자 10여 명의 형사들이 더 합세하여 저놈이 박정식(저의 가명)이냐고 하면서 잡게 된 동기를 이야기하더니, 펜과 종이를 주며 1981년 2월 5일부터 22일까지의 행적을 하나도 빠짐없이 자술서를 쓰라고 하므로 내용을 위에 진술한 대로 사실대로 진술하니, 그 당시 여러 명의 형사들이 하는 말이 읽어봐서는 왜 제일 중요한 내용을 숨기느냐고 하며 그때부터 저의 옷을 다 벗기고 팬티만을 입힌 채 여러 명의 형사들에게 수많은 구타와 고문이 시작된 것입니다. 여러 명이 꼼짝 못하게 붙잡고 도망가지 못하게 한다며 저의 발바닥을 얼마나 몽둥이(당구 큐대 손잡이 쪽의 약 60cm 정도 길이)로 때렸는지 제 자신 자력으로 걸음도 못 걷고 서 있지도 못했습니다.

······ 그 당시 그처럼 심한 고문과 구타 속의 고통하에선 그 어느 것이고 아는 사

실만 있다면 자백을 하지 않고는 견딜 수 없는 상황 속의 고통이었습니다. 하지만 사실이 진술한 그것뿐이기에 다시금 자백한다는 말을 하고 그 자술서를 쓰는 순간이나마 고통을 면하려 다시 자술서를 쓰면 다시금 읽어보고는 고문과 구타의 연속이었습니다. 그렇게 수없는 고문과 구타 속에 몇 번이고 목욕탕에서 기절했고 의자에 묶인 채 몽둥이로 구타를 당하니 고통에 못 이겨 몸부림치다 방에 넘어져 몸에 수없는 상처(카펫에 밀리며 난 상처)를 입었지만 말을 안 해주더니, 고문하고 구타하는 당사자들도 힘이 드는지 밤 12시가 넘어 옆방에서 대기하던 다른 형사들과 교대하면서 그때 가서 하는 말이 왜 청계살인사건은 자백하지 않느냐며 수없이 구타를 하는 것이었습니다. 제 자신 너무도 어이가 없고 말도 안 되기에 그런 사실도 없으며 청계란 곳은 내 생전에 한 번도 가본 적이 없다고 했더니 더더욱 심한 고문과 구타가 가해지는 것이었습니다.

…… 그 당시 2월 5일부터 며칠간 입고 있던 잠바가 누님댁에서 갖고 온 잠바가 확실하고, 사건 현장에 범인이 버리고 간 잠바가 제 것이 아니고 김용선이가 많은 구타와 고문에 못 이겨 허위자백한 것이 밝혀지고, 범행 현장의 잠바가 사실은 제 것이 아닌 것이 밝혀지니까 그때부터 잠바 이야기는 하지도 않고 현재 수사과정에서도 잠바에 관한 문제는 형사들이 빼버리고 엉터리 수사를 한 것입니다. …… 이런 문제 하나만 보아도 이 사건은 고문과 구타에 의해 허위조작된 사건이라는 것이 증명되리라 믿습니다.

…… 그 이튿날(2월 24일) 낮에는 심문을 받으면서도 잠을 못 잤기에 수갑을 찬 채 앉아 있어도 본인이 느끼지 못한 채 앞으로 고꾸라지고 해도 잠자고 싶으면 빨리 사실대로 고백하라나요. …… 그러면서 12시경 두 사람(이태성·권혁구)의 자술서와 신문조서를 읽어주며 거기에 맞추어 저의 의사에도 없는 사실도 아닌 내용을 자기들의 각본에 맞추어 조서를 받기 시작하는 것이었습니다. 그때 그 당시 저의 심정은 죽음보다 더한 것도 포기한 상태의 고통하에 처해 있었습니다. 자신이 죽을지

알 텐데 죽이지도 않은 사실을 어떻게 고문과 구타가 있다고 허위자백을 할 수 있 느냐고 하시겠지만 고문과 그런 구타를 당해보지 않은 사람은 모를 것입니다. …… 2월 25일 아침에 어떻게 연락했는지 치안본부와 도경찰국 강력계 직원들이 내려와서 왜 진작 자백하지 고생하고 자백했냐며 그때서 음료수와 라면을 주면서 더 증거 제시를 요구하는 것이었습니다. 증거란 그들이 주워다는 범행 장소 주위 에서 발견한 범인들이 사용했던 해머, 빠루, 칼, 전기줄(검정색), 피 묻은 장갑 등을 보여주며 이것들을 어디서 구했나 대라고 하는 것입니다. …… 그 물건들의 출처 만 대면 안 때리겠다는 것이었습니다. 해서 우선 고통을 면하려고 빠루 같은 것은 보여줄 때 보니까 새것이기에 내가 아는 철물점을 대면서 그곳에서 훔쳤다고 하면 그곳 약도를 그리라고 해서 그리고 그곳에 가서 주인에게 물어보면 그날은 명절이 라 문도 안 열었고 그런 것 잊어먹은 사실도 없다고 하면 다시금 경찰서로 와서 고 문이 시작되는 것입니다. 사실도 아니기에 이런 경우의 고문은 수십 차례 겪었습 니다. ……[1]

이 사건의 공범으로 기소된 다른 피고인들도 고문과 무죄를 주장하기는 마 찬가지였다.

::   …… 고귀하시고 통찰하신 재판장님, 피고인은 청렴결백하옵니다. 다만 흉 악하고 간악한 형사들에 의해 엄청난 죄명과 형량을 안게 되었습니다. 말로써 표 현할 수 없는 고문과 매를 수없이 얻어맞고 인간으로서 겪지 못할 일들을 무한히 당해야 했습니다. 소·돼지보다도 못한 것이 인간이라고 다시금 느끼게 되었고, 피 고인은 여기서 인생을 자포자기하고 허위진술을 하였던 것입니다. 피고인은 법률

1. 1982년 2월 28일자 피고인 최재만의 상고이유서. 조갑제, 『기자 조갑제의 현대사 추적 2—고문과 조작의 기술자들』, 한 길사, 1987, 310~317쪽.

을 너무도 모르고 있었고, 어떠한 위태로움이 닥칠지도 모르고 그저 무관한 상태에 있다 보니 안양경찰서 형사들은 검찰청에 가서 부인을 하면 자기네들의 고문은 아무것도 아니라면서 또 한 번 위협을 주고 폭행을 가해왔습니다.

그 당시 피고인 생각에는 고문당하여 병신이 되느니 차라리 죽음을 선택하고 인생을 영혼 속에서 살려고 하였습니다. …… 그러나 지금에 와서는 고문당하고 매 맞아 수족을 움직이지 못하던 피고인이 근 2년간이라는 세월 속에 구속이 되어 있다 보니 뒤늦게야 수족을 움직일 수 있어 지난날들에 있었던 악몽들과 시인하였던 것을 후회하고 있습니다. 안양경찰서 형사들은 자신의 명예와 출세를 위해서 약한 서민을 짓밟고 쾌히 웃어야만 되고 끝까지 이렇게 괴롭혀야 되는지 정말 억울하옵니다. ……[2]

∷ 존엄하신 재판장님! 저희들은 이 사건에 대해서는 모르고 있습니다. 저희들은 그 현장이 어디에 있는지도 모르고 있으면서도 그 현장에서 찾아낸 피 묻은 장갑 2켤레가 나왔다고 했는데 그 장갑에서 지문이 나와 있지 않겠습니까. 그 장갑에서 지문을 찾아보십시오. …… 저희들은 모릅니다 하고 대답을 했습니다. 그런데 경찰관은 구타를 하면서 너희들이 했잖아 하면서 계속 구타를 했습니다. 저희들은 아무리 아니라고 발버둥을 쳐봤지만 소용이 없었습니다. …… 지금 저는 여기서도 계속 의무과에 다니고 있으면서 약을 먹고 있습니다. 그리고 이태성은 경찰서에서 맞아가지고 수술을 했으면서도 지금은 속이 곪았습니다. ……[3]

이태성은 결국 고문후유증 때문에 옥사했다. 권혁구는 초등학교도 졸업하지 못한 소년이었다. 최재만은 재심을 제기했으나 그마저도 기각당해 사형수로 남

2. 1982년 2월 17일자 피고인 이태성의 상고이유서. 조갑제, 앞의 책, 328~329쪽.
3. 1982년 2월 24일자 피고인 권혁구의 상고이유서. 조갑제, 앞의 책, 332~334쪽.

았다. 사법부에서는 유죄를 인정했으나 당사자의 주장이나 박삼중 스님의 확신,[4] 조갑제 기자의 취재 내용을 보면 경찰의 무리한 수사와 고문조작이 크게 의심되는 사건이다. 최재만은 1988년 무기로 감형된 뒤 2000년에 가석방되었다.

김시훈 사건 — 1981년 7월

김시훈 고문사건은 일반사건 중에서는 비교적 널리 알려졌다. 재판 중에 진범이 잡힌 데다 대한변호사협회가 이 사건을 중시해 진상조사에 나서는 한편 관련자 처벌을 요구했기 때문이다. 김시훈, 그는 어느 날 느닷없이 잡혀가 고문을 받고 살인범이 되었다가 풀려났지만 결국 폐인이 되어버린 사람의 대명사이다.

:: 고문은 가장 반문명적인 행위다. 김시훈(41) 씨. 10여 년 전 살인 누명을 쓰고 수사를 받으면서 당했던 모진 고문의 후유증으로 '폐인'이 돼버린 그의 모습에서 우리는 고문이 얼마나 비인간적인 것인가를 다시 한 번 절감하게 된다. 81년 7월 12일 김 씨는 충북 청원군의 한 작업장에서 전주경찰서로 연행됐다. 만 이틀이 지나서야 김 씨는 자신이 같은 해 6월 발생한 전주시 효자동 비사벌 자립원 앞 살인사건의 범인으로 몰려 있음을 알게 됐다. 폭력 전과가 있는 떠돌이 건달 김 씨는 단서조차 못 잡고 있던 경찰에게 마지막 '희망'이었다. 경찰은 곧 '희망'을 '현실'로 만들었다.

7월 13일 전주시 진북2동 파출소 숙직실. 형사들은 김 씨의 옷을 모두 벗기고 철제 의자에 앉혔다. 양손은 의자에 걸어 수갑을 채우고 양발은 포승으로 의자 다리에 묶었다. 최 형사라는 사람이 "24일의 행적을 똑바로 대지 않겠어"라며 곤봉으

---

4. 사형수의 구명운동을 펼쳐온 박삼중 스님은 1985년 최재만 씨를 위한 구명탄원서를 제출하기 위해 김종건 법무차관을 만난 자리에서 "재만이가 범인이라면 제가 대신 죽겠습니다. 제 목숨을 걸고 내기를 해도 좋습니다"라고 했다. 조갑제, 「기자 조갑제의 현대사 추적 2 — 고문과 조작의 기술자들」, 한길사, 1987, 278쪽.

로 성기를 10여 차례 내리쳤다. 성기가 부어오르자 '흥분한다'며 야유를 하고 머리를 셀 수 없을 만큼 내리쳤다. 김 씨는 목욕탕으로 옮겨졌다. 그들은 김 씨를 거꾸로 매달고 콧구멍에다 비눗물과 고춧가루물을 들이부었다. 전기고문은 물론 갖은 고문[5]이 다 이어졌다. 16일 오후 김 씨는 정신이 몽롱한 상태에서 그들이 불러주는 대로 받아 적었다.

김 씨는 1심에서 무죄를 선고받았으나 2심에서는 자백이 인정되어 징역 15년을 선고받았다. 김 씨는 이어 상고심이 대법원에 계류 중이던 1981년 9월 17일 진범이 잡히는 바람에 풀려났다. 풀려나기는 했지만 김 씨는 이미 모든 것을 잃은 뒤였다. 몸은 피폐했고 정신도 혼미했다. 고교 시절 육상선수를 할 만큼 건장했던 몸이 이제는 영락없는 70대 노인이었다. 머리털도 다 빠져버렸다. 물론 남자 구실도 할 수 없었다. 김 씨는 술을 마시기 시작했다. 그렇게 6년이 흘렀다. 그러는 사이 김 씨를 고문했던 형사들은 감봉과 견책 등의 가벼운 처분만을 받고 징계에서 풀려났다. 김 씨에게 징역 15년을 선고했던 부장판사는 4년 뒤 변호사로 개업해 성업 중이었다. 배석판사들도 부장판사로 승진했다.

1988년 12월 김 씨는 "죽어도 내 곁에서 죽어라"는 홀어머니(69)에게 이끌려 서울 종로구 사직동 단칸 셋방으로 올라왔다. 그러나 서울 생활도 달라진 것은 아무것도 없었다. 말단 철도공무원인 매형의 돈 대신 노점상을 하는 어머니의 돈을 축낸다는 것 외에는. 1990년 여름부터는 화장실에서 소변 보는 것조차 어렵게 됐다. 그러나 김 씨는 끼니만큼은 거르지 않고 꼭 챙겨먹었다. 죽지 않고 오래 살기 위해서였다. "어머니보다는 오래 살아야지요. 어머니보다 먼저 죽는 것은 불효니까요.

---

5. 대한변협 조사결과에 따르면 "동인(김시훈)이 졸자 졸지 못하게 곤봉으로 동인의 머리를 수십 회 강타하고, 동인을 담요로 말아 동 창고 앞마당 뜨거운 햇볕에 내놓아서 심하게 땀을 흘리게 하고, 동인이 목이 타서 물을 찾자 주전자의 물을 동인의 머리에 조금씩 부으면서 '장물 하나만 내놓으라'고 강요하고", "전주시 소재 대한의원 진찰실에 동인을 연행하여 동 원장 한방수에게 부탁 동원 간호원(성명 미상)으로 하여금 악명 미상의 약물주사(환각제인 듯함)를 동인의 엉덩이에 2회 주사케 하여 환각상태에 빠지게 하였다." 대한변호사협회, 「김시훈 사건에 관한 고발장」, 「1985년 인권보고서」, 1986, 46쪽.

그러나 어머니가 돌아가시는 날 나는 평생의 소원을 이룰 겁니다. 나를 고문했던 형사들과 검사를 찾아가 죽여버리고 나도 죽을 겁니다." 그의 말이 거칠긴 하지만 고문으로 거의 폐인이 된 김 씨의 마지막 말에선 고문이 왜 사라져야 하는지를 섬뜩하게 느낄 수밖에 없었다.[6]

본인이 털어놓는 고문 체험은 훨씬 더 끔찍하고 몸서리친다. 그것은 소설보다 더 소설적이다.

::   다시 이 세상을 보리라고는 생각지 않았다. 그 혹독했던 고문을 생각하면 지금 내가 이렇게 살아 숨쉬고 있는 게 신기할 정도다. 내가 강제로 자술서를 써야 했던 상황에 대해서는 분명히 말하고 싶다. 자술서를 썼던 작년(1981년) 7월 16일 새벽 0시 반경에는 이미 나는 몸과 마음이 탈진상태였다. 지난 7월 12일 충북 청원군 미원면 옥화리 벌목장에서 영문도 모른 채 연행당한 뒤 전주시 전북2동 파출소에 감금당한 채 고문을 받기 시작한 지 꼭 나흘째. 그때는 모든 것이 귀찮아지고 혀라도 깨물어 죽고 싶은 심정이었다. 단지 살인사건의 현장 가까이 있었다는 이유만으로 범인으로 몰려 무수히 얻어맞아 온몸이 성한 데가 없었고, 그동안 아무것도 먹지 못해 눈조차 제대로 뜰 수 없었다. 이렇게 죽어가는구나 하는 생각이 들었다.

이때 갑자기 옆에 있던 형사 한 사람이 가로 70cm, 세로 50cm가량의 현황판이라고 쓰인 것을 코앞에 갖다댔다. 현황판에는 시체를 찍은 컬러사진이 3장 나란히 붙어 있었다. 사진들은 시체의 정면 얼굴과 손과 발이 묶인 상태 등을 찍은 것으로 보기에도 참혹해 얼굴을 돌리려 했다. 그러자 뒤에 있는 형사가 머리채를 낚아채며

---

6. 「김시훈 씨 10년 전 살인 누명 고문후유증 '폐인' — 남자 구실 못하는 '40대 노인'으로」, 1994년 1월 10일자 『문화일보』 기사.

사진을 똑바로 보라고 윽박질렀다. 흐릿한 눈으로 사진을 쳐다보는 사이 무엇을 태우는지 푸르스름한 연기가 의자 밑으로 올라오면서 메스꺼운 냄새가 코를 찔렀다.[7] …… 다시 형사 한 사람이 손바닥만한 녹음기를 코앞에 들이대며 "최현석(피해자)의 이름을 불러라. 내가 너를 죽여서 미안하다고 말해라"고 계속 겁을 줬다.

그래도 시키는 대로 하지 않자 다시 곤봉으로 머리와 어깨 등을 마구 때리는 바람에 정신을 잃었다. 한참 후 눈을 떠보니 기억이 희미해지며 내 이름조차 제대로 생각나지 않는 기분이었다. 이때 형사들이 다시 들어와 나를 달래기 시작했다. 특히 O계장과 P반장이 "어차피 너는 골병이 들어서 오래 살지 못한다. 시키는 대로 해라"며 겁을 주기도 하고 달래기도 했다. 그러나 어떻게든 이 고비를 넘겨야 된다고 생각해 완강히 버텼다.

오전 11시쯤 P반장이 다시 시험지와 볼펜을 주면서 "부르는 대로 적어라. 너 좋고 나 좋은 일이다"라며 자술서를 쓰도록 강요했다. 내가 못 쓰겠다고 거부하자 주위에 있던 형사 5명이 달려와 양동이 속에 머리를 처박으며 구둣발로 머리와 등을 마구 짓밟았다. 나는 다시 정신을 잃었다. 눈을 떴을 때는 이미 밖이 어두웠다. 나는 자포자기한 심정으로 볼펜과 시험지를 달라고 했다. 그리고 무슨 말이든 시키는 대로 쓰겠다며 그들이 불러주는 대로 적었다. 손도장도 찍었다. 자세한 내용은 기억이 없지만 내가 사람을 죽였다고 쓴 것 같았다.

…… 형사 1명이 이때 이미 탈진해 손가락 하나도 움직일 수 없는 나의 오른손을 잡아끌어 인주를 바른 뒤 지장을 찍었다. 형사들은 "이제 다 끝났다. 몸이나 잘 돌봐라"며 나갔다. 17일 새벽 형사들은 나를 형사기동대 차에 싣고 전주 시내 모 정

---

7. 대한변협의 조사결과와 이를 기초로 한 고발장에는 이 장면에 대해서 다음과 같이 묘사하고 있다. "동일 (1981년 6월 14일) 밤 시간 미상경에 동인을 깨워서 동 창고 벽에 걸린 피살자 최현석의 얼굴 사진과 유품인 자전거 및 가방의 그림에 플래시를 비추어보이면서 동인에게 '최현석을 내가 죽였다'라고 말하라 강요하였으나 거절하자, 약명 미상의 약물(환각제인 듯함)을 태워서 연기가 나게 한 후 동인에게 이를 흡입하게 함으로써 몽롱한 환각상태에 빠지게 하고 계속 굶겨가면서 잠을 재우지 아니하였다." 대한변호사협회, 「김시훈 사건에 관한 고발장」, 『1985년 인권보고서』, 1986, 46쪽.

형외과로 갔다. X레이를 찍은 의사가 오른쪽 다리 무릎과 정강이에 금이 갔으니 그냥 두면 골수염이 될 수도 있다고 하는 말을 들었다. 겁이 덜컥 나며 나도 모르게 눈물이 주루룩 흘렀다. 나는 21일에야 전주경찰서 유치장으로 옮겨졌다.[8]

만약 진범이 잡히지 않았다면 김시훈 씨는 어떻게 되었을까? 아찔한 상상을 하지 않을 수 없다. 이미 항소심에서 유죄 판결과 징역 15년이 선고된 뒤였다.[9] 대법원은 진범이 잡히고 나서야 1982년 9월 14일, "임의롭게 썼다고 하는 자술서라 하더라도 그 자술이 믿을 수 있는 상태 아래서 작성된 것이라야만 증거능력이 있다는 취지의 판결을 내렸다. 이 판결은 지금까지 이름만 자술서지 사실은 불러주는 대로 '자술서'를 받아쓰게 하고 도장을 찍게 하는 수사방법에 일대 경고를 울리는 것이었다. 대법원은 대법원 판사 13명 전원이 참가한 전원합의부에서 격론 끝에 결국 10 대 3으로 새로운 판례를 만든 것이다."[10]

그러니까 대법원의 이 판결 전까지는 피의자 신문조서와 달리 자술서는 본인이 쓴 것이기 때문에 "성립의 진정함만 인정"되면 그 증거능력을 인정해왔던 것이다. 이것은 대법원이 그동안 얼마나 안이하게 고문사건을 다루어왔는지 여실히 보여준다. 수많은 고문사건에서 확인할 수 있듯이 고문피해자는 고문으로 말미암아 이미 자기 의사와 의지를 잃어버린 포기 상태가 된다. 그 가혹한 고문 끝에 작성되는 서류인 피의자 신문조서와 자술서에 무슨 차이가 있단 말인가.[11]

1982년 7월 말 익산경찰서에서 진범 세 명을 검거해 상고심에 계류 중이던 김시훈 씨가 석방되면서 이 사건은 세인의 비상한 관심을 모으게 되었다. 특히

8. 조갑제, 『사형수 오휘웅 이야기』, 한길사, 1986, 298~300쪽.

9. 1심인 전주지법 형사1부는 "피고인이 법정에서 범행을 부인하고 있고, 경찰에서 자백한 피의자 신문조서나 자술서는 고문에 의해 허위진술한 것이라고 말하고 있으며, 경찰에서 한 자백 외에는 유죄로 인정할 만한 물증이 없다"는 이유로 무죄를 선고하였다. 그러나 항소심에서는 김 씨가 사건이 난 시간에 청주에 있었다고 주장했으나 받아들여지지 않았다.

10. 「믿을 수 있는 상태서 쓴 것만 법정에서 자료로 채택 가능」, 1982년 9월 14일자 『동아일보』 기사.

11. 한 피고인은 이렇게 강제로 쓰인 자술서를 '타술서'라고 이름 붙이고 있다. 부림사건 피고인 김희옥의 재판부에 대한 진술서. 한국기독교교회협의회 인권위원회, 『복음과 인권—1982년도 인권문제전국협의회 자료집』, 1982, 171쪽.

대한변호사협회는 집행부와 인권옹호위원회(위원장 조태형)의 연석회의를 개최해 조사단을 구성하고, 사건의 진상조사와 아울러 다시는 이런 일이 재발되지 않도록 대책을 마련하기로 결의했다. 이 사건의 조사단은 채훈천 변호사를 단장으로 하여 조승형, 강철선, 김영신, 권진욱 변호사 등으로 구성되었다.[12] 이 조사단의 조사보고서를 기초로 1982년 10월 15일 대한변호사협회는 검찰총장에게 고문 경찰관을 상대로 한 고발장을 제출했다. 그런데 검찰은 사건의 처리를 미루며 시간을 끌었다. 대한변호사협회는 이에 대해 몇 차례 수사촉구 공문을 보내기도 했다.[13]

윤경화 노파 살인사건과 고숙종 고문피해사건 — 1981년 8월

1981년 8월 4일 서울 용산구 원효로에서 아주 기괴한 살인사건이 발생했다. 이른바 윤 노파 살인사건이었다. 서울의 이름난 점술가였던 윤경화(71) 노파, 가정부 강경연(19) 양, 양딸 윤수경(당시 6) 양 등 세 명이 망치로 살해된 것이다. 평소 윤 노파를 친어머니처럼 모셔왔던 고숙종 씨가 그 범인으로 경찰에 연행된 것은 1981년 8월 6일이고, 구속영장이 떨어진 것은 그달 17일이었다. 고숙종 씨의 남편 윤경배 씨는 윤 노파의 조카였다.

> :: ······ 잠도 못 자고, 하영웅·이부영·천장기(수사관) 등으로부터 그레이스호텔 등 여러 곳에서 옷을 벗기고, 양손에 수갑을 채운 채, 목욕조에 넣어 코와 얼굴에 물을 마구 붓고, 전신을 때리고 차면서, 너는 상부로부터 정책적으로 다루라는 지시다, 순순히 자백하지 않으면 죽어서 나간다는 등 폭언과 협박으로 자백을 강요

12. 대한변호사협회, 「대한변호사협회 주요회무소식」, 『대한변호사협회지』 1982년 9월호, 100쪽.
13. 예컨대 대한변협은 검찰총장에게 1985년 7월 25일 이 사건에 대한 조속한 수사를 촉구하고 있다. 대한변호사협회, 「인권침해 사례에 관한 시정촉구 건의문」, 『대한변호사협회지』 1985년 8월호, 102쪽.

당한 끝에 살려만 준다면 아무것이나 시키는 대로 하겠다는 인생 포기의 순간에서 자백을 한 것입니다.

…… 피고인은 누구나 보듯이 꼽추가 되었습니다. 꼽추가 아니면 저렇게 걸을 수 있나요. 성한 사람이 한번 저렇게 걸어보십시오. 꾀병은 하루 이틀이지 6개월을 앓을 수는 없습니다. 피고인이 고문을 받지 않았다면 저런 꼽추 같은 몸으로 30분 동안에 윤 노파 등 세 명을 망치로 죽일 수가 있다는 말입니까.(오희택 변호사의 1심 변론요지서)[14]

멀쩡했던 한 여성 피의자가 꼽추가 될 정도로 고문을 받았다. 물론 경찰수사 관들은 손도 대지 않았다고 주장했다. 그러나 연행일자와 구속영장 발부일자를 비교해보면 알 수 있듯이 고숙종 씨는 이미 10일가량 불법구금 상태였다. 더구나 경찰서 조사실이 아니라 호텔 등 여러 곳에서 신문을 당했다. 중앙정보부나 안기 부의 수사에서 확인할 수 있듯이, 이런 불법구금과 비밀스런 신문 장소는 언제나 고문으로 연결되는 법이다.

:: '피고인'은 경찰에 연행되기 전까지만 해도 보험회사 외무사원으로 남다른 실적을 올릴 만큼 건강한 상태에 있었다. 고 씨가 구치소에 수감되어 있을 때 허 리, 가슴 등엔 멍이 남아 있었다. 왼쪽 손목뼈가 빠져 있는 것을 같은 방 재소자가 맞추어주었다고 한다. 검사와 피고인의 대화를 녹음한 테이프에서도 검사가 피고 인의 왼쪽 팔에 상처가 있음을 확인한 취지의 부분이 있다. 요추부, 전흉부의 심한 통증으로 허리 운동이 어려운 상태, 보행의 지장, 통증이 양쪽 대퇴부 후면 쪽으로 방사통을 나타내고 있다는 사실도 인정된다. 구치소에서 그에 대한 치료를 계속

---

14. 조갑제, 『기자 조갑제의 현대사 추적 2—고문과 조작의 기술자들』, 한길사, 1987, 245~247쪽.

받아왔음이 인정되고, 거짓말탐지기의 시험 당시 피고인이 근육통을 호소하여 시험 조건에 극히 미달된 상태였다는 국립과학수사연구소의 기록 등이 있어 피고인의 (고문을 받았다는) 위 진술을 뒷받침하고 있다.(1심 판결문)[15]

결국 1심 재판부는 고문으로 인한 자백에 임의성이 없다는 이유로 무죄를 선고했다. 당대에 엄청난 화제와 논란을 뿌렸던 이 살인사건에서 고숙종 씨는 그 후 항소·상고심에서도 연속으로 무죄를 선고받았다. 더 나아가 1986년 2월 3일, 서울고법 민사16부(재판장 유근완 부장판사)는 고 씨 등 일가족 9명이 국가를 상대로 낸 손해배상청구소송 항소심에서 "국가는 불법감금 및 폭행으로 인한 손해배상금으로 2,700만 원을 지급하라"라는 판결을 내렸다.[16] 이 판결은 경찰관의 가혹행위를 인정했다는 점에서 의미가 깊다. 이때까지만 해도 고문이 법정에서 인정된 사례가 드물었는데 형사적으로 무죄가 되고 국가배상까지 받았던 것이다. 그러므로 이 사건은 고문문제를 형사사법의 중요한 이슈로 등장시키는 계기가 되었다.

세 소년 피고인 — 1982년 7월

다음은 평범한 소년들이 어떻게 살인사건의 범인임을 스스로 자백해가는지 보여주는 사례이다. 폭행과 위협, 잠 안 재우기, 고립감, 회유 등으로 인해 사람의 신념과 생각은 너무도 쉽게 무너진다. 결국 살인이라는 엄청난 중죄를 자신의 입으로 자백하게 되는 것이다.

---

15. 조갑제, 앞의 책, 246쪽.
16. 그러나 "불법감금, 잠 못 잔 악몽의 밤, 되풀이 써야 했던 원고지 수백 장 분량의 자술서, 그리고 목욕탕, 물주전자, 몽둥이, 기자들의 눈총, 쏟아지는 텔레비전 카메라의 불빛, 현장검증 구경꾼들의 악담, 300일간의 감방생활, 가족들의 고통 …… 이것들을 어찌 2,700만 원으로 환산할 수 있을 것인가." 조갑제, 앞의 책, 267쪽.

:: 1982년 7월 27일 피고인(이수원)은 서울 강남구 압구정동 소재 건축공사 노무 속칭 오야지 집에서 만화를 보고 있다가…… 당일 오전 11시 30분경 의정부경찰서에 연행되었습니다.…… 당일 형사계 사무실에는 공휴일이었음에도 불구하고 약 20명가량의 형사들이 모여 있었는데, 피고인이 들어가자 수사계장을 포함한 형사들이 모여들어 피고인을 둘러싸고 이구동성으로 "이 새끼가 누구냐?", "이 새끼가 바로 주범이다. 이 새끼를 족쳐라" 하였습니다.…… 그 조서에 서명을 받은 형사는 조서를 덮어놓고 갑자기 꿇어앉으라고 고함을 질렀습니다. 꿇어앉은 피고인에게 그 형사는 대뜸 "누구랑 같이 죽였냐?"고 했습니다.…… 모른다고 하니 손목에 휴지를 대고 수갑을 채우면서 곤봉(방범대원용)을 그 사이에 넣고 비틀었습니다. 아파서 울고 있는 피고인을 계속 비틀면서 "누구랑 같이 죽였어? 반상회 때 물으니 동네 사람 전부가 그 여학생을 안다는데 너만 모른다니 네가 범인이 틀림없고(이 점은 수사보고서에 나와 있다) 동리 사람들도 다 그렇게 알고 있다"고 폭행을 계속했습니다.

피고인은 고통에 못 이겨 엉엉 소리 내어 울었습니다. 약 2시간 뒤 수갑을 풀어주고 점심을 먹게 했습니다. 점심 후 무릎 꿇고 약 2시간 정도 앉아 있으니 형사들이 우르르 들어왔습니다. "어떻게 됐어? 아직 안 불었어?" 하는 소리가 오고 가고, 빨리 친구를 대라, 그래야만 네가 살지, 그렇지 않으면 못 산다 하는 추궁이 계속되었습니다. 저녁이 되어 주위가 어두워졌습니다. 사실 모른다고 애원했습니다. 그때부터 조서가 작성되었습니다.(부인 조서 중의 하나인 것 같다) 그날 밤은 부인으로 밤을 샜습니다. 형사들은 두 사람이 교대로 잠을 자고 곤봉으로 머리를 때려가며 추궁하였습니다. 똑같은 질문과 대답으로 밤이 샜습니다.(이상 1982년 7월 27일) 아침이 되자 형사들이 모여들었습니다. 욕설과 따귀가 잇따르고 아직 안 불었냐, 같이 한 놈만 대면 너도 좋고 나도 좋다 다 편하다 하였습니다.

그날도 온종일 똑같은 질문과 답변이 계속되고 피고인은 형사계에서 꿇어앉은 상태로 종일을 지내고 밤을 샜습니다. …… 눈을 붙이지도 못했고 피고인이 졸려고 하면 곤봉으로 때렸습니다. 이리하여 연행 2일째가 지났습니다. 다음 날 아침 9시경 유치장에 넣었습니다. 오후 5시까지 있었는데 담당경찰관이 문 앞에 서서 못 자게 했습니다. …… 다시 김재성 형사가 테니스장에 데리고 가더니 빨리 말하고 집으로 가라, 빨리 대라고 했습니다. 그래서 피고인은 죽인 사람은 모르고 사건 2일 뒤 친구 백영기와 김경범이가 왔다고 했습니다. 그럼 그 애들이 죽였냐, 안 죽였다, 그 애들은 그런 애들이 아니다, 짱구(김경범)는 머리가 나빠서 그런 일할 애도 못된다고 했습니다. 형사계에 들어가니 할아버지뻘이 된다는 이 형사가 다시 사식당에 데리고 가더니 또 아버지를 만났다면서 걱정하지 말라, 너는 내가 책임질 터이니 모든 것을 여기서 밝혀라, 네 아버지도 어떻게 된 거냐고 잘 부탁했다, 여기서 확실히 말해서 자수식으로 해서 1년이나 1년 반 살고 군대 갔다 온 셈치고 나오면 된다, 네 아버지도 양해했다고 했습니다.

피고인은 자신의 결백을 믿고 기대하였던 아버지마저 자신을 범인으로 인정하였다는 데 충격과 절망을 느꼈습니다. 또 이 형사 말대로 그대로 1년 반 정도 징역을 사는 동안 진실이 밝혀질지도 모른다고 생각했습니다. 한참 있다가 피고인은 영기하고 경범이가 죽인 것 같다, 그들이 여자를 쫓아갔다, 죽였는지 안 죽였는지는 모르겠다고 대답했습니다. 형사계에 들어가서 그 내용의 조서를 받았습니다. 그런데 바로 집에 보내준다고 한 사람이 다시 와서 영장이 떨어졌으니 오늘은 안 되고 내일 나가라고 했습니다. …… 유치장에서 약 30분 자는데 옆에서 깨웠습니다. 수사과에 갔습니다. 형사계장이, 너 이놈 새끼, 너도 같이 했었다는데 뭘 안 했다고 그래, 그 애들이 너하고 같이 했다는데 하고 고함을 질렀습니다. 저 안 했는데요, 뭘 안 해, 이 새끼 거짓말하고 있어. 이때 피고인은 순간 느꼈습니다. 빠질 수가 없구나, 내가 죄 없는 두 애를 끌어들였으니 그 애들이 부인하다가 견디지 못하고 시인하면서 나를 끌어넣었을 게고 그렇다면 내가 아무리 안 했다고 해도 빠질 수가 없

구나 하고 절망했습니다. 그래서 힘없이 "나도 했습니다"고 했습니다.……[17]

다행히 1983년 8월 23일 대법원이 원심을 파기하고 서울고법에 이 사건을 환송했으며, 서울고법은 무죄를 선고했다. 그러나 이 소년들은 이미 1·2심 재판에서 무기징역까지 선고받았다. 그동안의 고문과 조작, 구금과 재판, 엄청난 형량의 선고 등으로 인한 정신적·육체적 고통을 어떻게 보상받을 수 있겠는가.

경주 당구장 살인사건 피고인들 — 1983년 1월

:: 　저희들은 1983년 1월 14일 새벽 3시경 발생한 경주 국일당구장 여주인 살해 사건 범인으로 몰려 1심 재판에서 1983년 8월 29일 사형 구형에 무기징역까지 선고받고 항소하여 1984년 1월 20일 대구고등법원에서 무죄 판결을 받았으나 검사의 상고로 풀려나지 못하고 1984년 5월 15일 대법원 무죄 판결에 의해 간신히 1년 2개월이란 억울한 옥살이에서 풀려났던 박호영, 신백현, 박해선 등이며……희귀하고 기막힌 사건 피해자의 장본인들입니다. 검사가 미궁에 빠진 살인사건을 해결하여 그 공적을 계기로 시골에서 서울로 영전해보겠다는 야심에 찬 공명심으로 무고한 현직 경찰이던 지서장과 양민을 살인범으로 만들기 위해 살인사건 현장에서 피해자와 같이 잠을 잔 바 있는 20대의 연약한 여자를 장기간 불법감금해두고 혹독한 고문을 계속 가하면서 허위진술을 강요하여 지서장과 2명이 살인하는 것을 목격하였다는 허위진술을 받아낸 후 다시 지서장 등 3명을 연행하여 장기간 불법감금하고, 인간으로서는 할 수 없는 고문을 계속하여 허위의 자백을 강요하여 하지 않은 범행을 하였다는 허위의 자백까지 받아내는 등 사건 전체를 조작해서 추리탐정소설과 같은 공소 사실을 작성, 공소 제기한 후 극형에 처해야 한다며 사

17. 대법원 83도 1632호 피고인 이수원·백영기·김경범에 대한 변호인 이범렬의 상고이유서. 조갑제, 『사형수 오휘웅 이야기』, 한길사, 1986, 270~283쪽.

형까지 구형했던 일은 추리소설도 아니요, 전설도 아닌 엄연한 사실이 그 누구의 꾸짖음이나 만류도 없이 이 땅 한구석인 경주에서 있었음이 뒤늦게 세상에 폭로되고 말았던 것입니다.

오직 법과 양심에 따라 수사를 하고 공소를 제기하는 등 국가 법집행의 최고 기관인 검찰청의 지하 보일러실에서 무고한 시민을 불법감금하고, 장장 10여 일 동안 밤이 되면 마치 돼지를 잡듯이 거꾸로 매달아놓고, 새벽 늦게까지 콧구멍에 와사비를 탄 물을 들어붓고, 각목으로 팔다리의 관절에다 끼워 뼈가 어스러지게 비틀어 부치는 등 혹독한 고문을 계속하는가 하면, 연 4일 동안 밥 한 끼 주지 않고 잠한 숨 자지 못하게 하는 고문을 가하며 살인을 하였다는 허위자백을 강요하는 고문행위는 일제 치하 때 독립운동가나 6·25 당시 사상범에게도 없었던 악랄한 고문이요, 인간이 인간에게 도저히 할 수 없는 인권유린 행위였기에 하늘도 땅도 무심치 않아 처참하게 당해왔던 경주 국일당구장 여주인 살인범 누명을 뒤집어쓴 우리들의 억울함을 풀어주기 위해 지난 3월 3일 부산 동부경찰서 형사대에 의해 그 진범 3명이 극적으로 검거되어 범행 일체를 자백, 3월 14일자로 기소되었던 것입니다.[18]

이 사건도 경찰이 진범을 잡는 바람에 극적으로 무죄가 된 사례이다. 1심에서는 무기징역까지 선고되었으니 참으로 엇갈린 인간의 운명이다. 검찰이 경찰관까지 지낸 사람을 살인범으로 몰기까지 얼마나 심한 고문이 뒤따랐을지 상상이 간다.

---

18. 대한변호사협회 인권위원회, 「경주 당구장 살인사건 무죄 판결 피고인들」, 『고문근절대책공청회 자료집 — 고문 피해의 증언』, 1987, 43쪽.

한일합섬 김근조 이사 고문치사사건 —1983년 3월

:: 　경찰의 조사를 받다 지난 (1983년 3월) 25일 숨진 김근조 한일합섬의 이사 사망사건에 대해 자체 조사반을 구성, 현지에 파견했던 민한당은 김 씨의 사인이 수사경찰관에 의한 고문치사 혐의가 짙다고 결론, 의령 사건 이후 또 하나 경찰관에 의한 인권유린 사건으로 보고 4월 임시국회에서 정부를 상대로 사건의 진상을 철저히 규명할 방침이다. 민한당은 26일 오전 자체 조사반(반장 박관용 의원)이 부산 등 사건 발생 현장에서 조사 수집한 자체 조사결과를 발표, 사망진단서로 볼 때 무수히 구타한 것이 확실하다고 밝히고, 이번 사건에서 저지른 '고문치사 혐의'를 즉각 재조사, 국민의 의혹을 풀어야 할 것이라고 주장하였다. …… 숨진 김 이사는 21일 오전 20시 한일합섬 서울사무소에 출근했다가 이무걸 경리과장과 함께 치안본부 수사대 소속 김만희 경위의 "잠시 물어볼 것이 있다"는 동행 요구에 따라 한일합섬 차를 타고 그길로 부산에 연행됐다.

수사대는 연행한 김 이사와 이 과장을 부산시 대청동 소재 산장여관에 연행, 두 사람을 분리 조사했으며, 22일 새벽 4시 의식불명 상태가 된 김 씨를 부산대부속병원에 입원시켰다. 이때 수사대는 김 씨의 의식불명에 대해 '약물중독'이라고 설명하면서 치료를 부탁하고 "신원은 경찰이 보증한다"고 말했다. 병원 측은 약물중독이란 수사대의 설명에 따라 당초 김 씨에게 위세척을 주로 한 치료를 하던 중 X선 검사결과 뇌 이상이 발견되어 22일 오전 9시부터 뇌수술에 들어갔다. 그러나 김 씨는 25일 오후 끝내 숨졌으며 …… 부산대병원의 김 씨 사인에 대한 진단서에는 급성뇌격막하출혈, 뇌지주막하출혈, 중증뇌부종, 양하지부좌상, 측흉부다발성 타박상 및 찰과상이 원인인 것으로 나타나 있다.[19]

---

19. 「고문치사 혐의 확실—민한당, 4월 국회 때 철저 규명 방침」, 1983년 3월 28일자 『동아일보』 기사.

당시 제1야당이던 민한당이 이와 같은 발표를 하자 경찰도 어쩔 수 없이 수사를 진행해 고문치사에 가담한 경찰관들을 구속했다. 이들 경찰관들은 상부로부터 김 이사 등의 입찰 방해 피의 사실에 대한 조사를 하라는 지시를 받고 이들을 연행해 조사하던 중, 자백을 하지 않는다는 이유로 옷을 벗기고 '엎드려뻗쳐', '팔굽혀 펴기' 등을 시행했다는 것이다. 그러나 위의 사망진단서를 보면 단순한 기합 정도가 아니라 심한 구타와 고문이 있었음을 알 수 있다. 이때 내무장관은 노태우였으며, 민정당은 전당대회를 열고 '의식개혁'을 결의했다.[20]

고문한 보안대 장교의 법정구속사건 ─ 1983년 3월

:: 　군 수사기관에 근무하던 때 횡령 혐의자를 부당하게 감금·폭행한 혐의로 불구속 기소된 전 보안대 대위가 이례적으로 검찰의 구형량보다 더 높은 실형을 선고받고 법정구속됐다. (1990년 9월) 24일 서울지법 남부지원 형사5단독 이석형 판사는 군 물품 횡령 혐의를 받고 있던 당시 해병대 근무지원대 소속 주임상사 정 아무개(45) 씨를 1주일간 감금폭행한 혐의로 지난해 7월 검찰로부터 징역 1년을 구형받은 전 보안대 대위 이성만(45) 씨에게 '폭력행위등처벌에관한법률' 위반죄를 적용해 징역 2년을 선고했다.

재판부는 판결문에서 "수사권을 남용, 자백을 받아내기 위해 장기간 불법감금한 채 고문·폭행하여 민주국가 소속원인 한 인간에게 평생 치유하기 어려운 신체적 상해를 입히고 정신적 파멸을 초래했다"며 "신성하게 수행해야 할 국가기관 업무의 공정성과 윤리성, 양심을 저버렸는데도 반성의 빛이 없는 피고인의 원시적·반민주적 가혹행위를 엄중히 벌하고자 한다"고 판결 이유를 밝혔다. 이 씨는 경기도 김포군 검단면 금곡리 제2해병대 소속 보안대 대위로 근무하던 지난 83년 3월 15

---

20. 「민정 전당대회 ─ 의식개혁 결의 ··· 새 당헌 채택」, 1983년 3월 29일자 『동아일보』 기사.

일 근무지원대 소속 주임상사였던 정 씨 등 10여 명이 군 물품을 횡령한 혐의를 잡고 정 씨를 보안대 지하실에 1주일간 감금·폭행해 이 3개를 부러뜨리고 온몸에 피멍이 드는 상처를 입혔다가 지난 88년 정 씨의 고소로 검찰에 불구속 입건돼 지난해 9월 26일 징역 1년을 구형받았다.[21]

천하에 무서울 것이 없던 보안대 장교가 법의 단호한 심판을 받은 사건이다. 이 대위는 피의자를 "의자에 묶어놓고 주먹과 군홧발, 야전 곡괭이자루로 마구 때리고 엄지손가락을 전화선으로 묶어 전류를 흐르게 했다"는 것이다. 결국 정 상사는 고문에 못 이겨 횡령했다는 진술조서에 도장을 찍어줄 수밖에 없었다고 한다. 당시에는 감히 고소를 못했다가 6공화국이 들어선 후에야 고발할 수 있었다. 5공 시절의 사건이지만 세월이 지났는데도 반성의 빛이 전혀 없는 고문가해자에게 사법부가 경종을 울린 사건으로, 보안사의 수사권 남용과 고문·가혹행위에 쐐기를 박은 일로 치하되었다.[22] 그런데 이 판결 이후 판사의 집에 군 수사기관원 출신이라고 자칭하는 사람들로부터 "그냥 살아갈 수 있을 것 같으냐", "가만 두지 않겠다", "딸 간수 잘하라"는 등의 협박 전화가 잇달아 걸려왔다고 한다.[23]

불심검문 불응으로 집단폭행당해 사망한 사건 — 1985년 8월

시국사건에만 폭력과 고문이 자행된 것은 아니었다. 사회 전체 분위기가 강압적인 경향으로 흐른 데다가, 사회질서를 법에 대한 국민의 신뢰와 자발적인 승복의 방식이 아닌 폭력적 억압과 강경한 대책으로 유지하려다 보니, 일반 경찰조

---

21. 「고문 전 보안대 장교 법정구속 — 검찰 구형량보다 높여 징역 2년 선고」, 1990년 9월 26일자 『한겨레신문』 기사.
22. 「보안사 수사권 남용에 쐐기 — 장교 법정구속 의미」, 1990년 9월 25일자 『동아일보』 기사.
23. 「고문 전 보안사 장교 법정구속 — 판사에 잇따른 '전화 고문'」, 1990년 9월 29일자 『동아일보』 기사.

차 민간인에게 손을 대고 폭력을 가하는 일이 흔해졌다. 길 가다가 불심검문에 불응한다고 그대로 형사들이 달려들어 폭행하고, 그 후유증으로 피해자가 사망하는 사건이 발생했다.

> ∷   음성경찰서 형사들이 제 남편을 죽였습니다. 저는 한 가장의 아내이며 6남매의 어미로서 아이들과 농사를 짓고 제 남편은 목수일을 해서 살아가고 있었습니다. …… 8월 14일 밤 11시 30분경 먼 곳에서 목수일을 하고 돌아오는 길에 후미진 산골에서 인삼 도난 신고를 받고 잠복근무를 하던 음성경찰서 수사과 소속 형사 4명이 느닷없이 나타나 오토바이를 세우자 겁을 먹은 제 남편은 강도나 깡패인 줄 알고 서는 체하다가 속력을 내어 달아나려 했는데, 덮쳐서 잡혀 검문에 불응했다고 마구 폭행을 당했다고 합니다. 밤중에 사복을 한 사람을 어떻게 경찰관으로 알고 검문인 줄 알았겠습니까? 이날 12시에 귀가한 제 남편은 난생 처음 경찰관에게 크게 봉변을 당했다고 하며 소지품을 꺼내 살핀 후 지갑에서 만 원권 십여 장을 세어본 다음 몸이 아파서 누워야 하겠으니 자리를 펴달라고 하고는 씻지도 못한 채 자리에 눕더니 (새벽) 1시경에 헛소리를 크게 지르고 숨을 몰아쉬다가 마침내 숨을 거두었습니다. 이 사실을 음성경찰서에 알렸더니 …… 지금까지 여러 날이 지났는데도 검사결과도 알려주지 않고, 음성경찰서는 50만 원 장례비와 위로금 1천만 원을 주겠으니 속히 장례를 치르라고 성화입니다. …… 피해자 정철헌(43)의 아내 최순자(42).[24]

경찰이 사람을 집단폭행해 사망했는데도 피해자의 사체를 임의로 가져가 부검하고, 가족 입회도 안 시키고, 그 검사결과도 제대로 알려주지 않은 채 적은 돈

---

24. 한국기독교교회협의회, 「음성경찰서 주민 치사사건」, 『악법 철폐, 하나님의 법 실현―1985년 인권주간 자료집』, 1985년 12월, 138쪽.

으로 가족들을 협박, 회유하는 모습이 가증스럽다. 사람의 인권과 생명이 얼마나 경시되고 있는지 잘 보여주는 사건이다.

무죄 판결받은 특수절도 피의자 서재선 씨의 경우 — 1985년 6월

::   그 당시 시간은 6월 26일 저녁 8시경에 봉고차에 실려 구타를 당하며 동대문 경찰서 옆에 있는 구전매청 자리 2층으로 끌려가 김선태와 분류시켜놓고 저는 조 그마한 창고 같은 방에 끌려가 "니가 훔친 것을 대라"고 하면서 무작정 구타를 하 기 시작하였습니다. 그래도 저는 안 했다고 하니까 이름은 기억이 안 나지만 7~8 명의 형사 중 하나가 옷(일명 고문복)을 가지고 오라고 하니까 옷을 가져와 옷을 갈 아입히고 고문을 하기 시작했습니다. 그 고문은 말로 표현할 수조차 힘든 냉혹하 고 잔인한 고문이었던 것입니다.

먼저 신문지로 팔목을 감고 그 위에 수갑을 채워(일명 뒷수갑) 의자에 앉혀 다시 손 목과 발을 의자에 묶어 의자를 두 사람이 번쩍 들어 책상 위에 올려놓고, 7~8명 의 형사가 한 사람은 나의 머리를 뒤로 제치고 다른 한 사람은 배 위에 올라가 저 의 몸을 못 움직이게 하고 다른 한 사람은 저의 다리를 잡고 또 한 사람은 저의 옷 을 벗겨 사타구니를 비비게 하였습니다. 다른 한 사람은 주전자에 고춧가루를 타 서 만든 물을 넣어 그것을 가지고 와서 저의 입과 코에 수건을 막고 그 위에 고춧 가루를 탄 물을 붓기 시작하였습니다. 형사들이 고문을 하면서 했다고 생각하면 손만 까딱까딱 하라고 하였습니다.

그러나 저는 끝까지 안 했다고 하였으나 너무도 가혹한 고문에 못 이겨 기절하고 말았습니다. 기절하면은 저의 얼굴에 물을 붓고 깨운 다음 무릎을 꿇으라고 하면 서 무릎 사이에 쇠파이프를 끼워놓고 두 형사가 다리를 짓밟았습니다. 그래도 안 했다고 하니까 겨자를 코에 투입하여 시인 아닌 시인을 하게 하였습니다. 고문에 못 이겨 두세 차례씩이나 지갑을 버렸다고 허위자백한 장소에 가게 되었던 것입니다. 버리지 않은 지갑이 있을 리가 있겠습니까. 지갑을 버린 곳에 나가 못 찾아올 때에는 위와 같은 방법으로 고문을 다시 시작하는 것이었습니다.

그 당시 형사들에게 파이프로 맞아 오른쪽 눈썹 밑에 상처를 입기도 하였습니다. "이렇게 국립경찰이라는 사람들이 이렇게 고문할 수 있느냐"고 따지니까 "이거는 대통령의 지시"라고 하면서 "너 같은 새끼들은 죽어도 눈 하나 깜짝 안 한다"고 하면서 모진 고문을 했습니다. 공범으로 같이 들어왔던 김선태는 고문에 못 이겨 혀를 깨물어 자살까지 하려고 하였습니다. 김선태는 혀가 잘려 나갔습니다. 김선태와 저는 고문의 후유증으로 몸이 아직도 아픈 상태에 있습니다.[25]

서재선 씨는 1983년 12월 절도범 일제 소탕령이 내렸을 때 구속되었다가 1984년 10월 2심에서 무죄 판결을 받아 석방된 후 운전기사로 근무하던 중, 1985년 6월 26일 과거 자신을 구속했던 이창률·김은배 등 서울시경 형사들에게 불법연행되어 위와 같은 고문을 당했다. 과거 사건이 무죄 판결받은 데 대한 보복적 성격이 짙다. 뒤의 사건에서도 1985년 11월의 1심에서 10년 구형을 받았으나 다시 무죄를 선고받았고, 이어 1986년 4월 23일의 2심과 1987년 7월 22일 대법원에서 모두 무죄를 선고받고 석방되었다. 그러나 서 씨는 고문후유증으로 고통을 겪고 있는 상태이다.[26]

치안본부 특수수사대 분실의 건물주에 대한 고문─1987년 9월

∷   치안본부 특수수사대가 대한주택공사로부터 전세금을 받게 해달라는 수사 의뢰를 받고 주택공사와 전세 계약을 맺었던 민간인을 불법연행, 가혹한 고문수사

---

25. 대한변호사협회 인권위원회, 「특수절도 무죄 판결의 피의자 서재선 씨」, 『고문근절대책공청회 자료집─고문 피해의 증언』, 1987, 42쪽.
26. 대한변호사협회, 『1986년 인권보고서』, 1987, 34쪽.

를 해 전세금을 돌려주겠다는 허위 약정서를 받아낸 사실이 민사 재판과정에서 드러났다. 서울고법 민사9부(재판장 김형선 부장판사)는 16일 주택공사가 김종기 씨를 상대로 낸 약정금 반환 청구소송 항소심에서 "피고 김 씨가 작성한 약정서는 치안본부 특수수사대의 가혹행위로 인한 허위 약정서이므로 당연히 무효"라며 주택공사 측에 승소 판결을 내렸던 원심을 깨고 김 씨에게 승소 판결을 내렸다. 이 판결로 김 씨는 전세금 3억 5천만 원을 주택공사에 주지 않아도 되게 됐다.

인천시 남구 만수동 소재 진우빌딩 전 소유자인 김 씨는 85년 8월 주택공사와 3억 5천만 원에 계약을 맺고 전세금을 받은 뒤 이 빌딩 일부를 경기도경 대공분실에 빌려주었다. 당시 주택공사는 경기도경 대공분실이 있던 만수동 일대의 토지구획 정리사업을 하면서 정리사업이 끝날 때까지 경기도경 대공분실을 진우빌딩으로 임시 옮겼던 것. 김 씨는 전세 계약 기간 중인 86년 9월 진우빌딩을 전세금 전액을 떠맡는 조건으로 조 모 씨에게 팔았으며, 주택공사 측은 정리사업이 끝나 대공분실이 다시 원래의 위치로 옮겨가게 되자, 같은 해 12월 전세 계약을 끝내면서 조 씨에게 전세금 반환을 요구했었다. 그러나 조 씨가 전세금을 갚지 못하자, 주택공사 측은 "김 씨가 전세금을 반환하지 않을 목적으로 일부러 재력이 없는 조 씨에게 건물을 넘겼다"며 87년 9월 치안본부에 횡령 혐의로 김 씨에 대한 수사를 의뢰했었다.

판결문에 따르면, 수사에 나선 치안본부 특수대는 87년 9월 23일 낮 12시쯤 주택공사 직원을 시켜 김 씨를 유인해 영장 없이 영등포구 신길2동 특수대 조사실로 강제연행한 뒤 김 씨의 무릎을 꿇리고 온몸을 구타하는 등 가혹행위를 한 끝에 김 씨의 형으로부터 전세금 3억 5천여만 원을 주공에 전액 지급키로 하는 내용의 약정서를 받아냈다는 것이다.[27]

---

27. 「2년 만에 밝혀진 경찰 고문수사 — 불법연행 3억대 '각서' 받아」, 1990년 1월 17일자 『조선일보』 기사.

이 사건은 6·29선언이 있은 지 2개월이 조금 지났을 때 일어난 가혹행위라는 점과 더불어 경찰이 일반 민사사건에 개입해 고문을 자행했다는 점, 특히 치안본부가 세 들어 살던 건물의 주인과 관련된다는 점이 주목된다. 경찰의 도덕성이 또 한 번 땅에 떨어지는 사건이었다. 그후 이 사건은 대법원에서도 김 씨의 승소로 확정되었고, 고문 사실을 고발하여 검찰에 공이 넘어갔다.

:: 이날 밤 11시께 석방된 김 씨는 다음 날 주공 쪽에 "지급 각서는 강제로 작성된 것이므로 무효"라는 내용을 통고하는 동시에 병원에서 양쪽 대퇴부와 하퇴부에 '다발성좌상'으로 10일간의 치료를 필요로 한다는 진단을 받았다. …… 고법의 판결문에는 9월 23일 낮 김 씨를 연행한 뒤 다음 날 12시까지 잠을 재우지 않은 채 무릎을 꿇려놓고 구둣발로 양쪽 다리를 걷어차고 짓밟는 폭행을 하는 등 온몸을 주먹과 발로 마구 때려 이후 89년 5월까지 불안장애로 정신과 치료까지 받은 것으로 기록하고 있다. 지난해 5월 박 경위 등 3명을 상대로 한 김 씨의 고소장이 접수된 뒤에도 수사를 본격화하지 않고 있던 서울지검 형사1부는 서울고법의 판결이 난 뒤 양쪽 당사자를 다시 불러 조사를 벌였으나 양쪽의 진술은 예상대로 전혀 상반된 것이었다.[28]

28. 「가혹행위 경관 기소 여부 관심 쏠려」, 1990년 7월 25일자 「한겨레신문」 기사.

06
의문사와 고문의 연관성

1. 5공시대 '의문사'의 '의문'

우리와 비슷한 시기에 비슷한 성격의 군사독재를 경험한 남미에서는 유독 실종사건이 많다. 그 실종자들은 나중에 군사정권에 의해 죽임을 당했고, 개별적으로 또는 집단적으로 매장지가 발견되기도 했다.

우리나라에서도 이미 수많은 사건에서 확인한 것처럼 많은 학생, 노동자, 재야인사들이 어느 날 갑자기 불법연행되어 심지어 가족도 모른 상태에서 고문에 시달렸다. 물론 나중에 가족들이 백방으로 찾아나선 끝에 확인하고 면회투쟁까지 벌이는 예도 있었지만, 대부분은 체포나 연행 사실조차 가족들이 모른 채 고립되어 말 못할 고통을 겪게 된다. 그 과정에서 고문으로 사망했다면 수사기관이 고문치사 사실을 유족이나 사회에 그대로 알릴 가능성은 희박하다. 오히려 어떻게든 그것을 은폐하려고 할 것이다. 실제로 수사과정에서 수사관들은 "여기서 죽어나가도 아무도 모른다", "휴전선 넘어가려다 총 맞아 죽었다고 하면 된다"라는 등의 협박을 수없이 했다.

해방 직후에도 경찰·특무대 등에서 의문의 죽음들이 있었고, 그중 일부는 수사기관에서 사망했다는 것이 밝혀지기도 했다. 당장 박정희 정권의 최종길 교수 피살사건이 보여주듯 고문치사 사실을 은폐하고 마치 자살한 것처럼 위장하기도 했다. 조작은 이렇듯 비밀경찰기구의 특기이고 자랑이었다. 더구나 경찰과 검찰·안기부 등 국가기관이 총출동해 은폐·조작을 시도했던 박종철 군 고문치사 사건을 보면, 의문사 사건을 국가기관이 고문을 은폐하는 과정에서 생겨난 억울한 죽음으로 추정할 수 있다.

> :: 이(김근태 고문사건)를 통해 군사정권이 휘두른 폭력의 실상과 그러한 맹목적인 폭력이 일상화되어 있는 현상을 충분히 파악할 수 있는 것이다. 그런 상황은 1년 후 바로 그 자리에서 박종철 군을 고문으로 숨지게 했다. 그곳에서 고문을 당한 두 사람 가운데 한 사람은 기적처럼 살아나왔고, 한 사람은 목숨을 빼앗겼다는 점이 다르다. 그러나 고문자들 스스로 자랑하듯 내뱉은 바대로 그런 폭력 속에서는 언제든지 사람이 죽어나갈 수 있다는 개연성을 확인할 수 있다. 또 김근태에 대한 고문에서 드러난 것처럼 그곳에 붙들려간 사람들의 목숨은 이미 고문자들의 수중에 빼앗긴 채였다. 다만 박종철의 죽음만을 바깥 사람들이 알고 있을 뿐이다.[1]

시국사건이 줄을 이은 5공화국 중반기 이후에 실종사건과 더불어 의문사 사건이 집중되는 것도 우연이라고 보기는 어렵다. 고문피해자들의 여러 증언에서 확인할 수 있듯이 죽음을 넘나드는 심각한 고문이 계속 이어졌다. 어느 사건에서

---

1. 안병욱, 「의문사 진상규명의 현대사적 의미」, 『의문사 진상규명의 역사적 의의와 전망』, 민주사회를위한변호사모임, 2000년 12월 11일, 7쪽.

어떤 사고가 날지 아무도 알 수가 없었다. 증언 중에는 거의 죽었다가 살아난 사람들도 있다. 체질이 선천적으로 약하다거나 잘못된 곳에 맞으면 그대로 사망할 가능성이 얼마든지 있었다. 박종철 군이 그 대표적인 사례가 아닌가. 여기에 소개하는 몇 가지 의문사 사건이 바로 그러한 예에 속할 수도 있다. 실제로 의문사로 분류되었던 사건 가운데 수사기관의 폭행 때문에 사망했다고 밝혀진 경우도 있다.

그러나 나머지 사건들은 결국 의문사의 '의문' 부호를 털어내지 못하고 말았다. 기본적으로 수사기관이 고문치사한 후 자살을 가장했다고 한다면 증거를 남길 리가 만무하다. 관련자 중에서 양심선언을 하거나 자백하는 사람이 나타나기 전에는 알 길이 없다. 더 나아가 이런 의문사 사건에 관한 본격적인 조사를 시작했을 때는 이미 너무 오랜 시간이 지나 많은 증거가 유실되고 없기 마련이다. 초동수사 자체가 부실했기 때문에 오랜 시간이 지난 다음에 새롭게 수사하는 데는 명백한 한계가 존재했다. 더구나 의문사진상규명위원회의 조사권에는 한계가 있었다. 이것이 의문사가 영원한 미궁으로 빠지게 된 이유이다.

2. 5공시대 의문사와 고문의 의혹

1) 우종원 사건

1985년 10월 11일 민추위사건으로 수배를 받던 서울대 사회복지학과 81학번 우종원(23) 군이 경부선 영동-황간역 사이 철로변에서 변사체로 발견되었다. 경찰은 자살로 단정했고, 그 근거로 본인 자필의 유서를 들었으나 가족과 주변 친구들은 타살을 주장했다. 그 근거는 다음과 같다.

:: 첫째, 어머니와 형님은 고 우종원 군의 자살 그 자체를 강력히 부인하고 있습니다. 그것은 다음의 이유에서입니다. 즉 이미 한 번 감옥에 갔다 온 고 우종원 군이기에 또다시 감옥에 간다는 것이 두려워서 자살을 결심한다는 것은 믿기 어려우며, 또 정말로 열차에서 추락한 것이라고 하기에는 의외로 외상이 없는 편이라는 것입니다. ……

둘째, 자살이라는 것을 증명하는 유일한 물증인 유서에서 그의 신원을 밝혀주는 유일한 단서인 주민등록번호의 아라비아숫자 필체가 고 우종원 군의 여타 유서상의 그것에 비해 판이하게 다르다는 것입니다.

셋째, 사망 추정 시간을 결정하는 유일한 근거인 기차표 역시 현재 유실된 상태이고, 또 시신을 사망 후부터 형님이 확인할 때까지 상당 시간(24시간 이상) 동안 폭우 속에 방치한 후에 이루어진 사망진단이기 때문에 그 정확성과 신빙성이 의심됩니다.

넷째, 만일 고 우종원 군이 정말로 자살하였다면 왜 단순 변사사건에 불과한 이 일에 대구시경과 안기부가 그렇게 민감하게 개입하였는가 하는 점입니다. ……[2]

2) 신호수 사건

신호수 씨는 1985년 11월 30일경부터 인천시 중구 항동 소재 연안가스에서 숙식을 하면서 근무하고 있던 평범한 직장인이었다. 그가 1986년 6월 11일 연안가스 업무차 인근 유공가스 주요소에서 작업을 하던 중 세 명의 사람이 찾아와

---

2. 한국기독교교회협의회 인권위원회, 「실종 변사사건—우종원 사건」, 『민주쟁취와 인권—1986년 인권주간 자료집』, 1986년 12월, 128쪽.

"서울 대공수사과에 근무하는 형사임을 밝히고", "신호수를 유공가스 사무실에 앉혀놓고 무엇인가를 보여주면서 '이거 모르냐, 이것이 증거물이다'라고 말했고", "신호수는 전혀 모른다고 하자, 재차 묻고 신호수가 어물어물 행동하자 형사들이 타고 온 회색 포니 2(무전기 소유) 차량에 신호수를 태워갔다." 그리고 그의 죽음이 가족에게 통지된 것은 공동묘지에 묻힌 지 1주일이 지난 뒤였다. 가족의 진정서를 읽어보자.

:: 신호수가 성명불상 3인 형사에 의해 그들의 차량에 탑승하여 어디론가 갔으나 1986년 6월 19일 방위 근무를 하던 전경 외 강윤곤 등에 의하여 시체로 발견, 신고에 이르렀고, 위 신고에 의거하여 신호수는 여수경찰서에서 지정한 의사가 검증한 바 자살로 보고되어 동 사건은 광주지방검찰청 순천지청 검사가 맡아 변사 처리되어 …… 전남 여천군 돌산읍 평사리 공동묘지에 1986년 6월 21일 가매장된 상태이고, 위 사실을 1986년 6월 27일 진정인 등 가족은 통보받았습니다.[3]

가족들이 사체도 제대로 확인하지 못한 상태에서 가매장되었던 것이다. 그러나 신호수의 죽음에는 의문점이 숱하게 제기되었다.

:: 의문의 주검을 당하여 사체로 발견시 복부분에 입고 있던 옷으로 목에 감겨 있었고, 양손이 하의로 두 손이 모아진 상태였고, 가슴 부분은 양팔을 휘감아 등 부분과 함께 허리띠로 감겨 있었기 때문에 도저히 자살행위로 판명할 수 없는 의문의 사체로 발견되었음. …… (유공가스 주유소 직원이) 전화 받을 당시 "여기 연안파출소인데 연안가스가 어디냐"고 묻는 전화이기에 무심코 어디라고 말하였

---

3. 1986년 7월 2일자 부친 신정학 명의의 진정서. 한국기독교교회협의회 인권위원회, 『민주쟁취와 인권 —1986년 인권주간 자료집』, 1986년 12월, 128쪽.

다고 하여 연안파출소에 가면 사건의 실마리를 풀어보겠다는 마음으로 연안파출소에 1986년 7월 1일 찾아가…… 상의해본 결과, 동 파출소에 근무하는 순경의 진술에 의하면 당시 서울 형사임에는 틀림없고 그 장소에서 동 형사가 전화를 했다는 점, 그리고 자가용은 포니 2 회색 차량인 점 등만 알고 기타 전혀 알 수 없었으며…… 참고적으로 주검을 당한 신호수의 시체가 발견된 장소는 산 중턱의 굴이며 도저히 상상할 수 없는 장소에서 발견된 점 및 인천에서 1986월 6월 11일 차량 탑승 후 전남에서 1986년 6월 19일 발견되어 의사 소견에 의하여 약 5일 전에 사망한 것 같다는 소견으로 볼 때 약 1주일간의 정황 및 시체로 발견시 도저히 자살행위라고 할 수 있는지 여부 등 기타 의문이 많습니다.[4]

서울 경찰관이 신호수 씨에게 전화했고, 그들이 타고 온 차량이 신호수 씨를 태우고 간 포니 2 차량과 동일하다는 연안파출소 경찰관의 진술만 보아도 이미 경찰이 개입된 사건이라는 추정이 가능하다. 그후 신민당 인권옹호위원회가 진상조사를 벌였고, 사건의 의문점들이 훨씬 구체적으로 정리되었다.

① 가족에게 늦게 통보된 경위에 의문점이 있다.
② 인천 근무지에서 일을 잘하던 사람이 갑자기 고향에 내려가서 집 가까이서 유서 한 장 없이 자살했다는 것을 납득하기 어렵다.
③ 신 씨 발목의 흰색 면양말이 피로 범벅이 되어 있고 무릎에 상처가 있었으며 몸부림친 흔적이 역력한데 살해되었을 가능성에 대한 수사와 용의자에 대한 수사가 없었다.
④ 서울시경 대공수사반이라고 밝힌 3명에 의해 강제연행되었다는 점을 중시한다

---

4. 한국기독교교회협의회 인권위원회, 「실종 변사사건─신수호 사건」, 앞의 책, 129쪽.

면 고문에 의한 죽음이라는 혐의에 대해서도 납득할 만한 수사와 해명이 있어야 한다.

⑤ 의사의 소견에 따르면 시체 발견 약 5일 전에 사망한 것 같다는데 그러면 6월 13~14일에 사망했다고 추정할 수 있는데, 이것은 강제연행된 지 불과 2~3일 만에 사망했다는 결론으로 상식적으로 생각해도 수사기관의 조사과정에서 사망한 것이라는 의문점이 있는데 이것을 밝혀내야 한다.[5]

이런 의문점을 계속 추적하던 가족들은 "당시 강제연행해간 경찰이 서울 서부경찰서 대공2계에 근무하던 차 모 경사 등 경찰관 3명"이며, 이들은 "신 씨를 연행한 뒤 4시간 만에 풀어주었다는 증거로 제시한 신 씨의 훈방각서와 자술서가 조작"됐음을 확인했다. 또한 이 문서들이 문서감정원 등에 의해 위조되었음을 확인받았다고 한다. 이것을 근거로 1991년 4월 13일 서울지검 서부지청에 당시의 경찰관 3명을 고문치사와 사체유기 혐의로 고소했다.[6] 그럼에도 신호수 씨 의문 변사사건은 제대로 수사되지 않았고, 의문사위원회에서 조사를 했지만 오랜 시간의 경과로 오리무중이 되어 결국 영원히 '의문사'로 남게 되었다.

3) 김성수 사건

또 한 사람의 주검이 발견되었다. 1986년 6월 21일 저녁, 부산 송도 앞바다에서 당시 서울대학교 사회과학대학 지리학과 1학년에 재학 중이던 김성수 군이 익사체로 발견되었다. 이 사건을 담당한 부산 서부경찰서는 시체 발견 20여 일이 경과한 7월 10일, 익사에 의한 자살로 단정하고 수사를 종결했다. 그러나 가족과

---

5. 한국기독교교회협의회 인권위원회, 『민주쟁취와 인권─1986년 인권주간 자료집』, 1986년 12월, 131~132쪽.
6. 「86년 의문사 20대 근로자─경찰 훈방각서 조작 의혹」, 1991년 4월 19일자 『동아일보』 기사.

주변 친구들은 도저히 자살로 보기 어려운 여러 의문점들을 제시했다. '경찰의 수사결과 발표에 대한 의문점'을 정리해보면 다음과 같다.[7]

① 사건 당일까지의 김 군의 생활에서 자살의 특별한 이유를 발견할 수 없다는 점이다. 즉 김 군은 사건 당일까지도 기말고사를 대비해 공부에 열중하고 있었으며, 가출일인 18일에는 당일 오전 11시에 치러질 교련시험을 준비하고 있었다. ……

② 사건의 발단이 된 김 군의 자취방으로 18일 오전 10시경에 '서울대생'을 찾는 전화에서 시작되었다는 것이다. 이 전화를 받고 김 군은 소식이 두절되고 실종되었다. 그러나 경찰의 수사는 이 의문의 전화를 걸었던 사람의 정체 파악(추적)에서 비롯되어야 함에도 불구하고, 이 사실에 대해 아무런 결과를 발표하지 못했다.

③ 김 군의 사체가 발견된 부산 송도 앞바다는 김 군이 전혀 연고가 없는 지역이고, 초행일 뿐더러 김 군이 소지했던 용돈(5,000원 내외)은 부산까지 도착하기에는 충분한 양이 되지 못한다. 이와 같은 사실로 미루어보아 서울에서 부산까지 가게 된 경위가 많은 의문점을 지니고 있으며, 이에 대한 경찰의 수사는 또한 상당한 정도의 미흡함을 드러내고 있다.

④ 시체 인양과정을 목격했던 백길영(바다 횟집 '대구집' 주인) 씨에 따르면, 사건 현장은 지금까지 자살한 사람이 전혀 없을 뿐더러 일반적으로 자살할 수 있는 장소로 보기 힘들다는 것이다. 사건 현장은 매립지를 끼고 있는 민간인 통제구역으로 높이 3m 정도의 방파제로 막혀 있고, 그로부터 바닷물까지는 5~7m 정도의 수초가 펼쳐져 있다. 따라서 김 군이 무거운 시멘트 덩이를 몸에 매단 채

---

7. 「김성수 군 변사사건에 대한 조사보고서」(동문회 작성)를 요약한 것이다. 한국기독교교회협의회 인권위원회, 앞의 책, 141~143쪽.

사망 추정 시간인 밤 11시에서 익일 오전 2시 사이에 위와 같은 현장에 쉽게 접근하기에는 어렵다고 생각된다.

⑤ 사체 인양자인 스쿠버다이버 최영봉(31) 씨에 따르면, 김 군의 사체는 수초가 끝나는 17m 정도의 바닷속에서 1m 정도 뜬 채로 발견되었고, 안경이 끼어져 있었고, 상하의와 신발도 입혀진 채였으며, 신체 상태 또한 외상이 없었고, 사체는 시멘트 덩이에 매달린 채 마치 고스란히 옮겨놓은 듯한 인상을 깊게 느꼈다 한다. 이러한 사실들은 자살자들이 일반적으로 최후의 순간에 직면하는 고통의 몸부림을 설명할 수 없다. 즉 김 군의 경우 전혀 외상이 없다는 점은 더욱 의문을 자아낸다.

⑥ 시체 부검시 참관자인 『부산일보』 장병호 기자에 따르면, 외상은 전혀 없었으나 두피절개 결과 두피하 출혈 20cc의 상처—세로 5cm, 가로 상부 3cm, 가로 하부 1cm의 일직선 쐐기 모양—가 발견되었고, 이것은 단순한 외부 충격에 의한 것이라기보다는 상처의 부위와 모양으로 볼 때 정교한 타격에 의한 것일 가능성이 높다는 것이다. ……

⑦ 김 군의 경우는 일반적으로 자살자들이 남기는 유서와 같은 기록이 없으며 특별한 심적 갈등에 대한 표시 또한 찾을 수 없다는 점이다.

⑧ 김 군의 사체 부검이 유족 부재시에 실시되었다는 점이다. 원칙상 보호자 입회하에 부검이 이루어져야 함에도 불구하고, 부검은 보호자가 현지에 도착하기 전인 6월 23일 하오에 이미 실시되었고, 이것은 그 자체의 이례성과 더불어 사인에 대한 또 다른 의문을 제기한다.

⑨ 김 군의 아버지를 통해 직접 신원을 확인한 것이 23일 오후 10시 ~ 11시경이었다. 그런데 벌써 23일 오전 10시경 강릉 어머니의 직장으로 정보기관에서 전화가 2차례씩 걸려왔고, 경찰이 직접 김 군의 집을 찾아와서 김 군이 학업에 소홀하다는 등의 정보를 할머니에게 유도심문해 얻어가려 했다는 점이다.

4) 고정희 사건

고정희(연세대 전기공학과 1986년 졸업) 씨는 1988년 1월 이후 청와대, 미대사관, 백악관 등에 '노태우 부정집권'을 고발하는 투서를 했다가 1988년 3월에 경찰에 연행되었다. 고 씨는 서울 서초경찰서 대공과에서 조사를 받다가 강남성모병원 정신병동에 강제 입원된 후 5월 13일 오후 5시 40분경 병원 건물에서 떨어져 사망했다. 그러나 사고 전날에도 결혼, 수영 배우기 등 퇴원 후의 생활설계를 했다고 한다. 경찰은 사고현장의 핏자국을 지워버리고 현장사진을 찍지도 않았다.[8] 일반에게 널리 알려지지 않은 사건이지만 여전히 의문이 남는다.

---

8. 이상훈, 「의문사 진상규명을 위한 특별법 제정운동」, 『의문사 문제 해결을 위한 법적 모색 — 학술심포지엄 자료집』, 최종길교수고문치사진상규명및명예회복추진위원회, 1999년 4월 12일, 31쪽.

07
고문에 대한 전두환 정권의 대응

1. 고문반대운동

1) 고문 및 용공조작 저지 공동대책위원회의 결성과 활동

전국적으로 고문과 가혹행위 피해자들이 늘어나면서 고문에 대한 항의와 근
절을 위한 행동 수단으로 원로 민주화운동가와 재야인사들이 모여 1985년 10월
17일에 고문 및 용공조작 저지 공동대책위원회를 결성했다. 이때 고문과 공동대
표로 수십여 명이 추대되었고, 239명이 대책위원으로 임명되었다. 그 면면을 살
피면 재야인사와 야당인사들이 공동전선을 형성한 느낌이다. 종교계, 민주통일
민중운동연합, 민주화추진협의회(민추협), 신한민주당, 구속자가족협의회 등 다양
한 흐름들을 포괄하고 있었다.

고문: 김재준, 함석헌, 윤반웅, 홍남순, 이민우, 문익환, 지학순, 김대중, 김영삼

공동대표: 계훈제, 김명윤, 김승훈, 박영록, 박형규, 백기완, 서경원, 송건호, 양순직, 이소선, 이우정, 이정숙, 조남기, 최형우

대책위원: 강원하 외 239명[1]

대책위원회는 고문사건에 대한 즉각적인 성명 발표, 진상조사, 보고대회 개최, 항의운동 등을 벌였다. 고문이 한참 극성을 부리던 1985년 11월에는 아예 연합농성에 들어가기도 했다. 그러나 독이 오른 전두환 정권은 이들이 함께 모이는 것조차 용납하지 않았다. 당시 상황을 설명하는 성명서를 살펴보자.

:: (1985년) 11월 8일 오후 7시 종로구 천주교 혜화동성당에서 열릴 예정이던 본 공동대책위원회 주최 '고문 및 용공조작 저지를 위한 보고대회'는 경찰의 철통 같은 봉쇄 때문에 열리지 못했다. 경찰은 수천 명의 사복 및 전투경찰을 동원, 혜화동성당 주위를 포위하고 보고대회에 참석하기 위해 모여드는 민주시민을 차단했을 뿐만 아니라, 김대중 민주화추진협의회 공동의장과 민주통일민중운동연합 문익환 의장 등 많은 재야 민주인사들을 차단, 연금하기도 했다. 더욱이 이날 서울 시내 중심가에는 수많은 정사복 경찰관들을 집중 배치하여 마치 전투 지역을 방불케 하는 분위기를 조성함으로써 시민들을 공포 분위기에 몰아넣었다.[2]

고문 및 용공조작 저지 공동대책위원회는 야당·민추협 등과 공동으로 활동하기도 했다. 재야단체인 이들의 힘만으로는 전두환 정권에 영향을 미치는 것이

---

1. 공동대책위원회의 구성과 활동 내용에 대해서는 「고문·용공조작 저지운동 적극 전개」, 『월간 말』 1985년 12월호, 32쪽.
2. 1985년 11월 11일 고문 및 용공조작 저지 공동대책위원회 명의의 성명서. 한국기독교교회협의회, 『악법 철폐, 하나님의 법 실현─1985년 인권주간 자료집』, 1985년 12월, 163쪽.

한계가 있었기 때문이다. 다음은 1985년 10월 한창 고문이 자행될 당시 야당인 신한민주당과 민추협이 공동으로 낸 성명이다.

::   우리는 최근 이러한 국민의 기본적 인권이 참혹하게 유린되는 참담한 상황에 직면하고 있다. 지난 7월 대구교도소에 수감된 재소자 정진관 씨 등 10여 명이 교도관들로부터 폭행을 당한 사건 이래 『동아일보』 편집국장 등 편집국 간부들이 수사기관에 연행되어 가혹행위를 당하고, 민주화운동청년연합 전 의장 김근태 씨 등 간부들과 학생들이 역시 수사기관에서 고문을 받았으며, 인천 지역 노동자 약 40여 명이 수사기관원을 자칭하는 자들에게 끌려간 후 행방조차 묘연한 사태 등이 이를 입증하고 있다.…… 현 정부가 선진조국의 건설을 주장하고 국제인권규약 가입을 추진하고 있는 마당에서 어찌 이 같은 인류와 인류문명에 대한 야만적 도전을 행하고 있는지 오직 통탄스러울 뿐이다.…… 이에 우리는 공권력에 의한 이 같은 엄청난 인권유린 행위가 인간의 존엄성과 민주주의에 국민적 열망을 짓밟는 것임은 물론 이 같은 행위가 인간의 존엄성과 민주주의 자체를 근본부터 흔드는 국가적 수치요, 반인간적이고 반인륜적인 작태로서 전 인류와 문명의 이름으로 규탄되어 마땅하고 즉각 중지되어야 함을 촉구하는 바이다.[3]

2) 종교·여성계의 고문반대운동

종교계[4]와 여성계만큼 당시 고문반대운동을 열심히 벌인 단체들은 없다. 특

---

3. 1985년 10월 19일자 세 단체(고문 및 용공조작 저지 공동대책위원회, 신한민주당, 민주화추진협의회) 명의의 공동성명서. 한국기독교교회협의회, 『악법 철폐, 하나님의 법 실현─1985년 인권주간 자료집』, 1985년 12월, 157쪽.
4. 특히 기독교에서 고문에 대한 분노와 반대를 분명히 하는 이유는 다음과 같다. "모든 사람은 하나님의 형상으로부터 지음받은 것이다. 고문은 바로 이러한 사람의 본성을 파괴함으로써 하나님의 형상을 파괴하는 죄악행위이다. 따라서 고문은 어떠한 이유에서든 용서받을 수 없는 죄악행위라는 것이 크리스천의 신앙 고백이다. 또한 고문은 고문을 당하는 사람의 본성을 파괴할 뿐만 아니라 고문을 하는 사람의 본성도 파괴한다. 고문이 자행되는 사회는 도덕적으로 타락한 사회이다." 한국기독교교회협의회 인권위원회, 『복음과 인권─1982년도 인권문제전국협의회 자료집』, 1982, 151쪽.

히 이른바 '종로5가'라고 알려진 한국기독교교회협의회(KNCC)는 당시 인권운동의 본산지였다. 이들은 다양한 형태의 기도회와 보고대회 등을 열었고, 한국기독교교회협의회 인권위원회를 중심으로 진상조사와 변호인 선임 등을 주선하고 조직했다.

가톨릭 역시 정의구현전국사제단이나 정의평화위원회 등을 중심으로 각 성당, 교구 단위로 다양한 고문반대운동을 벌였다. 부천경찰서 성고문사건이 일어난 직후인 1986년 7월 18일에는 김수환 추기경이 피해자 권인숙 씨에게 위로의 편지를 보냄으로써 진실이 어느 쪽에 있는가를 가늠케 하기도 했다. 같은 해 7월 16일 가톨릭 서울대교구 정의평화위원회가 기자회견을 갖고 발표한 성명서 '돌들이 일어나 외치리라'는 사람들에게 큰 감명을 주었다.

여성단체들도 부천경찰서 성고문사건이 일어나면서 일제히 항거에 돌입했다. 여성단체연합은 성고문대책위원회를 설치했고, 교회여성연합회·여성의전화·여신학자협의회·여성평우회 등도 나름의 방식으로 고문 반대의 목소리에 합류했다. 이 과정에서 '여성의전화' 김희선 원장이 구속되기도 했다.

3) 야당과 민주화추진협의회의 활동

신한민주당은 당시 '선명야당'으로서 인권침해와 고문사건의 조사와 폭로에 비교적 관심이 많았다. 국회의원들과 그중에는 변호사 출신도 있었기 때문에 인권옹호위원회(위원장 박찬종)를 구성하고 다양한 인권옹호 활동을 벌였다.

:: 　신민당은 대구교도소 양심수 폭행치상사건과 서울구치소와 영등포구치소의 수감 학생 가혹사건에 대한 진상을 조사하기 위해 (1985년) 8월 19일 진상조사반을 구성(반장 박찬종 인권옹호위원장, 목요상 의원, 신기하 의원, 유성환 의원, 장기욱 의원, 이

철 의원), 1차적으로 대구교도소 양심수 폭행치상사건을 조사하기 위해 이날 박찬종 인권옹호위원장과 목요상 의원을 대구 현지에 파견 조사활동을 벌였으나, 관계 당국의 불법적인 방해로 피해자 면담이 일체 불허당해 그 참상이 제대로 공개되지 않았을 뿐 아니라, 치외법권적 지대를 방불케 하여 대구교도소 당국의 불법적인 행위로 양심수들의 신상이 중대한 위험에 처해 있는 사실을 중시하며 이를 엄중하게 항의하고 규탄하는 바이다.[5]

국회의원들조차 폭행·고문당한 피해자들을 만나는 것이 거부될 정도였으니, 당시 정치권력의 야만성과 시국의 엄중함이 어느 정도였는지 짐작이 간다. 그렇지만 이들의 활동이 정치권력의 희생양이 되고 있던 선량한 시민들과 재야 인사들에게 격려가 되고 힘이 되었던 것은 틀림없는 일이다.

2. 언론의 반응

온 사회가 고문으로 신음하는 동안 언론은 무엇을 했던가. 한국 최초의 여성변호사이자 법조계의 원로인 이태영 씨가 부천경찰서 성고문사건을 변론하면서 "우리나라에 군부와 검찰, 사법부가 제자리에 제대로 서 있으면 모든 일이 잘된다"라고 말한 것이 기억난다. 군대는 병영 안에 머무르며 유사시에 국가를 방위하면 되는 일이고, 검찰과 사법부는 헌법과 법률이 명한 대로 공익 수호와 인권보장의 견제 역할을 다한다면 그런 성고문사건이 일어나지 않았을 거라는 말

5. 한국기독교교회협의회, 「대구교도소 양심수 폭행치상사건 신민당 진상조사단 1차 보고」, 『악법 철폐, 하나님의 법 실현— 1985년 인권주간 자료집』, 1985년 12월, 134쪽.

이었다. 그러나 그에 못지않게 언론이 고문의 문제점을 제대로 파헤쳐 사건들을 보도했다면 아마도 우리가 보았던 것처럼 그렇게 고문이 만연하지는 않았을 것이다.

:: 광주에서 200명이 넘는 양민을 학살한 살인군대에 대해 당시 『조선일보』는 1980년 5월 28일자 사설을 통해 "가장 난삽했던 사태에 직면한 비상계엄군으로서의 군이 자제에 자제를 거듭했던 사실을 우리는 알고 있다. …… 그러한 국군이 선량한 절대다수 광주 시민, 곧 국민의 일부를 보호하기 위해 취한 이번 행동에 어려움이 따를 수밖에 없었음은 당연한 일이었을 것이다. 때문에 신중을 거듭했던 군의 노고를 우리는 잊지 않는다"고 호도하면서 합리화시켜주었다. 그런가 하면 1980년 전두환 세력이 권력 창출의 일환으로 깡패 소탕이라는 이름을 빌려 자행한 삼청교육에 대해서도 『조선일보』는 "넓은 연병장은 몸에 밴 악의 응어리를 삭여 내뿜는 땀과 열기로 가득 차 있었다. 얼마 전까지만 해도 도시의 뒷골목을 주름잡던 주먹들과 서민을 울리던 공갈배들이 머리를 빡빡 깎고…… 훈련받는 모습은…… 당사자들은 그렇게 진지할 수가 없었다. …… 그 얼굴에서 과거의 악은 어느 틈엔가 찾아볼 수 없었다"고 하면서 미화하고 있다. 이 삼청교육을 통해 2만 2,800여 명이 혹독한 구타와 인권유린을 당했으며, 그 가운데 50여 명이 사망했다. 이뿐만이 아니었다. 부천 성고문사건이 발생했을 때 관련 언론사 간부들과 일선 기자들은 진상을 은폐, 왜곡하는 과정에서 그 대가로 정부당국으로부터 거액의 촌지를 받아 챙겼다는 것이다. 권력에 기생한 언론은 그들의 폭력과 비리를 이렇게 합리화하고 감싸면서 공생관계를 유지했다.[6]

---

6. 안병욱, 「의문사 진상규명의 현대사적 의미」, 『의문사진상규명의 역사적 의의와 전망』, 민주사회를위한변호사모임, 2000년 12월 11일, 12~13쪽.

언론이 단지 고문과 인권침해 사실을 보도하지 않은 것에 그치지 않고 더 나아가 권력과 '공생관계'를 형성했던 상황에서 언론에 어떤 기대를 거는 것은 무리였다. 사실 위의 지적이 어느 한 언론의 행태였다기보다는 다른 모든 언론 역시 마찬가지였다는 데 더욱 심각한 문제가 있었다. 사법부와 마찬가지로 언론도 이미 정권에 길들여져 있었던 것이다.

정치권력은 이미 줏대도, 용기도 잃어버린 언론을 존중하기는커녕 오히려 멸시하고 마음대로 억압했다. 심지어 언론인도 수사기관에 잡혀가 고문당하는 상황까지 맞게 되었다.

:: 　『동아일보』 편집국 기자 일동은 최근 언론인들이 당국에 잇달아 연행, 폭행당한 데 이어 특히 지난 8월 30일부터 9월 1일 사이에 『동아일보』 이채주 편집국장과 이상하 부국장 대우 정치부장 및 김충식 정치부 기자가 연행돼 가혹행위를 당한 사실에 대해 분노한다.[7] 우리는 당국의 언론인 인권침해가 곧 언론에 대한 중대한 위협이라고 규정하며, 이에 대해 언론이 이제까지 침묵하고 있었음을 반성한다. 이에 따라 우리는 당국의 이 같은 불법적 처사를 즉각 중단하고, 최근 일련의 사태에 관해 해명하는 한편 납득할 만한 조치를 취할 것을 촉구한다.[8]

이로부터 세월이 한참 지난 뒤에야 언론은 자성과 참회의 목소리를 비로소 내기 시작했다. 그것도 용기 있는 소수의 언론이었다.

:: 　…… 그동안 『한국일보』는 사시(社是)에 적시한 대로 춘추필법의 정신으로

---

7. 당시 이들이 연행된 것은 이른바 '중공기 이리 불시착 사건'의 보도와 관련이 있는 것으로 알려졌다.
8. 1985년 9월 1일 『동아일보』 편집국 기자 일동 명의의 '우리의 입장'이라는 제목의 성명서. 한국기독교교회협의회, 『악법 철폐, 하나님의 법 실현─1985년 인권주간 자료집』, 1985년 12월, 149쪽.

정정당당하고 불편부당하게 국민들에게 진실을 알리고자 노력했다. 그러나 독재 권력에 굴복해서 진실을 알리고 기록해야 할 임무를 저버렸던 때도 적지 않았다. 왜곡 과장보도도 많았고 오보도 있었다. 특히 격동의 시기였던 1979~80년 『한국일보』의 지면에는 굴종과 치욕의 과거가 지울 수 없는 낙인으로 남아 있다.

…… 이어진 12·12군부쿠데타와 군부의 정권 장악. 펜은 결코 칼보다 강하지 않았다. ……『한국일보』는 국민들에게 사태의 진상을 전혀 알리지 못했다. …… 8월 5일 『한국일보』는 이른바 삼청교육대의 출발을 「정의의 새 시대를 기약, 사회악 일소 조치 시원하게 협력하자」라고 보도했다. 순화교육의 문제점이나 부작용에 대한 우려는 단 한마디도 없었다. ……[9]

9. 「곡필의 과거를 참회합니다」, 2004년 6월 8일자 『한국일보』 기사.

제2장

노태우 정권과 고문

01
노태우 정권의 인권 상황과 고문의 부활

1. 5공화국과 6공화국의 연속성

고문을 통한 공포와 억압체제에 의하지 않고서는 정권을 유지할 수 없었던 전두환 5공정권이 무너지고 새롭게 국민 직선으로 노태우 정권이 탄생했다. '고문정권', '공안정권'에 저항하는 수많은 민주인사들과 민주화의 대세 앞에서 노태우 정권은 인권과 민주주의를 내세울 수밖에 없었다.

무엇보다도 제6공화국은 헌법 제12조 5항에 "누구든지 체포 또는 구속의 이유와 변호인의 조력을 받을 권리가 있음을 고지받지 아니하고는 체포 또는 구속당하지 아니한다"라는 규정을 신설했다. 종래 사문화된 형사소송법 규정(제72조, 제209조)을 헌법에 명시함으로써 국민의 기본권으로 격상시킨 것이다.[1]

---

1. 김창국, 「고문 없는 사회」, 『인권과 정의』 1990년 5월호, 대한변호사협회, 6~7쪽.

2. 고문 금지 약속과 노태우 정권의 태도

1) 6·29선언

1987년 6월 29일, 당시 민주정의당(민정당) 대표 노태우가 국민들의 민주화와 직선제 개헌 요구를 받아들이는 중대한 선언을 한다. 이른바 6·29선언이다. 한때 민중 봉기와 정부 전복까지 우려되던 위급한 사태는 6·29선언으로 일순 커다란 전환을 맞게 되었다.

그 주요 내용은 ① 대통령직선제 개헌을 통한 1988년 2월 평화적 정권 이양 ② 대통령선거법 개정을 통한 공정한 경쟁 보장 ③ 김대중의 사면복권과 시국 관련 사범들의 석방 ④ 인간 존엄성 존중 및 기본 인권 신장 ⑤ 자유언론의 창달 ⑥ 지방자치 및 교육자치 실시 ⑦ 정당의 건전한 활동 보장 ⑧ 과감한 사회정화 조치의 단행 등이다. 전두환 정권이 위기에 직면한 상황에서 당시 재야 민주화운동 세력이 요구하던 직선제 등을 상당한 정도로 받아들인 것이었다.

당시 1985년 2·12총선 이후 야당과 재야세력은 간선제로 선출된 제5공화국 대통령 전두환의 도덕성·정통성 결여와 비민주성을 비판하면서 줄기차게 직선제 개헌을 주장했다. 이에 전두환은 1987년 4월 13일 일체의 개헌 논의를 금지하는 호헌조치를 발표했다. 이런 상황에서 서울대 박종철 군이 경찰의 고문으로 사망한 사실이 알려지자 정국은 대결국면으로 치달았다. 6월 10일 전국 18개 도시에서 민주헌법쟁취국민운동본부가 주최하는 대규모 가두집회가 열렸고, 학생과 시민들의 시위가 연일 계속되었다. 26일 전국 37개 도시에서 사상 최대 인원인 100여만 명이 밤늦게까지 격렬한 시위를 벌였다. 경찰력이 마비되자 정부는 한때 군 투입을 검토했으나 온건론이 우세해 국민들의 직선제 개헌 요구를 받아들이고 위와 같은 6·29선언을 발표했다. 이 선언에 따라 10월 27일 국민투표로 직선제 개헌이 이루어졌고, 12월 16일의 대통령선거에서 민정당 후보 노태우가 36.6%의 지지를 얻어 당선되었다.

2) 선거공약과 취임사, 그리고 수많은 약속

노태우 대통령은 여러 차례 고문 근절과 인권보장을 통한 민주주의를 약속했다. 선거공약을 통해, 그리고 당선 후 대통령 취임사에서도 반복하여 강조했다.

:: 지난날 인권 시비가 일어날 때마다 잠을 이루지 못했습니다. 내 아들, 내 딸과 같은 젊은이들이, 그것도 조국의 내일을 염려하는 젊은이들이 고문을 받았다는 보도에 접했을 때, 더욱이 성고문사건과 고문범인 조작사건을 알게 되었을 때, 말할 수 없이 부끄럽고 송구스러웠습니다. …… 이처럼 수치스러운 인권 시비가 어떠한 형태로든 다시 일어나서는 안 된다는 것이 이 사람의 굳은 신념입니다. 이 나라를 인권의 시비가 없는 나라로 만드는 것만이 그 고귀한 희생을 민주주의의 대의 속으로 승화시키는 일이라고 확신합니다.[2]

:: 물량 성장과 안보를 앞세워 자율과 인권을 소홀히 여길 수 있는 시대는 끝났습니다. 힘으로 억압하거나 밀실의 고문이 통하는 시대는 끝났습니다.[3]

---

2. 노태우, 「위대한 보통사람들의 시대」, 을유문화사, 1987, 44쪽.
3. 노태우, 「제13대 대통령 취임사」(1988. 2. 25), 「민주주의의 시대, 통일을 여는 연대—노태우 대통령 1년의 주요 연설」, 동화출판공사, 1989, 6쪽.

3) 약속의 이행과 위반

인권침해와 억압 때문에 민심이 이반되고 마침내 정권이 위기에 몰렸던 5공화국을 승계한 노태우 정권이 인권보장과 고문 금지를 약속한 것은 어쩌면 당연한 일이었다. 실제로 노태우 정권 시기에 5공화국보다 인권의 개선이 이루어진 것은 사실이다. 다음과 같은 변화가 있었다.

형사 절차와 민주화, 형사소송법, 군법회의법: 1987년 11월과 12월에 각각 개정 공포된 형사소송법과 군법회의법은 체포 또는 구속된 자나 그 가족이 고지 또는 통지받은 사항에 범죄 사실 외에 구속의 이유를 추가하여 필요한 절차를 밟을 수 있는 기회를 보장했고, 모든 범죄에 대한 구속적부심사청구를 가능하게 하였다.

검찰권 행사의 엄정화, 경찰관직무집행법: '민주발전을 위한 법률개폐특별위원회'의 심의와 국회 의결을 거쳐 88년 12월에 개정 공포된 경찰관직무집행법은 경찰관의 직권남용으로 인한 국민의 인권침해를 방지하기 위한 가시적인 조치였다. 임의동행의 경우에 이를 거절할 수 있음을 명문화하였고, 또 동행을 거부할 자유가 있음을 미리 말해주도록 했으며, 동행 후에는 가족·친지 등에게 즉시 통지하도록 하여 법적 보호를 받을 수 있도록 했다.

보안감호제도의 폐지, 사회안전법 개정: 구사회안전법상의 보안 처분 대상에 대하여 신체의 자유나 주거 이전의 자유를 법원의 판결도 없이 행정 절차에 의해서 구금 또는 주거를 제한할 수 있도록 한 것은 비민주적이란 종래의 비판을 수용하여 보호감호 처분과 주거 제한 처분을 폐지하고, 보안관찰 처분의 대상도 간첩죄 등 반국가범죄로 축소 조정하는 등 엄격하게 규정하였다.[4]

---

4. 공보처, 『자료 제6공화국』, 1992, 78~80쪽.

그 외에도 국가보안법을 개정하고, 국제인권규약에 가입하는 등의 조치가 따랐다. 이것은 분명 인권보장을 향한 변화였다. 그러나 이런 법제의 변화 자체에도 본질적인 한계가 있었고, 더 나아가 그것을 적용하는 수사기관 종사자들의 의식에는 더욱 변화가 없었다. 더구나 전두환 5공정권의 '후계자'라는 본질적인 성격이 날이 갈수록 뚜렷해지면서 당시 인권 상황은 오히려 과거로 회귀하게 되었다.

3. 인권과 고문 상황 — '억압과 고문으로의 복귀?'

::   인권기구인 국제사면위원회는 '한국—억압과 고문으로 복귀?'라는 제목의 보고서를 통해 한국정부가 노조의 불안 사태와 정부의 대북정책 반대자들을 억누르기로 결정한 데 따라 대량 검거가 이루어졌다고 지적하고, 이러한 강경 조처로 주요 도시에서 약 800명의 정치운동가와 노조운동가들이 체포됐다고 말했다. …… 이 보고서는 지난해 4월 이후 정치적 이유로 체포된 사람들은 대부분 신속히 그리고 정기적으로 변호사 및 친척과 접촉하는 것이 거부당한 것으로 보이며, 일부는 독방에 갇혀 신문을 받을 때 고문당하거나 학대받았다고 주장했다고 말했다. …… 사면위원회는 노태우 정부가 장기 복역 중인 정치범의 사건을 재검토하거나 앞 정부 때의 인권침해 사건을 조사하는 데 별로 한 일이 없다고 비난했다.[5]

1987년의 6·29선언과 헌법 개정, 대통령의 인권보장 약속 등을 통해 1988

---

5. 「국제사면위원회 89년 보고서 — "한국 인권 상황 뒷걸음"」, 1990년 1월 17일자 『한겨레신문』 기사.

년까지 2년 동안 부분적인 인권 개선의 노력이 없지는 않았다. 그러나 1989년 문익환 목사 방북사건을 계기로 이른바 '공안정국'이 형성되면서 그동안의 인권 개선이 무색할 정도로 한국의 인권은 후퇴하고 말았다. 다시 불법연행과 고문이 판을 쳤으며 도처에서 인권침해의 아우성이 일었다.

당시 앰네스티가 지적했던 것처럼 1989년의 인권 후퇴 상황을 바라보면서 많은 시민들은 노태우 정권이 결국 전두환 정권의 연장선상에 있음을 깨달을 수 있었다. 인권이 악화되면서 다시 '목요기도회'가 부활했고 인권단체들 역시 바빠졌다.

:: 　학생들의 민주화운동과 재야의 소리가 필경 노 대통령의 1987년 6·29선언을 가져왔는데, 지난 2년 동안 기억에서 지울 수 없는 공안정국으로 인한 통치가 국민을 다시 긴장하게 만들고 불안 속으로 몰고 간 사회환경을 의식하지 않을 수 없다. …… 외국에 나가서는 한국에 양심수가 하나도 없다고 대통령이 말했다고 하지만 6공 출범 후 89년 말 시국 관련 사범 구속자 수가 5공 때보다 더 늘어나고 있다고 대한변협의 인권보고서는 지적하고 있다. 한국기독교교회협의회의 인권위원회는 74년부터 구속자 석방과 민주화를 위한 목요기도회를 계속해오다가 1988년부터 잠시 중단했었지만 89년 공안정국의 강경 정치로 인한 구속자 수가 늘어남에 따라 89년 후반부터 이를 다시 부활시켰다. ……[6]

:: 　…… 1989년 3월 야당의 동의로 중간평가의 부담이 없어지고 문익환 목사, 서경원 의원 등의 방북을 계기로 시국사범 구속자 수는 89년 1,515명, 1990년 1,812명, 91년 1,356명(민가협 추계) 등으로 늘어났고, 시국사범 일일 평균 구속자

6. 김찬국, 「노 정권과 인권」, 1990년 2월 27일자 『동아일보』의 '동아시론'.

수도 5공의 1.6명에서 3.9명으로 대폭 증가했다.[7]

6공화국 중반기 이후로 넘어가면서 다시 '억압과 고문으로의 복귀'를 상징적으로 느낄 수 있었던 것은 한때 다 죽어가던 고문자들의 기세가 다시 등등하게 되살아난 장면을 보면서였다. 참으로 헷갈리는 시대였다. 김근태 사건 고문경관들에 대한 결심 공판장의 모습을 들여다보자.

:: "공산주의자인 김근태의 인권만 인권이고 피고인(고문경관)들의 인권은 인권이 아닙니까?"(1990년 12월) 26일 오후 전 민청련 의장 김 씨를 고문한 혐의로 재판에 회부된 전 치안본부 대공수사단 소속 김수현(57) 경감 등 경찰관 4명에 대한 결심 공판정. 피고인 측 변호인인 김병남 변호사는 이날 원색적인 표현을 써가며 김 씨를 '북한의 대남 혁명노선에 추종하는 사회주의 신봉자'로 몰아붙였다. …… "이 사건은 빨갱이를 잡는 데 일생을 바쳐온 대공경찰과 좌익운동가의 싸움이므로 이 싸움에서 자유민주주의가 반드시 승리해야 한다." 김 변호사의 최후변론이 끝나자 방청석을 대부분 차지하고 있던 사복 차림의 대공경찰관들은 힘찬 박수를 보냈다. …… 이어 피고인들의 최후진술이 계속됐다.
"김근태는 고문을 해 용공조작을 했다고 하지만 민중민주주의혁명론은 북한의 주장과 일치하는데 왜 고문을 했겠느냐. 억울한 누명을 풀어달라."(김수현 경감)
"자유민주 체제를 수호하기 위해 춥고 배고픈 대공형사 생활을 해온 결과가 고문경찰관으로 낙인찍히는 것이라면 어디 가서 무슨 말을 하겠느냐."(최상남 경위)
"한 사상범의 무고로 인해 우리 대공경찰 전체가 고문경찰인 것처럼 매도된 데 원통함을 느낀다."(백남은 경정)

---

7. 「6공서 이룬 것과 못 이룬 것」, 1992년 6월 29일자 『동아일보』 기사.

이에 앞서 특별검사인 김창국 변호사는 논고를 통해 "이 재판 직전 몰아친 '공안 정국'의 여파로 피고인들은 기세가 오를 대로 올라 이 법정에서 과연 누가 '피해 자'이고 누가 '가해자'인지 알기 힘든 실정"이라며 "피고인들은 '김 씨 같은 사 람을 고문해도 된다'는 잘못된 신념을 갖고 있지나 않은지 우려된다"고 말했다.[8]

---

8. 최영훈, 「기세 오른 '고문 피고인들'」, 1990년 12월 27일자 『동아일보』 칼럼.

02
노태우 정권의 고문 사례

1. 계속되는 시국사건과 고문피해

최동 씨의 경우 — 1989년 1월

::   지난 1990년 8월 7일 한양대에서 분신자살한 최동[1] 씨는 1980년 성균관대 국문과에 입학한 후 10여 년간을 학생운동과 노동운동을 통해 반독재 투쟁과 노동해방을 위해 헌신했다. 그는 부천 지역에서 노동운동을 하고 있던 중 89년 1월부터 그가 소속해 활동하고 있던 '인천·부천노동자회'에 대한 수사가 시작되면서 홍제동 치안본부 대공분실에 연행되었다. 조사를 받는 동안 그는 거의 한 달 반 동안의 행적에 대한 세세한 사진 기록에 큰 충격을 받은 것으로 동료들은 전했으

---

1. "1990년 8월 7일 한양대학교 사회과학대학 4층 403호 강의실에서 최동(30, 성균관대 국문과 88년 제적) 씨가 시너를 온몸에 뿌리고 성냥불로 불을 붙인 뒤 2층 화장실로 뛰어내려와 수돗물을 틀어놓고 쓰러져 있는 것을 이 학교 자연대 수학과에서 심부름 일을 하고 있는 김 아무개(16) 양이 발견하고 병원으로 옮겼으나 숨졌다"라고 한다. 「출소 시국사범 분신자살 — "고문후유증 시달렸다" 가족 주장」, 1990년 8월 8일자 『한겨레신문』 기사 참조.

며, 20여 일 동안 잠을 거의 재우지 않는 조사를 받던 중 서부경찰서 유치장에서 칫솔대를 날카롭게 갈아 자해를 시도하여 기도가 1cm 이상 찢어지는 상처를 입었으나 아무 치료도 하지 않고 조사를 강행당했다. 이때 그의 수면 기능은 완전히 파괴되고, 심한 우울증과 피해망상 증세가 심각하게 나타나기 시작했다고 한다.

구치소로 넘어간 뒤에도 그에 대한 치료는 형식적인 데에 그치고 불면증 등 정신적인 고통에 대해서는 물론이고 외상 치료조차도 기껏 반창고를 붙여주는 데 그쳤다 하니 독재정권의 횡포를 단적으로 보여주는 것은 물론이요, 그가 뒷날 정신적인 고통을 이기지 못하고 자살을 할 수밖에 없었던 직접적인 원인을 제공했다고 하지 않을 수 없는 것이다. 결국 여러 달을 방치하다가 종로신경정신과에서 외래 진료를 받은 결과 우울증과 정신분열 증세로 구치소 밖에서의 치료를 할 수 있다는 판정을 겨우 받아낼 수 있었던 것이다.[2] 최동 씨가 수사관들에게 어떤 형태로 고문을 받았는지는 그 자신과 담당수사관밖에는 아무도 알 수 없는 일이지만, 최동 씨가 고문으로 인한 후유증으로 정신분열 증세를 보이고 그로 인한 고통을 참지 못하여 생명을 던지게 만든 것이 군사독재정권이었음은 분명한 사실이다.[3]

최동 씨의 분신자살사건이 일어난 후 치안본부 측은 "당시 구타 등 고문행위는 절대로 없었다"라고 변명했다.[4] 그러나 이 사건의 변론을 맡았던 정미화 변호사는 "처음 연행된 뒤 48시간가량 잠을 재우지 않은 것으로 알고 있다"면서 "자해행위 뒤 급격하게 우울증 증세를 보이기 시작했다"라고 말했다. 또한 숨진

---

2. 그러나 이 판정을 받고도 구치소 측은 별다른 조치를 취하지 않았고, 그리하여 인노회사건 가족들이 구치소 면회 대기실에서 유인물을 뿌리고 "약물 투여 진상 공개", "정확한 치료" 등을 요구하는 농성을 벌인 끝에 최 씨는 9월 중순 집행유예로 풀려났다. 「시한폭탄 인권 문제 새 파문 — 시국 관련 출소자 분신자살 충격」, 1990년 8월 9일자 『한겨레신문』 기사.

3. 「수사기관 (고문)피해 사례 — 고(故) 최동」, 「고문은 아직도 끝나지 않았다 — 문국진과함께하는모임 발족 자료집」, 1993년 10월 13일, 19쪽.

4. "그러나 최 씨의 '민주노동자장'을 추진 중인 장례위원회(위원장 신철영 전국노동운동협의회 공동의장)는 최 씨의 장지를 망월동 묘역으로 확정하는 한편 10일 오후 7시 한양대병원 영안실 앞에서 '고문살인규탄대회'를 갖고 11일 오전 9시 30분 성균관대에서 영결식, 낮 12시 30분 홍제동 치안본부 대공분실 앞에서 노제를 치르기로 결정했다." 「분신자살 최동 씨 장례 뒤 홍제동 대공분실 앞 노제 — 장지 망월동 확정」, 1990년 8월 10일자 『한겨레신문』 기사.

뒤 최 씨의 책상 서랍에서 "구치소에서 가해진 음모 앞에서 그들이 의도했던 대로 되어가고 있습니다. …… 무기력하고 무능한 인간을 만드는 것입니다. 지금의 나는 폐인이나 다름없습니다"라는 내용의 최 씨 필적의 메모도 발견되었다.[5]

문익환 목사 방북사건 유원호 씨의 경우 — 1989년 3월

1989년 3월 문익환 목사를 수행해 북한을 방문한 사건과 관련해 국가보안법 위반 및 간첩 혐의로 구속 기소되어 재판을 받고 있던 유원호 씨는 1989년 8월 28일 서울형사지방법원 대법정에서 있었던 5차 공판에서 자신의 고문피해를 폭로했다.

:: 안기부에 있는 동안 7개 팀의 수사관들이 교대로 수사를 벌이면서 10여 일간 잠을 못 자게 하고, 몇 차례나 온몸을 발가벗긴 채 구타를 가하였으며, 견디기 어려운 모욕적인 언사를 계속하였고, 자신들이 만든 사실을 끊임없이 외우게 한 다음, 이를 다시 자술서 형식으로 쓰게 하는 등 끈질긴 수사관들 앞에서 체념한 상태에서 허위자백을 할 수밖에 없었다.[6] …… 죽어도 안기부에는 가지 말라는 유언을 남기고 싶다.[7]

"죽어도 안기부에는 가지 말라"는 유언을 남기고 싶다는 이 말 한마디로 당시 고문이 얼마나 끔찍했는지를 잘 설명해주고 있다.

---

5. 「출소 시국사범 분신자살 — "고문후유증 시달렸다" 가족 주장」, 1990년 8월 8일자 『한겨레신문』 기사.
6. 유원호 씨의 변호인단은 또한 "(유원호 씨에 대한) 피의자 신문조서는 이미 만들어진 상태에서 날인만 하였으며 더구나 한꺼번에 작성된 것을 날짜를 적당히 소급하여 여러 날에 걸쳐 조사된 것으로 조작하였다는 것입니다. 이것은 공문서 위조 또는 변조의 범죄행위입니다"라고 주장했다. 편집부 엮음, 『빼앗긴 변론』, 역사비평사, 1990, 39쪽.
7. 대한변호사협회, 『1989년도 인권보고서』, 역사비평사, 1990, 39쪽.

서경원 의원의 경우

서경원 의원은 한 번 당하기도 어려운 고문을 두 차례나 당했다. 첫 번째는 5·18광주항쟁과 관련해서이고, 두 번째는 방북사건 때문이었다.

① 첫 번째 고문

:: 1980년 광주항쟁 관련으로 쫓기다가 80년 6월 20일 연행되어 함평경찰서에서 40일간 감금되었다. 광주 31사단에서 20명의 수사관들에게 집단구타를 당하였다. 모진 매를 이겨내지 못하여 쓰러져 정신을 잃기를 세 번이나…… 그의 목에서 피가 넘어오고 온몸이 붓고 혈변을 보게 되자 수사당국에서는 광주육군통합병원에 입원하게 하여 한 달간 치료를 해주다가 광주교도소로 이감시켰다. 그는 6개월간의 징역을 살고 80년 12월 26일 출소하였다.

② 두 번째 고문

1989년 9월 27일 서울형사지방법원 대법정에서 열린 서경원 의원에 대한 첫 공판에서 서 의원은 모두진술을 통해 고문 사실을 다음과 같이 털어놓았다.

:: 안기부에서 조사받은 20여 일간 3~4명의 수사관이 교대로 지키면서 잠을 못 자도록 구타하여 하루 2시간 이상 자본 적이 없으며, 10여 일간을 강제로 알약을 받아 먹으면서 조사를 받았고, 검찰에 송치된 이후에는 안기부에서보다 오히려 잠을 더 못 잤으며 수갑을 찬 채 엎드리게 한 상태에서 조사를 하는 등 강압적인 분위기 속에서 허위자백을 할 수밖에 없었다.[8]

---

8. 대한변호사협회, 『1989년도 인권보고서』, 역사비평사, 1990, 39쪽.

방양균 씨의 경우—1989년 6월

서경원 의원과 함께 구속 기소된 비서관 방양균 씨 역시 심각한 고문을 받았다.

:: 남편은 서경원 전 국회의원의 비서관으로 서경원 의원 방북사건으로 1989년 6월 29일 강제연행되어 남산 국가안전기획부 지하밀실에 도착하여 전문수사관 4명, 김군성 수사관 외 3명 등 혹독한 구타와 협박·회유, 잠 안 재우기 등 왼쪽 귀 고막을 터지게 하는 등 지금까지 후유증으로 인하여 왼쪽 귀는 들리지 않고, 신문이나 책을 볼 수 없을 정도로 두통과 노이로제 증상으로 인하여 고통의 나날로 수형생활을 하고 계시답니다. 아내인 제가 도저히 억울하고 분통이 터져 고발코자 합니다.

안기부 수사관은 미리 허위 날조된 조사 내용을 써가지고 와서 수사관 요구대로 대답을 안 하니까, 안기부 김군성 수사관이 "목을 밧줄로 걸어버려"라는 협박과 무릎을 꿇리고 발을 수십 차례 때려 이마 왼쪽 부분이 찢어지고, 왼쪽 귀 고막이 터지고 야전침대 각목으로 무참히 때려 손등이 찢어지고, 신체 어느 곳이든 구타하기 편리하게 하기 위해 안경을 못 쓰게 하고 이곳저곳을 무참히 구타, 경상도 말씨의 40대 안기부 과정이 무릎을 꿇려놓고 수십 차례 뺨을 때려 졸도시키고, "여기가 어딘 줄 아나. 이곳에서는 너 같은 놈 죽여 신문에 가장해버리면 끝이다. 월북하려다 아군에 피살됐다고 하면" 하면서 권총 총구를 입에 물게 하고 방아쇠를 당겨 죽여버린다고 협박·구타하고, 벽과 책상에 자해하지 못하도록 고무로 씌우고 옷을 벗기고 군복으로 갈아입힌 후 야전침대 각목으로 어깨 좌우측 신경부터 다리, 대퇴부, 손등을 2인 1조로 교대해가면서 전문수사관이 1시간 정도 구타, 혼절하였다가 일어나 보니 찬물을 끼얹고 의자에 항거불능, 포박상태에서 다시 야전침대 각목으로 다시 구타, 정신이 들어보니 온 전신이 피투성이였고, 의사가 주사를 놓고 있는 상태에 정신이 들었을 때 눈앞이 깜깜했고 심한 어지럼증이 있었으며, 공포와 불안 속에서 무참히 수십 차례 혹독한 구타와 잠 안 재우기(13일), 철야조사, 화장실 못 가기, 심지어 물도 못 마시게 하고 양치질은 물론 식사 후 즉시 조사하기 등 원인 모를 약물을 강제로 복용시키며, 또 조사 당시 임신 8개월 된 처인 저를 소환했으니 옆방에서 조사받을 때 비명소리를 들어보라고 수일간 협박했을 때 제일 고통스러웠다는 남편의 진술이었고, …… 저의 남편이 고문받았던 부분에 대하여 남편에게서 들은 대로 사실을 진술하였습니다. 진술인 정혜순.[9]

남편 방양균에게서 들은 고문 사실을 두서 없이 정리한 글이지만 당시 남편이 받은 고문의 내용을 비교적 정확하게 서술하고 있다. 방양균을 검진한 서울대 이정빈 교수(법의학)는 "신체감정 결과 노이로제 증상처럼 목을 꽉 누르고 숨을 못 쉬는 듯한 압박감을 느끼는 협심증과 한쪽 귀가 안 들리는 것 등은 고문후유증"이라고 진단했다.

:: 　서울대 의대 법의학과 이정빈 교수는 18일 방(양균) 씨에 대한 신체감정 결과를 서울형사지법 장경삼 판사 앞으로 보내 "방 씨의 오른쪽 손등에 난 열창은 모가 난 둔기에 충격을 받았을 경우 발생할 수 있는 것"이라며 "야전침대에서 사용하는 막대기가 모가 난 것이라면 방 씨의 주장대로 야전침대용 막대기에 맞아 이 같은 상처가 생길 수 있다"고 밝혔다.
이 교수는 신체감정서에서 방 씨의 왼쪽 이마에 난 상처에 대해 "주먹으로 비켜 맞아 표피가 박탈됐을 경우에 생길 수 있다"고 밝혔다. 이 교수는 또 오른손 검지와 왼손 엄지의 상처도 "야전침대에 사용되는 막대기로 맞아 표피가 박탈된 뒤 생

9. 서경원 의원 비서관 방양균의 처 정혜순 명의의 고발장, 1993년 10월 8일자.

긴 반흔일 가능성을 배제할 수 없다"고 밝혔다.[10]

현대자동차 노조 배만수 씨의 경우 — 1989년 7월

:: 　　배 씨는 고문의 기억을 꺼내며 고통스러운 듯 울먹였다. 배 씨는 지난 1989
년 7월 어용노조였던 현대자동차 노조를 민주노조로 탈바꿈시키는 투쟁과정에서
사소한 일로 대공기관에 연행, 심한 고문에 시달리다 국가보안법 위반으로 구속됐
다고 주장했다. "대공수사관들은 얼굴에 수건을 덮어씌운 뒤 물고문을 가했으며,
심지어 자신들의 소변을 주전자에 담아 내 얼굴에 부어 억지로 먹게 했다. 수사관
들은 '북한의 지령을 받고 대기업 노조에 침투했다'라는 진술을 강요했다. 고문
에 못 이겨 거짓진술을 하면 내 동료들이 똑같은 고통을 당할 것이 두려워 차라리
죽었으면 좋겠다는 생각이 들었다."

배 씨는 "조합원들에게 민중가요를 알려주기 위해 〈조선은 하나다〉라는 노래 가
사를 대자보에 써 부착했는데, 공안수사관들은 '조선'이라는 말을 썼다고 빨갱이
로 몰아 고문했다"며 "어용노조를 민주노조로 만드는 투쟁에 찬물을 끼얹기 위해
국가보안법이란 올가미를 씌웠던 것"이라며, 국보법이 노동자의 권리찾기 투쟁을
매도하는 데 악용됐다고 비판했다. 배 씨는 특히 "고문당한 사실을 가슴에 묻어둔
채 누구에게도 말하지 않고 살아왔으며 고문의 고통을 기억에서 지우고 살기 위해
노력했다"고 털어놓다가 울먹임에 말을 잇지 못했다.[11]

안기부 '고문대'에 오른 화가들 — 1989년 8월

:: 　　지난 (1989년) 6월 29일 한양대 노천극장에서는 하나의 장관이 연출되고 있

---

10. 「"방양균 씨 상처 고문 가능성"—이정빈 교수 소견서」, 1989년 10월 19일자 『한겨레신문』 기사.
11. 민주노총 주최 '국가보안법 철폐와 고문배후 진상규명을 위한 투쟁계획 발표'에서 배만수(45, 현대자동차 노조원) 씨의
　　증언. 「수사관들이 얼굴에 오줌 부어 먹였다」, 2004년 12월 16일자 『오마이뉴스』 기사.

었다. 노천극장 뒤편 둘레에 걸린 높이 2.6m, 총 연장 77m의 초대형 걸개그림 〈민족해방운동사〉에 감싸인 6,000여 명의 청년학생들은 밤 10시부터 '민족의 자주·평화·대단결을 위한 범국민 통일한마당'을 벌이고 있었다. 식장의 중앙에서 흘러나오는 우렁찬 목소리에 귀를 기울이고 있던 중 놀라운 내용이 발표되었다. "바로 뒤에 걸린 그림 〈민족해방운동사〉가 슬라이드로 제작되어 제13차 세계청년학생축전이 열리는 평양에 도착했음"을 알리는 내용이었다. 숨죽이던 군중들의 환호성은 노천극장을 떠내려 보낼 듯하였는데…… 감동과 환희의 하룻밤이 지나자 당국은 오후 2시에 8,000명의 전경과 백골단을 진입시켰고, 이들 가운데 일단의 부대는 노천극장으로 향해 그림 〈민족해방운동사〉를 여지없이 북북 찢어내리기 시작했다. 그 다음 좀 커 보이는 조각들은 세세히 자른 뒤 불구덩이에 처넣어버림으로써 역사적인 이 그림은 이 세상에서 영원히 사라져버렸다.[12]

〈민족해방운동사〉가 찢기고 잘리고 불구덩이에 처박힌 것처럼 이 그림을 그린 화가들 역시 온전하지 못했다. 그림의 제작과 북송에 관여했던 화가들이 대량 검거되고 고문으로 사건을 조작당해 간첩이 되었다.

① 차일환 씨의 경우
::   평양축전에 전시된 걸개그림 〈민족해방운동사〉 제작과 관련 국가보안법 위반 혐의로 구속돼 안기부에서 조사를 받고 있는 차일환(30) 씨가 조사과정에서 안기부 수사관에게 구타를 당하는 등 고문을 받으며 진술을 강요당해 허위진술했다고 말한 것으로 차 씨를 면회한 부인 남규선 씨가 폭로했다.[13]

---

12. 최열, 「안기부 '고문대'에 오른 미술가들」, 『월간 말』 1989년 10월호, 58쪽.
13. 「"안기부서 고문당해 허위진술" — '축전그림' 관련 구속 차일환 씨 부인 면회 때 주장」, 1989년 8월 18일자 『한겨레신문』 기사.

그러나 이 사건에서 고문은 이로써 그치지 않았다. 이번에는 고문 사실을 폭로했다고 '보복 고문'을 가한 사실이 밝혀져 충격을 주었다.

:: 국가안전기획부에서 고문당했다는 주장이 잇따르는 가운데 접견 온 변호사와 가족에게 고문 사실을 털어놓은 차일환 씨에게 안기부가 "고문 사실을 폭로했으니 진짜 고문 맛을 보여주겠다"면서 보복 고문을 가했다는 주장이 나와 충격을 주고 있다. 지난 24일 오후 3시께부터 2시간 동안 서울구치소에 수감 중인 차 씨를 접견한 김선수 변호사와 차 씨의 부인 남규선 씨에 따르면, 차 씨는 17일 고문 사실을 부인 남 씨에게 털어놔 이 사실이 18일자 아침 신문에 보도되자, 바로 이 날 안기부 수사관이 신문을 들이대며 "이제 신문에도 났으니 고문이 뭔지 맛 좀 봐라"면서 두 주먹으로 얼굴과 가슴을 집중 구타했다고 말했다는 것이다. 차 씨는 또 자신이 머리를 벽에 대고 엎중쉬어 자세를 취한 상태에서 무차별 구타당했다는 것이다.[14]

② 홍성담·정하수 씨의 경우

:: 차(일환) 씨에 앞서 구속된 홍성담(34) 씨도 이날 서울구치소에서 김 변호사와 어머니 윤덕엽(58), 여동생 현희(28) 씨에게 지난달 31일 안기부에 강제연행된 뒤 3~4명의 수사관이 한꺼번에 들어와 야전침대 각목으로 손과 머리 등을 마구 때리는가 하면 책상 위에 손을 올려놓고 손등을 딱딱한 슬리퍼로 때렸다고 말했다는 것이다. 김 변호사는 접견 당시 홍 씨의 오른쪽 무릎에 멍든 자국이 있었는데, 이에 대해 홍 씨는 옷을 발가벗긴 상태에서 2~3시간씩 두 손을 들고 무릎을 꿇은 채 구둣발로 무릎을 짓밟혀 생긴 멍이라고 말했다고 전했다. 홍 씨는 이 같은 고문

---

14. 「고문 사실 폭로했다고 '보복 고문' — 차일환 씨 주장 "진짜 맛 보여주겠다" 마구 때려」, 1989년 8월 26일자 『한겨레신문』 기사.

에 못 이겨 "북한에 한 차례 다녀왔다"고 두 번이나 허위자백한 뒤 이를 번복했으며, 안기부 수사관들로부터 "북한공작원에게 돈을 받았다", "평양축전에 참가해 미술운동의 주도권을 장악하라는 지령을 받았다"는 등의 허위진술을 강요당했다고 변호사에게 말했다는 것이다. ……

또 함께 구속된 민족민중미술운동전국연합 건설준비위원회 공동대표 정하수(38) 씨도 머리를 바닥에 박고 손을 등 뒤로 잡는 '원산폭격'의 자세를 취한 상태에서 구타를 당했는가 하면 "홍 씨는 간첩인데 그가 재미간첩 성낙영으로부터 공작금을 받은 사실을 알고 있지 않느냐"고 허위자백을 강요당하는 등 심한 고문을 당했다고 김 변호사에게 털어놓았다는 것이다.[15]

이런 고문 끝에 홍성담 씨는 심지어 다녀오지도 않은 북한을 방문했다고 허위자백했다. 북한을 2박 3일 다녀왔다고 했더니 담당수사관이 방문 기간이 너무 짧다며 5박 6일로 하자고 해서 그렇게 허위조서를 꾸몄다는 것이다.[16] 안기부 수사관의 상상력과 창작성은 화가보다 낫다. 없는 일을 얼마든지 꾸며낼 수 있으니 말이다.

③ 직접 그린 고문수사관의 몽타주

역시 화가는 화가였다. 자신을 고문한 고문수사관들의 얼굴을 몽타주 형식으로 그려 고소장에 첨부한 것이다.

:: …… 대형 걸개그림 〈민족해방운동사〉를 제작, 슬라이드 필름에 담아 북한에 보냈다는 이유로 구속 기소된 민족민중미술운동전국연합 건설준비위 공동의장 홍

---

15. 「고문 사실 폭로했다고 '보복 고문' ― 홍성담 씨 '침대각목 구타'… 허위자백」, 1989년 8월 26일자 『한겨레신문』 기사.
16. 최열, 「안기부 '고문대'에 오른 미술가들」, 『월간 말』 1989년 10월호, 59쪽.

성담(34) 씨는 첫 공판을 하루 앞둔 8일 안기부에서 자신을 수사했던 수사관 2명의 몽타주를 그려 고소장에 첨부, 어머니 윤덕엽 씨를 통해 서울지검에 냈다. ……홍 씨는 고소장에서 몽타주의 주인공들은 3인 1조 2교대로 홍 씨를 수사했던 수사팀의 팀장들로, 이 가운데 오른쪽 수사관은 김 씨 성을 가졌으며 45~47세가량으로 174cm의 키에 마른 체형이며, 왼쪽은 168cm에 얼굴이 둥글고 살이 찐 편이라고 밝혔다.[17]

④ 법원의 고문 사실 인정

그후 이 사건의 재판을 맡은 서울형사지법 합의21부(재판장 황상현 부장판사)는 1990년 1월 30일 홍성담 씨에 대해 "북한의 지령을 받은 성낙영 목사의 지시에 따라 간첩행위를 한 것이 인정된다"라고 하면서도 "검사의 제1차 피의자 신문조서는 접견권이 제한된 상태에서 작성된 것이므로 임의성에 의심이 가므로 증거능력을 배제하는 것이 마땅하다"라고 판결했다.[18] 이에 따라 공소 사실 중 몇 가지 점에 대해서는 무죄를 선고했다. 특히 나중에 대법원이 홍성담 씨에게 적용된 간첩죄 부분을 파기 환송한 판결을 내림으로써 '오랜 가뭄 끝에 단비'[19]라는 찬사까지 받았다. 결국 완전히 무죄를 선고받지는 못했으나 간접적으로 고문 사실이 인정되고 주요한 부분이 무죄가 된 것이다.

국군보안사 학원프락치 공작사건과 김정환 씨 '생매장 고문사건'

— 프락치 거부한 학생을 납치, 구덩이에 매장하려 한 신종 고문사건(1989년 8월)

:: 그들은 내게 구덩이를 보여주면서 안 불면 묻어버린다고 계속 협박했습니

---

17. 「직접 그린 '고문' 수사관 몽타주 공개—'걸개그림 북한 유출' 구속된 화가 홍성담 씨」, 1989년 11월 19일자 『한겨레신문』 기사.
18. 「변호인 접견 금지 상태서 작성—검찰 신문조사 증거능력 없다」, 1990년 1월 31일자 『한겨레신문』 기사.
19. 「신선한 두 법원 판결」, 1990년 9월 27일자 『동아일보』 기사.

다. …… 저는 이 위기를 벗어나고자 친구 한 명을 팔았습니다. 그래도 그들은 막무가내로 내 허벅지를 구타하고 머리를 때리고 발로 차 몸을 쓰러뜨리곤 했습니다. 그들은 내가 모른다는 판단이 섰는지 이제 수사 협조, 즉 프락치를 강요했습니다. 완전히 한 인간을 죽음 일보 직전까지 몰아넣고 이제 그들은 인간성을 파괴하는 프락치를 강요했습니다.[20]

여러 가지 고문방법 중 구덩이를 파놓고 살아 있는 사람을 생매장하겠다는 경우는 처음이다. 죽음의 공포를 가장 실감나게 심어주려는 의도였다. 그냥 말로만 협박하는 것이 아니라 실제 파놓은 구덩이를 보여줄 때 누군들 공포심을 가지지 않겠는가. 그야말로 '죽음 일보 직전'까지 간 것이다. 이런 잔인한 고문은 결국 피해자에게 오랫동안 잊을 수 없는 기억을 남긴다. 피해자 김정환 군은 그후 그 기억을 씻어내기 위해 여러 가지 노력을 다했다.

::　"벌써 10년이죠. 임수경 양 평양축전 참가 입북으로 공안정국이 휘몰아치던 1989년 8월 9일 밤, 군보안사 요원들에 의해 야산으로 끌려가 생매장당하던 날이 ……" 김정환(33) 씨는 다시 떠올리고 싶지 않은 그날을 힘겹게 불러냈다. 기억만으로도 끔찍한 지옥 같은 그 밤을 25일 오후 6시 서울 종로구 연지동 기독교회관에서 스스로 연출, 연기하는 일인극으로 풀어내기로 결심하기까지 번민도 많았다. 하지만 사람들 앞에 다 털어놓기로 했다. 고문 없는 세상을 기원하는 간절한 마음 때문이다. 김 씨는 99년 8월 28일, 연극을 올리기로 한 바로 그 무대에서 고문에 못 이겨 프락치 활동을 할 수밖에 없었다는 기자회견을 했다. 그는 당시 "군보안사가 수배 중인 친구의 거처를 캐내기 위해 수갑을 채운 채 천으로 둘둘 말아

20. '생매장 고문사건' 국민대생 김정환 군의 양심선언. 평화민주당 인권위원회, 『인권백서 1988~89』, 1990, 191쪽.

구덩이에 던져넣고 그 위에 흙을 퍼붓고는 프락치 활동을 강요했다"고 증언했다. 그로부터 10여 년간을 연극배우 겸 재야 행사 연출가로 활동해왔다.

민가협이 열어온 '양심수를 위한 시와 노래의 밤', 민화협 주최 '겨레 손잡기 대회' 등은 모두 그가 연출한 뜻깊은 행사들이었다. 그가 "아는 이들로부터 남 얘기 하지 말고 네 얘기를 연극 무대에 올려보라는 말을 자주 들어오던 참에 고문기술자 이근안이 자수하는 걸 보고 내가 진짜 겪었던 고문을 연극으로 만들기로 결심했다"고 말했다. 하지만 김 씨가 바라는 건 고문수사관들을 철저히 처벌하라는 차원이 아니다. "일인극 3부는 〈TV는 사랑을 싣고〉를 본떴어요. 저와 고문가해자가 10년 만에 다시 만나 빌고 용서하면서 다정한 이웃이 되는 거죠." 그는 "앞으로 태어날 아이들이 고문이란 말이 뭔지 모르는 세상을 살게 되길 바라는 간절한 소원을 담았다"고 말했다.[21]

사노맹 구속자들에 대한 고문 — 1990년 10월

공안 한파가 몰아치는 가운데 터진 남한사회주의노동자동맹(사노맹) 사건은 전국에 엄청난 검거 선풍을 몰고 왔다. 전국적으로 불어닥친 불법 강제연행과 그에 저항하는 아우성으로 정국은 소란스러웠다. 이는 민주세력에 대한 마구잡이 연행이고 폭행이었다.

:: 지난 (1990년 10월) 8일 오후 경북 포항에서 안기부 직원들에게 납치, 폭행 당한 뒤 하루 만에 풀려난 포항제철 해고 근로자 김철현(30) 씨는 "당시 안기부 직원들에게 각목으로 맞아 허벅지와 등에 전치 2주의 상처를 입었다"며 ……. 가칭 민중당 대구추진위(위원장 박방희)와 경북추진위(위원장 김병구)는 포항제철 해고 근

---

21. 1999년 11월 25일자 『한겨레신문』 기사.

로자 김 씨 외에도 최근 대구·경북 지역에서 민중당 당원 교사, 학생 등 9명이 강제연행돼 5명은 구속되고 4명은 4~20시간 동안이나 조사받은 후 풀려났다며 불법연행을 즉각 중지하라고 요구했다.

…… 구미시 모 중학교 교사 설 모(24, 여) 씨의 경우 지난 6일 낮 1시 반경 학교에서 퇴근, 대구로 가기 위해 구미시 공단동 시외버스정류장에서 버스를 기다리던 중 안기부 직원 4명에게 연행됐다. 안기부 직원들은 설 씨를 대구로 데려가 이날 밤 8시까지 6시간 반 동안이나 조사한 뒤 혐의점이 없다며 풀어주었다는 것이다. 민중당 경북추진위 정책실장 조광현(30) 씨는 6일 밤 11시경 영주시 시외버스터미널에서 택시를 기다리던 중 안기부 직원들에게 시내 모 여관으로 연행됐다가 4시간 만에 풀려났다. 안기부 직원들은 조 씨를 차무정(29, 민중당 영주지구당 위원장, 구속 중) 씨로 오인, 연행했다가 차 씨가 아닌 것이 확인되자 조 씨로부터 참고인 조서만 받았다는 것. …… 한편 광주 지역 노동자협의회와 한국기독교노동자광주연맹은 지난 10일의 금성알프스 광주공장 여성 근로자 2명의 연행과 관련 "인권침해를 관행처럼 자행해오고 있는 안기부는 보안사와 함께 해체돼야 한다"고 주장했다.[22]

그러나 불법연행은 고문의 서막에 불과했다. 이렇게 전국에서 검거되어온 사노맹 주요 간부들은 혹독한 고문에 시달려야 했다.

     ::   국가안전기획부가 남한사회주의노동자동맹(사노맹) 사건을 수사하면서 피의자들에게 구타 등 가혹행위를 했다는 주장이 잇따르고 있다. …… 이런 가혹행위와 '사노맹사건 무관' 주장은 최근 이 사건 관련 구속자들에 대한 변호사 접견과

---

22. 「안기부 '불법연행' 판친다 — 해고 근로자 재야인사 대상 폭력까지」, 1990년 10월 13일자 「동아일보」 기사.

가족 면회를 통해 6일 밝혀졌다. 서울구치소에서 지난달 23일 이성수(27, 성균관대 산업심리 4, 중퇴) 씨를 접견한 박연철 변호사에 따르면, 이 씨가 지난달 5일 안기부에 연행된 뒤 묵비권을 행사하다가 2, 3일 동안 수사관들로부터 주먹과 구둣발 등으로 온몸을 구타당해 심한 탈수현상에 시달리고 있다는 것이다. 박 변호사는 "이 씨의 어깨에서 구둣발에 심하게 채여 생긴 것으로 보이는 상처를 직접 확인했다"면서 "이 상처가 고문으로 생긴 것이라는 증거보전신청을 곧 법원에 낼 계획"이라고 밝혔다.

또 지난 9월 17일 안기부에 연행된 현정덕(27, 사노맹 연락국장, 성균관대 화학 3, 휴학) 씨도 "연행된 뒤 3일 동안 전혀 잠을 재우지 않은 상태에서 2, 3차례에 걸쳐 옷을 모두 벗기고 몽둥이로 허리와 다리 등 온몸을 혹독하게 구타당했다"고 지난 2일 접견한 유선호 변호사에게 밝혔다. 현 씨는 유 변호사와의 접견에서 "보통 5명으로 구성된 수사관들이 나를 조사하면서 자신들이 요구하는 대답이 나올 때까지 몽둥이로 온몸을 때렸다"면서 "심지어 옷을 모두 벗긴 채 플라스틱 자로 성기를 때리는 성적 모욕도 당했다"고 주장했다.

또 지난달 19일 서울구치소에서 남진현(28, 사노맹 중앙위원, 서울대 무기재료 3, 제적) 씨를 면회한 남 씨의 애인 조인옥(27) 씨는 "남 씨가 안기부에 연행된 뒤 처음 이틀 동안 수사관들로부터 심한 구타를 당해 몸에 멍이 많이 들었다"면서 "이마에 아직 아물지 않은 상처가 남아 있는 것을 직접 목격했다"고 주장했다.[23]

안기부 관계자는 "사노맹은 「비밀활동의 길잡이」란 지침과 「적의 침탈에 대한 대응지침」을 만들어 체포되어 심문받을 때나 법정에서의 투쟁방침을 가르쳐 왔다"며 "이번 가혹행위 운운하는 주장도 그와 같은 지침에 따른 그들의 투쟁의

---

23. 「사노맹 고문 폭로 잇따라 — "안기부서 사흘 동안 온몸 폭행당했다"」, 1990년 11월 7일자 『한겨레신문』 기사.

하나"라고 반박했다. 그러나 변호인이 직접 확인한 상처 등으로 미루어볼 때 누구의 말을 믿어야 할지 판단이 된다.

심지어 안기부는 직접적인 사노맹 가담자 외에도 피의자 약혼녀와 회사 동료들까지 무차별로 강제연행해 가혹행위를 하고, 아무 혐의가 없으면 내보내는 만행을 계속했다. 고삐 풀린 망아지와 다름없었다.

:: '남한사회주의노동자동맹(사노맹)' 사건 관련 구속자들의 고문 주장이 잇따르고 있는 가운데 안기부가 피의자의 약혼녀와 회사 동료 3명을 강제연행, 구타 등 가혹행위를 하면서 조사한 뒤 아무런 혐의가 없자, 72시간이 지나서야 풀어준 사실이 14일 밝혀졌다. …… 이러한 사실은 안기부에 의해 지난달 9일 구속된 ㈜선경 천안공장 공무과 직원 전해룡(25) 씨의 약혼녀 최정분(23) 씨와 전 씨를 12일 접견한 윤기원·유선호 변호사 및 전 씨 가족에 의해 밝혀졌다.[24]

특히 당시 결혼 10일 만에 끌려가 지독한 고문을 당한 이원혜(당시 25) 씨의 체험담을 들어본다.

:: 내가 갑자기 집에 들이닥친 건장한 남자들에게 검은 승용차에 강제로 태워져 남산 안기부 수사실로 끌려간 것은 1990년 11월 13일이었다. 그때 나는 결혼식을 올린 지 채 10여 일밖에 안 된 새색시였고, 작지만 포근했던 반지하 신혼집에는 아직 풀어서 정리하지 못한 짐들이 군데군데 쌓여 있었다. 내가 다시 그 집으로 돌아갈 수 있었던 것은 그날로부터 2년이라는 시간이 흐른 뒤였다.
나는 89년부터 '노동해방 문학실'이라는 대중문예운동단체에서 일하고 있었다.

---

24. 「사노맹 피의자 약혼녀도 가혹행위—혐의 없자 72시간 지나 풀어줘」, 1990년 11월 15일자 「한겨레신문」 기사.

안기부는 우리 단체를 '사노맹'이 주도하는 대중 조직으로 규정하고, 국가보안법 제3조 '반국가단체 구성·가입' 명목으로 단체활동가를 대부분 강제연행해서 불법으로 감금하고 고문수사했다. 남산이 가까워지자 그들은 나에게 눈을 감고 다리 사이로 얼굴을 깊숙이 파묻도록 했다. 차는 언덕을 오르고, 철문이 열리고 닫히는 소리가 들린 후에도 한참 동안 구불구불한 길을 돌아서 어느 회색 건물 앞에 멈춰섰다. 양손에 수갑을 차고 지하 수사실로 끌려들어가는 내 등 뒤로 짧은 가을 저녁 햇살이 희미한 빛을 드리우고 있었다. 언제 다시 저 햇살을 마주볼 수 있을까. 앞으로 나에게 어떤 일이 닥칠 것인지, 살아서 이곳을 나갈 수 있을지, 아무것도 짐작할 수 없는 참담함 속에 막연한 공포가 엄습해왔다.

식사와 모든 진술을 거부하고 먼저 변호인 접견과 가족 면회를 요구하자 그들의 협박이 시작되었다. "요즘 안기부 많이 좋아졌다. 예전에는 일단 끌려들어오면 무조건 거꾸로 매달아놓고 수사했다." "여기서 한 층만 더 내려가면 온갖 고문 기구들이 있다. 거기부터 가고 싶나." "이 안에서 일어나는 일은 아무도 모른다. 너 하나쯤 죽어나가도 우리는 눈 하나 깜짝 하지 않는다." 수사관들은 4명이 한 조가 되어 2조가 교대하며 24시간 감시했다. 창문 하나 없이 온통 하얀 방음벽으로 된 작은 방에는 자해 방지를 위해 모서리를 고무 패킹으로 감싼 철제 책상 4개와 구석에 야전침대가 덩그러니 놓여 있었다. 그들은 잠을 재우지 않았다. 1분이 10시간처럼, 하루가 한 달처럼 시간은 지루하게 흘러갔다. 밤인지 낮인지 모르는 시간 동안 그들은 의자에서 일어나지 못하도록 했다. 순간순간 정신이 아득해지며 참을 수 없는 졸음이 밀려오면 나도 모르게 꾸벅꾸벅 졸고 있었다. 그러면 이내 소리를 지르며 흔들어서 잠을 깨웠다.

영장 없이 구금할 수 있는 마지막 날인 3일째가 되었을 때, 구속영장이 나오면서 잠깐 지하 수사실을 벗어날 수 있었다. 피의자 구금 절차를 밟기 위해 중부경찰서로 향했다. 법적으론 안기부에서 조사받는 피의자는 중부경찰서에 유치되어 있다가 수사받을 때만 안기부로 들어가거나 수사관들이 경찰서로 와서 조사를 하도록 되어 있다. 그러나 그것은 서류상의 법이었고, 모든 국가보안법 피의자들은 20일이 넘는 기간을 아무런 법적 보호도 받지 못하는 상태에서 24시간 안기부 수사실에서 지내야 했다. 관행으로 저지르는 불법구금 사실을 사법부와 경찰 모두 알고 있었지만, 사실 그들이야말로 이 위법 현장의 배후에 있는 가장 막강한 후원자들이었다. ……

본격적인 수사가 시작되었다. 이제는 의자에 앉아 있을 수도 없었다. 벽에 기대지 못하도록 멀찌감치 떨어뜨려 세워놓았다. 시간이 흐르면서 발바닥에서부터 바늘로 찌르는 듯한 통증이 느껴졌다. 통증은 발뒤꿈치를 타고 등으로 어깨로 올라와 팔을 들 수 없을 만큼 아팠고 극심한 두통으로 번져갔다. 그러나 신체의 고통은 이 한 번 악물면 차라리 참을 수 있었다. 그들은 내 신혼집을 압수수색하면서 책과 워드프로세서는 물론 사건과 아무런 상관없는 사생활이 담긴 일기장·편지·사진까지 몽땅 털어왔다. 나를 방 한편에 세워놓고 남편과 연애 시절 주고받은 편지와 일기장을 들추며, 한 줄 한 줄 큰소리로 읽으면서, 자기들끼리 낄낄거려가면서 조롱을 일삼았다.

…… 안기부 수사관들은 자기들끼리는 결코 이름을 부르지 않기 때문에 그들의 이름은 물론 성조차 알 수 없었다. 나 혼자 맘속으로 생김새에 따라 별명을 지어 불렀다. 날카로운 눈매를 지닌 독사, 늘 으르렁거리는 돼지 같은 인상을 지닌 멧돼지, 커다란 체구에 검은 가죽점퍼를 즐겨 입는 곰. 곰은 나를 담당한 수사팀의 반장이었고, 독사와 멧돼지는 위에서 수시로 내려와서 폭언과 구타를 일삼고 나가는 자들이었다. 곰은 주로 뺨을 때렸다. 독사는 내가 잠을 자거나 누워서 쉬지 못하도록 아예 야전침대를 빼내버리도록 지시하였다. 어느 날, 맞아서 얼굴이 퉁퉁 부어 있는 나를 본 멧돼지는 "저 ××년, 매달아버려. 고춧가루 맛을 봐야 정신차리겠어" 그렇게 말했다. 물론 그들은 나를 정말 매달지는 않았다. 그렇지만 끊임없이

반복되는 고문의 위협과 숨 쉬기도 힘겨울 만큼 강압적인 지하 수사실의 긴장 속에, 나는 서서히 지쳐갔고 정신은 피폐해졌다. 내가 정말 지키고 싶은 것이 무엇인지, 왜 여기서 이런 고초를 겪는 것인지 스스로 생각하지도 않을 만큼 몽롱해지는 의식의 끝을 하루하루 힘겹게 부여잡고 있었다.

…… 검찰로 넘어가는 날, 곰은 이렇게 말했다. "이렇게 잘해줬는데도 니네들은 나가기만 하면 한결같이 고문당했네, 어쨌네 떠들어대더라." 그들에게는 전기고문, 물고문, 팔다리를 묶어서 거꾸로 매다는 통닭구이만 고문이었다. 나는 속으로, 여기서 나가면 절대로 아무것도 떠올리지 않겠노라, 꿈에서도 당신들을 다시 보지 않겠노라 다짐하고 또 다짐했다. 그리고 정말 모두 잊었다고 생각했다. 15년이라는 세월은 고통의 시간을 희미한 기억의 뒤편으로 밀어내주었다. 얼마 전, 재일동포 간첩단 조작사건으로 고문을 당하고 20년 가까이 억울하게 옥살이를 했던 신귀영 선생님의 증언을 바로 옆에서 들을 기회가 있었다. 아직도 그 당시를 떠올리는 선생님의 음성은 분노로 떨리고 있었다. 고문수사관들의 이름을 하나하나 부를 때 종이를 든 손에 애써 참으려 핏줄이 돋아나는 것을 보면서 나도 따라 눈시울이 붉어지고 가슴이 먹먹해왔다.[25]

종범에 불과한 한 여성을 그 정도로 심각하게 고문하고 가혹행위를 했으니 다른 사람들은 말할 나위가 없다. 앰네스티 인터내셔널은, 사노맹은 공소장에 기재된 것처럼 폭력적인 혁명을 통한 체제 전복이 아니라 평화로운 방법으로 사회주의 이념을 실현하려 한 것이고, 그 조사과정에서 심각한 고문이 가해졌기 때문에 이들을 모두 양심수로 지정하는 동시에 즉각적인 석방을 요구했다.

---

25. 이원혜, 「고문의 추억 1—저 ××년 고춧가루 맛을 봐야 정신차리겠어!」, 2004년 12월 18일자 『오마이뉴스』 기사.

:: 사노맹은 1989년과 1990년대 초에 창립되어 수천 명의 회원을 가진 것으로 알려졌다. 1990년 이후 수백 명의 사노맹 회원들이 정부 전복의 폭력혁명을 기도한 반국가단체에 소속되었다는 혐의로 구속되었다. 1990년대 초에 구속된 사노맹 지도자들과 회원들은 비교적 장기형을 선고받은 반면, 최근에 검거된 회원들은 단기형을 선고받거나 집행유예로 풀려나고 있다. 사노맹은 사회주의 형태의 정부를 주창한 것으로 보이나 북한과의 연관을 맺은 것으로 보이지는 않는다. 앰네스티는 사노맹이 정부를 무장혁명으로 전복할 계획을 가졌다는 어떤 증거도 없다고 믿는다. 그 조직의 몇 명의 지도자들은 단지 평화적 정치 변화를 요구했다. 백태웅은 첫 공판에서 다음과 같이 말했다.

"나는 억압된 사람들이 자유를 얻고 박탈된 사람들이 기쁨을 누리는 진정한 평등과 평화의 나라를 건설하기를 열망했다. 나는 노동이 눈물과 한숨을 자아내는 기계적 착취 대신에 자아실현의 창조적 과정이 되는 그런 사회를 만들기를 원한다. …… 법률적·제도적 개선으로 사회주의적 활동에 참여할 법률적 권리가 주어지는 한, 우리들의 생각들을 법률과 제도, 의회와 사회조직과 같이 합법적이고 민주적인 과정을 통해 평화적으로 표현함으로써 우리의 사회주의를 증진할 것이다."

법대생이었고 사노맹 지도자의 한 사람이었던 백태웅은 1992년 4월 안기부에 체포되어 22일간 조사를 받으면서 오랫동안 잠을 자지 못했고 구타당하고 약물을 투약하는 등의 고문을 통해 자백을 강요당했다고 말했다.[26]…… 사노맹의 가장 중요한 지도자였던 박노해[27]는 1991년 3월 안기부에 구속되어 30일 동안 조사를 받았다. 이 기간 동안 심하게 구타당했고 심문의 첫 주간 동안 매일 밤 몇 시간밖에 자지 못했다.[28]

박노해는 1991년 8월 19일의 1심 법정에서 사형을 구형받고 "사형, 사형입니까. 철야 노동과 수배생활과 고문으로 앙상해진 내 목에 밧줄을 걸고 기어코 처형해야 합니까", "다 죽어간다는 사회주의와 이 땅의 노동자들이 그렇게도 두렵습니까. 가련한 것은 사형을 구형받은 내가 아니라 두려움에 떠는 당신들입니다"라고 주장했다.[29] 그의 최후진술의 한 대목이다.

:: 우리는 분명히 참다운 이 시대의 평화주의자들입니다. 우리는 누구보다도 폭력을 반대합니다. 폭력이 주는 고통과 반인간성과 야만성과 인간 파괴의 그 처절한 증오스러움, 바로 노동자와 민중이 잘 압니다. …… 저는 70년대부터 지금까지 작은 몸뚱아리에 온갖 폭력을 겪어왔습니다. 회사 관리자들에게 경찰들에게 짓밟히고 깨지고 뚝방촌에 실려서 버려졌습니다. 그리고 지금도 안기부에서 얻어맞고 깨진 그 후유증, 그 잠 안 재우기 고문의 악몽 때문에 잠자다가도 깨어서 비명을 지르고 마음을 몇 시간이나 가라앉혀 겨우 잠이 드는 악몽에 시달리고 있습니다. 그 무식한 고문자들에게 인격적으로 존엄도 없는 그 짐승 같은 사람들에게, 육체적인 고통과 "잠 좀 재워주세요", "밥 좀 먹여주세요", 그 욕망에 허덕이는 인간으로서는 있을 수 없는 비참한 모습을 보여야 하는 그 참담함. 잠 한 시간을 재워달라고 몸부림치고 싸울 때, 물 한 잔만 달라고 애원할 때 조직과 동지를 불어야

---

26. 백태웅이 1992년 7월 28일 서울형사지법 제417호에서 한 모두진술에서 고문에 관한 부분만 전재해보면 다음과 같다. "저는 92년 4월 29일 연행되어 15일간 완전한 묵비권을 행사했습니다. 단 한마디의 진술도 하지 않았습니다. 그래서 그 기간 동안 쓰여진 저의 조서는 모두 '묵묵부답하다. 무슨 질문에 대해서 노려보듯 하고 고개를 돌린다. 묵묵부답' 전부 이렇게 되어 있습니다. 그 기간 동안 저는 몇 차례에 걸친 약물 투여, 잠 안 재우기 고문, 무차별 구타를 당했습니다. 저는 고통을 딛고 15일간 끝까지 묵비권을 지키면서 버텼습니다. 송치를 닷새 앞둔 수사관들은 이제 더 이상 참을 수 없다는 듯이 저를 특별히 마련된 고문 전문 밀실로 데리고 갔습니다. 그 방에서 저는 한밤중에 몇 시간 동안 5명의 장정들에 의해 교대로 집단구타를 당했습니다. 그들의 요구 조건은 완전 묵비는 안 된다는 것이었습니다. 이번에야말로 저는 정말 죽어야 되겠다고 각오했습니다. 그렇게 팽팽히 대치한 싸움, 그 마지막 싸움에서 저는 하루에도 몇 번씩 삶과 죽음을 생각했습니다. 그러나 저는 끝끝내 저의 신념과 자존심과 조직의 통념을 지켰습니다. …… 실제로 안기부와의 전쟁, 안기부 내에서의 고문에 대한 처절한 투쟁은 단지 저에게만 해당되는 것이 아니라고 생각합니다. 그러나 고문보다 더욱 강한 것은 인간에 대한 뜨거운 사랑, 사랑이 아닌가 생각합니다." 백태웅, 「백태웅 법정진술―나는 왜 혁명가가 되었는가」, 『월간 말』 1992년 9월호, 134쪽.
27. 박노해의 경우 "수사과정에서 잠 안 재우기, 고문 등을 받아 정신적인 고통을 이기지 못해 화장실에 있는 거울을 깨" 그 유리조각으로 "왼쪽 팔목을 그어 자해"를 시도하기도 했다. 「박노해 씨 자살 기도」, 1991년 4월 3일자 『동아일보』 기사.
28. Amnesty International, Republic of Korea: Long-term prisoners still held under the National Security Law, AI Index: ASA 25/051/98, May 1998.
29. 「왜 사형당해야 합니까―박노해 씨 무죄 항변 눈물 흘리기도」, 1991년 8월 20일자 『동아일보』 기사.

하고 동물처럼 무릎을 꿇어야 하는 그 치욕과 수모, 그것은 겪어보지 않은 사람은 모르는 것입니다. 엊그제 이(李) 검사가 그랬습니다. 안기부에서 자살을 시도한 것은 수사기관을 곤경에 빠뜨리고 권위를 깎아내리려 하는 것이 아니냐? 저는 그 말을 들으면서 가슴이 터질 것 같았습니다. 딱 3일 만 이귀남 검사를 안기부 지하밀실에 넣어가지고 제가 당한 것처럼 한다면 결코 그런 말을 하지 못할 것입니다. …… 저는 기억합니다. 고문을 조금 당해가지고 박종만 시인이 죽었습니다. 한수산 씨는 베스트셀러 작가로서 자기가 사랑하던 조국을 떠나 일본으로 건너가서 지금도 끔찍한 기억에 시달립니다. 고문 사례를 일생 동안 책으로 묶어낸 일반 평범한 시민도 있습니다. 검찰청에서 투신한 사장님도 있습니다. 우리 혁명가들은 그 사람들보다 백배는 더 강하고 모욕적으로 당했을 것입니다. 무려 576시간 동안 단 한순간도 쉬지 않고 당했습니다. ……[30]

자민통사건 — 하나도 안 바뀐 안기부의 고문수사(1990년 11월)

:: 국가안전기획부에 의해 반국가단체 가입 등의 혐의로 구속된 '자민통' 사건 관련자들이 변호인 접견과 가족 면회 등을 통해 수사과정에서 수사관들로부터 구타, 잠 안 재우기 등의 가혹행위를 당했다고 주장하고 나섰다. 서울구치소에서 지난 (1990년 12월) 7일 이 사건 관련자 김요섭(24, 한림대 전 총학생회장) 씨를 접견한 김한주(30) 변호사는 18일 "김 씨가 지난달 13일 춘천에서 안기부에 연행된 뒤 진술을 거부한다는 이유로 수사관들이 김 씨의 옷을 벗긴 채 지하실로 끌고 가 주먹과 구둣발, 침대목 등으로 온몸을 마구 구타했다고 말했다"고 밝혔다. 김 씨를 면회하고 온 이종사촌형 이정용(29) 씨도 "동생이 수사관들로부터 각목을 무릎 사이에 끼우고 그 위에 올라앉는 등의 고문을 당해 다리와 척추 부근을 다쳤다"며

---

30. 박노해석방대책위원회, 『박노해재판 자료집』, 1991년 8월, 43~44쪽.

"아직도 후유증으로 거동이 불편하다"고 주장했다.

또 자민통 중앙위원으로 지목돼 서울구치소에 수감 중인 김기수(24, 경희대 경제학과 4) 씨의 누나 명숙(35) 씨는 "기수가 지난달 4일 밤 안기부에 연행된 뒤 2일 동안 전혀 잠을 재우지 않은 상태에서 벌거벗겨진 채 슬리퍼와 침대목으로 얼굴·다리 등을 구타당했다는 말을 들었다"며 이 같은 내용이 적힌 김 씨의 편지를 공개했다. 김 씨는 이 편지에서 "안기부에서 조사받던 20여 일 동안 수사관들이 '병신 되기 싫으면 자백하라'고 협박하며 수없이 뺨을 때리고 머리를 걷어차기도 했다"고 주장했다. 이들 외에도 '자민통' 총책으로 발표된 최원극(26, 외국어대 영어과 졸) 씨와 전상현(24, 중앙대 철학과 졸) 씨, 김지형(24, 경기대 사학과 대학원) 씨 등 4명도 김 변호사를 통해 안기부의 수사과정에서 가혹행위를 당했다고 주장했다.[31]

원래 조직 사건일수록 고문과 가혹행위는 더 '가혹'한 경향이 있다. 변호인과 가족들의 주장만 들어도 고문 사실을 쉽게 파악할 수 있다. 조직적으로 모든 관련자들이 고문을 받았음을 알 수 있다. 안기부는 아직도 고문의 습벽을 전혀 버리지 못하고 있었다. 30명에 이르는 많은 사람들이 관계된 자민통사건에서 민가협은 자민통 관련 구속자가족대책위를 결성하고, 가혹행위로 생긴 상처의 증거보전신청을 법원에 내는 한편 수사관들을 검찰에 고소했다.

애국군인사건 — 1991년 3월

:: 91년 3월 21일. 권(대현) 씨는 그가 53사단 방위병으로 근무하던 부산 연안부두 사무실에서 들이닥친 헌병들에게 체포돼 기무사로 끌려갔다. 하루 이틀 간격을 두고, 해군과 동아대 등에서 그와 관련된 민간인, 학생, 군인이 11명이나 검거

---

31. 「'자민통' 구속자 '고문' 주장 — 5인 변호사 통해」, 1990년 12월 19일자 『동아일보』 기사.

됐다. 3월 23일. 국군기무사와 부산시경은 이른바 '애국군인사건'을 발표했다. '애국군인사건'은 당시 군인 신분이거나 학생이었던 동아대 선후배들이 『애국군인』이라는 제호의 유인물을 만들어 배포한 데서 비롯됐다. 서재호(36, 당시 해군 상병) 씨를 비롯한 관련 인사들은 거의 대부분 같은 동아리 선후배들이었다.

이들은 『국방일보』만이 사병들의 유일한 읽을거리였던 당시 '군내 민주화'의 필요성에 대해 인식하고 『애국군인』의 제작에 들어갔다. 『애국군인』은 각 일간신문 등에서 발췌한 군 관련 기사와 그에 대한 논평이 주요 내용이었고, 휴가 나온 사병들이나 재야 단체에 주로 배포됐다. 그러나 제5호가 배포될 무렵, 이미 1년 전부터 『애국군인』의 제작과 배포를 알고 있었던 군기무사에 의해 모두 체포되었고, 발행은 중단됐다. 권 씨는 이 일로 인해 약 20일 동안 부산 기무부대에서 조사를 받았고, 서울 국방부 헌병대로 이감, 실형 1년과 집행유예 2년을 선고받고 풀려나기까지 9개월을 그곳에서 보냈다.

헌병대 영창을 나설 무렵부터 권 씨는 이미 정상적인 삶과는 거리가 멀었다. 권 씨의 부친 권영옥(70) 씨는 그때 이미 정신적인 충격을 입고 있었다고 전했다. "헌병대를 나서는데 정신 빠진 놈처럼 실실 웃어요. 먼 산을 보고 그냥 웃던지, 말을 걸어도 그냥 웃고……." 곧장 병원으로 데려간 권 씨에게 의사는 '정신분열증' 진단을 내렸다. 무언가 알 수 없는 공포가 권 씨를 짓누르고 있었던 것이다.

권 씨와 함께 '군인' 신분으로 기무사에 끌려간 서재호 씨의 증언은, 약 10개월간 권 씨가 겪어야 했을 '감시'의 공포를 잘 말해준다. "제가 기무사로 끌려갔을 때, 처음 안내된 곳은 지하의 아주 넓은 방이었습니다. 오로지 검은색 작은 탁자 하나와 제가 앉은 의자 하나가 그 넓은 방에 있는 가구의 전부였죠. 천장과 사방 벽이 모두 새까만데, 바닥만 붉은색 카펫이 깔려 있는 겁니다. 그 위에 아주 희미한 알전구 전등만 저를 비추고 있었고……. 그런 곳에 혼자 몇 시간 동안이나 앉혀둡니다. 그리곤 창 밖으로 감시를 하죠. …… 앉아 있으면, 모든 것이 공포로 다가옵니다."

특별한 '가혹행위'는 없었지만, 권 씨 또한 비슷한 장소에서 똑같은 공포를 겪었을 것이다. 조사를 받고 이감된 헌병대 영창 역시 일반 '감옥'과는 비교할 수 없을 정도로 억압되고 통제된 곳이다. "군 영창은 앞면이 모두 쇠창살로 개방되어 있습니다. 그 바로 앞에서 '헌병'이 눈을 번뜩이며 감시를 합니다. 벽 한쪽 구석에는 CCTV가 설치돼 있어 중앙통제실에서도 2중 감시를 하죠. …… 갇힌 사람들은 아침에 기상해 모포를 개면서부터 방 중앙에 정좌를 하고 앉아 있어야 합니다. 밥 먹는 시간까지 똑같은 자세죠. …… 오직 생리적 욕구를 해결할 때만 자세를 바꿀 수 있습니다. 하루 14시간 이상 똑같은 자세로 감시를 받아야 합니다."(서재호 씨)

그렇게 반복된 일상이 무려 9개월이었다. 똑같은 시간에 기상해, 똑같은 자세로 하루를 보내고, 똑같은 시간에 자리에 누워 잠을 자는……. 10년째 권 씨를 같은 생활 속에 가둬놓은 일상이 이때부터 시작된 것이다. "…… 재소자들에게 일반적인 얼차려를 줄 수도 있지만, 바로 밖에서 벌어지는 공포스러운 일들 역시 참아내기 힘든 것들입니다. 헌병들, 자신들끼리 얼차려를 주면 꼭 재소자들이 훤히 보이는 쇠창살 바로 밖에서 합니다. 때리는 행위와 비명소리까지 다 들립니다. 그리고 맞은 헌병들은 창살을 차며 우리에게 화풀이를 하곤 하죠."(서재호 씨) "한번은 옆방 재소자 하나가 그 억압을 참기 힘들어 화장품 병을 깨서 손목을 그은 사건이 발생했습니다. …… 그 뒤 '유리'로 된 화장품 병들은 일제히 수거됐죠. …… 인간으로서 정말 참기 힘든 상황입니다."(서재호 씨)

이런 상황 속에서 권 씨는 점점 변해갔다. 말수가 적어지고, 돌출행동이 심해진 것이다. "…… 제가 지나가는데, 대현이가 제게 갑자기 물컵을 집어던졌습니다. 벽을 머리에 찧기도 하고……."(서재호 씨) "…… 면회를 갔는데, 대현이가 '아버지, 저 죽을 뻔했습니다' 하는 거야. 그래 물어보니 '철창'을 발로 찼대. 그 걸로 거의 죽을 때까지 맞았다는 거야……."(부친 권영옥 씨) 권 씨의 행동이 심해지자, 헌병대에서도 권 씨에게 정신치료를 받게 했지만, '신경안정제'를 투여하는 것이 고 작이었다.

헌병대 영창을 나온 후, 권 씨와 가족들은 고려병원, 봉생병원, 양산병원, 부곡동 병원 등 안 다녀본 병원이 없을 정도로 치료에 노력했다. 그러나 권 씨는 나아지지 않았다. 집에서 소리를 지르거나, 음악을 크게 켜놓거나, 오디오를 손으로 부수는 등의 초기 행동에 비해 많이 잠잠해졌지만, 가족들에겐 '말이 없는' 지금의 권 씨 가 더 불안하다.[32]

심각한 구타와 가혹행위가 아니더라도 인간을 파멸시키는 또 다른 고문의 수단이 있음을 보여주는 사건이다. 단지 일정한 자세로 오랜 시간 가만히 있게 함으로써 인간을 엄청난 고통에 빠트릴 수 있는 것이다. 이런 가혹행위를 9개월 이나 당한 피해자는 영영 폐인이 되고 말았다.

:: 동이 트는 새벽 6시면 어김없이 일어나 아침을 먹고 동아대로 가는 버스에 오른다. 학교 주변을 배회하다 4시경에 돌아와 저녁을 먹고 TV를 본 후 잠자리에 든다. 그 시간이 밤 9시 50분, 그리고 잠이 드는 건 정확히 9시 52분이다. 그는 지 난 10년간 한 치의 오차도 없이 이런 생활을 반복해왔다. "20일간 빨간 벽지, 빨 간 카펫이 깔린 30평 정도의 방에서 조사를 받았죠. '모든 것이 공포로 다가오는 충격' 속에서 철창 매달리기 등과 같은 기합을 받으며 배후세력을 대라는 강요를 받았습니다." 권 씨와 함께 애국군인사건으로 구속되었던 서재호(33) 씨는 "그때 미치지 않은 것이 다행"이라며 쓰디쓴 옛 기억을 뱉어낸다. …… 아버지는 실낱 같은 희망을 걸고 한 달 40만 원밖에 안 되는 수입을 반으로 쪼개 아들을 병원으

---

32. 김영균, 「담배 꽁초마저 일렬로 줄 세우고 자신의 뺨을 주먹질하며 산 10년 ― 권씨 집 장남을 정신분열자로 만든 '군 영창'」, 2001년 11월 19일자 『오마이뉴스』 기사.

로 보냈다. 그리고 이 일이 알려지면서 권 씨를 기억하는 선후배들이 '권대현을사랑하는모임'을 만들어 지원에 나서게 됐다. "벌써 10년입니다. 그 좋은 22살에 평생 지울 수 없는 고통을 당했을 대현이를 생각하면 혹시 나 때문은 아닐까 하는 생각에 눈물과 안타까움뿐이죠. 고문관들은 높은 지위에 올라 부를 누리는데, 왜 착한 대현이만······. 소송할 생각도 해봤지만 이 사회에서 어디 고문범죄가 처벌되기나 합니까? 그저 이번에 통과된 명예회복법안에 기대를 걸 뿐입니다." 권 씨가 조금이라도 편하게 병원치료를 받도록 마음을 베풀었으면 좋겠다는 서재호 씨, 권대현 씨를 기억해줄 사람들을 기다리고 있다.[33]

조국통일촉진그룹 사건의 고문피해자들 — 1991년 3월

:: 　　지난 (1991년 4월) 6일 서울구치소에서 조국통일촉진그룹 사건으로 구속된 박득준(26, 연세대 화학과 졸) 씨를 접견한 백승헌 변호사에 따르면, 박 씨는 지난달 11일 안기부에 연행된 뒤 2, 3일 동안 집중적으로 잠 안 재우기 고문과 함께 군용 야전침대 받침대로 어깨와 가슴 등을 심하게 맞았다고 말했다는 것이다. 또 지난 2월 23일 안기부에 연행된 홍순철(23, 연세대 국문과 졸) 씨도 연행된 뒤 10여 명의 수사관들에게 둘러싸여 주먹과 발로 6시간 동안 집중 구타당했으며, 다리 사이에 각목을 끼우고 짓밟는 등의 고문을 당했다고 백 변호사에게 말했다는 것이다.[34]

이런 고문 주장에 대해 안기부는 "조통그룹 관련자들은 안기부 수사과정에서 평균 4회 이상 가진 변호인과 가족들과의 면회에서 변호인의 고문 유무 질문에 대해 그런 일이 없다고 답변해놓고도 이제 새삼스럽게 이런 주장을 하는 것은 그들의 전형적이고 상투적인 법정투쟁의 일환"이라는 그야말로 '전형적'이고

---

33. 「고문에 갇혀버린 십 년—정신분열 권대현 씨 지원 절실」, 2000년 3월 21일자 『인권하루소식』 기사.
34. 「"조통 사건 고문으로 날조"—구속자 4명 주장, 잠 안 재우고 구타」, 1991년 4월 10일자 『동아일보』 기사.

'상투적'인 주장을 했다.[35]

청주대 자주대오사건 — 1991년 6월

:: (1991년) 6월 11일 새벽 5시 30분경 현역군인 4명을 포함, 12명이 연행되면서 시작된 청주대 자주대오사건 역시 5월 22일 군인인 송재봉 씨가 기무사에 연행, 구속되면서 비롯됐다. 청주대 정치외교학과를 졸업한 뒤 4월 22일 입대한 그는 신병훈련을 받던 중 나중에 연루된 다른 군 입대자들과 마찬가지로 군수사관들에 의해 특전사령부 영창에 수감된 후 기무사 장지동 분실에서 입대 이전 대학 시절 활동에 대해 집중조사를 받았다. 군당국의 계속된 면회 거부로 40일 가까이 가족들과의 면회조차 허락되지 않았던 그는 이후 변호사와의 접견시 "20여 일 가까이 잠을 제대로 자지 못하고 외부와도 완전히 격리된 채 수사를 받다 보니 있지도 않은 강령과 규약까지 썼다"고 하소연하기도 했다. 따라서 사건 관계자들은 '자주대오'라는 조직 명칭 역시 NL계열에서 많이 쓰는 '자주'라는 개념을 넣어 군수사기관에서 만들었을 것으로 막연히 추측할 뿐이다. 심지어 모범적인 군생활로 사단장 표창까지 받은 권영한(당시 병장) 씨는 이 사건에 연루되어 전역을 4일 앞두고 구속된 뒤 면회 온 친구에게 "자주대오가 도대체 뭐냐"고 반문하는 일까지 생겼다.[36]

20여 일간 잠을 자지 못했다면 그것보다 더 심각한 고문은 없다. 그런 상황

---

35. 설사 피구금자가 안기부 수사 당시 변호인에게 고문당했다는 말을 하지 못했더라도 그것은 안기부 수사관이 입회했거나 위협을 가했기 때문일 가능성이 높다. 실제로 헌법재판소는 "변호인은 의뢰인에게 수사기관이 자백 강요 나아가 고문 등이 있을 수 있다는 것을 알려주고, 이에 대한 대응방법을 가르쳐줄 의무가 있으나 수사기관이 접견 내용을 듣거나 기록한다면 변호인의 활동은 방해될 수밖에 없어 피의자의 진술거부권과 무죄추정을 기본권으로 보장한 헌법 정신에 어긋나는 것"이라고 판결했다. 「구속자 변호인 접견 때 — "수사관 입회 기록 촬영은 위헌"」, 1992년 1월 28일자 「동아일보」 기사. 결국 변호인의 접견에는 수사관이 입회하거나 기록하면 안 되는 것으로 되어 있는 것이다.
36. 안영배, 「국군기무사의 조직사건 조작술」, 「월간 말」 1991년 9월호, 87쪽.

에서 본인들도 모르는 조직 이름이 작명되었던 것이다.

대용감방에서의 고문 — 1991년 10월

:: 　전북 정주경찰서 대용감방에 수감되어 있던 2명의 수감자가 두 손에 수갑이 채워져 발뒤꿈치가 들린 채 감방 창살에 매달려 있는 사진은 보기만 해도 모골이 송연해진다. 사흘 동안 점심을 굶긴 채 발뒤꿈치를 들려 쇠창살에 매달아놓았으니 우리 인권의 현주소를 알 만하다. …… 전북 부안군 농민회 경제협동사업부장 허윤하(30) 씨는 "쌀값보장 전량수매 쌀수입 결사반대"라는 구호를 담에 스프레이로 쓰다가 이를 지우던 면직원과 몸싸움이 벌어졌다. 면직원이 "김일성 사상에 이렇게 하라고 나왔느냐"고 말하자, "농민 좀 제대로 살게 하자는데 김일성이 왜 나오느냐"며 지서에 가서 이 말의 저의를 해명할 것을 요구했다. 그러나 지서 측에서는 허 씨의 항의를 묵살한 채 오히려 허 씨만 부안경찰서로 넘겼고 부안경찰서는 허 씨를 광고물단속법 위반 혐의로 구속 입건, 정주경찰서 대용감방에 수감했다는 것이다. 대용감방은 교도소를 대신하는 곳으로 처우가 형편없어 허 씨가 다른 수감자들과 함께 이의 개선을 요구하면서 단식을 하자, 허 씨와 또 다른 수감자 1명을 창살에 매다는 가혹행위를 자행한 것으로 밝혀졌다.[37]

아무리 지방 경찰서 경찰관들이라고는 하지만 구속 사유와 경위, 고문행위 모두가 심각하다. 농민 생존권을 위해 스프레이 낙서 한 번 한 것으로 이런 가혹행위를 당하다니. 너무나 끔찍한 일이 여전히 곳곳에서 벌어지고 있었다.

---

37. 「횡설수설」, 1991년 10월 31일자 『동아일보』 기사.

2. 일반인으로 확산되는 고문

용인경찰서의 절도 피의자 고문사건 — 1988년 12월

::   용인경찰서 내사지서 최정원(32) 경장, 이기학(26)·신종균(28) 순경은 1988
년 12월 25일 오후 4시 45분께 절도 혐의로 지서로 붙잡혀온 권오정(23) 씨에게
범행 자백을 강요하며 양팔을 등 뒤로 하고 들어올리는 속칭 '날개 꺾기'와 손가
락 사이에 볼펜을 집어넣어 발로 밟는 '볼펜 끼우기' 등 가혹행위를 해 10일간의
치료를 요하는 부상을 입혔다. 최 경장 등은 권 씨를 폭행하며 범행 사실을 자백할
것을 강요하다 혐의가 없자 4시간 만에 "없던 일로 하자"며 설득한 뒤 풀어줬다.
피해자 권 씨는 석방 후 이들을 고소함으로써, 12월 31일 최정원 경장은 구속되고
이기학·신종균 등은 불구속되었다.[38]

일단 고문부터 해보고 범인이 아니면 그때 가서 "없던 일로 하자"는 식의
경찰 범죄수사가 이번만은 아니다. 그나마 다행인 것은 고문경찰관이 구속되었
다는 사실이다.

경찰의 가혹행위에 자살 기도 — 1989년 1월

::   6인조 강도사건의 참고인으로 조사를 받던 목격자(김규일, 23)가 경찰의 불법
구금과 용의자 취급에 격분, 자살을 기도했다. …… 지난 (1989년 1월) 9일 인천
시 북구 부개동 아방궁 찻집에서 발생한 강도사건의 목격자로 지난 10일과 11일
부평서 부평동파출소 형사실에서 조사를 받은 김 씨는 "술에 만취된 형사 2명으

---

38. 평화민주당 인권위원회, 『인권백서 1988~89』, 1990, 51쪽.

로부터 손찌검을 당하는 등 비인간적인 대우를 받았다"며 "자신은 사건 발생 당일 종업원으로 있는 애인에게 전화를 했으나 받지 않아 찻집에 들어가 보니 주인을 비롯, 애인·방범대원 등이 묶여 있어 풀어주었다"고 말했다. 경찰은 또 이 사건을 수사하며 피해자인 찻집 주인 안성수(33) 씨와 안 씨 부인, 여종업원 함 아무개(21) 씨 등을 파출소로 불러 "강도와 한패"라는 폭언을 하며 10일 밤부터 다음날 새벽 6시까지 구타, 당시 강도에 의해 묶여 있었던 방범대원 이득선(28) 씨에게도 뭇매를 가해 온몸이 시퍼렇게 멍이 드는 등 전치 2주의 상처를 입혔다.[39]

술값 시비로 연행된 회사원을 때려 숨지게 — 1989년 6월

::   1989년 6월 5일 수원지검은 술값 시비로 연행된 회사원을 때려 숨지게 한 경기도 용인경찰서 동부파출소 김인권(28)·고영철(27) 순경과 김승남(22)·서대범(23)·김승호(22) 의경, 방범대원 박병철(33) 씨 등 모두 6명을 특정범죄가중처벌법(독직폭행치사) 위반 혐의로 구속했다. 검찰에 따르면 이들 경찰관 등은 음주소란 행위로 연행된 종이상자 제조업체인 (주)보성지관 관리부 차장 민용기(32) 씨를 구둣발과 주먹으로 뭇매를 때리고 머리를 콘크리트 바닥에 처박아 숨지게 한 혐의이다.

…… 같은 회사 업무부장 김세정(45) 씨에 따르면 함께 파출소에 연행돼 조사를 받던 중 민 씨가 파출소 직원들에게 "우리가 피해자"라고 항의하자, 직원 6~7명이 달려들어 민 씨의 머리채를 잡고 의자에서 끌어내린 뒤 수갑과 포승줄로 묶은 채 책상과 콘크리트 바닥에 머리를 2~3회 처박는 등 집단구타를 했다는 것이다. 김 씨는 또 이를 말리는 자신에게도 직원 3~4명이 달려들어 팔을 비틀고 머리에 총을 들이대며 "쏴 죽여버리겠다"고 협박했다고 말했다. 한편 6월 5일 오후 2시

---

39. 평화민주당 인권위원회, 앞의 책, 52쪽.

20분부터 실시된 사체 부검결과 민 씨의 머릿속에서 피가 응어리진 것이 여러 개 발견됐고 대뇌가 상당히 부어 있었으며, 부검 의사들은 민 씨의 사망을 "외부 충격에 의한 뇌좌상 또는 뇌진탕"이라고 말했다.[40]

절도 혐의 용의자 또 고문치사 — 1989년 6월

::　1989년 6월 3일 새벽 2시께 절도 혐의로 술집에서 서울 강남경찰서 대치파출소로 연행된 임광식(20) 씨가 오전 6시께 혐의가 풀려 가족에게 넘겨졌으나 온몸에 타박상을 입은 채 심한 복통을 호소, 서울 영등포 성모병원에서 치료를 받다가 4일 새벽 1시 20분께 췌장파열 등(병원 진단)으로 숨졌다. 수사에 나선 서울지검 동부지청은 5일 오후 서울 강남경찰서 대치파출소 소속 박창규(53) 경장, 엄돈원(47) 순경, 방범반장 노정상(36) 씨 등 3명이 파출소에서 임 씨의 무릎을 꿇리고 수갑을 뒤로 채운 뒤 구타한 사실이 사체 부검과 목격자의 증언 등에 의해 확인됨에 따라 박 경장 등 3명을 독직폭행 혐의로 구속했다.[41]

연행과정에서의 폭력으로 사망한 이재학 씨 사건 — 1989년 8월

::　의경과 방범대원들이 파출소에 연행된 뒤 숨진 피의자를 연행과정에서 폭행한 사실이 드러났는데도 경찰이 이들을 불구속 입건만 하고 지역방범위원회에서 1천만 원을 지원받아 가족들과 합의한 것으로 16일 밝혀졌다. 인천 부평경찰서는 지난 8일 여인숙에서 소란을 피우다 지난 4일 서부파출소에 연행돼 숨진 이재학(29) 씨를 연행 도중 때린 최동묵(21) 의경과 방범대원 이은남(30), 김해경(32) 씨 등 3명을 '폭력행위등처벌에관한법률' 위반 혐의로 불구속 입건했다. 경찰은 부검결과 이 씨의 머리 윗부분에 급격한 충격으로 인해 생긴 120g의 피가 고여 있었

40. 평화민주당 인권위원회, 『인권백서 1988~89』, 1990, 54쪽.
41. 평화민주당 인권위원회, 앞의 책, 54쪽.

고, 둔기로 맞은 듯한 직경 3cm 크기의 멍이 있는 것을 발견, 이 씨의 사인을 외상으로 인한 뇌출혈로 밝혀내고도⋯⋯ 불구속 입건했다는 것이다.[42]

고문이 인정되면 무죄라는 훌륭한 판결 — 1989년 12월

검찰이 살인 혐의로 구속 기소한 피고인 3명에 대해 재판부가 "고문에 의해 자백을 한 사실이 인정된다"며 무죄를 선고했다. 서울고법 형사4부(재판장 이용웅 부장판사)는 (1992년 12월) 19일 살인 혐의로 구속 기소되어 1심에서 각각 징역 10년을 선고받은 함광웅 피고인 등 3명에 대한 항소심 공판에서 원심을 깨고 살인 혐의에 대해 전원 무죄를 선고했다. 재판부는 판결문에서 "함 피고인의 하반신에 맞은 자국이 있었다는 동료 수감자의 진술로 미루어볼 때 고문당한 사실이 인정되고, 이 사건의 목격자가 범행 당시 감옥에 수감 중이어서 범행 현장을 목격할 수 없었던 것으로 판단된다"며 무죄 선고 이유를 밝혔다.

함 피고인 등은 1989년 12월 전북 김제시 룸살롱에서 속칭 '김제성산파' 두목 정필영 씨와 함께 룸살롱 주인 박 모 씨를 흉기로 찔러 숨지게 한 혐의로 지난 (1992년) 12월 구속 기소되었다. 검찰은 당시 정 씨를 경찰에서 송치받아 조사하는 과정에서 룸살롱 종업원 송 모 씨로부터 "범행 현장에 정 씨 외에 함 피고인 등 3명이 같이 있었다"는 진술을 받아냈다며 이를 근거로 함 피고인 등을 구속 기소했었다. 그러나 송 씨는 범행 당시 구치소에 수감 중이었던 사실이 함 피고인 등의 항소심 공판과정에서 밝혀져 송 씨의 진술은 거짓진술이었음이 드러났다.[43]

---

42. 「연행 중 폭행당한 피의자 파출소서 사망 — 의경 등 3명 입건 처리 그쳐」, 1989년 8월 17일자 『한겨레신문』 기사.
43. 「살인 혐의 3명 무죄 판결 — 서울고법 "고문에 의한 자백 인정"」, 1992년 12월 20일자 『동아일보』 기사.

검사가 직접 가혹행위 — 1990년 2월

서울지검 남부지청 이승섭 검사는 은행 신용카드 부정발급에 관한 수사를 하면서, 1990년 2월 13일 김학경 씨가 은행 신용카드를 발급받으려는 사람들에게 돈을 받고 이들에게 허위재직증명서를 발행해줬다는 혐의로 김 씨를 연행해 구속했다. 이 검사는 또 김 씨로부터 신용카드 발급을 담보로 제일은행 안양지점 대리 조기성 씨와 차장 지홍기 씨에게 돈을 건네주었다는 진술을 받아내 조 씨와 지 씨에 대한 조사를 시작했다.

그러나 김 씨가 2차 신문 때부터 돈을 준 사실을 부인하자, 이 검사는 김 씨로 하여금 두 발의 복사뼈가 바닥에 닿도록 무릎을 꿇게 하고 잣대로 뺨을 10여 차례 구타하는 등의 가혹행위를 했다.

한편 조기성 씨도 2월 15일 이 검사실로 불려가 이 검사로부터 김 씨와 비슷한 가혹행위를 당했으며, 지홍기 씨는 그 다음 날 안경과 속옷까지 벗은 상태로 신문을 받았다. 지 씨는 특히 뺨 때리기에서부터 주먹으로 머리 쥐어박기, 구둣발로 허벅지 짓밟기, 옆구리 치기 등 온갖 기합과 구타를 당했다고 주장했다.[44]

화랑 대표 고문사건 — 1990년 3월

:: 공재 윤두서(尹斗緖)의 〈미인도〉를 일본에 밀반출한 혐의로 지난 17일 한국고미술협회장 공창호(42) 씨와 함께 검찰에 연행된 서울 종로구 인사동 문화당화랑 대표 공창묵(39) 씨가 검찰 수사관들로부터 폭행을 당해 고막이 터지는 등 전치 3주의 상해를 입었다고 23일 주장했다. 공 씨는 연행 10시간 후인 지난 17일 밤 9시경 서울지검 동부지청 4층 조사실에서 검찰 수사관 3명이 "당신이 집안사람인 공 회장에게 2,000만 원을 빌려주지 않았느냐"고 물어 "100만 원을 빌려준 기억

---

44. 대한변호사협회, 「1990년도 인권보고서」, 1991, 47쪽.

밖에 없다"고 대답하자 30분 동안 주먹으로 온몸을 마구 때렸다고 말했다.[45]

방송 PD에게도 가해지는 고문 ― 1990년 3월

∷ 지난 1990년 3월 방송연예 PD 뇌물수수사건으로 구속 기소된 김 모(KBS 소속) 씨 등 PD 6명의 변론을 맡았던 H변호사도 "김 PD 등이 당시 검찰 수사관들로부터 심한 고문을 당했다"고 주장했다. H변호사에 따르면 김 PD 등은 검찰에 연행된 뒤 40시간 동안 잠을 자지 못한 상태에서 야구방망이로 구타당하고 검찰청 복도를 기어다니며 "나는 돈 받아먹은 도둑놈이다"고 외치도록 강요받았다는 것이다. H변호사는 "수사관들은 피의자에게 폭행을 가해 피의자로 하여금 '저항의지'를 상실하도록 만든 다음 조사를 진행했다"고 주장했다.[46]

고교생에 대한 고문 ― 1990년 4월

경찰이 이번에는 고등학생들을 고문해 말썽이 일었다. 이미 체질화된 고문의 관행에 대상 제한이 있을 리 만무했다. '전자봉'이 동원된 것을 보면 이미 경찰 전체에 이런 고문 설비가 배치된 것이 아닌가 하는 의문을 낳게 한다.

∷ 경기도경 특별수사기동대가 고교생 폭력조직을 수사한다며 피의 학생들을 전자봉으로 고문, 허위자백을 강요했다고 이들 학생 가족이 주장하고 있다. 학생 가족들은 지난달(1990년 3월) 6일 경기도경 특수대가 학교 주변 폭력서클로 지목, '폭력행위등처벌에관한법률' 위반 혐의로 구속한 조 모(18, 성남 Y고 2), 오 모(19, 성남 N고 3) 군 등 고교생 44명을 연행, 수사하면서 전자봉과 몽둥이로 구타하는 등 고문을 했다고 주장했다. 구속 중 지난달 31일 보석으로 풀려난 오 군 등 5

45. 「〈미인도〉 관련 연행 참고인 ― "검찰서 가혹행위" 주장」, 1990년 3월 23일자 『동아일보』 기사.
46. 「'가혹수사' 사라지지 않고 있다」, 1992년 6월 25일자 『동아일보』 기사.

명의 학생들은 경찰이 자신들의 축구 서클인 불가사리회를 폭력조직으로 몰아세워 허위자백을 강요했으며, 이 과정에서 4일 동안 성남경찰서와 수원시 조원동 도경특수대 사무실에서 전자봉과 몽둥이 등으로 자신들을 마구 때렸다고 말했다.[47]

물고문 동원하여 가혹행위 — 1990년 4월

1990년 5월 '아가방' 가게에 들어가 여종업원과 손님을 살해한 혐의로 기소된 후 1992년 6월 24일 대법원의 무죄 판결로 석방된 김성민(24) 씨는 수사과정에서 물고문 등의 가혹행위를 당했다며 관악경찰서 강력반 소속 경찰관 4명을 서울지검에 고소했다.[48]

뭇매로 유치장 수감자 중상 — 1990년 5월

::   경찰이 구속된 형사피의자를 때려 중상을 입힌 뒤 2개월 동안 이를 감춰온 사실이 드러나 대구지검 상주지청과 경북도경이 수사에 나섰다. 검찰과 경찰은 24일 점촌경찰서 유치장에 폭력 혐의로 구속 수감 중인 김정성(25) 씨가 지난 5월 25일 오후 6시 45분께 김승료(25) 의경 등 경찰관 3명에게 경찰서 안 세면장으로 끌려가 옷을 벗긴 채 동작이 느리다는 이유로 온몸을 주먹으로 10분 동안 맞아 이빨 2개와 갈비뼈가 부러지는 중상을 입었다고 진정함에 따라 김 씨와 관련 경찰관들을 불러 수사를 벌이고 있다. 검찰과 경찰은 또 김 씨가 치료를 받을 수 있도록 병원에 보내달라는 요청을 거절당하자, 1주일 뒤인 지난 6월 1일 이 사실을 외부에 알리기 위해 동맥을 끊어 자해행위를 한 점과, 경찰에서 말썽이 나자 점촌 시내 포의원으로 김 씨를 데리고 가 엑스선 검진결과 갈비뼈에 이상이 있는데도 의사 조 아무개(76) 씨에게 정상이라고 거짓말을 하도록 강요했다는 점 등에 대해서도

47. 「"경찰서 전자봉 고문" — 풀려난 고교생 주장」, 1990년 4월 6일자 『동아일보』 기사.
48. 「살인사건 용의자, 무죄 석방 후 고소」, 1992년 6월 28일자 『동아일보』 기사.

집중 수사를 펴고 있다.[49]

누명 벗은 구청장 — 가혹행위로 자백한 증인 때문에(1990년 5월)

::   뇌물죄로 형이 확정된 뒤 무죄를 주장하며 9년 3개월간 법정투쟁을 벌여온 변의정 전 서울 동대문구청장이 재심 끝에 무죄 판결을 받았다. 대법원 형사3부(주심 지창권 대법관)는 (1999년 8월) 20일 변 씨에 대한 재심사건 상고심 선고공판에서 검찰의 상고를 기각, 무죄를 선고한 원심을 확정했다. 재판부는 판결문에서 "당초 뇌물을 주었다고 진술한 김 모 씨가 검찰의 가혹행위에 의해 허위진술을 한 것으로 밝혀진 만큼 변 씨의 유죄를 인정할 수 없다"고 밝혔다.[50]

결국 무죄가 선고되기는 했지만 근 10년간에 걸친 법정투쟁 기간에 당사자가 흘린 피땀의 노고를 보상받을 수는 없다. 검찰의 무리한 수사가 가혹행위를 부르고, 결국 부실한 수사와 무죄로 연결되는 사례는 수도 없이 발견된다. 이 사건은 그런 예들 중 하나일 뿐이다.

절도 자백 강요 전기고문 — 1990년 9월

::   형사피의자와 그 가족들이 형사들로부터 전기고문을 당했다며 진상규명을 요구하고 나섰다. 지난 3일 서울 노량진경찰서에 특수절도 혐의로 구속된 김좌진(20) 씨와 박민식(22) 씨 등 형사피의자 2명과 가족들은 지난 30일 새벽 4시경부터 3시간여 동안 노량진경찰서 형사관리계에서 정 모 형사 등 형사 3, 4명으로부터 전자봉과 길이 15cm, 폭 5cm의 이름을 알 수 없는 전기 충격을 주는 기구로 전기고문을 당했다고 주장했다. 김 씨 등은 자신들이 지난 30일 새벽 봉천동 서울

---

49. 「유치장 수감자 뭇매 맞아 중상 — 경관 3명 수사…두 달 동안 사실 은폐」, 1990년 7월 25일자 『한겨레신문』 기사.
50. 「9년 3개월 법정투쟁 … 전 구청장 누명 벗어」, 1999년 8월 20일자 『한국경제신문』 기사.

대 입구 전철역에서 길에 버려진 신용카드와 손목시계 1개를 주워들고 다니다 이
날 새벽 4시경 봉천동 모 여관 부근에서 노량진경찰서 형사과 강력1반 소속 형사
4명의 불심검문을 받고 경찰서로 연행돼 절도 사실을 자백할 것을 강요당했다는
것.

김 씨 등은 자신들이 혐의 사실을 부인하자 형사들이 관리계 안으로 끌고 가 양손
에 수갑을 채우고 무릎을 꿇린 채 전자봉 등으로 귀, 목, 허벅지 등 전신을 고문해
비명을 지르자 입을 수건으로 틀어막고 마구 구타했다고 주장하고 있다. 김 씨 등
은 경찰이 전과가 있는 박 씨의 사타구니까지 전기고문을 하며 자백을 강요했다고
주장했다. 이에 대해 경찰은 "조사과정에서 구타를 한 것은 사실이지만 전기고문
을 한 적은 없다"고 부인했다.[51]

해고 노동자에 대한 안기부의 고문

— 노동운동과 노조 설립을 억압하는 데도 관여한 안기부(1990년 10월)

:: 　지난 8일 오후 경북 포항에서 포항제철 해고 근로자 김철현(30) 씨를 승용차
로 '납치' 한 사람들은 안기부 요원들인 것으로 10일 밝혀졌다. 김 씨는 10일 오전
서울 구로구 구로3동 노동인권회관으로 전화를 걸어 "강제연행 사실이 보도된 뒤
9일 밤 11시경 감금돼 있던 포항 근교의 안기부 안가에서 풀려나 현재 재야 문화
운동단체인 포항시 해도동 '한터울' 사무실에 머무르고 있다"고 동료 노조원들
에게 전해왔다. 김 씨에 따르면 자신을 연행한 사람들은 안가에 도착한 뒤 스스로
안기부 요원이라고 신분을 밝혔으며, 수배자로 보이는 세 사람의 이름을 대며 소
재를 추궁했다는 것이다. 김 씨는 이들이 또 포철노조의 최근 동향과 포항 지역 내
재야 운동단체들의 활동에 대해서도 추궁했다고 밝혔다. 김 씨가 이들의 추궁에

---

51. 「경찰서 절도 자백 강요 — "전기고문 당했다" 주장」, 1990년 10월 5일자 『동아일보』 기사.

"나는 모르는 일"이라고 대답하자 각목으로 허벅지와 옆구리 등을 마구 때렸다고 주장했다. …… 안기부 요원들은 8일 밤 김 씨를 2시간만 재우고 철야조사를 한 뒤 9일 밤 풀어줬다고 김 씨는 밝혔다.[52]

당시 김철현 씨는 '민주포철노조'를 만드는 데 핵심적인 역할을 한 사람으로 결혼을 앞두고 있었다. "대낮에 한길에서 납치되었는데도 소재 파악이 안 돼 약혼녀와 동료들이 가슴을 태우는 상황"이었다. 이들은 안기부의 김 씨 연행과 개입이 "노조를 위축시켜 탄압하려는 음모"라고 주장했다. 안기부는 국내 문제, 특히 민주적 노조 설립과 노동운동을 억압하는 일에도 관여하고 있었던 셈이다.

안기부원이 인신매매범으로 몰려 연행된 해프닝 — 1990년 10월

안기부 직원들이 백주 대낮에 민중당 간부를 연행하다가 시민들로부터 인신매매범으로 오인받아 경찰에 연행되는 해프닝이 일어나기도 했다. 국가기관으로서는 참으로 창피한 일이 아닐 수 없다. 영장이나 법적 근거도 없이 마구 사람을 잡아들이다 보니, 실제로 인신매매범과 다를 바가 없었다.

:: (1990년 10월) 8일 오후 6시 30분께 경북 포항시 중앙동 경동예식장 앞길에서 안기부 직원 3명이 민중당 포항지구당 노동부장 장성희(24, 여) 씨를 강제연행하려 인신매매범으로 잘못 안 시민 등 100여 명에게 붙들려 경찰에 넘겨졌다. 강 씨는 이날 예식장 앞에서 지구당 행사를 준비하던 중 갑자기 나타난 40대 남자 3명에게 붙잡혀 서울1 루34××호 소나타 승용차 안으로 끌려들어가는 순간 주변에 있던 시민과 민중당원 등 1백여 명이 "인신매매범이다"라는 고함과 함께 승

---

52. 「포철 해고 근로자 안기부서 납치 가혹행위」, 1990년 10월 10일자 『동아일보』 기사.

용차 유리창을 부수고 이 안기부원들을 붙잡았다. 뒤늦게 신고를 받고 현장에 달려온 포항경찰서 경찰관 3명이 이들에게 수갑을 채워 연행했으나 안기부 직원이란 신분을 확인한 뒤 30분 만에 풀어줬다.[53]

무죄 판결을 받은 소매치기들 —1990년 10월

조국신(39, 식당업) 씨 등 2명은 1990년 10월 16일 서울 시내버스 안에서 소매치기 일제 단속을 하던 검찰 정보원의 지갑을 훔치려고 상의를 뒤진 혐의로 구속되었다. 특수절도 미수 혐의로 구속된 이들은 1심에서 징역 10개월을 선고받았다. 그러나 항소심인 서울형사지법 항소4부(재판장 박재윤 부장판사)는 이들에게 원심을 깨고 무죄를 선고했다. 재판부는 판결문에서 "피고인들이 검찰에 연행돼 소매치기 사실을 추궁받는 과정에서 가혹행위를 당한 점이 인정되고, 범행을 뒷받침할 충분한 증거가 불충분해 무죄를 선고한다"라고 밝혔다.

조 씨 등은 그동안 재판과정에서 "동부지청으로 연행된 뒤 지하 보일러실로 끌려가 손발을 묶인 채 거꾸로 매달려 쇠파이프로 온몸을 얻어맞고 물을 코에 들이붓는 고문을 당해 전치 3개월간의 상처를 입었다"라고 주장해왔다.[54] 특히 이들은 "허리뼈에 금이 가는 등 상처를 입어 석 달 동안 치료를 받았으며, 조사받은 직후 귀 밑에 피멍이 있었고 귀에서 흘러나온 피가 저고리 윗부분에 젖어 있었다"라고 말했다.[55] 그나마 항소심에서 무죄를 선고받아 이들의 억울한 사연은 풀릴 수 있었다.

53. 「안기부원 민중당 간부 연행하려다 인신매매범으로 몰려 붙잡혀」, 1990년 10월 10일자 『한겨레신문』 기사.
54. 「검찰 '고문수사' 인정—원심 깨고 무죄 선고」, 1991년 7월 31일자 『동아일보』 기사.
55. 「고문하는 검찰」, 1991년 8월 1일자 『동아일보』 사설.

폭력 용의자에 대한 고문사건─1990년 10월

　사실 고문은 우발적으로 이루어지지는 않는다. 다음과 같이 일반 형사범에게 가해진 폭력 사례를 보면 가해 경찰관들이 결코 우발적으로 일으킨 고문사건이라고 보기 어렵다. 피해자들이 고소·고발하지 않았을 뿐이지, 일상적으로 이런 고문을 자행해왔다고 보아야 한다.

　:: 　(1990년 10월) 18일 오후 7시 반경 청부폭력을 행사한 혐의로 연행된 공 모(20. 무직) 씨는 서울 강서경찰서 강력반 지하 사무실에서 형사들에게 둘러싸여 다리에 나무봉을 끼워 돌리는 고문을 당하고 무릎을 짓밟히는 등 가혹행위를 당했다고 주장했다. 공 씨에 따르면 이날 서울 강서구 염창동 아진엔지니어링 사무실에서 이 회사 대표 홍 모(38) 씨의 신고를 받고 출동한 경찰에 의해 연행된 뒤 2시간 동안 지하 사무실에 감금당한 채…… 추궁을 받으며 가혹행위를 당했다는 것이다.[56]

　더구나 이 사건이 신문기사로 나간 뒤 강서경찰서는 화곡3동 파출소로 공 씨를 빼돌린 뒤 "너를 봐주려고 했는데 기자들에게 입을 놀리는 바람에 일이 시끄러워졌다"며 "시경에서 감찰반이 내려오면 온몸에 난 상처가 연행과정에서 생긴 것으로 진술하라"라고 공 씨를 협박했다고 한다.[57] 이런 협박으로 경찰이 시키는 대로 시경감찰반에게 조사를 받았고, 그 자리에 강서경찰서 강력반 형사 2명이 입회했다고 한다. 그러니 어찌 고문받았다고 주장할 수 있었겠는가. 고문한 것도 모자라 그걸 은폐하려는 시도까지, 과거 수사기관의 악폐를 그대로 되풀이하고 있다.

---

56. 「폭력 용의자 감금 고문─강서서, 다리에 나무 끼워 돌리며 자백 강요」, 1990년 10월 19일자 『동아일보』 기사.
57. 「고문수사 피해자 협박─경찰서 허위진술 강요」, 1990년 10월 20일자 『동아일보』 기사.

고문으로 강도가 된 시민 — 1990년 10월

:: 　지난 (1990년) 10월 28일 오후 세 들어 살던 집에서 집주인에게 마취강도를 했다는 혐의를 쓰고 서울 마포경찰서로 연행된 주은하(25, 여) 씨 등 2명은……"바른 대로 대라"며 호통치는 경찰관들에게 얼굴과 정강이 등을 심하게 얻어맞는 바람에 공포에 질려 형사가 불러주는 대로 자술서를 쓰고 신문을 받았다. 이들의 결백은 집주인이 잃어버렸다고 주장하던 수표 추적과 목격자에 대한 탐문 수사결과 구속된 지 하루 만에 입증돼 영등포구치소에서 풀려났다.[58]

얼마나 얻어맞고 공포감을 느꼈기에 하지도 않은 강도짓을 했다고 자인했을까. 그나마 진범이 확인되어 풀려난 게 다행이라고 해야 할까. 이 시기에는 꼬리에 꼬리를 물고 불법연행과 가혹행위사건이 되풀이되고 있었다.

멀쩡한 주부가 당한 18시간의 고문 — 1990년 11월

평범한 가정주부가 어느 날 갑자기 집안에 침입한 괴한들에게 잡혀간다면? 그게 바로 인신매매범이 아니고 무엇이겠는가. 평온한 집안에 불어닥친 이 황당한 사건, 이는 그 시대에 누구나 당할 수 있는 일이었다.

:: 　고교생인 딸, 중학생인 아들과 회사원인 남편을 둔 평범한 가정주부 손순자(42) 씨에게는 지난 11월 15일이 평생 잊을 수 없는 공포와 악몽의 날이었다. 손 씨는 이날 전에 자신의 집에 세 들어 살았던 포주 박 모 여인으로 오인받아 검찰 수사관들에 의해 불법연행돼 18시간 동안 갖은 수모와 폭행을 당했기 때문이다. 11월 15일 저녁 6시 반경, 혼자 집을 보고 있던 손 씨는 누군가 문 밖에서 서성대

---

58. 「불법연행 … 강압수사 … 짓밟힌 인권」, 1990년 12월 11일자 『동아일보』 기사.

는 소리에 놀라 "누구냐"고 소리치며 안방문을 열었다. 담을 넘어온 듯한 남자 4명이 다짜고짜 손 씨를 방 안에 밀어넣었다. 이들은 아무 말 없이 책상 서랍과 이불장 등을 샅샅이 뒤지기 시작했다. 이 순간 손 씨는 이들이 강도임에 틀림없다고 생각, 반항을 해봤으나 발길질과 주먹이 날아드는 바람에 더 이상 어쩔 도리가 없었다. 잠시 후 안방에서 별다른 물건을 찾아내지 못한 이들은 손 씨를 밖으로 끌고 나가려 했다.

손 씨는 이들이 값비싼 물건 대신 자신을 팔아넘기려는 인신매매범으로 생각, "강도야", "사람 살려"라고 외치며 혼신의 힘을 다해 저항했다. 하지만 손에는 이미 수갑이 채워지고 건장한 남자들에 의해 승용차 안으로 밀려들어가고 말았다. 손 씨의 고함에 놀란 동네 사람들이 몰려들었으나 수사관들은 권총을 내보이며 "수사관들이니 빨리 돌아가라"며 해산을 종용했다. 손 씨와 이들의 실랑이는 무려 1시간이나 계속됐으나 손 씨는 이들이 어떤 기관에 소속된 수사관인지 알 수 없었으며 연행 이유도 듣지 못했다.

이날 밤 8시 반경 어느 으슥한 사무실로 연행돼온 손 씨는 그제서야 자신이 와 있는 방이 서울지검 서부지청 원성준 검사의 방이며, 이들이 수사관이라는 사실도 확연히 알게 됐다. 수사관들은 구둣발로 정강이를 차고 뺨을 때리며 "인신매매 사실을 자백하라"고 윽박질렀다. …… 그후 꽤 시간이 지난 뒤 수사관들이 전에 손 씨 집에 세 들어 산 적이 있는 포주 박 모(54) 여인을 데리고 나타났다. 손 씨의 두 손목에는 이때까지도 수갑이 채워져 있었다. 손 씨는 그러나 집으로 돌아오지 못하고 서대문경찰서로 넘겨진 뒤 다음 날 오전 10시에서야 풀려날 수 있었다. 검찰은 "한집에 오랫동안 박 여인과 함께 살았으면서 아무것도 모르느냐. 조사할 게 남았다"며 경찰로 넘겼던 것.

맨발에 티셔츠 차림으로 돈 한 푼 없이 연행됐던 손 씨는 "어떻게 집으로 돌아왔는지 지금도 기억이 나지 않는다"고 말했다. 손 씨의 남편 김성연(47) 씨는 그날 밤 아내가 수사관들에 의해 잡혀갔다는 이웃들의 이야기를 듣고 아내를 찾기 위해 인근 파출소와 경찰서를 다음 날 새벽 4시까지 헤매고 돌아다녔으나 허사였다. 손씨는 지금도 집 부근 정형외과를 다니며 연행될 때 다쳤던 팔목 치료를 받고 있으며, 잠자다가 헛소리를 하는 등 악몽에 시달리고 있다.[59]

화곡동 주택가 연쇄방화사건 용의자 고문수사 — 1991년 4월

:: 경찰이 행인을 방화사건의 용의자로 연행, 조사하면서 고문으로 자백을 얻어낸 뒤 이를 근거로 구속영장을 신청키로 해 말썽이 빚어지고 있다. 지난 9일 발생한 강서구 화곡동 주택가 연쇄방화사건을 수사 중인 서울 강서경찰서는 13일 정모(37, 무직) 씨를 연행, 범행 사실을 자백받아 구속영장을 신청키로 했다.

그러나 정 씨는 "경찰의 물고문과 구타에 못 이겨 허위사실을 자백했다"고 주장하고 있다. 정 씨에 따르면 지난 10일 새벽 2시 반경 서울 강서구 등촌동 509 앞길에서 구걸을 하다 경찰에 연행돼 경찰서 지하에 있는 강력반 사무실에 감금된 채 주먹으로 얼굴을 얻어맞고 구둣발로 정강이와 무릎을 차이는 등 구타를 당했다는 것. 정 씨는 또 연행 이틀째인 11일에는 부근 파출소 지하실에서 거꾸로 매달린 채 콧구멍에 고춧가루를 탄 물을 붓는 등의 고문을 당했다고 주장한다. 정 씨의 왼쪽 정강이와 오른쪽 무릎, 얼굴 등에 멍과 타박상이 남아 있다.[60]

강서경찰서 측은 "정 씨의 호주머니에서 성냥 두 갑이 나왔고 바지에 불똥이 튄 흔적이 있는 등 범인이 틀림없다"라고 주장했다. 그러나 성냥과 바지에 불똥 흔적이 있으면 모두 방화범이라는 것인지, 그 주장에 억지가 보인다. 흡연자들은 얼마든지 그럴 수 있기 때문이다. 더구나 고문에 의한 수사는 진실을 왜곡

59. 「불법연행 … 강압수사 … 짓밟힌 인권」, 1990년 12월 11일자 『동아일보』 기사.
60. 「화곡동 주택가 연쇄방화 용의자 — "경찰 고문 허위자백" 주장」, 1991년 4월 14일자 『동아일보』 기사.

하기 마련이다. 다음 후속 보도를 보면 진실을 알 수 있다.

∷　　정 씨는 지난 13일 오후 7시경 "경찰의 고문과 구타에 못 이겨 허위자백을 했다"고 밝혔다. 기자는 이 사실을 윤원호 서장에게 전화로 알리고 "함께 확인하자"고 제의했다. 서장이 기자의 제의를 수락, 오후 8시경 형사과장실에서 정 씨를 상대로 고문을 받았는지 여부를 물었다. 사시나무처럼 떨던 정 씨에게 담배를 권하고 기자라는 신분을 밝히자, 정 씨는 옷을 걷어 상처를 보이며 "조금 전에도 강력반 직원들이 주먹으로 머리를 때렸다. 나는 자백을 안 하려고……"라고 말했다. 정 씨의 말이 미처 끝나기도 전에 서장은 갑자기 얼굴색이 변하더니, 자리에서 벌떡 일어나 문 밖에 대기 중이던 형사들에게 "데려가라"고 지시했다. 각본은 잘 만들었는데 정 씨가 제대로 연출을 못해 들통났다는 뜻인 듯했다. 형사과장실에서 나오는 기자의 등 뒤에서 형사과장의 넋두리가 들려왔다. "우리 경찰서도 평소 기자실에 잘해주었는데……."

14일 서울시경은 감찰에 나서 강서경찰서가 행한 정 씨에 대한 가혹행위를 확인했다. 경찰은 또 정 씨의 알리바이를 입증한 참고인의 진술을 묵살했음도 드러났다. 그런데도 경찰은 수사 지휘 검찰의 비호하에 연행한 지 150여 시간이 지나도록 정 씨를 계속 붙잡아두다가 6일 만에 풀어주었다. 또 경찰은 정 씨의 연고가 있음에도 피붙이가 없다며 부랑인 수용시설에 수용해 수사를 계속할 뜻을 비추기도 했었다.…… 증거 확보를 통해 과학적 수사에 심혈을 기울여야 할 경찰이 사회적 약자인 부랑인을 장기구금과 가혹행위로 범인으로 몰아가는 현실을 보면서 우리 경찰이 아직 멀었다는 생각을 버릴 수가 없었다.[61]

---

61. 「여전한 경찰 가혹행위」, 1991년 4월 17일자 『동아일보』 기사.

기자 한 사람의 끈질긴 추적 보도가 한 사람의 억울한 피의자를 구했다. 그래서 고문 방지에는 언론과 인권단체들의 역할이 중요하다.

건설회사 사장의 투신자살 — 1991년 4월

:: 뇌물공여 혐의로 검찰청사에서 조사를 받던 건설회사 대표가 30m 아래 창문 밖으로 뛰어내려 자살한 사건을 두고 새삼 (검찰 수사라고 해서 다 믿어도 되는가 하는) 의문을 제기하지 않을 수 없다. 투신자살한 조흥공영대표 최봉령(52) 씨는 이틀 동안 철야조사를 받았다고 한다. 지난해 도급순위 271위의 작지 않은 건설회사 50대 사장이 그냥 죽음을 결행하지는 않았을 것이다. 그 죽음의 경위에 대한 상세한 조사가 행해져야 한다.[62]

검찰에서 이루어진 이 사건은 뭔가 석연찮은 의문점을 많이 남긴다. 보통 사람이라면 이틀간 잠을 못 자면 정신이 몽롱한 상태가 된다. 그냥 안 잔 것이 아니라 끊임없는 추궁과 협박을 당하면서 이틀밤을 새웠다면, 그 스트레스와 억압 상태가 한층 고조되었을 것이다. 잠을 안 재운 자체가 가혹행위인데, 그 안에서 어떤 일이 벌어졌는지 알 수가 없다.

가혹행위와 전향적인 판결 — 1991년 11월

:: 수사기관의 고문 사실이 명백하게 입증되지 않고 추정만 되더라도 자백의 증거능력을 인정할 수 없다는 판결이 나왔다. 서울고법 형사4부(재판장 이용웅 부장판사)는 14일 시내버스 승객을 상대로 소매치기를 해오다 상습절도 혐의로 구속 기소된 신정식(28) 씨 등 4명에 대한 항소심 선고공판에서 수사기관의 고문 사실이

---

62. 「횡설수설」, 1991년 4월 16일자 『동아일보』 기사.

추정돼 자백의 증거능력을 인정할 수 없다며 징역 3년씩을 선고한 원심을 깨고 무죄를 선고했다.

재판부는 판결문에서 "지난해(1991년) 11월 신 씨 등이 구치소에 수감될 당시 신체에 상해를 입은 것을 확인했다는 교도관들의 진술로 보아 신 씨 등이 경찰과 검찰의 조사과정에서 고문으로 인해 자백한 것으로 추정된다"며 "가혹행위를 변호인이 입증할 수 없다 하더라도 수사기관의 고문 사실이 추정되는 한 자백의 증거능력을 인정할 수 없다"고 밝혔다.[63]

참고인 진술의 번복 강요를 위한 고문 — 1991년 12월

::   서울지검 특수3부 권영석 검사는 지난 (1991년 12월) 9일 변호사법 위반(뇌물수수) 혐의로 구속 기소된 민자당 중앙위원 이창렬(59) 씨에 대한 수사과정에서 검찰의 중요 참고인으로 조사를 받았던 조남근(37) 씨가 최근 경찰에 연행돼 검찰에서의 진술이 허위였음을 자백하도록 강요받았다고 진정해옴에 따라 16일 수사에 착수했다. 조 씨는 진정서에서 "지난달 26일 4~5명의 경찰관에 의해 서울지방경찰청 특수기동대에 연행돼 30시간 동안 검찰에서 허위진술을 했다고 자백하도록 강요당하며 몽둥이로 온몸을 얻어맞아 전치 2주의 부상을 당했다"고 주장했다.[64]

고문 사실이 알려지자 경찰은 그동안 조사해오던 사건의 수사 상황을 종결했고, 검찰은 또한 이를 지휘 품신(稟申)을 통해 인정해주었다. 어디 고문사건이 제대로 수사된 적은 있었던가? 검찰과 경찰은 티격태격하면서도 이렇게 서로 죽이 맞는다.

63. 「"고문 사실 '추정'만 돼도 자백 증거 인정 안 된다"」, 1992년 8월 15일자 『동아일보』 기사.
64. 「수사 참고인 진술 번복 강요 — 경찰이 몽둥이 구타」, 1991년 12월 16일자 『동아일보』 기사.

중학생 피의자들에 대한 고문 — 1991년 12월

:: (1991년 12월) 금품갈취 혐의로 서울 서대문경찰서에서 조사를 받고 있는 중학생 피의자 5명이 경찰로부터 각목 등으로 구타당하고 허위진술을 강요받았다고 주장, 물의를 빚고 있다.[65]

간략한 단신이 전하는 메시지라 할지라도 그 의미는 자못 크다. 어린 소년들에게 그런 물리적 가혹행위가 얼마나 큰 상처가 될 것인가. 어린 소년들이 어른들처럼 영악하게 거짓말을 했을 리 만무하다. 어떤 고문도 정당화될 수 없지만 어린 소년들에 대한 고문은 더욱 용서받을 수 없다.

한 기자가 목격한 검사실의 풍경 — 1992년 1월

:: 지난 (1992년) 1월 14일 오후 3시경 서울지검 형사부 K검사실. 죄수복 차림에 두 손을 포승에 묶인 채 한 20대 남자 피의자가 출입문 앞 의자에 앉아 조사를 기다리고 있었다. 이미 꽤 오랫동안 조사를 받은 듯 피의자의 얼굴은 지칠 대로 지친 기색이었다. 특히 왼쪽 눈언저리가 벌겋게 퉁퉁 부어올라 한눈에 보기에도 조사과정에서 심하게 얻어맞았음을 알 수 있게 했다. 범행 사실을 다그치는 검찰 수사관의 호통에 이 피의자는 "억울합니다. 왜 내 말을 믿지 않고 때리기만 하는 겁니까"라고 울먹였다. 이 피의자는 또 옆자리에서 함께 조사를 받던 피해자로 보이는 청년에게도 "넌 내가 억울하다는 것을 잘 알지 않느냐"며 안타깝게 호소하기도 했다.

그러나 수사관은 들은 척도 하지 않고 "뭐, 이런 자식이 다 있어"라며 오히려 욕설을 퍼부었다. 그 순간 피의자의 얼굴이 절망적으로 일그러지는가 싶더니, 갑자

---

65. 「횡설수설」, 1991년 12월 20일자 『동아일보』 기사.

기 "차라리 죽어버리겠다"고 소리치며 쏜살같이 창가 쪽으로 달려갔다. 이 순간 스프링이 튕기듯 벌떡 일어난 검사와 수사관이 황급히 뒤쫓아가 간신히 피의자의 뒷덜미를 잡았다. '위기'는 모면했지만 정말 아찔한 순간이었다. …… 때마침 K 검사실에 들러 이 광경을 고스란히 목격한 본사 기자가 놀란 표정을 짓자, K검사는 아무것도 아니라는 듯 멋쩍게 손을 털어내며 "별 미친× 다 보겠네"라고 내뱉었다.[66]

적어도 가혹행위에 관한 한 일반 경찰관이나 검사나 다를 것이 없음을 알 수 있다. 기자가 우연히 본 검사실의 풍경이 이 정도라면, 이 검사와 그 지휘 아래에 있는 수사관은 일상적으로 피의자들을 폭행해왔다는 것이 아닌가.

혐의 없으면 그만이고 — 1992년 1월

:: 1월 22일 서울 송파경찰서 형사계 강력반장 등 3인은 강도 용의 차량의 소유자를 조사하면서 그 소유자에 대해 무차별 구타를 한 후 혐의가 없자 석방해 물의를 빚었다.[67]

행인을 강도 용의자로 몰아 — 1992년 5월

:: 경찰이 길 가던 행인을 강도살해범으로 오인, 파출소에 끌고 가 폭행하고 물고문한 사실이 드러나 물의를 빚고 있다. (1992년 5월) 15일 밤 10시경 부산시 서구 암남동 동사무소 앞길에서 거래처에 수금하러 가던 이동근(37, 전기제품판매상)씨가 인근에서 밤 9시 45분경 발생한 강도상해사건 수사경관들의 검문을 받고 손등에 상처가 있다는 이유로 서부경찰서 소속 송도파출소로 순찰차에 태워져 연행

---

66. 「'가혹수사' 사라지지 않고 있다」, 1992년 6월 25일자 『동아일보』 기사.
67. 대한변호사협회, 『1992년도 인권보고서』, 1993, 46쪽.

됐다.

이 씨는 파출소 안에서 "손등의 상처는 길 가다 오토바이의 백미러에 긁혀난 것"이라고 했으나 이 경찰서 형사계 경관들이 "좋은 말할 때 불어라"며 자신의 얼굴, 배, 다리들을 주먹과 발로 마구 폭행했다는 것. 이 씨가 범행 사실을 계속 부인하자 형사들이 "고춧가루 맛을 보아야겠다"며 파출소 내 불을 끈 뒤 자신을 의자에 거꾸로 처박은 채 팔다리를 붙잡고 컵에 물을 따라 코와 입에 마구 부었다고 주장했다. 이 씨는, 강도상해사건 피해자는 "범인이 잠바를 입고 있었다"고 경찰에 진술했으나 자신은 양복을 입고 넥타이를 맸으며, "경찰에 알리바이를 말했으나 듣지 않았다"고 말했다.[68]

경찰의 잘못된 관행이 또 한 번 확인된 사건이다. 경찰 때문에 함부로 길을 걸을 수조차 없는 세상이 되었다. 이 사건에서도 경찰은 고문당한 피해자가 병원에서 진단서를 끊지 못하도록 압력을 행사했다.[69]

부인 잃고 고문당하고 — 1992년 5월

:: 경기도 용인경찰서 형사계가 전신 케이블 맨홀 속에서 시체로 발견된 박순식(31) 씨의 남편 조항기(33) 씨를 용의자로 지목, 물고문을 하는 등 가혹행위를 한 사실이 드러나 물의를 빚고 있다. 경기도 경찰청은 이에 따라 (1992년 5월) 22일 용인경찰서에 감사반 3명을 보내 조사를 펴고 있다.

가족들은 조 씨가 "박 씨 살해와 아무런 관계가 없다"며 자백을 거부하자, 형사들이 조 씨의 얼굴을 수건으로 덮고 물고문을 했으며, 오른쪽 팔을 전자곤봉으로 때리고 주먹과 구둣발로 구타하는 등 가혹행위를 했다고 주장했다. 이로 인해 조 씨

---

68. 「행인 강도 용의자 몰아 — 파출소서 폭행, 물고문」, 1992년 5월 17일자 『동아일보』 기사.
69. 「행인 물고문 경관 — 진단서 발급 방해」, 1992년 5월 18일자 『동아일보』 기사.

는 7, 8차례 실신했다가 깨어났으며 혐의가 드러나지 않자 21일 풀려났다는 것.[70]

다행히 이 사건에서 고문을 가한 용인경찰서 형사계 소속 장인수·김성남 경장 등 2명은 독직폭행 혐의로 구속영장이 신청되었고, 서대원 경장 등 4명은 같은 혐의로 불구속 입건되었다. 이제 고문에 대한 경각심이 조금은 높아지고 있음을 느낄 수 있다.[71]

고문 사실을 무마하려고 — 1992년 9월

:: (1992년) 9월 3일 경기 남양주경찰서는 경찰의 제보만을 근거로 권종철(29) 씨를 절도 혐의로 연행해 각목으로 구타하는 한편, 전자봉으로 고문한 후 혐의를 밝혀내지 못하자 귀가 조치했다. 그후 사건이 문제되자 동인의 선배를 통해 20만 원을 무마비로 전달한 사실이 밝혀졌다. 그런데 경찰 측에서는 고문 사실을 부인 했다.[72]

고문으로 살인범이 된 순경 — 1992년 11월

:: 검찰과 경찰의 무리한 수사로 경찰관이 자신의 애인을 살해한 범인으로 몰려 1, 2심에서 모두 징역 12년을 선고받고 대법원의 확정판결만을 남겨놓고 있었으나 진범이 잡혀 풀려나게 됐다. 서울지검 강력부는 (1993년 12월) 9일 지난해 11월 29일 서울 관악구 신림6동 C여관에서 발생한 술집 여종업원 이 모(당시 18) 양 살해사건의 진범은 이 양의 애인 김 모(27, 당시 관악경찰서 신림9동 파출소 근무 순경) 씨가 아니라 서 모(19, 무직) 군이라고 발표했다. 당시 순경 김 씨는 이 사건 범인으

---

70. 「부인 살해 자백 강요 — 경찰이 남편 물고문, 하루 만에 무혐의 석방」, 1992년 5월 22일자 『동아일보』 기사.
71. 「물고문 경관 2명 영장」, 1992년 5월 23일자 『동아일보』 기사.
72. 「경찰, 참고인에 전자봉 고문 — 남양주서, 20만 원 줘 입막음 기도」, 1992년 9월 5일자 『중앙일보』 기사.

로 몰려 구속된 뒤 1, 2심에서 징역 12년을 선고받고 상고, 내년 1월 중순경 확정 판결이 예정돼 있었다. 검찰은 서 군에 대한 보강조사를 마치는 대로 그동안 억울한 옥살이를 해온 김 씨의 구속을 취소키로 했다.

경찰은 지난 11월 24일 관악구 봉천8동에서 노상강도를 하다 경찰에 현행범으로 검거된 서 군의 여죄를 추궁하는 과정에서 지난해 술집 여종업원 살해사건의 범인이 자신이라는 자백을 받아냈다. 이에 따라 검찰은 경찰로부터 사건을 송치받아 당시 서 군이 숨진 이 양에게서 훔친 10만 원권 수표 2장에 이서된 필적과 서 군의 친구 전화번호 등을 확인, 서 군이 진범이라는 사실을 밝혀냈다. 서 군은 당시 부근 만화가게에서 잠을 잔 뒤 사건 발생 여관으로 들어가 숨진 이 양의 핸드백을 훔치려다 인기척에 놀라 깬 이 양이 소리를 지르자 목을 졸라 숨지게 했던 것으로 밝혀졌다.

검찰과 경찰은 사건 발생 당시 순경 이 씨가 숨진 애인 이 양과 여관에 새벽에 함께 투숙한 뒤 아침 7시경 파출소 근무 때문에 혼자 여관에서 나와 근무를 마치고 오전 10시경 이 양의 사망 사실을 확인, 신고한 점 등을 근거로 무리하게 김 씨를 범인으로 단정, 수사를 벌였다. 검찰은 이 씨가 경찰 조사과정에서 고문이나 구타를 당해 자신이 범인이라고 허위자백한 사실은 드러나지 않았다고 밝혔다.[73]

고문과 구타가 없었다면 어떻게 경찰관이 스스로 사랑하는 애인을 살해한 살인범이라고 자백할 수 있겠는가. 진범이 잡혔기에 망정이지 그러지 못했다면 김 순경은 12년을 꼼짝없이 살인범으로 복역해야 했다.

---

73. 「애인 잃고 살인범으로 몰리고 … — 어느 경관의 억울한 옥살이」, 1993년 12월 10일자 『동아일보』 기사.

03

경찰의 대표 고문 사례
— 화성 연쇄살인사건의 고문피해자들

1. 범인은 도대체 몇 명이나 되는가?

　　화성 연쇄살인사건은 여러 가지 면에서 기록을 세웠다. 이렇듯 긴 기간 동안 특정 지역에서 부녀자들만 성폭력을 당한 채 잔인하게 피살되는 사건들이 연이어 터진 적이 거의 없었기 때문이다. 화성 연쇄살인사건은 10차례에 걸쳐 경기도 화성시 태안 일대에서 일어난 사건들로, 피해자가 10명이나 되는데도 범인의 윤곽은 여전히 오리무중이다. 게다가 2006년 4월 2일 10차 사건의 공소시효(15년)가 만료되어 범인이 잡히더라도 형사 처벌이 불가능하게 되었다. 결국 화성 연쇄살인사건은 영화 제목처럼 '살인의 추억'으로 묻히게 된 것이다.

　　1986년 9월 19일 수원에 야채를 팔러 나갔던 이완임(71) 씨가 태안읍 안녕리 풀밭에서 하의가 벗겨진 채 목이 졸려 숨져 있는 모습으로 발견되면서 시작된 연쇄살인사건은 1991년 4월 3일까지 86년 4건, 87년 2건, 88년 2건, 1990년 1

건, 91년 1건이 발생하여 모두 부녀자 10명이 희생되었다.

더 큰 기록은 이 사건을 해결하기 위해 경찰이 무리한 수사를 계속하면서 억울한 피해자를 수없이 만들어왔다는 것이다. 일부는 그 후유증으로 정신질환자가 되거나 자결까지 하고 말았다. 한국의 후진적 수사기법과 경찰관들의 엉터리 사고방식, 자백에 의존하는 고문·조작수사를 한눈에 볼 수 있다. 그야말로 '육감'에 의존하는 수사였다.

:: 80년대는 결과가 모든 것을 말해주는 시대였다. "성공한 쿠데타는 처벌할 수 없다"는 명판결(?)이 나왔던 것처럼, 과정보다 결과가 선과 악을 구분했다. 형사들이 혐의자를 수없이 구타하고, 고문해도 괜찮았던 것은 '범인만 잡으면 된다'는 생각 때문이었다. 범인만 잡으면 모든 죄가 용서될 수 있었던 것이다. 고문당한 혐의자와 고문한 형사가 TV드라마〈수사반장〉을 자연스럽게 감상하고 함께 자장면을 시켜 먹는 장면이 등장하는 것도 그러한 이유에서일 것이다.

그러나 개인의 인권이 참담하던 시절, 형사 일개인의 역할이란 것도 마찬가지가 아니었을까. 비가 오는 날 사건이 벌어진다는 정황을 포착하고, 경찰 증원을 요청하지만, 전국의 전경들은 연일 시위 진압에 동원되고 있었다. 5명의 인원으로 3만 명에 이르는 마을의 치안을 감당하기란 역부족이었을 것이다. 문신이 있다는 이유만으로 (삼청)교육대에 끌려가는 시민이나, 사건이 벌어지면 대책 없이 비난을 무릅써야 하는 경찰이나 '요행'에 몸을 의지할 수밖에 없었던 것은 어쩔 수 없는 무력감이었을 게다.[1]

:: 문제는 그렇게 시대에 모든 것을 돌리기에는 너무나 많은 고문피해자

1. 김대홍, 「그 시절을 추억이라 말할 수 있을까—송강호, 김상경 주연의〈살인의 추억〉」, 2003년 5월 4일자 「오마이뉴스」 기사.

들이 생겨났다는 점이다. 인력 부족과 시국 상황 때문에 범죄가 연이어 터지는 것을 막지는 못하더라도, 그 범인을 잡는다는 명목으로 선량한 시민을 데려다가 매질하고 고문하는 것은 또 다른 문제였다. 고문과 가혹행위로 범인조작에 열을 올리는 사이 진범은 6년 동안 유유히 범행을 계속해왔다. 결국고문은 진실을 밝히고 진범을 잡는 데도 큰 장애가 되는 셈이다. 화성 연쇄살인사건은 피해자들의 숫자에 있어서나 엽기적인 범행 성격에 있어서, 더 나아가 미제사건이라는 측면에서 국민의 관심과 분노를 낳았다. 심지어 이 일련의 살인사건을 소재로 〈살인의 추억〉이라는 영화가 만들어지기도 했다.[2]

2. 첫 번째, 두 번째 조작 — 1987년/1988년

화성 연쇄살인사건으로 첫 번째 홍역을 치른 사람은 2명이었다. 경찰은 1987년 이 사건의 용의자로 홍 모(44)·문 모(22) 씨 등을 범인으로 단정해 구속 품신(稟申)을 했으나, 검찰에서 증거 불충분으로 이들을 석방했다. 이때도 두 사람이 자백한 것을 보면 고문이 없을 리 없었다. 그렇지 않고서야 어떻게 연쇄살인을 자백했겠는가.

두 번째로 홍역을 치른 사람은 전 모(33) 씨이다. 1988년 12월에 범인으로

2. 다음은 한 기자의 영화평이다. "시골형사 박두만(송강호 역)은 이러한(고문에 의한 허위자백이라는 기사가 심심찮게 신문에 오르내렸고, '경찰은 민중의 지팡이'라는 말 대신 '경찰은 민중의 몽둥이'라는 자조 섞인 말도 유행하던) 시절에 말보다 주먹이 앞서는, 이성보다는 육감에 의존하는 보편적인(?) 수사관이다. …… 미궁에 빠진 사건을 수사하기 위해 서울 형사 서태윤(김상경 역)이 투입된다. 주먹보다 말이 앞서고, 육감보다는 이성에 의존하는 서태윤은 '합리성'으로 철저하게 무장돼 있다. …… 하지만 '이성'의 절대성이 무너지는 순간, 서태윤은 박두만보다 더한 폭력성을 드러낸다. '고문해서라도 자백만 받으면 된다'는 말을 중얼거리고, 자신이 치료한 여고생이 시체로 발견되자, 혐의자를 찾아가 총을 겨누는 데까지 나아간다. …… 사건을 해결하기 위해 무당을 찾아가고, '자수하지 않으면 네 몸이 썩어 문드러질 것'이라는 허수아비를 세우는 행동이 우습게 보일 수도 있지만, 과연 우리는 그 시절에서 빠져나왔을까. 과연 우리는 '폭력'의 시절을 '추억'으로만 감상할 수 있을까." 김대홍, 앞의 『오마이뉴스』 기사.

구속 기소된 전 모 씨는 대법원에서 "고문에 의해 조작된 것으로 보이며 뚜렷한 증거가 없다"며 무죄 판결을 받았다.[3] 결국 이들 역시 과학적 증거 대신 자백에 의존하는 전근대적 수사방법의 희생자가 된 것이다. 이때는 검찰까지 통과되었는데 그나마 대법원이 마지막 방파제 역할을 해주었다.

3. 세 번째 고역을 치른 용의자들 — 1990년 8월

:: 경기도 화성경찰서가 성폭행사건을 수사하면서 사건과 관련 없는 10대와 20대 노동자 3명을 한밤중에 강제연행, 집단구타를 하면서 자백을 강요하다 혐의가 없자 4시간 만에 풀어준 사실이 밝혀져 물의를 빚고 있다. 29일 ㈜한진다이케스팅 노동자 호현철(21) 씨 등에 따르면 지난 28일 밤 10시 40분께 호 씨와 회사 동료 진현규(21) 씨, 김 아무개(18) 군 등 3명이 화성군 태안읍 반월1리 123-1 자취방에서 잠을 자고 있던 중 화성경찰서 형사계 소속 형사 5명이 들이닥쳐 신분도 밝히지 않은 채 머리를 발로 차고 주먹으로 배를 때리는 등 10여 차례 집단폭행을 가했다는 것이다. 형사들은 이어 김 군 등을 집 앞 쓰레기장으로 차례로 끌고 가 머리채를 휘어잡고 팔을 뒤로 비트는 등 가혹행위를 계속하고 가스총을 꺼내 위협하면서 성폭행사건의 범행 사실을 자백하도록 강요했다는 것이다.

경찰은 호 씨 등이 범행을 부인하자 이들을 승용차 2대에 나눠 태우고 경찰서 형사계 사무실로 끌고 가 피해자 대질신문 등 조사를 벌였으나 이들의 알리바이가 입증되자 4시간 만인 29일 새벽 2시 30분께 풀어줬다. …… 이에 대해 화성경찰

---

3. 「또 이런 일이 … 공포의 화성—얼굴 없는 범인 연쇄살인」, 1990년 11월 17일자 『동아일보』 기사.

서 이준상 형사계장은 "연행과정에서 이들이 범행을 완강히 부인, 형사들이 뺨을 1∼2차례 때렸을 뿐"이라며 "피해자들이 호 씨 등 3명을 범인으로 지목해 불가 피하게 연행했었다"고 해명했다.[4]

그야말로 아무나 걸리는 대로 일단 폭행하고 가혹행위를 하는 게 경찰의 속 성일까. 아니면 진범을 못 잡는 분풀이라도 하는 걸까. 경찰은 아무 단서나 정황 도 없이 집단폭행을 가한 것이다.

4. 네 번째 용의자도 무리한 수사의 결과 ─ 1990년 12월

:: 화성 부녀자 연쇄살인사건을 수사 중인 경기도경은 아홉 번째 희생자인 김미 정(14, 여중 1년) 양 살해 용의자로 검거한 윤 모(19) 군의 범행 증거를 확보하지 못 해 수사를 더 이상 진전시키지 못하고 있다. 경찰은 윤 군의 자백과 김 양의 옷에 묻은 정액의 혈액형이 윤 군의 혈액형과 같은 B형이라는 것만 밝혀냈을 뿐 김 양 의 도시락 뚜껑에 찍힌 지문이 윤 군의 지문과 다른 것으로 나타나자 물증과 목격 자를 찾는 데 수사력을 집중하고 있다. 경찰은 윤 군의 의류와 신발 등에 대한 혈 흔 반응검사를 실시했으나 범행 관련 자료를 얻지 못했으며, B형으로 판명된 정액 도 양이 적어 윤 군의 것인지 여부를 확인할 수 있는 유전자 구조방식 검사를 할 수 없는 것으로 알려졌다.

경찰에 이에 따라 현장에서 수거한 모발 중 마지막 남은 1개를 방사성 동위원소

---

4. 「무고한 노동자 3명 뭇매·연행」, 1990년 8월 30일자 『한겨레신문』 기사.

분석법에 의해 감정토록 국립과학수사연구소에 의뢰했다. 경찰은 윤 군이 숨진 김양을 연필깎이 칼로 난자한 사실을 자백했다고 밝혔지만 상처의 깊이와 상처 주변 피멍들의 크기 등을 고려할 때 범인이 연필깎이 칼보다 큰 흉기로 난자했을 가능성이 짙고 범행 현장에서 발견된 연필깎이 칼에서 김 양의 혈흔이 발견되지 않는 등 윤 군의 자백한 범행 내용의 신빙성에 의문이 제기되고 있다. 또 경찰은 윤 군의 가족 면회를 제한하고 있으며, 보도진에게 윤 군의 신병을 공개하지 않아 수사 과정에서 윤 군이 가혹행위를 당해 허위자백했을 것이라는 의혹을 낳고 있다.[5]

의혹이라기보다는 고문을 가했을 거라는 확신이 가는 사건이다. 경찰 스스로도 확신을 갖지 못할 정도로 부합하는 증거도 없는데, 어떻게 본인 스스로 그 끔찍한 범행을 저질렀다고 자인할 수 있단 말인가. 아니나 다를까, 다음의 후속 보도를 보면 대강의 정황을 알 수 있다.

:: 　화성 부녀자 연쇄살인사건 아홉 번째 희생자 김미정 양 살해 용의자로 조사 받고 있는 윤 모 군의 자백에 대해 경찰 각본에 따른 조작이란 의혹이 일고 있다. 윤 군이 김 양을 살해하지 않았다며 현장검증을 거부하기 전날인 21일 오후 정해원 변호사가 강제추행 및 치상 혐의로 윤 군이 수감된 화성경찰서에서 윤 군을 접견, 윤 군이 김 양 부분에 대해 "모릅니다"라고 범행을 부인했는데도, 화성경찰서는 이 부분을 삭제한 채 「변호인 접견 사항보고서」를 만들어 도경에 보고했다. 경찰서 유치인 접견부에 따르면 정 변호사는 이날 오후 4시 50분에서 5시 30분까지 윤 군을 만나 "김미정이는 모르지"라고 물어 "모릅니다"는 답을 들음으로써 윤 군이 김 양 살해 사실을 부인한 것으로 나타나 있으나, 접견 보고서에는 이 같은

---

5. 「혈흔 검사 단서 못 찾아—자백 내용 믿기 어려워」, 1990년 12월 21일자 「동아일보」 기사.

문답 내용이 삭제된 채 보고돼 있었다.[6]

5. 다섯 번째, 또 다른 희생자—1990년 12월

윤 모 군과 거의 동시에 또 다른 용의자 김 모 군이 경찰의 가혹행위에 혼쭐이 나고 있었다.

:: 　수사본부는 지난 (1990년 12월) 11일 오전 11시경 용의자로 지목한 김 모 (18, 고교 3년) 군을 데려간 뒤 이튿날 아침까지 김 양 사건 당일(11월 15일 오후 6시부터 8시까지)의 행적과 알리바이를 대라며 고문한 사실도 밝혀졌다. 김 군과 숙모 임 모(44) 씨에 따르면 김 군이 여자 생리대와 『여자정신대』 책 3권을 갖고 있었다는 이유만으로 지난 7일 오후 5시경 태안읍 그린피아호텔로 연행되는 등 세 차례에 걸쳐 호텔, 여관 등지로 끌려다니며 폭행당하고 양손이 뒤로 수갑 채워진 채 원산폭격 자세에서 죽도록 등을 맞았다는 것. 김 군은 사건 당일 "2시간 동안의 행적과 알리바이를 대라"는 경찰 추궁에 20여 일 전의 행적이 제대로 떠오르지 않아 "시간은 잘 모르겠지만 친구 이 모(18, 고교 3년) 군 집에서 친구들과 같이 공부했다"고 말하자 거짓말을 한다며 거짓말탐지기를 대고 김 양 범행 관련 자술서를 쓰게 한 뒤 서명을 강요하는 등 고문했다고 주장했다.[7]

범인은 한 사람이지 다른 두 사람일 수는 없는 노릇이다. 경찰의 행위는 여

6. 「화성 수사 '마구잡이' — 여중생 살해 용의자 변호인 접견서 조작」, 1990년 12월 25일자 『동아일보』 기사.
7. 1990년 12월 25일자 앞의 기사.

기저기 마구 찔러보면 그중에 하나는 걸리겠지 하는 원시적·야만적 수사가 아닐 수 없다. 아무 증거도 없이 그냥 고문해서 자백받고 거기에 맞춰 꿰어가는 수사 방식인 것이다. 이런 고문과 수사 관행 때문에 그동안 얼마나 많은 피해자들이 생겨났을까.

6. 여섯 번째 희생자 차겸훈 씨 — 고문과 살인(1990년 12월)

:: 이 사건 용의자로 지난달(1990년 11월) 31일 경찰에 연행됐다 풀려난 차겸훈(38) 씨가 정신분열 증세를 보이다 지난 18일 오후 3시 55분경 태안읍 진안1리 병점역 철도 건널목에서 부산발 서울행 제8호 새마을열차에 뛰어들어 스스로 목숨을 끊은 사실이 뒤늦게 밝혀졌다.[8]

도대체 수사본부가 범인을 잡는 것인지 선량한 시민을 잡는 것인지 알 도리가 없다. 무리한 수사는 무리한 결과와 사고를 낳기 마련이다. 수사본부의 행태를 보면 수사의 기초가 전혀 되어 있지 않다는 사실을 알 수 있다. 차겸훈 씨도 바로 그 희생자 중 한 사람이다. 경찰이 앞의 다른 용의자들에게 가한 행위를 보면 차겸훈 씨도 충분히 그와 비슷한 고문을 받고 그 후유증으로 자살을 시도한 게 아닌가 싶다.

---

8. 「화성 수사 '마구잡이' ─ 여중생 살해 용의자 변호인 접견서 조작」, 1990년 12월 25일자 『동아일보』 기사.

7. 이제 마지막 피해자이기를 —김종경 씨의 경우(1993년 7월)

:: 1993년 7월경 김해운 씨가 서대문경찰서에 제보해 형사 5, 6명이 퇴근 후 가게로 와 있던 김종경 씨를 "잠깐 어디 좀 갔다 오자"며 서대문 경찰서로 데려갔다. 서대문서 형사들은 48시간은 넘기지 않은 채 3번을 집과 서대문서로 끌고 다니다 전화로 부인에게 "김종경 씨가 범행 사실을 자백했다"고 했으며 전화를 끊자마자 신문을 보니까 이미 보도가 다 되어 있었다. 신문에 화성 연쇄살인사건 범인이 잡혀서 자백을 받았고, 그 범인의 이름으로 김종경이라는 이름이 버젓이 실려 있었다.

부인은 한순간 이 사람이 성격이 고지식하고 남에게 피해를 줄 사람이 절대 아닌데 앞이 깜깜하고 기가 막히고, 정말로 이 사람이 화성 살인사건 진범인가? 나도 모르게 범행을 하고 다녔단 말인가? 하는 의심이 들기도 하였다. 하지만 화성 연쇄살인사건의 수사본부인 화성경찰서에 이첩되어 서대문서에서 화성경찰서로 인계된 후 화성경찰서에서 조사해본 결과 수원지검에서 근거가 없으니 풀어주라고 한 후 무혐의로 풀려나왔다. 그후에도 2, 3명이 집 앞과 가게에서 한 달 정도 감시하였다.

이후 김종경 씨는 헛소리를 하고 아무나 보고 형사인 양 대하고 "내가 농장장으로 있었으니 돼지는 죽었어도 사람은 안 죽였다"며 소리 지르고 사람 오는 걸 무서워하고 형사들 들어온다며 이불을 뒤집어쓰고는 하였다. 1993년 8월 3일 밤 1시에 집에 가니 서대문경찰서에서 고문당한 일, 자신이 고문당한 일을 확실히 밝혀달라는 유서를 써놓고 부엌칼로 자살 기도해 복부를 20cm가량을 찔러 한 달 만에 퇴원하였다. 그는 밤낮없이 술 먹고 술 취해서 난동치고 음식도 안 먹고 음식을 막 헤쳐놓다가 잠을 자고 술 깨면 괴로운 심정을 글로 써놓고, 거의 폐인처럼 생활하

고 있다.[9]

　김종경 씨에 대한 유일한 수사 단서는 미국에 살고 있는 어떤 점술가의 예언과 투서이다. 경찰은 스스로 수집한 단서와 정보에 기초하지 않고 타인, 그것도 점술가의 요구로 아무 죄 없는 사람을 불러다가 고문해 폐인으로 만들었다. 그러나 이 사건의 손해배상청구소송에서 1심 재판부는 고문 사실 관계는 부정하고 다만 불법구금과 피의사실공표죄만 인정해 김종경 씨와 그 가족에게 3,800여만 원의 배상을 명했다.[10] 1심 판결이 인정한 것처럼 불법구금 당시 혐의 사실을 자인했다가 나중에 경찰 스스로 무혐의 석방했는데, 아무 가혹행위도 없이 살인죄를 자백했다는 것은 이해가 되지 않는다.

　9. 민주사회를위한변호사모임·인도주의실천의사협의회·문국진과함께하는모임, 「김종경 사건 보고서」, 『고문후유증 사례 보고 및 토론회』, 1994년 4월 11일, 39~40쪽.
10. 서울지방법원 서부지원 제2민사부 판결 94가합 1722 손해배상사건.

제3장

문민정부와 고문

01
문민정부의 인권의식과 정책

1. 문민정부의 인권정책

1) 김영삼 대통령의 발언과 의지

집권 초기에 김영삼 대통령은 탄압받던 야당의 지도자답게 고문과 가혹행위에 대한 경계를 늦추지 않았다. 취임 초기인 1993년 4월경 김 대통령은 이렇게 지시했다.

:: 김영삼 대통령은 (1993년 4월) 30일 "새정부 출범 후 피의자 구타 등 인권침해 사례가 빈발하고 있다"며 "내각은 앞으로 이 같은 사례가 다시 발생하지 않도록 피의자에게 자백을 강요하지 말고 증거에 의한 수사원칙(先證後捕)을 준수하는 등 조치를 강구하라"고 지시했다. 김 대통령은 이날 청와대 수석비서관회의를

주재한 자리에서 이같이 말하고 "지방경찰청에 인권침해 신고센터를 운영해 가혹행위 등 물의 야기 사건은 사정 차원에서 철저히 조사, 잘못이 있는 자에 대해 엄중히 그 책임을 묻도록 하라"고 지시했다. 김 대통령은 이와 함께 "형사보호실·유치장 등 취약 장소에 대해서는 감찰 활동을 중점적으로 실시하라"고 지시했다. 김 대통령은 또 "변호인의 접견, 교통권 등 피의자의 인권을 최대한 보장해주고 수사 관계자는 거친 언어나 감정을 자제하여 시비를 자초하도록 하라"고 지시했다.[1]

내용으로 보면 가혹행위 방지와 인권침해의 요소를 대강 다 짚었다고 볼 수 있다. 그러나 문제는 이런 지시 한 번으로 고문이 방지될 수 없다는 점이다. 고문 방지와 근절을 위한 제도적 장치와 수사기구의 혁신, 수사관들에 대한 엄벌과 의식개혁 등이 지속적으로 함께 추진되어야 한다. 더구나 일선 경찰의 고문 금지도 중요하지만 먼저 안기부의 심각한 고문 관행부터 철저히 금지해야 한다. "윗물이 맑아야 아랫물도 맑아지는 법"이다.

2) 수사기관의 개혁과 한계

:: 권위주의 정부 시절 비정상적인 월권행위와 권력남용을 일삼아온 안기부의 위상과 역할이 문민정부 들어 새롭게 달라지고 있다. 안기부가 (1993년 9월) 17일 스스로 안기부법 개정안을 마련해 총무처에 제출, 입법 예고토록 한 것은 새정부 들어 시작해온 자체 수술조치를 법적으로 마무리 짓는 것이라 할 수 있다. …… 이번 안기부법 개정안 중에서 크게 눈에 띄는 대목은 두 가지다. 하나는 '관계기관대책회의' 소집 근거가 된 '정보조정협의회'를 폐지한 것이고, 또 하나는 '정

---

1. 「"고문행위 등 사정 차원 조사토록" ─ 김 대통령 지시」, 1993년 5월 1일자 『동아일보』 기사.

치관여죄'를 신설해 이를 위반할 경우 일반 공무원에 비해 더 무거운 벌을 내릴 수 있도록 한 점이다. 조만후 안기부장 특보는 "이번 조치는 과거와 같은 공작정치를 없애겠다는 김영삼 대통령의 뜻과 개혁의지를 법적·제도적으로 뒷받침하는 것"이라며 "이를 계기로 정보기관 본연의 자세로 환골탈태하게 될 것"이라고 말했다.[2]

과거 '공작정치'의 본산으로 알려진 안기부에 대한 큰 개혁적 조치임에는 틀림없다. 그러나 여전히 각 정당이나 언론사 등에 대한 일반 정보의 수집은 가능하다고 보고 있을 뿐만 아니라 야당이 주장해온 각 부처에 대한 보안감사제도와 수사권 폐지, 국가안보자문회의로의 정보기획 조정업무 양여 등은 받아들여지지 않았다. 또한 안기부의 과거 수사 관행에 대한 언급은 여전히 없었다.

나아가 문민정부는 집권 후반기가 되면서 과거로 회귀하는 모습을 다양하게 보인다. 무엇보다 안기부법 개정안 날치기 통과가 그것을 반증한다. 안기부법 개정을 통해 안기부의 수사권과 권한이 오히려 더욱 강화되었던 것이다. 그러자 과거 민주화운동에 앞장섰던 천주교 정의구현사제단이 문민정부 퇴진운동의 가능성까지 내세우며 시국선언을 하는 상황에 이르렀다.

::   사제단은 이미 안기부법, 노동법 개정안이 개악이며 민주주의에 역행하는 처사로서 그 결과가 가져올 국민적 저항은 심각한 사태를 초래하게 되리라 예고한 바 있습니다.

김영삼 정권은 국민의 여망을 저버리고 독선과 독존의 강권통치로 일관하고 있습니다. 급기야 의회민주주의를 짓밟고 반민주 악법인 안기부법과 노동법을 심야의

---

2. 「안기부법 개정안 입법 예고 의미와 내용」, 1993년 9월 18일자 「동아일보」 기사.

불법 날치기로 처리했습니다. 이런 사태는 무엇보다도 정부 여당을 이끌고 있는 김영삼 대통령의 통치철학 부재와 강권통치에서 비롯된 것이라고 판단합니다.

사제들은 난국에 처한 시대의 징표를 탐구하면서 사제적 양심으로 고뇌합니다. 죽음의 십자가와 어두운 무덤을 열고 부활하여 "보라. 내가 모든 것을 새롭게 만들리라"고 약속하신 그리스도를 따라 겨레 앞에 하느님 나라 건설의 새로운 천명을 받들고 재투신하는 심정으로 다음과 같이 선언합니다.

첫째, 개정 안기부법과 노동법은 절차가 불법적인 것은 말할 나위도 없거니와, 내용 또한 법리적으로는 물론 신앙적 양심으로 수용할 수 없기에 무효이며 불복종할 것을 선언합니다. 둘째, 노동자의 파업은 생존권과 권익보호 차원에서 취할 최후 수단으로서 교회의 가르침에 비추어 정당하다고 판단합니다. 셋째, 김영삼 대통령이 국정의 최고책임자로서 난국을 초래한 데 대해 국민 앞에 사과하고 날치기한 법안을 즉각 철회할 것을 촉구합니다. 넷째, 정부가 시국 수습을 위한 평화적이고 합리적인 국민적 요구를 외면하고 힘의 논리로만 사태를 해결하려 한다면 국민과 함께 정권퇴진운동을 벌일 것입니다.[3]

그뿐만 아니라 사회가 민주화되면서 공안사건의 수요가 현저히 줄어들었음에도 오히려 대공경찰은 강화되는 모습을 보였다. 5공정권 이래 각종 고문과 가혹행위로 국민의 비난 대상이 되었던 대공경찰이 어느샌가 다시 복권하고 있었다.

:: ⋯⋯ 인권유린 등 온갖 악폐에 대한 사회적 비난으로 축소되었던 경찰 대공 수사력을 다시 강화하는 방안이 슬그머니 추진되고 있다. 사회 분위기의 보수화에 편승한 안기부법 개정 여부에 관심이 쏠려 있는 사이에, 내무부에 의해 추진 중인

---

3. 1997년 1월 13일자 천주교 정의구현사제단 명의의 성명서. 「'문민독재' 독주에 준엄한 경고—천주교 사제단 시국선언 의미」, 1997년 1월 14일자 『한겨레신문』 기사.

'보안역량 강화계획'은 경찰청 보안국 안에 보안수사단을 설치해 전국 39개 보안수사대와 경찰서 보안과의 대공수사를 총괄 지휘하게 하고, 대공수사 요원에 대해 인사 보수상 특혜를 준다는 내용이다. 이를 위해 내년 중 540억 원의 예산을 들여 대공수사 요원을 455명 증원하고, PC통신 분석 장비 등 신규 장비를 보강하겠다는 것이다.[4]

기구가 커지고 예산이 증액되면 뭔가 자신의 '밥그릇'을 지킬 궁리를 해야 한다. 그런 과정에서 무리한 수사와 건수 채우기가 이루어지고 고문이 생긴다.

3) 김영삼 정부의 인권 실태

::   열대야가 언론의 주요 뉴스인 태평성대 속에서도 신문 한 구석에는 아무개가 국가보안법 위반으로 구속되었다는 기사가 끊이질 않는다. 떨어지는 한 장의 낙엽을 보고 천하에 가을이 왔음을 안다더니 공안당국은 우리 사회에 좌경 세력이 다시 준동하고 있음을 감지하였음인가. 지난 4.11총선 이후 보안법 관련 구속자 수는 250여 명, 하루 평균 2.8명에 이른다. 안기부, 검찰 공안부, 경찰청 대공분실로 대변되는 공안당국이 5공 시절의 호경기를 되찾은 듯하다. 덩달아 공안세력의 '동업자'인 이른바 인권변호사들도 개점 휴업의 푯말을 걸고 장안동 대공분실을 찾기에 걸음이 바빠 보인다. 그러나 어느 구석을 보아도 이들의 호경기가 오래갈 것 같지는 않다. 공안당국이나 인권변호사들 모두 전업을 하여 새 길을 찾아야 할 이 마당에 어인 난리인지.[5]

---

4. 「되살아나는 '공안경찰' 악몽」, 1996년 12월 20일자 『한겨레신문』 사설.
5. 「해방을 기다리는 이들─김형태 천주교 인권위원장·변호사」, 1996년 8월 5일자 『한겨레신문』 기사.

2. 잠은 안 재워도 되는가?

문민정부의 최형우 내무장관이 『월간 말』지 1994년 1월호 인터뷰에서 "사상문제로 잡혀 들어간 사람은 잠을 안 재워도 된다"라고 말해 말썽을 빚었다.[6] 민주화운동을 해왔다는 사람의 입에서 나온 막말이어서 사람들을 더욱 당혹케 했는데, 바로 문민정부의 실체와 미래가 드러나는 순간이었다. 그러나 1997년 6월에 이르러 대법원에서 '잠 안 재우기'에 관한 중요한 판결이 하나 나온다.

> :: 피고인의 검찰에서의 자백은 그의 자유로운 의사에 의하여 임의로 되었다기보다는 검사 2명이 잠을 재우지 아니한 채 교대로 신문을 하면서 회유한 끝에 받아낸 것이 아닌가 강한 의심을 가지게 되므로, 검사 작성의 피고인에 대한 제2, 3회 피의자 신문조서에 기재된 피고인의 자백은 피고인을 잠을 재우지 아니한 상태에서 이루어진 것으로 임의로 진술한 것이 아니라고 의심할 만한 이유가 있는 때에 해당되어 형사소송법 제309조의 규정에 의해 각 피의자 신문조서는 증거능력이 없다고 판결하였다.[7]

사실 잠 안 재우기는 가장 심각한 고문의 형태 중 하나이다. 영국을 비롯한 대부분의 선진국에서는 피의자에게 기본적인 수면 시간을 보장하며 밤샘조사를 원칙적으로 금지하고 있다. 일본도 밤 12시를 넘어 진행된 조사 내용에 대해서는 증거능력을 인정하지 않는다. 위의 대법원 판결이 나온 사건에서는 피의자를 30

---

6. 최형우 내무장관은 당시 『월간 말』과의 인터뷰에서 "사상 문제로 잡혀들어간 사람은 안기부에서 잠을 안 재우는 고문을 해도 되는가?"라는 질문에 "물론이지. 그거는 정권의 문제가 아니라 국가문제"라고 하면서 "국가를 전복하자는 것은 안 되지. 국민들 만 사람에게 물어봐도 한 사람 정도를 제외하고는 다 그렇게 얘기하지"하는 소신을 밝혔다.
7. 대법원 1997년 6월 27일 선고 95도 1964호 사건 판결문.

시간이나 잠을 재우지 않았다. 대한변협은 이런 사실을 인용하면서 다음과 같이 건의했다.

:: 검찰과 경찰, 안기부 등 수사기관도 일단 피의자를 신병부터 확보한 다음 자백을 받아내려는 구태의연한 자세에서 벗어나 피의자의 인권을 침해하지 않으면서도 과학적인 증거를 확보하는 데 노력을 기울일 것을 요구하였다.[8]

국회 역시 최종적인 입법화에는 실패했지만 밤샘조사를 금지하는 법안을 제출했다. 제15대 국회 말인 지난 1999년 11월, 여야의원 40명이 공동발의한 '인권보호특별법'에서도 자정부터 오전 5시까지의 밤샘조사를 금지시켰다.[9]

3. 고문은 문민정부에서도 계속된다

:: 최근 보도된 인권침해 사례만도 무려 6~7건에 달하고 있다. 1년이 넘는 억울한 옥살이를 했던 김기웅 순경 고문사건이라든가, 김춘도 순경 폭행치사 혐의로 징역 10년이 구형되었다가 무죄로 풀려난 배병성 학생 사건 등도 그 전형이다. 뿐더러 민주당 인권위가 폭로한 바로는 고문 끝에 강도강간 혐의로 12년형을 선고받고 징역살이를 하다 2심에서 무죄로 풀려나온 홍성의 강덕환 씨의 경우도 있다.[10]

8. 「'밤샘조사' 금지 제도화 촉구」, 「인권과 정의」 1997년 8월호, 대한변호사협회, 139쪽.
9. 「기자 24시─도마 위에 오른 밤샘수사」, 2002년 10월 28일자 「매일경제」 기사.
10. 「여전한 고문 폭행」, 1994년 1월 14일자 「조선일보」 사설.

1994년 1월경에 벌어진 이 고문사건만 보더라도 허울만 문민정부일 뿐 실제의 인권정책과 상황은 과거 군사독재정권의 연장선상에 있다고 할 수 있다. 정권의 이름과 성격은 자신이 그렇게 짓는다고 그대로 되는 것이 아니라, 그 구체적인 정책과 실천 내용에 따라 규정되어야 하는 것이다. 문민정부에 대한 평가는 1994년 3월에 발표된 앰네스티 인터내셔널의 「한국인권 보고서」에서도 마찬가지였다. 앰네스티 인터내셔널은 김영삼 대통령이 1년 전의 취임사에서 "정의가 강물처럼 흐르게 할 것"이라고 밝힌 것과는 달리 새 정부에서도 인권침해가 계속되고 있다는 부제의 보고서를 통해, "작년(1993) 말 현재 정치범은 280명에 달하며 그중 80% 이상이 국가보안 관련 법규에 연루됐다며, 신정부 출범 이후에도 수십 명의 양심범이 체포됐고 고문과 가혹행위가 여전하다"라고 주장했다. 특히 고문과 가혹행위 부분에 대해 이렇게 평가했다.

::   고문과 가혹행위가 여전히 자행되고 있다. 80년대 후반만 하더라도 물고문과 전기고문이 관행화되다시피 했다. 이러한 고문들은 점차 사라졌지만 지난해 국제사면위원회에 보고된 바에 따르면, 대부분의 정치범들이 관계기관에 연행돼 조사받는 처음 며칠 동안 거의 잠을 자지 못한 것으로 드러났다. 몇몇 경우는 처음 48시간은 한숨도 자지 못하고 다음에는 하루 한두 시간밖에 눈을 붙이지 못하도록 강요받았다. 또 어떤 이는 구타와 협박, 기합 등 가혹행위를 당했다. 대부분의 심각한 인권유린 사태는 국가안전기획부에 의해 저질러졌으며 경찰서 내에서의 가혹행위도 보고됐다.[11]

결국 문민정부에 들어서서도 본질적인 변화가 없었다. 1994년은 문민정부

---

11. 「국제사면위 '한국인권 보고서'」, 1994년 3월 10일자 『동아일보』 기사.

초기여서 그렇다 하더라도 중반기에 해당하는 1995년 이후는 어떠한가?

:: 1995년 11월 이후 앰네스티 인터내셔널은 정치적 구금자들이 경찰이나 국가안전기획부, 군보안대에 의해 가혹행위를 당했다는 보고서를 계속 받았다. 몇 명의 구금자들은 변호사와 가족들을 접견할 수 없었고, 기소되기 전에 (수사기관에서) 50일이나 구금되어 있었다. 1995년 11월에 안기부에 의해 구속된 두 사람은 변호사 접견이 거부된 채 고문당했다고 보고되었다. 전국연합 부의장인 박충렬 (35) 씨와 성남청년그룹의 의장인 김태련(32) 씨는 1995년 11월 15일 안기부에 의해 구속되었다. 안기부에서 이루어진 20일간의 조사 기간 동안 잠을 재우지 않고 때리고 협박하였다. 박충렬은 변호사에게 11월 30일부터 12월 3일까지 가장 심한 고문을 받았다고 말했다. …… 이 두 사람은 처음에는 간첩 혐의를 받았으나 나중에는 좀더 약한 국가보안법 7조의 고무·찬양죄 혐의로 기소되었다.
…… 둘 다 75세인 전창일과 김병권 씨가 1995년 11월 29일 북한에 국가기밀을 전달한 혐의로 구속되었다. 그들은 1996년 1월 15일 기소되기까지 47일을 신문 받았다. …… 1996년 2월 3일 서울경찰청에 구속된 9명의 사노맹 회원들은 선임된 변호사들과의 면담이 거절되었다. 두 명의 변호사가 경찰청에서 오후 4시부터 8시까지 기다렸으나 구속자들과의 면담이 허락되지 않았다.
1월에는 5명의 군 징집자가 군보안대에 구속되어 1월 30일부터 2월 6일까지 매일 20시간 동안 조사받으며 잠은 단지 하루에 3시간 또는 4시간밖에 허용되지 않았다. 그들 역시 가족과의 접견이 금지되었다. 그 구속자 중의 한 사람인 박동빈은 등에 통증이 있어 치료를 받던 중이었는데 구금된 후 어떤 치료도 거부당했다. 고애순 씨는 12월 4일에 국가보안법으로 구속되었는데, 당시 임신 8개월째였음에도 50일 동안이나 의사에 의해 검진을 받지 못했다. 1월 31일 석방되어 병원으로 갔으나 2월 5일 사산되었다.[12]

이와 같이 1995년 이후로 가면서 상황은 더 악화되었다. '문민정부'의 실체가 무엇인지, 김영삼 대통령의 인권의식이 어떠한지를 실증해주는 수많은 고문과 가혹행위사건들이 연이어 터졌다. 앰네스티 인터내셔널은 한국의 인권문제를 지속적으로 모니터해왔다. 따라서 앰네스티 인터내셔널도 보고되는 사건들을 통해 문민정부의 인권 척도와 수준, 개혁 상황을 쉽게 알 수 있었다. 당시의 이런 보고들은 한국이 여전히 인권 후진국으로 남아 있음을 나타내는 척도였다.

---

12. Amnesty International, Republic of Korea: Update on National Security Law arrests and ill-treatment: The need for human rights reform, AI Index: ASA 25/09/06, March 1996.

02
문민정부의 고문 사례

1. 시국사건 고문 사례

민자당사 농성사건과 가혹행위 ― 1992년 3월

　1992년 3월 3일 서울 남부경찰서는 민자당사 농성사건으로 연행된 해직교사 29명에 대해 조사를 벌였다. 이 과정에서 수사를 받던 김상철(38), 이종천(35) 씨 등에게 구타, 머리털 뽑기, 다리 꺾기 등의 가혹행위를 하여 이들이 실신, 입원하는 사태가 발생했다. 게다가 남부경찰서 측은 취재 장비를 빼앗는 등 기자들의 취재도 방해해 물의를 빚었다.[1]

---

1. 「전교조 교사에 가혹행위 ― 서울 남부서, 조사 불응하자 폭행 실신 입원」, 1992년 3월 4일자 『동아일보』 기사.

전희식 씨의 경우 — 1992년 9월

:: 　전희식 씨는 사건 당시 민중당 인천 북갑지구당 위원장으로 활동하고 있었다. 전희식 씨는 1992년 9월 4일(금요일) 오후 4시경 서울 서초동 윤종현 변호사 사무실 앞 인도에서 '조선노동당사건'에 관계된 인물로 지목되어 안기부 직원인 백길호 외 성명미상의 3인 등 4인에 의해 신분증 제시는 물론 영장 제시나 구인장의 제시도 없이 불법적으로 강제연행된 뒤, 그때부터 9월 6일(일요일)까지 꼬박 49시간 동안 동 장소에 감금되어 강제구금을 당했다.

국가안전기획부 지하 취조실에서 김낙중 씨 사건 참고인으로 취조를 당하는 과정에서 강제로 입고 있던 옷이 벗겨지고 군복으로 갈아입혀져 근 1시간에 걸쳐 집단폭행을 당했다. 안기부원들은 전희식 씨의 머리를 뒤로 젖혀서 목울대와 복부를 당수로 가격하고 목덜미를 장작 패듯이 내리쳤으며, 머리를 벽에 짓이기고 팔을 당겨 뻗게 한 후 팔목을 주먹으로 치고 또한 머리를 벽에 밀어붙여놓은 채 자기 머리로 박치기를 했다. 그리고 계속해서 바닥에 쓰러진 고소인의 허벅지와 등짝을 구둣발로 내리찍고 머리채를 움켜쥔 채 몸통을 이리저리 뒤채면서 방 모퉁이에 몸을 처박아놓고 짓밟았습니다.

안기부원들은 전희식 씨를 집단폭행하거나 불법감금하면서 "억울하면 법대로 고소하든지 니 마음대로 해라"고 냉소하면서 불법적인 행위를 전혀 개의치 않았고 멈추려 하지 않았다. 이러한 고문으로 인해 전희식 씨는 하루 동안 피가래를 토하였으며, 1992년 9월 5일 오전에는 안기부 자체 의료진으로 보이는 의사 2명으로부터 진찰을 받고 목이 심하게 다쳤다는 진단과 함께 3일분의 약을 지급받아 복용한 바 있다. 전희식 씨는 고문으로 전치 3주의 진단을 요하는 상처를 입었다.[2]

---

2. 「수사기관 (고문)피해 사례—전희식」, 「고문은 아직도 끝나지 않았다—문국진과함께하는모임 발족 자료집」, 1993년 10월 13일, 18쪽.

김낙중 간첩단사건과 중부지역당사건 —— 1992년 9월

1992년 10월 6일 안기부는 1940년대 이후 최대 간첩단사건을 적발했다고 발표했다. 이른바 '중부지역당' 사건이 바로 그것이다. 원래 안기부에서는 '남한조선노동당' 사건이라고 발표했으나 그 명칭은 아무 근거가 없는 것으로 드러났다. 이 사건 관련 구속자 57명 중 대부분의 피의자는 22일 이상 가족이나 변호인조차 만나지 못했고 그 기간에 고문을 당했다고 주장했다.

① 김낙중 씨의 경우

앰네스티 인터내셔널은 김낙중 씨를 양심수로 지정하고 그의 즉각적인 석방을 요구했다. 다음은 앰네스티가 김낙중 씨를 양심수로 지정한 이유이다.

::   김낙중(61) 씨는 정치평론가 겸 전 민중당 공동대표였는데 안기부에 의해 1992년 8월 2일부터 9월 15일까지 구금되었다. 그는 수사관들에 의해 온몸과 손가락을 구타당하였다고 주장하였다. 오랫동안 잠을 재우지 않았고 심문 중에 졸도까지 하였다. 그를 만난 사람들은 그의 머리에 상처와 그의 팔에 찰과상을 확인하였다. 그는 가족들에게 "어떤 인간도 받아서는 안 되는 고통"의 순간들을 겪었다고 말했다. 김낙중 씨는 1990년과 1992년 사이에 북한공작원들을 만난 것으로 기소되었다. 그는 이것을 인정했고 다만 간첩 혐의는 부인했다. 그는 단지 통일에 대한 염원 때문에 만난 것뿐이라고 했다. …… 제출된 증거는 북한에 기밀을 전달했다고 보여지지는 않았다. 재판부 역시 국가에 중대한 위협을 가져오지는 않았다고 하면서 다만 피고인이 국가보안법을 위반하였고, 대중에게 큰 관심을 불러일으켰기 때문에 중형을 선고한다고 하였다.[3]

② 양홍관 씨의 경우

매번 안기부는 똑같은 형태의 고문을 한다. 하지만 그와 동시에 피해자들은 또 하나의 독특한 고문 사례를 세상에 폭로한다. 양홍관 씨는 특별히 성기고문 사례를 특별히 고발하고 있다.

:: 92년 9월 12일 오후 1시경 집 앞에서 승용차 3대가 와서 서더니 10여 명의 사람이 달려들어 차에 태우려 했다. "왜 잡느냐", "누구냐"며 소리를 질렀더니 주먹으로 때리고 발로 차며 차 안으로 밀어넣고 수갑을 채웠다. 영문도 모른 채 차를 타고 한참을 간 후 어디인지도 모를 건물 앞에 세우더니 지하실 방으로 끌려 내려 갔다. 지하실 방에 끌려 내려가자마자 수사관 7～8명이 달려들어 주먹으로 얼굴을 치고 발로 온몸을 짓밟았다. 그리고 옷을 벗으라고 강요하여 이에 거부하니, 수사관은 또다시 구타를 일삼으며 옷을 벗겼다.

"네가 여기 온 까닭을 잘 알 테니 스스로 얘기하라"며 추궁했다. "나는 잘 모르겠다", "너희들이 누군데 이러느냐"며 불법적으로 연행해온 까닭을 물었다. 그랬더니 7～8명 정도가 양팔을 잡고 주먹으로 치며 "네가 있는 조직과 조직에서 너의 위치를 대라"고 하길래 "무슨 얘기인지 모르겠다"고 했더니 1～2시간쯤 지난 후에 조직표를 보여주며 "너는 조선노동당 중부지역당 강원도당 소속이다", "너의 가명은 김형권이다", "너는 조애전 위원장이고 민애전 성원이다"며 들어보지도 못한 말들을 들이대며 협박을 했다. 나에게 폭행과 고문을 일삼은 수사관 중에서 책임자는 이름은 모르지만 별명이 '왈왈이', '멍멍이', '사장님' 등으로 불리고 인상 착의는 175cm, 몸무게 75kg 정도의 뚱뚱한 사람이었다.

3. Amnesty International, Republic of Korea: Long-term prisoners still held under the National Security Law, AI Index: ASA 25/015/98, May 1998. p. 6. 한국어로는 「평화주의자 김낙중 석방대책위 발기인회」, 「평화주의자 김낙중」, 1998년 4월, 16쪽 이하에 실려 있다.

12일 저녁식사 전까지 7~8명의 사람이 달려들어 벽에 밀어붙이고 벽을 바라보게 한 후 양손과 몸을 움직이지 못하도록 하여 손가락 사이에 나무막대기를 끼워 수차례 비틀었다. 12일 저녁식사 이후에는 13일 새벽까지는 고문수사관이 3개조로 편성하여 번갈아 갖은 폭행과 고문을 자행했다. 1조는 7~8명으로 구성되어 책임자를 주축으로 비녀꽂기를 했고, 2조는 폭력구타 전문가로 보이는 2명이 담당했고, 3조는 3~4명의 수사관이 협박을 일삼았다. 3조의 주무수사관은 김 실장이었다. 각 조는 1시간가량으로 들어와 구타와 협박을 일삼았다. 13일 오전에는 기합으로 벽을 보게 하고 손을 들고 서 있게 하거나 엎드려뻗쳐, 쪼그려 뛰기 등을 시켰다. 13일 오후에는 앞에서 행했던 폭행 고문을 계속하며 '죽여버리겠다'며 손가락으로 눈을 찌르곤 했다. 기운이 없어 쓰러지면 물을 뿌려 다시 깨어나게 하고 정신을 차리고 나면 성기를 뽑아서 비틀고, 귀두를 치며 성기를 움켜잡고 비틀었다.

성기 구타 고문은 16일까지 계속되었다. 이틀 동안이나 계속되는 고문에도 불구하고 그들이 요구하는 것을 인정하지 않자, 최소한 구속 요건이라도 갖추어야겠다는 판단을 한 듯 '최호경을 만난 것', '유인물을 받아서 돌린 것'만이라도 인정하라고 다그치기 시작하였다. 지칠 대로 지친 데다가 수치스런 고문까지 당한 상태에서 더 이상 버틸 힘이 없어 그 정도는 인정할 수밖에 없었다. 구속영장을 발부받은 후 당원임을 시인하라는 요구와 함께 이틀 동안 진행되었던 고문이 계속 반복되었다. 5~6일 후에는 결국 자포자기 상태로 모든 것을 인정할 수밖에 없었다. 그때의 좌절, 패배감은 그 무엇으로도 대신할 수 없는 것이었다. '성기 귀두 뽑기'라는 고문을 당하는 그 순간 발가벗겨진 채로 흉악한 놈들에 의해 육신이 겁탈당하는 그 순간은 육체적 통증도 느낄 수 없는 분노가 끌어올랐다.[4]

4. 「고문 … 자포자기 … 허위자백—남한조선노동당사건 양홍관 씨 폭로」, 1998년 4월 10일자 『인권하루소식』 기사.

나중에 '성기 귀두 뽑기'라는 이 신종 고문을 바로 정형근 씨가 했다는 양홍관 씨의 고발로 논쟁이 더욱 가열되었다. 과거에도 성기고문은 지속적으로 있어왔지만 양홍관 씨처럼 자세히 묘사하고 고발한 적은 없었다. 그것은 다른 고문과는 달리 능욕당한 느낌과 수치감 때문에 고문피해자들이 쉽사리 고발하려 들지 않았기 때문인지도 모른다.

③ 황인오 씨와 그의 가족

일가족을 몽땅 잡아가서 '굴비 엮듯 엮은 사건'은 별로 없었다. 그런데 아들 앞에서 어머니를 구타·폭행·욕설하는 반인륜적인 일이, 마치 남미에서나 볼 수 있을 법한 일들이 이 땅에서도 분명 일어났다.

:: 　　전(재순) 씨가 안기부(현 국가정보원)에 끌려간 것은 추석날이었다. 커피숍으로 전 씨를 불러낸 안기부 직원이 "아들 두 명과 며느리 두 명을 면회시켜준다"고 한 것. 당시 황인오 씨가 구속되면서 황 씨의 아내와 큰 형 부부, 그리고 손자가 사라진 상태였다. 흔적조차 없이 사라진 가족들의 소식을 처음 듣는 순간이었다. 피할 이유가 없다고 생각하고선 승용차에 몸을 실었다. 머리가 처박힌 상태에서 어디로 가는지도 모르게 안기부로 갔다고 한다. '불고지죄'의 올가미가 씌워진 것이었다. 당시 구금된 방 번호는 1115호. 12년이 지났지만 끔찍했던 기억 탓인지 정확하게 방 번호를 외우고 있다. 침대 하나와 책상 하나, 테이블 하나만 덩그러니 놓여진 방에 데려다놓고 40대 초반으로 보이는 사람이 들어와서 옷을 다 벗긴 뒤 군복을 입혔다고 한다. 양말까지 벗기고 검정 고무신을 신은 전재순 씨는 하루아침에 죄인 신분이 된 것이다. 영문도 모르는 그에게 안기부 직원은 "여기가 어딘 줄 아느냐. 국가안전기획부 간첩 잡는 곳"이라며 호통을 쳤단다.
…… 면회를 빌미로 구금된 전 씨는 꼬박 사흘 동안 조사를 받았다고 이야기한다.

옆에서는 아들 황인오 씨의 비명소리가 들려 잠을 잘 수도, 물 한 모금을 마실 수도 없었다고. …… 특히 가슴 아팠던 것은 먼저 연행됐던 며느리가 네 살배기 손자 앞에서 구타와 폭행과 욕설을 당한 것이다. …… 지금 열여섯 살인 손자는 당시의 잠재의식이 남아 지금도 덩치 크고 시퍼런 옷을 입은 사람은 기피한다고.[5]

④ 나머지 피고인들

그 외에도 연행된 사람들 가운데 고문이나 폭행을 당한 사람들이 적지 않았는데, 기록에 나오는 고문 흔적은 다음과 같다.

— 심상득(고려대 89학번)의 경우에는 연행 후 이틀간 전혀 잠을 재우지 않았으며, 목·팔·다리 등을 비틀어 꺾기, 엎드려 팔과 다리를 하나씩 들고 기기, 머리를 땅에 대고 손을 뒷깍지를 낀 채로 기는 것(원산폭격) 등의 가혹행위를 당함.
— 신동욱 씨의 경우 9월 14일 강제연행된 이후 이틀 동안 전혀 잠을 자지 못했으며, 있지도 않은 하부조직을 대라면서 이후에도 송치될 때까지 하루 1시간에서 3시간 정도밖에 잠을 재우지 않았음.
— 조덕원(고려대 86학번)의 경우에도 집단구타를 당하여 가슴뼈의 통증을 변호인에게 호소하였음.
— 이철우(서울시립대 84학번)의 경우 연행(9월 14일) 이후 2~3일 동안 주먹 쥐고 물구나무서기와 무차별 구타를 당하였으며, 변호인에게 양손 약지 윗부분에 1센티미터 정도의 딱지 자국의 고문 흔적을 보여주었음.[6]

5. 김대흥, 「다짜고짜 옷 벗기고 군복 입히데요 — '고문피해' 황인오 씨 어머니 전재순 씨」, 2004년 12월 20일자 『오마이뉴스』 기사.
6. 국가보안법철폐를위한범국민투쟁본부·국가보안법철폐와양심수석방을위한기독교공동대책위원회, 『남한조선노동당사건 자료집』, 1992년 11월 13일, 22쪽.

남매간첩단사건[7]과 김삼석 씨의 경우 — 1993년 9월

문민정부 시절에 이런 사건이 있었다는 것에 놀라지 않을 수 없다. 특히 이 사건을 조작하는 데 백흥용이라는 프락치가 큰 역할을 했음이 뒤늦게 밝혀졌다. 백흥용과 안기부 간부는 스스로 그 당시 안기부의 요청에 따라 프락치 역할을 했음을 시인했다. 아래 글은 『오마이뉴스』의 「고문의 추억」 시리즈로 게재된 글의 일부이다.

:: 저는 93년 9월 정기국회에서 안기부법 개정안 통과를 앞두고 터졌던 이른바 '남매간첩단사건'의 당사자입니다. 이 사건은 안기부법 개정안을 막기 위해 안기부(김덕 안기부장)가 자신들의 프락치였던 백흥용을 이용해 조작한 사건이나 법원은 이를 인정하지 않았습니다. 9월 8일 정오경, 저는 집에서 '일본의 유엔 안보리 상임이사국 가입 저지 문제'에 대한 원고를 쓰던 중 안기부 수사관 10여 명에게 불법연행되었습니다. 압수수색영장도 없이 구두를 신은 채 방에 들어온 수사관들은 수갑을 채운 뒤 저의 안경을 빼앗고 주먹으로 명치를 쳐 무릎을 꿇게 한 뒤 제가 10년간 보아오던 도서문헌들과 3년간 (모은) 군사 관련 자료, 일본의 군사대국화와 전후처리 관련 자료, 신문 스크랩, 디스켓 등 사과상자로 수십 상자를 압수했습니다. 여기에다 신혼 사진, 신혼 비디오테이프, 일기장, 통장, 아내가 모은 정신대 활동 관련 자료, 정신대 비디오도 포기해야 했습니다. 연행되기 한 시간 전쯤에는 강남고속터미널에서 안기부 협력자 백흥용의 계획에 따라 강 모 씨가 불러낸 여동생도 연행되었습니다.

집 앞에서 봉고차에 실렸는데 차 안에서는 고개를 들면 구둣발과 주먹질이 날아왔

---

7. 1994년 2월 하순 1심 재판결과 김삼석 씨는 징역 7년, 7월 7일 2심 재판결과 징역 4년, 그리고 10월 25일 대법원에서 원심이 확정되었다. 바로 그 사흘 후 백흥용은 1994년 10월 28일 독일 베를린에서 김삼석 남매간첩단사건을 조작하는 데 자신이 개입했다며 프락치 상부선인 김성훈 안기부 과장, 윤동환 수사관을 촬영한 녹화테이프를 공개했다. 그러나 이 사실이 이미 확정된 김삼석 씨의 재판에는 아무 영향을 미치지 못했다.

습니다. 남산 안기부 지하실에 연행되자마자 체육복으로 갈아입고는 17일간 구타와 기합, 협박, 성추행, 잠 안 재우기 고문을 받았습니다. 처음부터 막무가내로 "북한에 언제 갔다 왔느냐", "오스트리아에서 누구와 접선했느냐", "일본에서 북한의 누구와 만났느냐", "국내 연계 조직을 대라"며 위협했습니다. 연행 뒤 3, 4일간 시간 날짜 개념을 잊은 채 거의 잠을 자지 못했으며 구타와 원산폭격, 서서 무릎 쪼그리기와 같은 가혹행위를 수십 회에 걸쳐 당하며 유도신문과 협박에 시달려야 했습니다.

그러던 중 저들은 구속영장을 신청했습니다. 다음 날 영장을 천천히 읽어보겠다며 수사책임자에게 요구했으나 그는 묵살했습니다. 화장실 갈 때는 수사관 2~3명과 동행했습니다. 약 일주일 후 화장실에서 160번 명찰을 단 수사관이 저의 성기에 다가와 자기 손이 더럽혀진다며 칫솔을 대고서 "다마 넣었나 보자", "얼마나 큰가" 하고는 성기를 건드린 후 "다마를 넣지 않았네" 하고 말하며 자기 손이 더럽혀졌다고 비누칠까지 하였습니다. 약 열흘 후에는 수사관 160번과 다른 수사관에게서 잠 잘 새벽에 수사 내용과 관계없는 한 여성을 대며 "노처녀 몇 번 먹었냐", "맛있더냐" 하는 모욕적인 말을 들었습니다. 전 수차례 그만하라고 말했으나 그들은 아랑곳 않고 계속 성적 수치심을 자극하는 말을 되풀이했습니다.

수사 중에 "누구누구도 다 불었어", "한 번 거꾸로 매달아볼까", "널 영원히 매장시킬 수 있어", "그 머리로 무슨 운동을 해" 하는 수사책임자의 원색적인 인신공격을 당했습니다. 이들은 "학생운동과는 질이 다르다"며 제가 무슨 거창한 사건 주모자라도 되는 것처럼 몰아갔습니다. 목욕을 시킨다며 구타당한 왼쪽 가슴의 심한 통증을 가라앉히는 샤워를 하루에도 몇 번씩 했고, 협조 않으면 임신 8개월인 아내를 연행 조사하겠다는 협박을 계속했습니다. 다른 수사관은 "동구에서 공부한 이후 우리 회사에 취직해라"며 회유하기도 했습니다. 수사 중에 저의 전화와 안방 대화까지 알고 있는 것으로 보아 광범위하고도 치밀하게 전화 도청을 했을 뿐만 아니라 1년여에 걸쳐 미행과 사진 촬영을 했다는 것을 알았습니다.

그들은 피의자 신문조서를 이미 한꺼번에 작성해놓은 뒤 날짜를 적당히 소급하여 여러 날에 걸쳐 조사한 것으로 조작했습니다. 공문서 위조란 범죄행위와 다름없습니다. 일본에서 북한공작원을 만나고 왔다는 진술조서는 쌓여만 갔습니다. 이 조작조서를 온몸으로 거부한 저는 9월 20일 변호인 접견 때 혀를 깨물고 머리를 부딪치며 자해를 시도했습니다. 안기부 지하실을 잠시나마 빠져나와 병원으로 실려갈 때 조금은 자유로운 공기를 맛볼 수 있었습니다. 나중에 안 얘기지만 목과 꼬리뼈를 심하게 다쳐 병원에서 X레이로 목과 허리, 꼬리뼈를 약 20번 찍었습니다. 꼬리뼈가 틀어진 채 안기부로 돌아왔기에 안기부 출입 의사가 항문에 손가락을 넣어 바로 잡았습니다. 참기 힘들었습니다. 하지만 목에 깁스를 하고 꼬리뼈를 다친 상황에서도 소파를 두껍게 하는 조치만 취한 채 수사는 계속되었습니다.

깁스를 한 상태로 한밤중에 3시간여 동안 동료를 대라는 반인간적인, 동물적인 수사를 받았습니다. 순간 86년 10월 5공 치하에서 고문후유증으로 아직까지 극도의 정신질환에 시달리는 문국진 씨가 눈앞에 아른거렸습니다. …… 수사 종료 이틀 전에 수사책임자와 다른 수사관들은 "너, 태어날 때 너희 부모가 북한 보고 낳았지" 하며 "이제 감옥생활 하면 관계는 어떻게 가지냐", "혼자 벽 보고 해야지" 하면서 서로 웃으며 대화를 나누고 있었습니다. 수사가 종료됐을 때 제 이름 앞에는 '간첩'이란 두 글자가 붙어 있었습니다.[8]

여기서 특별히 등장하는 것은 성적 희롱과 고문이다. 한 수사관의 우발적인 행위인 것 같지만 사실 당시 안기부에서는 성적 고문도 하나의 고문방식으로 이용했다. 피해자에게 수치심을 유발하고 자백을 얻어내기 위해서였다. 김근태 씨

8. 김삼석, 「17일간의 구타·성추행 그리고 자살기도」, 2004년 12월 18일자 『오마이뉴스』 기사.

고문사건에서도 성적 수치심을 유발한 행위가 있었다.

평생 감옥에 살게 된 사람 — 구국전위사건 류락진 씨의 경우(1994년 6월)

70세의 류락진 씨는 농부이자 목수였고 또한 지리교사였다. 국가안전기획부는 1994년 6월 반국가단체인 구국전위에 가입했다는 명목으로 그를 구속했다. 그는 이미 정치적 혐의로 19년을 감옥에서 보낸 뒤 1990년 대통령 특사로 가석방된 터였다. 그러니까 4년의 자유를 맛보고 다시 어두운 감옥으로 들어간 것이다. 심문 기간에 매일 저녁 단지 한두 시간밖에 잘 수 없었고, 이런 날들이 14일이나 지속되었다.

류락진 씨는 수면 부족과 폭행, 협박으로 허위자백할 수밖에 없었다고 주장했다. 그는 법정에서 8년을 선고받았다. 더구나 그는 병을 앓고 있었다. 김대중 대통령 취임 이후에는 준법서약서의 서명을 거절함으로써 석방될 기회를 잃었다. 거기에 서명하면 결국 국가보안법의 정당성을 인정하고 그것을 존중하겠다고 서약하는 것이 되므로 결코 서명하지 않았다.[9]

잠을 안 재운 외국어대생들 — 1994년 8월

서울지방경찰청은 1994년 8월 17일 한국외국어대학교 용인캠퍼스에 재학 중이던 양태조 씨 등 3명을 국가보안법 위반 혐의로 구속했다. 그런데 면회를 하고 난 가족들의 말에 따르면, 경찰은 15일 밤 10시경 한양대학교에서 양 씨 등 3명을 연행한 후 17일 저녁까지 잠을 거의 재우지 않았으며, 불러주는 대로 진술서를 쓰라고 강요해 어쩔 수 없이 허위자백을 했다고 한다.[10]

---

9. Amnesty International, South Korea: Amnesty International Appeal, Prisoner of conscience: Yr Rak-jin, AI Index: ASA 25/10/99, February 1999.
10. 「외대 용인 캠퍼스 3명 구속 — 3일 동안 잠 안 재우고 수사」, 1994년 8월 26일자 『인권하루소식』 기사.

청소년단체 '샘' 회원들에 대한 고문 — 1994년 9월

::   지난 (1994년) 9월 2일 오후 6시경 서울지방경찰청 대공분실은 구로·영등포 지역의 청소년 단체 '샘' (회장 고영국, 구속 중) 회원 등 13명을 '샘' 사무실, 거리, 집, 학교 등에서 연행·조사한 끝에 9월 4일 고영국(21) 씨 등 3명을 국가보안법 위반 혐의로 구속하고, '샘' 회원 추교준(20) 씨 등 6명을 불구속 입건했다. 또 연행 당시 이들과 같이 있었던 고등학교 4명은 훈방 조치했다. 경찰은 또 이와 관련 최은철(21, 부회장) 씨 등 2명을 수배 중이다.

경찰은 가족과 친지들이 서울시내 경찰서를 찾아다니며 이들의 소재를 파악하려고 했음에도 4일까지 가족에게 소재지를 전혀 알리지 않았다. 연행된 이들은 외부와 완전히 차단된 채 옥인동 대공분실 밀실에서 3일 오전까지 잠을 전혀 못 자게 한 채로 이적 표현물을 읽었는지, '샘'의 활동 등에 대한 조사를 받았다고 전해진다. 4일 풀려난 사람들의 증언에 따르면, 경찰은 특히 조서를 작성하면서 문영기(19, 구속) 씨에게 『주체혁명의 조직관』이라는 책을 들어 보이며 "이 책으로 공부했다고 적어라"고 강요하고, 또 위 책의 내용을 일부 읽어주며 받아 적게 하기도 했다. 또 최장민(16, 구로고 1년) 씨에게는 "문영기가 김 주석을 애도했고 '김 주석은 좋은 사람으로 존경해야 한다'고 말했다"고 적을 것을 강요했다.[11]

간첩이 된 교수 — 박창희 교수의 고문 체험(1995년 4월)

::   나는 한국외국어대학 사학과 교수로 재직하던 1995년 4월 26일 새벽 국가보안법 위반 혐의로 안기부에 연행되었다. …… 안기부 수사관들은 나의 가슴과 맨살을 비틀고 바닥에 꿇어 앉혀 구둣발로 차고 이가 흔들릴 정도로 온 얼굴에 주먹질을 예사로 했다. 아주 두꺼운 사전 같은 무거운 책으로 나의 머리도 몇 번이나

---

11. 「국보법, 고등학생에게까지 가다 — 경찰, 진술할 내용 가르쳐주며 조서받아」, 1994년 9월 8일자 『인권하루소식』 기사.

내려치기도 했다. 심한 욕설, 폭언뿐만 아니라 "여기서 죽어나가도 귀신도 모른다" 등의 말에는 그게 단순한 공갈이 아니게 들리고 나도 박종철 군같이 될지도 모른다는 공포감에 질려 있었다. 전기고문이니, 물고문 같은 것도 행할 것이라 내비치는 데다 입에 담지도 못할 심한 욕설과 폭언은 전기고문이나 물고문 못지않게 나의 마음을 처참하게 만들었다.

나는 날마다 반복되는 가혹행위에서 벗어나기 위해 그저 죽었으면 하는 마음을 갖게 되었다. 학교 캠퍼스에서만 지내온 나로서는 그들의 심한 욕설과 가족들에 대한 비방과 폭언은 참으로 가혹한 고문, 바로 그것이었다. 나는 수사관에게 선배 역사학자가 북한공작원일 수 없고 그런 증거도 없으며, 형의 소식을 알게 해준 것 이외에 나에게 어떠한 것도 요구한 것이 없었다고 말했지만 그들은 자꾸만 바른말을 하라면서 나를 협박했다. 나는 죽음까지도 상상할 수 있는 극도의 공포감에 사로잡혀 어쨌든 여기에서 빠져나갈 수만 있다면, 하고 수사관이 하라는 대로 하게 되었다.

어느 날(지하실에는 창문도 없고 시계도 없기 때문에 시간을 전혀 분별할 수 없었다)은 수사관들이 소주를 몇 병 들고 와서 나를 둘러싸고 마시라고 하길래 다 마셨는데, 술에 취한 상태에서 그들은 지금부터 진술서를 쓰자면서 부르는 대로 받아쓰라 했다. 그리곤 그곳에 손도장을 찍게 했는데, 나는 아직도 그때 내가 강제로 술에 취한 상태에서 쓴 진술서 내용이 어떤 것이었는지 전혀 기억이 나지 않는다. 수사관들에 의한 가혹행위와 욕설, 폭언, 폭행 그리고 강제 음주, 절대적인 수면 부족 등으로 공포감과 절망감에 싸여 몽롱한 상태에서 써내려간 허위진술서에 의해 나는 어느새, 북한공작원으로부터 세뇌받고, 사상교육을 받고 베이징의 북한대사관에 가서 노동당에 입당하여 공작금 5만 엔을 받고 사람을 포섭하려 했고, 암호명까지 받아 김일성 추도문과 김정일 생일축하문을 쓴 어마어마한 반국가 범죄인으로 조작되어버리고 말았던 것이다.

절망 속에서나마 사태의 심각성을 어렴풋이 깨닫고 수사관들에게 모든 것이 사실이 아니라고 허위진술이니 고쳐달라고 했더니 "좋아, 고쳐줄 테니 그럼 대신에 큰 것 하나 내놓아라" 하곤 상대도 하지 않았다. 그리고 "그런 건 모두 검찰에 가서 바로잡으면 돼"라고도 했다. 나는 그 당시 '국민학교 이름 고치기 운동'을 몇 년째, 각계 시민들과 연계해서 활발하게 진행하고 있었는데 안기부에서는 그 운동조차도 북한의 지령에 의해 시작한 것 아니냐고 윽박질렀다. 그리고 관계 하고 있던 각계 시민지도자들도 지하조직으로 꾸며서 맘대로 조작하려고 하는 것이었다. …… 안기부는 나를 검찰에 송치할 즈음에 이미 각 보도매체에 노동당 입당 혐의로 송치한다고 발표했기 때문에 사회적으로는 벌써 간첩이 되어버린 후였다. …… 나는 검찰청의 검사조차도 이러한 가혹행위를 마음대로 행한다는 것에 대해 큰 공포를 느껴 안기부 수사 단계에서의 허위자백 진술을 번복하려는 엄두가 도저히 나지 않았다. …… 공포감에서 벗어나기까지는 한참 동안 시간이 걸렸다. 공판 내내, 안기부 수사관들이 모두 방청석에서 나를 감시하고 있지 않나, 또다시 나를 쥐도 새도 모르게 끌고 가지 않을까 하는 불안과 공포심이 계속되었다.[12]

이 사건은 필자가 직접 변론했던 사건이다. 박창희 교수는 1심 재판이 한창 진행 중일 때까지 얼떨떨한 상태였다. 처음에는 변호인을 안기부에서 보낸 사람인 줄 착각할 정도였다. 완전히 얼이 나가 있었던 것이다. 그는 어릴 때 일본에서 자라 과연 모국어가 한국어인지에 대해 의문이 있었고, 천성이 착한 사람인지라 안기부 조사실에서 수십 일을 지내다 보면 그럴 만도 할 일이었다.

노동당 가입 사실에 대해서는 아무 증거도 없었다. 몇 가지 사실에 관해서는 알리바이도 있었다. 검찰 기소에서는 그 부분이 빠졌지만 그렇게 중요한 사실에

12. 박창희, 「강제로 술 먹여 만든 노동당 간첩」, 2004년 12월 22일자 『오마이뉴스』 기사.

대해 안기부 조서에는 깨끗이 자백한 걸로 되어 있으니, 얼마나 고문을 했으면 그랬으랴. 그렇다면 나머지 부분의 자백에 대해서도 고문에 의한 것이라고 단정할 수 있으련만 검찰은 노동당 가입 사실만 빼고는 그대로 기소했다. 베이징 북한대사관의 방문도 자신의 자백 외에는 다른 증거가 없었다. 전달했다고 하는 국가기밀이 기껏해야 김영삼 씨 사진이나 신문 따위였고, 북한공작원과 나누었다는 대화도 일반적인 노동운동에 관한 것이었다. 사건 전체에서 증거라고는 노트북, 여행 문서, 한국 노동운동에 관한 자료들뿐이었다. 이 사건에서 북한공작원이라고 지목된 서태수 씨도 본인이 공작원인 사실을 부인하고 있을 뿐만 아니라, 그가 북한공작원인지에 대한 객관적인 증거는 아무것도 없었다.[13]

'가톨릭 노동자의 집' 김용진 씨에 대한 고문— 1995년 6월

1995년 6월 8일 전남경찰청 보안수사대는 '가톨릭 노동자의 집' 김용진 교육국장이 작성한 노동자 교육자료에 이적성이 있다는 이유로 그를 연행했다. 가족들에 따르면 경찰은 김 씨에게 잠을 재우지 않는 가혹행위를 했다고 한다. 이처럼 잠을 재우지 않는 상태에서 진술을 강요하는 형태의 고문은 피해자에게 심각한 고통을 주면서도, 물리적 증거를 남기지 않는다는 점에서 빈번하게 자행되었다.[14]

민주주의민족통일전국연합 부의장 박충렬 씨의 경우[15]— 1995년 11월

박충렬 씨는 1995년 11월 15일 새벽 2시 30분경에 안기부에 연행되었다.

13. Amnesty International, Republic of Korea: Another Injustice under the National Security Law: the case of Professor Park Chang-hee, AI Index: ASA 25/21/97, March 1997.
14. 인도주의실천의사협의회·한국인권단체협의회, 「고문 기타 잔혹한, 비인도적 또는 굴욕적 처우나 형벌금지협약 제19조에 따른 대한민국 정부의 보고서에 대한 대한민국 인권단체들의 보고서」, 1996년 10월, 23항 '다' 부분 참조.
15. 주로 앰네스티 인터내셔널의 보고서에 근거해 설명했다. Amnesty International, Republic of Korea: Summary of Concerns on torture and ill-treatment, AI Index: ASA 25/25/96, October 1996.

그 당시 수사관들은 그들의 신분을 알려주었고 영장을 제시했다. 그러나 영장을 읽을 수 있게 허용하지는 않았다. 그렇다면 뭘 보여주었다는 것일까? 그는 일단 서초경찰서에 유치인으로 등록하고 곧바로 내곡동 안기부로 가서 21일간 조사를 받았다. 조사받기 직전에 묵비권과 변호인 선임권을 통보받았다. 그가 묵비권을 행사하겠다고 하자 곧바로 구타당하기 시작했다. 그렇다면 왜 그러한 권리를 통보한 것일까? 그는 구금 기간 내내 묵비권을 행사할 수 없었다. 자신이 연락할 길은 없었지만 어떻게 행방을 알아냈는지 다행히 가족이 선임한 변호사가 그날 오후 찾아왔다. 수사 기간 중 3일간을 제외하고는 매일 변호사를 10분씩 만났다. 가족도 전 수사 기간 중에 두 차례 만날 수 있었다.

매일 15명 정도로 구성된 조사팀이 아주 작은 방에서 북한을 위해 간첩활동을 했다는 자백을 강요하는 신문을 했다. 아침 일찍 신문이 시작되면 다음 날 저녁까지 이어졌는데, 24시간 동안 잠은 주로 아침에 한 시간 정도밖에 못 잤다. 조금이라도 졸면 머리카락을 잡아당기고, 찬물을 끼얹어 잠을 자지 못하게 했다. 또 매일 한 시간 동안이나 찬물에 샤워를 하게 했다. 자주 구타를 당했고, 의자를 머리 위에 들고 꿇어앉아 있는 등 몇 시간 동안이나 똑같은 자세로 있게 했다. 11월 30일부터 12월 3일까지 4일 동안 그가 감췄다고 수사관들이 말한 라디오 수신기를 찾기 위해 두 곳의 공동묘지와 산으로 이끌려 갔다. 당시를 회상하는 박 씨의 증언이다.

:: 박(충렬) 씨는 "안기부에서 조사를 받는 22일 동안 폭행과 기합에다 잠 안 재우기 같은 고문이 끝도 없이 반복됐다"며 "새벽녘에 옛날에 노동운동을 같이 하다 죽은 동료의 무덤에 데리고 가 절을 하게 한 뒤 옷을 벗기고 폭행하는 짓도 서슴지 않았다"고 증언했다. 박 씨는 "조사받을 때 가장 힘들었던 것은 '네가 쓰던 무전기를 며칠 뒤면 찾을 수 있다'고 엄포를 놓는 등 미리 짜놓은 듯한 시나리오

에 끈질기게 짜맞추려는 행태들이었다"며 "몇 번이나 거짓자백을 해버리고 싶은 유혹에 빠졌다"고 '참혹했던' 상황을 떠올렸다.[16]

:: 20〜30명의 수사관들이 번갈아가면서 1초도 쉬지 않고 퍼붓는 말들, 추궁들, 같은 말들, 안기부의 입장을 수십·수백 번 듣는 과정에서, 안기부에서부터 내 혐의를 벗어야지 그렇지 않으면 내 혐의가 검찰로 넘어가고 또 재판에 회부되고 그러면 내 삶은 무죄냐 무기냐의 극에서 극을, 내가 어찌할 수 없는 선에서 확률로 되어버린다라는 압박감이 가세해서 뒤죽박죽이 되었습니다. …… 무전기, 간첩, 북한, 안기부, 공작원, 김동식, 생각하기도 싫은 단어들이고 듣기만 해도 가슴이 덜컹거립니다. …… 사람이 무섭고 세상이 무섭습니다.[17]

그는 20여 명의 수사관들에게 심하게 얻어맞았고, 조선노동당에 가입했다고 자백하지 않으면 죽여버리겠다는 협박을 받았다. 물론 이 기간 동안에는 변호인을 만날 수 없었다. 21일째에 그는 서울구치소로 송치되었다. 그러나 기소되기 전에 30일 동안 검사에게도 신문을 당해야 했는데, 검사 역시 아침부터 저녁 늦게까지 신문하면서 온갖 협박을 다했다. 결국 기소는 간첩 부분은 빠지고 국가보안법 7조의 고무·찬양죄로만 이루어졌다. 1996년 7월 12일 박충렬 씨는 법원에서 무죄를 선고받았다. 수사기관이 억지로 꿰맞춘 수사였다는 것을 확인하는 순간이었다.

민주주의민족통일전국연합 고애순 씨의 구속과 유산 — 1995년 12월

:: 1995년 12월 4일 안기부와 경찰청은 민주주의민족통일광주·전남연합 고애

---

16. 「박충렬 '말' 기획실장 — 안기부를 말한다 1」, 1996년 12월 20일자 『한겨레신문』 기사.
17. 박충렬, 「사람이 무섭고 세상이 무섭습니다 — 간첩 누명 벗은 박충렬의 옥중 편지」, 『월간 말』 1996년 3월호, 139쪽.

순 교육부장을 범민련에 가입하였다는 이유로 국가보안법을 적용, 구속하였다. 구속 당시 고애순 씨는 임신 8개월이었는데, 오랜 도피생활로 건강이 좋지 않았기 때문에 열흘 뒤 구속적부심을 신청했으나 기각당했다. 고 씨는 구속 53일 만인 다음 해 1월 25일 구속집행정지 결정을 받고서야 석방되었으나, 결국 태아를 사산하게 되었다. 고 씨는 수감 중 수차에 걸쳐 진료를 간청했으나 묵살당하다가 구속된 지 50일 만에 진료를 받을 수 있었다고 한다.[18]

고애순 씨는 수사기관의 폭행이나 협박 등에 의한 직접적인 고문을 받았다고 보기는 어렵다. 그러나 수사기관이 생명과 인권에 대한 최소한의 기준과 존중을 가졌다면 중대한 범죄가 아닌 한 임산부를 불구속 상태로 수사하거나 기소할 수도 있었을 것이다. 더구나 법원의 구속적부심 기각과 지나치게 늦게 허가한 구속집행정지 결정 등도 큰 문제였다. 생명을 잉태한 임산부에 대한 충분한 배려와 고려가 있어야 함에도, 이를 안이하게 생각했던 사법부와 수사기관의 행태는 또 다른 형태의 고문이며 가혹행위인 것이다.[19]

고애순 씨가 구속된 지 53일 동안이나 왜 제대로 된 검사를 받지 못했으며, 1996년 1월 29일 출산 시기를 예측하는 초음파 검사만 받았는지, 그 전년도 12월 24일 고애순 씨의 항의에 대해 그 어떤 조사와 조치가 취해졌는지, 정확한 사산 원인이 무엇인지에 대해 앰네스티는 묻고 있다.[20] 참으로 창피한 일이다. 광주

---

18. 인도주의실천의사협의회·한국인권단체협의회, 『고문 기타 잔혹한, 비인도적 또는 굴욕적 처우나 형벌금지협약 제19조에 따른 대한민국 정부의 보고서에 대한 대한민국 인권단체들의 반박보고서』, 1996년 10월, 23항 '라' 부분 참조.
19. 참고로 수감자에 대한 다양한 국제적 기준과 협약이 있다. '수감자 처우를 위한 최소 기준(Standard Minimum Rules for the Treatment of Prisoners)' 제25조는 "의료 담당자는 수감자의 육체적·정신적 건강을 돌보아야 하며 고통을 호소하는 모든 환자 수감자 또는 그 담당자가 관심이 가는 모든 수감자를 매일 보아야 한다"라고 규정하고 있으며, 또한 '어떤 형태의 구금과 구속하에 있는 사람들의 보호를 위한 원칙(Body of Principles for the Protection of All Persons under Any Form of Detention or Imprisonment)' 제24조는 "구속되거나 구금된 후 즉각적으로 그 구금자에 대해 적절한 의료 검사가 제공되어야 하며, 필요한 때는 언제든지 의료 혜택이나 조치가 제공되어야 한다"라고 규정하고 있다. 또한 '법집행기관 공무원들의 행동강령(Code of Conduct for Law Enforcement Officials)' 제6조도 "법집행기관 공무원들은 그들의 구금하에 있는 사람들의 건강을 위해 충분한 보호를 보장하여야 하며, 특히 필요할 때는 언제나 의료적 주의를 기울이는 즉각적인 조치를 취해야 한다"라고 규정하고 있다.

교도소에서는 고애순 씨에게 작은 난로 하나와 1주일에 1회 목욕을 허용했다. 그러나 고애순 씨는 교도소 내 음식을 먹기가 무척 힘들었다고 실토했다. 전쟁 중에도 산모만큼은 배려된다. 당시 교도소 당국의 무성의가 사산의 한 원인이었을지도 모른다. 이렇듯 인도적인 배려나 구호가 필요한 피의자를 그대로 방치하는 것도 광의의 고문 범주에 포함된다고 볼 수 있다.[21]

희귀한 고문을 당한 진관 스님 — 1996년

:: 안기부가 피의자에게 약물을 투여했다는 의혹이 또다시 제기됐다. 지난 3·13 사면으로 석방된 진관 스님은 "96년 안기부에서 조사를 받을 때 음식을 먹고 나면 아무 생각도 나지 않고 머리가 빙빙 도는 현상이 벌어졌다"며 "당시 질문에 무슨 답변을 했는지 기억도 나지 않았다"고 밝혔다. 진관 스님은 또 "구치소로 옮겨간 뒤에야 구치소에서 제공되는 식사가 정상이라는 생각이 들었다"고 말했다.[22]

약물 투여 주장은 사실 진관 스님이 처음은 아니다. 사노맹사건으로 구속되었던 백태웅 씨도 1992년 안기부 수사 당시 "밥을 먹고 나면 잠시 후 머리에서부터 발끝까지 마비증세가 오고 정신이 혼미해지는 현상을 여러 차례 겪었다"라고 밝혔다. 또한 안기부에서 조사를 받은 작가 황석영 씨, 박창희 교수도 같은 현상을 호소했다. 그러나 도대체 안기부에서 어떤 약물을 투여했는지는 밝혀지지 않았다. 진관 스님은 그 외에도 "스님으로서 입에 대지 않는 닭고기와 술을 억지로 먹일 때 심한 모욕감을 느꼈다"라고 말했다. 이러한 사실을 모두 재판과정에서

---

20. Amnesty International, Republic of Korea : Pregnant woman denied medical care in prison, AI Index: ASA 25/12/96, April 1996.
21. 앰네스티 인터내셔널은 이 사건에 대해 국제인권기준의 위반이라고 지적하고 있다. Amnesty International, Republic of Korea: Summary of Concerns on torture and ill-treatment AI Index: ASA 25/25/96, October 1996.
22. 「안기부 약물수사 의혹 제기 ─ 진관 스님, 고문피해 폭로」, 1998년 5월 23일자 『인권하루소식』 기사.

털어놨지만 당시 판사는 전혀 상관치 않았다고 그는 주장했다.

범청학련 통일대축전에 참가한 한총련 학생들에 대한 가혹행위 — 1996년 8월

1996년 8월 연세대학교에서 열린 제6차 범청학련 통일대축전에 한총련(한국대학총학생회연합) 소속 학생들이 5천여 명이나 모였다. 그러나 당국은 이 축전을 원천봉쇄하고, 이 기간 동안 한총련을 국가보안법상의 이적단체로 규정하면서 주동자를 끝까지 추적·검거해 법정 최고형을 구형할 것이며, 더 나아가 한총련을 와해시키겠다고 선언했다. 결국 시위 진압 경찰에 의해 3,499명의 학생이 연행되었고 그중 465명의 학생이 구속되었다. 당시 한총련 시위와 관련하여 연행된 총 학생수는 5,848명이었다. 이들은 연행과 조사과정에서 수없이 많은 고문과 가혹행위를 당했다. 정부와 치안의 최고책임자가 와해와 엄벌을 선언한 상황으로 경찰관들은 법적 견제에서 해제되었던 것이다.

(1) 시위 진압과정에서의 구타 사례

① 8월 13일 오전 10시경 박준영(21, 서울대 2) 씨는 경찰이 던진 돌에 맞아 머리가 찢어지고 뇌와 귀는 전정기관 등에 손상을 입어 머리를 꿰매는 등 치료를 받았다. 박 씨는 현재 왼쪽 귀가 잘 안 들리고 이명현상이 나타나며 두통과 어지럼증에 시달리고 있다.

② 8월 14일 저녁 6시 30분경 서규석(24, 고려대 4) 씨는 경찰이 던진 돌에 맞아 안면 광대뼈가 부러지면서 왼쪽 시신경을 손상당해 수술을 받았으나 왼쪽 눈이 실명되었다.

③ 8월 20일 새벽 류혜정(여, 교원대 3) 씨는 종합관 건물 6층에서 경찰에게 체포되어 건물 1층 입구로 끌려내려올 때까지 경찰의 곤봉으로 머리를 구타당해 내출혈을 일으키고 통원치료를 받고 있다.

④ 8월 20일 박노칠(23, 동국대 4) 씨는 경찰에게 진압봉으로 얼굴을 구타당해 이빨 8개가 부러지고 입술이 찢어지는 등 상해를 입었다. 박 씨는 경찰병원에 후송되어 부러진 이빨 4개는 다시 끼웠으나 다른 4개는 의치를 하였고 찢어진 입술 부위는 봉합수술을 받았다.

⑤ 8월 20일 서태호(23, 서울대 4) 씨는 종합관 진압 당시 헬기에서 내린 사복 체포조들이 던진 폭탄에 맞아 기절했다. 잠시 후 깨어나 보니 팔다리에 파편이 박혀 있었고 심한 화상을 입은 상태였다. 그러나 경찰은 부상당한 서 씨에게 오리걸음으로 경찰서까지 기어가게 했고 서 씨가 통증을 호소하자 구타했다.

(2) 연행과정에서의 성추행 사례

① 오○○(23, 경기대 4) 씨는 8월 20일 종합관 내 복도와 계단에서 경찰과 사복체포조들에게 구타를 당하며 끌려나오면서 경찰이 음부를 만지는 등 성추행을 당했다.

② 최○○(22, 한양대 3) 씨는 8월 20일 종합관 옥상에서 건물 입구까지 끌려내려오던 중 6차례에 걸쳐 경찰과 사복 체포조들이 가슴을 만지는 등 성추행을 당했다. 최 씨가 성추행을 하는 경찰의 손을 뿌리치자 경찰은 최 씨의 엉덩이를 곤봉으로 내리치며 심한 성적 폭언을 하였다.

③ 8월 20일 박○○(22, 한양대 3) 씨는 종합관과 건물 밖으로 끌려나오는 동안 경찰들에게 얼굴과 머리를 계속 구타당하며 "너를 사창가로 데려가겠다", "너를 성폭행하겠다", "남학생에게 몸을 판 더러운 년들"이라는 등의 성적 폭언을 들었다.

(3) 조사과정에서의 가혹행위 사례

① 8월 21일 종암서에서 조사를 받던 강정환(20, 성공회신학대 1) 씨 등 학생 5명은

"쇠파이프를 잡았다"고 자백할 것을 강요당하며 경찰이 머리를 뒤로 젖히고 물을 붓는 등 물고문을 당하였다.

② 이원재(21, 인하대 2) 씨는 강남경찰서 형사 최 모 씨로부터 화염병을 던지거나 쇠파이프를 휘두른 사실을 자백할 것을 강요당하며 1시간 30분 동안 쪼그려 뛰기 700회, 종아리와 허벅지 사이에 곤봉을 끼워넣고 무릎을 꿇게 한 후 허벅지를 짓밟히는 등의 고문을 당했다.

③ 김민수(20, 서울대 1) 씨와 설재욱(22, 고려대 3) 씨는 서부경찰서 형사의 강압에 의해 쇠파이프를 들고 사진을 찍었는데, 경찰은 이를 '쇠파이프로 경찰을 때린 증거'라며 김 씨와 설 씨를 구속했다.

④ 김재범(중앙대생) 씨는 서울 남부경찰서에서 조사를 받을 당시 무릎을 꿇린 상태에서 무릎 위와 양팔을 진압봉으로 심하게 구타를 당하였다.[23]

이들이 기자회견을 통해 밝힌 가혹행위와 성희롱의 내용은 좀더 생생하다. 1996년 9월 13일 '한총련강경진압비상대책위원회'가 주최한 기자회견의 내용이다.

    ::   "한 경찰관이 여학생 보호실로 들어오더니 '이 ○○년들아, 눈 감고 다리를 벌리고 앉아'라고 명령했어요. 당시 대부분의 여학생들은 반바지를 입고 있었는데, 경찰관들이 서로 키득거리며 귀엣말을 주고받는 소리가 들렸어요. 화가 나기도 하고 수치스럽기도 하고……." 연세대 한총련 사태 당시 연행됐다 불구속 입건으로 풀려난 정 아무개(22, 여, ㅅ대 4년) 씨는 경찰 조사과정을 떠올리며 말을 잇지 못했다. …… 비대위는 "연행 학생 108명을 상대로 경찰 조사 당시 피해 사례

---

23. 인도주의실천의사협의회·한국인권단체협의회, 「고문 기타 잔혹한, 비인도적 또는 굴욕적 처우나 형벌금지협약 제19조에 따른 대한민국 정부의 보고서에 대한 대한민국 인권단체들의 반박보고서」, 1996년 10월, 23항 '마' 부분 참조.

를 조사한 결과 폭행 86건, 성추행 41건, 부상 21건, 폭언 63건이 집계됐다"면서 "고문에 의한 허위자백을 강요당한 학생과 정신적 후유증에 시달리는 경우도 10여 건에 달했다"고 밝혔다. 증언자로 나선 조 아무개(21, 여, ㅅ대 2년) 씨는 "저를 조사한 경찰관이 줄곧 '사수대 위안부가 아니었냐', '생리를 어떻게 처리했냐' 며 성적 모욕을 주었다"며 "조금이라도 싫은 내색을 하면 어김없이 따귀를 때리며 욕을 했다"고 말했다.[24]

각종 가혹행위를 당한 학생들 가운데는 "헬기소리를 들으면 식은땀이 나는 학생", "방에 틀어박혀 가족들조차 만나기 싫어하는 학생", "경찰에 쫓기는 악몽에 시달리는 학생" 등 정신적인 후유증을 호소하는 경우도 많았다.[25] 이런 폭행과 가혹행위는 정부 당국자들이 한총련과 그 지도부에 대해 지나친 강경정책을 여러 차례 선언함으로써 일선 경찰이나 전투경찰관들의 과잉수사와 과잉대응을 부추긴 결과였다. 더구나 피해 학생들이 고발한 성추행사건은 검찰의 무성의한 수사로 대부분 무혐의 처리되고 말았다.

:: 　지난해 여름 한총련 대학생 연세대 집회 진압 때의 일이다. …… 이들은 더이상 경찰이 말하는 '폭도'가 아니었다. 명령에 따라 움직이는 온순한 양과 같은 존재였다. 여학생들은 줄곧 머리가 처박혀 뻗친 손으로 앞사람의 허리를 잡은 채 마치 굴비 엮음처럼 일렬로 연행되고 있었고, 누가 보아도 더 이상 높은 강도의 체포행위를 필요로 하지 않는 상황이었다. 이때 고개 숙인 여학생의 가슴으로, 음부로 전경들의 사정없는 성폭력 행위가 자행되었다는 것이다. 머리를 들면 곤봉으로 때리고 몸을 움츠리면 "누가 데모질하라고 그랬냐"는 말로부터 듣기 어려운 모욕

---

24. 「한총련 사태 비대위가 밝힌 경찰 인권유린 사례」, 1996년 9월 14일자 「한겨레신문」 기사.
25. 1996년 9월 14일자 앞의 기사.

적인 말까지 폭언을 했다는 것이다.

…… 지휘 계통의 명령이 있지 않고서는 발생하기 어려운 상황임을 짐작할 수 있다. 이에 대해 검찰은 지난 (1997년 3월) 29일 무혐의 결정을 했다. 검찰이 밝힌 무혐의 이유는 피의자들을 특정할 수 없고 제출받은 자료 등을 살펴본 결과 성폭력 행위가 있었다는 증거가 없다는 것이었다. …… 그러나 일시, 장소가 특정되어 있었으므로 수사 전담자로서 전문가인 검찰이 의지만 있다면 그곳에 있던 전경들과 피해 여학생들을 기술적으로 조사하는 길은 있었을 것이다. 또한 당시 현장 책임자를 통한 연행 업무의 지휘 계통이 조사되었는지도 의문이다.[26]

이화춘 씨의 경우 — 1996년 8월

이화춘 씨는 1996년 8월 26일 안기부 전주분실로 연행되어 20일간 조사를 받았다. 그는 법정에서 수사받을 당시의 상황을 이렇게 진술했다.

::   그들은 나를 지하실로 끌고 내려가 옷을 벗으라고 명령하였다. 그러고 나서 의자에 앉힌 후 8월 29일까지 4일 동안 조사를 받았는데 한 번도 눕지 못하도록 하였다. 하루에 단지 2시간 정도만 잘 수 있었다. 주먹으로 때리고 발로 차고 때로는 클럽으로 때리기도 하였다. 오랫동안 푸쉬업 상태로 있게 하기도 하였다. 그들은 자백하지 않으면 다른 가족을 간첩으로 구속할 것이라고 협박하였고, 실제로 그의 삼촌이 북한 간첩이고 자신이 그를 위해 국가기밀을 수집했다고 말하도록 했다.[27]

---

26. 이종걸, 「부천 성고문사건 생생한데 ……」, 1997년 4월 8일자 『한겨레신문』 기고문.
27. Amnesty International, Republic of Korea: The Case of Lee Hwa-chun, AI Index: ASA 25/14/97, February 1997.

이화춘 씨는 빈곤한 가정 출신으로, 1970년대에 가족 중 몇 명이 정치적 이유로 구금되기도 했었다. 연행되기 직전 그는 전주 부근에서 농사도 짓고 벌을 키우고 있었으며, 사노맹과 과거 민중당의 회원이기도 했다. 그의 삼촌이 이 무렵 일본으로 건너가 성공한 기업인이 되었는데, 그가 일본에 가서 삼촌을 만나고 돈을 조금 받아온 것이 바로 북한 공작금을 받고 국가기밀을 전해준 것으로 조작되는 계기가 되었다. 그리고 사노맹 회원이 된 것이 반국가단체의 구성원이 되어 적을 이롭게 했다는 혐의로 함께 부가되었다. 그는 법정에서 간첩 혐의를 부인하고 고문에 의한 수사결과로 거짓자백한 것이라고 주장했으나, 7년형을 선고받았다.

사실 그가 삼촌을 위해 간첩활동을 했다는 근거는 명확하지 않았다. 돈은 공개적으로 받았고, 전해주었다는 스크랩북은 『한겨레신문』을 모아둔 것에 지나지 않았다. 사노맹은 단지 비폭력 결사의 자유를 주장하는 단체에 불과했다. 도대체 그가 처벌될 이유가 없었다. 고문과 조작의 또 다른 사례에 지나지 않았던 것이다. 이런 이유로 이화춘 씨는 앰네스티가 지정하는 양심수가 되었고, 전 세계 앰네스티 회원들은 그의 석방을 요구했다.

독일 유학생부부 간첩사건[28]과 박종대 씨의 경우 ― 1996년 10월

1996년은 문민정부 후반기에 해당한다. 이 사건을 보면서 우리는 안기부가 아직 그 본질에서 과거와 별반 다르지 않다는 사실을 확인할 수 있다. 2004년 한나라당 주성영 의원의 국회 내 간첩 암약 발언 이후 연재하기 시작한 『오마이뉴스』「고문의 추억」시리즈의 두 번째 고문 경험담을 거의 그대로 전재한다. 사실 고문의 체험을 온전히 드러내는 사례는 많지 않다. 가능하다면 전문의 내용을 통

---

28. 박종대 씨가 독일 쾰른대학에 유학 중이던 1996년 방학 때 한국에 잠시 나왔다가 『한겨레 21』 잡지를 김용무 씨에게 빌려주었다는 것이 기밀 누설로 되어 구속 기소된 사건이다. 1심에서 3년 6월형, 항소심에서는 2년 6월로 감형되었다. 그런데 대법원에서 심리미진으로 파기환송되어 고법에서 집행유예로 풀려났다. 사실 간첩사건이라고 이름 붙이기도 어려운 사건이다. 얼마나 사소한 일로 간첩이 되는지 우리 형사사법의 현주소를 적나라하게 보여준다.

해 안기부 고문의 실상과 그로 인해 피해자가 겪었던 육체적·정신적 고통이 어떤 것인지를 정확히 이해할 수 있는 계기가 되었으면 한다. 이것은 한 편의 드라마다. 아니 드라마라도 이렇게 리얼할 수 있을까?

:: 1996년 10월 나는 '독일 유학생부부 간첩사건'으로 아내와 함께 안기부에 구속되었다. 세 살 난 아들을 혼자 바깥 세상에 남겨둔 채였다. 구속 사유는 간단했다. 1994년 안기부에서 북한의 고급 공작원으로 발표한 독일 교민 김용무와 가깝다는 이유에서였다. 한창 박홍 총장의 주사파 발언으로 시끄럽던 시절이었다. 나는 당시 안기부의 발표를 믿지 않았다.(물론 지금도 믿지 않는다) 그에게 직접 확인도 했거니와 6년 동안 줄곧 곁에서 지켜본 바로도 그랬다. 하지만 안기부의 발표가 나자 가깝게 지내던 교민이나 유학생조차 그를 멀리했고, 그 또한 주위의 시선을 의식해서인지 스스로 세상과 담을 쌓고 칩거에 들어갔다. 이런 상황에서도 나는 그를 계속 만났다. 흔한 '조작사건'이라고 믿었기 때문이다.

그러나 독일 유학생 사회에까지 심어놓은 안기부 프락치에 의해 나의 행적은 낱낱이 파악되고 있었다. 그리고 그것이 결국 우리 부부를 옭아매는 올가미가 되었다. 나는 운동 경험도 없고, 민주화 경력도 없는 사람이다. 기껏해야 사리에 매임 없이 사고하고 행동하려는 사람일 뿐이다.……

취조실은 내가 3층, 아내가 2층이었다. 10평 정도 크기의 취조실에 들어서자 한쪽 구석에 침대와 책상이 눈에 띈다. 책상 앞에 앉자 20여 명의 수사관들이 매섭게 노려본다. 그러더니 대뜸 묻는다. "북한에 몇 번 갔다 왔어?", "노동당엔 언제 가입했어?" 나는 영문을 모르겠다는 표정으로 그간의 일을 사실대로 이야기한다. 대답이 못마땅한지 그들은 앉은 자세에서 내 안경을 벗기고는 뺨을 후려친다. 그리고는 일으켜 세워 이빨을 꼭 다물게 한 뒤 다시 뺨을 갈기고 주먹 안쪽으로 얼굴을 난타한다. 가슴과 아랫배, 다리에도 그들의 손과 다리가 날아든다. 그들의 눈에 살기가 번뜩거린다. 난생 처음 당해보는 폭력이었다. 그것도 국민의 인권과 자유를 지키라고 권력을 쥐어준 국가기관에 의해서였다. 그 뒤로도 만족할 만한 대답이 나올 때까지 폭력은 계속되었다.

그들은 한바탕 폭력을 휘두르고 나면 벌을 세웠다. 엉덩이와 발뒤꿈치를 벽에 붙이고 양팔을 바짝 귀에 댄 채 한 시간 이상씩 서 있어야 했다. 조금이라도 팔이 내려오거나 자세가 흐트러질라치면 수사관들이 눈을 부라리며 호통을 쳤다. 원래 단순해보이는 벌이 시간이 지속되면 더욱 견디기 힘든 법이다. 팔은 떨어져나갈 것 같고 허리는 끊어질 듯 아팠다. 하지만 육체적인 고통도 고통이지만 심적인 수치심은 이루 말로 다할 수 없었다. 아마 상대의 자존심을 완전히 무너뜨려 자기 방어 의지를 꺾어버리려는 수단인 듯했다. 사실 안기부 수사는 인간으로서 지녀야 할 존엄성을 완전히 말살시켜버린 상태에서 시작한다. 인간이 버틸 수 있는 것은 자신이 인간으로서 대접을 받고 있는 한에서 가능하지 만일 스스로 인간이 아니라는 생각이 들기 시작하면 쉽게 주저앉아버리고 만다. 이렇게 나는 인격적으로 차츰 허물어지기 시작했다.

"야. 넌 왜 그렇게 비겁하냐. 너 마누라도 이렇게 되어 있는데 둘 다 잘못하면 어쩌려고 그래? 애도 하나 있다면서? 나 같으면, 차라리 내가 다 했소. 그러니 우리 마누라는 살려주시오, 하겠다. 사내자식이 치사하게" 아내도 이런 꼴을 당하고 있을까? 아니, 여자한테까지 이러지는 않겠지? 아냐, 어쩌면 더할지 몰라. 나는 살아야 한다는 본능밖에 없었다. 덫에 걸린 한 마리 벌레나 마찬가지였다. 살기 위해선 그들이 원하는 것을 알아차려야 했다. 그러나 그들은 이것을 직접 가르쳐주지는 않았다. 그들은 서서히 나의 정신을 파괴시켰고, 나를 조금씩 길들여갔다.

첫날의 수사는 오후 3시경에 시작해서 다음 날 10시경에 끝났다. 이제 침대에 누워서 자란다. 잠이 올 턱이 없다. 자는 둥 마는 둥 시늉만 하고 있는데 벌써 점심시간이라고 깨운다. 이런 상황에서도 밥을 삼켜야만 하는 생리적인 욕구가 너무 싫었다. 밥을 먹고 나자 다시 어제의 과정이 고스란히 반복되었다. 그러던 중에 취조실 문이 열리고 수사관들이 전부 일어선다. 꽤 높은 사람인가 보다. 그가 내게 담배를 한 대 물려준다. "우리가 너 같은 사람을 구속해서 뭐가 좋겠어? 수사에 협조만 하면 돼. 여기서 살아나가는 방법은 딱 세 가지다. 첫째, 모든 것을 있는 그대로 말하고 용서를 구해라. 우리의 목표는 북한의 대남 공작부지, 너 같은 피라미가 아니다. 둘째, 수사에 협조해라. 수사관이 뭘 원하는지를 분명히 캐치해서 시키는 대로 해. 어떤 사람은 여기 들어와서 괜히 눈치 없이 행동하다가 욕을 보지만 어떤 사람은 수사관이 하나를 원하면 열을 알아채고 말하기도 해. 누가 여기서 살아나갈 수 있는지 이야기 안 해도 알아듣겠지? 셋째, 우리와 거래를 하는 경우다. 우리에게 줄 것은 주고 얻을 것은 얻어라." 나는 그가 누구인지에 대해서 관심이 없었다. 다만 여기서 살아나갈 방법이 있다는 말에 귀가 솔깃했다. 세 가지 중에서 어떤 것이 나에게 해당될까? 애당초 북한과 관련해서는 털어놓을 것이 없고, 그러니 거래할 것도 없다. 그렇다면 결국 수사관이 원하는 것을 재빨리 눈치채서 시키는 대로 하라는 소리일까?

둘째 날도 꼬박 새고 새벽 6시경에 침대에 누웠다. 사흘째도 전날과 똑같이 진행되었다. 수사관의 입맛에 맞는 말이 나올 때까지 얻어터지고 벌을 서야 했다. 어느 수사관이 이렇게 말했다. "넌 지금 양반 대접받고 있어. 진짜 간첩이나 무장공비가 들어오면 뼈마디도 추리지 못할 정도로 두들겨 패. 알았어? 힘들더라도 참아. 김용무가 나쁜 놈이지, 니가 무슨 죄가 있겠어? 학위도 얼마 남지 않았다고 들었는데 정말 안타깝다. 어린 아들도 있다면서? 너희는 부부가 함께 들어왔기 때문에 둘 중 하나는 나갈 거야. 법에도 인정이라는 게 있거든. 두 사람을 한꺼번에 가두어놓지는 않아. 그러니 어떻게 처신하느냐에 따라 둘 중 하나는 분명히 나갈 거야. 수사에 협조해. 알았지?" 부부를 구속하면 전혀 낯선 두 사람을 엮는 것보다 조작하기가 한결 수월하다. 한쪽이 다른 쪽에 인질 역할을 해주기 때문이다. 둘 사이에 아이라도 있으면 금상첨화다.…… 나흘째 되던 날 침대에 누웠지만 잠이 오지 않는다. 뒤척이고 있는데 누가 들어와서 소곤대는 소리가 들린다.(잠을 잘 때도 항상 2명이 지키고 있다) "언제 잠들었어?", "한 시간 가까이 된 것 같아", "이상한 점은 없어? 잠꼬대 같은 건 안 해? 잠은 잘 자는 것 같아? 계속 잘 체크해 봐." 순간 소름이 쫘 하고 끼친다. 이 사람들은 나의 무의식까지 감시를 하는구나.

내가 완전히 무너진 것은 부모님이 면회를 오신 뒤였다. 지병으로 혼자 몸도 간수하기 어려운 어머니가 내 가슴을 치시며 말했다. "이 나쁜 놈아. 그래 할 기 없어 역적질을 했나. 내가 니보고 뭐라 카더노. 그런 데 가면 그런 사람 조심하라고 그랬제? 근데 이게 우찌된 일이고? 내, 니는 믿었다. 그런데 니가 날 속있나? 니가 날 속있다고? 난, 이제 몬 산다. 우리 고만 죽자." 아, 이 순간 나는 무슨 말을 해야 하는지? 이 사람들이 어머니에게 무슨 말을 했는가? 눈물이 앞을 가린다. 어머니를 속였다는 말에 그저 가슴만 무너져내린다. "아이구, 선생님들, 제발 우리 아들 살리주이소. 절대 그럴 아가 아입니더. 얼마나 착하고 바른 아인 줄 아십니꺼. 우린 지금까지 정말로 바르게 살았십니더. 정말 남들한테 나쁜 짓 안 하고 살았십니더!" 수사관들은 그렇게 친절할 수가 없었다. 말투도 상냥하게 바뀌었다. 혹시 가혹행위는 없느냐는 형의 물음에 당당히 말한다. "안기부, 많이 바뀌었습니다. 옛날 안기부가 아닙니다. 그러니 전혀 걱정하지 마십시오. 근데 박종대 씨가 협조를 잘 안 해서……." 호칭도 박종대 씨로 바꾸며 천연덕스럽게 내놓는 말이다. 어머니가 다시 통곡한다. "니, 숨기는 거 있으면, 응～응, 싹 다 말해라. 응～응. 니가 살고 우리가 사는 길은, (통곡) 다 말하고 용서를 비는, 응～응, 길뿐이다. 만약 니가 이번에도 내 말 안 들으면, (통곡) 인자 니는 내 새끼 아이다. 응～응, 우리 의절하는 기다. 응, 알았제?" 몇 년 전 중풍으로 몸이 불편하신 아버지도 목이 메어 말을 밖으로 내어놓지 못한다. 면회 시간은 15분이었다. 소파에 쓰러지시는 어머니를 뒤로하고 나는 그만 자리를 떠야 했다. 그 순간 아이가 아빠를 외치며 달려든다. 아빠, 아빠를 외치며 달려오는 아이를 누군가 가로막는다. 내 뺨 위로 길게 눈물이 흐른다.

그 뒤부터 나의 대답은 "김용무 씨가 간첩이 아니다"에서 "간첩인 줄 몰랐다"로 바뀌었다. 안기부라는 과거의 악명에 눌리고, 구타에 체벌에 찢기고, 아내와 아들, 그리고 부모라는 인륜을 볼모로 잡힌 상태에서는 이미 예정된 수순이나 다름없었다. 이렇게 해서 나는 김용무 씨로부터 사상 학습과 시청각 교육을 받은 것으로 되었다. …… 그러려면 증거가 있어야 했는데, 내가 원체 아는 게 없다 보니 수사관들이 학습 커리큘럼까지 정해주며 북한의 원전들을 갖다주었다. 그러면 나는 그 책들을 읽고 정리했다. 이렇게 적은 내용이 아마 논문 몇 권의 분량은 될 것이다.

이처럼 나는 안기부에서 주체사상을 처음 공부하였다. 다른 조서 내용도 이런 식이었다. 이를테면, "북한에 갔지?" 하는 물음에 그것만큼은 안 되겠다는 생각에 "안 갔다"고 하면 입북 제의는 받은 것으로 하자고 했고, 아들 녀석 돌에 김용무 씨가 축의금 조로 준 5만 원 상당의 돈은 느닷없이 한국에 들어오는 공작금으로 바뀌었으며, "한국 잘 갔다 오라"는 말은 "남한 정세를 잘 파악하고 오라"는 말로 탈바꿈하였다. 이렇게 나는 안기부에 의해 간첩으로 만들어졌다.[29]

고문의 증거보전신청을 받아들인 광주지법 — 1996년 10월

:: 광주지법 형사1단독 김용출 판사는 (1996년 10월) 25일 국가보안법 위반 혐의로 구속된 박노신(24, 전남대 농생물 4) 씨가 전남경찰청 보안수사대에서 조사받던 중 "경찰이 곤봉 등으로 등·머리·종아리 등을 수없이 때리며 혐의 사실을 인정할 것을 강요했다"면서 제출한 증거보전신청을 받아들였다. 박 씨는 변호인을 통해 낸 신청서에서 "지난 21일 자정께 연행되면서 구타당했고, 이튿날 여러 명의 수사

29. 박종대, 「고문의 추억 2 — 안기부 조사실서 처음 주체사상 배우다」, 2004년 12월 13일자 『오마이뉴스』 기사.

요원들이 '남총련 투쟁국장으로 활동했다'고 진술할 것을 강요하며 곤봉 등으로 등·머리·종아리 등을 마구 때렸다"고 주장했다. 박 씨 쪽은 "시간이 지나면 박 씨 몸에 남은 고문 등 가혹행위 흔적이 사라질 우려가 있다"며 가혹행위를 당한 증거 보전을 위해 의사의 진단과 감정, 처음 연행 당시 박 씨의 신체검사 결과 확인 등 이 필요하다고 밝혔다.[30]

과거에는 고문에 귀 기울이지 않던 법원이 이 시기에는 이렇게 고문 흔적에 대한 증거보전신청을 받아들이는 사례가 생겨난다. 그만큼 고문에 대한 견제가 가능해진 것이다.

김형찬에 대한 가혹행위와 분신자살 기도 ─ 1996년 12월

:: 96년 12월 5일 오후 2시경 경희대학교 수원 캠퍼스 유전공학과 90학번 김형찬 군은 서울 신당동 후배 자취방에서 생활하고 있던 중 갑자기 방문 밖에서 "소포가 왔습니다"는 소리를 듣고 문을 여는 순간 피고소인 김 실장 등 4인이 들이닥치면서 김 군에게 "네가 이재규(96년 경인총련 의장 권한대행)이지?"라며 김 군에게 이재규의 영장을 제시한 후 연행을 시도하였다고 합니다. 이에 김형찬 군이 자신은 이재규가 아니라고 강하게 부인하였음에도 불구하고 완력으로 인근 신당6동파출소 2층으로 연행, 이곳에서 약 3~4시간 동안 체류하면서 김 실장 등 4인이 김형찬 군의 눈 부위를 주먹으로 연속해서 10여 차례가량 집중 구타하여 입이 벌어질 정도로 고통을 느꼈으며, 또한 머리카락을 손으로 움켜진 채 얼굴을 방바닥에 밀착시키고 발로 무수하게 걷어차고 짓밟는 등의 폭력을 자행했습니다.

그러나 이후 김형찬 군의 신원을 조사하는 과정에서 피고발인들은 김형찬 군이 자

---

30. 「경찰 가혹행위 증거보전 실시 ─ 전남대생 보안법 사건」, 1996년 10월 26일자 「한겨레신문」 기사.

신들이 영장을 제시했던 이재규 군이 아니라는 사실을 확인하였음에도 불구하고, 김형찬 군을 곧바로 석방하지 않은 채 또다시 "경기도경으로 넘어가면 넌 죽는다. 그러니 잘 해줄 테니까 아는 사람을 한 사람만 이야기해라, 그러면 너는 풀어주겠다"고 회유 및 협박을 하는 정신적 폭력 및 위해를 가했습니다. 한편 이러한 협박에 대해 거부하자 피고발인들은 영장 등 아무런 법적 정당성 없이 또다시 김형찬 군을 5일 오후 7시 30분경 경기도경 대공분실로 재차 연행하였으며, 이 과정에서 결국 김 실장 등 피고발인 4인이 약 6시간에 걸친 극심한 가혹행위와 협박 등 폭력행위에 극심하게 위축, 불안감을 가지게 되었으며, 변호인 접견과 외부에 자신의 연행 사실을 알리게 해줄 것을 수차례 걸쳐 요구하였으나 모두 거부되자, 끝내 경기도경 대공분실 4층 여자대기실에 설치되어 있던 석유난로 기름탱크 뚜껑에 불을 붙여 분신을 행하게 되는 참담한 상황에 이르게 된 것입니다.[31]

이 분신자살 기도로 김형찬 군은 40%의 3도 화상을 입었다. 결코 남의 이야기로 돌릴 수 없다고 생각한 사람들이 김형찬대책위를 꾸려 그를 돕는 활동을 벌였다.[32]

    ::   김형찬 군은 우리의 동생이며 이웃집 친구일 수도 있습니다. 김형찬이 '나'일 수도 있다는 데서 자유로운 한국인이 얼마나 될까. '김형찬대책위'는 김형찬 분신사건으로 촉발되었지만 그것은 안기부라는 이유 있는 두려움을 떨쳐야겠다는 의지를 담고 있다. 김형찬 사건이 '재수 옴 붙은'한 개인의 액땜 정도로 전락하

---

31. 이기욱 변호사, 서준식 인권운동사랑방 대표, 김형태 천주교 인권위원장, 박형규 한국교회인권센터 대표, 박용모 불교인권위원회 공동대표 명의의 고발장.
32. 김형찬대책위 외에도 한국기독교교회협의회 정의와인권위원회는 1998년 2월 5일 기독교회관에서 '김형찬 고문수사 안기부원 처벌과 안기부법 개정을 촉구하는 목요기도회'를 개최했고, 새정치국민회의 인권특별위원장(이상수)을 중심으로 '김형찬 고문수사 진상조사단'이 꾸려지기도 했다. 「계간 인권」 1998년 여름호, 59쪽.

지 않도록 하는 단초를 대책위의 많은 사람들이 만들어가고 있다. 물론 시작일 따름이라 할지라도.[33]

김진성 씨의 경우 — 1997년

김진성 씨는 '하남통일을여는사람들' 대표로서, 안기부에 연행되었다가 단순히 이적표현물소지죄로만 기소되었다. 무엇이든 작품을 만들고야 마는 안기부로서는 이례적인 일이었다. 일단 무조건 연행해서 자백을 받아내 범죄를 만들겠다고 하는 안기부의 사고방식과 수사방식을 보여주는 좋은 사례이다. 다음은 김진성 씨가 민가협의 목요집회에 나와 직접 당시의 고문피해 사례를 폭로한 내용이다.

:: 집회(민가협)에 참석한 김진성 씨는 "안기부는 내가 한총련을 배후 조종해서 바르샤바에 대표를 보냈다고 주장했으며, 이를 부인하자 계속 구타했다"고 밝혔다. 김 씨는 또 "검찰에 넘어갈 때까지 죄명조차 몰랐고, 다른 혐의가 터무니없자 결국 이적표현물소지죄 등으로 기소되었다"고 말했다. 김 씨는 무엇보다도 "안기부가 가족을 들이대며 협박한 것이 가장 힘들었다"고 밝혔다. 김 씨에 따르면, 당시 안기부 수사관들은 사법고시를 준비 중이던 동생을 거론하면서 "동생이 밑에 와 있다. 네가 제대로 안 하면 사법고시고 뭐고 없다"며 협박했다고 한다. 그는 "당시엔 살아남아야 한다는 생각으로 버텼다"고 회고하며, "안기부는 과거의 잘못을 사과해야 한다"고 주장했다.[34]

---

33. 이아미, 「분신이라도 안 했으면 우리 아들 어찌 찾았을까」, 『월간 말』 1997년 3월호, 123쪽.
34. 「"안기부 고문수사관 승승장구" — 김진성 씨 고문 사례 발표」, 1998년 4월 17일자 『인권하루소식』 기사.

2. 일반사건 고문 사례

정영석 씨의 경우 ─ 1993년 2월

1993년 2월 17일 경기도 김포군 신곡7리 농수로에서 경찰에 연행되어 조사를 받았던 이 마을 정영석 씨가 수갑이 뒤로 채워진 채 엎드려 숨져 있는 것이 발견되었다.[35] 그러나 이 사건에 관한 진상조사는 제대로 이루어지지 않았다. 한 국민의 생명이 이렇게 헌신짝처럼 내버려진다면 어떻게 인간의 존엄성이 보장되는 민주주의 국가라 할 수 있겠는가.

살인범으로 몰려 억울한 옥살이 ─ 1993년 2월

:: 　고물행상 청년이 경찰의 강압수사에 의해 살인강도로 지목돼 1심에서 무기징역을 선고받고 복역하던 중 항소심에서 무죄 판결로 풀려났다. 서울고법 형사3부(재판장 이규홍)는 지난 (1994년 1월) 15일 작년 2월 27일 새벽 서울 성동구 화양동 광장오락실 관리인 최종수 씨를 살해한 뒤 100여만 원의 금품을 훔친 혐의로 구속 기소돼 1심에서 무기징역을 선고받고 항소한 김영복(30) 씨에 대해 무죄를 선고, 석방했다.

재판부는 김 씨가 최 씨를 살해할 때 사용했다고 경찰이 제시한 못 빼는 연장이 김 씨가 가지고 있던 것과 다르며, 김 씨의 옷에서 피해자의 혈흔이 발견되지 않았고, 김 씨의 자백 진술이 경찰의 가혹행위에 못 이겨 허위로 진술한 것이 아닌가 하는 의문을 갖게 된 점을 들어 무죄를 선고했다.

한편 이날 경찰에 검거된 지 약 열 달 만에 풀려난 김 씨는 본보 기자와 만나 "지

---

35. 인도주의실천의사협의회·한국인권단체협의회, 『고문 기타 잔혹한, 비인도적 또는 굴욕적 처우나 형벌금지협약 제19조에 따른 대한민국 정부의 보고서에 대한 대한민국 인권단체들의 반박보고서』, 1996년 10월, 37항 '자' 부분 참조.

난해 3월 14일 고물상 앞에서 영문도 모른 채 경찰에 연행된 뒤 5일 동안 물고문과 무자비한 구타를 당하며 허위자백을 강요당했다"고 주장했다. 김 씨는 "당시 동부경찰서 강력3반 손길재(42) 경장 등 7∼8명의 경찰관이 화양파출소 2층 수사본부로 끌고 가 의자에 묶은 뒤 사흘 동안 번갈아가며 주먹과 구둣발로 구타했으며, 수시로 발을 묶어 곤봉을 끼운 뒤 거꾸로 들고 얼굴에 물을 부었다"고 주장했다. 김 씨의 이 같은 주장과 관련, 김 씨가 검찰에 송치된 뒤 수사를 담당했던 동부지청 박현남 수사관은 항소심 재판에서 "김 씨가 검찰에 왔을 때 눈에 멍이 들어 있어 담당검사에게 이 같은 사실을 보고했었다"고 증언했다.[36]

강압과 고문에 의한 수사는 진실을 왜곡하기 마련이다. 경찰의 고문은 엉뚱한 사람을 진범으로 만들어버렸다. 게다가 검사는 경찰의 고문 사실을 보고받았지만 피의자에 대한 엄정한 수사를 하지 않았을 뿐만 아니라 고문경찰관들을 수사조차 하지 않았다. 대체로 피해자들은 가난한 부류의 사람들로 고문 사실에 대해 제대로 항의하지 못할 뿐더러, 유능한 변호인을 선임할 능력조차 없어 억울한 진실을 밝히기가 더욱 어렵다. 현명한 재판관이 없었더라면 아마도 김영복 씨는 강도살인범으로 꼼짝없이 무기징역을 살고 있을지도 모를 일이다.

미성년 소년들에 대한 고문 — 1993년 4월

∷ 1993년 4월 29일 충남 논산군 연무읍 소룡리 17 서재원(당시 10)이 본인의 집 재래식 화장실 변기통에서 죽은 채로 발견됐다. 강경경찰서는 이 사건의 범인으로 유 모(당시 10) 군을 주범으로, 김 모(10) 군을 종범으로 지목하고, 이들을 학교에서 연행하여 강경경찰서, 고내지서, 가야곡지서를 전전하며 소년들에게 자백

---

36. 「살인 혐의 2심서 무죄선고 — 서울고법, "증거 없고 허위진술 심증"」, 1994년 1월 19일자 『동아일보』 기사.

을 강요하였다. 이들은 형사상 미성년자이므로 절대적으로 강제수사가 불가능한 데도 수사관들은 연행 후 72시간이 넘도록 조사하면서 수차례 뺨과 목을 때리고 "너 같은 놈은 감방에서 깡패들에게 죽도록 맞아야 한다"는 등 협박을 하여 자백을 받아냈다. 그러나 이후 피해자 서 군의 가족들이 피의자 부모들을 상대로 제기한 손해배상소송에서 재판부는 피의자들의 자백 내용에 신빙성이 없다는 이유로 청구를 기각해 이들이 경찰의 협박에 의해 허위진술하였다는 사실이 밝혀졌다.[37]

이런 의문에도 불구하고 강경경찰서는 피의자들을 범인으로 결론짓고, 다만 피의자들이 형사상 미성년자이므로 대전지검 강경지청에 '죄 안 됨' 의견으로 송치하였고, 강경지청은 특별한 조사 없이 7월에 '죄 안 됨'을 결정, 사건을 종결 처리했다. 당시 대한변협 진상조사단은 "피의자들의 자백 내용은 범행 방법과 사체 부검 소견, 자백의 비일관성 및 상호 모순, 피의자들의 일부 밝혀진 알리바이 등을 고려할 때 그 신빙성이 극히 의심스럽다"라고 보고했다.[38]

형제는 용감했다 ── 3형제를 폭행한 경찰(1993년 4월)

:: 1993년 4월 15일 광주 북부경찰서 두암1파출소 정행민 경장은 동 파출소에서 술집 주인 정 모 씨 등 2명과 시비 끝에 싸움을 벌여 쌍방 폭력 피의자로 조사를 받던 조성택 씨를 찾아온 동생 조성천 씨를 가스총 3발을 쏘며 밀어냈고, 이에 조 씨가 파출소 앞에서 항의를 하자 전태일 경사와 의경 등 5명이 달려들어 조 씨를 폭행, 눈 아랫부분이 3센티가량 찢어지고 가슴과 다리 등에 멍이 들었다. 경찰은 이어 소식을 듣고 달려온 또 다른 형 조성복 씨와 성택 씨에게 수갑을 채운 뒤

---

37. 인도주의실천의사협의회·한국인권단체협의회, 「고문 기타 잔혹한, 비인도적 또는 굴욕적 처우나 형벌금지협약 제19조에 따른 대한민국 정부의 보고서에 대한 대한민국 인권단체들의 반박보고서」, 1996년 10월, 37항 '아' 부분 참조.
38. 「논산 '친구 살해' 혐의 국교생 2명 ── "진상 왜곡 … 인권침해" 논란」, 1993년 11월 6일자 『동아일보』 기사.

김성학 경장이 성택 씨의 온몸을 군홧발로 마구 때렸다는 것이다. 경찰은 이날 오전 이들 3형제를 북부서로 연행, 오전 6시경 풀어주었다가 15일 이들을 모두 공무집행방해 혐의로 입건하였다.[39]

검정고시학원생 진 모 군의 경우 — 1993년 8월

1993년 8월 24일 서울 서초경찰서 형사7반 소속 김 모 형사 등 세 명은 검정고시학원에 다니는 진 모(18) 군과 동생(14)을 7월 중순경 발생한 두 건의 절도사건 공범으로 오인, 서초파출소로 강제연행했다. 그리고 입에 혁대로 재갈을 물리고 경찰봉과 구둣발 등으로 집단구타하여, 동생에게 왼쪽 귀 고막파열상과 가슴 등 10여 군데에 타박상을 입게 했다.[40] 연행 7시간 만에 이들을 무혐의로 풀어주었지만 이 같은 사실을 숨겨와 문제가 되었다.[41]

강주영 양 사건과 고문 — 1993년 10월

:: 지난 10월에 발생한 부산 강주영(8, 부산 만덕국교) 양 피살사건의 주범과 종범으로 구속 중인 원종성(23), 옥영민(25) 씨에 대해 부산지법 제3형사부(재판장 박태범 부장판사)가 11월 22일 오후 2시 판사실에서 수사를 담당한 부산 북부경찰서 경찰관들에게 고문당한 사실을 신체검증을 실시해 확인했던 것. 이들은 경찰에 연행된 뒤 40일 만에 실시된 신체검증에서 원 피고에게서는 양쪽 손목에 수갑에 눌려 생긴 멍 자국, 왼쪽 무릎 안쪽에 바닥에 비벼져 생긴 상처가 아물어 나타난 흉터가 발견되고, 왼쪽발 두 번째 발가락의 발톱 밑에 피멍이 들어 있는 것이 확인됐다. 또 옥 씨는 왼쪽 허벅지 중간쯤에 멍이 들었다가 아문 흔적과 왼쪽 손목에 수갑에

---

39. 1993년 4월 16일자 『한겨레신문』 기사.
40. 인도주의실천의사협의회·한국인권단체협의회, 앞의 책, 37항 '바' 부분 참조.
41. 1993년 8월 25일자 『동아일보』 기사.

눌려 생긴 멍 자국, 왼쪽 귀 윗부분과 머리 사이에 자를 넣어 마찰시킨 흔적 등이 발견됐다.

원 씨는 이날 신체검증에서 "머리를 수건으로 가리고 입에 재갈을 물린 뒤 양팔을 등 뒤로 꺾어 수갑을 채우고 복숭아뼈가 바닥에 닿도록 꿇어앉혀놓고는 몽둥이로 허벅지를 구타하고 발로 온몸을 밟았으며 수갑이 채워진 손을 아래위로 움직여 피가 안 통해 엄청난 고통을 당했다"고 말했다. 옥 씨는 "마찬가지 방법으로 꿇어앉혀놓고 허벅지를 몽둥이로 구타하고 온몸을 구둣발로 찼으며 왼쪽 귀 윗부분과 머리 사이를 플라스틱 자를 끼워 앞뒤로 움직여 마찰시켜 고통을 주기도 했다"고 주장했다. 옥 씨는 당시 입고 있던 청바지에 피와 구두 발자국이 묻은 것을 현장검증 때는 운동복으로 갈아입혔고, 청바지는 경찰관이 가져갔다고 말해 경찰이 의도적으로 고문 사실을 은폐하려 했음이 드러났다. 이들은 "40일 전인 지난달 13일 새벽에 처음 연행됐을 때 가장 심하게 고문을 당했으며, 지난달 18일 가족들이 면회를 왔을 때 경찰관 5~6명이 '엉뚱한 소리를 하면 죽여버리겠다'고 위협해 고문 사실을 알리지 못했다"고 말했다.[42]

이 사건의 고문 사실이 드러나게 된 것은 지속적인 지역언론의 보도,[43] 지역 변호사회의 진상조사 노력,[44] 그리고 재판부의 신속한 신체검증 결정이 합해진

42. 「고문이 부활하고 있다」, 『문국진과함께하는모임』, 제9호, 1994년 12월 18일.
43. 이 사건이 진실의 빛을 보게 된 데는 『부산매일신문』이라는 언론사의 집요하고 끈질긴 탐사보도가 있었기 때문이다. 『부산매일신문』의 이 탐사보도는 한국기자협회가 선정한 제27회 기자상의 탐사 및 추적보도 부문의 수상작이 되기도 했다. "지방의 한 작은 신문이 검찰과 경찰이라는 막강한 수사기관의 압력과 다른 주류 언론의 무관심 내지는 비협조 속에서 용기 있게 진실을 파헤쳤다는 기자정신과 그에 따라 아직도 남아 있는 고문수사 같은 잘못된 관행을 바로잡아 인권보호에 크게 기여했다는 것이 심사위원들의 일치된 의견"이었다. 한국기자협회 기자상 심사이유 참조.
44. 부산변호사협회 인권위원회는 진상조사결과 고문 사실을 확인하고 부산 북부경찰서 강력2반 주임 김종두 경위 등 14명의 경찰관을 독직폭행 및 감금죄로 대검찰청에 고발했다. 그 고발장에서 "피고인들 및 참고인들에 대한 폭행 및 가혹행위는 손버릇 나쁜 특정 경찰관에 의하여 개인적이고 우발적으로 행해진 것이 아니라 수사에 참여한 수사팀 거의 전원에 의해 광범위하게 행하여진 것"이고, 따라서 "이는 폭행 및 가혹행위가 고질적이고 관행적이며 구조적으로 자행되었음을 뜻한다"라고 밝히고 있다. 「고문 시비 '끝없는 신음' ─ 부산변협 인권위, 강주영 양 사건 관련 경찰관 14명 고발」, 『시사저널』, 1995년 1월 12일, 8쪽.

결과였다. 이런 노력이 없었다면 고문 사실은 영원히 어둠 속에 묻히고, 피고인들은 유죄 판결을 받고 감옥생활을 했을지도 모른다. 결국 진실이 밝혀져 고문희생자들이 풀려나고 그 대신 고문경찰관들이 감옥행의 길을 걸었다. 이 고문경찰관들은 1996년 6월 13일에 징역 1년, 자격정지 3년에 집행유예 2년을 선고받았다.[45]

    당시 부산변호사협회 인권위원회 진상조사위원회 문재인 위원장은 12월 7일 이 사건 관련자 4명과 같은 시간대에 북부경찰서 형사계 강력반 사무실에서 조사를 받고 유치장에서 6일 동안 같이 지낸 트럭 운전기사 조성제(30) 씨와, 유치장에서 고문 상처를 목격한 유 아무개(38)·이 아무개(26) 씨 등 3명의 증언을 확보해 공증을 마쳤다. 이로써 밀실에서 이루어진 고문을 객관적으로 증명할 수 있는 근거를 확보한 것이다. 고문에 관한 직접적인 조사를 기피해온 과거 상황에 비추어볼 때 재판부의 신체검증 실시는 당연한 일인 동시에 칭찬받을 일이었다.

    이 사건을 통해 치안본부나 안기부만이 아니라 일선 경찰서의 일반 형사들까지도 고문을 자행하고 있음을 알 수 있다. 더구나 검찰마저 "경찰처럼 폭력을 사용하지는 않았지만 피고인과 참고인들에게 협박 등을 통해 원하지 않는 진술을 받아냈고, 피고인이 내세운 알리바이 증거와 증인들을 조작된 것이라고 주장하며 사건의 실체를 밝히기보다는 알리바이를 탄핵하는 데만 수사력을 낭비했다는 비난을 면치 못한다."[46] 결국 수사의 지휘자인 검찰이 또 문제였다. 이렇게 군사독재 시기를 지나면서 고문이 널리 확산, 보급되었으며 우리 사회의 보편적 현상이 되어버렸음을 통탄하지 않을 수 없다.

---

45. 「고문 경관 집유 선고―강주영 양 사건」, 1996년 6월 14일자 『한겨레신문』 기사.
46. 장일찬, 「부산 어린이유괴살해사건 범인 조작됐다」, 『신동아』 1995년 2월호, 474쪽.

부산 북부경찰서 형사과 강력반은 고문전담반? — 1994년

:: 　부산경찰서 형사과 강력반이 1994년에 수사를 맡았던 3건의 살인사건의 범인 모두가 법원에서 잇따라 무죄 판결을 받아 충격을 주었다. 1994년 1월 발생한 부산 북구 덕천동 한효맨션 주부피살사건의 범인으로 지목돼 구속 기소된 서보원 씨가 경찰이 서 씨에게 가혹행위를 하고 증거를 조작한 사실이 드러나 같은 해 11월 1심에서 무죄를 선고받았고, 같은 해 5월에 발생한 부산 감전1동 장수식당 여주인 강경자 씨 살해사건의 범인으로 구속돼 1심에서 무기징역을 선고받은 최선영 씨가 1995년 3월 12일 항소심에서 무죄를 선고받았으며, 1994년 10월에 발생한 강주영 양 유괴살해사건의 피고인 5명 역시 무죄를 선고받았다. 이 세 사건의 피고인들은 한결같이 법정에서 경찰의 고문에 못 이겨 허위자백을 했다고 주장했었다.[47]

우연이라기보다는 필연이다. 어떻게 같은 경찰서 형사과에서 수사한 살인사건의 피고인들이 모두 무죄 선고를 받을 수 있겠는가. 이는 고문이라는 '전가의 보도'에 매달린 경찰의 구태의연한 수사가 낳은 필연적 결과이다.

검사들의 가혹행위 — 1994년 1월

① 지난달(1994년 1월) 4일 새벽 안희권 검사(당시 인천지검)는 마약 혐의자 김 모(37) 씨를 술에 취한 상태에서 폭행하여 갈비뼈가 부러지는 중상을 입힌 바 있고,

② 송관호 검사(당시 서울지검 남부지청)는 지난달(1994년 1월) 13일 새벽 술에 취해 뇌물 혐의로 연행된 김 아무개(40) 씨에게 자백을 강요하며 뺨을 때리는 폭행을

---

47. 1995년 4월 16일자 『한겨레신문』 기사.

저질러 물의를 일으켰다.[48]

　법무부는 위의 두 검사에 대해 1994년 2월 3일자로 겨우 감봉 3개월과 견책 처분의 징계를 했다.[49] 거의 1주일 사이에 검사가 피의자에게 직접 가혹행위를 하여 중상을 입힌 사례가 연이어 터진 것은 검사들의 인권의식과 기본적 수사태도에 문제가 있다고 보아야 한다. 전자의 사례를 좀더 자세히 살펴본다.

> ::　　인천지검은 10일 강력부 안 모 검사가 지난 4일 건축업자 김동철(37) 씨를 마약복용 혐의로 검찰에 연행한 뒤 수갑을 채우고 마구 폭행해 전치 6주의 중상을 입혔다는 제보에 따라 사실 여부를 조사 중이라고 밝혔다. 김 씨는 4일 오전 1시쯤 인천시 남구 숭의동 K여관에서 약혼녀인 최 모(28) 씨와 잠을 자던 중 인천지검 수사관들이 찾아와 "필로폰 상습복용자라는 제보를 받았다"며 검찰에 강제연행한 뒤 수갑을 채운 채 30여 분간 철제 의자로 머리를 때리고 온몸을 짓밟는 등 폭행을 가해 오른쪽 늑골이 부러지는 전치 6주의 중상을 입었다고 주장했다. 김 씨는 또 검찰이 4일 오전 7시경 재조사해 혐의 사실이 밝혀지지 않자 "봐줄 테니 주위에 마약 상용자가 있으면 제보해달라"며 자신을 풀어주었다고 말했다. 김 씨는 현재 인천시 남구 숭의동 해안의원에 입원, 치료 중이다.[50]

　완전히 '아니면 말고'식이다. '자다가 홍두깨'식으로 선량한 시민이 영문도 모르고 끌려가 검찰청사에서 중상을 입고 나왔다. 앞서 언급한 두 검사의 처벌 수준은 너무나 미미한 솜방망이 처벌이어서 다른 검사들에게 경종이 될 수 없었다.

---

48. 1994년 2월 17~23일자 『내일신문』 기사.
49. 1994년 2월 4일자 『중앙일보』 기사.
50. 「"검사가 수갑 채운 폭행" ─ 마약 복용 혐의 연행 30대」, 1994년 1월 11일자 『조선일보』 기사.

헌병대의 가혹행위와 손해배상 책임 ─ 1994년 4월

1993년 12월 제대한 후 다음 해 4월, 총기도난 사건 용의자로 지목되어 헌병대에서 가혹행위를 당했던 김 아무개(26) 씨가 국가로부터 2천여만 원을 배상받게 됐다. 서울민사지법 합의19부(재판장 김형태 부장판사)는 1998년 2월 11일의 재판에서 "김 모 씨가 육군 헌병대 수사관들로부터 폭행을 당해 우울증 및 신경과민증상 등을 보인다"라며 "국가는 김 씨에게 2,200만 원을 지급하라"라고 판결했다.[51]

금호타이어 노조원 고문사건 ─ 1994년 7월

1994년 7월 21일 오후 9시경 광주 동부경찰서 소속 경찰 5∼6명은 금호타이어 노조원 한생남·모한종·김옥현·김영만 씨를 영장 없이 연행해 인근 여관으로 끌고 갔다가, 다음 날 새벽 1시경 동부경찰서 근처 아시아나장 506호실로 옮겨 신호식 금호노조 곡성지부장의 행방을 대라고 강요하며 가혹행위와 폭행을 했다. 피해자 가족들의 경찰관에 대한 고발장에 따르면, 경찰은 김영만 씨에게 폭행은 물론 담뱃불로 어깨를 지지고 송곳으로 찔렀으며, 김옥현 조합원에게는 같은 방법의 고문을 행한 다음 새벽 2시 30분경 어린이대공원으로 끌고 가 회칼로 위협하며 금호노조 집행부원에게 거짓 전화를 하도록 강요했다고 한다.[52]

검사의 또 다른 가혹행위 ─ 1995년 1월

이번에는 검사가 경찰관을 소환해 금품 여부를 수사하는 과정에서 가혹행위를 하는 사건이 일어났다.

---

51. 「헌병대 가혹수사 인정─2천여만 원 국가배상 판결」, 1998년 2월 13일자 『인권하루소식』 기사.
52. 인도주의실천의사협의회·한국인권단체협의회, 「고문 기타 잔혹한, 비인도적 또는 굴욕적 처우나 형벌금지협약 제19조에 따른 대한민국 정부의 보고서에 대한 대한민국 인권단체들의 반박보고서」, 1996년 10월, 37항 '마' 부분 참조.

:: 　의정부경찰서 이태갑 경장 가족에 따르면, 이 경장이 지난 (1995년 1월) 21
일 의정부지청 조 모 검사에게 소환돼 조사받는 과정에서 조 검사가 이 경장의 무
릎을 꿇게 한 뒤 발로 짓밟고 뺨을 수차례 때렸다는 것. 6시간가량 지속된 이날 소
환 조사에서 조 검사의 폭력이 계속되자, 이 경장은 "이런 상태에서는 더 이상 조
사에 응할 수 없다"며 검사실을 뛰쳐나왔다고 가족들은 주장했다. 이 경장은 소환
조사 직후 인근 S병원에서 전치 2주의 상해진단서를 받아놓은 상태이며, 곧 변호
사를 선임해 불법감금과 폭력 혐의로 고소하겠다고 밝혔다.[53]

가혹행위로 사건 날조한 사실 탄로 — 1995년 2월

부산 서부경찰서가 대질신문조서를 날조하고 가혹행위를 해 무고한 시민을
범인으로 조작한 사실이 드러났다. 부산고등법원 형사제1부(재판장 강문종)는 1995
년 2월 28일 친구의 부인을 성폭행한 혐의로 구속 기소돼 1심에서 징역 4년을 선
고받은 이수환 씨에 대한 선고공판에서 "피고인이 경찰에서 자백을 해 작성한 것
으로 되어 있는 대질신문조서에 피해자의 서명날인이 없고 피해자도 법정에서
대질신문을 한 적이 없다고 진술하고 있어 조서를 증거로 채택할 수 없으며, 피
해자의 진술에도 일관성이 없다"라며 무죄 선고 이유를 밝혔다.[54]

대구 신한산업 대표 박승철 씨의 경우 — 1995년 8월

이종주 전 대구시장에게 뇌물을 주었다고 검찰에서 진술, 이 전 시장의 구속
에 결정적인 계기를 제공했던 신한산업 대표 박승철 씨가 1995년 8월 1일 대구
지방법원에서 열린 증거보전 심리에서 "검찰이 자백을 강요하며 뺨 등을 때리고
협박과 고문을 가해 허위로 진술했다"라고 주장했다.[55]

---

53. 1995년 1월 25일자 『문화일보』 기사.
54. 「부산 경찰, 또 범인 조작 — 가혹행위 뒤 '성폭행범' 날조 … 7개월간 옥살이」, 1995년 3월 1일자 『한겨레신문』 기사.

노점상들에 대한 고문 — 1995년 8월

1995년 8월 26일 경찰은 서울 청계천8가에서 노점상을 하던 박영생 씨 등 5명을 특수공무집행방해 등의 혐의로 구속했다. 박영생 씨는 "경찰이 팬티만 입힌 채 수갑을 채우고 양다리를 포승으로 묶어(이른바 '통닭구이' 고문) 유치장 독방에 가두었다. 변호사에게 연락해줄 것을 요구하며 항의하자 청테이프로 입을 막았으며, 청테이프가 풀어지자 청테이프 뭉치를 입 안에 밀어넣고 재갈을 물린 뒤 압박 붕대로 고정시킨 채 방치했다"라고 주장했다. 당시 박 씨를 면회했던 사람들의 말에 따르면, 박 씨가 팬티만 입은 상태로 면회를 나왔으며 온몸이 멍투성이였다고 한다.[56]

또 하나의 의문사와 가혹행위 가능성 — 1995년 11월

인천 송도 앞바다 아암도에서 노점 철거에 항의하던 4급 장애인 이덕인(당시 28) 씨는 연수구청 측의 철거 감시를 위해 동료 28명과 철탑망루를 만들어 고공 농성을 벌이다 1995년 11월 25일 내려왔으나, 실종 3일 만에 아암도 바닷가에서 시체로 발견됐다. 시신 발견 당시 손이 앞으로 가지런히 밧줄에 묶인 채였고 양쪽 팔과 얼굴에 피멍이 들어 있어, 유족들은 가혹행위에 의한 치사를 주장했으나 수사기관은 이를 무시했다.[57]

3건의 변사사건[58]과 고문치사 의혹

여기 세 사람의 죽음이 있다. 1997년 12월에서 그 다음 해 1, 2월 사이에 매

---

55. 인도주의실천의사협의회·한국인권단체협의회, 「고문 기타 잔혹한, 비인도적 또는 굴욕적 처우나 형벌금지협약 제19조에 따른 대한민국 정부의 보고서에 대한 대한민국 인권단체들의 반박보고서」, 1996년 10월, 37항 '라' 부분 참조.
56. 인도주의실천의사협의회·한국인권단체협의회, 앞의 책, 37항 '다' 부분 참조.
57. 「경찰 구타 의혹 사망 — 공권력 휩쓴 자리엔 '힘없는 이'의 죽음」, 2000년 10월 27일자 『문화일보』 기사.
58. 이 세 건의 변사사건에 대해 모두 앰네스티 인터내셔널은 강력하게 고문 의혹을 제기했고, 김대중 대통령과 박상천 법무부장관에게 항의 서한을 쓰도록 요청했다.

달 한 사람씩 경찰에서 조사받았거나 유치되었거나 그 다음 구치소로 송치된 사람들이 죽었다. 세 변사사건의 피해자 모두 가난하고 힘없는 서민들로, 당시 사망 원인에 대한 정확한 조사나 항의조차 제대로 이루어지지 않았다. '문민정부'에서 '국민의 정부'로 교체되던 시기의 3건의 의문사로 말미암아 우리는 '문민'과 '국민'의 기치 아래 아직도 국민 생명의 안전조차도 지켜지지 않고 있다는 심각한 불안과 우려의 마음을 떨칠 수 없었다.

① 이봉해 씨와 고문치사[59]—1997년 12월

이봉해 씨는 42세의 노동자로, 1997년 12월 1일 절도 혐의로 체포되었다. 그는 서울 남부경찰서에서 조사를 받고 12월 5일 영등포구치소로 송치되었다. 12월 9일 오전 9시 20분경 대림성모병원으로 옮겼지만 이미 사망한 것으로 진단이 내려졌다. 국립과학수사연구소에서는 사체 부검결과 '급성심장정지(sudden cardiac arrest)'로 사망 원인을 분석했으나, 당시 보고서에는 여러 신체 부위에서 내출혈과 상처 등이 발견되었다고 쓰여 있었다. 내출혈이 있었던 곳은 이마, 하복부, 가슴, 엉덩이, 다리와 팔 윗부분 등이었다고 한다. 대림성모병원 의사의 진단결과에서도 좌측 눈, 엉덩이, 허벅지, 무릎 등 여러 신체 부위에서 상처와 찰과상을 확인할 수 있었으며 오른쪽 눈에는 피를 흘리고 있었다고 한다. 그 의사는 그러한 상처가 며칠 전에 발생한 것으로 진단했다.

영등포구치소 당국에 따르면, 이봉해 씨가 정신질환을 보였기 때문에 구치소의 별도 독방에 배치해두었다고 한다. 남부경찰서에서 최초로 이봉해 씨를 구속한 경찰관은 체포 당시 별다른 질환의 징후를 발견하지 못했다고 한다. 영등포구치소 당국은 구치소 입소시의 신체검사 서류를 포함해 아무것도 공개하지

---

59. Amnesty International, Republic of Korea: Medical Letter Writing Action: Death in custody, AI Index: ASA 25/21/98, June 1998.

않았다. 이봉해 씨의 부인 김경숙 씨는 영등포구치소장 등을 상대로 소송을 제기했다.

② 변영흠 씨의 변사사건[60]—1998년 1월

이봉해 씨에 이어 또다시 유치장 출소 직후 변사사건이 발생했다. 변영흠 씨는 50세의 무직자로, 1998년 1월 1일 서울 보라매병원에서 사망했다. 용산경찰서에서 석방된 지 바로 두 시간 후의 일이었다. 사망 원인은 '심장마비'라고 당국은 밝혔다. 그는 질서파괴 혐의로 5일 동안 경찰서 유치장에 있었다. 변 씨의 몸에서 발견한 상처나 흔적은 모두 스스로 자해한 것이라고 경찰은 주장했다. 그러면서 경찰 측은 1998년 1월 20일 5천만 원을 위로금 조로 그의 부인 김 씨에게 제공했다. 당시 제대로 된 조사가 없었고, 고문에 의한 사망인지는 더 이상 밝혀지지 않았다.

③ 박순종 씨의 변사사건—1998년 2월

:: 벌금형을 선고받고 성동구치소에서 노역을 하던 재소자가 병원으로 옮겨져 치료를 받던 중 숨져 교도소 내 폭행에 따른 사건인지에 대해 검찰이 수사에 나섰다. 검찰에 따르면, (1998년) 1월 말 성동구치소에서 박순종(49) 씨가 갑자기 쓰러져 2월 4일 강남시립병원으로 옮겨진 후 치료를 받았으나 18일 숨졌다. 23일 시신을 부검한 결과, 박 씨는 갈비뼈가 3개가 부러지고 대뇌에서 출혈 흔적이 발견되었으며 CT촬영 사진에도 뇌출혈 흔적이 나타났다.[61]

---

60. Amnesty International, Republic of Korea: Medical Letter Writing Action: Death in custody, AI Index: ASA 25/21/98, June 1998.
61. 「구치소 노역자 폭행당해 숨져」, 1998년 2월 27일자 『인권하루소식』 기사.

박순종 씨를 부검한 황적준 박사는 외부 충격과 가해에 의한 상처일 가능성이 크다고 부검결과를 발표했다. 숨진 박 씨는 70만 원의 벌금을 납부하지 못해 1997년 12월 23일 성동구치소에 수감되어 노역을 하고 있는 중에 이와 같은 변을 당했다. 성동구치소는 그가 석방된 후 넘어져 사망한 것이라고 밝혔으나 그것을 그대로 믿기는 어렵다.

┃ 제4장 ┃

국민의 정부와 고문

01
국민의 정부의 인권정책

1. 배신당한 '인권대통령'

::   (김대중 정부가 출범한 지 6개월 지난 지금) 많은 점에서 인권은 변화되지 않은 채
여전하며 경제위기의 결과로 일부 인권은 오히려 악화되었습니다. 1998년 2월부
터 8월 사이에 국가보안법으로 약 180여 명이 구속되었고, 이들 중 대부분은 단지
표현의 자유와 결사의 자유를 평화적으로 행사했던 것에 불과한 사람들이었습니
다. 이 기간 동안에 노조 조합원들이 단지 자신들의 권리를 행사했다는 이유만으
로 구속되었습니다. 형사피의자들과 수감자들은 법집행기관의 공무원들에 의해
계속해서 가혹행위에 직면하였고, 이주 노동자·정치적 망명자들과 여성들과 같이
소수자들의 권리를 보호하기 위한 추가 조치가 취해져야 합니다. 인권위원회 설립
은 환영합니다만 구조적이고 입법적인 인권 개혁 조치의 부족은 실망스럽습니다.[1]

온갖 인권침해와 정치적 시련을 경험하고 대통령이 된 김대중 씨에게 인권 증진에 대한 기대가 클 수밖에 없었다. 국내외 많은 인권단체와 국민은 과거 시대와 커다란 구획을 짓는 획기적인 조치들이 있을 것으로 기대했다. 김대중 대통령은 그 자신이 '양심수'였고 고문과 정치적 억압의 희생자였다. 여러 차례에 걸쳐 그는 인권의 보편성과 절대 존중을 주장했다. 한때 아시아적 특수성을 이유로 인권의 유보를 주장한 싱가포르 리콴유(李光耀) 수상의 의견에 반대하며 인권의 보편성을 주장하는 글을 『포린 어페어스(Foreign Affairs)』에 싣기도 했다. 그 스스로 '인권대통령'이 될 것을 다짐했고, 인권보장에 관한 정책을 내놓았으며, 여러 차례 인권 확보를 다짐하기도 했다.

:: 현재의 상황이 고통스럽더라도 우리는 경제 개혁을 추진하고 민주주의를 강화함으로써 아시아 지역에서 하나의 모델, 즉 시장경제와 민주주의가 병행해서 발전되는, 아시아의 미래가 바로 이 모델에 있도록 최선의 노력을 다할 것입니다.[2]

물론 국민의 정부는 이전 시대와 정권에 비해 개선한 것들이 적지 않다. 무엇보다 국가인권위원회를 설치하여 인권침해에 대한 방파제를 만들었다. 과거 인권에 대한 견제 장치가 부재해서 생겨났던 공백을 비록 권고 기능밖에 없다 하더라도 국가인권위원회가 생김으로써 메울 수 있게 되었다. 상당수의 양심수가 석방되었고, 석방된 비전향 장기수가 북송되었다. 과거의 사상전향제도는 준법서약제도로 변형되었다. 남북정상회담 등 남북관계가 획기적으로 발전하면서 이산가족의 만남이 자주 있게 되었다. 국민의 정부가 '인권보호수사준칙'을 제정

1. Amnesty International, Republic of Korea : Summary of Concerns and Recommendations to the Government, AI Index : 25/027/98, September 1998.
2. The New York Times, June 6, 1998.

함으로써 스스로 개선했다고 주장하는 내용을 살펴보자.

헌법·형사소송법상의 적법 절차와 관련된 규정의 구체화 : 이 준칙에서는 강압수사로 자백을 강요할 소지를 원천적으로 봉쇄하기 위하여 헌법·형사소송법상의 적법 절차 규정을 더욱 구체화하였다. 우선 수사 관계자의 고문 등 가혹행위를 금지하고 가혹행위를 통하여 획득한 자백을 증거로 사용하지 못하도록 하였으며, 이와 함께 진술거부권을 고지하지 않거나 변호인 접견교통권을 제한하여 얻은 자백도 증거로 사용할 수 없도록 하고, 피의자 조사시 진술거부권을 고지함과 아울러 그 확인서를 조서에 편철토록 하였다.

피의자·고소인 등 사건 관계인의 권익을 옹호 : 이 준칙은 사법경찰 관리가 구속영장을 신청한 경우 이를 검토하여 인권침해의 소지가 있었던 것으로 의심되면 검사가 피의자를 직접 면담하여 확인하도록 하였으며, 불공정한 수사가 의심되면 송치명령이나 시정조치를 하도록 하였다. 또한 피의자를 체포, 구속하였으나 서면통지가 늦어질 우려가 있는 경우 가족에게 전화 등으로 해당 기관과 담당자를 우선 고지하도록 하였으며…….

준칙의 실효성 확보를 위한 구체적 방안을 시행 : 각급 검찰청에 인권보호관을 운영하여 심야조사 금지 등 준칙 규정이 올바로 이행되는지 여부를 파악하고 위반사항이 발견되면 시정 조치하는 등 실효성을 확보할 수 있도록 하였으며, 사법경찰 관리에 대한 수사 지휘과정에서도 이 준칙이 이행되도록 하였다. ……[3]

그런데 기대에 대한 실망은 너무나 컸다. 양심수 석방은 조금씩 오랜 시간에 걸쳐 단계적으로 이루어졌고, 한편에서는 많은 양심수가 또다시 구속되었다. 사

---

3. 법무부 인권과, 『국민의 정부 — 인권보호 정책의 성과』, 2003, 29~31쪽.

상전향제도를 온전히 폐지하지 않고 이른바 준법서약에 서명하도록 요구했는데, 많은 양심수가 이름만 바뀐 이 준법서약제도를 반대했다. 또 수사기관과 수감기관에서의 고문과 가혹행위도 본질적으로 사라지지 않았다. 곳곳에서 여전히 의문의 죽음들과 그에 따른 하소연이 이어졌다.

:: "인권대통령이 사는 집에서 사람이 죽었는데, 진상규명도 제대로 안 됐습니다. 숨죽이고 지낸 지난 1년이 원통할 뿐입니다." 지난해 5월 31일 청와대 경비초소에서 근무 중 숨진 김정진 순경의 아버지 김종원(55) 씨는 그저 가슴만 쳤다. 김 씨의 가슴을 짓누른 것은 아들의 죽음이 아니라, 그 죽음을 둘러싼 '권력'의 행태였다.…… 검·경은 지문감식과 현장검증 요구조차 묵살하고 서둘러 '장난 끝에 발생한 단순사고'로 사건 수사를 끝냈다. 아들을 한 줌 재로 태워 보내던 날, 경찰 고위 간부는 위로금만 떠안기고 총총히 사라졌다.[4]

:: "여린 심성의 상훈이가 떠난 뒤 나 역시 죽고 싶은 심정이지만, 아이의 억울함이 풀릴 때까진 죽을 수 없습니다." 군 정신병원에서 싸늘한 주검으로 돌아온 한 병사의 아버지가 통한의 심경을 담아 쓴 글이 네티즌들의 공명 속에 인터넷을 통해 번지고 있다. 이정호(51) 씨는 지난달 말 천주교 화곡본당성당 게시판에 '의문사, 아버지와 아들의 유서'라는 글을 올렸다. 이 글에서 이 씨는 (2000년) 10월 말 외아들 상훈(21) 씨가 군 입대 43일 만에 의문의 죽음을 당한 사연과 가족들의 비통한 마음을 애절하게 담았다.
지난 9월 강원도 인제군 한 부대에 입대한 상훈 씨는 10월 27일 오전 발작 증세를 보여 국군철정병원으로 후송된 뒤 이날 오후 숨졌다. 이 씨는 "의문사 관련 단체

---

4. 「죽음보다 서러운 건 덮인 진상—김정진 씨 아버지 분통」, 2000년 12월 15일자 『한겨레신문』 기사.

의 도움을 받아 조사해보니 아들이 훈련을 따라가지 못하자 꾀병이라고 보고 정신병동에 보내 감정을 받게 했고, 정신병동에서도 가혹행위를 했다"며 "하지만 한 달이 넘었는데도 군은 여전히 사실을 감추려 한다"고 주장했다.[5]

2. 국민의 정부의 고문 관련 정책과 현실

김대중 정부에서 고문이나 가혹행위가 과거보다 늘어났다고 보기는 어렵다. 숫자로 보나 고문의 가혹성에서나 줄어든 것은 사실이다. 그러나 수사기관이나 수사 절차의 본질은 그다지 달라지지 않았다. 2001년 11월 26일에서 2002년 12월 31일까지 국가인권위원회에 접수된 기관별 인권침해 진정 사건을 정리한 뒷장 표를 보면, 여전히 우리나라 국민이 수사기관에 불만을 많이 갖고 있음을 알 수 있다.[6] 과거 고문의 온상이었던 국가정보원과 국군기무사령부에 대한 진정 사건수는 줄기는 했지만 여전히 적지 않은 숫자이다. 국가정보원의 경우 33건에 이른다. 구금시설을 대상으로 한 진정이 1,113건이나 된다는 사실은 매우 놀라울 뿐 아니라 이곳이 여전히 인권침해의 사각지대임을 알려준다.

이 가운데 검찰, 경찰, 국가정보원 등 수사기관에서의 인권침해 유형을 구체적으로 분류해 뒷장 아래에 표를 덧붙였다.[7] 이 표를 보면 폭행, 협박 및 가혹행위가 148건에 이르고 있어 가혹행위에 의존하는 수사방식이 지속되고 있음을 알 수 있다. 그 외에도 편파 수사·사건 조작·은폐가 203건, 위압적인 수사·수사권

---

5. 「내 아들도 입대 43일 만에 ……, 이정호 씨 의문사 규명 호소」, 2000년 12월 15일자 『한겨레신문』 기사
6. 국가인권위원회, 『2002 연간보고서』, 2003, 93쪽.
7. 국가인권위원회, 앞의 책, 96쪽.

기관별 인권침해 진정 사건 (2001. 11. 26 ~ 2002. 12. 31)

국가기관	진정 사건수(비율)
검찰	300(10.6%)
경찰	839(29.6)
국가정보원	33(1.2)
특별 사법경찰 관리	31(1.1)
지방자치단체	66(2.4)
사법기관	70(2.4)
입법기관	1(0.0)
기타 국가기관	236(8.3)
구금시설	1,113(39.3)
보호시설	34(1.2)
군 검찰	4(0.1)
군 헌병	41(1.4)
국군기무사령부	6(0.2)
군 구금시설	3(0.1)
기타 군 관련 기관	56(0.2)
합계	2,833

인권침해 유형별 사건수

인권침해 유형	사건수
편파 수사, 사건 조작, 은폐	203
폭행, 협박, 가혹행위 등 신체 자유 침해	148
욕설, 모욕, 면박, 불친절 등 인격권 침해	56
도청, 감시 등 사생활의 자유 침해	52
범죄 사실 미수사 등 직무유기	44
관련 규정에 반한 불법체포·감금	43
함정수사, 진술 강요 등 적법 절차 위반	34
위압적인 수사, 수사권 남용	28
피해자가 오히려 가해자로 처리됨	27
범인으로 잘못 지목됨	20
공소권 남용에 의한 부당한 기소	16
개인 정보 유출(수시 적성검사 등)	10
사건 처리과정 불고지 등 알 권리 침해	8
불심검문	8
기타	21
합계	718

인권침해 유형별 고소·고발 건수(1999. 7. 1~2002. 6. 30)

인권침해 유형	고소·고발 건수
폭행·가혹행위	628
직권남용	278
불법체포·감금	129
합계	1,035

남용이 28건에 이르고 있음도 눈여겨볼 대목이다. 왜냐하면 이런 수사방식은 언제나 폭력과 가혹행위를 동반할 가능성이 있기 때문이다.

피해자들의 고소·고발 건수를 보아도 당시 경찰, 검찰, 국가정보원, 교도소 등 국가 수사기관과 수감기관들에 의한 폭행, 가혹행위, 불법체포, 감금과 같은 인권침해 사례가 급증하고 있음을 알 수 있다. 위의 표를 보면 1999년 7월 1일부터 2000년 6월 말까지 이들 수사기관에 대한 고소·고발 건수는 총 1,035건에 달해, 전년 같은 기간의 145건에 비해 7배 이상의 증가율을 보인다.[8]

이 가운데 폭행과 가혹행위가 628건으로 가장 많다. 1년 만에 이렇게 많은 고소·고발이 이루어졌다면 실제 고소·고발하지 않은 사건까지 합치면 얼마나 많은 가혹행위가 이루어졌다는 말인가. 여전히 수사기관을 상대로 고소·고발을 결심한다는 것은 쉬운 일이 아니다. 피해자가 고소·고발하기를 포기한 가혹행위, 사소한 정도의 가혹행위까지 합친다면 훨씬 더 많은 숫자가 될 것이다. 그러나 이런 고소·고발 사건을 제대로 엄단한 경우는 매우 적었다.

뒷장의 표를 보면 기소한 경우는 겨우 7건에 불과하다. 피해자가 어렵게 고소·고발한 사건이라면 당연히 가혹행위가 저질러졌을 가능성이 높다고 할 수 있다. 이렇게 소극적인 검찰의 태도 때문에 고문은 여전히 계속되고 있는 것이다.[9]

---

8. 「수사기관 인권침해 크게 늘어」, 2000년 9월 23일자 『문화일보』 기사.

고소·고발 사건의 처분 종류별 건수

처분 종류	처분 건수
기소	7
혐의 없음	392
이송	283
미제	100
기소유예	19
기소중지	24
합계	825

특히 고문에 대한 절대적인 책임이 있는 국가안전기획부가 국가정보원으로 이름을 바꾸었지만 실질적으로 현저한 변화는 눈에 띄지 않았다. 경찰이나 국정원의 수사에서 영장 없는 연행방식, 잠 안 재우기와 구타 등의 수사방식, 변호인과 가족의 원활하지 못한 접견 등 과거의 관행을 그대로 답습하고 있었다. 자백 중심의 수사방식을 고집하는 한 불법적이고 부당한 수사 관행은 바뀌기 어렵다.

이렇게 고문과 가혹행위가 계속되고 있는 상황에서 앰네스티 인터내셔널은 김대중 대통령에게 고문 방지에 관해 다음과 같은 권고사항을 담은 서한을 전달했다. '인권대통령'이라는 명칭이 창피할 정도였다.

① 사람을 구속하면서 수사기관원들이 그 피구속자에게, 가족 구성원이나 타인에게 즉시 어디에 있는지를 알려주도록 해야 한다. 친척, 변호사 그리고 독립된 의사가 구금된 즉시 그 피구금자를 만날 수 있어야 한다.
② 혐의 없이 30일에서 50일간 구금을 허용하는 입법은 개정되어야 한다. 용의자는 인정할 만한 혐의가 즉각적으로 있거나 아니면 바로 석방되어야 한다.

---

9. 조순형 의원은 이런 소극적인 처벌이 "국정원은 자체 처리하도록 돼 있고, 검찰은 자기네 식구 문제라 소극적일 수밖에 없다"라고 지적했다. 「수사기관 인권침해, 법적 대응 급증」, 2000년 9월 24일자 『문화일보』 기사.

③ 구금의 조건이 국제 기준에 부합하도록 해야 한다. 특히 의료 수준과 독거 수용의 경우가 그렇다. 수갑과 같은 억제 도구가 사용되어서는 안 되며, 그리고 사슬은 절대로 사용되어서 안 된다.

④ 구금 중의 모든 고문과 가혹행위, 그리고 죽음의 보고에 대해 독립된 조사가 이루어져야 한다. 인권침해에 책임 있는 공무원은 누구나 재판에 회부되고, 피해자는 정당하고 적절한 보상을 받아야 한다.

⑤ 경찰관들은 자신의 직무를 수행함에 있어서 공권력을 사용하기에 앞서서 비폭력적 방법을 적용해야 한다. 공권력의 합법적 사용이 불가피한 경우에도 경찰관들은 제한적으로 사용하여야 하고, 그 범죄의 중대함에 비례하고 그 정당한 목적이 달성되게 사용하여야 한다. '유엔 법집행기관 공무원 행동강령(UN Code of Conduct for Law Enforcement Officials)'이나 '법집행기관 공무원에 의한 공권력 사용과 총기 사용에 관한 유엔 기본원칙(UN Basic Principles on the Use of Force and Firearms by Law Enforcement Officials)' 등과 같은 관련된 국제 기준들이 광범하게 배포되고 구체적 실천에 있어서 훈련을 받도록 해야 한다.

⑥ 정부는 국정원이 국가보안법에 의해 구금하면서 고문이나 가혹행위를 하지 않도록 보장하는 실질적 조치를 취해야 한다.

⑦ 남한은 유엔의 고문방지위원회가 개인적 청원을 받을 수 있도록 고문방지협약 제22조를 비준해야 한다.

⑧ 남한은 고문방지협약 제4조가 정하는 대로 그 모든 조항을 실현하는 국내 입법 조치를 취해야 한다.

⑨ 정부는 1996년 11월 고문방지위원회가 다음과 같은 점에서 권고한 내용을 실천하는 조치를 취해야 한다.

─경찰수사관, 검사, 기타 법집행기관 공무원, 의료 종사자들에게 고문의 금지에 관하여 그 교육체제안에 포함되어야 한다.

— 독립적 정부기관이 구금장소를 확인할 수 있도록 해야 한다. 법집행기관의 한 부분이고 고문범죄 조사의 객체가 되는 검찰이 그 검증의 주된 존재가 될 수는 없다.

— 경찰에서 심문의 목적을 위한 30일 내지 50일의 기간은 너무 길고 단축되어야 한다.[10]

앰네스티 인터내셔널의 권고사항이 그대로 실천된다면 아마도 한국에서 다시는 고문 주장이 나오지 않을 것이다. 그만큼 앰네스티 인터내셔널은 오랫동안 한국의 인권 상황을 모니터해옴으로써 어떤 문제가 고문을 초래하는지 잘 알고 있었다. 그러나 불행하게도 김대중 정부는 이 많은 제안과 권고를 거의 받아들이지 않았고, 그럼으로써 고문이 또다시 벌어지는 상황을 자초했다.

---

10. Amnesty International, Republic of Korea: Summary of Concerns and Recommendations to the Government, AI Index: ASA 25/027/98/, September 1998.

02
국민의 정부의 고문 사례

1. 시국사건 고문 사례

국제사회주의자그룹 사건과 잠 안 재우기 — 1998년 5월

:: 최근 검찰이 권영해 전 안기부장 등의 자해사건 이후 '밤샘수사'를 하지 않
겠다고 밝히며 고위직 피의자들에 대해서는 '통근수사'를 실시한 것과는 대조적
으로, 경찰에서는 여전히 밤샘수사가 진행 중인 것으로 나타났다. 밤샘수사는 법
원에서도 그 증거능력을 인정하지 않는 반인권적 관행이다. 지난 (1998년 5월) 7
일 밤 국제사회주의자그룹(IS) 관련 혐의로 연행된 주수영(27) 씨는 새벽 5시까지
수사를 받고 단 2시간만 취침한 것으로 확인됐다. 8일 오전 주수영 씨를 면회한
가족에 따르면, 경찰은 주 씨에게 "몸이 아프니까 2시간이라도 재워주는 것으로
알라"고 말했다고 한다. 주 씨는 2주 전 다리에 골절상을 입어 무릎까지 깁스를
한 상태에 있다. 이 같은 면회 내용에 따르면, 남영동 대공분실로 연행된 나머지

피의자들도 밤샘수사를 받았을 가능성이 짙은 것으로 추정된다.[1]

총풍사건과 고문 논쟁 — 1998년 10월

:: 내 남편 한성기 씨는 건강한 체격입니다. 하지만 10월 2일 지검에서 본 남편의 모습은 전혀 아니었습니다. 뒤에 한성기 씨의 변호인 강신옥 변호사가 갔을 때 한성기 씨가 고문조사로 고통받고 있다고 그 고문 흔적을 상세하게 확인하였습니다. 남편은 심한 구타로 허벅지에서 진물이 흐르고 상처가 많이 부어 있는 상황이었으며, 양쪽 무릎 부위 상처가 뚜렷이 남아 있었고, 가슴 부분은 너무 크게 맞아 지금도 통증을 호소하고 있고, 목과 어깨가 부어 있으며 허리도 통증을 호소합니다. 남편은 서울지검 1144호 특별조사실에서 안기부원들에 의해서 고문을 당했다고 말했습니다. 전문의가 아니더라도 심한 구타로 절며 목도 구타로 인하여 많이 부어 있었습니다. 한성기 씨는 8월 17일 경찰청에 구속될 당시부터 현재까지 서울구치소에서 2개월 가까이 안기부 조사를 받으며 정신적인 학대와 심한 구타로 걸음을 제대로 걷지 못할 정도로 다리를 절고 있는 상태로 심한 구타를 받으며 조사를 받았습니다. 저의 남편이 이렇게 고문받은 흔적은 10월 3일 서울지방법원에서 고문부위 증거보전 검증을 하면서 변호인단 황우려, 김찬진, 정인봉 변호사가 입회한 가운데 재판부에서 사진 촬영하여 기록이 보전되어 있습니다.[2]

:: 나를 벌 씌워놓고서 묻는 거예요. 한참 벌 쓰다가 내가 휘청거렸어요. 처음에는 자세가 잘못됐다면서 패더라고요. 패면서도 계속 묻고 나는 모른다 하고. …… 그러더니 "저 ××는 안 된다. 마음의 문을 닫아놓고 있다" 이거예요. 그때 들어온 게 고문기술자였어요. 그 사람들은 수사관이 아닙니다. 나에게 뭘 묻지도 않았어

---

1. 「누구는 통근, 누구는 밤샘—IS 혐의자 수사, 부당 관행 되풀이」, 1998년 5월 9일자 『인권하루소식』 기사.
2. 총풍사건 관련자 한성기의 처 이기호 명의의 탄원서.

요. 말하자면 "너, 맞고 불래, 안 맞고 불래" 이거지. (손짓을 하면서) 주먹이 이만큼 큰 사람이 와서는 "대전교도소에 있는 누구는 나한테 며칠 만에 나가떨어졌고, 간첩 누구는 맞아서 병신 돼 있다.……", "낭심을 어떻게 때리면 사람 껍데기는 멀쩡한데 그냥 병신이 돼서 아무것도 못하고, 등골 어디를 어떻게 때리면 겉은 멀쩡해도 병들어서 시름시름 앓다가 죽는다.……" 이렇게 겁을 주면서 패는 겁니다. 그런 식으로 가르쳐가면서 때렸어요.…… 얼마나 힘이 센지 마치 불벼락을 맞은 것 같아. 붕 날아서 떨어졌는데, 눈앞이 안 보이는 거예요. 몸 절반이 없어진 것 같은 기분이더라고. 버둥버둥 아무리 일어서려고 해도 자꾸 한쪽으로 기울어져서 일어나지를 못하는 거예요.

…… 페트병에 수건을 감아서 마구잡이로 패고 때리고 치는데, 고문기술자도 때리고 수사관들도 때리고, 다 같이 때리는 거예요.…… 나를 엎드려뻗쳐 시켜놓고서 그 옆의 의자를 갖다놓고 앉아서 고무신으로 때렸는데 공교롭게도 목 왼쪽을 많이 맞았어요. 눈알이 빠질 것처럼 아프고, 그래서 지금도 한쪽 눈이 잘 안 보여요. (옆구리를 가리키며) 발로 걸어채서 여기가 시커멓게 됐어요. 나중에 보니까 장딴지 부분이 제일 시커멓게 됐는데, 고무신으로 많이 맞아서 그래요. 9월 6일에 그렇게 짓이긴 거지. 9월 6일 밤인 것 같은데 백 실장이 술 먹고 들어왔더라고. 그날이 일요일이니까 한 잔 먹었겠지요. 들어와서 나를 개 패듯이 패면서 "이 ××때문에 우리 팀 다 죽었다"면서 "증거 없으면 간첩으로 몰아서 넣어버려. 간첩죄는 증거가 필요 없으니까" 이러는 거예요. 거기서 사람 마음이 변하더라구요. 때리는 건 참겠는데, 간첩으로 몰리면 나뿐만 아니라 우리 가문이 다 죽으니까. 아무튼 그 말을 듣고 나서 내 마음이 달라졌어요.

…… 한참 그렇게 정신없이 받아 쓰는데, 조금 높아 보이는 사람이 와서 "야, 저 ××, 왜 저래" 하는 거예요. 내 목 부분이 푸르스름했거든. 나는 맞지 않는 것만 해도 다행이니까 "괜찮습니다" "괜찮습니다" 했어요. 그런데 여기 목 부위가 멍

이 들어서 푸릇푸릇했던 모양이라. 그 사람이 "야, 이 ××, 데리고 가서 샤워시켜라"해서 샤워장에 가서 옷을 벗어보니 온몸이 시퍼렇게 돼 있는 겁니다. ……[3]

판문점 총격요청 사건으로 잘 알려진 이른바 총풍사건은 그 자체도 희귀한 사건이거니와 고문 논쟁으로 점입가경이었다. 안기부와 검찰은 "장석중·오정은·한성기 등 3인조가 이회창 후보를 위해 북한 측에 판문점에서 무력시위를 해달라고 요청했다"라는 것이고, 피고인들은 고문으로 조작된 사건이라고 팽팽히 맞섰다. 그런데 재판부도 1심에서는 검찰의 주장을,[4] 항소심에서는 피고인들의 주장을 받아들였다. 오정은·장석중 씨는 자신들이 당했다는 고문과 가혹행위를 근거로 1999년 11월 19일 국가를 상대로 각각 5억 원씩 10억 원을 요구하는 손해배상청구소송을 제기했다.[5] 한편 고문은 어떤 경우에도 용납돼서는 안 되지만 과거 고문가해자의 입장에 있었던 한나라당이 먼저 과거의 고문사건에 대해 사죄를 해야 한다는 주장들도 강하게 제기되었다.[6]

탈북자들에 대한 가혹행위 — 1999년 1월

:: 탈북자들이 남한에 도착해 안전기획부에서 조사를 받는 과정에서 가혹행위 등 인권침해를 당한 것으로 드러났다. 천주교 인권위원회(위원장 김형태)와 '민주사회를위한변호사모임'(회장 김영도) 등 4개 인권단체는 15일 서울 가톨릭회관에서

---

3. 총풍사건 관련자 장석중의 증언. 송문홍, 「총풍 주역 장석중 직격 발언」, 『신동아』 1999년 4월호, 164~168쪽.
4. 1심 판결은 "허위 진술을 강요당한 것으로는 보이지 않는다"라고 판단했다. 「'총풍사건' 3인 유죄 선고 — 서울지법, 오정은·한성기·장석중 씨 5년~3년」, 2000년 12월 12일자 『한겨레신문』 기사.
5. 「총풍, 오정은·장석중 씨 국가 상대 10억 손배소」, 1999년 11월 20일자 『경향신문』 기사.
6. "한충목 전국연합 집행위원장은 '한나라당의 주장은 과거 정권부터 안기부가 고문을 해왔음을 입증하는 것'이라며 '한나라당은 우선 과거 정치공작과 고문에 대해 반성·사죄하는 모습부터 보여야 한다'고 주장했다. 오창익 천주교 인권위원회 사무국장은 '과거 고문의 당사자였고 밝혀진 고문행위에 대해 한마디 사과도 없는 사람들이 고문문제를 들고 나온 것은 적반하장'이라고 말했다. …… (이러한) 주장 외에 '고문 의혹만큼은 철저히 규명되어야 한다'는 것이 인권·사회단체 관계자들의 원칙적인 입장이다." 「한나라당 반성은 없나 — 고문·총격 요청 의혹 분리 규명해야」, 1998년 10월 13일자 『인권하루소식』 기사.

'자유북한인(탈북자) 인권침해 방지 및 생활 정착을 위한 공동기자회견'을 열어 안기부의 탈북자 인권침해 사례를 공개했다.

이번 조사를 맡은 민변의 차병직 변호사는 "탈북자 20여 명을 만나 증언을 들은 결과 탈북자들은 입국한 뒤 곧바로 서울 영등포구 신길동에 있는 안기부 분실로 보내져 6개월~1년 동안 위장 귀순 여부에 대한 조사를 받았다"며 "이 과정에서 구타 등 심각한 인권침해를 당한 것으로 확인됐다"고 밝혔다.

특히 탈북자들은 처음 한 달 동안 안기부 등 5개 기관 합동신문조한테 "국적도 없어 화장하면 아무 문제없다"는 등의 폭언을 들으며 공포 분위기 속에서 조사를 받는다고 차 변호사는 밝혔다. 조사관들은 탈북자의 무릎을 꿇린 채 곤봉으로 때리거나 지하실로 끌고 가 고문하며 심지어 옷을 벗겨 성적 모욕을 주는 것으로 드러났다고 차 변호사는 밝혔다. 차 변호사는 "이런 고문으로 이정국(33, 96년 탈북) 씨 등 4명은 허리와 손가락을 다쳐 노동능력을 잃었고, 허철수(43, 89년 탈북) 씨 등 3명은 공황장애 등 심각한 고문후유증을 앓고 있다"고 주장했다.[7]

자유를 찾아 남한으로 입국한 탈북자들이 다시 여기서 가혹행위를 당했다니 충격적인 사실이 아닐 수 없다. 그러나 이들이 제기한 집단 손해배상청구소송에서 서울지방법원 민사합의23부(재판장 김종백 부장판사)는, "탈북자들이 제출한 진단서 날짜가 구타를 당했다는 시점으로부터 이미 상당 시간이 경과한 후의 것이라는 점 등에 비춰 탈북자들의 상처가 국정원 직원 등의 가혹행위에 의한 것이라고 인정하기 부족하다"라고 밝히면서 기각하고 말았다.[8]

---

7. 「탈북자에 가혹행위」, 1999년 1월 16일자 「한겨레신문」 기사.
8. 「탈북자들 국정원 가혹행위 집단소송 패소」, 2000년 10월 7일자 「국민일보」 기사.

민족민주혁명당사건 하영옥 씨의 경우 — 1999년 8월

:: '민혁당사건'으로 인해 국가보안법 위반 혐의로 구속 기소된 하영옥(37) 씨는 18일 서울지법 형사합의23부(재판장 김대휘 부장판사) 심리로 열린 2차 공판에서 모두진술을 통해 "지난 8월 국가정보원에 연행된 뒤 구타와 기합 등 가혹행위를 당했다"고 주장했다. 하 씨는 "8월 23일 구속영장 발부 뒤 나와 고향이 같다고 소개한 수사관과 부실장으로 불리는 사람이 1시간 동안 목덜미와 등을 때리는가 하면 신문지를 말아 머리와 뺨을 내리쳤다"고 주장했다. 하 씨는 또 "진술을 거부하자 2시간 동안 침대에 다리를 올려놓고 '엎드려뻗쳐'를 시키는 등 기합을 받았다"고 밝혔다. 하 씨는 이어 "민혁당사건은 국정원과 극우언론, 김영환 씨가 결탁해 조작해낸 사건"이라며 "민혁당은 애초부터 존재하지도 않는다"고 주장했다.[9]

이 사건으로 함께 구속되었다가 검찰의 공소보류로 풀려나 나중에 검찰 측 증인으로 나온 김영환 씨에게 하영옥 씨가 "국가정보원 조사 때 관련자들의 혐의 내용을 사실대로 진술한 것은 무혐의 처리해주겠다는 제안을 받았기 때문인가"라고 질문하자, 김 씨는 "구타와 가혹행위를 하며 혐의 사실을 시인하면 피고인과 나를 포함한 관련자들을 최대한 선처해주겠다는 말을 하기에 육체적·정신적 고통을 참을 수 없어 진술했다"라고 고문 사실을 시인했다.[10] 당시 김영환 씨의 변호인이던 정태상 변호사는 "지난 (1999년 8월) 28일 접견 당시 김 씨의 오른쪽 정강이 부근에서 1cm가량의 상처를 발견했으며, 조(유식) 씨 무릎 뒷부분에서 구둣발에 차인 것으로 보이는 지름 2cm의 멍자국을 확인했다"라고 밝혔다. 정 변호사는 "이들은 조서날인을 거부한다는 등의 이유로 구타를 당했으며, 하루

---

9. 「'민혁당' 사건 하영옥 씨 '국정원' 가혹행위 주장」, 1999년 11월 19일자 『한겨레신문』 기사.
10. 김영환 씨는 이른바 『강철서신』으로 유명하다. 하영옥 씨와는 서울대 법대 82학번 동기생으로 1992년 주체사상을 지도 이념으로 하는 민족민주혁명당 중앙위원회에 참여했다. 그후 김 씨는 수사과정에서 반성문을 쓰고 1999년 11월 공소보류로 풀려났다. 「하영옥, 김영환 씨 법정서 주체사상 설전」, 2000년 1월 8일자 『국민일보』 기사.

4시간만 잠 재우는 고문을 당했다고 호소했다"라고 전했다.[11]

이적표현물 반포죄와 지태환의 고문 체험—2000년 5월

'국민의 정부'에서도 구타와 협박 등 고문이 일어났다는 사실이 놀랍다. 그만큼 수사관들의 의식과 행동은 변하기 어려운 법이다. 2000년 5월 이적표현물 반포죄로 체포된 지태환 씨는 고문에도 불구하고 끝까지 묵비권을 행사했다. 아마도 고시공부를 한 지태환 씨의 법률 상식과 헌법상의 권리를 지키고자 한 절대의지가 묵비권을 끝까지 관철시킨 힘이었을 것이다. 그런데 지태환 씨에 대한 진술 강요에 실패하고도 그를 송치한 국정원이 과거와 달라졌다면 달라진 모습일까?

:: 나는 2000년 5월 20일 이적표현물 반포죄와 관련하여 국정원 수사관에게 아침 7시경 PC방에서 체포되었다. 북한 관련 자료를 '백두청년회'라는 명의로 불특정 다수에게 이메일 전송하였다는 혐의였다. 남북정상회담을 앞두고 북한에 대한 정보를 제공한다는 차원에서 이메일을 발송한 게 '국민의 정부' 하에서도 체포 대상이 된다는 게 당시에는 납득하기 어려웠다. 내가 학생운동을 하던 80년대 군부 통치하도 아니고, '문민정부'를 거쳐 '국민의 정부'가 들어섰는데, 설마 아직도 구시대의 악법을 가지고 한낱 이메일을 발송한다고 해서 체포될까 하는 순진한 생각을 한 것이다. …… 당시 나는 사법시험을 준비하고 있었다. 헌법상 권리가 그저 법조문상의 권리가 아니라 실제로 보장받아야 할 권리라는 것에 대해 추호의 의심도 없었다. 국정원에서 조사받는 동안 나는 당연히 내가 공부한 권리를 행사했다. 국정원 수사관들의 심문에 일체 묵비권으로 응대한 것이다.

---

11. 「김영환 씨 '고문당했다'」, 1999년 8월 31일자 『한겨레신문』 기사.

허나, 국정원 수사관들은 헌법상 보장되는 이 권리를 피의자에게 보장할 생각이 털끝만큼도 없었다. "묵비권의 정확한 명칭이 뭔지 아느냐? '자기에게 불리한 진술을 강요당하지 않을 권리' 다. 네가 일체 묵비를 행사하겠다는 걸 보니, 너한테 불리한 뭐가 있는가 본데 대체 그 불리한 게 뭐냐?"는 식으로 을러대기도 하고, 폭언과 공포 분위기 조성으로 진술을 강요하기도 했다. "너, 중앙정보부에 대해 많이 들어봤지. 내가 중앙정보부 시절부터 근무한 사람이다. 네까짓 게 뭔데 함부로 까불어! 여기가 어딘지 알아?"라는 말로 공포 분위기를 조성할 때면 말로만 듣던 고문이 생각나면서 발끝에서 머리끝까지 소름이 쫙 끼쳤다. 무엇보다 남북정상회담을 앞두고 또 다른 조직사건을 조작하여 남북 화해 분위기에 찬물을 끼얹지나 않을까 걱정이 되었다. 내 소지품 중에는 학교 선후배를 비롯하여 지인들의 연락처가 있었다.

…… 체포된 지 3일째 되던 날 5월 22일 민변 변호사를 접견한 후 야간 조사과정에서 첫 폭행이 자행되었다. 이유는 단 하나, 수사관의 심문에 묵비권을 행사한다는 게 전부였다. 갖은 협박으로도 안 되니까 폭행으로 진술을 강요한 것이다. 국정원 수사관은 가슴·명치·옆구리 등을 샌드백 치듯이 주먹으로 무차별 두들기고 무릎으로 걷어찼다. 그 자리에 그대로 거꾸러졌다. 꺼억 꺽, 숨을 쉴래야 쉴 수 없는 상태, 죽음의 그림자가 드리워지는 듯했다. 절망적이었다. 아, 숨넘어가겠다라는 말이 바로 이를 두고 하는 말이구나. 이대로 죽는 건 아닌가 하는 무서운 생각까지 들었다. …… 어쨌든 난생 처음 당한 죽음의 공포 앞에서 새로운 결의가 필요했다. 이 공포심에 굴복한다면 나는 스스로 정신무장을 해제당할 것이고, 그렇게 되면 피동에 빠져 국정원 수사관들이 의도한 대로 끌려갈 수밖에 없을 것이었다.

주동으로 돌아서야 했다. 묵비에 이어 단식을 선언했다. 물 마시는 것까지 거부했다. 단식 선언을 하면서 서면으로 재발 방지를 약속할 것, 폭행에 대해 사죄할 것을 요구했다. 국정원 수사관들은 코웃음을 쳤다. 방금 자행한 폭행에 대해서도 눈 하나 깜짝 않고 부인했다. '네가 그래봐야 별 수 없다'는 자포자기 심정을 갖게 함으로써 정신적으로 무장해제시키려는 의도로 보였다. 되려, 다음 날 폭행으로 나의 묵비단식에 응대했다. 머리채를 잡고 벽에 찧고, 목덜미를 가격하고, 뺨을 때렸다. 부동자세로 취하도록 강요한 데 대해, 가혹행위로 받아들여도 되겠느냐고 되물으면 "이 새끼가 겁대가리 없이 나불댄다"고 때렸고, 뺨 맞으면서 노려보면, "눈깔 내리 깔아라"고 때렸다. "○○○사건의 ○○○도 다 불고, ○○○사건의 ○○○도 다 불었는데, 네까짓 게 뭔데 진술을 거부하느냐, 혹시 네가 보호해야 할 조직이라도 있는 거냐"고 때렸다. 헌법상 보장된 당연한 권리를 행사한 데 대해서 무슨 의도가 있다고 추궁하는 것 자체가 인권침해였다.

치료 요구에 대해서도 그들은 외면했다. 옆구리 통증을 호소하고, 배뇨통을 호소하면서 음경에 멍든 것에 대해 진료를 요구했는데도 코웃음으로 응대했다. 옆구리는 외상이 없다는 이유로 진료를 거부했고, 음경 부분이 멍든 것에 대해서는 "네가 자해한 것 아니냐"라는 얼토당토않은 말로 묵살했다. 계속 진료를 요구하자, 국정원 내 의사가 왔다 갔다지만 형식적인 진료에 그쳤다. 이렇게 형식적인 진료에 그치자 정말이지 국정원 내 근무하는 의사의 진료는 믿을 수가 없었다. …… 국정원 측에서 선정한 의사의 진료, 그것도 변호사가 동석하지 않은 가운데 진료를 받을 수가 없으니 변호사와 국정원이 논의하여 제3의 병원에서 진료를 받게 해달라고 요구했다. 하지만 이 요구를 국정원은 철저히 무시했다. 변호사가 대동한 의사의 수진을 요구했지만 이마저도 거부당했다. 물도 안 마시는 극한의 묵비단식으로 몸은 극도로 쇠약해져갔다. 그럴 수밖에 없는 것이 아침 7시부터 밤 10~11시까지 장시간 물도 안 마시는 극한의 묵비단식으로 열두 명 남짓한 수사관들을 상대하기는 무척이나 버거웠다.

때로는 폭언으로 진술을 강요하기도 했고, 때로는 찜닭을 앞에 놓고 취식을 유혹하기도 했다. 무엇보다 바짝바짝 타들어가는 목구멍이 제일 고통스러웠다. 심지어

"모 고시원에 하룻밤 취침하면서 다음날까지 1만 원 빌려가면서 곧 갚겠다 약속해놓고 감감 무소식이었다는 진술까지 확보했다"는 얼토당토않은 사실을 날조하여 나를 파렴치한 놈으로 몰아세우기까지 했다. 이들은 "우리가 맘만 먹으면 너 하나쯤 어떤 식으로든 색칠하는 건 어렵지 않다"라고 은근히 위협했다. 내 몸이 극도로 쇠약해지자 국정원은 서둘러 10일 만에 나를 송치했다. 내가 국정원에서 쓰러진다면 그들로서도 낭패도 그런 낭패가 없었을 것이다. …… 국정원에서 보낸 10여 일이 꼭 100일만 같았다. 다행히 구치소에서 정밀 검진한 결과 좌늑골 9, 10번이 골절된 사실이 밝혀졌고, 법원이 증거보전신청을 받아들인 결과, 폭행 후 일주일이 경과한 시점에서 음경좌상 전치 2주의 판정을 받았다. 국정원의 전근대적 가혹행위에 대해 응당한 법의 심판을 받게 할 수 있는 발판이 마련된 셈이다.[12]

당시 지태환 씨의 고문 주장에 대해 국정원은 "지 씨를 구타한 사실이 없으며 의사 진료는 수진신청서를 준비하지 않아 이뤄지지 않았다"라고 해명했다.[13] 그러나 이어서 이루어진 신체검진 결과 "갈비뼈가 부러지고 국부에 상처가 난 것으로 확인"돼 손바닥으로 하늘을 가린 결과가 되었다. 2000년 6월 2일, "지 씨의 가족 등은 지 씨가 지난달 30일 서울구치소에 수감되기 직전 구치소 쪽의 엑스선 촬영 결과 왼쪽 옆구리 9, 10번 갈비뼈가 부러졌으며, 같은 날 서울지법에서 열린 증거보전 신체감정 및 검증에서는 국부에서 상처가 발견됐다"라고 말했다.[14]

12. 지태환, 「DJ 정부하에서도 고문은 계속되었다」, 2004년 12월 18일자 『오마이뉴스』 기사.
13. 「'국정원서 가혹행위' ─ 이적표현물 연행자 주장」, 2000년 5월 26일자 『한겨레신문』 기사.
14. 「'국정원서 가혹행위' 주장 30대 ─ 골절 등 외상 확인」, 2000년 6월 3일자 『한겨레신문』 기사.

2. 일반사건 고문 사례

30대 살인 용의자에 대한 고문과 재정신청 — 1998년 4월

::   30대 살인 용의자를 고문한 혐의로 검찰조사를 받은 뒤 기소유예로 풀려난 경찰관 3명이 뒤늦게 정식 재판에 회부됐다. 대전고법 형사부(재판장 조대현 부장판사)는 이 모(80) 씨가 대전 동부경찰서 나 모(31) 경장 등 3명에 대해 가혹행위 등 혐의로 낸 재정신청을 받아들여 (2000년 1월) 18일 이들을 정식 재판에 회부했다. 이 씨는 신청서에서 "아들(37)이 98년 4월 살인사건 용의자로 대전 동부경찰서에 연행돼 조사를 받는 과정에서 나 경장 등 4명의 경찰관으로부터 수갑이 채워진 채 구타와 물고문을 당하며 자백을 강요받았다"고 주장했다. 이 씨는 98년 9월 대전지법이 살인 등의 혐의로 구속 기소된 아들에게 무죄를 선고하자, 곧바로 이들 경찰관들을 검찰에 고발했으나 오 모(42) 경사만 기소되고 나머지 3명은 기소유예로 풀려나자 재정신청을 냈었다.[15]

이 씨의 아들은 증거 불충분 등으로 대법원에서 무죄가 확정되었다. 이로써 사필귀정이 되었다. 그러나 고문경찰관이 법정에 서게 된다 하더라도 고문으로 인한 피해자의 고통이 온전히 사라질 수는 없는 일이다.

군 수사기관의 가혹수사와 허위자백 — 1998년 9월

2002년 7월 25일 군검찰에 의해 기소돼 1심에서 무기징역에서 징역 5년까지의 판결을 받았던 정 씨(당시 중사) 등 3명이 제기한 재심 사건에서 서울고법 형

---

15. 「고문 혐의 경찰관 3명 재판 회부 … 30대 살인 용의자 재정신청」, 2000년 1월 19일자 『동아일보』 기사.

사4부는 "피고인들이 가혹행위 등에 의해 허위자백을 한 사실이 인정된다"라며 군용물 절도와 강도예비 혐의에 대해 무죄를 선고했다.

:: 강원도 화천군 모 부대에 근무하던 이 씨는 1998년 9월 내무반 총기 도난 사건의 주범으로 지목돼 헌병대에 연행됐다. 한 사병이 "이 씨로 추정되는 사람이 총을 훔쳐갔다"고 제보한 것. 이 씨는 구타와 욕설은 물론 잠을 재우지 않고 자백을 강요하는 수사관들을 당해낼 수 없었고 결국 이들의 요구대로 전역을 앞둔 정 씨와 최 씨가 전역 후 강도를 하기 위해 자신에게 총기를 훔치도록 사주했다는 허위자백을 했다. 이들은 군검찰로 이송된 이후 그동안의 경위를 설명하면서 도움을 요청했으나 허사였다. 오히려 군검찰의 첫 조사 이후 헌병 수사관들이 몰려와 협박하는 사태가 발생하기도 했다. 군사법원에 마지막 희망을 걸었던 정 씨 등은 수사관들로 가득 찬 법정 풍경을 본 뒤 자포자기, 허위자백을 그대로 인정했다. 이들은 뒤늦게 재심을 청구, 결백을 인정받았으나 이미 대법원에서 5년 내지 2년 6개월의 확정판결을 받고 복역한 뒤였다.[16]

조직폭력배 혐의 청년 가혹수사 의혹—1998년 11월

:: 경찰이 한 청년을 '조직폭력배'로 엮어 구속하기 위해 구타와 가혹행위를 했다는 의혹이 제기되고 있다. 현재 교도소에 수감 중인 이 청년의 부모는 아들의 무죄를 호소하며 구명운동을 벌이고 있다. 전북 남원에 살고 있는 양일동(22) 씨는 지난 (1998년) 11월 22일 조직폭력배 '신흑장미파' 관련 혐의로 전주 북부경찰서에 의해 연행된 뒤 구속돼 전주교도소에 수감 중이다. 그러나 양 씨는 경찰 조사과정에서 혐의를 부인하다 심하게 구타를 당한 것으로 알려졌다. 양 씨의 부모

---

16. 「총기 도둑 몰려 억울한 옥살이」, 2002년 7월 25일자 「한국일보」 기사.

는 아들이 연행된 지 6일째 되는 날, 경찰서 유치장에서 아들의 신체를 사진 촬영했다. 이 사진에 따르면 양 씨의 팔다리 등 몸 여러 곳에 심한 멍자국이 남아 있는 것으로 확인됐다. 양 씨의 어머니는 아들이 "팬티만 입은 상태에서 세면장에 끌려가 얻어맞았다"고 말했다고 밝혔다. 또한 양 씨의 부모는 "아들과 같은 혐의로 조사를 받고 불구속으로 풀려난 사람이 11월 24일 '일동이 형이 너무 많이 맞아 죽는 줄 알았다. 너무 불쌍하고 억울하다'는 내용의 전화를 걸어왔다"고 주장했다.[17]

국가인권위원회와 검찰 사이의 고문수사 핑퐁 — 신종 고문 '면벽 반성' (1999년 9월)

:: …… 기업인으로 평탄한 삶을 살던 김기용(SK건설 부사장) 씨의 인생은 지난 1999년 9월 16일 집에서 인천지검 수사관들에 의해 강제연행되면서 개인으로서 감당하기 어려운 고통에 직면하게 된다. 김 씨는 체포영장도 없이 집에 들이닥친 검찰 수사관에 의해 연행된 뒤, 인천시 남동구청장에게 뇌물을 제공하였다고 시인하라는 추궁을 받으며 검찰청사에서 고문을 받았다. 김 씨의 주장에 의하면 벽을 보고 차렷 자세로 똑바로 서 있게 하는 '면벽 반성', 쪼그려 앉기, 잠 안 재우기, 주먹으로 마구 때리기, 목을 비롯한 급소 부분을 가격하거나 움켜쥐기, 화장실 보내주지 않기와 욕설 등의 고문이 이어졌고, 고문에 굴복한 김 씨는 사실과 다르게 뇌물을 주었다고 허위자백을 했다는 것이다. 뇌물을 준 것 정도가 아니라 사람을 몇 명 죽였다는 것도 얼마든지 자백하고 싶을 정도였다는 것이다.

뿐만 아니라 이러한 고문과 가혹행위는 김 씨가 연행된 9월 16일 저녁 11시 50분부터 귀가 조치된 9월 19일 저녁 10시까지 70시간 동안 영장도 없이 강제구금된 상태에서 진행되었다. 김 씨는 재판과정에서 자신의 억울함을 주장하였지만, 법원은 "피고인이 17일 0시 40분경 검찰청에 도착하여 19일 저녁 10시경 검찰청사에

---

17. 「20대 청년 가혹수사 의혹 — '조직폭력배' 혐의 … 본인은 부인」, 1998년 12월 12일자 『인권하루소식』 기사.

서 나올 때까지 귀가하지 못하였고 잠을 자지 못한 채로 조사를 받거나 검찰청사에서 대기하였던 점은 인정된다"면서도, "피고인에 대한 피의자 신문조서는 기록상 그 증거능력을 부인할 만한 사정을 찾을 수 없다"며 상반된 판단을 내리고, 피고인들이 처음에는 범행을 시인하다가 "자백을 전면 번복하여 이를 부인하는 등, 피고인들의 사회적 신분에 어울리지 않는 처신을 하였다"면서 징역 1년에 집행유예 2년으로 김 씨의 유죄를 확정하였다.

김 씨는 실형 선고를 받지는 않았지만, 70여 시간의 불법감금 상태에서 인간 이하의 모멸감과 수치심, 절망감을 안게 되었고, 씻을 수 없는 정신적 상처와 좌절을 호소하며 인권실천시민연대를 찾아와 억울함을 호소하였다. 인권실천시민연대는 대기업의 임원마저도 검찰의 가혹행위 앞에 무기력할 수밖에 없는 상황을 보면서, "기업인이 이런 대접을 받고 있는데, 일반 서민들은 오죽하겠나" 하는 생각으로 관심을 갖게 되었다. 인권실천시민연대는 검찰의 불법감금과 가혹행위가 분명한 사안이지만, 이미 대법원까지 형이 확정된 상황이어서 '재심' 청구가 받아들여지지 않을 것으로 판단하고, 새로 출범한 국가인권위원회를 통해 이 사건 당사자들의 억울함을 풀고자 하였다. 김 씨는 2002년 7월 "불법체포, 불법구금 및 가혹행위 등 고문과 증거 인멸 등을 자행한 수사 검사 정석우를 처벌해달라"며 국가인권위원회에 진정을 제기하였다. 그러나 인력이 부족하다며 진정 사건에 대한 조사를 진행하지 않았고, 여러 차례의 거듭된 항의를 받고서야 6개월 만에 조사를 진행하였다.

국가인권위원회는 진정을 제기받은 지 20개월 만인 2004년 2월 23일 전원위원회 결정에 의거 "검사 정석우를 불법감금 및 가혹행위 혐의로 검찰총장에게 수사 의뢰한다"는 결정을 하였다. 국가인권위원회는 이 결정을 통해 "영장이나 체포 없이 70시간 가까이 조사를 진행한 것은 진정인(김기용 씨)의 임의에 의한 조사였다고 보기 어려워 불법감금에 해당한다 하겠고, 그 조사과정에서 이루어진 가혹행위는 헌법 제12조 제1항에 보장된 신체의 자유를 침해한 것이다"고 밝혔다. 국가인권위원회는 설립 이래 최초로 현직 검사에 대해 '수사 의뢰'를 했다고 보도자료를 통해 홍보를 하였다. 국가인권위원회로부터 수사 의뢰를 받은 검찰은 몇 차례 형식적인 조사 끝에 불법감금과 가혹행위에 대한 혐의를 인정하기 어렵다며 '종결' 처리를 국가인권위원회에 통보했다.(5월 28일) 이에 국가인권위원회는 검찰의 결정을 인정할 수 없다며 지난 6월 다시 수사 의뢰를 하였다. 두 번째 수사 의뢰를 한 것이다. …… 당연한 것처럼 검찰은 국가인권위원회의 두 번째 수사 의뢰에 대해 다시 '혐의 없음'을 통보하였다.(8월 30일) 검찰은 재수사를 진행하였음에도 정 검사에게 범죄 혐의가 없다고 판단하여 '무혐의'로 진정을 종결 처분하지만, 피진정인(정 검사)에 대해서는 별도로 자체 인권교육을 실시하였다고 국가인권위원회에 답변하였다. 수사를 해보니 죄가 없는데, 왜 인권교육을 진행하였는지 모를 일이다.[18]

이 사건은 기소권을 독점하고 있는 검찰의 권력남용이 돋보이는 경우이다. 수사권이 없는 국가인권위원회로서는 어쩔 수 없는 일이었다. 그런데 이 고문사건에서는 피의자에 대한 폭력, 위협, 욕설 외에도 기합의 한 형태로서 '면벽 반성'의 방법이 사용되었다. '면벽 반성' 즉 벽 보고 손을 들고 있거나 아니면 가만히 앉아 있는 것만으로도 피의자는 엄청난 스트레스를 받기 마련이다.

가. 진정인 1의 진정 요지

① 피진정인 1, 3은 1999년 9월 16일 오후 11시 50분경 진정인 1을 체포 연행함에 있어 진술거부권을 고지하지 않은 채로 직권을 남용하여 불법체포하였다.

---

18. 인권실천시민연대(http://www.hrights.or.kr) 자료실.

② 피진정인 1, 3은 진정인 1을 1999년 9월 16일 오후 11시 50분경 자택에서 연행하여 1999년 9월 19일 오후 10시까지 약 70시간 동안 지검 조사실에 불법감금하면서 폭행과 욕설, 면벽 반성, 수면 금지 등의 가혹행위를 하였다.

③ 피진정인 1, 3은 위 조사 기간 도중 진정인 1로 하여금 5차례의 진술서를 작성하게 한 다음 그중 3회에 걸쳐 작성된 진술서를 임의로 은닉, 폐기하였다.

나. 진정인 2의 진정 요지

:: 피진정인 1, 2는 1999년 9월 18일 오전 12시경부터 1999년 9월 19일 오후 9시까지 약 32시간 동안 지검 조사실에서 진정인 2에게 뇌물수수 사실의 자백을 강요하면서 폭행, 욕설, 면벽 반성, 쪼그려앉기, 수면 금지 등의 가혹행위를 하였다.[19]

검찰의 강압수사와 옥천경찰서장 무죄사건 — 1999년

:: 검찰의 강압수사로 8개월간 옥살이를했던 박용운(51) 전 충북 옥천경찰서장이 2년 6개월에 걸친 법정투쟁 끝에 무죄 확정판결을 받았다. …… 대법원 1부(주심 박재윤 대법관)는 (2003년 10월) 24일 전 부하직원을 통해 성인오락실 업주로부터 뇌물을 받은 혐의로 기소된 박 전 서장에 대한 상고심에서 무죄를 선고한 원심을 확정했다. 박 전 서장은 충남경찰청 방범과장이던 1998~1999년 오락실 업주들을 잘 봐달라는 청탁과 함께 부하직원 구 모(35, 당시 경사) 씨로부터 3,450만 원을 받은 혐의로 기소돼 항소심에서 징역 2년 6개월에 집행유예 4년을 선고받았다.[20]

19. 국가인권위원회, 2004.2.23.자 02진인1243 결정(가혹행위에 의한 인권침해).
20. 「'검찰 비리 감추려고 경찰을 희생양 삼아'—박용운 전 옥천서장 30개월 만에 무죄」, 2003년 10월 25일자 『한국일보』 기사.

경찰서장까지 가혹행위와 강압수사로 억울한 혐의를 뒤집어쓰고 옥살이를 하는 마당에 일반 시민들이야 더 말할 나위가 없다. 이 또한 이 나라 수사기관의 공정성과 합법성이 의심되는 징표이다.

절도 피의자 추락사와 가혹행위 의문 — 2000년 1월

:: (2000년 1월) 15일 오후 6시 40분쯤 대전시 동구 판암동 주공아파트 412동 14층 복도에서 특수절도 피의자 권순기(26) 씨가 현장검증을 받다 형사들을 밀치고 베란다 밑으로 뛰어내려 숨졌다. …… 한편 대전지검은 권 씨의 유족들이 "권 씨의 몸에 구타당한 흔적이 있다"며 군-경의 가혹행위 여부에 대한 의혹을 제기하고 나섬에 따라 17일 중 부검을 실시, 정확한 사인을 가리기로 했다.[21]

절도야 용서할 수 없는 범죄이지만 그 피의자를 고문하는 행위도 용서할 수 없는 범죄이다. 절도범이 스스로 난간에 뛰어내려 자살할 정도라면 뭔가 석연찮은 동기가 있을 수밖에 없다. 언제까지 이런 '의혹'이 제기되어야만 하는가.

조선족에 대한 경찰의 고문 — 2000년 3월

:: 국내에 머물고 있는 조선족 동포들에 대한 경찰의 가혹행위와 무리한 수사가 잇따르고 있다. (2000년 3월) 12일 성남 기독교교회협의회 인권위원회(위원장 김해성 목사) 등에 따르면, 서울 성동경찰서는 지난 8일 오후 2시 35분께 연행을 피해 달아나다 발목에 중상을 입은 이영철(38) 씨 등 불법체류 조선족 2명을 치료해주지 않은 채 8시간 동안 수사를 벌여 물의를 빚고 있다.

특히 성동서 직원들은 당시 성동구 행당동 이 씨의 자취방에서 이 씨와 이종수

---

21. 「절도 피의자 현장검증 도중 추락사」, 2000년 1월 17일자 『세계일보』 기사.

(37) 씨가 달아나다 발목을 다치자, 체포 직후 인근 병원에서 엑스선 촬영까지 했으나 이 씨 등을 치료하지 않은 채 그대로 경찰서에 데려가 조사했다. 이종수 씨는 이날 밤 출입국관리소로 넘겨진 뒤 의사 검진을 받은 결과, 분쇄골절로 전치 8주의 중상을 입은 것으로 확인됐다.

이에 앞서 서울 관악경찰서는 지난해 12월 25일 조선족 윤 아무개(27) 씨와 남편 염 아무개(31) 씨를 위장결혼(공정증서 원본 부실기재)과 중상해 혐의로 연행한 뒤 무릎을 꿇린 채 욕설과 함께 곤봉과 발로 머리와 뺨, 허벅지 등을 폭행했다고 인권위원회는 밝혔다. 당시 염 씨에겐 수갑까지 뒤로 채운 상태였다고 위원회는 덧붙였다. 윤 씨는 "난 지 백일 된 갓난아기를 남겨놓고 연행됐으며, 연행 첫날에는 두 끼 식사가 제공되지 않아 굶었다"며 "남편은 가혹행위 후유증으로 아직까지 걸음을 제대로 걷지 못한다"고 주장했다.[22]

고문자는 국적도, 동포도 가리지 않는 모양이다. 아무리 중국 국적을 가진 조선족 동포라고 하더라도 이들에게 비인도적 방법의 가혹행위를 가하는 것은 나라의 위신과 체면을 깎아내리는 행위이다.

생매장 고문사건 —2000년 5월

:: 　서울경찰청은 (2000년 5월) 15일 청량리경찰서 경찰관들의 현 아무개(45) 씨 '생매장 고문' 사건과 관련해 이날 오후 김 아무개(45) 경사 등 관련 경찰관 4명을 불러 가혹행위를 했는지 조사에 나섰다. 서울경찰청 조사에서 김 경사 등은 "12일 현 씨를 강제연행해 수갑을 뒤로 채우고 경기도 연천까지 끌고 가 폭행한 것은 사실"이라고 시인했으나 "그러나 얼굴에 마대를 씌우거나 생매장 협박은 하지 않았

---

22. 「가혹행위에 우는 조선족」, 2000년 3월 13일자 「한겨레신문」 기사.

다"고 말했다.[23]

6공화국 당시 국군보안사가 자행한 생매장 위협 사건은 있었지만, 일반 경찰이 이런 일을 저지른 경우는 처음이다. 이런 신종 고문 수단이 '국민의 정부'에서 사용된 것은 참으로 끔찍한 일이다.

익산 택시기사 살해사건의 진범 논쟁—2000년 6월

:: 익산 택시기사 살해사건의 진범 논란은 하루빨리 그 진실이 밝혀져야 한다. 징역 10년을 선고받은 살해범이 2년 10개월째 수감돼 있는 상황에서 새로운 용의자가 나타났다면 적극적으로 재수사를 벌여야 한다. 더구나 옥중의 10대 소년은 경찰의 강압과 가혹행위로 누명을 썼다고 주장하고 있다. 만약 그의 주장대로 무리한 수사와 사법부의 오판이 겹친 결과라면 무고한 소년의 인권을 짓밟은 책임까지 거론해야 한다.

새로운 용의자는 범행을 자백했고, 흉기에 관한 진술도 했다. 그러나 경찰은 물증을 확보하기 어려워 긴급체포했던 용의자를 풀어준 뒤 손을 놓고 있다. 3년 전에 발생한 사건의 물증을 확보하는 것이 쉬울 리 없으며, 종전의 수사를 부인하는 결과가 될지도 모를 재수사가 반가울 리 없다. 게다가 대법원의 확정판결까지 모든 사법 절차가 마무리된 상황이다.

그러면 그것으로 그만인가. 억울한 피의자가 발생하더라도 재수사나 재심을 통해 피해를 구제받기 어려운 것은 큰 문제다. 아무리 억울함을 주장해도 이 사건이 다른 유사한 사건과 마찬가지로 흐지부지되고 만다면 수사당국은 앞으로도 신뢰를 얻기 어렵다. …… 익산 사건의 경우 용의자로 부상한 사람의 가족들까지 경찰이

---

23. 「'경관 생매장 협박' 진상조사」, 2000년 5월 16일자 『한겨레신문』 기사.

강압수사로 자백을 받아냈다고 주장하고 있다. 이쪽저쪽 다 강압수사의 결과라면 진짜 범인은 누구이며 수사는 무엇을 위해 하는 것인가. 절차상의 문제나 현실적인 어려움은 있지만, 경찰과 검찰이 진실을 규명하려는 의지가 있느냐 없느냐 하는 점이 이 사건 해결의 핵심이다.[24]

사건 해결의 심리적 압박으로 일단 한 용의자를 고문해서 범인으로 만들어버리면 결국 진범을 놓치기 마련이다. 그런데 새롭게 진범이라고 잡은 사람조차 강압수사에 의한 조작이라고 주장하고 있으니, 중간에서 경찰이 당황하고 있다. 가혹행위에 의한 수사가 낳은 우스꽝스러운 장면이다.

구타 그리고 알몸 수색 — 2000년 6월

이미 알몸 수색이 문제되어 형사고발, 민사소송, 헌법소원이 제기되고 사회적 말썽이 있었음에도, 경찰은 또다시 알몸 수색을 고의적이고 보복적으로 자행했다.

:: 유치장에 갇힌 피의자들의 '알몸 수색'을 허용하고 있는 경찰청 훈령에 대해 헌법소원 심판이 청구된 가운데 경찰이 피의자를 때리고 겁을 준 뒤 알몸 수색을 벌여 말썽을 빚고 있다. 경기 성남사무전문서비스노조 조합원 홍석규(28) 씨는 지난 (2000년) 3월 민주노동당 후보를 지지하는 내용의 유인물을 돌려 수배됐다가 6월 22일 오후 5시께 붙잡혔다. 이날 저녁 8시께 안산경찰서 수사계 유치장에 갇힌 홍 씨는 욕설과 반말을 하는 데 항의했다는 이유로 이 아무개(33) 경장에게

---

24. 첫 번째 잡혀들어가 이미 판결을 받고 복역 중인 최 군의 어머니 김 모 씨는 아들이 2000년 8월 구속된 이후 범행을 전면 부인하는 편지를 여러 차례 보내왔다면서 "면회에서도 내가 범죄를 저지르지 않았다. 한 때문에 가슴에 병이 생겨 밥을 못 먹을 정도라며 억울함을 토로했다"라고 한다. 「익산사건 적극적 재수사를」, 2003년 6월 11일자 「한국일보」 기사.

머리채를 잡혀 팔이 꺾인 채 유치장 벽에 머리를 처박히는 등 20분 남짓 심하게 구타를 당했다고 주장했다. 이어 이 경장은 "유치장 규칙에 따라 몸 속에 감췄을 지도 모르는 흉기를 찾겠다"며 홍 씨의 속옷까지 모두 벗긴 뒤, 알몸 상태에서 앉았다 일어서기를 반복시킨 것으로 밝혀졌다.[25]

홍 씨는 경찰의 이러한 가혹행위에 대해 고소장과 진단서를 수원지검에 냈다. 위 사건에서 보면 경찰은 피의자에 대한 보복의 수단으로 알몸 수색을 집행한 것을 알 수 있다. 더 이상 알몸 수색이 경찰의 권력남용 수단으로 사용되지 않도록 해야 한다.

외국인 노동자에 대한 고문 ─ 2000년 10월

:: 　경찰이 외국인 노동자 4명을 살인 용의로 조사하는 과정에서 머리를 구둣발로 짓밟는 등 가혹수사를 했다는 주장이 나와 시민단체들이 (2000년 10월) 17일 진상규명을 요구하고 나섰다. 경찰은 지난 8일 0시 10분께 수원시 고등동 이른바 역전 사창가 골목에서 숨진 잠비아인 살인 용의자로 인도네시아인 이라완(25) 등 4명을 수원 남부경찰서로 연행해 조사를 벌였으나 혐의 입증이 어렵자, 지난 11일 출입국관리사무소로 인계했다. 이라완 등은 "경찰이 자백을 강요하고 구둣발로 머리를 차는 등 가혹수사를 했다"고 주장했다. 김칠준 변호사는 "경찰이 상처 낸 머리를 16바늘 꿰맸다"며 "상처 부위와 상태가 가혹행위에 의한 것"이라고 말했다. 경찰은 "이라완이 술에 취해 자해했다"고 밝혔다.[26]

신문기사 내용만으로는 가혹행위의 진상이 분명히 밝혀져 있지는 않으나 피

---

25. 「경찰 또 피의자 알몸 수색 ─ 반말 항의이유 구타까지」, 2000년 7월 1일자 「한겨레신문」 기사.
26. 「경찰 외국 노동자 가혹수사 논란」, 2000년 10월 18일자 「한겨레신문」 기사.

의자의 상처로 보아 고문 가능성이 높다. 고문의 관행에 외국인이라고 예외일 수 없음을 보여주는 사건이다.

전·의경들의 수난 — 2001년 2월

군대 조직과 마찬가지로 내무반 생활을 하는 전경이나 의경들에게도 구타나 가혹행위가 많이 일어나는 편이다. 그런 가혹행위로 바로 사망하거나 정신적 충격으로 자살하는 경우가 여러 차례 보고되고 있다.

:: 경찰서에 배치된 지 6개월 미만 전·의경들의 자살, 자해사건이 잇따르고 있다. 부대 적응 실패와 상급자들의 구타 등 가혹행위가 원인인 것으로 알려졌다. 지난 (2001년 2월) 2일 밤 8시 30분쯤 경북 안동경찰서 본관 서쪽 마당에서 방범순찰대 소속 송 모(20) 이경이 머리 등에 피를 흘린 채 신음하고 있는 것을 동료들이 발견해 병원으로 옮겼으나 중태. 송 이경은 부대에 배치된 지 2개월밖에 안 된 신참병으로 그동안 2차례 탈영을 시도하는 등 부대생활에 적응하지 못했던 것으로 전해졌다. …… 이에 앞서 지난달 29일 낮 12시 10분쯤 대구시 수성구 만촌1동 모 아파트 신축 공사장에서 대구 중부경찰서 방범순찰대 소속 함 모(21) 일경이 목을 매 숨진 채 발견됐다. 경찰은 내무생활에서의 구타 등 가혹행위를 견디다 못해 자살을 기도한 것으로 판단하고 정확한 원인을 조사하고 있다.[27]

이어서 2001년 7월 17일에는 서울 용산경찰서 방범순찰대에서 근무하던 곽 모(22) 이경이 고참들의 가혹행위를 이기지 못해 내무반에서 뛰어내려 자살한 사건이 일어났다. 경찰청은 그 지휘 책임을 물어 김동민 용산경찰서장을 경찰대 치

---

27. 「전·의경 '가혹행위' 아직도 …」, 2001년 2월 6일자 『서울신문』 기사.

안연구소로 전보 조치했다.[28]

사람 잡는 검찰 마약단속반 ─ 2001년 7월／8월

:: 부산지검 마약수사부 수사관 4명은 7월 25일 오후 11시 40분쯤 부산시 영도구 동삼동 모 아파트 주차장에서 검정색 무쏘 승용차를 주차시키던 이 모(40) 씨를 마약 판매범으로 오인, 체포에 나섰다. 영문도 모르는 이 씨가 강하게 저항하자 수사관들은 쇠로 만든 진압봉을 사용, 이 씨를 약 5분 동안 때렸다. 수사관들은 이 씨가 쓰러진 다음에야 이 씨의 신분을 확인해 자신들이 오인했다는 것을 알아차리고 이 씨를 병원으로 데리고 갔다. 이 씨는 자신을 때린 사람이 누구인지도 모르고 있다가 담당 의사를 통해 비로소 자신을 때린 사람들이 검찰 수사관들이라는 사실을 알았다고 말했다.[29]

:: 지난 (8월) 23일 오후 8시 30분쯤 부산 부산진구 당감동 부산상고 앞에서 전주지검 소속 마약수사관 10명이 박 모 씨를 마약사범으로 오인, 집단폭행해 전치 3주의 상처를 입혔다. 박 씨는 "저녁식사 후 집 부근에서 산책하던 중 갑자기 청년들이 달려들어 도망쳤으나 붙잡혀 수갑이 차인 상태에서 마구 폭행당했다"고 말했다. 그는 또 "수사관들이 신원이 확인됐는데도 늑골이 부러진 환자를 병원으로 옮기지도 않고 현장에 20여 분간 방치했었다"고 주장했다.[30]

마약사건 수사의 특수성을 인정한다 하더라도 위 두 사건을 보면서 마약단속반이 그 검거과정에서 폭력 행사가 당연한 것처럼 인식하고 행동하고 있음을 알

---

28. 「서울 용산 경찰서장 전보 ─ 의경 가혹행위 책임 물어」, 2001년 7월 3일자 「한겨레신문」 기사.
29. 「일반 시민을 마약 용의자로 오인 검찰 수사관이 때려 실신」, 2001년 7월 27일자 「조선일보」 기사.
30. 「산책 시민 마약사범 오인 집단폭행」, 2001년 8월 25일자 「중앙일보」 기사.

수 있다. 얼마든지 마약 수사도 일반사건과 다름없이 연행, 체포하고 조사하여 증거를 확보할 수 있는 것이다. 선량한 시민을 마약사범으로 오인해 마구 구타하고 가혹행위를 했다는 것은 납득하기 어려운 일이다.

체포 때부터 시작된 고문 폭행 ─ 2001년 12월

① 진정인이 체포될 당시 (2001년 12월 19일) 피진정인들이 "○○호프 집 알지, 너가 범인이다 경찰서 가서 이야기하자"고 하면서 수갑을 채우므로 자신이 범인이 아님을 강하게 항변하였으나 신체상 심하게 반항한 일은 없었으며, 변호사 선임을 요구하였으나 묵살되었고,

② 연행 중에 차 내에서 집단구타를 당하였는데, 피진정인 나○○이 진정인이 범행을 부인한다면서 주먹으로 진정인의 얼굴과 옆구리 등을 구타하였고, 계속 범행을 부인하자 조수석에 탄 피진정인 김○○가 뒤로 건너와서 손에 가죽장갑을 끼고 주먹으로 얼굴과 몸통 등을 마구 폭행했으며, 진정인의 자취방에 도착하였으나 열쇠가 없다고 하자, 피진정인들이 집마당에서 진정인을 발로 차며 손으로 온몸을 구타하였고, 이후 위 강도사건의 범인이 강취한 신용카드로 옷을 구입한 ○○대리점의 여종업원 오○○에게 진정인의 얼굴을 확인시키기 위하여 ○○대리점으로 이동 중 김○○, 나○○으로부터 "○○대리점에 가면 너가 범인임을 입증해줄 증인이 있다"며 계속 폭행당한바, 진정인이 악에 받혀 "죽이든지 마음대로 하라"고 하자 김광하가 진정인의 수갑 찬 손을 의자 위에 올려놓고 여러 차례 수갑으로 내리찍어 손이 거의 마비상태가 되었으며,

③ ○○경찰서 도착 이후 조사과정에서도 진정인의 자백을 받기 위해 2002월 1월 21일 새벽 김○○ 등이 아무도 없는 형사관리계 사무실로 진정인을 끌고 가 양손을 등 뒤로 돌려 물을 적신 수건을 감싸고 수갑을 채운 다음, 양팔을 꼼짝 못하게 포승으로 묶고 수건을 입에 물리고 눕힌 상태에서 한○○이 발목 부분을

잡고, 나○○은 무릎 부분을 잡아 움직이지 못하게 붙들고, 김○○는 진정인의 배 위에 올라타서 양 주먹으로 갈빗대 부분을 눌러대고 곤봉으로 다리 사이를 끼워 누르며 심한 고문을 하여 진정인이 이를 견디지 못해 고문을 면하고자 일시적으로 자백을 하겠다고 하니, 김○○가 종이를 가져왔고 이에 진정인이 아픈 손으로 겨우 자백서를 썼는데 글씨를 알아볼 수 없을 정도여서, 김○○가 다시 녹음기를 가져와 자백을 강요하여 김○○가 시키는 대로 "친구 권○○와 몇 번 만나 알고 지내던 사람과 3명이 범행을 했다"는 내용을 자백하고, 다시 형사계 사무실로 끌려와 김○○가 틀어주는 녹음내용을 권○○와 함께 들은 후 자백을 번복하였으며,

④ 이후 피진정인 김○○, 한○○이 같은 날 새벽, 진정인에게 아직도 자백을 하지 않았다면서 형사계 내 숙직실로 데려가 무릎을 꿇리고 구둣발로 허벅지를 밟았으며, 눈을 감게 한 후 뺨을 때리고, 당구 큐대로 발바닥과 엉덩이를 때리는 등 폭행을 가하였다고 주장함.[31]

이런 주장은 모두 사실로 인정되어 국가인권위원회가 검찰에 수사를 요청하는 것으로 이 사건의 결론이 났다.

강압수사 2제 — 무죄 판결을 받은 강도살인사건(2001년 12월/2002년 2월)

여기서는 강압수사에 대한 두 사건을 소개한다. 첫 번째 사건으로, 장 모 씨는 PC방에서 사람을 죽였다는 내용의 채팅을 하는 것을 본 PC방 직원의 신고로 경찰에 체포돼 친구인 윤 모 씨와 함께 2001년 12월 인천 남구 간석1동에서 일어난 살인사건 용의자로 몰려 1심에서 중형을 선고받았다. 그러나 2002년 11월

---

31. 국가인권위원회, 『인권위결정례집』, 2004년 12월 24일, 4~5쪽.

14일 서울고법 형사2부는 "물증 없이 자백만으로 유죄를 인정하기 어렵다"며 무죄 판결을 선고했다.[32]

두 번째는 2002년 2월 경기 용인시 수지읍 계곡 도로에서 승용차 안에서 데이트 중이던 남녀를 발견, 반항하던 남자를 살해한 뒤 트렁크에 싣고 분당으로 가 빼앗은 신용카드로 현금을 인출한 다음 다시 여자를 살해하고 승용차를 불태운 혐의와, 서울 일대에서 다섯 차례에 걸쳐 술 취해 걸어가는 행인을 둔기로 때려 쓰러뜨린 뒤 금품을 빼앗고 그대로 방치해 숨지게 했다는 혐의로 홍 모 씨 등 3명에 대해 사형이 구형된 사건이다. 이 사건에 대해 1, 2심 모두 무죄를 선고했다. 그 이유는 다음과 같다.

:: 　재판부는 "피고인들의 양 무릎에 상처가 있고, 가슴·옆구리 등의 통증을 호소하는 등 '경찰이 가혹행위를 했다'는 주장과 부합하는 부분이 있고, 극형을 면치 못할 것을 알면서도 체포된 지 하루 만에 쉽게 자백한 점, 피고인들의 진술이 엇갈리는 점 등을 볼 때 자백의 신빙성이 없다"고 밝혔다. 재판부는 또 "현장검증까지 마치고 나서 피해자들의 휴대폰 기지국 주소가 사실과 맞지 않자 피고인들이 진술을 일제히 번복, 재차 현장검증을 하는 등 사후 정황에 맞춰 자백을 요구한 것 아닌가 하는 강한 의심이 든다"며 …… "범행에 사용한 흉기 등 물증을 전혀 확보하지 못한 점, 휴대폰 사용 기록과 온라인 게임 접속 기록 등 피고인들이 주장하는 알리바이가 인정되는 점 등을 종합해볼 때 피고인들이 살인을 저질렀다고 보기 어렵다."[33]

두 사건 모두 무죄 판결을 받았기에 다행이지 그렇지 않았으면 또 하나의 억

32. 「농담 한마디에 큰일 날 뻔…」, 2002년 11월 14일자 『한국일보』 기사.
33. 「'연쇄살인' 3인조 항소심도 무죄 — 경찰 부실, 강압수사 의혹」, 2003년 10월 19일자 『한국일보』 기사.

울한 원혼을 만들 뻔했다. 이 사건을 통해 경찰에서 여전히 자백을 얻기 위한 고문과 가혹행위가 벌어지고 있음을 알 수 있다.

시흥경찰서 가혹행위사건 —2002년 1월

:: 진정인은 강도사건 용의자로 2002년 1월 긴급체포되어 연행과정에서 집단폭행을 당하고 경찰서 내 조사과정에서도 폭행과 고문 등으로 진술 강요를 받는 등 가혹행위를 당하였다고 진정하였다. 이에 대하여 (국가인권)위원회는 진정인에 대한 긴급체포의 요건을 갖추지 못하였다고 볼 만한 상당한 근거가 있고, 사실관계와 증거 등에 의하면 진정인이 폭행 등 가혹행위를 당하였다고 믿을 만한 상당한 이유가 있는 것으로 판단하였다. 따라서 2002년 10월 위원회는 위원회법 제34조 제1항의 규정에 따라 진정 내용에 대해 검찰총장에게 수사를 의뢰하였다.[34]

이때는 국가인권위원회의 기능이 활성화되어 있는 상태였기에 가혹행위사건에 대한 수사 의뢰 조치가 가능했다. 인권침해에 대한 옴부즈맨의 기능을 가진 기관이 이런 종류의 가혹행위에 대해 견제판이 되고 있는 것이다.

가혹행위 경찰관 인권위서 고발 —2002년 2월

국가인권위원회는 2005년 2월 21일, 수사과정에서 폭행과 가혹행위를 하고 무리하게 밤샘조사를 벌인 경찰관 8명을 검찰에 고발했다고 발표했다.

:: 인권위는 (2005년 2월) 21일 홍 아무개(29) 씨 등 3명이 "경찰관들의 폭행과 가혹행위, 밤샘조사로 거짓자백을 했다"며 2003년 10월 수원 남부경찰서 경찰

---

34. 국가인권위원회, 『2002 연간보고서』, 2003, 120쪽.

관 8명을 상대로 낸 진정과 관련해, 경찰관들을 모두 검찰에 고발했다고 밝혔다. 당시 경찰이 촬영한 현장검증 사진 및 현장검증 동영상에서도 진정인들의 눈 주위 멍든 자국과 이마에 상처가 있는 것으로 확인됐다. 국립과학수사연구소에 홍 씨 등의 옷을 감정 의뢰한 결과, 무릎과 정강이 부분에서 핏자국이 있는 것도 확인됐다. …… 이들의 진정에서 "2002년 4월 체포 당시 경찰관 8명한테 삽자루, 곤봉, 죽도, 주먹, 발 따위로 엉덩이와 얼굴 등 온몸을 맞았고, 밤샘조사와 가혹행위 등 때문에 거짓자백을 했다"고 주장했다.[35]

얼굴에 침 뱉고 물고문 — 2002년 5월

:: 진정인은 신용카드 절취 및 사기 등의 혐의로 피진정인들에 의하여 긴급체포 되었고, 피진정인들은 진정인을 강력1반 사무실 맞은편 빈 사무실로 데리고 간 후 반지 출처를 추궁하는 과정에서 손과 빗자루를 이용하여 진정인의 머리, 몸 등을 구타하고, 앉았다 일어섰다를 수십 회 시켰으며, 얼굴에 침을 뱉고, 욕을 했으며, 심지어 팔다리를 포승으로 묶은 후 얼굴에 수건을 덮고 물을 붓는 방법으로 물고 문을 하였다. 이로 인하여 진정인은 얼굴과 손목 등에 타박상을 입었고, 악몽을 꾸 는 등 극심한 정신적 충격을 입었다.[36]

여기서도 물고문이 사용되고 있다. 그뿐 아니라 얼굴에 침을 뱉는 행위는 또 하나의 모욕이며 가혹행위다. 악몽을 꿀 만한 일이 아닐 수 없다.

물고문 등의 가혹행위 — 2002년 6월

국가인권위원회는 신용카드 등 절도 혐의로 체포돼 조사를 받는 과정에서

35. 「경찰 '밤샘조사' 줄어든다 — 인권위 권고에 경찰청 '제한규정 구체화'」, 2005년 2월 22일자 『한겨레신문』 기사.
36. 국가인권위원회, 2003.10.27.자 02진인1013 결정(경찰 조사과정에서의 가혹행위).

구타, 욕설, 물고문 등 가혹행위를 당했다며, 피해자가 2002년 6월 부산진경찰서 경찰관들을 상대로 낸 진정 사건을 조사했다. 그 조사결과이다.

:: 진정인이 건강한 상태에서 체포됐고 체포 및 조사과정에서 도주를 시도하거나 반항·자해 등을 한 사실이 없었음에도 경찰관들로부터 조사를 받고 유치장에 입감된 직후부터 타박상 등의 고통을 호소하며 식사를 하지 못한 채 누워 있었던 점, 경찰관들이 진정인을 강력반 사무실이 아닌 별도의 폐쇄된 사무실에서 단독으로 조사한 점, 참고인들이 "진정인이 단독으로 조사를 받고 있던 사무실에서 경찰관들이 양동이와 수건을 들고 나오는 것을 보았다", "조사 직후 진정인의 손목 부위에 빨갛게 묶인 흔적이 있었다"는 등의 목격 진술을 하고 있는 점 등을 종합적으로 검토한 결과, 범죄 혐의를 추궁하는 과정에서 진정인에게 구타와 물고문 등 가혹행위를 한 것으로 의심할 상당한 이유가 있다고 판단하고, 수사 관련자들을 검찰총장에게 수사 의뢰했다.[37]

그치지 않는 경찰의 가혹행위 ─ 2002년 8월

① 참고인 수용자 김○○의 자술서, 수용자 오○○, 강○○, 김○○의 전화통화 보고서, 수용자 서○○, 박○○의 서면 진술서, 유치장 근무자 김○○, 도○○의 문답서, 진정인의 처 문○○의 전화통화 보고서에 의하면, 위 사람들은 진정인으로부터 피의자 신문조사과정에서 피진정인들로부터 구타 등 가혹행위를 당하였다는 말을 들었다고 진술하고 있다.

② 진정인 및 피진정인의 문답서, 참고인 수용자 김○○의 자술서, 수용자 오○○, 강○○의 전화통화 보고서, 수용자 서○○, 박○○의 서면 진술서, 유치장 근무자

---

37. 국가인권위원회, 『국가인권위원회 공보』 제1권 제6호, 87쪽.

김○○, 도○○의 문답서에 의하면, 진정인이 긴급체포 전에는 건강하였으나 2002년 8월 ○○일 저녁 피의자 신문조서를 받고 경찰서 유치장에 입감된 시점부터 구토 및 현기증 등을 호소했던 사실을 동료 수용자들이 직접 목격하였으며, 또한 동 경찰서 유치장 근무자도 진정인이 입감 초기 식사를 제대로 하지 못하는 등 몸이 불편했던 사실을 알고 있던 점이 인정된다.

③ 참고인 수용자 김○○의 자술서, 진정인·피진정인·김○○ 대질 문답서, 참고인 수용자 서○○의 서면 진술서에 의하면, 2002년 8월 ○○일 오전경 진정인의 후두부가 피하출혈로 빨갛게 부어오른 사실을 직접 목격하였고, 유치장 수용 당시 진정인의 흉터 등을 직접 본 적이 있다고 진술하고 있다.

④ 2002년 8월 ○○일 ○○구치소 ○○과 소속 교사 윤○○ 작성의 진정인의 현인서 및 수용자 신분카드에는 "진정인이 경찰서 조사과정에서 경찰관에게 머리 부위를 30여 차례 폭행당하여 구토, 어지럼증, 눈 충혈 증세가 있다"고 기록되어 있고, 동 구치소 의무관 김○○의 소견서에는 진정인이 두통과 어지럼증을 가지고 입소한 사실과 동인에 대한 이학적 검사 및 신경학적 검사를 실시한 결과 긴장성 두통 외에 특별한 외상이 관찰되지는 않았지만 다른 질환이 있을 것을 우려하여 진정인을 병사에 수용하고 특별관리하고 있을 뿐만 아니라, CT 및 MRI 등 외부 진료를 허락한다고 기재되어 있다.[38]

국가인권위는 제출된 진정에 따라 가혹행위가 있었다는 판단을 하고 검찰총장에게 고발하도록 권고했다.

---

38. 국가인권위원회, 2003.3.21.자 02진인1642 결정(경찰 수사과정에서의 가혹행위).

또 하나의 끔찍한 고문치사사건 — 조천훈 씨의 경우(2002년 10월)

① 국민의 정부 검찰청사에서 일어난 고문치사사건

32세의 조천훈 씨가 그 억울하고 끔찍한 죽음의 주인공이다. 살인 용의자로 서울지검에서 수사를 받던 중에 그가 갑자기 사망한 것이다. 사건 직후 "구타는 없었다"라고 발뺌하다가 그 이튿날에는 서울지검 정현태 3차장과 노상균 강력부장이 "무릎을 꿇린 적은 있지만 때린 적은 없다"며 "자해로 인한 사망" 가능성까지 제기하는 등 은폐의 흔적이 역력했다. 그러나 부검결과 그의 몸에서 수없이 맞은 상처들이 발견되었다.[39] 밤새 수사관들이 지속적으로 고문을 자행했음이 차츰 밝혀졌다. 주임검사이던 홍경령 검사 역시 수사 당시 계속 자리에 있었고 구타를 묵인, 동조했다.

:: 대검 감찰팀이 서울지검 강력부 홍경령 검사에 대해 청구한 구속영장에는 밀실에서 피의자를 '물리적'으로 제압해 자백을 받아내는 야만적인 강압수사의 진상이 적나라하게 적혀 있다. (2002년 10월) 25일 오후 7시경 살인 혐의 용의자로 검거된 조천훈 씨는 같은 날 오후 9시부터 다음 날 오전 8시까지 무려 11시간 동안 수사관 3명에게 머리와 다리 등을 얻어맞으며 밤샘조사를 받았다. 구속영장에 따르면 조 씨에 대한 강압수사는 검사와 수사관들이 조 씨에게서 범행을 자백받기 전 미리 시나리오를 짜 역할을 분담해 진행됐다. 홍 검사는 수사관들이 돌아가며 피의자를 마구 발로 차고 주먹으로 때리는 등 심리적·육체적으로 제압해 범행을 시인했다는 보고를 받은 뒤에야 진술조서를 작성하기로 사전에 묵시적으로 정했다는 것이다. 홍 검사와 수사관들이 독직폭행치사 공범 혐의를 받는 것은 바로 이

---

39. 앰네스티 인터내셔널, 『연례보고서』, 2000.

같은 이유에서다.

수사관들은 조 씨가 술에 취한 채 25일 오후 9시경 서울지검 11층 특별조사실에 붙잡혀 들어와 범행을 부인하자 '기선 제압'을 위해 왼쪽 무릎 뒷부분을 발로 차 바닥에 넘어뜨리고 이마·발 등을 무릎으로 눌렀다. 폭행의 강도가 높아진 것은 홍 검사가 조 씨에 대해 1차 신문을 마친 26일 오전 2시 이후부터다. 이때부터 오전 8시까지 수사관 3명은 살인 혐의를 인정하지 않는 조 씨를 차례로 조사하며 허벅지와 낭심 등을 가리지 않고 마구 발로 차고 주먹으로 때린 것으로 밝혀졌다. 수갑을 채운 상태로 '엎드려뻗쳐'를 시키거나 머리를 바닥에 대게 하는 등 군대식 얼차려도 이 시간에 집중됐다.

감찰팀은 검사가 수사관들의 가혹행위를 묵인하고 조 씨가 실신상태에 이르렀는데도 사실상 방치한 것을 더 심각하게 보고 있다. 홍 검사는 26일 오전 6시～7시경 조 씨가 무릎을 꿇고 있는 장면을 목격했다. 또 오전 8시～8시 반경 조 씨가 신음소리를 내고 숨을 몰아쉬어 검사실로 데려올 수 없다는 수사관들의 보고를 받았다. 그러나 아무런 응급조치도 없었다. 홍 검사는 특히 이 무렵 조사실로 들어가 바닥에 쓰러져 있던 조 씨를 침대에 누인 뒤 4시간가량 그대로 둔 것으로 드러났다. 서울지검 강력부는 26일 오전 6시 반부터 낮 12시까지 조 씨를 재웠다고 발표했지만 수사결과 조 씨가 온몸을 얻어맞고 거의 실신상태였던 것으로 밝혀졌다.[40]

처음에는 모든 신문이 「검찰 아직도 가혹행위?」,[41] 「아직도 고문하는가」,[42] 「아직도 고문수사라니」,[43] 「'가혹수사' 막아야 할 검찰이」[44]라는 제목의 사설을

40. 「'피의자 사망사건'… 11시간 동안 4차례 무차별 폭행」, 2002년 11월 6일자 「동아일보」 기사.
41. 2002년 10월 29일자 「서울신문」 사설.
42. 2002년 10월 29일자 「문화일보」 사설.
43. 2002년 10월 30일자 「경향신문」 사설.
44. 2002년 10월 30일자 「국민일보」 사설.

썼다. 그리고 이윽고 검찰 수사관이 아니라 주임검사 자신이 고문에 가담한 사실을 대서특필했다.[45] 당시 여러 정황을 보면 홍 검사나 수사관들이 우발적으로 고문을 가한 것이 아니라 아주 상습적이고 조직적으로 가하고 있음을 알 수 있다. 같은 사건으로 또는 같은 시기에 홍 검사로부터 조사받았던 다른 피의자들의 주장이다.

:: 국가인권위원회는 지난달 26일 서울지검에서 조사를 받다 숨진 조천훈(30) 씨와 같은 혐의로 조사를 받다 수갑을 찬 채 달아난 최 모(30) 씨의 가족이 "최 씨도 검찰 조사 당시 가혹행위를 당했다"는 내용의 진정을 제기했다고 4일 밝혔다. 인권위에 따르면 최 씨의 어머니 강 모 씨와 가족들은 이날 최 씨를 대신해 "지난달 25일 체포된 뒤 서울지검 11층 조사실에서 수사관들로부터 구타당했다"며 진정서를 냈다. 강 씨는 최 씨의 도주 다음 날인 26일 친구를 통해 보내왔다는 병원 진단서와 사진 13장을 함께 제출했다. 일산 모 병원 일반외과에서 발행한 진단서에는 "목 부분의 심한 타박상을 의미하는 경부염좌, 좌측 견관절부 좌상, 안면부 좌상-찰과상, 찰과상, 양측 대퇴부에서는 피하출혈이 나타났다"고 말했다.[46]

:: 숨진 조 모 씨가 조사를 받은 서울지검 특별조사실에서는 당시 무슨 일이 있었을까. 조 씨가 조사를 받을 때 옆방에서 함께 조사를 받은 같은 사건의 참고인 박 모(22) 씨는 조 씨에게 물고문으로 보이는 가혹행위가 있었던 것으로 추정했다. …… 박 씨는 (2002년 10월) 31일 『경향신문』 기자와의 전화통화에서 "26일

---

45. 홍 검사는 "숨진 조 씨가 계속 복통을 호소했기 때문에 술을 많이 마셔서 아픈 것으로 알았고 조 씨가 옷을 입고 있는 상태였기 때문에 구타가 있었다는 사실을 알지 못했다"라고 부인했다. 「홍 검사 폭행방조 혐의 구속」, 2002년 11월 11일자 『국민일보』기사. 그러나 다섯 차례나 특별조사실을 들렀고, 그 가운데는 무릎을 꿇린 상태를 목격한 바도 있기 때문에 그 부인은 설득력이 없다. 더구나 당시 홍 검사를 지원하고 있던 수사관 중에는 무술 수사요원도 있었고, "무술 수사요원 등의 물리력을 행사해 심리적·육체적으로 제압한 뒤 범행을 시인했다는 보고를 받으면 조서를 작성하기로 역할을 분담했다"라는 것이어서 고문 사실을 부정하기 어렵다. 「홍 전 검사 영장 혐의―"가혹행위 알고도 묵인" 사실상 고문 가담 판단」, 2002년 11월 7일자 『한겨레신문』 기사.
46. 「숨진 용의자와 같이 조사받다 도주 30대 "검찰서 구타당했다"」, 2002년 11월 5일자 『세계일보』 기사.

오전 11시쯤 검찰 수사관들이 나를 조사실로 연행한 뒤 수갑을 채우고 바닥에 무릎을 꿇린 뒤 '유관순이 어떻게 고문당했는지 아느냐'라며 뺨을 손으로 10여 차례 때린 뒤 '물고문을 당해봐야 돼'라고 협박했다"고 밝혔다. 박 씨는 이어 수사관들이 물을 트는 듯한 소리를 들었지만 내가 있던 조사실에는 욕조는 없었으며 세면대만 있었다고 말했다. 박 씨는 또 "내가 조사를 받는 동안 옆방에서 조 씨가 조사를 받는 소리를 들었다"면서 조 씨가 "숨을 못 쉬겠다"고 하자 수사관들이 "엄살 피우지 마"라고 말하는 소리를 들었다고 전했다. 박 씨는 이어 '우당탕' 하는 소리와 함께 "그만 좀 하세요", "숨을 못 쉬겠어요"라는 말도 들렸다며 "몇 분 뒤 또다시 '우당탕' 소리가 나고 얼마 뒤 '숨을 안 쉰다. 인공호흡을 해봐라'라고 말하는 수사관의 말소리를 들었다"고 말했다.[47]

이처럼 고문은 우발적이거나 실수로 이루어진 게 아니었다. 당시 홍 검사와 수사관들은 과거의 안기부 고문실 저리 가라 할 정도로 심하게 고문을 했던 것으로 밝혀졌다. 이제 고문은 사라졌다고 생각했던 많은 사람들에게 바로 검찰에서, 더구나 검사의 지휘로 가혹한 고문이 이루어졌다는 사실은 큰 충격이었다. 그러나 여전히 검찰은 물고문 사실을 부인하다가 당시 함께 조사받았던 공범의 진술로 물고문 사실이 드러나자 검찰은 더욱 절망했다.[48] 이 사건으로 담당검사가 곧바로 구속되었고,[49] 국민의 분노를 잠재우기 위해 당시 김정길 법무부장관, 이명재 검찰총장, 김진환 서울지검장 등이 줄줄이 사표를 냈다.

---

47. 「박 모 씨 주장 '물고문' 상황 — 퍽퍽 … 우당탕 … "숨 못 쉬겠다"」, 2002년 11월 1일자 『경향신문』 기사.
48. 한편 피해자 조 씨의 가족들은 민사소송을 제기했고 1억 9천여만 원의 배상을 국가로부터 받게 되었다. 2005년 4월 18일자 『세계일보』 기사.
49. 검사가 자신의 고문과 가혹행위로 인해 구속된 것은 처음이라고 한다. 「홍 전 검사 폭행방조 혐의 구속」, 2002년 11월 7일자 『국민일보』 기사.

② 어제오늘의 일이 아닌 검찰의 고문수사

그러나 검찰의 고문 행태가 어제오늘의 일이 아니라는 데 문제의 본질이 있다. 과거 고문이라고 하면 안기부나 치안본부 대공분실을 연상하고 검찰은 아무 관계가 없어 보였지만, 검찰이 다른 수사기관의 고문을 예방·견제해야 할 책무를 가진 감독기관으로서 자신의 역할을 다하지 못하는 사이에 스스로 고문에 대한 심리적 무장해제가 되었으며, 동시에 고문이 스스로의 수사 관행이 되고 말았다. 그 사이에도 크고 작은 가혹행위 시비가 끊이지 않았으나, 검찰 간부들은 이에 대한 엄단 노력과 제도적 정비의 노력을 기울이지 않았다. 이러는 가운데 검찰의 고문으로 발생한 이번 사고는 이미 예견된 것이나 다름없었다.

:: 조천훈(30) 씨 폭행치사사건으로 검찰이 비난을 받고 있는 가운데 서울지검 특별조사실에서 이미 조사를 받은 피의자나 참고인들이 그동안 관행적으로 수사관들에게 무자비한 폭행을 당한 것으로 밝혀져 충격을 주고 있다. 특히 일부 검찰 수사관들은 자백을 받아내기 위해 '목검(木劒)'과 '야구방망이' 등으로 피의자를 폭행하고 심지어는 참고인에게도 폭행을 가해 발목이 골절되는 중상을 입히는가 하면 잠을 아예 재우지 않는 등 구시대적 수사기법을 사용해온 것으로 드러나고 있다. 검찰의 이 같은 폭력 행사는 특조실이 2층 철제문으로 닫혀 있는 등 일반인들의 접근이 어렵다는 점을 악용해 상습적으로 일어나는 것으로, 검찰 폭력을 없애기 위해서는 특조실을 이제라도 없애야 한다는 지적이 일고 있다.(2002년 11월)

5일 『세계일보』법조팀의 취재결과 지난 2월 살인미수 혐의로 수배를 받은 A씨(40, 구속)의 형 B씨는 동생 소재를 파악한다는 이유로 서울지검 특조실로 연행됐다. 참고인 신분인 B씨는 "동생 행방에 대해 잘 모른다"고 말했지만 수사관 3명은 B씨의 옷을 모두 벗긴 뒤 복부와 무릎 등을 무자비하게 때렸다. 이들 가운데 수사관 한 명은 B씨가 바닥에 넘어지자 야구방망이로 B씨의 발을 내리쳐 발목을 부러뜨리는 등 전치 5주의 중상을 입혔다. 수사관들은 "폭행 사실을 알리면 어떤 건으로도 '엮어넣을' 수 있으니 마음대로 하라"고 협박하기도 했다는 것이다.

같은 사건의 공범으로 특조실에서 조사를 받은 C씨(40)는 "제대로 불지 않는다"며 2～3일 동안 잠을 자지 못한 채 조사를 받으면서 목검과 야구방망이 등으로 구타를 당해 가슴과 팔 등 온몸에 시퍼런 피멍이 들었다고 주장했다. C씨는 구치소에 수감된 뒤에도 검찰 수사관 4명에게서 수차례 폭행을 당했고, 검찰은 C씨의 접견을 40여 일간 금지시키는 비인도적 처분을 내리기도 했다. 검찰은 C씨에 대해 살인미수 공범 혐의를 찾아내지 못하자 다른 혐의를 붙여 구속했다.

지난 7월부터 3개월 동안 진행된 연예계 비리 수사에서도 검찰 수사관들의 폭행 등 가혹행위가 있었던 것으로 본지 취재팀에 확인됐다. 지난 8월 말 검찰에 연행된 연예 관계자 D씨는 "비자금 장부가 있는 곳을 대라"며 특조실에서 4일 동안 하루에 1시간씩 토막잠을 자면서 조사를 받는 등 가혹행위를 당했고, 모 기획사 사장 E씨는 뇌물 리스트를 불지 않는다는 이유로 수사관들에게서 수십 차례 가슴과 얼굴 등을 맞았다는 것이다.[50]

이렇게 검찰의 가혹행위는 크고 작게 계속 말썽을 일으켜왔다. 그런데도 검찰 간부들이나 검사, 수사관들은 경각심을 갖지 못했다. 바로 이것이 검찰이 뼈아픈 잘못을 저지르게 된 원인이다. 통제하기 어려웠던 특별조사실의 존재와 운용, 무술 수사관의 채용,[51] 과거 가혹행위의 간과 등이 이번 사건의 복합적 요인이라 할 수 있다.

---

50. 「검찰수사 바꿔야 한다(1)─가혹행위 실태」, 2002년 11월 6일자 『세계일보』 기사.
51. 서울지검은 2000년 7월 이후 체포 전문가인 현직 무술 경관을 15명이나 검찰 수사관으로 특채했다. 「검찰 강압수사 언제까지……─실태─개선 방안」, 2002년 11월 4일자 『동아일보』 기사. 무술 수사관들이 일단 채용되어 있는 이상 그 무술 '솜씨'를 쓰지 않을 수 없고, 그러다 보니 고문도 하게 되지 않겠는가.

③ 고문 추방을 위해서 필요한 일—강력범은 '강력하게' 수사해야 한다?[52]

조천훈 고문치사사건 후 '사후약방문'이 쏟아졌다. 서울지검은 '피의자 구타사망' 사건이 발생한 서울지검 청사 11층 특별조사실을 없애거나, 피의자를 조사할 때 CCTV 녹화를 의무화하는 방안을 검토 중이라고 말했다.[53] 검찰은 또 자해 방지를 위해 조사실 벽에 완충벽을 설치하는 방안도 검토 중이라고 밝혔다.[54] 강력부 개편론도 나왔고, 일부 강력사건의 수사권을 경찰에 이양하는 방안도 검토되고 있었다.[55] 그러나 사건의 충격이 가시면서 이 모든 방안도 제대로 실천되지 않았다. 사고 직후 보여준 여러 가지 모습에서 검찰이 고문과 단절하는 것이 얼마나 어려운가를 잘 알 수 있다.

::   사법처리 절차가 진행 중인 홍 검사에 대해 검찰 내부에서는 "검찰 내 '3D 업종'으로 통하는 강력부 검사를 자원하는 등 수사 열의가 대단했다"는 동정론이 있는가 하면, "자백을 얻어낼 욕심이 지나쳐 자초한 자업자득"이란 평이 교차하고 있다. 홍 검사를 두둔하는 쪽은 암장될 뻔한 조폭 살인사건 2건을 4년에 걸쳐 추적하는 등 수사집념을 높이 평가해야 한다는 의견이다. …… 한 강력부 검사는 "비록 홍 검사가 불명예스럽게 검사복을 벗게 됐지만 미제가 될 뻔한 사건을 파헤친 노력은 인정해야 하지 않느냐"고 말했다.[56]

---

52. "홍 검사의 구속으로 '강력범은 강력하게 수사해야 한다'는 은연중의 관행도 깨질 수밖에 없게 됐다"라고 한 신문은 쓰고 있다. 「홍경령 검사 구속 수감 안팎—수사 관련 검사 구속 사상 처음」, 2002년 11월 7일자 「서울신문」 기사.
53. 당시 서울지검 특별조사실은 7개가 있고 모두 폐쇄회로TV(CCTV)가 설치되어 있었으나 "조사 상황 녹화 의무 규정이 없다는 이유로 실제 녹화는 거의 이루어지지 않고" 있으며, "CCTV가 조사실 천장에만 달려 있어 책상과 피조사자 정도만 간신히 볼 수 있으며", "모니터실도 한 곳이어서 간부들이 조사 상황을 체크하기도 번거롭다"라고 한다. 「문제의 특조실 고친다」, 2002년 11월 6일자 「한국일보」 기사. 그러나 이런 특별조사실은 아예 없는 것이 좋다. 왜 좋은 검사실을 두고 '특별조사실'이 필요한가.
54. 「서울지검 특조실 폐지 검토—CCTV 녹화 의무화 … 자해 방지 위한 완충벽도」, 2002년 11월 6일자 「조선일보」 기사.
55. 「홍경령 검사 구속 수감 안팎—수사 관련 검사 구속 사상 처음」, 2002년 11월 7일자 「서울신문」 기사.
56. 「홍 검사 평판 엇갈려」, 2002년 11월 6일자 「세계일보」 기사.

:: '조천훈 씨 사건'을 담당했던 주임검사 홍경령(37) 검사가 특정범죄가중처벌법(독직폭행 및 가혹행위) 위반 혐의로 구속영장이 청구된 6일 법무부와 대검찰청, 서울지검 등은 침통함에 휩싸였다. 검찰 관계자들은 "홍 검사가 의욕적으로 일을 처리하다 피의자가 사망하는 최악의 상황을 당하게 됐다"며 "이번 일로 수사의지가 약화될까 걱정이 태산"이라고 입을 모았다. …… 서울지검의 한 수사 관계자는 "입이 10개라도 할 말이 없지만 여론에 밀려 홍 검사에 대한 구속영장 청구는 너무 심하다는 느낌"이라며 "검사와 수사관에 대한 처벌보다는 잘못된 관행을 고치는 것이 우선"이라고 말했다.[57]

무엇보다도 검찰 내부에서는 홍 검사 개인의 '과잉의욕' 탓으로 책임을 돌리는 경향이 짙었다. 당시 검찰은 마약사범, 살인, 조직폭력배 등 강력사건에서는 고문이나 가혹행위가 당연한 것처럼 인식하고 있었다. '조천훈 씨 사건'은 일단 불러놓고 가혹행위와 협박으로 증거를 확보하겠다는 전근대적이고 비과학적인 수사태도가 근본적인 원인이었다. 이런 '인권 불감증'은 언제 또다시 고문과 살인을 불러오게 될지 모른다.

아주 사소하고 작은 절차라도 이를 지키는 것이 중요하다. 적법 절차의 준수는 인권의 존중이라는 실체적 보장으로 연결되기 때문이다. 당시 이 사건에 대한 국가인권위원회의 조사결과 역시 이 점을 강조하고 있다.

:: 위원회는 피해자 6명 및 피진정인 14명 등에 대한 조사, 대검찰청 및 서울지검, 서울지방법원 등에서 제출한 자료 검토 및 서울지검 특별조사실에 대한 실지 조사 등을 실시하였다. 그 결과 서울지검 홍 모 검사 및 수사관들이 긴급체포 요건

---

57. 「"수사의욕 꺾일라" 침통 — 홍 검사 영장 서초청사 표정」, 2002년 11월 7일자 『세계일보』 기사.

에 해당되지 않는 피해자들을 긴급체포하고, 체포시 체포 사유 및 변호인의 조력권 등을 고지하지 않았으며, 서울지검 특별조사실에 피의자를 인치한 후에는 자백을 강요하며 폭행·가혹행위를 함으로써 피해자들의 변호인의 조력을 받을 권리, 체포적부심을 신청할 권리, 진술거부권 등을 실질적으로 침해한 사실을 밝혀냈다. …… 또한 피진정인들은 서울지검 특별조사실에서 피해자들을 조사하면서 외부와 격리시킨 채 자백을 강요하며, 폭행·가혹행위를 하여 피해자들이 변호인의 조력을 받거나 체포적부심을 신청할 수 있는 기회를 원천적으로 봉쇄하였다. 당시 피해자들은 대부분 살인 혐의를 부인했지만 폭행·가혹행위로 인하여 허위자백을 할 수밖에 없었으며, 조 모 씨는 피진정인들의 가혹행위로 사망하였다.[58]

고문방법의 다종다기한 모습을 보여주다 — 2002년 10월

다음은 국가인권위원회가 직권으로 조사한 가혹행위의 다양한 모습으로, 검찰총장에게 고문 사실을 수사하도록 권고한 사건들이다.

가. 피해자 장○○의 주장

① ○○지검 특별조사실 ○○○○호에 인치된 후 이○○가 "이○○를 왜 죽였나, 권○○을 아냐"는 등 10분에 걸친 질문을 한 후 수갑을 뒤로 채운 채 배와 대퇴부를 발로 차고 그후 2명이 머리와 등허리를 구둣발로 때렸다.

② 홍○○가 범행 사실을 자백하라며 엉덩이를 발로 차 쓰러뜨린 후 다리를 밟고 손으로 목, 머리 등을 때리고 양다리를 들어 얼굴 있는 쪽으로 꺾고 그 위에 올라타서 앉았다 일어섰다를 반복하고 누운 상태에서 목, 양팔, 양다리를 올리라고 한 후 허벅지에 올라타서 수갑 찬 손등과 성기를 주먹으로 때렸다.

---

58. 국가인권위원회, 『2002 연간보고서』, 2003, 131~132쪽.

③ 홍○○, 이○○, 채○○, 최○○과 함께 있던 중, 홍○○ 검사가 들어와 살인사건에 대해 물어 모른다고 하자 홍○○, 이○○ 등이 머리를 때렸으며 같은 달(2002년 10월) 24일 오전 10시경 조사를 끝내고 검사실로 가서 조사를 받았고, 같은 날 오후 5시경 검사실에서 채○○와 밥을 먹고 있는데, 홍○○와 이○○가 들어와 "거짓말을 했다"며 가슴을 발로 치고 따귀를 때리고 수갑을 뒤로 채웠다. 홍○○가 검사 앞 컴퓨터로 끌고 가 정○○ 사진을 보여주며 맞냐고 물은 후 맞다고 대답하자, 이○○와 홍○○가 박스테이프로 눈을 가린 후에 폭행하여 기절하였다.

④ 10월 23일 ○○지검 특별조사실에 인치된 후부터 25일 오전 10시경까지 잠을 재우지 않고 조사를 하였다.

나. 피해자 권○○의 주장

① ○○에서부터 ○○지검으로 가는 차 안에서 홍○○, 이○○가 "이○○를 죽였냐"고 물어 "안 죽였다"고 하자 폭행하였으며, 이후 권○○, 정○○ 등을 아냐고 물어 모른다고 하자 계속 폭행하였다.

② 2002년 10월 24일 오전 12시경부터 ○○지검 특별조사실 ○○○○호에 들어서자마자 피진정인 이○○가 불을 끈 후 원산폭격을 지시하였으나 이를 거부하자 뒤에서 발로 밟고 주먹으로 얼굴을 때렸으며, 이후 살인사건에 대해 자술서를 쓰라고 지시하였다. 1998년 당시 '밀지'에 대하여 자술서를 작성한 후 이○○ 살인사건과 관련하여 더 이상 할 말이 없다고 하자, 그때까지 앞으로 시정되어 있던 수갑을 뒤로 채워 바닥에 눕힌 후 양 다리를 천장으로 들게 하고 이○○가 엉덩이를 깔고 앉아 위에서 누르고 다른 사람이 성기와 낭심을 20여 회 때리다가 낭심을 꽉 움켜쥐어 잠시 기절하였다. 의식을 회복한 후 누워서 처와 아이들 이름을 부르며 울고 있는데 한 사람이 일으켜주어 벽에 기대앉았고, 이후 홍○

○ 검사가 장○○을 데려와 대질신문을 시켰다. 장○○이 "○○아, 솔직하게 얘기 해"라고 하여 "야, 새끼야, 뭘 얘기해"라고 악을 쓰자 또다시 폭행당하였다. 이 ○○, 채○○가 얼굴을 때리다가 눕힌 후 발목과 엉덩이 부분을 걷어차면서 폭행 하였고, 누워 있는 피해자의 몸 위에 올라가 이○○는 수건을 입 안에 넣어 누르 고, 홍○○는 성기를 때리고 고환을 움켜쥐어 잠시 기절하였다.

③ 2002년 10월 24일 오후 7시경 전○○에게 진술서를 작성한 후부터 25일 새벽 4시까지 박○○에게 1차 피의자 신문조서를 받을 때와 26일 새벽 2시부터 6시 까지 박○○에게 2회 피의자 신문조서를 받을 때 밤샘조사를 받았다.

다. 피해자 정○○의 주장

① 긴급체포된 후 2002년 10월 24일 오후 8시경부터 25일 새벽 4시경까지 ○○○ ○호 조사실에서 홍○○, 채○○는 이○○ 살인사건의 자백을 강요하면서 협박과 가혹행위를 하였다.

② 특히 팬티와 양말을 제외하고 옷을 모두 벗기고 수갑을 앞으로 채운 상태로 똑 바로 눕게 한 뒤 발과 목을 들도록 하여, 발이 아래로 내려올 때마다 발뒤꿈치 와 주먹으로 피해자의 어깨와 허벅지, 날갯죽지 등을 때렸다. 또한 옷을 벗기고 가혹행위를 하면 상처가 난다는 이유로 다시 옷을 입힌 뒤 피해자를 눕힌 상태 로 홍○○가 발로 피해자의 목을 세게 눌러 기절하였으며, 뒤로 수갑이 채워진 손을 허리로 내리도록 하여 발로 아랫배를 꽉 눌렀다.

③ 피해자가 살인 혐의에 대해 부인하자 홍○○는 수갑이 뒤로 채워져 있는 피해자 의 머리를 땅에 박게 한 후 한쪽 발을 들게 했다. 홍○○는 "네가 잡혀온 것은 아무도 모르니 죽어나가도 모를 거다, 각오해라"고 협박하였으나, 피해자가 계 속 부인하자 피해자의 무릎을 꿇도록 하고 수갑을 앞으로 채운 뒤 갈색 테이프 로 눈을 가린 후 자백을 강요하였다. 그럼에도 계속 부인하자 테이프로 코 부분

까지 감은 후, "장○○이 임신 4개월인 너의 처가 이 사건에 연루되었다고 자백을 했으니, 네 처도 잡아와서 네가 보는 앞에서 조사를 하겠다"고 협박하였다. 고통과 아내에 대한 걱정에 못 이겨 피해자가 "자백하겠다"고 하였으나 피진정인들은 "필요 없다, 안 죽였다면 얘기하지 말라"고 하여, 그중 한 사람의 발을 잡고 살려달라고 울면서 빌었다. 얼굴에 감은 테이프는 이후 피해자가 자백을 한 후 자술서를 쓰기 위해 다른 방으로 이동할 때 풀어주었다.

라. 피해자 최○○의 주장

① 2002년 10월 25일 오후 3시경 ○○지검 특별조사실 ○○○○호에서 채○○가 배개 위에 원산폭격을 시킨 후 2명 죽인 것에 대해 얘기하라며 30여 분 동안 폭행하였다. 머리를 움켜쥐고 끌고 다녀서 얼굴에 상처가 생겼으며 땅 바닥에 엎드리게 해서 구두 뒤축으로 대퇴부 등을 짓이기고 폭행하였다. ○○○○호에 들어갔을 때 변호인의 조력을 받을 권리나 불리한 진술거부권을 고지하지 않았다. 전혀 아무 말도 하지 않고 죽였냐, 안 죽였냐고만 묻고는 때렸다.

② 이○○가 수갑을 뒤로 차고 누워 있는 피해자의 허리를 꺾어서 다리를 들어올리게 하고 성기를 잡아당겼다. 오후 5시경 홍○○이 "잘 안다고, 빨리 진술하라"는 등의 얘기를 하며 10여 분간 있었으며, 홍○○이 나간 이후 구○○이 들어와 40여 분 동안 살인사건에 대해 추궁하였다.

③ 이후 오후 7시경 홍○○이 다시 와 피해자에게 20여 분 동안 구두신문을 하였는바, 이때 피해자의 얼굴에 상처가 있었고 팔 부분이 찢어졌으며 제대로 서지도 못하는 상태였다.

④ 위와 같은 가혹행위를 당한 지 3시간 만에 자백하겠다고 하여 진술하던 중 구체적인 내용을 모른다는 이유로 30여 분간 폭행당하였다.

마. 피해자 박○○의 주장

① 10월 25일 오후 9시경 서울지방검찰청 특별조사실 오른쪽 끝방에 들어가자마자 홍○○가 원산폭격을 하라고 하여 수갑을 앞으로 찬 상태에서 무릎을 꿇고 엎드렸는데 "박○○ 아느냐, 이○○를 아느냐"고 하여 모른다고 하면 허벅지 등을 발로 밟고 때렸다. 약 1시간 동안의 구타 도중 중간에 수갑을 풀어주면서 팬티만 남겨놓고 옷을 벗으라고 한 후 박○○이 입고 있던 흰색 러닝으로 눈을 묶은 후 수갑을 뒤로 채웠다. 이후 천장을 보고 누우라고 한 후 배에 앉아서 빙글빙글 돌거나 배와 가슴을 발로 밟았고 이로 인해 수갑 찬 손목에 상처가 많이 생겼다.

② 위 중간에 성명불상 피진정인이 들어와 수갑을 뒤로 채운 상태에서 눕게 한 후 배와 가슴을 밟고 성기 윗부분을 발로 찼다. 잠시 후 채○○가 들어와 엎드리게 한 후 허벅지와 다리를 들어올려 꺾었으며, 슬리퍼 신은 발로 목을 반복하여 밟아 기절하였다.

③ 홍○○가 들어와 "코로 물 좀 먹여야지" 하면서 하얀 수건을 가지고 와 얼굴 윗부분을 묶은 후 화장실로 상반신만 끌고 들어가 채○○가 배에 올라타고 홍○○가 바가지에 물을 떠와서 수건 위로 부었다. 피해자가 머리를 흔들면 채○○가 목을 잡고 바가지에 물이 없으면 다시 받아서 붓기를 반복하여 두 차례 기절하였다. 피해자가 소리를 질러 화장실 밖으로 끌려나온 후 다시 폭행당했으며, "김○○, 박○○을 데리고 가서 사람을 죽였다"고 하여 이를 부인하자 수건을 눈 부위에 말아 수차례 가격하였다.[59]

---

59. 국가인권위원회, 2003.2.24.자 02직인2, 02진인1882, 1889, 1891 결정(피의자 고문치사 등 인권침해).

노숙자 단속과 가혹행위 —2002년 11월

철도청 공안원이 노숙자를 단속하면서 가혹행위를 했다는 주장이 제기되었다. 시민단체 '노숙인복지와인권을실천하는사람들'(노실사)은 서울역 주변 노숙자 김 모 씨와 이 모 씨가 서울역 소속 공안원들로부터 가혹행위를 당해 전치 2~3주의 상해를 입고 치료 중이라고 2002년 11월 6일 주장했다. 이 단체는 국가인권위원회에 이와 같은 내용을 진정하고 서울역 앞에서 1인 시위를 벌였다.[60] 수사기관은 아니지만 힘없는 노숙자들에게 공안원이라는 권력이 용서할 수 없는 폭력을 행사한 것이다.

---

60. 「"노숙자 단속 중 가혹행위" 시민단체, 인권위에 진정」, 2002년 11월 6일자 『문화일보』 기사.

제5장

참여정부와 고문

01
참여정부의 인권정책

　　김대중 정부 시절에 창설된 국가인권위원회는 참여정부에서 더욱 안정된 기반을 잡으면서 인권 전반에 걸친 제도적 개혁, 국가기관의 인권 실천 모니터와 견제, 다양한 인권의식 함양 등의 노력을 경주해왔다. 그뿐만 아니라 인권의 주무부처인 법무부 역시 과거와는 달리 검찰의 독립과 더불어 인권의 본질적인 개선에 노력을 기울였다.

　　특히 참여정부 초대 법무부장관으로 임명된 강금실 변호사는 '민주사회를위한변호사모임' 소속 변호사 출신으로서 개혁 성향이 높은 사람이었다. 그는 취임 직후 안경환 서울대 법대 학장을 위원장으로 하는 법무부정책위원회를 구성하고 법무 분야에 대한 다양한 개혁 방안을 연구, 결의하게 했다. 국제기구가 대한민국 정부에 대해 거듭 권고한 인권 관련 개혁 과제에 대해 법무부는 다음과 같이 반응하고 있다.

　　::　　(국제기구의) 권고사항 중 변호인 참여제도 및 구속 전 피의자 심문제도에 대

하여는 법무부정책위원회에서 그 도입을 의결한 바 있고, 현재 이를 반영한 형사소송법 개정안을 준비 중이다. 그 이외에도 법무부정책위원회에서는 변호인 참여제도 및 구속 전 피의자 심문제도 등에서 피의자 방어권을 실질적으로 보장하기 위해 구속된 피의자 및 피고인에 대하여 필요적으로 국선변호인을 선정하도록 하는 국선변호인 확대 방안을 의결하였고, 형사소송법 개정안에 반영할 계획이다.

법무부는 우리나라가 가입한 각종 국제협약이나 조약에 따른 국내법의 제·개정을 진행하거나 준비하고 있다. 대표적인 것으로 국제형사재판소협약을 들 수 있다. 우리나라는 2000년 3월 8일 국제형사재판소협약에 가입[2000년 3월 8일 협약 가입(서명), 2002년 7월 1일 발효, 2002년 11월 13일 비준, 2003년 2월 1일 비준 효력 발생]하였고, 법무부는 현재 그 국내 이행 입법 초안을 준비 중이다. 그 이외에도 법무부는 국제인권규약상의 개인통보제도에 따른 국내 구제절차에 관한 특별법 제정 필요성에 대하여 연구를 진행할 예정이다. ……

교정시설에 수용된 사람들에 대한 인권보장의 수준에 대하여 많은 비판이 제기되어왔다. 법무부는 2003년 8월 교정시설에서의 인권 수준 향상을 위하여 정책 개발 및 법령 개정을 담당할 교정태스크포스팀을 구성하였다. …… 그 첫 번째의 결과로 법무부는 교정태스크포스팀에서의 논의를 기초로 '수용자 규율 및 징벌에 관한 규칙' 개정안과 '계구의 제식과 사용방법 등에 관한 규칙' 제정안을 마련하였다. 두 규칙의 제·개정 방향에 대하여 법무부정책위원회에서도 논의하고 의결한 바 있다. ……[1]

개혁 과제의 전체적인 방향에 대해서는 동의할 만하지만 그렇다고 온전하게

---

1. 법무부, 『인권존중의 법질서』, 2004, 32쪽.

추진되고 있는 것은 아니다. 대부분 '연구' 중이거나 '결의'한 것에 불과하다. 더구나 강금실 법무부장관이 사퇴함으로써 개혁 과제가 지속적으로 추진될 동력을 잃어버렸다.[2]

1. 고문과 가혹행위의 개선?

참여정부의 인권정책과 인권 상황이 크게 개선된 것은 부인할 수 없다. 법무부는 2003년 1월부터 수사과정에서의 인권보호를 위해 필요한 사항을 구체적으로 규정한 '인권보호수사준칙'(법무부 훈령)을 제정하여 시행 중에 있다. 이 준칙을 통해 밤샘조사를 원칙적으로 금지하는 등 수사 절차상 피의자 등 사건 관계인의 권리가 강화되었다. 또한 인권보호관제도를 도입, 인권침해 행위를 상시적으로 감시·시정하도록 하여 수사기관의 적법 절차 준수와 인권보장의 기준을 제시하는 데 기여했다.[3]

그 외에도 민간인 중 일부를 검찰 시민 모니터 위원으로 위촉하여 일반 국민의 의견을 검찰 운영에 반영하거나, 민간인을 검찰 '시민 옴부즈맨'으로 위촉하여 검찰 관련 불만을 직접 청취하고 의견을 제시할 수 있도록 하는 등 시민 주도의 모니터링 제도를 도입하여 3개 검찰청에서 시범 실시했다. 또한 고등검찰청의 항고사건 결정과정에 변호사·법학교수 등 외부 위원이 참여하여, 기록 검토 등을 거쳐 의견을 내도록 하는 항고심사회를 설치·운영하도록 했다.

2. 김승규 법무부장관은 "인권보장의 실질적 구현"이라는 모토 아래 "수사과정에서의 인권보호를 위해 인권존중 여부와 무죄 분석결과 등을 인사에 반영하고, 불법체포·가혹행위·철야조사 등을 더욱 철저히 감찰하며, 지난해 20개 검사실에서 올해는 30개 검사실로 녹음, 녹화제를 확대하기로 했다"라고 밝혔다. 2005년 4월 21일자 『오마이뉴스』 기사.
3. 법무부, 『2004년 법무부 인권개선 성과』, 법무부(http://www.moj.go.kr) 자료실 참조.

한편 참여정부의 법무부는 현재 피의자의 방어권 신장을 위하여 필요한 구속 전 피의자 신문제도의 도입과, 피의자 신문시 변호인 참여를 허용하는 내용의 형사소송법 개정안을 마련 중에 있다. 2004년에는 다음과 같은 개선사항을 추진했다.

① 2004년 12월 인권보호의 확대를 위하여 변호인의 피의자 신문 참여, 국선변호의 확대, 필요적 구속 전 피의자 신문제도 도입, 범죄 피해자 및 장애인 등 사회적 약자 보호 등을 주요 내용으로 하는 형사소송법 개정안이 마련되었다.

② 범죄피해자 보호와 관련하여 형사사법 절차에서 피해자의 참여를 확대하기 위하여 피해자의 법정진술권을 강화하는 한편, 형사사법 절차로 인한 2차적 피해를 최소화하기 위하여 수사·재판 절차에서 신뢰 관계자의 동석 허용, 법원에서의 아동학대·성범죄·인신매매 관련 범죄 피해자를 증인으로 신문하는 경우, 비디오 중계방식에 의한 증인신문 규정을 마련하는 등 다양한 방안이 추진되었다.

③ 이밖에 장애인·연소자·고령자·외국인 등 사회적 약자에 대한 보호를 위하여 형사 절차에서 신뢰 관계자의 동석을 가능하게 하였고, 긴급체포시 48시간 이내라도 필요한 조사가 끝나면 즉시 구속영장을 청구하거나 석방하도록 하였다.

④ 수사의 과학화 및 인권침해 논란을 불식시키기 위해 새로운 개념의 검사 신문실·조사실 설치를 확대하고, 전국 10개청 20개 검사실에서 '수사과정 녹음·녹화제'를 실시함으로써 수사과정의 투명성을 확보함과 동시에 사건 관계인의 인권보장을 강화하였다.

⑤ 체포영장·사전구속영장을 원칙으로 하고, 부득이한 경우에만 예외적으로 긴급체포를 활용함으로써 검거과정에서의 인권보호에 노력하였다.

⑥ 검사의 구속 전 피의자 면담제도 활성화, 구속 피의자에 대한 석방 후 불구속 기소를 적극 활용하는 등으로 제도 개선을 통한 불구속 수사를 확대함으로써

인권침해 유형별 진정 건수

인권침해 유형	2002년	2003년
불심검문, 부당 압수수색, 검열, 도감청, 과잉 진압	32	55
폭행, 가혹행위, 과도한 총기 사용	117	197
과도한 신체검사 등 인격권 침해	72	98
편파·불공정 수사	252	369
불법체포, 임의동행·부당감금	44	59
함정수사, 부당 강압 증거 확보	24	29
피의자 권리 미고지, 가족에 미통지	2	11
접견교통권 제한	2	3
알 권리 침해	5	16
공소권 남용	14	32
전과 기록 미삭제	2	9
부당한 사건 분류	4	15
피의 사실 유포	2	7
의료권 방해, 제한	2	12
사회적 약자, 피해자 보호조치 미흡	9	11
기타	25	62

신병 관련 인권보장의 실질적 구현을 위해 노력하였다. 구속인원 점유율은 1995년 7.2%에 이르던 것이 해마다 감소하여 2004년에는 3.2% 수준까지 개선된 상태이다.[4]

그러나 이런 인권제도의 개선이 바로 인권개선과 직결되는 것은 아니다. 참여정부에서도 다양한 인권침해 사례가 보고되고 있다. 더구나 참여정부 초기에는 과거보다 인권침해와 가혹행위 사례가 크게 줄어들지 않고 있다. 위의 표는 국가인권위원회가 2002년도와 2003년도에 걸쳐 접수받은 각종 인권침해 진정

4. 법무부, 「2004년 법무부 인권개선 성과」, 법무부(http://www.moj.go.kr) 자료실 참조.

사건을 유형별로 분석한 것이다.[5]

특히 폭행과 가혹행위는 상당한 숫자로 늘고 있음을 확인할 수 있다. 물론 과거처럼 대형 고문사건이나 가혹행위사건이 터진 것은 아니지만 일선 수사기관에서 벌어지는 인권침해의 모습은 본질적으로 바뀌지 않았다. 역사가 반드시 정비례하여 발전하고 있지 않음을 단적으로 보여주는 사례이다. 인권은 저절로 지켜지는 것이 아니라 상당한 노력이 뒤따라야 하는 것이다.

2. 개선과 한계 —계구 사용을 중심으로

:: 　최근 국가인권위원회의 진정 조사결과 밝혀진 정 모 씨에 대한 466일 동안의 계구(戒具) 사용과 관련 인권단체들이 계구와 징벌제도의 악용을 통한 고문의 중단을 촉구하는 한편, 당시 책임자인 교도소장 등을 형사 고발했다. 천주교 인권위원회, '전북평화와인권연대', '민주사회를위한변호사모임' 등 7개 인권단체들은 26일 유엔이 정한 '국제 고문희생자 지원의 날'을 맞아 성명서를 발표하고 "국내 행형시설에서 계구 사용과 징벌제도를 악용한 사실상의 고문이 아직도 자행되고 있다"며 고문의 중단과 강력한 대책 마련을 촉구했다.

인권단체들은 성명에서 "466일간에 걸친 계구 사용을 '폭력', '보복', '고문'이란 말 이외에 달리 뭐라 설명할 수 있겠느냐"고 개탄하고, "법무부와 국가인권위원회가 수용자 인권보장을 위해 조속히 계구 사용과 징벌제도의 악용을 억제할 강력한 대책 마련에 나서야 한다"고 강조하고, 수용자에 대한 '고문'을 자행하고 있

---

5. 국가인권위원회, 『2003 연간보고서』, 2004, 98쪽.

는 관련자의 엄벌도 함께 촉구했다.[6]

교도소 등 행형시설에서의 고문과 가혹행위는 그동안 많은 주목을 받지 못한 음지에 속한다. 이곳에서는 계구를 사용한 가혹행위가 빈발했다. 특히 '사슬'이나 '가죽수갑' 등은 사람을 완전히 동물 취급하는 것이다. 국민의 정부 시절인 1999년에는 "경남 진주와 함양경찰서가 형사계와 유치장, 심지어는 파출소에서도 피의자에게 족쇄를 채우도록 해" 말썽이 일었다.[7] 더구나 "경찰이 미국의 한 회사로부터 모두 250개의 족쇄를 수입했다"고 해서 또 한 차례 논란이 되었다.[8] 당시 함양경찰서에서 족쇄를 찼던 많은 피의자들은 하나같이 비인간적인 모멸감을 느꼈다고 말했다.[9]

위의 정 모 씨의 경우처럼 장기간의 계구 사용은 또 하나의 중대한 고문이자 인권침해이다. 정 모 씨 한 사람의 문제가 아니라 이 사건을 계기로 계구의 정확한 정의와 사용 제한 규정이 만들어지고, 전국적인 실태조사가 이루어져야 한다. 국가인권위원회는 다음과 같은 문제점을 지적하고 있다.

① 행형법 제14조 제2항은 계구의 종류로서 포승, 수갑, 사슬, 안면보호구의 4종을 규정하고 있다. 그런데 '사슬'은 유엔의 '피구금자처우최저기준규칙' 제33조가 계구로 사용하지 못하게 한 도구이다. 이러한 계구를 사용하는 것 자체가 인간의 존엄성을 해치는 것이다. 이에 따라 국가인권위원회는 2003년 7월

6. 「참담한 '국제 고문희생자 지원의 날'」, 2003년 6월 27일자 『인권하루소식』 기사.
7. 「언제까지 인권유린인가」, 1999년 1월 27일자 『한겨레신문』 사설.
8. 「족쇄를 수입하다니」, 1999년 2월 6일자 『한겨레신문』 사설.
9. 그 당시 이 족쇄를 채웠던 사람은 100여 명에 이르렀다. 장 모(63) 씨는 지난해(1998) 11월 말 상해 및 교통사고처리특례법 위반 혐의로 함양경찰서에 구속돼 거창지청으로 송치되면서 발에 족쇄를 채우는 수모를 당했다. 최근 벌금형을 받고 나온 장 씨가 "노예도 아닌데 어떻게 족쇄를 채우느냐"라며, 이런 사실을 정당과 사회단체에 호소하여 알려졌다. 족쇄는 장 씨에게만 채워진 게 아니었다. 지난해 6·4지방선거 과정에서 금품살포 혐의로 구속된 전 모(58) 씨도 호송 때는 물론 조사받을 때도 족쇄를 채워 심한 모멸감을 느꼈다고 진술했다. 학교폭력 혐의로 구속된 여중 중퇴생 2명에게도 족쇄가 채워졌다. 「함양서 '족쇄' 파문 확산─서장 면직 피의자 발에 100여 차례 채워」, 1999년 2월 4일자 『조선일보』 기사.

14일 '사슬은 수용자의 기본적인 인간의 존엄성에 반하는 것'이므로 사슬을 계구로 사용하지 않도록 권고한 바 있다. 그러나 법무부는 최근 개정한 '계구의 규격과 사용방법 등에 관한 규칙'(이하 '계구사용규칙') 제5조 제3항에서 사슬의 사용방법을 보완하였을 뿐 여전히 사슬의 사용을 허용하고 있다. ……

② (현재) 각 구금시설에서는 종전까지 가죽수갑을 계구로 활용해왔다. 가죽수갑은 '양팔의 팔목에서부터 팔꿈치까지를 가죽 띠로 허리에 고정시키고 양 손목을 다시 묶는 계구'이다. 가죽수갑은 수용자의 팔과 허리를 완전히 밀착시켜 묶어놓는 도구로 식사, 세면, 수면이나 가벼운 운동은 물론 용변 등 인간이 기본적으로 해야 할 활동마저 통제하는 수단으로 행형법에 명시된 '수갑'의 문언적 범위를 벗어난 계구인 셈이다. 법무부는 가죽수갑의 활용을 금지하도록 국가인권위원회가 권고하자 계구 사용 규칙상의 계구목록에서 가죽수갑을 삭제하였다. 그러나 계구 사용 규칙은 금속수갑과 사슬 혹은 포승의 중복 사용을 허용하고 있기 때문에 가죽수갑의 폐지가 오히려 수갑과 사슬 및 포승의 중복 사용을 부추기는 결과로 이어질 우려가 있다. ……

③ '계구'는 구금시설 내에서 위험을 예방하기 위해 사용하는 긴급 수단이므로 최소한도의 범위에서 아주 제한적이고 보충적으로 사용되어야 한다. 그러나 그동안 구금시설 안에서 계구는 수용자의 인권을 침해하는 '합법적인' 도구로 남용되는 경우가 적지 않았다. 장기간 수갑을 채우고 몸을 사슬로 꽁꽁 묶어놓은 상태에서 식사를 하고 대소변을 처리하게 하는 등의 일상적 용무를 보게 하는 경우가 많았다.[10]

사실 이런 문제는 과거에는 너무 당연시되었던 것으로, 국민의 인권의식 고

---

10. 국가인권위원회, 『2004 인권백서』 제1집, 2004, 194~195쪽.

양과 더불어 그 빛을 본 경우이다. 그것은 인권의 측면에서 분명히 발전이라고
볼 수 있다. 그러나 동시에 햇빛을 기다리는 인권의 사각지대, 인권의 음지들이
여전히 많이 있음을 상징적으로 보여준다.

02
참여정부의 고문 사례

살인 혐의자는 무조건 때리고 본다?──2003년 1월

:: 피해자 조○○ 및 박○○은 2003년 1월 ○○일 체포되어 같은 해 1월 ○○일 송치될 때까지 ○○경찰서에 설치된 ○○지방경찰청 산하 경찰관 피살사건 수사본부(이하 '수사본부'라 함) 소속 피진정인들로부터 위 경찰서 특수경찰대 조사실, 체력단련실 등에 인치되어 살인 혐의 및 탈취 권총 은닉장소에 대한 자백을 강요당하였고, 이 과정에서 피진정인들로부터 3일간 계속하여 밤샘조사를 받았으며, 조사 당시 다리를 벌려 꿇어앉는 기합을 받았고, 손바닥과 주먹으로 뺨과 머리를 얻어맞고, 발로 등과 엉덩이를 차이고 밟혔으며, 봉 걸레막대기로 발바닥을 얻어맞는 등 가혹행위를 당하였다.[1]

:: 신창원 사건 이후 가장 고위급 인사가 본부장을 맡았다는 수사본부의 대대적

---

1. 국가인권위원회, 2003.9.15.자 03진인256 결정(경찰관피살사건 수사본부의 가혹행위 등).

인 1년 수사에도 불구하고 사건 자체가 해결되지 못했고, 국가인권위원회는 오히려 용의자들을 수사했던 7명의 경찰관을 인권침해 가해자로 인정해 검찰에 수사를 의뢰했다. 표면적으로는 음식물을 훔쳐 먹다 붙들린 것이 빌미가 되어 별건구속당해 갖은 고초를 당한 용의자들은 결국 여섯 달 만에 풀려났다. 살인 혐의로는 기소조차 이루어지지 않았다. '자백' 이외에 어떤 물증도 없었다. 그러니 당연한 결과다. 그래도 경찰은 아직도 이들을 범인으로 확신한다고 한다.

고문피해자들의 호소에 귀 기울인 일부 언론과 인권단체들은 이에 대해 분통이 터진다고 한다. 애초 사건 용의자로 경찰에 붙잡힌 3명의 청년들은 경찰의 발표대로 "사건 일체를 '자백'하기" 며칠 전에, 즉 경찰이 이들을 용의자로 세상에 대대적으로 공표(증거도 없이)하기 전에, 다시 말해 경찰에 붙잡힌 순간부터 자신들의 혐의 사실을 모두 부인했다. 그렇다면 그 뒤 무슨 일이 일어났는가? 청년들의 주장과 변호사의 말을 통해 정리해보면 다음과 같다.

박 모(20) 씨와 조 모(21) 씨는 전주 북부경찰서 4층 체력단련실에서 주먹과 걸레자루 등으로 뺨과 발바닥 등을 얻어맞았으며, 속칭 다리 벌리기 기합을 5, 6차례 받으며 조사를 받았다. 숨진 경찰관을 칼로 찌른 것으로 발표된 박 씨의 경우 절도 혐의로 잡혀오자마자 총의 거취를 묻는 경찰에 의해 집중적으로 구타를 당했다. 특히 살인 혐의를 처음 자백한 것으로 발표된 조 씨는 절도 혐의로 체포된 날 새벽 2시부터 다음 날 저녁 10시까지 약 40여 시간 동안 잠을 자지 못했다.(조 씨의 진술 시간은 오전 11시다)[2]

국가인권위원회는 조사에 따라 혐의가 인정된 가해 경찰관들을 상대로 수사를 개시하도록 검찰총장에게 권고했다.

---

2. 주간인권신문 「평화와 인권」 제356호, 2003년 9월 24일자.

폭언과 폭행에 의한 수사 — 2003년 4월

:: 　국가인권위원회는 2003년 3월 발생한 농협 양재남 지점 현금절도사건을 수사하면서 2003년 4월 6일 오후 피해자를 서초경찰서에 참고인으로 불러 현금절도사건 관련성 및 신분증 위조 혐의 등을 추궁하는 과정에서 피해자를 야구방망이로 구타하는 등 가혹행위를 한 혐의로 서초경찰서 경찰관에 대해 검찰총장에 고발하고, 다른 4명에 대해서는 서면경고 조치하도록 경찰청장에게 권고하기로 결정했다.

피진정인들은 영장 없이 피해자의 집에서 약 7시간 동안 피해자를 조사하는 과정에서 농협 현금절도사건과의 연관성을 추궁하면서 방바닥에 머리박기(일명 원산폭격)를 시키고 집에 있던 알루미늄 야구방망이로 대퇴부를 수회 구타하여 치료 일수 미상의 상해를 입힌 것으로 드러났고, 2003년 4월 7일 새벽 2시경 피해자의 집에서 서초경찰서로 돌아오면서 압수·수색영장 없이 피해자 소유의 컴퓨터, 스캐너, 사진절단기, 야구방망이 등 100여 점의 물건을 가져와 정식 압수 절차를 밟지 않고 보관하고 있다가 같은 달 15일경 피해자의 요구에 의해 물건을 돌려주면서 가혹행위의 유력한 증거물인 야구방망이 등 일부 물품을 서초경찰서 내 쓰레기 소각장에 폐기한 것으로 밝혀졌다.[3]

밤샘조사와 밀실수사 — 2003년 8월

:: 　국가인권위원회는 "2003년 8월 고양경찰서 형사인 피진정인들이 피해자를 폭력 등의 혐의로 체포하면서 미란다 원칙을 고지하지 않고 폭행했으며, 고양경찰서 강력반 사무실에 데려가서 혐의 사실을 부인하는 피해자를 기마 자세로 서 있게 하고 욕설을 했으며, 기마 자세가 흐트러지면 발과 3단 경찰봉으로 구타했고,

---

3. 국가인권위원회, 『2004 인권백서』 제1집, 2004, 169쪽.

수갑을 의자에 채워놓은 채 잠을 재우지 않고 밤샘조사를 하는 등 가혹한 행위를 했으며, 사건 이해 관계인으로부터 청탁을 받아 편파 수사를 했다"는 진정 사건에 대해 조사를 했다. 그 결과 피해자가 나이가 어리고 조사태도가 불량하다며 7~8차례 이상 폭언을 한 사실과 체포 당일 새벽 5~7시경 구두조사를 끝낸 후 급박하게 조사할 필요성이나 피해자의 동의가 없었음에도, 관행적으로 피의자의 반성을 유도하기 위해 피해자의 한쪽 손목을 의자에 묶어 앉혀둔 채 방치하다가, 다음 날 새벽 1시 30분경이 되어서야 유치장에 입감한 사실을 인정하고 이는 헌법 제10조에 보장된 인격권 및 휴식권 등 피해자의 인권을 침해한 것으로 판단하여 ······.[4]

정몽헌 현대아산 회장에 대한 가혹행위 논쟁 — 2003년 8월

대재벌 회장이 검찰에서 몇 차례 소환되어 조사를 받고 풀려난 후 자살한 것은 매우 큰 화젯거리가 되었는데, 그 자살의 원인이 검찰의 가혹행위 때문이었다고 한 국회의원이 폭로해 더 큰 이슈가 되었다.

  ::   민주당 함승희 의원은 이날(2003년 8월 11일) 국회 법사위에서 "정 회장이 현대 비자금 150억 원+? 문제 등에 대해 대검 중수부에서 7월 26일과 31일, 8월 2일 조사를 받는 과정에서 검사와 수사관들이 전화번호부 같은 두꺼운 책자로 머리를 내리치는 등의 가혹행위를 했다"고 주장했다. 함 의원은 "제보자는 공개할 수 없다"면서도 "정 회장이 신뢰할 수 있는, 현대 사장급 측근으로부터 최근 제보받은 내용"이라고 밝혔다.

함 의원은 "검찰의 추궁으로 정 회장이 150억 원 외 비자금 규모 등에 대해 상당한 수준의 자백을 했고, 이에 따른 자괴감과 수사과정에서의 인간적 모욕감 등이

---

4. 국가인권위원회, 앞의 책, 168쪽.

혼재된 정신상태에서 결국 죽음으로 이른 것"이라며 검찰의 책임을 추궁했다. 함 의원은 "대검 중수부 수사관들이 번갈아 돌아가며 이른바 '돌림빵 추궁'을 하고 '마음만 먹으면 분식회계나 비자금 수사를 통해 재벌기업 하나쯤 망하게 하는 것은 식은 죽 먹기'라는 내용의 협박을 가했다는 얘기도 들었다"고 주장했다. 함 의원 측은 "법무부 대응을 봐서 당시 폭행에 가담한 검사와 수사관 이니셜까지 공개할 수 있다"면서 ……[5]

당연히 검찰은 부인했고 그 '제보자'라는 현대 측에서도 부인하면서 이 논쟁은 별 진전 없이 흐지부지되고 말았다. 그런데 정몽헌 현대아산 회장 외에도 안상영 부산시장, 남상국 대우건설 사장에 이어 박태영 전남지사까지, 검찰에서 수사를 받던 거물급 인사들이 잇따라 자살하면서 검찰의 수사 관행에 대해 일반인의 관심이 높아졌다. 사실 검찰에서 육체적 고문뿐만 아니라 반말과 욕설 등을 퍼부으며 위협적 분위기를 조성함으로써 사람의 기를 꺾고 모멸감을 주는 경우가 많았다. 이것은 일종의 언어폭력이며 또 다른 가혹행위가 아닐 수 없다.

언어폭력은 여전: 취재에 응한 피의자들은 "물리적 폭력은 거의 사라졌다"고 말한다. 하지만 검사들의 거친 말과 욕설 등에 대해 분노를 나타내는 피의자들은 많았다. 지난해 말 서울지검에서 수사를 받은 50대 중반의 A씨는 "서른 살쯤 돼 보이는 검사한테 3시간 동안 조사받으면서 들었던 가장 점잖은 욕이 '개'였다. 법원에서 유죄 판결을 받은 것보다 더 가슴에 맺히는 일이 책상을 걸어차고 욕설과 반말을 하던 그 검사의 언행"이라고 말했다. 해당 검사는 "큰소리를 친 일은 있지만 욕은 하지 않았다"고 말했다. 비자금 사건과 관련해 최근 검찰에서 조사를 받은 B

---

5. 「"검찰, 정 회장에 가혹행위" 함승희 의원, "두꺼운 책으로 머리 내리쳐"」, 2003년 8월 12일자 『한국일보』 기사.

씨는 "수사 검사 중에 합리적이고 나름대로 근거를 가지고 수사를 하는 검사도 있지만 그렇지 않은 검사들이 더 많았다"고 말했다. 많은 검사나 수사관들은 폭력을 행사해서는 안 된다고 생각하지만 언어폭력에 대해서는 상대적으로 둔감한 편이었다. 서울지검의 한 검사는 "우리가 고객 상담하듯이 조사할 수는 없지 않느냐"고 말했다.

피의자 압박하기 : 피의자들은 언어폭력 이상으로 심각한 문제가 검찰이 가족이나 친지의 약점을 잡아서 자백을 받아내는 것이라고 말했다. 한 중견 검사는 "춘향이가 수청을 들게 하려면 춘향이 목이 아니라 월매 목에 칼을 씌워야 한다"고 말했다. 피의자에게서 자백을 받기 위해 가족이나 주변 사람의 약점을 잡아 수사에 활용하고 있다는 것을 시인한 말이었다. 구속된 피의자들이 검찰 조사를 받기 위해 대기하는 검찰청사 내 구치감이 엉뚱한 용도로 활용되기도 한다. 구치감은 피의자들이 가장 가기 싫어하는 곳. 독서나 운동을 할 수 있는 구치소와 달리 구치감에서는 포승줄에 묶인 채 조사 차례를 기다려야 하기 때문에 수감자들 사이에 '감옥보다 지독한 곳'으로 통한다. 김 모 변호사는 "필요한 진술을 하지 않을 경우 하루 종일 구치감에 대기시키거나 몇 가지 형식적인 질문만 한 뒤 돌려보내는 식으로 피의자의 진을 빼는 경우가 있다"고 말했다. 육중한 철문으로 차단돼 있는 대검찰청 중앙수사부와 서울지검의 일부 조사실도 문제다. 정몽헌 회장과 남상국 사장이 조사를 받았고, 2002년 서울지검 피의자 사망사건이 발생한 곳이 바로 그곳이다. 최근 서울지검 특수부에서 조사를 받은 한 기업인은 "철문이 철커덩 하고 닫히는 순간 '여기서 못 나가는 게 아닌가' 하는 느낌이 들면서 심리적으로 엄청나게 위축된다"고 말했다.[6]

6. 「검찰 수사 관행, 반말 … 욕설 … 언어폭력 더 서럽다」, 2004년 5월 18일자 『동아일보』 기사.

특검보의 가혹행위 — 2004년 2월

:: 　 대통령 측근비리 특별검사팀의 이우승 특검보가 내부 갈등으로 사퇴를 선언
하고, 특검이 해임을 대통령에게 요청한 사태는 우선 유감스럽다. 측근비리 특검
이 이렇다 할 성과를 내지 못한 채 국민의 관심에서 멀어지는 듯한 상황에서 이런
사태가 돌출한 것이 한층 딱하다. ……

이 특검보는 자신의 의욕 과잉에서 비롯된 조사 대상자 폭행 등의 잘못을 시인하
면서도, 수사에 소극적인 파견 검사와의 갈등과 수사 방해를 사퇴의 주된 동기로
부각시켰다. 반면 파견 검사와 검찰은 이를 터무니없다고 반박했고, 김진흥 특검
도 이 특검보의 가혹행위가 문제됐을 뿐이라고 밝혔다.

지금으로서는 모든 권한과 책임이 있는 특별검사의 판단을 일단 신뢰하는 것이 옳
을 것이다. 이 특검보가 내사하던 농협직원을 걷어차는 등 가혹행위를 하고, 수사
관에게도 무리한 조사를 독려한 잘못은 용인할 수 없다. 검찰제도에 대한 불신에
서 도입한 특검이 과거의 권위주의적 수사 행태를 답습하는 것은 잘못된 것이다.
비리규명 의욕이 앞서더라도 가혹행위는 묵과할 수 없어 특검보 직무를 중단시켰
다는 설명은 그런 점에서 납득할 수 있다. ……[7]

검찰을 믿을 수 없어 특별법에 의해 임명한 특별검사의 보조자인 특별검사
보가 가혹행위를 했다는 것은 있을 수 없는 일이다.

'이미지 행정' — 사라지지 않는 교도소 폭력(2004년 4월)

:: 　 교도관의 상습적인 폭행에 항의해 무기한 단식농성을 벌이던 재소자가 자살
을 기도한 사건이 발생해 파장이 일고 있다. 법무부장관이 '감옥살이 체험'을 기

---

7. 「유감스런 특검보 사퇴 파동」, 2004년 2월 17일자 『한국일보』 사설.

획할 정도로 재소자 인권 개선을 강조하는 참여정부에서도 여전히 교도관들의 폭행 시비가 사라지지 않고 있음이 드러났기 때문이다. 영등포구치소에 수감 중인 전국철거민연합(전철연) 조합원 정 아무개(44) 씨는 지난 4월 3일 자신의 왼쪽 동맥을 1회용 면도칼로 그었다. 정 씨는 자해 뒤 최근 영등포구치소에서 발생한 교도관들의 재소자 폭행사건 재조사를 요구하며 치료를 거부하다, 구치소 쪽의 재조사 약속을 받고 인근 병원에서 봉합수술을 받았다. 정 씨는 "지난 1월과 2월 발생한 재소자 폭행사건의 진상을 조사하고 책임자를 처벌하라"고 요구하며 지난 3월 20일부터 단식농성을 벌여왔다.

…… 영등포구치소에는 현재 정 씨 말고도 전국해고자원직복직특별위원회(전해투) 전 조직국장 강 아무개 씨 등 4명의 재소자가 20일 넘게 단식농성을 벌이고 있다. 이들은 지난 1월 재소자 안 아무개 씨가 구치소의 열악한 의료 환경에 대해 문제제기를 하다 교도관들에게 폭행을 당했다고 주장하고 있다. 특히 강 씨는 폭행에 항의해 단식농성을 벌이던 중 교도관들에게 폭행을 당했다고 주장해 파문이 커지고 있다. 천주교 인권위원회와 민주노총에 따르면, 강 씨는 안 씨의 폭행사건에 대한 항의로 지난 2월 16일부터 단식을 시작했다. 강 씨는 단식 9일째인 2월 24일 2명의 교도관에게 "아침 점호를 제대로 받지 않는다"는 이유로 폭행을 당했다는 것이다. 민주노총 법률원의 맹주천 변호사는 "강 씨의 폭행을 목격한 증인은 없지만, 여러 정황으로 볼 때 폭행을 당한 게 분명하다"고 주장했다.

민주노총과 전해투는 "강 씨가 사건 당일 계속되는 단식으로 탈진해 자리에서 일어나지 못했는데, 교도관 2명이 강 씨의 독방에 들어와 강 씨를 일으키려다 강 씨가 저항하자 방바닥으로 밀쳐냈다. 그 뒤 교도관 1명이 넘어진 강 씨를 올라탄 뒤 무릎으로 명치를 누르고 발로 입을 비벼대는 등 가혹행위를 했다"고 주장했다. 교도관들은 강 씨가 실신할 무렵에야 폭행을 그쳤는데, 잠시 뒤 강 씨가 정신을 차리자 경비교도대원들과 함께 강 씨를 의무과로 끌고 가 강 씨의 목과 입을 조르는 등

가혹행위를 했다는 것이다.[8]

법무부는 2003년 8월 교정태스크포스팀을 구성해 가죽수갑 폐지, 현대적 계구 도입, 계구 사용 요건과 사용 시간 제한, 과도한 징벌 제한 등을 내용으로 하는 법률 개정안을 마련해 재소자 인권에 획기적인 발전을 가져왔다는 평가를 받았다. 또 강금실 전 법무부장관이 2003년 12월 인권주간을 맞아 '1일 감옥체험'을 기획하는 등 재소자 인권 개선에 자신감을 보이기도 했다.

하지만 2004년 4월에 일어난 교도소 내 폭력에 대해 민주노총 관계자는 "이번 사건은 참여정부의 법무부 정책이 결국 '이미지 행정'이었다는 것을 적나라하게 보여준 것"이라고 꼬집었다.[9]

제주경찰서 고문치사 의혹 — 2005년 4월

:: 특수절도 용의자가 현장에서 검거된 후 경찰서로 이송 중 의식불명의 혼수상태에 빠졌다. 이 때문에 가족들은 경찰에서 연행 중 '가혹행위'가 있지 않았느냐며 '의혹'을 제기하고 있어 파문이 예상된다. 제주경찰서에 따르면 송 모(23, 제주시 삼도2동) 씨는 11일 오후 4시 30분께 제주시 연동 모 단독주택에 침입해 목걸이와 반지 등을 훔쳤다. 하지만 2분 후인 4시 32분 집주인 김 모(53, 여) 씨의 신고로 출동한 경찰을 피해 달아나다 붙잡힌 송 씨는 경찰에 완강히 저항했고, 경찰은 진압봉으로 3~4회 송 씨의 무릎을 내리쳐 제압했다. 송 씨는 4시 55분경 중부지구대로 이송됐고, 반지와 목걸이 등 훔친 물건을 "쓰레기통 옆에서 주었다"고 범죄사실을 부인했다. 경찰은 피해자 김 씨 등 2명으로부터 피해 진술을 받고 7시 50

---

8. 이춘재, 「그 독방에선 무슨 일이 일어났나 ― 단식과 자해로 교도관 폭행에 항의하는 영등포구치소 재소자들 … 구치소 쪽과 맞고소 사태로 번져」, 『한겨레 21』, 2004년 4월 9일.
9. 이춘재, 앞의 글.

분경에 송 씨를 제주경찰서로 이송했다. 경찰은 이송 도중인 8시 5분경에 송 씨가 "수갑을 너무 꽉 채웠다"며 "느슨하게 해달라"고 말하며 소리를 지르며 발광했고, 수갑을 차고 있던 한쪽 손을 풀어 동행하던 경찰을 폭행하고 달아나려 했다. 경찰은 인근 남부지구대 순찰 근무자의 지원으로 송 씨를 제압하고, 8시 15분경에 제주경찰서로 이송했지만 결국 송 씨는 의식불명 상태에 빠졌고, 22분경에 한마음병원을 이송했다. 피의자가 의식불명 상태에 빠지자, 경찰은 12일 오전 9시 의례적으로 기자 브리핑을 갖고 피의자 연행 중 '가혹행위'는 전혀 없었다고 밝혔다. …… 경찰의 해명에도 불구, 가족들은 "송 씨가 전혀 건강에 이상이 없었다"며 의혹을 제기하고 있다. 송 씨의 어머니 강 모(51) 씨는 "어제 저녁 9시 40분 정도에 연락을 받고 병원으로 바로 달려왔다"며 "우리가 아는 것이라고는 연행과정에서 '아들이 발버둥치다 쓰러졌다'는 경찰의 말뿐"이라고 말했다. 강 씨는 "아들은 감기약 한번 먹지 않았을 정도로 건강했던 체질"이라며 "어떻게 이렇게 됐는지 이해할 수 없다"고 울먹였다. …… 또 경찰은 연행과정에서 몇 가지 의혹을 드러내기도 했다. 송 씨가 처음 연행됐던 중부지구대에는 CCTV가 고장나 있어 조사과정을 전혀 볼 수 없다. 경찰서로 연행 중에도 수갑을 채웠는데 송 씨가 팔을 빼 경찰에 저항했다는 사실도 의혹으로 남는다.[10]

'밀고 강요'의 정신적 고문 — 2005년 4월

:: 늘 소문으로만 나돌며 설마 하던 일이 사실로 드러났을 때의 충격이란 이런 것일까? 어제(21일) 안국동 느티나무 카페에서 '이주노동자 밀고 강요하는 출입국에 대한 규탄 기자회견'이 있었다. …… 그 자리에서 "짧은 순간의 잘못된 판단으로 양심의 가책을 받고 있다. 죽고 싶다. 나의 죄가 너무 무겁다. 마음이 아프고

---

10. 「절도 용의자 경찰 연행 중 '의식불명' … 가혹행위 '의혹'」, 2005년 4월 12일자 『제주의 소리』 기사.

후회된다"며 눈시울을 붉힌 사람이 있었다. 그의 이름은 누웅틴(가명, 31). 한국에 온 지 6년 가까이 돼간다. …… 그는 지난 4월 11일 오후 6시경 출입국 직원들의 단속에 걸려 강제 추방될 위기에 있었다. 누웅틴은 검거된 후 3시간 반 동안 출입국 직원들이 단속하는 현장으로 끌려다니며 심각한 심적 위협을 느끼고 있었는데, 검거된 당일 밤 10시, 취침에 앞서 자신을 'Mr. Lee'라고 소개한 출입국 직원으로부터 "불법체류자 명단 20명만 알려주면 풀어주겠다"는 말을 들었다. 검거된 지 이틀째 되던 날(12일) 오전 10시 누웅틴은 "도망가면 때려죽인다"는 협박을 들으며, 다시 프락치 활동을 강요받았고, 강제 추방에 대한 불안감을 견디지 못한 누웅틴은 출입국 직원들의 요구에 응할 수밖에 없었다고 한다.

그러자 Mr. Lee를 비롯한 서울출입국 직원 7명은 누웅틴을 차에 싣고 다니면서, 누웅틴이 알고 있는 외국인 노동자가 살고 있는 곳을 가리키게 하였고, 그 과정을 통해 16명을 검거하였다. 그후 단속에 나섰던 출입국 차량 한 대는 출입국관리소로 돌아간 반면, 누웅틴을 태운 차는 다시 여러 곳을 돌아다니며, 누웅틴이 가르쳐주는 공장과 장소를 확인하고 기록하였다. Mr. Lee는 오후 5시경 안양시 호계동 인근에 누웅틴을 내려주면서 "너는 한국에서 계속 일할 수 있으니 걱정하지 마"라는 말을 하고 떠나면서 자신의 전화번호(011-****-****)를 적어주었다. 현재까지 누웅틴의 밀고로 단속에 걸린 사람은 18명으로 드러났다. 이 일로 누웅틴은 심각한 정신적 고통을 겪고 있었다. …… 과거 군사정권 시절의 '녹화사업' 피해자와 다를 바 없다는 생각이 들었다.[11]

---

11. 고기복, 「누가 이 사람을 죽고 싶도록 했는가?」, 2005년 4월 22일자 『오마이뉴스』 기사.

제6장

특수시설에서의 고문
—교정시설·군부대·미군

01
교정시설에서의 고문

    교도소를 비롯한 구금시설은 그 자체가 외부와는 차단된 곳이고, 엄격한 규율을 요구하는 곳이어서 고문이나 가혹행위가 가해질 가능성이 높다. 그뿐만 아니라 열악하고 비인간적인 시설, 가혹행위와 엄중한 징계로 유지되는 교도소의 행형질서 등은 오랫동안 그 안에서 생활해야 하는 수감자들에게는 고문에 다름 없는 상황이었다. 구금생활 자체가 이미 하나의 처벌임에도 불구하고, 다시 온갖 징계와 가혹행위를 가하는 것은 이중의 형벌이 아닐 수 없다. 교도소는 으레 그래야만 한다는 교도관들의 의식, 심지어 일반 국민들과 수형자들의 의식도 문제였다.

    교도소의 비인간적인 상황은 열악한 수용시설에서 비롯되는 경우가 대부분이다. 다음은 1990년에서 1994년까지 수용시설의 정원과 실제 수용인원을 비교한 도표이다.[1]

---

1. 국정감사자료. 인도주의실천의사협의회·한국인권단체협의회, 『고문 기타 잔혹한, 비인도적 또는 굴욕적 처우나 형벌금지 협약 제19조에 따른 대한민국 정부의 보고서에 대한 대한민국 인권단체들의 반박보고서』, 1996년 10월, 59항 참조.

교정시설의 수용인원 실태

연도	실제 수용인원	수감자 정원
1990년	53,169	54,300
1991년	55,115	54,300
1992년	55,159	55,300
1993년	56,823	55,300
1994년	57,975	54,950

위 도표를 보면 알 수 있듯이 실제 수용인원이 언제나 정원을 초과하고 있다. 2000년 이후에도 마찬가지다. 전국 45개 교정시설의 정원이 4만 4,350명인데, 현재 수용인원은 정원보다 1만 6,000여 명이 초과된 상태다. 2003년 12월 31일 기준으로 혼거실(수감자들이 단체로 생활하는 방)의 1인당 사용 면적은 0.53평에 불과하다.[2]

그뿐만 아니라 전국의 교정공무원은 1995년 9월 1일 당시의 총 정원 1만 1,898명에도 모자라는 1만 1,728명이다. 교정공무원 1인당 피구금자의 비율이 1 대 6이 된다. 그러나 교정공무원의 법정 근무시간인 8시간을 기준으로 따지면 사실상 1 대 18이 된다. 이런 이유 때문에 교정공무원은 늘 잡무와 연장 근무에 시달리고, 이것이 수용자들에 대한 고문과 가혹행위, 금치 처분의 남용을 가져오는 원인이 되고 있다.

구금시설의 제일 큰 문제는 보건·의료시설 및 인력의 열악함이다. 아무리 형벌로서 구금이 불가피하다지만 질병을 진단받고 치료받을 수 있어야 하는 것은 기본적인 권리에 속한다. 그런데 구치소나 교도소의 의료 처우는 야만적이라고 할 만한 상황이다. 더구나 내부에 적절한 의료시설이나 전문가가 없는 상황이

2. 법무부, 『인권존중의 법질서』, 2004, 89쪽. 미국의 1인당 사용 면적은 1.15평, 일본은 0.78평에 이른다.

라면 즉시 외부 의료기관에 후송하거나 진료받게 해야 함에도 이를 게을리 하여 해마다 여러 사람이 적절한 치료 시기를 놓쳐 사망하는 사고가 연례행사처럼 벌어진다.

　　교도소는 원래 교화를 통한 수형자들의 사회 복귀를 목적으로 하는 곳이다. 그러나 우리의 현실은 응보적인 가혹행위가 당연한 것처럼 자행되고 있으며 또 받아들여지고 있다. 교도관들이나 이들을 지휘 감독해야 할 책임이 있는 법무부 역시 교도소 내에서 벌어지는 온갖 유형의 비인간적인 가혹행위와 폭력을 방치해왔다. 그 결과는 마침내 강도범이 교정행정을 비웃는 사태로 나타났다. 다음은 강도범으로 교도소를 탈주한 다음 오랫동안 도망다니다 체포된 신창원의 일기장에 쓰여 있는 이 나라 교정행정의 현실이다.

　　::　　신(申)은 일기 43쪽 중 7쪽에 걸쳐 교도행정의 문제점을 성토하고 있는데 "재소자들에게 필요한 것은 억압과 강제가 아니라 따뜻한 관심"이라고 지적했다. 특히 그는 소년 시절 인천소년교도소에서 내기 농구경기에서 졌을 때 교도관들이 분풀이로 한 비인간적인 행위를 자세하게 고발하고 있다. "그 교도관은 재소자들을 불러 모아놓고 기합을 주면서 모두에게 입을 벌리라고 해놓고 자신의 가래침을 재소자 입 안에다 뱉었다. 그리고 나서 재래식 화장실 뚜껑을 열고 그 안에다 모두의 얼굴을 처박았다." 신은 교도행정의 잘못된 부분에 대해 첫째, 현행법에 가혹행위가 일어날 수 있는 원인이 되는 부분이 적지 않고, 둘째, 교도소가 너무 폐쇄되어 있어 각종 비리와 가혹행위를 근절시킬 수 없다고 정리해놓고 있다.[3]

　　그러나 뭐니 뭐니 해도 교도소 등 전국 구금시설에서 이루어지는 고문행위

---

3. 「신창원 일기, "… 재소자 가혹행위 빈발"」, 1999년 7월 20일자 『문화일보』 기사.

의 대부분은 정치범에 대한 것이다. 정치적 이유로 구금된 사람들은 일단 일반 수형자들과는 다르게 분류되어 차별적인 처우를 받았다. 특히 과거 좌익 미전향 수들에 대해서는 전향을 강요하는 과정에서 엄청난 육체적·정신적 고문이 가해졌다. 정치범에 대한 교도소에서의 고문은 이미 공지의 사실이 될 정도로 광범하고 지속적으로 이루어졌다.

특히 장기수에 대한 전향 공작은 가혹하고도 집요했다. 수사기관에서의 고문보다 훨씬 강도 높은 각종 고문과 가혹행위가 이루어졌다. 이들은 1950년대 이후 오랫동안 수형생활을 하면서 인간 이하의 대접과 동물적인 고문을 받았고, 세상에 전혀 알려지지 않은 채 고립의 고통을 겪어야 했다. 1980년대 중후반 이후 학생들과 재야인사들이 대량으로 투옥되면서 감옥은 또 다른 투쟁과 억압의 공간이 되었다. 당시 양심수들과 교정 당국 간의 충돌로 전국의 교도소는 하루도 바람 잘 날이 없을 정도로 시끄러웠다.

정치적인 이유로 수용된 학생, 노동자, 지식인들은 감옥 체제에 순응하기보다는 저항하기 일쑤였다. 이 과정에서 그들 역시 여러 형태의 징계와 가혹행위에 처해졌다. 그러나 이런 저항과 고발 때문에 구금시설 내의 부당한 체제와 법령, 고문과 가혹행위가 세상에 널리 알려지게 되었고, 그것을 고치는 계기를 만들기도 했다. 역사는 이렇게 아이러니가 함께하는 법이다.

이러한 행형의 인간화와 민주화를 위해 싸운 것은 단지 민주화운동 관련 인사들만이 아니었다. 다음은 한국의 '기드온(Gideon)'이라고 할 만한 유득형 씨의 이야기다.

:: 교도소 내의 오랜 폐습에 맞서 싸운 재소자 출신 유득형(48) 씨의 '투쟁'은 약자라 할지라도 법 앞에 깨어 있기만 하면 소중한 권리를 찾을 수 있다는 것을 보여준다. 유 씨는 1987년 주먹을 휘두른 혐의로 징역 2년과 보호감호 10년을 선고

받고 청송교도소에 수감됐다. 그는 92년 보호감호소 교도관들의 부당한 대우에 대한 고소장을 작성하기 위해 교도소장에게 '집필허가신청'을 냈으나 거부당했다. 몇 번이나 다시 허가신청을 냈지만 연필 한 자루도 얻지 못했다. 면회 온 어머니에게 이런 사실을 호소할 수도 없었다. "구타 등 가혹행위를 당했다는 이야기를 꺼내기가 무섭게 교도관들이 유 씨의 입을 틀어막고 면회실 밖으로 끌어내버렸다"고 그는 주장했다.

교도소 규칙에 저항한다는 이유로 수갑과 사슬로 온몸이 꽁꽁 묶인 채 6개월을 지내야 했다. 독방에 수감되는 징벌도 받았다. 유 씨는 죄인이라고 인간의 기본권마저 포기할 수는 없었다. 유 씨는 혼자서 법률 공부를 시작했다. 어렵게 구한 행정법, 형사소송법 등의 책을 외우다시피 파고들었다. 살아나가기만 하면 꼭 법정소송을 통해 권리를 구제받겠다고 다짐했다.……이 과정에서 유 씨는 법무부장관에 대한 집필허가신청, 징벌무효 확인청구, 헌법소원, 민사상 손해배상청구소송 등 무려 102건의 소송을 냈거나 내려고 시도했다. 그 과정에서 그는 '고소광(狂)'이라는 별명까지 얻었다. 그는 다른 재소자 14명의 소송을 대신 처리해주기도 했다.

끝내 법은 유 씨를 외면하지 않았다. 대구지법 안동지원 민사2부(재판장 김주현 부장판사)는 최근 교도관들의 불법행위로 인해 정신적 피해를 보았다며 유 씨가 국가를 상대로 낸 손해배상청구소송에서 "국가는 유 씨에게 1천만 원을 배상하라"고 원고 일부 승소 판결을 내렸다. 재판부는 "교도관들이 유 씨의 집필허가신청을 받고도 이를 교도소장에게 보고하지 않는 등 부당하게 집필권을 침해했고, 교도소 내의 가혹행위에 대해 이야기했다는 이유만으로 면회를 중지시킨 것은 접견권을 침해한 것"이라고 밝혔다. 재판부는 또 6개월간의 징벌도 한계를 넘은 불법행위라고 판결했다. 그러나 재판부는 교도관들이 가혹행위를 했다는 주장은 증거 부족을 이유로 받아들이지 않았다. 유 씨로서는 '절반의 승리'인 셈. 유 씨는 19일 "계구

사용 때문에 썩어들어간 팔목 사진 등을 증거 자료로 항소심에 대비 중"이라고 밝혔다.[4]

4. 「'교도소 부당행위' 손배소 재소자 출신 유득형 씨 승소」, 2000년 6월 22일자 『동아일보』 기사.

02
또 하나의 고문, 금치제도

1. 금치 처분이란 무엇인가?

행형법 제46조는 수용자가 법률을 위반한 경우 징벌에 처할 수 있도록 하고 있는데, 그 징벌의 종류 가운데 가장 중한 것이 금치(禁置) 처분이다. 금치 처분을 받으면 일단 독실에 수용되고 원칙적으로 접견, 서신 수발, 작업, 운동 및 도서 열람 등이 금지된다.(행형법 제145조 제2항) 실제로 금치 처분을 받은 자는 포승줄로 결박당해 장시간 독방에 방치되거나 먹방[1]에 수감된다. 먹방은 빛이 하나도 들어오지 않는 곳으로, 이곳에 수용되는 피구금자는 수갑과 포승줄에 묶인 채 음식을

---

1. 먹방은 징벌방의 하나로서 인권침해의 상징으로 꼽혀왔다. "수갑과 족쇄가 채워진 채 수감될 뿐 아니라 구타 등 가혹행위가 공공연하게 이뤄졌기 때문이다. 1996년 12월 마산교도소를 출소한 김 아무개(32) 씨는 복역 중 쇠사슬로 묶인 채 일주일 동안 먹방에 갇힌 적이 있다. 그는 먹방이 이런 곳이라고 말했다. '먹방은 폭이 다섯 뼘, 길이는 사람 키 정도다. 컴퓨터 화면 크기의 창에 작은 구멍만 뚫어놓고 나머지 벽은 온통 막혀 전혀 빛이 들어오지 않는다.' 먹방의 존재를 교정 당국은 줄곧 부인해왔다." 「신문·잡지 오려지고 '먹방'도 여전」, 1999년 1월 19일자 『한겨레신문』 기사.

먹고, 용변을 보아야 한다. 특히, 금치 징벌에 처해진 경우 포승과 방성구 등과 같은 계구를 사용하므로 피금치자는 금치 기간 동안 말 그대로 옴짝달싹할 수가 없게 된다.[2] 행형법이 개정되면서 방성구는 인권침해의 소지가 있다고 하여 그 사용이 금지되었으나 형태만 일부 변형되어 안면보호구의 이름으로 계속 사용되고 있다.

금치는 "징벌실에 수용된다는 것 자체만으로도 자유형이 가중되는 효과를 가지기 때문에 수용자의 인권을 심각하게 침해하는 것인바, 현행 금치 처분은 교정 처우에서 주어지는 수용자 권리의 대부분을 제한하고 있어, 피해 최소성의 원칙에 어긋난다. 게다가 이러한 금치 처분의 내용은 2000년 (행형법) 시행령이 개정되면서 종래 명시되지 않았던 전화 통화, 집필, 신문 열람, 라디오 청취, 텔레비전 시청까지 금지 대상으로 추가되어 박탈되는 권리의 범위가 더욱 넓어졌다."[3] 이런 점에서 보면 금치 처분은 그 자체가 하나의 고문제도라고 할 수 있다.

또한 이런 금치 처분을 정하는 절차 자체도 부당하기 짝이 없다. '수용자 규율 및 징벌에 관한 규칙' 제8조에 따르면, 징계는 교도소장이 법무부장관이 정한 서식에 따라 수용자징벌요구서를 작성, 징벌위원회에 의결을 요구하고, 징벌위원회는 징벌 혐의자를 위원회에 출석시켜 혐의 내용을 심문하고, 그의 진술을 들어야 한다. 그러나 징계는 공식적인 징계위원회가 열리기 전에 시행되기도 하며, 징계위원회는 종종 징벌 대상자의 참여 없이 징계를 결정하기도 한다. 더욱이 징계위원회의 결정에 대해 이의를 제기할 수 있는 방법이 전혀 없다.[4]

이런 행형법의 조항들은 1999년 12월 28일 대폭 개정되었다.[5] 그런데도 아

2. 인도주의실천의사협의회·한국인권단체협의회, 「고문 기타 잔혹한, 비인도적 또는 굴욕적 처우나 형벌금지협약 제19조에 따른 대한민국 정부의 보고서에 대한 대한민국 인권단체들의 반박보고서」, 1996년 10월, 64항 참조.
3. 김진, 「징벌」, 「구금시설 실태조사 보고서」, 서울지방변호사회, 2002, 101쪽.
4. 인도주의실천의사협의회·한국인권단체협의회, 앞의 책, 65항 참조.
5. 종래 비인간적인 징벌로 지적돼왔던 감식, 운동 정지 등 모두 4가지는 삭제하고 3월 이내의 도서 열독 금지를 1월 이내로 제한했다. 그러나 징벌 가운데 인권침해 소지가 가장 높다는 지적을 받아온 금치조항에 대해서는 어떠한 손질도 없이 그대로 두었다. 구금시설연구모임, 「구금시설 인권실태에 관한 보고서」, 2002, 6쪽.

직 미진한 조항들이 적지 않다. 징벌의 종류를 5가지로 나열한 것까지는 좋은데, 그 징벌이 어떤 행위를 했을 때 부과되는지, 징벌의 구체적 내용이 어떠한지에 대한 규정이 없다. 그뿐만 아니라 징벌 규칙에 징벌의 대상이 되는 규율 위반행위가 행형법보다 더 많이 규정되어 있어 이를 행형법에 규정해야 한다는 지적이 있다.[6]

2. 전국 금치 처분의 현황

1) 금치 처분이 남용된다

수용자에게 이렇게 중대한 고통을 가져오는 금치 처분이 남용되고 있다는 지적이 많다. 아래의 표는 전국 구금시설의 수용자에 대해 1994년 9월부터 1995년 8월까지 1년 동안에 이루어진 징계 현황이다.[7]

구금 수용자 징계 현황(1994. 9~1995. 8)

금치 2월	금치 1월	금치 20일	도서열람 제한	경고	기타	합계
2,779명	2,681명	152명	5명	387명	26명	6,030명

금치 2월이 가장 많고 다음이 금치 1월의 순으로 되어 있다. 앞에서 지적한 대로 금치 처분은 인권침해의 여지가 많고 수용자에게 지나친 고통을 준다. 그런

---

6. 구금시설연구모임, 앞의 책, 5쪽.
7. 인도주의실천의사협의회·한국인권단체협의회, 앞의 책, 63항 참조.

징벌 종류별 집행 현황

연도 \ 구분	징벌 건수	처리결과					경고
		금치 2월 이하	금치 1월 이하	금치 20일 이하	청원작업 정지	도서열람 제한	
1999년	8,707	3,747 (43%)	3,669	293	1	2	965
2000년	9,994	4,588 (45.9%)	4,161	211			984
2001년 7월 말	7,127	2,871 (40.3%)	3,666	91			499

데도 징계를 했다 하면 이렇게 무거운 금치 처분을 먼저 하는 것을 보면 구금시설 담당자들의 인권의식이 낮다는 것을 반증한다. 이런 상황은 2000년 이후에도 크게 개선되지 않고 있다.

위의 표는 2001년도 법사위 국정감사자료에 나온 징벌 종류별 집행 현황이다.[8] 이 자료에서도 '금치'가 가장 높은 집행률을 보이고 있으며, 가장 무거운 징벌인 '금치 2월'이 총 징벌 건수의 40%를 웃돌고 있다.

2) 재소자에 대한 가혹행위

:: 피고발인은 재소자에게 징벌 목적으로 사용할 수 없는 수갑 등을 징벌 중인 재소자들에게 사용한 바 있습니다. 진술인 서준식이 위 구치소에 (수용되어) 있을 당시 1997년 11월부터 1998년 1월 말 사이에 약 18명이 징벌 중 수갑을 차고 있다고 들었으며, 그중 아래 5명에 대해서는 구체적으로 아래와 같은 가혹행위를 직접 보았습니다. 그 신분과 이름, 징벌 처분의 내용은 다음과 같습니다.

---

8. 구금시설연구모임, 『구금시설 인권실태에 관한 보고서』, 2002, 5쪽.

— 박정규 수번 1169 징벌방 수용 2개월, 1998년 1월 15일부터 수갑을 차고 있음.

— 이기철 수번 1243 징벌방 수용 2개월, 1998년 1월 5일부터 수갑을 차고 있음.

— 이장윤 수번 1379 징벌방 수용 2개월, 1998년 1월 5일부터 수갑을 차고 있음…….

그 외에도 진술인은 계충국(수번 919)이 1997년 11월 22일부터 1998년 1월 22일까지 징벌을 받으면서 혁수갑을 차고 먹방에 갇혀 있었다는 말을 본인으로부터 직접 들은 바 있습니다. 위와 같이 징벌 목적으로 수갑을 차고 있는 재소자들은 평상시뿐만 아니라 잠을 잘 때나 식사를 할 때에도 수갑을 차고 있는 등 24시간 거의 계속 수갑을 차고 있는바, 이 같은 가혹행위로 인하여 재소자들이 입는 신체적 고통과 불편은 이루 말할 수 없으며, 정신적으로도 모욕감을 계속 느끼게 되는 등 재소자의 인권이 심각하게 침해되는 것입니다.[9]

서준식 씨는 인권운동의 전문화·대중화를 위한 모임인 '인권운동사랑방' 대표로 있을 당시 다른 시국사건으로 영등포구치소에서 수감생활을 하면서 불법적인 징벌인 수갑 착용을 목격하고 이를 민변에 제보했다. 위 내용은 민변이 그에 근거해 고발한 내용이다. 인권운동가는 가는 곳이 모두 운동의 장소가 되는 법이다. 재소자들에 대한 징벌, 수갑, 포승에 대해 대법원도 위법하다고 판단하고 손해배상을 명했다. 뒤늦었지만 다행한 일이었다.

:: 구행형법(1995. 1. 5. 법률 제4936호로 개정되기 전의 것) 제14조는 수형자의 도주, 폭행, 소요 또는 자살의 방지, 기타 필요한 경우에는 포승, 수갑 등 계구를 사용할

---

9. 민주사회를위한변호사모임이 서울 영등포구치소장을 상대로 남부지청에 1998년 2월 13일자로 낸 고발장. 민주사회를위한변호사모임, 『민주사회를 위한 변론』 1998년 3월호, 139~140쪽.

수 있음을 규정하고 있고. 같은 법 제62조는 미결수용자에 대하여 이를 준용하고 있는바, 계구의 사용은 사용 목적과 필요성, 그 사용으로 인한 기본권의 침해 정도, 목적 달성을 위한 다른 방법의 유무 등 제반 사정에 비추어 상당한 이유가 있는 경우에 한하여 그 목적 달성에 필요한 최소한의 범위 내에서만 허용된다고 봄이 상당하다.

…… 원고는 그동안 위와 같이 수갑이 채워지고 포승으로 묶여 있었기 때문에 취침시 쪼그려 앉거나 옆으로 누워 잠을 잘 수밖에 없었고 식사도 제대로 하지 못하는 등 수용생활에 있어 상당한 고통을 받은 사실을 인정한 다음, …… 원고가 소란행위를 종료하고 독거실에 수용된 이후…… 원고에 대하여 9일 동안이나 계속하여 계구를 사용한 것은 위법한 행위라는 이유로 손해배상 의무가 있다고 판단하였다. …… 원심의 사실 인정 및 판단은 정당하고…….[10]

징벌을 집행하는 과정에서 계구 사용뿐만 아니라 징벌방 그 자체도 문제다. 과거 '먹방'의 존재는 사라졌다고 하지만 사정은 크게 호전되지 않았다.

:: 　법무부는 "징벌실은 0.53~1.74평의 규모로 내부 구조는 일반 독거실과 동일하며, 현재 독거실 가운데 580개를 징벌실로 사용하고 있다"라고 밝히고 있다. …… 그러나 실제 조사실과 징벌실에 창문이 없는 경우도 있고, 창문이 있다 해도 아크릴 판으로 막아두어서 햇빛이 차단되거나 통풍이 잘 되지 않았다고 호소하고 있어 징벌실 실태에 대한 조사가 필요하다.

심지어 출소자들의 호소에 따르면, 보안과 지하실에서 가혹행위를 당했다고 주장하고 있고, 이중방은 폐쇄되었으나 일반 독거실과 다른 형식의 폐쇄독방이 있다고

---

10. 대법원 1998년 1월 20일 선고 96도 18922호 손해배상사건 판결문, 「불법 계호용구 사용에 대한 손해배상소송 —"재소자 징벌, 수갑·포승 채우면 위법"」, 1998년 1월 24일자 『인권하루소식』 기사.

주장하는 점 등을 감안한다면, 보안과 지하실이나 이중방과 유사한 징벌방의 실태를 철저히 조사해 폐쇄를 권고하고 다른 용도로 쓰는 일이 없도록 조치해야 할 것이다.[11]

이런 징벌방의 존재와 수용행위 자체가 하나의 고문이다. 이곳은 외부와는 철저히 고립되기 때문에 그 자체가 하나의 고통을 주고 있거니와, 더 나아가 교도관들의 가혹행위를 부추기기도 하고 재소자를 자살로 이끌기도 한다. 다음은 1994년에 있었던 일이다.

:: 1994년 7월 20일 영등포교도소에 발생한 재소자 이종식(19)의 사망사건에 대한 소식을 접하고 안상수, 차병직 변호사로 하여금 진상토록 하였습니다. ……
사고 발생 하루 전인 7월 19일 같은 사방 내 김재권과 다툼을 하였고, 그 직후 또 정수영과 싸우는 것이 교도관에게 발각되어 철제 수갑과 포승으로 결박당한 채 징벌방(독거실)에 분리 수용된 하루 뒤인 7월 20일 21시 30분경 순찰 중인 교도관 강성봉에 의해 목맨 사체로 발견되었다는 것입니다.
…… 그 당시 이종식이 수용되어 있던 징벌방의 넓이는 약 0.78평(폭 1.2m, 길이 2m) 정도, 바닥은 목재로 되어 있고, 창문(가로 62cm, 세로 95cm)은 지면으로부터 약 2.5m 높이에 설치되어 있으며, 통상 징벌 수용자의 독거실 수용 실태를 보면, 수용 기간은 1개월 정도이고, 식사 또는 대소변시에도 포승과 수갑을 채우며, 이종식의 수용 당시 독거 실내 기온이 상당히 무더웠다고 하는데, 기상청 확인결과 7월 19일 온도는 최고 34.2도, 최저 26.2도, 사망일의 기온은 최고 34.3도, 최저 25.3도였다고 합니다.

11. 구금시설연구모임, 『구금시설 인권실태에 관한 보고서』, 2002, 14~15쪽.

그런데 독거실에는 냉방장치나 통풍장치는 별도로 없었고, …… 수용자에 대한 음료수 등의 공급은 1일 3회 식수와 세면용 물을 공급할 뿐이라고 합니다.[12]

12. 대한변호사협회, 「교도행정 업무 개선 촉구」, 『인권과 정의』 1994년 11월호, 135쪽.

03
교도관의 고문행위

1. 5공화국 이전 교도소의 고문과 가혹행위

1970년대 후반에 들어서면서 긴급조치 사범이 늘기 시작했다. 대부분 학생과 재야인사인 이들은 과거 일제시대와 다름없는 교도소의 행형정책과 실태에 반발하기 일쑤였고, 그것은 곧바로 교정기관의 가혹행위로 이어졌다.

:: (1978년) 5월 27일 음식에 또다시 부패된 단무지가 나왔을 때 재소자들의 분노는 폭발하였다. 상한 것이니 다른 것으로 바꿔달라는 요구에 교도관들은 상한 것이 아니라며 그냥 먹으라고 으르댔다. 눈으로도 뻔히 식별되는 것을 아니라고 우기며 더구나 이틀 전에 처우개선을 약속해놓고 강변하는 처사에 60여 명의 긴급조치 수감자들을 중심으로 또 한 차례 항의농성을 벌였다. 그리고 구치소 측은 이에 대해 폭행과 고문으로 응수한 것이다. 항의농성한 수감자들 중 긴급조치범

13명을 독방에 집어넣은 뒤 40여 명의 교도관들이 명찰을 떼고 들어가 뒷수갑을 채우고 재갈을 물린 채 '입에서 거품이 나도록' 구타하여 성종대(성균관대)는 실신하여 병사로 옮겨갈 정도였다.(여간해서는 병사로 옮겨주지 않는다) 교도관들은 이들을 차고 때리며 "누가 때렸는지 아느냐, 우리가 하려 한 게 아니라 상부의 지시에 의해 때렸다"고 했다. 심지어 방성구가 옥죄어서 숨이 막혀 괴로워하는 김거성(연세대)의 방성구를 늦추어주려던 출역수에게까지도 뭇매를 가하였다. 그러고 나서 구치소 측은 13명을 다시 징벌방으로 보내어 잠을 안 재우고 개밥을 먹게 했으며, 장기표(서울대)·인태선(한신대) 등 10명을 양옆이 비워진 독방에 1명씩 넣고 3일간이나 감금시켰다. 5월 29일 신광용(평화시장 노동자)은 가족 접견시에 이 사실을 폭로하여 밖에 알리려 했다. 그러나 말이 미처 끝나기도 전에 교도관 3명에게 끌려들어가서 뭇매를 맞고 추가 기소시키겠다는 위협을 당했다.[1]

이미 부당한 구금과 처벌을 받고 구치소나 교도소에 들어온 사람에게 이러한 가혹행위와 고문은 이중의 형벌이다. 1978년에 이어 1979년에도 이와 비슷한 구치소에서의 가혹행위가 계속 이어졌다.

:: 지난 (1979년) 4월 20일과 22일에 걸쳐 서대문구치소에서 일어난 이 만행적 집단폭행 사건은 최우섭 부소장과 보안과장의 진두지휘 아래 전혀 무력한 긴급조치 위반 수감 학생들에게 무참히 자행되었다는 점에서 더욱 분노를 자아내고 있다. 교도관들은 "책을 넣어달라고 소리쳤다"는 이유로 (이근우 보안과장의 말) 긴급조치로 수감된 학생 30여 명을 방성구로 입을 막고 손발을 꽁꽁 묶은 뒤 곤봉으로 뒤통수를 내리쳐 기절시키고, 구둣발로 지근지근 짓밟아 귀가 뭉개지는가 하면,

1. 한국기독교교회협의회 인권위원회, 『1970년대 민주화운동(IV)』, 1987, 1346쪽.

허리를 쓸 수 없을 정도로 마구 폭행을 가하였다. 뿐만 아니라 쇠사슬로 목을 졸라 매어 실신시켜서 목이 퉁퉁 붓고 멍이 들었으며, 얼굴을 심하게 때려 눈을 뜰 수 없게 만들었다. 이런 만행을 한 번이 아니라, 여러 번, 그것도 정신을 잃으면 깨어 나길 기다려 다시 자행했다는 사실은 구치소가 아니라 이미 린치의 현장으로 변하고 있다는 것을 말해준다. 구치소나 교도소 안에서 양심범에 대해 가혹한 차별행위나 학대행위가 자행된다는 것은 이미 어제, 오늘의 일이 아니다.[2]

2. 5·6공화국 교도소의 고문과 가혹행위

1) '이근안'은 교도소 안에도 있다

5공정권의 정치적 속성이 폭력적이고 야만적이었기 때문에 교정정책과 교도소 안의 인권 상황도 거기에 영향받을 수밖에 없었다. 양심수와 많은 정치적 수인들은 수사과정에서도 무수한 고문과 협박에 시달리지만, 교도소 안에서도 여전히 차별적 구금과 다양한 고문, 그리고 가혹행위에 시달려야 했다. 교도관들은 마치 이러한 가혹행위가 당연한 것처럼 여겼고, 습관처럼 폭력을 휘둘렀다. 다음과 같은 증언에서 우리는 당시 교도소 안에도 이근안과 같은 전문적인 고문 기술자들이 있음을 알 수 있다.

::   1984년 난 대전교도소 지하실에서 그로부터 이른바 '비녀꽂기' 고문을 당

2. 1979년 5월 1일자 한국기독교교회협의회 인권위원회의 성명서. 한국기독교교회협의회 인권위원회, 앞의 책, 1353쪽.

했다. 보안과장 면담을 신청했는데 이○○ 부장이 면담을 시켜주겠다며 어두컴컴한 지하실로 데려갔다. 작은 키에 뱀눈처럼 소름 끼치는 눈빛을 지닌 그는 다짜고짜 내 손목에 수갑을 채우더니 포승줄로 손목을 친친 묶었다. 묶은 두 손을 머리 뒤로 젖혀 빼내어 줄을 당기자 등이 활처럼 휘어지고 팔은 활시위처럼 팽팽하게 당겨졌다. 줄을 당기는 데 힘이 부치자 조수인 '조폭' 출신 수용자 한 명에게 힘을 보태게 했다. 당긴 포승줄이 엉덩이와 사타구니 쪽으로 뽑아 다시 몸을 한 바퀴 감은 뒤 허리에 묶어 단단하게 고정시키자 금세 어깨 인대가 엿가락처럼 쭉 늘어나면서 어깨가 찢어지고 쇄골이 으스러지는 듯 격심한 통증을 느꼈다. 어깨와 등줄기가 찢어지는 통증이 0.1초 간격으로 찾아와 마치 한 시간이 1년처럼 느껴졌다.

난 그의 발밑에서 덫에 걸린 짐승처럼 뒹굴며 괴로운 비명을 지르다, 나중에는 "부장님, 잘못했으니 제발 좀 풀어주세요!" 하고 눈물 콧물이 범벅이 된 얼굴로 애걸했다. 그래도 그는 풀어주지 않은 채 냉정하게 지하실을 나가버렸다. 난 텅 빈 지하실에서 무려 두 시간 동안 땅바닥을 뱅글뱅글 뒹굴며 쉰 목소리로 울부짖으며 살려달라고 고함을 질렀다. 그제서야 비명을 들은 담당이 달려와 나를 풀어주었다. 이 끔찍한 고문을 겪은 후 가족 면회 때 비인간적인 비녀꽂기 고문 사실을 알렸다. 그리고 당시 인권운동을 하던 이태복 씨가 찾아와 교도소 소장에게 고문에 대해 항의했다.

그러자 이○○는 나에게 찾아와 일절 고문당한 사실이 없다는 거짓 진술서를 강제로 받아갔고, 그 뒤 다시 나를 지하실로 데리고 가더니 두 번째로 비녀꽂기 보복을 가하는 잔인함을 보였다. 그때의 절망감이라니. 그러나 용기를 내어 면회를 통해 외부로 이 사실을 알렸고, 부산에서 송기인 신부가 와서 고문에 대해 항의했다. 그러자 교도소 측은 고문한 적이 없다고 다시 부인한 뒤 날 대구로 이감시킴으로써 상황은 종료되고 말았다.[3]

2) 1984년 박영두 씨 고문치사사건

::   박영두는 청송교도소 8동에 수감되어 지내다가 같이 수감된 재소자들과 "폭력 교도관을 처벌하라", "재소자의 의무과 치료 및 외래 진료를 보장하라"……
등의 요구사항을 내걸고 집단투쟁을 하기로 하여…… 집단농성을 하던 중……
특별사동인 7사동으로 전방되었다. …… (교도관들은) 박영두를 뒤로 시승하여 시갑한 후, 소위 비녀꽂기(양팔을 머리 위로 올려 고개 뒤로 젖히고, 양 팔꿈치가 서로 붙도록 묶은 다음 목과 팔꿈치 사이에 각목을 끼워, 각목을 틀어 젖히며 고통을 주는 방식의 가혹행위), 통닭구이(양 손목을 뒤로 묶고, 양 발목을 묶은 다음 묶인 부분을 포승줄로 연결한 후 포승줄을 잡아당겨 몸이 활처럼 휘게 하여 고통을 주는 방식의 가혹행위) 상태로, …… 교도관 7~8명이 박영두를 교정봉, 포승, 피대, 고무호스, 군홧발 등으로 약 2시간 동안 집단폭행하였다.

…… 박영두는 폭행을 당하는 과정에서 3~4차례 의식을 잃었으나 그때마다 교도관들이 물을 끼얹어가며 구타 및 가혹행위를 계속하였다. …… 교도관들이 시승시갑 상태에서 목봉을 끼고 들어 7사하 4실로 옮겨와, 목봉을 풀고 시승시갑 상태로 그대로 방치하였고, 박영두가 구토를 하고 고통을 호소하였음에도 교도소 측은 특별한 구호 조치가 없었다. …… 같은 날(1984년 10월 13일) 새벽 5시 30분경 담당교도관 전○○는 박영두의 동태가 이상하다는 동정보고를 경비교도 대원으로부터 재차 보고받고 감방에 들어가 확인해보니, 박영두는 양손을 몸 앞쪽으로 수갑을 한 채 엎드린 상태로 변기에 얼굴을 처박고 있었고, 바지를 벗겨 보니 생똥을 싼 상태였으며, 눈동자는 흰자만 보이고 윗니가 아랫입술을 꽉 깨물고 있었고, 상의를 들춰보니 등 전체가 시커멓게 변해 있는 상태로 사망해 있었다.[4]

---

3. 김하기, 「지금도 어깨에 파스를 붙이고 싶습니다ㅡ어느 소설가의 고문 체험기」, 2004년 12월 24일자 「오마이뉴스」 기사.
4. 의문사진상규명위원회, 박영두 씨 고문치사사건에 대한 결정문.

박영두 씨는 1980년 8월경 여름 휴가차 비전도 해수욕장으로 놀러 갔다가 불량배 혐의자로 계엄군에 의해 충무경찰서로 연행돼 삼청교육을 받게 되었다. 그 과정에서 벌어진 인권유린 행위에 대해 항변하는 집단행동을 주도했다는 혐의로 군사재판을 받고, 이어 그것 때문에 보호감호 처분을 받아 청송교도소로 이송되었다. 그는 여기서도 부당한 교도행정에 항거하다가 불귀의 객이 되고 말았다. 의문사진상규명위원회는 위와 같은 사실 조사 끝에 그의 죽음을 민주화운동과 관련한 공권력의 위법한 행사 때문에 사망한 것으로 인정했다.

당시 박영두 씨와 함께 있었던 '대도 조세형' 씨도 이 사건을 목격하고 '입막음'을 요구하는 교도관들의 회유를 거부했다고 한다.

> :: (서울지방법원 319호 법정에서 조세형 씨에 대한 보호감호 처분 재심청구 사건에서의) 조 씨의 진술에 따르면, 군 삼청교육대 출신으로 조 씨와 함께 특수시설(7사동)에 수감되어 있던 박영두(당시 32) 씨가 1984년 10월 교도관들의 집단구타와 가혹행위를 당한 뒤 사망했으며, 조 씨는 이 사건에 대한 '입막음'을 요구하는 교도관들의 회유를 거부했다고 한다. 조 씨는 당시 "박영두 씨는 수갑에 채워진 채 짐승처럼 교도관 네댓 명에 의해 끌려다녔고, 살려달라는 애원에도 불구하고 집단구타를 당한 끝에 7～8시간 후에 사망했다"고 밝혔다. 박 씨의 사체는 국립과학수사연구소의 부검을 받았지만, 결국 심장마비에 의한 변사로 결론이 났다. 조 씨는 당시 교도관들의 회유를 거부한 뒤 57일간 수갑과 포승에 묶인 상태로 3층 특수방에 감금되었다고 밝혔다.[5]

의문사진상규명위원회의 조사결과 발표 직후 서준식은 박영두의 죽음에 대

---

5. 「"15년 독거는 보복 차원" — 조세형 씨, 2차 공판 진행」, 1998년 6월 6일자 「인권하루소식」 기사.

해 「흉악범 박영두의 숭고한 죽음」이라는 제목의 헌사를 썼다.

   :: 의문사진상규명위원회가 조사결과를 발표한 후 위원회의 홈페이지는 교도관들의 불만과 비난으로 현기증이 나도록 어지럽다. 추악한 조직이기주의 그리고 수준 이하의 인권의식에서 비롯된 저열한 아우성들이다. 타살되었다는 '물증' 을 대봐라. 나쁜 짓을 하고 교도소에 수감된 놈에게 무슨 인권이냐. 우리의 근무 조건이 얼마나 열악한지 아느냐. 왜 흉악범이 '민주투사' 냐. 너희들 때문에 공권력이 무너지고 있다는 등등.

  …… 한 사회가 억압적일 때 참을 수 없는 고통을 받기는 '민주투사' 나 '흉악범' 이나 매한가지일 것이다. 어떤 이유로 감옥에 들어갔든, 그리고 각자가 가진 '저의' 가 어떤 것이든 감옥에서의 반인권적 억압 구조에 대한 그들의 저항이 객관적으로 의미 있는 것이라면 그것은 모두 '민주화운동' 일 수밖에 없다. 교도관들은 입버릇처럼 교도소가 좋아지고 있다고들 하지 않는가? 사실이다. 그러나 그들은 그것이 '인간 대우' 를 받으려는 수많은 '죄수' 들의 처절한 몸부림 덕분이라는 사실을 잊지 말아야 할 것이다.[6]

3) 1985년 대구교도소 폭력사건

외부와 고립된 교도소라는 특정 장소에서 폭행과 고문이 이루어지다 보니, 고문 사실이 외부에 알려지기가 쉽지 않다. 설사 외부에 알려져 다양한 진상조사 활동을 벌이려고 해도 교도소 당국은 미동도 하지 않는 경우가 많아 제대로 견제하거나 책임을 묻기가 어려웠다. 다음 사례는 그런 경우를 증명하고 있다. 바로

---

6. 서준식, 「흉악범 박영두의 숭고한 죽음」, 2001년 7월 16일자 『한겨레신문』 칼럼.

1985년 대구교도소 폭력사건이다.

— 그러나 교도소 측 제지로 전원이 들어가지 못하고 박 의원, 목 의원 등 7명만 교도소장실에서 주병두 교도소장, 박희혼 부소장, 보안과장 등으로부터 교도소 측의 주장을 청문.

— 교도소 측의 주장(주로 교도소장이 이야기) ······ 이와 같이 앞뒤 순서 바꿔가면서 당황한 빛을 감추지 못한 채 중간중간 토막내어 이야기한 교도소장은 오후 3시 40분부터 5시 45분까지 약 2시간 5분 사이에 무려 13차례나 출입문을 들락날락함. 어디론가 연락을 취하고 지시를 받는 듯함. 제발 봐달라는 이야기를 연신 꺼냄.

— 조사단은 대전교도소에서 이감 온 50명의 명단을 요구했으나 교도소 측은 "기밀사항이므로 줄 수 없다"고 거부함.

— 조사단은 교도소 측의 주장을 청문한 후 당사자인 양심수 면회를 요청하였으나 "면회는 일체 안 된다. 제발 봐달라"고 호소가 곁들인 생떼를 씀.

— 위독한 사람이 없는가라는 질문에 교도소 측은 묵묵부답.

— 피해자가 가해자를 고소할 수 있도록 집필허가를 해주었느냐는 조사단의 질문에 보안과장은 집필 요청은 있었으나 거절했다고 답변.

— 정상적인 면회 요청이 거듭 불허되자 조사단은 박찬종 의원과 목요상 의원의 변호사 신분을 활용키로 하고 변호사 접견원과 재심청구를 위한 변호사 선임계를 제출. 이에 교도소장은 조사단 자격으로는 안 되나 변호사 자격으로는 면회를 허락하기로 확약. 그러나 정식으로 서류를 접수시키자 약 10분쯤 후에는 또다시 엉뚱한 이유를 들어 면회를 불허.

— 결국 조사단은 면회를 못하고 교도소장의 행위는 명백한 불법행위이고 위헌임을 통고하고 일단 철수하기로 함.

― 오후 5시 25분부터는 교도소장실에서 법무부장관에게 전화로 항의를 하려 했으나 전화통화조차도 고의로 방해하는 듯한 느낌을 받음.[7]

말 그대로 교도소 당국은 하나의 '치외법권' 지역임에 틀림없다. 국회위원, 변호사 신분으로도 피해자를 만날 수가 없었으니, 대한민국의 법률이 통하지 않는 지역이었던 것이다. 당시 실제로 대구교도소에서는 끔찍한 고문이 자행되었다. 대구교도소 측은 그 고문의 현장과 상처를 지닌 피해자들을 야당 국회의원들에게 직접 보여줄 수 없었던 것이다.

∷　이른바 국가보안법 위반행위로 대전교도소에서 복역 중이던 50명을 (1985년) 7월 11일에 25명, 15일에 25명 등 2차례에 걸쳐 대구교도소로 갑자기 이감시키고, 7월 31일 이들 50명을 강제 출역시키려고 했으나 18명이 출역하고 나머지 32명이 이를 거부했던 것이다. 그러자 4.7평의 좁은 감방에 보통 6~7명을 수용하는 것도 비좁은데, 더욱이 한증막을 방불케 하는 무더위에 강제 출역을 거부한 32명을 10~11명씩 3개 방에 무더기로 배방하는 조치를 취하자 이를 항의했던 것이다.

항의를 하자 100여 명의 교도관(교도소 내에서는 기동대라고 호칭)들이 달려들어 항의하는 이들을 마구 치고 때리고 강제로 교도소 지하실로 끌어내려 또다시 무수히 구타, 19명(교도소 측에서는 16명이라고 주장)을 폭행치상한 것이다. 이 중 이철(재일동포 학생) 씨는 8시간에 걸친 집단폭행으로 한때 정신을 잃고 혼수상태에 빠져 전신 타박상을 입었으며, 정진광 씨는 턱이 찢어져 13바늘을 꿰매는 중상, 강종헌(재일동포 유학생) 씨는 콘택트렌즈가 빠져나갈 정도로 안구 타박상, 김영·서성수 씨는

---

7. 한국기독교교회협의회, 「대구교도소 양심수 폭행치상사건 신민당 진상조사단 1차 보고」, 『악법 철폐, 하나님의 법 실현― 1985년 인권주간 자료집』, 1985년 12월, 135~136쪽.

갈비뼈가 부러지는 등 중상을 당했다.[8]

4) 아비규환, 1987년의 교도소

1986년이 되면서 상황은 더욱 악화되었다. 시국이 더 불안해지고 더 많은 학생과 재야인사가 구속되면서[9] 교도소는 더욱 통제 불능의 상태로 빠져들었다. 교도소 당국은 민주인사들에 대한 폭력적 통제를 강화했으며, 이러한 악순환 속에서 여러 충돌과 가혹행위들이 연발했다. "양심수들이 너무 당연한 권리라 할 작은 요구 하나를 관철시키기 위해 목숨을 담보로 한 단식을 빈번히 행하고, 조직적이거나 집단적인 의사표현을 했다고 해서 머리가 터져 꿰매고(전주교도소 노광호), 눈 위가 찢어지고(원주교도소 안병룡), 정신착란이 일어나고(의정부교도소 이수혜), 집단폭행당해 대변을 싸면서 기절하고(서울구치소 최진호), 안경이 깨지는(서울구치소 곽탁성) 이 아비규환의 참상"[10]이 따로 없었다. 1986년 9월 옥중에 수천 명의 양심수를 가두어놓고 밖에서는 아시안게임이라는 축제를 벌이는 상황에서 감옥에 있는 양심수들이 조용히 있을 리가 만무했다. 전국의 교도소는 하루도 조용히 지내는 날 없이 투쟁과 폭력과 소동이 난무했다.

서울구치소에서는 1986년 9월 19일 옥중투쟁위(위원장 문익환, 부위원장 장기표·김문수·김지용·이봉우·김희택 등)가 구성되었는데, 9월 24일 일반 재소자가 합세하는 것을 본 구치소 보안과장이 수번을 떼어버린 기결수와 경비교도대 60여 명을 직접 동원해 무차별 집단구타로 응대했다. 이로 인해 100여 명의 양심수들이 부상을 입었으며 실신하는 사람들이 속출했다. 다음 명단을 보면 마치 무슨 큰 전투

---

8. 한국기독교교회협의회, 「대구교도소 양심수 폭행치상사건 신민당 진상조사단 1차 보고」, 『악법 철폐, 하나님의 법 실현 ─1985년 인권주간 자료집』, 1985년 12월, 134쪽.
9. 1986년 한때 구속된 학생·노동자·농민·재야인사 등 이른바 정치범, 시국사범의 숫자가 2,500여 명에 이르렀다.
10. 한국기독교교회협의회 인권위원회, 『민주쟁취와 인권 ─1986년 인권주간 자료집』, 1986년 12월, 92쪽.

가 지나간 듯한 양상을 보여준다.

최진호: 서울대. 15명에게 집단구타를 당하고 머리카락을 붙잡힌 채 빙빙 돌려져, 팬티에 대변을 싸고 기절한 후 의무실에 옮겨짐.

안창완: 서울대. 방 안에 앉아 있는데 문을 따고 들어온 수명의 교도관에 의해 폭행당하면서 150m쯤 끌려다님. 가슴을 군홧발로 차여 중상. 앞니가 부러짐. 군화 자국이 찍힌 러닝을 가족이 증거품으로 보관 중임.

정관수: 고려대. 머리카락이 한 줌씩 뽑히면서 팔다리를 심하게 구타당해 온몸이 부어오름.

강명은: 운동하는 양심수들이 매맞는 것을 보고 항의했다고 어머니와 접견하는 접견실까지 따라와 폭행하여 귀에 피나고 온몸 멍들었음.

이용근: 어머니와의 접견 도중에 6명의 교도관이 뛰어들어와 머리를 끌고 나가 때리면서 허리 밟는 것을 어머니가 목격 항의하자 29일 원주로 이감시킴.

김상하: 서울대. 수정 수갑 밧줄로 전신을 묶어 자연단식을 시키며 폭행. 옷을 갈가리 찢어 쓰레기통에 버리고 결박했음.

박종규: 서울대. 책을 보고 있는데 문을 따고 들어온 교도관이 이유 막론하고 각목으로 후려치고 폭행함.

김윤태: 전신을 결박하여 벌방에 48시간 세워놓음.

조유묵: 성균관대. 방 밖이 소란하여 나가보았더니 보안과장이 직접 다짜고짜 "맛 좀 봐라"면서 직접 구타. 단식으로 재판받지 못하고 그냥 나옴.

김영준: 서울대 후배 임필주가 수갑 찬 채 맞고 있는 것을 보고 항의하자 심하게 때림. 9월 27일 안양으로 이감.

김문수: 서울대. 보안계장이 직접 문을 따고 들어와 징벌방으로 끌고 가면서 전신을 짓이기고 머리를 시멘트 바닥에 짓찧어 졸도함.

김종민·박성인·유인환: 이유 없이 집단구타를 당함.

곽탁성: 구타당해 안경이 깨짐.[11]

그런데 문제는 서울구치소만이 아니었다. 판결을 선고받은 양심수들은 전국의 교도소에 분산 수용되었고, 가는 곳마다 조용히 있지 않았다. 그들은 시국과 관련해[12] 단식을 벌이거나 부당하고 비인간적인 교정행정의 개혁을 요구[13]하면서 항의를 벌였다.

:: 의정부에 수감됐던 김미정은 지난 (1986년) 6월과 8월에 있었던 농성사건의 주모자로 몰려 8월 말 군산교도소로 강제 이감되었다. 군산교도소 측은 요시찰 인물로 철저 감시하다가 김미정이 여사에 수감 중인 일반수 중 8명의 아주머니들이 매일 출역하여 17시간 이상 혹사당하고 밤이면 신음하는 것을 보고 견디다 못해 출역 조건 개선을 제의하고, 관철되지 않자 전 재소자에게 알리는 것을 기화로 교도관 신행운이 멱살을 잡고 구타, 폭언했다. 이에 최인영(숙명여대 학생회장)이 항의하자 18명의 교도관이 끌고 가 집단폭행함.

사태를 지켜본 일반수까지 재소자 인권쟁취를 외치며 합세하자, 교도소 측은 김미정·최인영을 강제로 보안과에 끌고 가 시승시갑한 채 집단폭행했다. 보안과에서 폭행당한 후 환방해보니 일반수 전원이 없어졌다.(감금한 것으로 보임) 최인영이 탈진하자 병원으로 옮긴다고 거짓말하고 끌어내서 보안과에 감금하고 9월 27일 06시에 서 주임이 와서 김미정에게 금치 경고하면서 강제 이송을 통보해 시승시갑한

---

11. 한국기독교교회협의회 인권위원회, 『민주쟁취와 인권─1986년 인권주간 자료집』, 1986년 12월, 99∼100쪽.
12. 1986년도에 주로 내세웠던 주장은 "양심수 전원 석방, 폭력정권 타도, 군사독재 타도, 고문용공조작 중지, 아시안게임 반대, 민중 기만하는 헌법위 결사반대" 등이었다. 한국기독교교회협의회 인권위원회, 앞의 책, 105∼106쪽.
13. 민주화실천가족운동협의회는 옥중 양심수들의 요구에 발맞추어 1986년 4월 4일 행형법 개정 추진위원회를 발족했다. 이들이 주장하는 주된 내용은 다음과 같다. 야만적인 계구(수갑·포승·방성구) 사용 철폐, 무기 사용·남용 금지, 위생 내 세운 삭발 철폐, 부당 징계와 교도관 폭행 엄단, 일용품 관급 보장, 재소자 청원권 보장, 서신·접견 제한 철폐, 법무부 도서 제한 철폐, 집필기구 사용 보장, 미결수 처우 보장 등이다. 한국기독교교회협의회 인권위원회, 앞의 책, 106쪽.

채 강제 압송. 이 과정에서 항의하자 입에다 재갈 물리고 포승줄로 묶었다. 원주교도소에 도착하여 차에 내리면서 강제 이송, 부당 금치 철회, 폭력 교도관 처벌을 외치고 6실에 강제 입방되었다. 오후 7시경 김미정이 유리창을 깨서 팔목을 자해, 상처가 너무 깊어서 출혈이 심하자 7시 30분경 원주기독병원으로 후송⋯⋯.

신민당 조사단에 밝힌 김미정의 심경. "나는 이미 죽을 각오가 되어 있다. 정말로 죽기로 각오하고 실행했다. 나 하나 희생되더라도 반민주적 교도소 운영은 근절되어야 한다.⋯⋯" [14]

김미정만이 아니었다. 그해 7월 28일에는 깃발사건의 구속자인 안병룡이 양심수의 기본권 보장을 요구하는 과정에서 경비교도대 등에게 고무호스 등으로 무차별 구타당해 왼쪽 눈언저리가 찢어져 두 바늘을 꿰매는 상처를 입었는가 하면, 김성진은 야만적인 교도소 당국의 폭력에 항의해 P.M.과 벤졸 등을 섞어 마시고 자살을 기도해 인근 병원에서 위세척을 해야 하는 지경이었다.[15] 다음은 영등포구치소에서 집단구타를 당한 한 학생 어머니의 호소문이다.

::   쇠창살 너머로 피멍든 채로 차가운 시멘트 바닥 위에서 뒹굴고 있는 저의 아들을 어찌하지도 못한 채 밖에서 그저 가슴만 쥐어뜯다 이렇게 호소합니다. 저는 서울대학교 공과대학 자원공학과 2학년에 재학 중이던 구영한의 어머니입니다.⋯⋯ (1985년) 9월 25일 면회하러 간 저를 보안과장과 담당인 이봉연 주임이 부르더니, 수차례 영한이를 구타한 사실을 실토하면서 무슨 죄라도 달게 받겠다고 용서를 빌더군요. 일종의 선수를 쳤다고 할 수 있겠지요. 저는 영문도 모른 채 영한이를 면회하러 갔습니다. 면회하며 옷을 벗어보라고 하여 살펴보니 온몸이 어디

14. 한국기독교교회협의회 인권위원회, 앞의 책, 100〜101쪽.
15. 한국기독교교회협의회 인권위원회, 앞의 책, 101쪽.

한 군데도 성한 곳이 없이 피멍 그 자체였습니다. 그런데 정신을 차리고 알아보니 그렇게 가혹하게 구타를 당한 것은 우리 자식뿐 아니라 이진권, 윤종언(서울대 경제학과 3년) 등 다수였고, 이 일에 항의하여 구치소 내에서 다른 학생 수감자들과 함께 단식농성을 하고 있었습니다. …… 법에 호소해도 소용없는 현실 속에서 마지막으로 그들의 인간성을 믿고 수차례 애원하기도 하고 화도 내보았으나 짐승과 같은 저들은 이리저리 발뺌만 할 뿐, 영한이의 상처가 아물기 위한 시간을 벌려고 하는 것 같습니다.[16]

온몸에 피멍이 든 아들을 감옥에 두고 집으로 돌아와야 하는 이 어머니의 심정은 그 당시 수감된 아들을 둔 수많은 부모님과 똑같이 불안한 심정이었을 것이다. 이것은 우리가 겪어온 지난 1980년대의 풍경이기도 했다.

5) 누구도 자유롭지 않은 교도소 고문

6·29선언은 5공정권의 종말을 가져왔지만 인권에 관한 한 5공화국의 어두운 그림자는 완전히 사라지지 않았다. 가장 나중에야 볕이 드는 교도소는 더 말할 나위가 없었다. 여전히 구금시설에서는 고문과 가혹행위가 사라지지 않았고, '뒷문'으로 나가는 주검이 없지 않았다.

:: 대전 소년원생 변사사건을 수사 중인 검찰은 (1990년 3월) 16일 원생 배완수(17) 군을 폭행, 숨지게 한 대전소년원 교사 유재동(33) 씨를 상해치사 혐의로 구속했다. 검찰은 유 씨가 지난 5일 오후 7시경 대전소년원을 탈출한 배 군을 9일

---

16. 한국기독교교회협의회 인권위원회, 『민주쟁취와 인권─1986년 인권주간 자료집』, 1986년 12월, 104~105쪽.

오후 8시경 유성구 배 군의 친구 집에서 붙잡아 소년원 내 징계실에 감금한 후 수갑을 채운 채 고무호스, 플라스틱 파이프 등으로 머리와 가슴 등을 마구 때려 숨지게 한 혐의다. 검찰은 15일 오후 배 군의 시체 부검을 실시, 사인이 폭행에 의한 뇌부종 및 폐부종 등인 것으로 밝혀냈다. 검찰은 부검결과 배 군의 허파에서 물이 발견됨에 따라 체벌을 가하면서 물고문도 함께 했는지에 대해 수사 중이다.[17]

1990년은 민주화 분위기가 공안 분위기로 반전된 한 해였다. 공안 한파가 몰아치는 동안 교도소 안에서도 고문이 다시 활개를 쳤다.

:: 지난 (1991년 1월) 16일 1년 6개월의 형기를 마치고 목포교도소에서 출소한 문부식 씨는 19일 오후 서울 종로구 창신동 민가협 사무실에서 "교도소 측이 지난해 12월 19일 교도소 내 부정물품사건 조사를 이유로 일반 재소자 48명에 대해 물고문과 무차별 구타 등 심한 가혹행위를 자행했다"고 주장했다. 문 씨에 따르면 전주교도소 탈옥사건 이틀 후인 지난해 12월 19일 공장출역수들의 신체검사 과정에서 한선민(42) 씨의 소지품 중 가스라이터가 발견되자 교도소 측은 부정물품 반입 경위조사를 이유로 일반 재소자 48명을 사용하지 않는 감방에 격리시킨 채 같은 달 28일까지 9일 동안 조사를 벌였다는 것이다.
문 씨는 "이 과정에서 교도소 측은 박 모 주임 등 교도관 3명과 경비교도 대원들을 동원해 재소자들을 거꾸로 매달아 발바닥 때리기, 발가벗긴 채 욕조에 집어넣고 온몸을 때려 찬물에서 못 나오게 하기, 창틀에 매단 뒤 입과 코로 오물이 섞인 물을 붓기 등 여섯 가지 고문행위를 벌였다"고 주장했다. 문 씨는 또 같은 교도소에서 수감 중인 민불련 의장 서동석(35) 씨 등 정치범 13명은 이와 관련, △교도소

---

17. 「대전 소년원생 변사─직원 폭행치사 확인 1명 구속」, 1990년 3월 16일자 『동아일보』 기사.

장의 공개 사과, △고문 책임자 처벌 및 고소고발 보장 등을 요구하며 지난 18일부터 단식농성에 들어갔다고 밝혔다.[18]

교도소 내의 고문 주장과 시비로 여전히 공방전이 치열했다. 이미 가혹행위로 야기된 긴급한 증세 때문에 외부 병원으로 옮겨진 구금자를 금방 재수감하려는 비인도적인 처사가 이어졌던 것이다.

:: 　 지난 (1990년 8월) 27일 '서울구치소 양심수 집단폭행사건' 당시 교도관들로부터 고문을 당했다고 주장하고 있는 이명학(23, 서울시립대 3년 제적) 씨가 입원, 치료 중인 서울 강남성모병원 5층 202호실에 29일 아침 구치소 교도관 30여 명이 몰려와 이 씨를 재수감하려는 과정에서 가족들과 충돌하는 소동이 벌어졌다. 교도관들은 이날 아침 6시 반 구치소 버스로 병원에 와 "고문을 당했다는 이 씨의 주장은 거짓"이라며 "이 씨의 선고공판 기일이 다가와 재수감이 불가피하다"고 밝혔다.

이 씨와 이 씨 가족들은 "치료 중인 환자를 재수감하는 것은 있을 수 없는 일"이라며 교도관들과 실랑이를 벌였으나 4시간여 만인 오전 11시 이 씨는 교도관들이 타고 온 차에 실려갔다. '민족통일민주주의노동자연맹' 사건으로 서울구치소에 수감 중인 이 씨는 "8·27집단폭행사건 당시 교도관들로부터 고문을 당한 뒤 지난 7일 호흡곤란 증세가 나타나 구치소 측 허가를 받고 병원으로 옮겼다"고 주장했다.[19]

---

18. 「재소자에 고문 구타 — 출소 문부식 씨 주장, 발가벗겨 욕조에 넣어」, 1991년 2월 20일자 『동아일보』 기사.
19. 「구치소 폭력 입원 재소자, 교도관이 끌고 가 재수감」, 1990년 9월 29일자 『동아일보』 기사.

3. 문민정부 교도소의 고문과 가혹행위

다음은 군사독재정권에서 '문민정부'라 칭하는 김영삼 정권으로 이행한 뒤 전국의 구금시설에서 교도관들이 자행한 고문과 가혹행위 사례들이다.

① 1993년 2월 7일 청송 제2보호감호소에 수감 중인 피구금자 서재만 씨의 가족은 교도소 측이 외진을 요청하는 서 씨의 온몸을 포승으로 묶어 13일 동안 독방에 가두고 빗자루 막대로 발바닥을 수십 차례 때렸다고 폭로했다.

② 1993년 2월 14일 주민등록증 변조 혐의로 마산교도소에서 만기 출소한 홍장희(27) 씨와 피구금자 가족들인 이달기(29) 씨 등은 경남 마산교도소에서 교도관들에 의한 피구금자의 폭행사건이 잇따라 발생하고 있다고 주장하였다.

③ 1993년 6월 7일 청송보호감호소의 일부 교도관이 피구금자들에게 가혹행위를 했다는 가족들의 호소가 있었다. 외부 진료 요청시 독방에 감금, 구타하고 담배 암거래를 조사한다며 가혹행위를 가해 그 상처가 1년이 넘어도 남아 있다고 한다.

④ 전경 해체를 주장하다 구속, 영등포교도소에 수감 중이던 박석진 씨는 1994년 1월 19일 점호 도중 교도소장에게 인사를 하지 않는다는 이유로 집단폭행을 당하였고, 금치 처분을 받았다. 교도소는 박 씨에게 포승과 수정을 채운 채 징벌방(먹방)에서 낮에는 담요도 없이 지내게 했으며, 단식 중인 박 씨에게 강제 급식까지 했다. 박 씨는 변호사와 접견을 하면서 "징벌방이 너무 춥다"고 호소했다.

⑤ 1995년 7월 11일부터 김천소년교도소에 수감 중인 국가보안법 위반 수용자 4명은 교도관들의 빈번한 소년수에 대한 구타 중지를 요구하며 단식농성을 벌였다.

ⓔ 1996년 2월 의정부교도소는 소장의 재소자 구타에 항의하던 재소자 20여 명을 다시 교도관들이 폭행한 뒤 징벌위원회를 열지도 않은 상태에서 징벌방에 가두었다가 2개월간의 금치 처분을 내린 뒤 강제 이감시켰다.[20]

이 보고 외에도 또 다른 사례들이 있다. 다음은 광주교도소의 한 소년범이 당한 이야기이다.

::   지난해(1997년) 9월 광주교도소 6사동(소년수 수감)에 수감 중이던 서 아무개
(20) 씨는 동료 재소자와 싸움을 벌였다는 이유로 징벌을 받았으며, 그 과정에서 "일주일간 쇠사슬과 수갑으로 온몸이 묶인 채 한 달간 독방생활을 했다"고 밝혔다. …… 서 씨는 또 "징벌에 앞서 4시간 동안 조사를 받으면서 '이 주임'이라는 교도관에게 몽둥이로 구타를 당했고, 이때 같이 싸움을 벌였던 상대방은 전혀 구타를 당하지 않았다"고 말했다. 서 씨는 "당시 다퉜던 상대방이 광주 지역의 폭력배였다"고 덧붙였다. …… 한편 서 씨는 광주감별소로 이동된 뒤에도 또 한 차례 가혹행위를 당했다고 밝혔다. 서 씨는 "당시 '선생님'으로 불리는 교도관들이 저녁 7시경 술에 취한 채 숙소로 들어와 '참을성이 좋은가 보겠다'며 라이터 불로 발을 지졌다"고 주장했다.[21]

여느 교도소 할 것 없이 가혹행위가 잇따랐지만 특히 청송보호감호소는 전두환·노태우 정권뿐만 아니라 문민정부에 이르기까지도 내내 가혹행위와 부당징계의 천국으로 악명을 떨쳤다. 세상에 '대도'로 널리 알려진 조세형 씨가 청송

---

20. 인도주의실천의사협의회·한국인권단체협의회, 『고문 기타 잔혹한, 비인도적 또는 굴욕적 처우나 형벌금지협약 제19조에 따른 대한민국 정부의 보고서에 대한 대한민국 인권단체들의 반박보고서』, 1996년 10월, 66항 참조.
21. 「광주교도소 또 가혹행위 의혹―소년수 "징벌 때 쇠사슬·수갑 착용" 주장」, 1998년 4월 22일자 『인권하루소식』 기사.

교도소의 가혹행위 실태를 폭로해 큰 파문이 일기도 했다.

:: 　두터운 장막에 가려졌던 청송교도소의 인권 실상의 일부가 드러났다. '대도', '의적'으로 불렸던 조세형(54) 씨가 법정에서 청송교도소에서의 처우를 일부 공개해, 이에 대한 인권단체들의 관심이 집중되고 있다. (1998년 4월) 22일 오전 10시 서울지법 319호 법정에서는 형사합의22부(재판장 이호원 부장판사)의 심리로 조 씨가 신청한 보호감호 처분 재심 첫 재판이 열렸다. 조 씨는 "청송 제1교도소에서 지난 15년 4개월 동안 햇볕이 거의 들지 않는 7동 1평짜리 폐쇄 독방에서 24시간 폐쇄회로 카메라의 감시 밑에 다른 수감자들과 격리된 '엄정 독거' 생활을 했다"고 엄상익 변호사의 반대 신문과정에서 밝혔다.

그는 "특히 첫 3개월 동안 혁수갑을 차고 손을 뒤로 하여 등 뒤로 높이 묶인 손이 혁수갑과 연결된 채, 식사도 엎드려 핥아먹어야 했다(개밥 고문)"며 청송교도소에서의 비인간적인 처우를 증언해나갔다. 그는 △감방은 뒷창문이 철판으로 막혀 있고 복도 쪽에 난 시찰구(교도관이 감방 안을 감시하기 위한 작은 창)는 두꺼운 플라스틱판으로 막혀 있어 숨을 쉬기가 몹시 고통스러웠던 점, △감방 안에 설치된 화장실에는 아무런 가리개가 없어 용변을 볼 때도 모든 것이 적나라하게 카메라에 드러나는 수모를 당했던 점 등을 담담하게 진술했다.[22]

15년이 넘도록 폐쇄독방에서 카메라가 모든 것을 비추는 상황에서 지내야 했던 것은 분명 또 하나의 가혹행위이다. 행형법에 따르면 독거 수용은 2년을 넘길 수 없도록 되어 있다. 다음 이야기 또한 청송보호감호소의 한 재소자가 엄청난 가혹행위를 당하고 소송까지 제기했다가 자기도 모르게 취하된 내막이다.

22. 「3개월 개밥 고문, 15년 폐쇄 독거―대도 조세영, 청송교도소 만행 폭로」, 1998년 4월 23일자 『인권하루소식』 기사.

:: 　자신들의 독직폭행 혐의에 대한 수사를 막기 위해 재소자의 재정신청을 허위로 취하시킨 교도관들이 무더기로 검찰에 고소당하게 됐다. 지난 96년 청송보호감호소에서 출소한 윤치고(43, 부동산업) 씨는 여광석 전 청송 제2보호감호소장 등 교도관 13명에 대해 '재정신청취하서'를 허위로 작성한 혐의(사문서위조 혐의)로 12일 대검찰청에 고소장을 접수하기로 했다. 윤 씨는 지난 87년 '절도 및 특수강도죄'로 징역 3년 및 보호감호 7년을 선고받은 이후, 90년 11월부터 96년 10월까지 청송보호감호소에서 복역했으며, 이 기간 동안 교도관들로부터 가혹행위와 폭력을 당했다는 이유로 93년 6월 여광석(당시 소장) 씨 등을 대구지검 의성지청에 고발한 바 있다. 그러나 검찰이 사건에 대해 불기소 처분을 내리자, 윤 씨는 그해 12월 4일 대구고등법원 형사부에 재정신청을 냈다. …… 94년 1월 중순경 '재정신청이 취하되었다'는 일방적인 통보를 전달받았다고 한다. 윤 씨는 "재정신청취하서를 작성한 사실이 전혀 없으며, 가출소한 뒤 대구고등법원에서 재정신청취하서를 처음으로 보게 되었다"고 밝혔다. 이후 윤 씨의 주장대로 재정신청취하서는 필적이 위조되고 무인도 베껴낸 것으로 밝혀졌다.[23]

　그뿐 아니다. 단지 '교도소장과 눈 마주친 죄'로 참혹한 징벌을 받은 재소자의 사례도 있다. 이 사건은 세상이 바뀌었다고 교도소 내 세상이 바뀌는 것이 아니라는 점을 분명히 보여주고 있다.

:: 　97년 10월 23일 전주교도소장이 간부들과 함께 순시를 나왔다. 미결수들은 관행대로 5명이 한 줄로 정좌하고 앉았으며, 잠시 후 김 씨는 순시하는 사람들이 갔는지를 보려고 돌아봤다가 교도소장과 눈이 마주쳤다. 이어 교도소장과 김 씨

---

23. 「전직 청송보호감호소장 피소 ― 가혹행위 은폐 의혹, 문서위조 혐의」, 1998년 3월 12일자 『인권하루소식』 기사.

간에 "너 뭐냐", "아닙니다…", "왜 그렇게 앉아 있나. 너 어디 아프냐", "체중이 나가다 보니 항문이 좋지 않습니다"는 문답이 오가다 김 씨는 교도소장 앞으로 불려나갔다. 이때 김 씨가 수감번호가 없는 재소자 옷을 입고 있는 것을 본 교도소장은 "이놈 봐라"며 욕을 했고, 그 순간 김 씨와 한방에 있던 재소자가 "소장님, 형님이 나이가 몇 살인데 욕을 하십니까"라고 말하게 되었다.

이것이 빌미가 되어 김 씨를 비롯한 재소자 6명은 보안과로 끌려갔으며, 이후 김 씨는 팔, 팔목, 발목, 허리 등을 수갑과 쇠사슬로 묶인 채 0.79평 독방에 수감되었다. 이어 교도소 측은 징계위원회를 열어 2개월의 징벌 처분을 내렸다. 이후 김 씨는 51일간 쇠사슬로 묶인 채 밥을 먹고 옆으로 쭈그린 채 잠을 자야 했다. 성경책을 넣어달라는 요구도 거절당했고, 잠잘 때 외엔 담요 한 장 받지 못했다. 겨드랑이와 사타구니에 상처가 있던 김 씨는 쇠사슬이 닿는 고통을 호소했지만 무시당했고…… 전주교도소 내에선 지난해 10월 이후 쇠사슬로 묶인 채 징벌을 당한 재소자가 1백여 명에 이르는 것으로 알려졌다.[24]

완전히 '빠삐용'이다. 교도소가 무슨 고문장으로 느껴진다. 문민정부에서도 고문과 가혹행위가 지속적으로 일어나고 있었던 것이다. 관행화된 고문과 가혹행위가 큰 사고로 이어질 수밖에 없는 현실이었다. 그리고 드디어 사망사고가 터졌다.

∷   벌금형을 선고받고 성동구치소에서 노역을 하던 재소자가 병원으로 옮겨져 치료를 받던 중 숨져 교도소 내 폭행에 따른 사건인지에 대해 검찰이 수사에 나섰다. 검찰에 따르면, (1998년) 1월 말 성동구치소에서 노역을 하던 박순종(49) 씨

---

24. 「교도소장과 눈 마주친 죄―재소자 김 씨가 밝힌 징벌과정」, 1998년 3월 10일자 『인권하루소식』 기사.

연도	1991년	1992년	1993년	1994년	1995년 1~6월
고소·고발 건수	40건	31건	56건	55건	31건

고소·고발된 교도관에 대한 처벌(1990~1995. 6)

연도	1990년	1991년	1992년	1993년	1994년	1995년 1~6월
고소·고발 건수	100	40	31	56	55	31
기소 건수	7(5)	7(5)	0(0)	1(0)	1(1)	0(0)
기소유예	0	1	2	0	1	1
무혐의 등	93	32	27	55	50	27
기소 비율	7%	17.5%	0%	1.7%	1.8%	0%

※ 기소 건수 중 괄호 안의 숫자는 구속 기소 건수

가 갑자기 쓰러져 2월 4일 강남시립병원으로 옮겨진 후 치료를 받았으나 18일 숨
졌다. 23일 시신을 부검한 결과, 박 씨는 갈비뼈가 3개가 부러지고 대뇌에서 출혈
흔적이 발견되었으며, CT촬영 사진에도 뇌출혈 흔적이 나타났다.[25]

고문과 가혹행위가 잇따르자 수감자들이 교도관 등을 고소·고발한 건수도
동시에 증대되었다. 맨 위의 표는 1991년부터 1995년 6월까지 교도관의 고문에
대한 고소·고발 건수이다.[26]

그런데 이런 고소·고발에도 불구하고 막상 처벌되는 교도관의 숫자는 매우
적었다. 아예 처벌되지 않거나 처벌이 되더라도 너무 가볍게 처리되는 수준이었
다. 따라서 이런 처벌 정도는 교도소 등 구금시설에서 고문과 가혹행위가 사라지

---

25. 「구치소 노역자 폭행당해 숨져」, 1998년 2월 27일자 「인권하루소식」 기사.
26. 인도주의실천의사협의회·한국인권단체협의회, 「고문 기타 잔혹한, 비인도적 또는 굴욕적 처우나 형벌금지협약 제19조에
따른 대한민국 정부의 보고서에 대한 대한민국 인권단체들의 반박보고서」, 1996년 10월, 67항 참조.

지 않는 중요한 원인이 되기도 했다. 앞장의 두 번째 표는 1990년 이후 고문과 가혹행위로 처벌된 교도관의 통계자료이다.[27]

4. 국민의 정부, 참여정부 교도소의 고문과 가혹행위

'인권대통령'이 되겠다고 공약한 김대중 정부에서도 교정시설에서의 가혹행위는 그치지 않았다. 1999년 1월, 「밀착 취재―교도소」라는 연재 기사를 실은 『한겨레신문』은 그 연재 마지막을 이렇게 끝맺었다.

> :: 　교도소는 여전히 인권 사각지대임이 다시금 확인됐다. 정권 교체 이후 그러한 불명예를 벗기 위해 교정행정을 개선하려는 노력이 없지 않았으나 아직도 여러 가지 문제가 있음이 드러난 것이 사실이다. 재소자에 대한 폭행이나 징벌 따위의 가혹행위가 벌어지고 있다는 것은 권위주의적 교도행정과 교도관들의 낡은 의식과 관행이 근본적으로 달라지지 않았음을 일깨워준다. 『한겨레』가 교도소의 인권 실태를 집중 취재해 연재한 「밀착 취재―교도소」의 기사 내용은 매우 충격적이다. 처우개선을 요구한다는 이유로 폭행을 가하고 징벌방에 넣는다고 하는데, 특히 '먹방'의 인권유린은 그야말로 끔찍하기 짝이 없다.…… 심지어는 교도관들이 조직폭력배 출신들에게 '방장'을 맡겨 재소자들을 관리하도록 하면서 이들의 행패를 묵인할 뿐 아니라 오히려 횡포에 맞서는 재소자들에게 집단폭행을 가하도록 부추긴 사례도 있다고 한다. 이런 판에 교도소의 처우개선을 요구하는 면담이

---

27. 인도주의실천의사협의회·한국인권단체협의회, 앞의 책, 69항 참조.

나 청원권 따위의 기본권이 존중될 리 없다.[28]

국민의 정부가 들어선 이후에도 교도소에서는 가혹행위와 이로 인한 말썽이 끝없이 일어났는데, 몇 가지 사례를 들어보면 다음과 같다.

:: 인천구치소(소장 이충대)에 수감 중인 부천민주노동청년회(부민노청) 소속 미결수들이 지난 (1998년) 12월 29일 불법 징벌을 받은 상태에서 구타를 당했다는 주장이 제기됐다. …… 이들 중에 양승철 씨가 29일 오후 8시경 교도관들에 의해 수갑과 가죽수갑에 묶여 독방에 감금당한 뒤 무릎을 꿇린 채 배와 뒷목을 7~8차례에 걸쳐 구타를 당했다.[29]

:: 교도소 노역장에 유치돼온 50대 남자가 같은 방 재소자들로부터 가혹행위를 당한 뒤 뇌출혈로 쓰러져 병원에 옮겼으나 의식을 회복하지 못하고 있다. 오토바이 음주운전 벌금 150만 원을 내지 않아 지명수배된 뒤 지난 20일 광주교도소에 수감된 최 아무개(55) 씨가 (2000년 9월) 24일 오전 6시 30분 의식을 잃어 광주기독병원으로 옮겨져 수술을 받았으나 뇌사상태에 빠졌다.[30]

이것은 아주 작은 사례에 지나지 않는다. 국민의 정부가 들어선 이후에도 구금시설 내에서 발생한 자살사건, 재소자들 상호간의 폭력사건, 교도관의 가혹행위 등은 상당한 숫자에 이른다. 다음은 2000년 정기국회 국정감사에 나온 자료이다.

28. 「교도소의 인권유린」, 1999년 1월 21일자 『한겨레신문』 기사.
29. 「인천구치소 가혹행위 시비 — 부민노청 미결수 주장」, 1998년 1월 7일자 『인권하루소식』 기사.
30. 「재소자한테 폭행당한 뒤 50대 수감자 '뇌사상태'」, 2000년 9월 27일자 『한겨레신문』 기사.

∷ 교도소, 구치소 등 교정시설 내에서 발생한 재소자들의 자살사건이 지난 98년 이후 2년 8개월 동안 21건에 이르는 것으로 드러났다. 또 같은 기간에 재소자들 사이에 빚어진 폭력사건은 748건이나 돼 '수형자 교화'라는 교정 당국의 구호를 무색케 하고 있다. 법무부가 (2000년) 9월 국회 법사위에 제출한 국정감사 자료에 따르면, 98년 한 해 동안 재소자 5명이, 99년에는 17세에 불과한 오 모 군 등 10명이, 금년 들어 6월 말까지 6명이 스스로 목숨을 끊은 것으로 나타났다. 이는 교정시설 내 전체 사망사건의 24%에 해당한다.

게다가 사망자의 일부 유족들은 교정 당국의 감독 부실이나 다른 수형자에 의한 타살 의혹을 제기해 논란이 일고 있다. 실제로 98년 마산교도소에서 정 모(28) 씨가 폭행을 당해 숨진 일이 있었으며, 같은 해 11월 전주교도소 기결수 독방에서 목을 매 숨진 배 모(당시 39) 씨 유족과 인권단체들은 타살 의혹을 강하게 제기했다. 금년 3월 울산구치소에서 갑자기 쓰러져 병원으로 옮겨지던 중 사망한 고 모(당시 39) 씨의 가족들은 국가를 상대로 2억여 원의 손해배상청구소송을 서울지법에 냈다.

폭력사건의 경우 98년 238건, 99년 341건, 2000년 상반기 169건이 발생했으며, 이 중에는 재소자가 교도관을 폭행해 입건된 경우도 있었다. 교정 당국 관계자는 "98년 이후 가혹행위로 적발된 교정공무원은 한 명도 없다"고 밝히고 있으나 재소자가 구타 등 가혹행위를 이유로 교정공무원을 고소, 고발한 건수가 87건이나 되는 것으로 집계됐다.[31]

그뿐만 아니라 2001년 11월 26일부터 2002년 12월 31일까지 국가인권위원회에 접수된 구금시설에 대한 진정 건수는 총 1,113건이나 된다. 이는 여전히 교

---

31. 「교화와는 거리 먼 '폭력 교도소'」, 2000년 10월 10일자 「국민일보」 기사.

도소에서 각종 인권침해가 심각하다는 사실을 보여준다. 이 가운데 중요한 몇 가지 사건만 소개하면 다음과 같다.

:: 진정인은 피해자의 동생으로, 피해자가 벌금 미납에 따른 환형유치로 구치소에 수감된 후 2일 만에 생명이 위독한 상태로 병원으로 후송되어 다음 날 새벽 사망하였다면서 그 진상규명을 위해 진정하였다. 이에 대하여 (국가인권)위원회는 사체의 부검결과 등 제반 사항에 비추어 피해자는 구치소 입소 후 가혹행위를 당하여 외상을 입은 것으로 믿을 만한 상당한 이유가 있고, 피해자가 병사 입소 후 위급한 상태임에도 상당 기간 적절한 의료 조치를 받지 못하고 방치되었다는 사실로 볼 때 구치소 측에 혐의가 있는 것으로 판단하였다.

따라서 2001년 12월 위원회는 (위원회)법 제34조 제1항의 규정에 따라 검찰총장에게 수사를 의뢰하였다. 위원회의 수사 의뢰에 대하여 2002년 12월 검찰은 구치소 내에서의 가혹행위는 없었던 것으로 판단하여 혐의 없음으로 내사 종결하고, 환자 방치 부분에 대해서는 당시 당직 책임자인 교도관 2명에 대하여 업무상 과실치사 혐의로 불구속 기소하였다고 밝혔다.[32]

:: 진정인은 피해자의 사위로서, 피해자가 2001년 11월 구치소에 입소한 후 기침과 숨가쁨, 정신이상 등의 증세가 있어 적절한 의료 조치가 요구되었음에도 피진정인이 이를 방치, 피해자가 2002년 1월 의식불명 상태에 빠져 그해 3월 사망하였다며 그 진상을 규명해줄 것을 진정하였다. 위원회 조사결과 피해자는 수원구치소 입소 당시 육체적·정신적 이상증세가 있었으나 피진정인이 의료 조치를 방치함으로써 헌법 제10조에 정한 생명권을 침해한 것이 인정되었다. 또한 피진정인

---

32. 국가인권위원회, 『2002 연간보고서』, 2003, 122쪽.

인 당시 의무관은 피해자에 대한 의료 조치를 방치했을 뿐 아니라 본인의 의료 소홀이 드러날 것을 우려하여 의무과 직원들에게 피해자의 건강진단부를 변조토록 함으로써 위원회 조사업무를 방해한 점이 인정되었다.[33]

가장 예민하게 다루어져야 할 여성 수용자들에 대한 한 조사에서 "구금생활 중 성적 수치심을 느낀 적이 있다는 응답이 43.8%였고, 부당한 처우에 대해서 청원을 할 수 있는 권리 및 절차에 대해 교육을 받은 적이 없다는 응답이 82.9%로 나타나는"[34] 등 수용자의 권리는 여전히 무시되고 있었다. 과거 고문이나 가혹행위를 당한 재소자가 민형사상의 법적 조치를 취하기 위해 고발장이나 소장을 제출하는 행위까지 금지되고 있었다.[35] 이러한 권리가 부정되는 이상 교도관들의 가혹행위를 막을 방법은 없다.

이런 상황으로 볼 때 2006년 2월 19일 서울구치소에서 일어난 여성 재소자 상습 성추행사건은 우발적인 사건이 아니라고 할 수 있다. 당시 여성 재소자 한 사람이 남성 교도관에게 성추행을 당한 뒤 정신분열 증세에 시달리다 끝내 자살을 기도한 것이다. 이후 그 남성 교도관에 의한 성추행은 피해 여성 한 사람에 그친 것이 아니라 서울구치소를 거쳐간 여러 여성 재소자들이 이와 똑같은 피해를 당한 것으로 드러났다.[36]

---

33. 국가인권위원회, 앞의 책, 124쪽.
34. 국가인권위원회, 『2003 연간보고서』, 2004, 63쪽.
35. 2000년 5월 청송교도소 수감 당시 "가혹행위를 당해 민·형사소송을 내려 했으나 소장 집필을 금지당했다"라며 소송을 내 천만 원의 손해배상을 받은 유 모(48) 씨의 사례가 교도소의 소장 집필 관행을 증명한다. 2001년 오 모(44) 씨가 교도소 측이 편지 발송을 막고 신문을 제대로 보여주지 않는 등 알 권리를 침해했다며 국가를 상대로 낸 소송에서 서울지법이 150만 원의 위자료 지급을 명한 경우도 있다. 2001년 8월 16일자 『한겨레신문』 기사.
36. 「"성추행 당해 자살기도 — 피해 재소자 최소 4명"」, 2006년 3월 8일자 『한겨레신문』 기사.

04
장기수의 고통, 전향 공작과 고문

1. 수형자분류처우규칙

:: …… 수형자의 분류·처우에 대하여는 행형법에 근거한 수형자분류처우규칙 (1969. 5. 16. 법무부령 제111호)을 만들어 적용하고 있다. 그런데 수형자분류처우규칙 제2조 1항 5호는 '확신범으로서 그 사상을 포기하지 아니한 자'는 이 규칙의 적용에서 제외하고 있다. 그 결과 일반적으로 무기징역형을 선고받아도 20년 정도 복역하면 석방될 수 있으나, 비전향 장기수 무기징역 선고자는 감형이나 가석방 대상에서 제외되어 계속하여 징역을 살아야 한다. …… 비전향 장기수의 경우 수형자분류처우규칙이 적용되지 않아 진급·가진급에서의 누락, 자유교담의 불허, 독거수용, 접견·서신·집필·사책의 금지 내지 제한, 소내의 시설물 이용 및 행사 참여 금지 내지 제한, 운동의 감시·제한, 주식·부식·특찬 급여의 불이익 처우, 소지품·차입물품 사용 제한, 귀휴·사회 참관의 이용 제한, 의료상의 불이익 처우 등

인간으로서의 권리를 완전 봉쇄당하고 있다.[1]

바로 이 '수형자분류처우규칙' 때문에 '세계 최장기수'로 불리는 김선명 씨가 42년간을 옥중에서 보내게 된 것이다. 남아프리카공화국의 만델라가 27년 간 감옥생활을 한 것에 비하면 거의 두 배가 되는 장기간이다. 대부분의 생애를 감옥에서 보냈다고 해도 과언이 아니다. 이런 장기간의 구금생활 자체가 비인도적이며, 또 다른 고문행위이다. 그러나 문제는 구금 자체뿐만 아니라 구금 기간 내내 받아야 하는 억압과 폭력과 차별이다. 바로 이 규칙을 근거로 해서 교정 당국은 그동안 비전향 장기수에 대해 실로 형언하기 어려운 탄압과 차별을 가해온 것이다.

:: 누진처우규정은 교도소가 수형자를 차별 지배하는 '당근'이다. 반면에 '재소자규율및징벌에관한규정'(법무부령 제225호)은 '채찍'이라고 할 수 있다. 이러한 차별 구조에서 최하층을 차지하는 것이 비전향 장기수이다. 누진처우에서 규정하는 급수에 따른 차별이 수형생활에서는 큰 차이를 만들어내기 때문에 누진처우규정 자체가 전향을 유도하는 강력한 강제 장치로 작용한다.[2]

이 과정에서 사상의 자유를 근저에서부터 유린하는 '전향 공작'이 지속적으로 실시되었으며, 그에 저항하는 미전향 장기수들이 수없이 죽어나가고 부상을 입는 결과까지 연출되었다. 그 과정은 민주주의 법체제로서는 도저히 용인할 수 없는 고문과 가혹행위의 연속이었다. 그것은 차라리 전쟁이었다.

1. 임종인, 「세계 최장기수 김선명의 42년 옥중기」, 『월간 말』 1992년 6월호, 154쪽.
2. 최정기, 「감옥체제와 사상범의 수형생활 연구」, 전남대학교 사회학과 박사학위논문, 2000, 106쪽.

2. '전향 공작'이라는 이름의 고문

1) 전향 공작이란?

사상전향제도는 1936년 '조선사상범보호관찰령' 제정으로 마련된 제도로, 해방 이후에도 1956년 '가석방심사규정' 등을 통해 그대로 지속되었다. 형식과 내용에서 인간의 존엄성과 양심의 자유를 침해하는 대표적인 제도였는데, 1998년 10월 '가석방심사등에관한규칙' 개정을 통해 폐지되었다.

흔히 '사상전향'이라 하면 "반체제운동의 지도자나 진보적 지식인이 국가권력의 강제에 굴복해 자신의 사상이나 정치적 신념을 변경하는 것"을 의미한다. 이때의 전향은 "타인이나 사회의 압력을 의식하기 때문에 외부세계를 향한 태도 표명이 전제되며, 소극적으로 자기가 지니고 있는 특정한 가치나 신념을 포기하거나 실천하지 않겠다는 것을, 적극적으로 자기가 갖고 있는 가치나 신념이 잘못된 것이었으며, 앞으로는 국가권력이나 지배체제에 충성하겠다는 의사 표시를 그 내용으로 한다."[3] 그것은 자신의 신념과 사상, 양심을 강제로 포기하는 것이므로 그 전향을 강제하기 위해 고문과 협박이 따르는 것은 별론으로 하더라도, 그 자체가 굴욕감과 수치심을 유발하는 또 하나의 고문과 가혹행위가 된다. 사실 '사상전향제도' 자체가 정치적 목적을 가지고 개인에게 가하는 폭력이라는 점은 다음과 같은 제도의 성격에서 분명하다.

    ::   종이 한 장이 때로는 인간의 정신을 옭아매는 부적이 된다. 인간에게 자기를

---

3. 홍경령, 「사상범 전향제도의 합헌성 여부에 관한 연구」, 서울대학교 대학원 법학과 석사학위논문, 1990, 9~11쪽.

묶은 정신적 금줄이 쇠창살보다 더 단단한 경우도 있다. 정부는 아직도 국가보안법과 사상전향제도를 고수하며 30~40년 동안 감옥살이를 하고 있는 비전향수 33명(1990년도 초반 당시, 1999년도 2월 현재는 17명)을 감옥에 붙잡아두고 있다. 이들의 석방이 사회에 불안을 조성하거나 국가안보에 위험을 주는 일은 없다. 단지 본보기로서 그들에게 가혹한 형벌을 주고 있는 것이다. 사상전향제도는 국시인 반공 이데올로기의 마지막 보루이기에 정부는 온갖 부조리와 비난을 무릅쓰고, 이 제도를 고수하고 있다. 단 한 장의 종이가 국가와 이데올로기라는 방대한 구조를 떠받치고 있는 것이다.[4]

그러나 그 종이 한 장이 문제였다. 사람이 가진 마지막 양심 한 조각이 종이 한 장에 비교될 수는 없는 것이다. 대다수의 사람이 밥을 먹고 살기에 급급하지만 소수의 사람은 자기의 양심과 신념을 목숨처럼 귀히 여기기 때문이다. 더구나 사상전향의 절차와 목적은 더욱 비인간적이었다.

::   사상전향의 절차는 다음과 같다. 먼저 사상전향서와 사상전향성명서를 작성한다. 이것을 사상전향심사위원회에 부친 뒤 중앙정보부의 재가를 얻으면 사상전향의 과정이 끝나며, 전향수가 되어 특사를 나와 일반수와 같은 취급을 받는다.
사상전향서에는 '자기 죄를 인정하는가?', '공산주의와 사회주의를 어떻게 생각하는가?', '북한과 김일성에 대한 생각', '자유민주주의를 어떻게 생각하는가?', '존경하는 인물은 누구인가?', '종교의 유무', '출소 후의 생활 설계' 등의 일곱 항목의 질문에 답을 적어 서명하고 손도장을 찍는다.
전향성명서에는 자기가 걸어온 길과 사상의 고백, 참회, 새로운 각오를 적는다.

4. 서승, 『서승의 옥중 19년』, 역사비평사, 1999, 161쪽.

'김일성과 공산주의자에게 속아왔다, 한국의 사회경제 발전에 놀랐다, 자유 대한의 품에 안겨 반공용사로서 반공 제일선에서 몸 바쳐 투쟁할 것을 서약한다' 라는 식이다. 전향성명발표회가 열리고 비전향수나 일반 재소자 앞에서 이 성명서를 낭독하고 소내 방송에 내보내는데, 특별한 경우에는 대북 방송에 내보내기도 한다.……

사상전향심사위원회는 위원장인 소장을 비롯해 각 과장, 공작반장, 중앙정보부 대구지부 담당 정보부원 한두 명으로 구성되며, 매달 열렸는데 실제는 정보부원이 결정권을 쥐고 있었다. 심사회에서는 '정말 전향했는가', '반공정신이 확립되었는가', '동지를 배반할 수 있는가' 등을 중심으로 질문을 한다.……

공작반은 실적을 올리고 전향 공작 보상금(1인당 10만 원)을 타먹으려고 혈안이었다. 심사에 떨어지면 재심사를 받는데 이 과정에서 전향자를 더 확실하게 전향하게 하며, 더 깊은 수렁으로 빠뜨린다. 패배 인정, 자기 사상과 행동의 오류를 인정하고 부정하는 데 그치지 않고 반공정신의 확립과 반공전선에 몸 바쳐 일할 것을 약속하게 한다.[5]

사상전향의 절차는 개인에게 인격 유린과 극도의 굴욕감을 맛보게 했다. 수많은 장기수와 양심수들이 엄청난 물리적 폭력과 협박에도 불구하고 전향을 거부한 것은 바로 죽음보다 더한 그 굴욕감과 수치심 때문이다.

2) 전향 공작의 역사와 변화

우리 사회의 잘못된 많은 전통이 그러하듯이 사상전향제도 역시 일제에서

---

5. 서승, 「서승의 옥중 19년」, 역사비평사, 1999, 150~151쪽.

비롯되었다. 사상전향제도는 해방 직후 잠깐 무력화되었다가 좌우 갈등이 심화된 1949년 국가보안법 개정 당시 이른바 '보도구금'이 규정되면서 부활했다. 더나아가 1956년에는 법무부장관령에 따라 공식제도로 확립되었다. 그후 사상범의 전향 여부는 당국의 중요 관심 사항이 되었고, '좌익수형자 동태 조사보고에 관한 건'(1956. 4. 6), '공산주의 포회(抱懷) 수형자의 교정교화에 관한 건'(1958), '좌익수형자 사상전향 심사방안'(1969) 등의 예규를 통해 구체화되었다.[6] 특히 마지막 '좌익수형자 사상전향 심사방안'에는 비전향수를 상대로 하는 반성 촉구, 전향 공작, 공작 결과 및 동정 파악, 전향 심사, 전향문 발표 등 5단계의 공작방안을 시달하고 그 단계별 조치까지 세밀히 규정해놓았다.

그러나 사상전향제도가 하나의 폭력적인 제도로서 강화되고 시행된 것은 역시 박정희 시대부터였다. 1972년 박정희는 영구 집권을 목적으로 유신체제를 선포했고, 베트남전에서 미국이 패배하자 위기감을 고조시켜 시국을 준전시로 규정했다. 박정희는 유신체제 비판을 금지하는 것은 물론 반정부·반체제운동의 말살을 기도했다. 이런 상황에서 국시인 반공의 근본에 도전하고 스스로 공산주의자라고 주장하는 사람이 포함된 비전향 정치범을 살려둘 수는 없었다.[7] 이렇게하여 유신체제의 일환으로 사상전향 공작반이 설치되었다.

:: 1973년 6월, 사상전향 공작반이 대전, 광주, 전주, 대구교도소에 설치되어 전향 공작은 체계적이고 조직적으로 전개되기 시작했다. 중앙정보부법에 중앙정보부는 조정권을 가지고 다른 기관을 조정(명령, 지휘)할 수 있다고 되어 있었으므로 교도소도 중앙정보부의 조정을 받았다. 실상은 교도소가 정치범을 수용, 관리

---

6. 최정기, 「감옥체제와 사상범의 수형생활 연구」, 전남대학교 사회학과 박사학위논문, 2000, 109쪽.
7. 1975년 대구교도소 교무과장으로 부임한 강철형은 비전향수들을 모아놓고 "너희들은 전향하든지 죽든지 하나만 택해야 한다"라고 공언했다고 한다. 서승, 앞의 책, 150쪽.

하지만 정치범에 대한 정책결정권은 중앙정보부가 쥐고 있었다. 전국의 중요 감옥에는 중앙정보부, 보안사, 치안본부 대공국 담당자가 있으며 상주하는 경우도 있었다. 미결 정치범에 대해서는 조사와 공소 유지를 위한 공갈 협박을 했으며, 기결수에 대해서는 정보 수집, 조사, 역공작, 관리(인질로서 또는 비상시에 처분하기 위해)를 했다. 사상전향 공작은 대공산주의·대북한 이데올로기 전쟁의 하나로서 중앙정보부 대공심리전국의 통제 아래 있었다.[8]

그러나 유신 시기의 혹독한 사상전향 공작과 피비린내 나는 고문에도 불구하고 장기수들의 집단 단식을 통한 저항, 비인간적인 폭력 소식이 외부에 알려지면서 이루어진 사회적 압력 때문에 전향 공작은 다시 느슨해지게 된다. 하지만 전두환 정권이 들어서면서 다시 사상전향의 강제와 폭력이 기승을 부렸다. 그러던 중 1982년 광주교도소에서 처우개선을 요구하며 단식투쟁을 벌이다 사망한 박관현 사건이 터지면서 이른바 '감옥의 봄'을 맞게 된다.

1980년대 후반부터 사회가 민주화되고 감옥 속의 인권 상황이 대량 투옥된 양심수들에 의해 널리 폭로·공개됨으로써, 더 이상 과거와 같은 폭력 형태로는 사상전향 공작을 실시하기가 어려워졌다. 특히 국내외 인권단체들의 노력으로 이제 더 이상 사상전향이 불가능하게 되었다. 심지어 일부 비전향 장기수들은 북한으로 송환되기도 했다. 그 말 많던 사상전향제도는 1998년 7월 김대중 정권에서 '준법서약제도'로 바뀌었다. 이 제도는 준법서약 여부에 대해 법적 강제력은 없지만 국가권력이 가석방을 조건으로 개인의 내면 의사에 대한 표현을 사실상 강요하는 점에서 사상전향제도와 유사성을 가진 것으로 볼 수 있다.

사상전향제도의 본질을 그대로 이어받은 준법서약제도는 헌법 제19조에서

---

8. 서승, 『서승의 옥중 19년』, 역사비평사, 1999, 149쪽.

보장된 양심의 자유의 본질적 내용에 대한 침해이며, '시민적 및 정치적 권리에 관한 국제인권규약' 제18조 규정을 명백히 위반하는 것이다.' 그러나 점차 대부분의 양심수가 석방되었고, 극악한 폭력적 방법이 더 이상 사용되지 않음으로써 준법서약제도는 흐지부지되었고 차차 사람들의 관심에서 멀어졌다.[10]

3) 서승 씨의 경험[11]

사상전향 공작의 4단계 — 대구교도소(1973~1974년)

'사상전향'을 공작의 대상으로 삼는 것 자체가 비인간적이고 비민주적이다. 우리 헌법에는 양심과 사상의 자유를 보장하고 있다. 즉 인간 내면의 생각은 국가가 간섭할 수 없는 것이다. 그러나 박정희 군사독재정권은 인간의 생각도 통제하겠다고 나섰다. 서승이 경험한 1970년대, 특히 1973년부터 1974년까지 진행된 사상전향 공작은 이런 비인간적 행형의 역사를 증언하고 있다.

:: 1973년 9월부터 전향 공작 1단계가 시작되었다. 처음에는 선심 공세를 펼치며 "저희들은 여러분들의 고충을 해결하기 위해 왔습니다. 불편한 일이 있으시면 뭐든지 말씀해주세요" 하며 우리들에게 접근했다. …… 이런 회유책이 2개월쯤 계속되었다. …… 1973년 11월이 되자 평화로운 시기는 끝나고 강제 전향 공작 2단계로 접어들어 규율이 강화되었다. 교도소에서는 행형법, 동 시행령, 동 시행령 규칙, 법무장관령, 통첩, 교정누진처우규정, 보안근무준칙, 재소자준수사항, 소장

---

9. 국가인권위원회, 『2002 연간보고서』, 2003, 44쪽.
10. 준법서약제도는 2003년 7월 7일 법무부정책위원회에서 완전히 폐지하기로 최종 결정되었다. 법무부, 『인권존중의 법질서』, 2004, 149쪽.
11. 여기서 인용하는 사람들 외에도 '비전향 장기수'였던 김선명, 신인영, 김석형, 조창손, 홍경손, 이종환, 이종 등 7명이 장기구금 동안에 겪은 각종 고문에 관한 증언집이 있다. 김선명 외 6인, 『0.75평 지상에서 가장 작은 내 방 하나 — 비전향 장기수 7인의 유예된 삶』, 창, 2000.

지시 등등, 이루 다 셀 수도 없는 법과 규칙이 수형자와 간수를 옭아맸다. 이를 전부 지키며 생활하는 것은 불가능했다. 게다가 재소자에게는 의무만 강요하고 권리는 무시하는 편파적인 운용을 했다.

…… 특사의 규율 강화는 바로 철저한 통방 통제, 정좌 강요, 검방 강화, 규정 외물품 압수라는 형태로 나타나 우리들에게 큰 고통을 주었다. …… 사상전향 공작 3단계는 가족을 통한 설득이다. …… 집안과 가족을 전향 공작의 수단으로 삼는 것은 일제시대부터 써오던 고전적인 수법이다. 1943년 일본 관련 자료에 따르면 전향자의 28퍼센트가 가족관계를 전향 이유로 들고 있다. 가족주의와 유교적 '효' 윤리가 강한 동양에서는 혈육의 정이 전향 공작의 유력한 수단이었다. 물론 이 경우, 가족들이 자발적으로 나섰다기보다 공작반이 강제한 경우가 많다.

…… 공작반은 고향에서 노모를 데리고 와 그를 불효자라고 몰아세웠다. 결국 어머니의 눈물 앞에서 전향하지 않을 수 없었다. 옥중에서 면회는 가장 큰 기쁨이다. 그렇지만 육친의 정과 양심 사이의 갈등은 고문보다 괴로운 것이었기에, 1970년대에는 가족이 면회를 와도 거부하는 정치범도 있었다. 그러면 공작반은 "빨갱이는 부모형제도 몰라! 윤리도 도덕도 없는 무서운 인간들이야"라는 말을 퍼뜨렸다. 그러나 그들이야말로 피붙이의 정을 비인간적인 전향 공작의 도구로 쓰지 않았던가?[12]

서승의 증언대로 일제 때부터 발전해온 전향의 온갖 강제적 방식들이 동원되고 있다. 간악한 일제가 시작한 '전향제도'를 자유민주주의를 외치는 대한민국에서 오히려 더 폭압적이고 더 간교한 방식으로 발전·적용시키고 있었던 셈이다. 부끄러운 일이 아닐 수 없다. 그러나 그 당시 사상전향 공작은 최후의 고문

12. 서승, 『서승의 옥중 19년』, 역사비평사, 1999, 166~173쪽.

형태로 발전하고 있었다.

:: 사상전향 공작 4단계는 폭력과 테러였다. 1973년 12월 말, 공인두 선생이 가장 먼저 고문당했다. …… 공작반실에서 교회사 두 명이 선생을 의자에 묶고 곤봉으로 다리를 마구 팼다. 이것은 시작에 불과했다. 차례로 불러내서는 곤봉으로 구타하고 수갑을 채워 손을 비틀어올려 전향서에 억지로 손도장을 찍게 했다. 강제로 손도장이 찍혀 전향한 사람도 있었지만, 손상준 선생은 보름 동안 항의단식을 벌인 끝에 서류를 파기시켰다. ……

역시 강제로 손도장을 찍힌 박봉현 선생은 교무과장 면담을 요구하며 일주일 동안 단식했다. 교회사는 한 번 전향서를 쓰면 변경할 수 없다고 말했지만 직접 전향서를 확인하고 싶으니 보여달라고 해서 가져오자 전향서를 찢어 먹어버렸다. ……

1974년 가을, 공작반은 통방을 금지시키고 각 방에 도청기를 설치했다. 노골적으로 모든 행동을 빠짐없이 감시받는 것은 아무리 감옥이라도 무서운 심리적 압박과 긴장을 불러일으켰다. 당시는 아직 공작반의 폭력 앞에 주눅 들어 있었으므로 누구도 맞서 항의하지 못했다. 단 한 사람 박 선생만은 도청기를 설치한 스피커 선을 잡아 찢고 휘두르며 소리쳤다.

"20년 동안 감옥에서 살았다. 회갑도 지났고 고혈압으로 언제 죽을지 몰라. 죽이려면 단숨에 죽여. 방귀 뀔 자유도 없는 이런 곳에서 사느니, 차라리 죽는 게 더 낫겠다."

이를 계기로 소란이 일어나 결국 노골적인 도청기는 철거되었다.

이즈음 백색테러 폭풍은 대구교도소뿐만 아니라 전국의 정치범 감옥에 휘몰아쳤다. 이 당시 테러는 만기가 가까워진 유기수를 중심으로 가해졌다. …… 대전교도소에서는 권총을 들이대며 전향할 것을 강요하거나 무시무시한 고문을 계속해 두 사람이나 죽어나갔다. ……

1974년 들어 공작은 점점 강도가 심해졌다. 먼저 재소자에게서 최소한의 권리를 앗아갔다. 자기들이 정한 '원리원칙'을 넘은 법의 유린이었다. 편지, 면회, 독서, 진찰, 구매 등이 금지되었다. 사소한 일을 트집잡아 운동도 며칠씩 정지 처분했다. …… 정말 몸이 썩어버릴 것 같았다. 여름날 한창 더울 때, 0.78평 방에 11～12명을 집어넣은 적도 있었다. 앉을 장소도 없고 더위와 수면 부족으로 실신하는 사람도 생겼다. 1974년 가을에는 이주일 정도 스피커 볼륨을 있는 대로 틀어놓고 하루 종일 음악을 내보내는 정신적 고문도 했다. 그중에서도 가장 악랄한 것은 진찰을 중지한 일이었다. 병이 나도 욕설을 퍼부었다.

"약이 필요하면 전향해." [13]

감옥 그 자체가 자유의 제약이 있는 곳인데, 그 속에서 더욱 심각한 제약을 가하니 그것은 이미 테러이고 보복일 수밖에 없다. 아무리 감옥이라도 감방에 도청기를 설치하는 것은 또 다른 인권유린이다. 아픈 사람을 향해 "약이 필요하면 전향해"라고 퍼붓는 욕설은 전향을 하지 않으면 약을 줄 수 없다는 너무나 비인도적인 처사다. 전향을 강제하기 위해 생각할 수 있는 모든 악행을 다 저지르는 상황이다. 그 속에서 살아남은 사람들의 영혼과 의지는 인간 한계를 이겨낸 것이었다. 그런데 여기에 또 다른 수법이 자행되었으니, 참으로 기상천외한 일이라 하지 않을 수 없다.

:: 공작반에서는 특사를 감시하고 생활을 통제하기 위해 보안과와 짜고 악명 높은 포항 깡패 김성기를 봉사원으로 배치했다. 봉사원은 폭행이나 상해 등으로 들어온 초범이나 운전사 등 과실범 중에서 뽑는데 김성기는 황소 같은 몸집에다 전

13. 서승, 「서승의 옥중 19년」, 역사비평사, 1999, 174～176쪽.

과 7범의 깡패였다. 전과자는 간수보다 감옥 안의 사정과 재소자의 행동을 잘 알고 있기에 어떤 움직임도 그의 눈을 피하기 어려웠다.

김성기가 오자 사동은 공포에 휩싸였다. 밤에는 사동 중앙 17방에서 다른 봉사원 두 명과 숙박하며 통방을 감시했다. 낮에는 발소리를 죽여가며 방 주위를 돌아다니며 사소한 통방도 놓치지 않았다. 이들은 수형자로서는 소지할 수 없는 열쇠를 가지고 다니며 통방이 있으면 바로 방문을 따고 끌어냈다. 담당은 김성기가 하자는 대로 하니 그가 특사의 왕이었다. 몇 사람이나 그에게 두들겨 맞았다. 김성기는 권원덕 선생, 백광배 선생, 박판수 선생을 징벌방에 집어넣고 바늘로 전신을 찌르는 고문을 자행해, 박 선생을 제외하고는 전향하고 말았다.[14]

이런 엄청난 고문과 가혹행위로, 그중에서도 1973년 12월부터 1974년 4월경까지 계속된 테러로 말미암아 비전향수 중 3분의 2가 전향했다. 대구교도소에서는 70명이던 비전향수가 약 1년 뒤인 1975년 초반에는 12명으로 줄어들었다. 그러나 이런 지독한 고문에도 불구하고 모든 사람을 전향시킬 수는 없었다. 인간의 신념은 결코 강제로 무너뜨릴 수 있는 것이 아니다.

또 하나의 '빠삐용' ― 대전중구금교도소(1983년)

:: (1985년 7월 15일) 대전에 도착하자 바로 임광기 주임이 느닷없이 "여기는 대구교도소와는 달라, 각오해" 하고 공갈치더니 이유도 없이 13사동 하층 징벌사동의 폐쇄독방에 나를 집어넣었다. 또 신귀영 선생이 13사동 하층에, 무기수 11명은 13사동 상층과 16사동 하층 폐쇄독방에 나눠 수용되고, 나머지 유기수는 15사동 일반독방에 들어갔다.

---

14. 서승, 앞의 책, 176~177쪽.

기록적으로 더웠던 그해 여름, 징벌방은 35도를 넘는 더위 속에서 입김과 땀 때문에 습기와 냄새로 가득 찼다. 습기는 벽에 물방울로 맺혔다가 주르륵 흘러내렸다. 아침에 일어나 깔고 잔 담요를 개면 물이 흥건했다. 고온다습해 호흡곤란에 빠질 지경이었다.

밤이 되면 콩 볶는 듯이 요란한 총소리가 들려왔다. "전쟁이라도 일어났나? 우리들을 위협하려고 총을 쏘아대는 걸까?" 새벽녘까지 계속된 총성은 대전중구금교도소에서 첫날 밤을 지내는 신참의 불안감을 부채질했다. 한참 나중에야 교도소 옆에 군 사격장이 있어 수시로 야간사격 훈련을 한다는 것을 알았다.

운동도 독서도 아무것도 없었다. …… 나는 3일후 부당한 조치에 항의해 단식을 시작했다. 그 이튿날 이동희 부장이 경교대 네 명을 거느리고 와서 나의 사지를 붙잡고 지하실(폐쇄독방사동 담당실 아래는 지하실이었으며 소리가 밖으로 새나가지 않아서 고문실로 썼다)로 질질 끌고 갔다. 임 주임의 지휘로 이 부장과 경교대원들이 나를 묶었다. 수갑을 채우고 손목에서 팔꿈치까지 포승으로 친친 묶은 다음, 그 팔을 머리 뒤로 넘겨 힘껏 젖히고 손목을 묶은 포승줄을 사타구니 사이에서 앞으로 빼어 힘껏 당겼다. 커다란 물통에 죽과 소금을 반반씩 섞어 입을 억지로 열고는 부어넣었다. 동시에 양쪽에서 발길질이 날아 들어왔다. 소금덩어리가 위에 들어가자 내장이 확 뒤집혀 위 속에 있는 것을 전부 토해내고 말았다. 주임이 "너무 짠 거 아냐, 물 먹여줘" 하니, 부장은 한 말들이 커다란 주전자에 들어 있는 물을 얼굴에 들이부었다. 숨을 쉴 수가 없었다. 가슴이 터질 것만 같았다. 그러고는 정신을 잃고 말았다.

수갑과 포승이 묶인 채 반죽음 상태에서 방으로 옮겨졌다. 포승에 묶여 피가 통하지 않는 것은 구타보다 더한 고통이었다. 식사나 용변 보는 것도 불편했지만 잠을 잘 수 없는 것이 괴로웠다. 포승으로 양팔이 꽉 조이고 남은 포승의 양쪽 끝을 등 뒤로 돌려 묶어 매듭을 지어놓았다. 등 뒤에 매듭이 배겨서 똑바로 누울 수가 없었다. 옆으로 누우면 포승이 팔을 파고들어가 10분도 참을 수 없었다. 왼쪽으로 누웠다 오른쪽으로 누웠다 방향을 바꿔가며 고통을 달래는 수밖에 없었다. 이 포승을 1센티미터, 1밀리미터라도 느슨하게 해주었으면 하고 생각하면서 …….[15]

'징벌사동', '폐쇄독방', '수갑', '포승', '구타', '물고문' 등 끔찍한 용어들이 계속 나온다. 결국 서승은 이 물고문 때문에 심장의 고통을 겪고 3년 정도 고생하게 되었다. 서승 씨가 있게 된 이곳 대전중구금교도소는 미국의 '중구금교도소(penitentiary)'를 모방한 것이라고 한다. 전두환 대통령의 집권 후 법무부는 청송보호감호소와 더불어 이 중구금교도소를 통해 비전향 정치범들을 집중 관리할 계획이었다. 12만 5천 평의 부지 위에 건평만 3만 평에 가까웠다. 2층 건물이 7동, 3층 건물 16동으로 총 23사동에, 폐쇄독방이 286개, 일반독방이 468개로 총 754개의 방이 있는 거대한 감옥이었다. '폐쇄독방'은 그 자체가 고문이었다.

::　폐쇄독방(엄정독거방)은 수형자가 거의 모든 생활을 방안에서 할 수 있도록 만들어져 있었다. 다른 수형자와 격리해 고립시키고 압도적 폐쇄감을 주어 수형자를 무력화하는 시설이다. ……
폐쇄독방에 갇히면 아무리 울거나 몸부림쳐도 소리가 밖으로 새나가는 일이 거의 없었다. 통기와 통풍, 채광이 극도로 열악한, 이 비인간적인 시설을 교도관들은 자랑스러워했다.
"도둑놈들과 싸우고 고함치고 쥐어 패고 묶고 하는 고생을 할 필요가 없어졌어. 폐쇄독방에 열흘만 처박아두면 어떤 악질도 항복하니까 말이야." ……
대전에서는 근신이니, 취조니 해서 열흘 정도는 담당 재량으로 제멋대로 수형자를

15. 서승, 『서승의 옥중 19년』, 역사비평사, 1999, 229~230쪽.

폐쇄독방에 집어넣는다. '문제수'나 징벌이 끝난 사람도 애매하게 한두 달 그대로 폐쇄독방에 두었다. 징벌이라면 최대 2개월 금치를 말하는데 구실을 만들어 이중 삼중으로 징벌을 먹여 기간을 연장하는 경우도 있었다. 대전에서의 경우 더욱 큰 문제는 흉포하게 군 사람 이외에도 무조건 복종을 강요하려고 단식하는 사람, 다른 교도소에서 이송되어온 신참, 집중 전향 공작 대상자와 같은 이들에게도 폐쇄독방을 남용한 점이다.[16]

폐쇄독방에 감금시키는 것뿐만 아니라 온갖 종류의 핍박과 가혹행위가 잇따랐다. 비전향 장기수에게는 특별히 엄혹했다. 이에 저항해 자살하는 경우까지 생겨났다.

:: 　원래 이곳에는 비전향수 20여 명이 있었는데 내가 이송되어오기 직전 심한 탄압으로 비교적 젊고 저항의 선두에 섰던 10여 명은 고문당해 폐쇄독방에 갇혀 있고, 나이 든 10여 명만 20사동에 남아 있었다. ……

법무부에서 직접 계획한 이 탄압으로 처우는 10년 후퇴했다. 두 시간이던 운동시간이 20분으로 줄어들고 일요일과 목욕하는 날은 운동이 없어졌다. 화단과 야채밭도 파헤쳐졌다. 엄격히 분리되어 통방도 거의 불가능했다.

황필구 선생은 일흔 살 노인인데, 큰소리로 탄압을 비난했다고 지하실로 끌려가 곤봉으로 다리를 난타당해 무릎을 다쳐 걷는 데 지장이 생겼다. 선생은 폭행과 처우 개악에 항의해 10월, 환기통 쇠창살에 목을 매어 자살했다. ……

황필구 선생이 자살하고 나서 한 달 후, 20사동의 이용훈 선생도 자살했다.[17]

---

16. 서승, 「서승의 옥중 19년」, 역사비평사, 1999, 227~228쪽.
17. 서승, 앞의 책, 231~232쪽.

사상전향 공작은 계속되었다. 온갖 탄압이 가중되었을 뿐만 아니라 더 나아가 의료행위를 전향과 연결해서, 전향하지 않으면 아무리 중한 질병이라도 의료혜택을 제공하지 않는 것이었다. 잔혹무도한 일이었다.

:: 완강한 비전향수를 만나 지혜를 배우기도 전에 신참을 폐쇄독방에 가두어 고립시켜 전향하게 했다.

만기가 다가온 비전향수에 대한 집중 공작도 있었다. 1988년 만기를 맞이한 기세문 선생과 박판수 선생의 경우, 전향하지 않으면 감호소에 보내겠다고 가족을 협박해 가족한테 전향서에 날인을 받아냈다. 남민전의 이문희 선생의 경우 본인이 아무리 해도 찍지 않자 오빠가 대신 손도장을 찍었다.

고려대를 나와 무역회사에서 일을 하던 이대식 선생은 1971년 영남통일혁명당 재건사건과 관련되어 무기형을 받았는데, 1973년과 74년의 그 무시무시한 고문을 견뎌내고 비전향을 관철했다. 그러나 1987년 여든 살 된 아버지가 위암 수술을 받고 시한부 인생을 선고받았다. 아버지는 경북고등학교에서 한문선생을 지냈으며, 유학자 이퇴계의 종손으로 영남 유림의 거목이었다. 뼈대 있는 집안의 민족주의자로서 반공법으로 체포된 적도 두 번 있었다. 죽기 전에 아들을 출옥시키려고 고등학교 제자인 정해창 당시 법무부장관을 찾아갔다. 정해창 법무부장관은 은사에게 약속하길, "전향시키면 석방하겠습니다"라고 하였으나 이를 저버려, 이대식 선생은 아버지의 임종을 지켜볼 수 없었다.

박기만 선생은 서울 출신으로 중학교 미술선생을 하고 있었다고 한다. 1955년에 투옥되어 무기징역형을 받았다. 60년대 초 대전교도소에서 열병을 앓아 목소리가 나오지 않게 되고 다리도 쇠약해졌다. 그로부터 선생은 30년 가까이 일흔이 되기까지 필담하며 손으로 땅을 짚고 기다시피 생활했다. …… 끝까지 전향을 거부한 유한욱, 조용순 선생은 석방되지 않았으며 조용순 선생은 1989년 초 끝내 옥사했다.

가장 비열한 본질을 드러낸 것은 최주백 선생의 경우였다. 선생은 충청남도 서산 농가에서 태어나 의용군에 참가해 북으로 갔다. 50년대 후반 고향에 돌아왔다가 체포되어 무기형을 받았다. …… 1987년 위의 이상을 호소하기 시작해 7월 암으로 판명됐을 때에는 이미 때가 늦었다. 우리들이 강력히 요구해 9월 병사에 들어 갔지만 어떤 대책도 쓰지 않아 한 달 후에 돌아가셨다. 공작반에서는 때가 너무 늦었다는 것을 알면서도 "전향하면 수술을 해주겠다"며 윽박질렀다. 말을 듣지 않으니까 선생이 숨을 거두자마자 죽은 자의 지문을 전향서에 찍어서는 비전향수에게 선생이 전향했다며 선전하고 돌아다녔다.

최재필 선생도 암에 걸렸다. 공작반에서는 "전향하면 수술을 해주겠다"며 회유했으나 최재필 선생은 듣지 않고 사망했는데 사망 직후 전향서에 지문을 받아갔다고 한다. 대구에서 사망한 노천도 선생도 같은 경우이다.[18]

4) 비전향 장기수, 이인모[19]의 경험

'감옥 속의 감옥' 대전형무소 — 1950년대

1956년 '가석방심사규정'이라는 새로운 전향제도가 확립된 이후 곧바로 일선 교도소에서는 '전향'을 강제하기 위한 탄압과 고문이 시작되었다. 전쟁이 끝난 지 오래되지 않은 시기였고, 사회 분위기는 냉각되어 이들을 이렇게 가혹하게 고문한다고 하여 사회에서 관심을 기울이거나 언론이 비판할 일도 없었다. 교도소 당국은 마음대로 고문을 일삼을 수 있었다.

---

18. 서승, 『서승의 옥중 19년』, 역사비평사, 1999, 258~259쪽.
19. 이인모는 1917년 함경남도 풍산군에서 출생해 일본 도쿄공업고등학교를 나오고 공산당운동에 참여해 1950년 6·25전쟁 발발 후 인민군 종군기자로 참전했다가, 1952년 1월 지리산에 입산해 대성골에서 부상을 입고 포로가 되었다. 그후 징역 7년을 선고받고 1959년 1월 만기 출소했으나 다시 1961년 6월 재수감되어 국가보안법 위반으로 15년을 선고받았다. 1976년 다시 만기가 되었으나 이번에는 사회안전법에 의한 보호감호 처분을 받아 기약 없는 감옥생활을 하다가 1988년 10월 청주보안감호소에서 출소했다. 그의 소원대로 남북 양 정부의 합의로 북송되어 그곳에서 사망한 것으로 전해진다.

:: 　50년대 정치범 감옥의 역사 가운데 대전형무소 이용기 소장의 얘기를 빼놓을 수 없다.…… 그의 전향정책의 신호탄은 바로 최후통첩(?) 방송이었다. 그는 동지들이 갇혀 있는 대전형무소 특별사(4사)에 대고 "전향하느냐, 뒷문으로 나가느냐(수형자가 죽으면 시신을 뒷문으로 내보낸다)의 선택권은 바로 너희들에게 있다"는 최후통첩 같은 방송을 했다. 그 다음 그는 우선 간수들조차 시베리아라고 부르는 특별사 4사에 갇힌 정치범들의 내의를 모두 빼앗았다. 가족들로부터의 차입도 모두 차단한 후 그의 전향 공작의 핵심인 '기아정책'을 실시했다. 밥은 단 네 숟가락, 국은 드럼통에서 국물만 살살 퍼서 항상 정량의 7부만이 배식되었다. 남은 밥과 국은 굶주린 동지들이 보는 앞에서 쓰레기로 버려졌다.

이뿐 아니었다. 특별사의 복도에선 하루 종일 동지들을 끌어내 구타하는 소리가 끊이지 않았다. 법적으로는 30분 이상 채우지 못하게 되어 있는 대포수정(한 팔은 어깨 너머로 넘기고 다른 한 팔은 등 아래쪽에 비틀어 두 손을 잡게 한 후 양 손목에 수갑을 채워 고통을 주는 형벌)을 3시간이나 채워 그 추운 시베리아 사동에서 동지들은 마치 물속에 들어갔다 나온 것처럼 땀에 젖곤 했다고 한다.[20]

이 '기아정책'과 고문의 행렬을 멈추게 한 것은 4·19혁명이었다. '이용기' 소장은 그간의 악행 때문에 4·19혁명 뒤에 서대문형무소에 갇히는 신세가 되었다. 그러나 그것도 잠시, 5·16쿠데타가 따라올 줄은 아무도 몰랐다.

다시 1960년대 대전형무소 — 추위·기아·모멸·죽음의 집

이인모 씨는 4·19혁명 후 대전형무소에서 부산형무소로 이감되었다. 그곳은 바로 나환자 전용 사동이었다. "피고름이 덕지덕지 이불에 붙어 있고", "퀴퀴

---

20. 이인모, 『전 인민군 종군기자 수기 — 이인모』, (주)월간 말, 1992, 169~170쪽.

한 냄새가 나는"곳이었다. 그는 형기를 다 채우고 일단 석방되었다. "정치범의 생존율이 200 대 1이니, 300 대 1이니 하던 50년대 감옥에서" 그의 석방은 행운이었다. 그러나 행운의 여신은 그에게 오래 손짓해주지 않았다. 1961년 6월 어느 날, 친구에게 빌려준 돈이 지하당에 자금을 지원한 것으로 몰려 다시 구속되었다.

그런데 5·16쿠데타 직후인 1961년 8월, 전국 형무소에 흩어져 수감되어 있던 비전향 좌익수 780여 명이 모두 대전형무소로 이감되었다. '반공'을 외쳤던 5·16 주체들답게 비전향수들을 한곳에 모아놓고 엄중 관리하겠다는 것이었고, 이인모도 대전형무소에 수감되었다.

:: 이처럼 특별사 세 사동은 일제가 독립투사들을 가두기 위해 지은 곳이니 시설이 오죽하겠는가? 겨울이면 감방 벽에 성에가 두껍게 얼어붙어 겨울 내내 우리들은 쓰레받기로 그것을 긁어내 변기통에 담아 내다버리느라 바빴다. 가뜩이나 추운 '시베리아 사동'(특별사의 별칭) 방 안의 성에는 우리들의 체온을 빼앗기 때문이었다. 나중에 4사와 6사 사이 조금 남은 빈터에 7사를 새로 지었는데, 이를 시찰하러 온 법무부 고급 관리들과 그들을 안내하던 소장은 저희들끼리 "호텔 지었네" 운운하며 떠들었다. 그러나 완공 후 동지들이 들어가 지낸 첫 겨울에 7사에서는 동사자가 나오고 말았다. 대전 특별사의 '호텔'은 그런 곳이었다.

군사정권에 의해 반공체제가 굳어가면서 간수들은 서로서로 누가 더 좌익수를 학대하는지 경쟁을 벌였다. 그것이 그들에게는 새로운 출세 방법인 모양이었다. 성에가 켜켜이 얼어붙은 감방에 갇혀 있는 우리들에게서 내의를 빼앗는가 하면 이불까지 뺏기도 하였다. 그리고 나선 다음 날 아침이면 저희들끼리 "○○○호, 어젯밤에 안 얼어죽었구나" 어쩌구 하며 자랑스럽게 떠들곤 하였다. 이 때문에 특별사의 아침은 우선 "사체방, 패통 쳐라" 하는 고함과 함께 시작하였다. 밤새 얼어죽은 사람이 있는 방은 시체 치우게 신고하라는 말이다. 그러나 패통(재소자가 용무가 있을 때 담당교도관을 부르기 위하여 마련한 장치)을 치는 방은 하나도 없다. 밤새 모두 안녕해서가 아니다. 죽은 사람 몫의 아침밥까지 받아먹어야겠기에 신고는 잠시 보류하는 것이다.[21]

그러나 "박정희 정권이 동원한 가장 비인도적인 탄압수법은 뭐니 뭐니 해도 1961년 비전향자들을 대전교도소에 집결시킨 후부터 일절 가족 면회를 금지시켜버린 일"이었다. 추위와 기아는 육체적인 고통이다. 그러나 가족과 일절 만날 수 없는 것은 정신적인 고통이다.

::   그 무렵 대전교도소 소장은 윤병희라는 사람이었는데, 일제 때 부장간수를 지내면서 온갖 악덕을 쌓아 소장이 되었다. 교도소 측은 그의 지시에 따라 팔십 노모가 두메산골에서 천릿길을 찾아와도 면회를 시켜주지 않았다. 오히려 "전향하면 곧 나갈 텐데 제 고집만 부리고 전향을 안 해 부모, 처자식 고생시키는 패륜아"라는 식으로 가족들을 부추겨 동지들과 가족들을 이간질하려 하였다. 또한 동지들을 애태우게 하려는 속셈이었던지 면회시켜달라고 사정사정하는 가족들의 말을 기록했다가 가족이 왔다 갔는지도 모르는 본인에게 던져주거나 심지어 울부짖는 가족의 목소리를 녹음하여 특별사 마이크에 대고 방송까지 하였다.

나야 어차피 찾아올 가족이라곤 없는 몸이니 심정 상할 일도 없었다. 하지만 어느 날 저녁 특별사 방송에서 한 젊은 동지의 아내가 "태수 씨이 —" 하고 남편을 부르며 울부짖던 목소리는 지금도 귀에 쟁쟁하다. 내 심정이 이럴 정도이니 당사자의 괴로움은 어떠하였으랴. 이처럼 부모·자식 간, 내외간까지 이간질하여 전향 공작

---

21. 이인모, 『전 인민군 종군기자 수기 — 이인모』, (주)월간 말, 1992, 180쪽.

에 이용하려던 윤병희도 별 성과를 못 거두었던지 나중에는 "공산주의자 마누라는 어째 하나같이 열녀냐?"고 탄식하더라는 얘기를 들은 일이 있다. 이 같은 면회금지 조치는 7·4공동성명이 발표될 때까지 끈질기게 계속되었다.[22]

구금시설에 들어오는 사람은 이미 그 자체가 하나의 형벌을 선고받고 들어온 것이고 그만큼 고통을 받는다. 그런데 그 안에서 구금 자체를 또 하나의 형벌로 만들기 위해 온갖 형태의 고문방법을 생각해내고 있었으니, 이것은 이중의 형벌이고 고통이다. 그 대표적인 고문방법이 바로 '먹방'이다.

:: 대전 특별사에는 '먹방'이라 불리는 징벌방이 있었다. 이런저런 구실로 우리들을 징벌할 때 사용되는 곳인데, 원래도 작았던 감방 3개를 터서 앞쪽으로는 복도를 내고 뒤쪽으로 칸막이를 질러 5개의 감방을 만들어놓았으니, 먹방의 비좁음이란 말로 할 수가 없었다. 다리를 뻗을 수조차 없는 관을 상상하면 되겠는데, 벽에 손바닥만한 창이 하나 있으나 쇠창살과 널빤지로 둘러막아 햇빛은 한 줄기도 볼 수 없기에 먹방이라 불렸던 것이다. 사람이 다리를 뻗지 못하는 것이 얼마나 큰 고통인지를 나는 그곳에서 처음 알았다.

…… 그 무렵 곽병일이란 동지가 범칙을 했다며 간수에게 불려나갔다가 저녁에 먹방에 들어간 모양이었다. 취조과정에서 심한 구타를 당해 정신을 잃은 사람을 먹방에 떠메다 넣었던지 아무 소리도 들리지 않아 우리는 곽 동지가 먹방에 들어갔는지조차 모르고 있었다. 3월 9일 아침 '소지'(사동 복도 청소를 맡아 하는 잡범)의 비명소리가 사동의 싸늘한 아침 공기를 갈랐다. "사람이 죽었다!" 기상 후 소지는 먹방 앞 복도를 청소하러 들어갔다가 먹방을 살짝 들여다본 모양이었다. …… 만

---

22. 이인모, 「전 인민군 종군기자 수기 ― 이인모」, (주)월간 말, 1992, 181~182쪽.

약 소지가 순간적으로 비명을 지르지 않았다면 곽 동지의 죽음은 교묘하게 은폐되었을 게 틀림없다.[23]

1970년대 광주교도소 — '떡봉이'와 전향 공작

1968년 1월 김신조 일당이 청와대를 기습 공격하는 사건이 일어났고, 그 이틀 뒤인 1월 23일에는 미 해군 정보정찰함 푸에블로 호가 납북되었다. 김신조 같은 일당에게 구출 대상이 될지도 모른다고 생각한 당국은 비전향 장기수들을 여러 곳으로 분산 수용했다. 이인모는 광주교도소로 이감되었다. 새로 지은 광주교도소 특별사동은 모두가 독방이었다. "너비가 손으로 다섯 뼘 반, 길이가 열세 뼘"이었고 "변소 측 들창을 널빤지로 막아버려 캄캄한 좁은 독방"은 꼭 '관' 같은 곳이었다. 여기서 다시 전향 공작이 시작되었다.

:: 73년 11월 9일 아침. 광주교도소 관구부장이란 자가 복도에서 특별사동이 떠나갈 듯이 고함을 치기 시작하였다. "오늘부터 운동은 없고 의무과 진찰도 불허한다. 아울러 구매물도 팔지 않는다. 전향 안 하는 빨갱이는 햇빛을 못 보게 하는 것이 우리의 방침이다." 전향 강요 대탄압의 막이 오른 것이다. …… 잠시 후 간수들은 우리들이 개인적으로 가지고 있는 소지품은 책·세면도구·내의 할 것 없이 몽땅 빼앗고 우리들을 일제히 전방(감방을 옮기는 것)시켰다. 0.8평 남짓한 독거감방에다 9~10명씩 처넣어 앉을 자리는커녕 설 자리도 없을 지경이었다. 그러고는 강도·절도 중에서도 유명한 악질들을 골라 복도에 배치했는데, 놈들의 팔에는 '떡봉'이란 완장이 감겨 있었다. 떡봉이란 사람을 떡 치듯 치는 몽둥이라는 의미이다. 이 떡봉이를 선발할 때 교무과장 강철형이란 자가 심사를 하였는데, 심사 기

23. 이인모, 앞의 책, 185~186쪽.

준은 전과가 얼마나 많든 상관없고 사람을 잘 때리기만 하면 합격이었다고 한다. …… 이때부터 떡봉이들의 구타가 본격적으로 시작되었다. 간수들은 사동에 얼씬거리지도 않았고 떡봉이들은 감방 열쇠 외에도 수갑·몽둥이·포승 등을 가지고 마음 내키는 대로 우리들을 끌어내 복도에 꿇어앉히고 곤봉으로 두들겨 팼다. …… 그들이 가한 가혹행위는 구타만이 아니었다. 감옥의 겨울은 춥고 길다. 여름 석 달을 뺀 나머지는 모두 겨울이라고 해도 과언이 아니다. 당시는 11월로 교도소는 이미 한겨울로 접어들었다. 떡봉이들은 얇은 관담요(교도소 측에서 수인들에게 나눠준 낡은 담요) 한 장만 남긴 채 가족들이 넣어준 담요는 모두 뺏어갔다. …… 이것도 모자라 한 동지의 경우 팬티만 남기고 옷을 모두 벗긴 후 수갑을 채워 담요도 이불도 없는 방에 3~4일을 가두었다. 그래도 그 동지가 뜻을 굽히지 않자 끌어내 코에 고춧가루물을 부으며 구타하였다. 결국 그 동지는 병을 얻어 얼마 후에 죽고 말았다.

아울러 떡봉이들은 우리들을 홀랑 벗긴 후 세면장으로 데리고 가 우리들의 알몸에다 얼음 같은 냉수를 퍼부어댔다. 그러고는 추위로 와들와들 떠는 우리를 알몸인 채로 꽁꽁 묶은 다음 공중에 매달아놓고는 몽둥이로 두들겨 팼다. "전향할래" 해서 "안 한다" 하면 계속 때리는데, 살이 찢어져 피가 줄줄 흐르는 등 말로 표현하기 어려운 참혹한 광경이었다. 이러한 매질 말고도 교도소 측은 비전향수들을 잠 못 자게 하느라고 밤에는 0.8평짜리 감방에 8~10명을 처넣었는데 경우에 따라서는 고립시켜 전향시키려고 독거시킨 동지들도 있었다. 이때 독거수용돼 있던 동지들이 고문도 더 집중적으로 당했고 좌절하기도 쉬워 전향을 많이 하였다.[24]

---

24. 이인모, 『전 인민군 종군기자 수기—이인모』, (주)월간 말, 1992, 200~203쪽.

1973~1974년의 처절한 전향 공작 — 비인간적인 절차

인간의 신념이나 양심을 강제로 바꾸는 전향 그 자체도 위헌적이고 지독한 것이지만 그 절차는 더욱 비인간적이었다. 전향한 사람은 여러 사람들 앞에서 이 사실을 공개해야 했다.

:: 　사실 전향하라며 가해오는 고문을 참아내는 것도 힘든 일이었지만 매에 못 이겨 전향한 동지를 마주보는 것은 더 괴로운 일이었다. 간수들은 전향자가 생기면 꼭 그가 있던 방에 데려가 이른바 '전향식'을 시켰다. 전향식이라 해도 대단한 건 아니고 같이 있던 동지들 앞에서 "내가 전향하였소"하고 말하게 하는 절차였다. 그러고 나면 간수들은 전향한 동지를 다른 사동으로 데려가고 몸이 아픈 사람은 병사로도 보내주었다. 동지들 앞에서 눈물을 줄줄 흘리며 "나 전향하였소"하던 그 모습.[25]

1973년과 1974년에 걸쳐 교도소에 불어닥친 전향 공작의 거센 바람은 어김없이 광주교도소에도 불었다. 거기에는 물고문과 같은 온갖 고문방법이 동원되었다.

:: 　…… 창고에다 고문대를 만들어놓고 물고문을 시작한 것이다. 물고문을 담당한 건 교회사들이었다. 그들은 우리를 1미터 남짓한 긴 의자에 눕혀 사지를 꽁꽁 묶은 후 얼굴을 뒤로 젖혀놓고 그 위에 젖은 광목수건을 덮었다. 그러고 나서는 10리터들이 주전자로 코와 입에 물을 들이붓는 것이었다. 나를 비롯한 장기수들은 이미 체포·취조과정에서 물고문을 수없이 당해본 사람들이다. 그러나 우리를

---

25. 이인모, 앞의 책, 203쪽.

고문했던 형사들은 고문기술자(?)답게 사람이 죽어 넘어가지는 않도록 고문의 강도를 조절할 줄 알았다. 하지만 교회사들은 덮어놓고 코와 입에다 물을 부어대는데 참말로 죽을 지경이었다.

물고문을 당한 후 15명의 동지들이 전향을 했다. 이 과정에서 몸을 상해 하반신 불수가 된 동지가 둘이나 되었다. 12월 5일 저녁, 물고문에 시달리다 못해 서준식 군이 유리조각으로 손목을 그어 자살을 기도했다. 서 군은 끊어진 혈관에서 스며 나온 피로 상반신이 피범벅이 된 채 새벽에 간수에게 발견되었다. …… 서 군 사건이 일어난 뒤 살인적 고문은 일단 중지되었다. 그러나 이때의 혹독한 전향 공작으로 73년 11월 이전까지 64명이던 광주교도소 비전향 동지들이 74년 초에는 25명으로 줄었다.[26]

죽어 상여로 떠나야 할 곳, 청주보안감호소

1975년 7월 비전향자들을 주된 타깃으로 한 사회안전법이 제정되었다. 이는 어떤 범죄를 저지르지 않았어도 단지 사회안전을 저해할 우려가 있다는 것만으로 기약 없는 형을 살아야 하는 비민주적이고 비인간적인 법률이다. 사회안전법에 근거해 수많은 비전향자들이 이번에는 청주보안감호소로 이송되었다. 1978년 11월 청주보안감호소가 완공되자 그때까지 대전에 있던 보안감호 처분자 110명이 청주로 이감되었다. 여기서도 달라진 것은 없었다. 부식은 절대적으로 부족했고, 22개 감방 재소자가 자그마한 운동장을 함께 사용했고, 더군다나 서적 소지는 3권밖에 허용되지 않았다. 이곳에서 단식투쟁이 벌어지자 교도소 당국은 이들에게 강제로 급식하려고 했고, 이 과정에서 두 명이 사망했다.

---

26. 이인모, 「전 인민군 종군기자 수기 — 이인모」, (주)월간 말, 1992, 204~205쪽.

::   이전까지는 한 방에 세 사람씩 같이 있었는데 우리가 단식에 들어가자 7월 11일부터 모두 분산시켜 독방에 집어넣었다. 단식 7일째인 7월 13일 감호소 측은 동지들을 차례로 끌어내 강제 급식을 시행했다. 감호과 사무실에 한 번에 네 사람씩 붙들어다 의자에 묶어 앉혀놓고 고개를 젖히고 강제로 입을 벌려 목구멍에 호스를 밀어넣었던 것이다.

원래 강제 급식이라고 하면 호스로 묽은 미음을 주입하는 것인데, 저들은 소금을 잔뜩 녹인 짠 소금물을 들이부었다. 우리가 물도 마시지 않으며 단식을 하고 있었기 때문에 소금물을 주입하여 목이 타서 할 수 없이 물을 먹게 하려는 속셈이었다. 김용성·최남규·이종·서준식 동지 등 네 사람이 감호과로 붙들려갔을 때 우선 김 동지와 최 동지가 강제 급식을 당하게 되었다고 한다. 최 동지가 끌려들어가 보니 먼저 들어간 김용성 동지는 입에 거품을 물고 죽어가고 있었다. 최 동지는 "호스가 식도가 아닌 기도로 들어간 것 같았다"고 증언하였다. 김 동지가 이렇게 되자 그들도 강제 급식을 더 이상 계속할 수는 없었다.

그런데 김 동지보다 먼저 강제 급식을 당한 변형만 동지 또한 의식불명 상태로 업혀나가 위급한 상태였다. 그들을 강제 급식을 실시한 후 변 동지를 떠메다가 지하실에 내팽개쳤다. 이미 12~13명의 동지들이 지하실 벽에 기대어 토하기도 하고 설사를 쏟아 지하실 전체가 오물로 흥건했다. …… 지하실에 갇힌 동지들은 새벽녘이 되어서야 방으로 돌려보내졌는데 그때까지 변 동지에게는 아무런 응급처치도 취해지지 않았다. 그 뒤 변 동지가 언제 어떻게 눈을 감았는지는 알 수 없다.[27]

27. 변형만의 사망 경위에 대한 의문사진상규명위원회의 조사 내용은 다음과 같다. "당시 강제 급식에 사용된 급식물에 대해서 감호과 계장 변○○은 '전문가가 만드는 것도 아니고 식당에서 대중으로 만들어왔는데 농도까지 생각하고 만들지는 않았던 것으로 알고 있으며, 제가 알기로는 쉽게 말해서 맹물에다 분유를 타고 거기다가 왕소금을 넣어 만들었기 때문에 짠 정도가 아니고 건강한 사람도 먹으면 엄청 갈증을 느끼고 속이 타서 견디기 힘들 정도의 급식물이고, 거기다가 또 감호과 사무실 현장에 가지고 온 급식물을 소장이 보고는 왕소금을 더 집어넣으라고 하여 또 왕소금을 더 집어넣었으니까 이거야말로 영양식이 아닌 독약이나 다름없는 것'이라고 진술하고 있으며, …… 당시 부검의사인 참고인 이○○ 씨는 '변형만이 강제 급식을 받다가 혼수상태에서 구토와 설사를 하고 2~3시간 후에 사망을 했다는 것으로 보아 부검 결과 해부학적으로 나타나지는 않지만, 생리학적인 현상으로 보아 급작스런 전해질의 변화에 의해 체액 및 전해질의 장애로 인한 심장이상으로 사망'했을 것"이라고 한다. 의문사진상규명위원회, 진정 제54호 결정문.

우리가 들은 것은 그저 죽었다는 소식뿐이었다.[28]

그러나 오는 봄은 아무도 막지 못했다. 이 모든 고문과 고통에도 끝이 있었다. 사회의 민주화와 더불어 감옥에도 봄이 찾아온 것이다. 이인모 씨는 1988년 10월 27일 아무런 예고 없이 갑자기 석방되었다. 그는 스스로 생각해도 그 엄혹한 시절을 견뎌낸 것이 신기하다고 회고했다. 나머지 비전향수들도 1989년 5월까지 모두 출소했다. 누군가 계산을 해보니 마지막까지 남아 있었던 비전향수인 51명의 징역 햇수가 총 1,590년이라고 한다. 1인당 평균 29년이었다. 이미 그것만으로 고문의 시대였음을 증명한다.

5) 또 한 사람의 장기수 정순택[29]의 증언 — '피로 얼룩진 전향 공작'

::   폭언과 무식포탄[30]이 아무런 효력을 얻지 못하자 성과에 조급한 이들은 구둣발과 주먹을 이용하고 마침내 몽둥이까지 동원했다. 매일 시시각각으로 아무개가 업혀서 돌아왔느니, 아무개는 부축받으면서 돌아왔느니, 아무개는 기어서 돌아왔느니 하는 얘기들이 마치 싸움터에서 부상병에 대한 보고처럼 들려왔다. 그런가 하면 아무개는 항복했다는 소식, 또 아무개는 항복한 것에 대한 자기비판으로 벽을 두들겼다는 소식도 하루가 바쁘게 들려왔다.

그런데 양반님네들(교회사, 교회관)은 자기네가 손수 이런 고역을 하지 않으려고 깡

---

28. 이인모, 『전 인민군 종군기자 수기 — 이인모』, (주)월간 말, 1992, 214~125쪽.
29. 1921년 충북 진천 출신의 정순택은 1944년 경성경제전문학교를 졸업하고 해방 후 상공부 관산물자 배급소 경리과장까지 역임한 뒤, 1949년 월북해 상업성 재정경리처 재정부장을 지내고 남파되었다가 검거되어 1959년 국가보안법 위반죄로 무기징역을 선고받고 1989년 12월 가석방되었다.
30. 비전향 장기수를 전향시키기 위해 이른바 '사회명사'들이 내려와서 하는 강연을 말한다. 그러나 "유명인사란 사람은 자기의 강연 실적을 장황하게 늘어놓다가 본론으로 들어가서는 느닷없이 북북 사람들의 비인도성을 욕하는 것이었다. 욕도 근거가 있는 욕이라기보다는 청강자들이 오래 징역을 살아서 멍텅구리가 다 된 것으로 알고 함부로 해대는 수준 이하의 말이었다." 정순택, 『보안관찰자의 꿈』, 한겨레출판, 1997, 282쪽.

패들을 고용하기 시작했다. 대전의 7사 머리맡에는 가병사로 쓰는 네댓 개 방을 가진 사동이 있는데 이곳을 깡패의 숙소로 정하고 공작반의 지령에 따라 대상자를 데려다가 초죽음을 만들었다. 폭행은 언제나 밤중에 하되 낮에는 시위를 해가며 동지들을 위협했다. 깡패들은 이상야릇한 옷을 입고 보기만 해도 소름이 끼치는 인상을 해가지고 이 방 저 방을 말없이 들여다보며 복도를 어슬렁거렸다. 마치 여름철 처마끝을 돌며 새알이나 새 새끼를 삼켜버리는 구렁이와 흡사했다.

만일 당시에 이 지옥에서 살아나가고 싶은 마음을 가진 사람이 있었다면, 이 광경을 보고 간이 떨어지거나 정신이 망가져 죽어버렸을 것이다. 이들은 악마의 화신이 아니라 악마 그 자체였다. 이렇게 되자 드디어 최석희 동지(고등학교 수학 교원)가 매 맞은 끝에 숨을 거뒀다. 며칠 지나서 박용서 동지(남쪽 경력은 이발사, 북쪽 경력은 당 일꾼)가 또 눈을 감았다. 아아! 얼마나 모질게 맞으면 사람의 목숨이 끊어지랴![31]

정순택의 증언도 앞의 서승과 이인모의 증언과 크게 다르지 않다. 1974년 이후는 장기수와 비전향수들에 대한 집중적 폭력과 고문이 행사될 때였다. 이런 폭력과 고문으로 사람이 마구 죽어나가던 시대였다. 지독한 고문과 장기 감금생활로 정순택은 마침내 정신질환을 앓기 시작했고, 이것이 전향의 동기가 되었다.

  :: 이런 환경[32]에서 장기간에 걸쳐 살다 보니 나에게 병이 생겼다. 일종의 공포

---

31. 정순택, 앞의 책, 273~274쪽.
32. 예컨대 이런 '환경'이다. "지옥은 그 구조 자체가 재소자들이 중압감을 느끼도록 돼 있다. 높은 담으로 둘러치고 육중한 철문으로 드나들어야 하는데 무장한 보초가 지키고 있으니 그것만 해도 중압감을 느낀다. 그런데 속으로 들어가면 우중충한 사동이 여러 채가 서 있고 또 철문으로 출입을 해야 한다. 복도에는 군데군데 철문이 있고 작업장이나 운동장을 출입하는 데도 철문이 있다. 이만해도 으스스하고 기가 눌리는데 정치범을 수용한 사동은 더하다. 일제 때부터 정치범 전문 사동으로 쓰던 대전 지옥의 그것은 또 한 차례 담으로 둘러쳤다. 다른 지옥들은 이중담은 아니지만 정치범 사동은 제한구역으로 돼 있으며 명칭 자체도 특별사라 부른다. 그리고 감방 뒤창에는 엄지손가락 굵기만 한 쇠창살이 있다. 그 밖은 철망을 치고 또 그 밖은 가림판으로 가려놨다. 그래서 햇볕도 안 들어오고 바람도 안 들어온다. 이런 높은 천장에 조그만 전구 하나가 있을 뿐이니 항상 어두컴컴하다. 그런 데다가 방마저 0.7~1평 정도인데 폭이 좁고 길쭉하기 때문에 팔을 펼 수가 없다. 그래서 항상 묵직하게 찍어 눌리는 기분이 든다." 정순택, 앞의 책, 284~285쪽.

증이다. 1977년 봄 무렵부터 증상을 느끼기 시작했는데 불면증과 부정기적으로 닥쳐오는 괴상한 압박감이었다. 이 압박감은 갑자기 오는데, 숨이 콱 막히다가 한참 만에 저절로 풀리곤 했다. 초기에는 며칠에 한 번씩 그런 현상이 나타나다가 1978년 가을부터 빈도가 잦아지고 밤에 눈만 감으면 악몽에 시달리기 시작했다. 1979년 초부터는 낮에도 깜빡 조는 사이에 악몽에 시달렸다. 그 짧은 시간에 보이는 악몽이 참을 수 없이 흉측했다. 어머니가 숯가마의 불 속에서 괴로워하는 장면, 아들이 자동차와 정면충돌하여 참변을 당하는 장면, 절벽에서 굴러 떨어지는 장면, 내가 지옥이라는 마을에서 미로에 빠져 출구를 못 찾는데 폐허로 된 빈집들에서 사람은 안 보이고 나를 몰아대는 소리만 들리는 장면, 창문이 하나밖에 없는 방에서 그 창문으로 나오려고 하면 창이 오므라들어서 머리 하나도 내밀 수 없게 되는 장면 등 이루 말할 수 없이 가지각색이다.

이런 악몽을 꾸고 나면 숨이 답답하고 땀이 쭉 흘렀다. 그래서 자다가 일어나 앉거나 변소에 가서 쪼그리고 앉아서 바깥공기를 쏘이곤 했다. 그런가 하면 환청현상이 생겼다. 환청현상은 밤에만 생기는데 앞문 또는 뒤창에서 분명히 누군가가 톡톡 두들기는 소리가 들려, 벌떡 일어나서 가보면 아무도 없었다.[33]

정순택은 이런 정신적 고통과 질환으로 마침내 1977년 4월 일단 전향에 동의한다. 그후 다른 사건으로 기소되어 장기형을 선고받는 바람에 전향은 취소되고 기나긴 수형생활을 계속한다. 이와 같은 고통과 고문을 당하고 전향했다는 사람에게 누가 돌팔매를 던질 수 있겠는가.

33. 정순택, 『보안관찰자의 꿈』, 한겨레출판, 1997, 285~286쪽.

6) 전향한 장기수들의 운명

:: 1978년 가을, 전주교도소에서 말로만 듣던 사상전향 공작이 진행됐다. 사상
전향 전담반은 사회 견학을 시켜주며 "민주주의 나라에서 살고 싶지 않느냐"고
회유하다 곧이어 폭력적 공작에 들어갔다. 매일 아침 철문이 열리는 소리를 듣는
것이 너무나 끔찍하게 들려오던 그때, 사상전향 전담반은 소위 '통닭구이'에서부
터 시작했다. 봉을 가운데 두고 손과 발을 묶어 거꾸로 매단 뒤 몽둥이로 온몸을
마구 때렸다. 코에는 고춧가루물을 부어댔다. 수갑을 채워 의자에 온몸을 고정시
켜놓고 몽둥이로 쳐대던 사상전향 전담반은 밤에도 자살하지 못하게 감시하고, 매
일 아침 6시부터 밤 10시까지 고문을 해댔다. 그러던 어느 날, 고문에 이기지 못해
기절한 뒤 정신이 들자, 백지에 찍힌 지문을 확인하게 됐다. '조용히 살아가겠다'
는 말만 쓴다면 더 이상 고문하지 않겠다는 협박과 회유에 그들이 강요하는 대로
지문이 찍힌 종이 위에 그 글을 썼다. 그것이 사상전향서가 됐다.[34]

사실 전향과 비전향의 차이는 종이 한 장 차이다. 그 끔찍한 고문에 견뎌낸
다는 것이 오히려 더 이상할 지경이다. 당시의 사상전향 공작을 견뎌낸다는 것은
초인적 정신과 육체의 뒷받침이 없었다면 불가능한 일이었다. 그래서 전향한 사
람들의 숫자가 전향하지 않은 사람들보다 훨씬 많은 것은 당연한 일이다. 그러나
전향자들이 전향과 비전향의 차이가 크다는 것을 깨닫게 된 것은 아주 나중의 일
이다. 앞의 일화의 주인공 김원철(86) 옹의 이야기를 더 들어본다.

:: 올해 여든여섯 살인 김원철 할아버지가 대구경북양심수후원회에 털어놓은

---

34. 유지웅, 「장기수들 '죽어서라도 고향 땅을 밟고 싶다'」, 2004년 8월 18일자 『오마이뉴스』 기사.

이야기다. 지난 1918년 평북 신의주에서 태어난 김 씨는 선박 관리와 기관장을 하며 '바다꾼'으로 살다 홀어머니와 아내, 아들을 남겨두고 지난 1960년 남쪽으로 내려왔다. 그러나 이듬해 1961년 간첩 혐의로 붙잡혀 사형선고를 받았다. 무기징역으로 감형돼 26년 동안 옥살이를 하다 지난 87년 사면돼 출소했다. 오랜 수감생활로 지칠 대로 지친 김 씨는 혼자 살아갈 힘도 없어 대구 성서에 있는 '사법보호소'(법무부 교정국 소속)에서 청소나 잡일을 하며 고향에 대한 그리움을 안고 쓸쓸이 지내고 있다.

지난 2000년, 통일만 그리며 정치적 신념과 양심을 지켜왔던 비전향 장기수 63명이 북녘의 고향으로 돌아갔던 1차 송환. 김 씨는 사상전향 공작에 따른 모진 고문으로 쓴 '전향서' 때문에 1차 송환 대상에서 제외됐다. 그 모진 고문과 전향서가 40여 년에 걸친 송환의 꿈을 가로막은 것이다. "이제 살면 얼마나 산다고. 그 고문으로 짜낸 전향서를 이유로 송환의 꿈을 가로막다니……." [35]

전향했다는 이유로 김원철 옹과 같이 북으로 송환되지 못한 장기수 출신 중에는 송환을 바라고 있는 사람들이 33명에 이른다. 워낙 연로하고 오랫동안 수감 생활의 고초를 겪었기 때문에 한 사람 한 사람씩 이미 세상을 떠나고 있는 형편이다. 2003년 한 해에 대구 지역에서만 김대수 씨 등 3명이 세상을 떠났다. 인도적 차원에서라도 북에 가족을 두고 있는 장기수 출신들은 비록 전향자라고 하더라도 빨리 그분들의 소원대로 송환하는 것이 합당한 일이다.

---

35. 유지웅, 「장기수들 '죽어서라도 고향 땅을 밟고 싶다'」, 2004년 8월 18일자 『오마이뉴스』 기사.

05
구금시설의 의료 부족과 또 다른 고문행위

1. 구금시설의 의료 상황과 진료 부족

　　의료 부족과 태만, 고의적 무시가 난무하는 전국의 구금시설은 또 하나의 인권의 사각지대다. 고립무원의 경지에 있는 수용자들에게 의료접근권이 제대로 보장되지 않는다는 것은 그 자체가 잔인한 행위이며 고문이다. 그것은 인간의 존엄을 침해하고 질병의 악화를 가져올 뿐만 아니라 더 나아가 사망의 결과까지 낳았다. 한 재소자[1]의 뼈아픈 비판이자 토로이다.

　　::　　의료시설이라고 할 수 없는 낙후한 의무과에 70세가 넘은 의무과장과 간호사, 약을 짓는 재소자가 의료 인력의 전부인 그곳에서 자신의 건강을 지키기 위해

---

1. 이 재소자 손민영은 '남한조선노동당사건'으로 구속되었다가 1997년 10월 24일 5년간의 형기를 마치고 만기 출소한 사람으로서, 1998년 2월호 『월간 말』지에 수기를 실어 낙후된 감옥의 실태를 고발했다.

구분	의료인력(명)		정원별 직급(명)						비고
	정원	현원	3급	4급	5급	6급	7급	8급	
합계	142	153	4	46	17	22	23	30	
의사	64	53	4	46	14				비전임 10
약사	3	2			3				
간호사	65	65				13	22	30	
의료기술직	10	10				9	1		
공중보건의		23							보건복지부 지원

그가 한 일은 수지침을 배우고, 파스 요법을 배우는 것이었다. 때로는 스스로 자신의 몸을 임상실험의 대상으로 삼아 치료법을 개발하기도 했다.[2]

스스로 '수지침'을 배우고 '파스 요법'을 배울 수밖에 없는 감옥의 현실이 역력히 드러난다. 오죽하면 자구적 노력을 시도할 수밖에 없었을까. 실제로 구금시설 수용자들의 의료적 접근은 대단히 어렵다.

1995년 법무부가 국회에 제출한 자료에 따르면, 1995년 8월 한 달 동안 전국 구금시설에서 발생한 환자의 연인원은 5만 685명이고, 전국 교정기관의 의료 관련 공무원 현황은 1995년 8월 31일 현재 의사 55명, 약사 3명, 간호사 58명, 보건기사 7명, 공중보건의 33명이다. 결국 1개 교도소에 의사는 1.4명에 불과하고, 약사는 전국 교도소에 단지 3명뿐이다. 그 이후에도 이런 상황은 별로 나아지지 않았다. 2001년 7월 전국 교정시설의 의료인력 현황은 위의 표와 같다.[3]

특히 교도소에 배치된 의사는 교도소에 상근하는 것이 아니라 외부 의사에게 의무과장의 직함을 주고 진료를 위탁하는 경우가 대부분이다. 따라서 대부분

---

2. 손민영, 「감옥에도 인간이 살 수 있어야 한다」, 1998년 3월 27일자 「인권하루소식」 기사.
3. 구금시설연구모임, 「구금시설 인권실태에 관한 보고서」, 2002, 18쪽.

1주일에 한 번 정도 의사가 교도소에 들러 환자를 진료하고 있는 실정이다.[4] 구금 시설에서는 "밤과 주말에는 아프지 말아야 한다"는 말이 떠도는 정도라고 한다.[5] 그러나 외부 의사마저도 수용인들에 대한 대우와 조치는 무성의하기 짝이 없다.[6] 손민영 씨는 다음과 같은 사실을 폭로한다.

:: 한때는 마비가 와서 앉아 있기도 힘들고, 숟가락을 들 수 없을 정도로 상태가 악화된 때가 있어, 통사정 끝에 외부 진료를 했지만 김천의료원 원장은 "정신과 치료를 받아야 된다"는 엉뚱한 진료결과를 내놓았다. 출소 후 진찰결과는 관절염 재발이라니 기가 찰 뿐이었다.[7]

교도소 안에서 교도관들이 자행한 고문과 가혹행위도 문제다. 제때에 적절한 치료를 받지 못해 상처가 도지거나 심지어 사망하기도 했다. 고문과 가혹행위를 받을 가능성이 높은 피구금자들이 정기적으로 의사와 만날 수 있다면 고문이 상당히 예방될 것이다. 따라서 구금시설 안에 상주하는 의사의 채용을 확대해야 하며, 촉탁된 의사라고 하더라도 정기적으로 구금장소를 순회하며 피구금자들의 고문 또는 가혹행위, 기타 질병과 보건상태를 확인할 수 있도록 해야 한다. 순회 중 또는 직무상 만나게 된 수용자 중에서 고문 또는 가혹행위에 의한 상처라고 의심이 갈 때에는 구금기관과 별도의 고문조사기관에 보고할 수 있는 제도가 마련되어야 한다. 그리고 교도소 내 상근 또는 비상근 의사들에게는 특별한 권한을 보장해주어야 한다. 피구금자가 고문이나 질병을 주장할 때 신속하고 공정하게

---

4. 인도주의실천의사협의회·한국인권단체협의회, 『고문 기타 잔혹한, 비인도적 또는 굴욕적 처우나 형벌금지협약 제19조에 따른 대한민국 정부의 보고서에 대한 대한민국 인권단체들의 반박보고서』, 1996년 10월, 74항 참조.
5. 구금시설연구모임, 앞의 책, 18쪽.
6. 현재 수용자 1인당 의료비는 약 8,900원 정도인데, 이 정도 의료비로는 외부병원 진료, 약품 제공 등의 의료서비스를 수용자에게 충분히 제공하기 어렵다. 법무부, 『인권존중의 법질서』, 2004, 89쪽.
7. 손민영, 「감옥에도 인간이 살 수 있어야 한다」, 1998년 3월 27일자 『인권하루소식』 기사.

의학적 검사를 받을 수 있는 절차가 마련되어야 한다.[8]

2. 적절한 진료행위와 인권의식의 필요성

교도소의 수용 조건은 육체적으로나 정신적으로 질병이 생기기 쉽다. 따라서 재소자의 질병에 대해 특별한 관심을 갖고 돌보지 않으면 안 된다. 그러나 위에서 살펴본 대로 제대로 된 시설과 인력이 확보되어 있지 않을 뿐만 아니라, 고의적으로 방치하는 경우가 많았다. 대부분 적절한 의료와 투약이 기피되고 있는 실정이다.

:: 교도소에서 약을 얻거나, 제대로 된 건강진단을 받기 위해서는 넘어야 할 산이 첩첩이었다. 그(손민영)는 행형법과 시행령의 규정대로 조치해줄 것을 요구했다. 그럴 때마다 매번 거절과 청원, 행정소송들을 하겠다고 위협(?)하고서야 보름 정도 걸려 한 알 약과 한 번의 진료를 얻어내는 것이 고작이었다. 김천교도소에서는 "독거수용자와 병자에게는 온수를 지급할 수 있다"는 규정을 교도관들이 아예 모르고 있었을 정도였다.[9]

이와 같은 교도관들의 관료적 발상과 인권의식에 대한 무감각이 사태를 더욱 악화시켰다. 손민영 씨의 경우 "그가 경험한 교도소의 교화작업은 오로지 고

---

8. 인도주의실천의사협의회·한국인권단체협의회, 『고문 기타 잔혹한, 비인도적 또는 굴욕적 처우나 형벌금지협약 제19조에 따른 대한민국 정부의 보고서에 대한 대한민국 인권단체들의 반박보고서』, 1996년 10월, 75항 참조.
9. 손민영, 「감옥에도 인간이 살 수 있어야 한다」, 1998년 3월 27일자 『인권하루소식』 기사.

통을 가하고 그 고통 때문에 다시는 들어오지 말아야겠다고 생각하도록 만드는 일제시대의 수준이었고", "'교도관들은 일제시대의 간수와 다를 바 없는 생각에 젖어 있으며', '직업이니까 어쩔 수 없다' 는 패배주의와 '죄수니까 고통스러운 게 당연하다' 는 잘못된 인식에 젖어 있다는 것이 5년간의 수감생활을 통해 내린 결론이었다"라고 말한다.[10]

그 결과 오히려 질환이 악화되거나 치료가 불가능한 상태가 되었다. 대전교도소에서 31년이나 복역 중인 장기수 신인영(1998년 당시 70) 씨의 경우도 마찬가지다. 고령에 골수암 진단을 받았음에도 교도소나 법무부 당국은 형집행정지와 같은 처분을 미적대고 있었다.[11] 드디어 이 문제에 대해 국제사회가 관심을 갖게 되었고, 앰네스티 인터내셔널은 다음과 같은 촉구문을 전 세계에 냈다.

:: 국제 앰네스티는 (1998년 2월) 4일 장기수 신인영(70) 씨의 석방과 한국 교도소 내 의료 수준의 개선을 요구하는 국제사회의 공동행동을 촉구하고 나섰다. 국제 앰네스티는 "신 씨가 너무 오랜 감옥생활을 해왔고 암과의 투쟁으로 건강이 위험하다"며 "신 씨가 감옥에서 즉각 풀려나 가족들의 보살핌을 받기를 바란다"고 밝혔다. 앰네스티는 또 "신 씨가 난방 없는 좁은 독방에 격리되어 있다"며 "정치범들이 계속된 격리생활로 인해 정신적인 고통을 받고, 어떤 이들은 장기간의 수감기간 동안 소화기 장애, 류머티즘, 고혈압 등을 앓고 있다"고 비판했다.[12]

국정감사자료에 따르면 한 해에 보통 20~30명 정도가 진료를 제대로 받지

---

10. 앞의 1998년 3월 27일자 『인권하루소식』 기사.
11. 「앰네스티, 장기수 신인영 씨 석방 촉구―한국 교도소 의료실태 개선도 요청」, 1998년 2월 7일자 『인권하루소식』 기사. ; 「70세 장기수 암투병 중―대전교도소 신인영 씨 골수암」, 1998년 1월 10일자 『인권하루소식』 기사. 그 당시 한보비리 사건으로 구속된 홍인길, 권노갑 씨 등이 잇따라 형집행정지로 석방돼 병원 치료를 받는 상황에서 장기수들에 대한 태만은 비교될 수밖에 없었다.
12. 앞의 1998년 2월 7일자 『인권하루소식』 기사. Amnesty International Republic of Korea: Medical Letter Writing Action: Shin In-young, AI Index: ASA 25/03/98, February 1998.

못해 구금시설 안에서 사망하는 것으로 조사되었다.[13] 이것은 일종의 살인이라고 보아야 한다. 좀더 신속하고 공정한 의료행위가 제공된다면 충분히 살릴 수 있는 생명을 방치함으로써 결국 사망에 이르게 한 것이기 때문이다. 이미 이러한 사례들은 지속적으로 보고되고 있다.

:: 주민등록증 등 변조혐의로 지난달 (1월) 13일 마산교도소에서 만기 출소한 홍장희(27) 씨와 재소자 가족인 이달기(29) 씨 등이 (1993년 2월) 14일 폭로함에 따라 밝혀졌다. 홍 씨에 따르면 마산교도소에 폭력 및 절도 혐의로 수감됐던 장덕수(20) 씨가 지난해 11월 중순께 면회 온 가족들과 웃고 떠들었다는 이유로 면회가 끝난 뒤 교도관 1명으로부터 가슴을 맞아 전치 3개월의 중상을 입었다는 것이다. 교도소 쪽은 당시 중상한 장 씨에 대해 제대로 치료를 하지 않다 장 씨가 의식불명 상태에 빠지자, 같은 달 30일 동마산병원으로 옮겼으나 계속 상태가 좋지 않자 지난해 12월 1일 형집행정지로 풀어주었다는 것이다. …… 또 이달기 씨에 따르면 폭력 등 혐의로 5년형을 선고받고 마산교도소에 복역 중인 오빠 재규(33) 씨가 지난해 11월 25일 동료 재소자 2명과 윷놀이를 하다 시비 끝에 집단폭행을 당해 눈을 크게 다쳤으나 말썽을 우려한 교도소 쪽이 응급치료를 외면해 오른쪽 눈이 실명 위기에 빠졌다는 것이다.[14]

:: 강도상해 혐의로 실형을 선고받고 수감 도중 숨진 이 아무개(서울 영등포구 대림동) 씨의 유족들은 지난 (1995년 2월) 11일 국가를 상대로 1억 5,500만 원의 손해배상을 요구하는 소송을 서울민사지법에 냈다. 유족들은 소장에서 "1993년 3

13. 인도주의실천의사협의회·한국인권단체협의회, 『고문 기타 잔혹한, 비인도적 또는 굴욕적 처우나 형벌금지협약 제19조에 따른 대한민국 정부의 보고서에 대한 대한민국 인권단체들의 반박보고서』, 1996년 10월, 76항 '다'부분 참조.
14. 「마산교도소 폭행사건 잦다 — 만기 출소자 등 폭로」, 1993년 2월 15일자 『한겨레신문』 기사.

월 천안교도소에서 재소자로부터 폭행당해 타박상을 입은 뒤 치료를 호소했으나 교도소 쪽은 꾀병이라며 수갑을 채우고 약물 치료만 해서 결국 숨지게 했다"고 주장했다.[15]

:: 한국 감옥에서의 의료문제를 극적으로 보여주는 최근 사례는 조선원 씨의 경우이다. 그는 2001년 11월 서울구치소에 구금되었다. 그는 지속적으로 등에 고통이 심하다고 계속 경찰에 호소하였고, 그 고통이 심해져서 먹는 것조차 불가능해졌다. 그러나 구치소 당국은 단지 감기나 설사약만 제공했다고 한다. 조선원 씨의 병은 악화되어 그가 병원에 후송되는 것이 허락된 지 8시간 만인 2002년 1월에 숨졌다.[16]

:: 박명원 씨는 2001년 11월 수원구치소에 수감되었을 때 결핵을 앓고 있었다. 그의 상황을 목격하고 동시에 전염을 우려한 동료 수감자들의 호소에도 불구하고, 구치소 당국은 병원에 후송하는 것을 지연시켰다. 그가 아주 위중한 상황이 되었을 때 겨우 병원으로 옮겨졌고, 그는 이미 뇌사상태에 빠졌다.[17]

이와 같이 고의적으로 병원 후송을 지연하거나 진료행위를 거부하는 것은 살릴 수 있는 사람들의 목숨을 끊게 만든 것이나 마찬가지다. 교정행정에 종사하는 사람들에게는 인권의식과 생명존중의 의식이 더없이 필요하다. 따라서 교정행정의 책임자가 이들에 대해 엄중 문책해 책임을 지움으로써 다시는 이런 일이 재발되지 않도록 하는 일과, 교육을 통해 인권의식을 높이는 것이 절실히 필요하다.

15. 「가혹행위 국가손해배상 소송 잇따라」, 1995년 2월 13일자 「한겨레신문」 기사.
16. Amnesty International, Republic of Korea: Summary of Concerns and Recommendations to Candidates for the Presidential Elections in December 2002, p. 7.
17. Amnesty International, 앞의 글, p. 7.

3. 교정시설과 정신질환의 문제

수사기관에서 가혹행위를 당하거나 아니면 교도소에서의 오랜 구금생활로 인해 정신질환을 얻은 수인들이 적지 않다. 우리 역사 속에서 수사기관은 시국사범뿐만 아니라 일반사범에 이르기까지 수사 절차에서 크고 작은 가혹행위를 자행한 것이 사실이다. 그러니 육체적·정신적 고통을 같이 감내해야 하는 수인에게 정신질환이 생기지 않을 리가 없었다. 더구나 장기수들에게는 구금 자체가 정신질환을 발생시키는 요인이 되는 경우가 적지 않았다. 교정시설 내에서 발생한 정신질환에 대한 종합적인 통계자료조차 없지만 우리는 여러 문헌에서 그 정보를 찾아낼 수 있다.

> :: 1981년 특사에 들어온 김 씨는 정보부가 귓속에다 도청 마이크를 장치해 늘 무선을 치는 것 같은 소리가 들린다고 했다. 전 씨는 피골이 상접한 50대였는데, 바케츠를 부수고 이불을 갈기갈기 찢고 똥물을 뿌려대는 등 자주 난동을 부렸다. …… 벽이 좁아지는 것 같은 환각에 시달리는 협소공포증 환자도 있었고, 방 한구석에 하루 종일 쭈그리고 앉아 운동하러 나가지도 않는 퇴영증 군인도 있었다. 같은 군인인 김 씨는 두통을 호소했는데 얘기가 꿈과 현실 사이를 오락가락했다.[18]

이런 경우 당연히 적절한 신경정신과 진료와 치료를 제공하거나 일반 정신병원으로 옮겨 치료해야 하지만 실제 그런 경우는 거의 없다.

---

18. 서승, 『서승의 옥중 19년』, 역사비평사, 1999, 219쪽.

:: "김일성 장군 만세!"를 외쳐 반공법상 찬양·고무죄로 5년 추가형을 먹은 박 씨는 1981년 전주에서 이송되어왔다. 박 씨는 마흔 살가량으로 떡 벌어진 근육질 체구였는데 친인척도 없는 절도 전과 5~6범이었다. 때때로 "김일성 장군 만세!"를 외쳐서 '왼쪽 또라이'라는 별명이 붙어 있었다. …… 대구교도소에 와서도 한밤중에 갑자기 "김일성 장군 만세!"를 몇 번인가 외쳐댔으며, 때때로 "박정희 만세!"나 "전두환 만세!"로 바뀌기도 했다. 그런 일이 있자 그는 가죽수갑이 채워져 3사동 하층 폐쇄독방에 갇히게 되었다.[19]

:: 한편, 진짜 만세도 있었다. 1960년대 대전감옥에 권대성 선생이라고 조사기관에서 고문당해 정신이상이 된 비전향 무기수가 있었다. 광복절이나 4월 15일(김일성 생일)이 되면 반드시 "김일성 원수 만세!"를 외쳤다. 죽도록 고문당하고 당연히 추가형도 받았지만 선생은 '만세!'를 그만둘 줄 몰랐다. …… 1968년 당국은 비전향수에 대한 본보기로 특수가중조항을 적용해 권 선생을 사형에 처했다. 선생은 형장에서 마지막으로 하늘까지 닿을 "김일성 원수 만세!"를 외쳤을 것이다.[20]

앞에서 살펴본 대로 일반 의료시설도 부족한 상황이었기 때문에 정신질환자에게 제공할 수 있는 의료시설과 의료 전문가들은 전혀 없었다. 이럴 경우 빨리 진단과정을 거쳐 외부 전문 의료시설에라도 치료를 위탁하거나 석방하는 조치가 있어야 했다. 하지만 교정시설 책임자나 실무자 모두가 이런 인권의식에 둔감하다 보니 태만하거나 지연될 수밖에 없었다. 그 시절에는 교도소 전체가 하나의 정신병동이었다. 참고로 우리나라가 가입하고 있는 '피구금자 처우에 관한 최저기준원칙' 제22조도 "정신의학 지식을 가진 전문의로부터 치료받을 권리"를 보

19. 서승, 앞의 책, 219쪽.
20. 서승, 앞의 책, 222~223쪽.

장하고 있다. 그럼에도 국내 행형법은 이에 관한 규정이 전혀 없다.[21] 이런 상황이 구금시설 내에서 정신질환을 발병시키고 그 악화를 가중시키고 있는 셈이다.

21. 김희수, 「건강·의료」, 『구금시설 실태조사 보고서』, 서울지방변호사회, 2002, 92쪽.

06
군부대의 고문과 가혹행위

1. 군부대의 고문과 가혹행위 실태

::   육군에 따르면 육군훈련소 고등검찰부는 이날 충남 논산의 육군훈련소 이 모 (28, 학사 35기) 대위에 대해 군형법상 가혹행위 혐의로 구속했다고 밝혔다. 육군 측은 이날 오후 2시 20분께 육군본부 군사법원에 구속영장을 신청, 40분 만인 3시 께 구속영장을 발부받아 이 대위를 육군훈련소 헌병대 유치장에 구속 수감했다고 설명했다.

이 대위는 지난 10일 훈련소 내 화장실 좌변기에 물이 내려지지 않은 것을 확인하 고 190여 명의 훈련병에게 인분을 손가락에 찍게 한 뒤 입에 넣을 것을 강요한 혐 의로 20일 긴급체포되었다. 군형법 제62조에는 직권을 남용해 가혹행위를 한 자 에 대해서는 5년 이하의 징역에 처하도록 규정하고 있다. 당시 훈련 3주차였던 이 들 훈련병 중 거의 절반은 이 대위의 명령을 이행했던 것으로 조사결과 드러났으

며, 의무경찰 자원들인 이들은 이날 교육을 수료한 것으로 전해졌다.[1]

'인분사건'으로 알려진 이 희대의 가혹행위는 군부대가 아직도 비인간적이고, 전근대적인 폐쇄 집단임을 만천하에 폭로했다. 군부대 역시 교도소 등의 구금시설과 마찬가지로 일반 사회와 격리되고 유리된 곳으로, 고문과 가혹행위의 가능성이 높은 곳 중 하나이다. 더구나 군부대의 엄격한 위계질서는 가혹행위가 저질러질 가능성을 한층 높인다. 실제로 군부대 내에서의 생활은 세상에 제대로 알려지지 않았고, 그 때문에 더욱 가혹행위가 일어나는 온상이 되기도 했다.

:: 기자회견문 낭독을 위해 처음 나선 군가협('군·경의문사진상규명과폭력근절을위한가족협의회')의 이영숙 공동회장은 "병역의 의무를 수행하기 위해 군에 간 젊은이들이 한 해에만 300여 명이 사망하고 있고, 구타와 성폭력, 집단 따돌림 등은 계속해서 늘어가고 있는 실정이다"라고 규정한 뒤 "국가의 관리하에 있다가 생긴 일에 대해 국가가 그 근본적인 책임을 져야 하는 것이 당연한 일임에도 불구하고, 사건을 축소하고 조속히 종결지으려는 태도로 일관하는 군과 경찰의 모습에 실망을 금하지 않을 수 없다"며 "전·의경 관리 실태는 개선되어야 하며, 구타 및 가혹행위에 대한 적극적인 예방과 재발방지 대책이 수립되어야 한다"고 주장했다.

천주교인권위원회의 오창래 조사실장은 2001년 8월부터 2003년 7월까지 약 2년간 천주교인권위원회에 접수된 진정의 통계를 공개하며 106건의 사망사고 중 85%인 91건이 자살로 처리 된 점을 예로 들며, 군·경의 초동수사가 상당히 미흡

---

1. 2005년 1월 21일자 『연합뉴스』 기사.

하고, 유가족들이 납득할 수 없는 많은 의문점들에 대해 명확한 답을 하지도 못한 채 사건을 종결짓고 있다며, 의혹이 제기되는 모든 사건들에 대해 전면적인 재수사를 촉구했다.[2]

직접적인 타살과 총기사고, 또는 가혹행위와 괴롭힘으로 인한 자살은 신병비관 자살 등으로 위장되기 일쑤였다. 다음은 군대 내에서 이루어진 가혹행위로 인한 자살 사례들이다.

::   서울지법 민사21부(재판장 최철 부장판사)는 (2002년 7월) 7일 "아들이 군대에서 가혹행위를 견디다 못해 자살했다"며 최 모 씨가 국가를 상대로 낸 손해배상청구소송에서 "피고는 5,000여만 원을 배상하라"며 원고 일부 승소 판결을 내렸다. 재판부는 판결문에서 "원고의 아들은 상급병으로부터 상습적으로 구타를 당해 그 고통으로 자살한 점이 인정된다"며 "하지만 구타 사실을 상관에게 보고해 시정할 수 있었는데도 자살이라는 극단적인 행동을 택한 잘못이 있으므로 국가는 청구액의 일부만 배상하라"고 밝혔다.

최 씨의 아들은 지난해 8월 입대해 같은 해 9월 모 보병사단에 배속받아 근무했지만 복창소리가 작다는 이유 등으로 자주 구타를 당했으며, 같은 해 11월 "상급자의 구타를 못 이겨 자살한다"는 내용의 유서를 남기고 나무에 목을 매 스스로 목숨을 끊었다.[3]

::   고참병들의 성추행과 구타를 견디다 못한 육군 사병이 소총으로 자살했다.

2. 김덕진, 「국가에서 책임져라—천주교인권위 군가협 기자회견」, 2003년 7월 16일자 천주교 인권위원회(http://www.cathrights.or.kr) 자료실 참조.
3. 「병영 가혹행위 못 견뎌 자살, "국가가 5,000만 원 배상하라"」, 2000년 7월 8일자 『경향신문』 기사.

(2000년 7월) 10일 육군에 따르면 강원도 철원군 육군 ○○사단 수색대대 소속 이 재준(21) 일병이 지난 8일 낮 12시 5분께 중대 막사에서 200미터 떨어진 부대 내 야산 계곡에서 K2 소총을 머리 부분에 쏘아 자살했다는 것이다. 수사결과 작년 12월 27일 현 부대로 전입해온 이 일병은 지난 2월부터 최근까지 같은 부대 남궁 모 병장으로부터 취침시 10여 차례 성추행과 폭행을 당하고 정 모 상병으로부터 상습적으로 구타를 당하는 등 부대 고참병들로부터 가혹행위를 당해왔던 것으로 드러났다. 육군은 이에 따라 군 수사기관이 성추행과 폭행을 한 남궁 병장을 구속 하고, 정 상병을 불구속 입건했으며, 중대장과 소대장 등 3명을 부대 관리 소홀 책 임을 물어 사단징계위원회에 회부했다고 밝혔다.[4]

::　　진정인은 진정인의 아들 신병 100일 위로휴가를 나온 당일 자살하자 자살할 이유가 없으며 군복무 중에 상급자로부터 지속적인 구타 및 가혹행위를 당하였고, 우울증 등 복무 부적응 증세를 보였음에도 불구하고 적절한 의료 조치의 미흡과 병력 관리를 소홀히 한 부대에 책임이 있으며, 군 수사기관에서 사망 동기를 축 소·은폐하고 있으므로 구타 및 가혹행위를 한 가해자의 색출과 아들의 사망에 이 르게 한 원인을 규명해줄 것과 관련자의 처벌을 원한다는 진정을 위원회에 제기하 였다. 조사결과 …… 국방부장관에게 피진정인 윤 모 소령의 군형법 62조 위반 혐 의에 대해 수사 개시할 것을 의뢰하고, …… 자해 자살 판정 사항을 재심의할 것을 권고하는 한편 …….[5]

::　　서울지법 의정부지원 민사합의3부 고영한 판사는 (1999년 9월) 22일 상급 자의 잦은 가혹행위를 견디지 못하고 자살한 이 모(20) 일병 가족이 국가를 상대

---

4. 「'고참이 성추행-구타' 육군 일병 소총 자살」, 2000년 7월 10일자 『문화일보』 기사.
5. 국가인권위원회, 『2003 연간보고서』, 2004, 133쪽.

로 낸 손해배상청구소송에서 "국가는 2,700여만 원을 지급하라"며 원고 승소 판결을 내렸다.[6]

:: 지난달(1998년 12월) 30일 새벽 강원 원주시 육군 모 부대 한 모(21) 이병이 보초근무 중 머리에 상처를 입고 뇌사상태에 빠지자 가족들이 진상규명을 요구하고 나섰다. 가족들에 따르면 (1999년 1월) 3일 한 이병이 부대에 배속된 지 20일 만에 초소에서 뛰어내려 자살을 기도했다는 연락을 받고 현장에 가본 결과 초소의 높이가 2.9m에 불과하고 귀 뒤편에만 상처가 있는 등 자살로 보기에는 석연치 않은 점이 많다고 주장했다.

이에 대해 군당국은 "한 이병이 근무 시간에 5분 정도 늦어 고참병으로부터 욕설을 들은 후 근무 끝나기 10분 전에 총을 놓고 초소 뒤로 돌아가 투신한 것으로 안다"면서 "가족들 주장대로 몇 가지 의문점이 있어 가혹행위 여부를 수사 중"이라고 밝혔다.[7]

:: 육군 전방 부대에 배치된 이등병이 전입 2주 만에 선임병으로부터 구타를 당한 후 목을 맨 채 발견돼 병원으로 옮겨졌으나 숨졌다. 7일 육군에 따르면 강원도 화천군 육군 ○○부대 강 모(21) 이병이 지난 5일 오후 7시께 부대 내 보일러실에서 전투화 끈으로 목을 맨 채 발견됐다. 강 이병은 발견 직후 경기도 성남시 국군수도병원으로 헬기로 긴급 후송됐으나 이미 뇌사상태에 빠진 상황이었으며, 이튿날인 6일 오후 7시께 사망했다. 숨진 강 이병은 왼쪽 귀 윗부분에 긁힌 흔적이 있었으며, 주머니에서는 자신의 행동에 대한 용서를 구하고 "군대 폭행이 존재하고 욕설이 여전하다"는 내용 등이 담긴 유서가 발견됐다. 육군은 조사결과 선임병인

---

6. 「상관 가혹행위로 군인 자살」, 1999년 9월 22일자 『문화일보』 기사.
7. 「신병 뇌사상태 ─ 가족, 군에 진상규명 요구」, 1999년 1월 4일자 『한국일보』 기사.

김 모 상병은 사건 발생 직전 위병소 경계 근무를 섰던 강 이병에게 동작이 느리다는 이유로 욕설과 함께 손바닥으로 머리를 때리고 전투화로 정강이를 3차례 걸어찬 것으로 드러났다. 이 사건을 수사 중인 해당 군단 헌병단은 강 이병을 구타한 김 상병을 5일 사건 직후 폭행 및 가혹행위 등의 혐의로 구속했다.[8]

이와 같은 일이 군대에서는 다반사로 일어났다. 웬만한 사망사고는 자살로 위장되어 발표되었다. 5·6공 이후 군대에서 일어난 25건의 군 의문사 사건을 총체적으로 조사한 의문사진상규명위원회는 군 내부의 인권문제와 가혹행위, 사건 조작과 부실한 수사과정을 다음과 같이 지적했다.

수사 조작 : 1991년 2월 육군 1사단에서 복무 중 의문사한 남현진(당시 21) 씨는 헌병대에 의해 완전군장 훈련과 전방 철책 근무에 따른 불안감 및 복무염증으로 목매 자살했다고 결론지어졌다. 하지만 남 씨의 군 동료인 허 모 씨는 의문사위 조사에서 "당시 헌병대에서 조사를 받을 때 남 씨가 고참병들에게 군가 암송 등을 제대로 못해 여러 차례 구타를 당했다고 말했지만 수사관들이 이를 고의로 무시했다"고 진술했다.

5군단에서 복무 중 불우한 가정 환경을 비관해 1984년 총기 자살한 것으로 종결된 임용주(당시 22) 씨도 의문사위 조사에서는 군 수사결과와 달리 고참병들로부터 상습적으로 심한 구타를 당했으며, 임 씨의 군인수첩에도 고참의 구타 등 내무 부조리에 대한 메모가 남겨져 있었던 것으로 드러났다.

또 1987년 의문사한 이승삼(당시 19) 씨는 아침 구보 낙오 등 군생활에 적응하지 못해 총기 자살한 것으로 결론지어졌지만, 당시 사건을 1차 수사한 헌병 수사관은

---

8. 2005년 3월 7일자 『연합뉴스』 기사.

의문사위 조사에서 "이 씨가 고참병들에게 구타당한 사실을 확인했지만 당시 헌병대장의 지시에 따라 이를 숨겼다"고 진술했다.

여전한 수사 시스템: 군에서 사망사건이 발생하면 상당수가 '변사'가 아닌 '자살'로 예단해 상부에 보고하고 군 수사기관도 대부분 신병 비관을 주원인으로 내세웠다는 게 의문사위의 설명이다. 의문사위는 "부대 지휘관 상당수가 책임을 모면하기 위해 헌병 수사관이 도착하기 전에 사망 현장을 조작하거나 경위를 은폐했으며 헌병대도 이를 묵인하기도 했다"면서 "이 때문에 비록 자살했다 하더라도 부대 내의 폭행이나 가혹행위 등 근본적인 이유는 대부분 숨겼다"고 밝혔다. 또 유족들이 사망 원인 등에 대해 의혹을 제기하면 국방부 등 상급기관에서 재수사하지만 대부분 기존의 수사를 확인하는 데 지나지 않았다고 의문사위는 밝혔다.

실제로 1998년 김훈 중위 사망사건 뒤 발족한 국방부 특별조사단이 166건의 자살사건을 재수사했지만 사망 원인이 뒤집힌 것은 단 1건도 없었다는 것이 의문사위의 지적이다. 특히 현재도 1980년대처럼 군의 사망사고에 대해서는 참모총장에게 발생 뒤 7일 내에 수사결과를 보고토록 돼 있는 등 시한에 쫓기는 데다 수사 주체인 군 헌병대와 검찰이 해당 부대 운영의 최고책임자인 사단장의 지휘를 받는 시스템이 수사의 공정성을 해친다는 분석이다.[9]

사실 자살이라고 하더라도 순전히 개인적인 이유에서라기보다는 군대 내 환경과 분위기 때문에 일어나는 경우가 많다.[10] 2000년대 이후 군대 내 가혹행위와 이로 인한 사망 등 사고 건수가 많이 줄어든 게 사실이다.[11] 그러나 여전히 다른

---

9. 「군 의문사 '엉터리 수사' 많다 ─ 자살로 예단하고 툭하면 은폐·조작」, 2002년 10월 10일자 『경향신문』 기사.
10. 1999년 4월 13일자 『한겨레신문』 기사. 그럼에도 "고참병의 상습적인 가혹행위와 폭언을 견디지 못해 스스로 목숨을 끊은 군인의 자살에 대해 국가가 30% 책임을 져야 한다는 판결"(서울지방법원 남부지원 12부 부장판사 신명중)이 선고된 적이 있다. 「"가혹행위 자살 군인 본인에 70% 책임"」, 2005년 4월 18일자 『동아일보』 기사.
11. 국방부 집계에 따르면 군대 내 사망사고는 1995년 330명에서 1997년 273명, 2000년 182명으로 줄었다고 한다. 2001년 전반기에 일어난 사망사고를 유형별로 살펴보면 총 사망자 75명 중 자살 등 군기사고는 32명, 교통사고 등 안전사고 사망자는 43명이었다. 「군 신종 '얼차려' 비상」, 2001년 8월 11일자 『문화일보』 기사.

형태의 '신종' 가혹행위가 있는 것으로 보도되고 있다.

> ::   군이 사병들 간에 유행하는 신종 얼차려(군기잡기) 대책 마련에 고심하고 있다. (2001년 8월) 11일 국방부와 각군 관계자에 따르면 최근 사병 내무반에는 과거와 같은 물리적 폭력은 거의 없어진 대신 밥에 물 말아 먹이거나 먹기 싫은 음식이나 반찬 먹이기 등 춥고 배고픈 것이 군대의 상징으로 여겨지던 시절에는 상상조차 하기 어려운 신세대형 가혹행위가 폭력을 대신하고 있는 것으로 나타났다. 또 TV시청 시간에 혼자만 벽 보고 앉아 있게 만들기는 물론, 말 안 걸기 등 중·고교생들 사이에 유행하는 왕따 행위도 번지고 있는 것으로 나타났다.
> 이밖에 최근 유행하는 가혹행위성 얼차려는 잠자는 하급자를 깨운 뒤 고참병의 근무가 끝날 때까지 기다리게 만들기, 체육이나 작업시간에 열외 시키기 등으로 물리적 접촉은 없는 대신 인간적 모멸감이나 소외감을 느끼도록 해 하급병들의 군기잡기에 동원되고 있는 실정이다. …… 문제는 이러한 신종 군기잡기가 장교나 간부들 입장에서는 적발하기가 어려운 데다 이로 인해 정신적 피해가 폭력보다 심한 경우도 많다는 점이다.[12]

국방부가 발표한 군대 내 사망사건 건수가 서서히 줄고는 있지만 여전히 가혹행위 등이 원인이 된 군기사고가 존재하고 있음을 알 수 있다. 군대 내의 구조, 의식과 문화가 본질적으로 달라지지 않기 때문에 가혹행위 역시 달라지지 않는 것이다.

> ::   …… 군내 잇따른 자살 사건과 육군 훈련소 인분(人糞) 가혹행위사건이 군 안

---

12. 「군 신종 '얼차려' 비상」, 2001년 8월 11일자 「문화일보」 기사.

꽦에 파문을 일으키고, 상급 부대에서도 이와 관련된 지시가 끊이지 않으면서 병사 관리가 경계 근무 못지않게 가장 신경 쓰이는 부분이 됐다. 중대장에서 군사령관에 이르기까지 상급 지휘관들도 마찬가지다. 군 전체에서 자살은 물론, 구타 및 가혹행위와의 '전쟁'이 벌어지고 있는 것이다.

…… 백두산 부대(사단)의 경우 불우한 가정 환경, 자살시도 전력 등이 있는 병사들을 중심으로 전체 병사의 5%가량을 '관리 대상'으로 분류, 특별관리를 하고 있다. 일부에겐 24시간 관리 체제를 도입, '도우미'를 둬 부대생활 적응을 돕도록 하고 있다. …… 이 부대에선 지난해 병사 49명이 폭언, 욕설, 인격 모독행위로 헌병대 영창에 들어가거나 군기 교육을 받았다.

구타 및 가혹행위가 아니면 군 영창 신세를 질 일이 없었던 과거에는 상상하기 힘든 모습이다. '병영생활 행동강령'과 이에 따른 '사고예방 종합대책'이 2003년 8월부터 시행됨에 따라 나타난 현상이다. 군당국의 이 같은 노력에도 불구하고 구타 및 가혹행위가 아직도 남아 있음이 최근 인분 가혹행위사건을 계기로 이뤄진 전군 특별조사 결과 확인됐다. 전체적인 군내 사망자 및 자살자 숫자는 점차 줄어드는 추세이지만, 자살 사건 비중이 높아져 유가족들의 반발을 낳고 있다.

특히 외아들이 많은 데다 과거 같으면 전혀 문제가 안 됐을 '가벼운 수준'의 '언어폭력'조차 못 견뎌 하는 신세대 장병들의 세태는 군당국의 심각한 고민거리다. 각종 사고로 인한 군내 사망 건수는 2002년 158명, 2003년 150명, 2004년 134명이다. 이 중 자살은 각각 79명, 69명, 66명이었다.[13]

군대 내에서의 가혹행위가 사라지지 않고 있는 이유는 여러 가지가 있겠지만, 우선 가해자에 대한 처벌이 제대로 이루어지지 않고 있기 때문이다. 군의 가

13. 「요즘 병영에선 … (상), 자살·가혹행위와의 전쟁」, 2005년 2월 21일자 『조선일보』 기사.

혹행위 중 93%가 경징계에 그치고 있다는 주장도 있다.

:: 군대 내 가혹행위에 대한 처벌 10건 가운데 9건 꼴로 경징계에 그치고 있다는 주장이 제기됐다. 열린우리당 최재천 의원은 3일 육군으로부터 제출받은 '2003∼2004년 상습폭행 및 가혹행위 징계 현황'을 분석한 결과, 가혹행위와 관련해 회부된 154건 중 93%(143건)가 경고·징계유예 등 가벼운 처벌에 그쳤다고 밝혔다. 반면 중징계로 분류되는 정직은 11건(7%)에 불과했고, 파면이나 강등은 단 한 건도 없었다. 최 의원은 "인사에 불이익을 주지 않는 경징계가 대부분이어서 군대 내 가혹행위에 대한 실질적인 처벌이 필요하다"고 말했다. 최 의원은 이에 앞서 지난달 24일 국회 법제사법위원회 군사법원 업무보고에서 지난 2002년 5월 강원도 모 부대 김 모 중위가 화장실 청소가 제대로 되지 않았다는 이유로 소변기 소변 찌꺼기를 사병에게 먹인 사례 등을 공개하며 군대 내 가혹행위의 문제점을 지적한 바 있다.[14]

여전히 구타와 가혹행위가 병영에 잔존한다는 사실은 국방부가 병영 내에서 「구타 억제 요령 10가지」를 발간한 것으로도 증명된다.

:: 국방부가 병영 내에서 '구타 예방 요령'을 책자로 발간해 화제다. 육군에 따르면 95∼99년에 일어난 군무 이탈 사고는 1,569건으로 일주일당 6건 꼴이다. 대부분 군복무에 염증을 느끼면서 일어난 경우인데 국방부는 폭행·가혹행위 등 악습이 큰 영향을 미치는 것으로 보고, 최근 이를 막기 위한 '부대관리훈(訓)' 자료를 만들었다. 먼저 '구타 회피 요령 25가지'는 하급자가 부대생활에 익숙하지 못

---

14. 2005년 3월 3일자 『연합뉴스』 기사.

해서 선임 병사의 지적을 받을 때 무의식중에 '고참의 심기'를 건드리지 않도록 가르치는 내용이다. 예를 들어 식기를 제대로 못 닦는다는 말을 들으면 반성하는 표정으로 '다시 닦아오겠습니다'라고 말한 뒤 세척장으로 뛰어가라, 군기가 빠졌다는 지적에는 평소보다 소리를 더 크게 하라, 체력 단련시 턱걸이 목표에 미달하면 끝까지 매달려서 안간힘을 쓰라는 식이다.…… 외모가 특이하다고 놀리면 웃으며 지나가라, 누나를 소개시켜달라고 할 땐 아쉬운 듯 약혼이나 결혼 예정이라고 말하라는 '요령'도 포함됐다.[15]

구타와 가혹행위를 줄이기 위한 국방부의 고육지책은 이해하지만 군대 내에서의 가혹행위를 이런 방식으로밖에 예방할 수 없는가 하는 씁쓸함이 남는다.

2. 녹화사업과 프락치 공작

1) 녹화사업의 배경

'녹화사업'이란 공식적으로는 "병역법 제19조(지원), 시행령 제94조(학적 변동)에 의해 학원 소요 관련 학사징계로 1981년 11월에서 1983년 11월 사이에 입대 조치된 자 447명에 대한 정훈교육 계획"이었다.[16] 이 '녹화사업'은 1982년 9월에 시작하여 1984년 11월에 폐지되었는데, 그때까지 보안사에서 교육 대상자로

---

15. 「국방부 '구타 예방 요령' 발간―고참 지적 땐 큰소리로 대처」, 2000년 3월 6일자 『동아일보』 기사.
16. 녹화사업의 대상자는 단지 학원 소요 관련 징계자 등 강제징집자에 한정되지 않았던 것으로 보인다. 정상적으로 입영한 사람이 포함되었던 것이다.

분류·관리한 인원은 429명이었으며, 실제 교육을 실시한 인원은 265명이었다.[17] 그러나 이 숫자에는 1981년 11월 고려대생 문무대 소요로 인한 강제징집자 109명과, 1980년대 초반 무림·학림사건 관련자로 강제징집된 인원은 빠져 있다.

당시 이러한 발상을 하게 된 것은 "문제 학생의 급격한 입대 증가 추세로 좌경의식의 군내 유입 증가는 물론, 일부 문제 사병들은 군내 의식화 조직, 구성, 획책 및 학원 소요에 가담하는 등 안보 위협"이 되었다는 이유에서였다. 실제로 '녹화사업'은 교육 대상자들을 특별히 '관리'할 뿐만 아니라 이들에게 사상전향을 강요하거나 프락치 활동을 강요했다. 다시 말해 '녹화사업'의 이유로 밝힌 '안보 위협 제거'의 차원을 넘어서서 실제로는 교육 대상자들의 의식 개조와 자신들의 공작 활용 등의 목적으로 운영되었음을 보여준다.

2) 녹화사업과 가혹행위

녹화사업은 1982년 9월부터 12월까지 4개월간 사업 도입 전 시험교육을 실시했고, 1982년 9월 2일 업무전담과(심사과)를 설치했다. 심사를 전담할 심사장교 두 명을 두 차례에 걸쳐 선발해 사령부 진양분실과 과천분실, 각 사단 보안부대에 배치해 사업을 진행했다. A급은 사령부에서, B급은 사단 보안부대에서 녹화사업을 실시했으며, C급에 대해서는 지속적인 동향 관찰을 진행했다.[18] 녹화사업은 지나친 가혹행위를 통해 신념의 변화를 요구했는데, 이 과정에서 사망·상해와 같은 사건이 일어났다.

이 사건들은 당시 대체로 사고사, 자살 등으로 처리되었다. 군당국은 "제시

---

17. 그러나 강제징집자 전체 숫자 자체가 축소되었고, 위 기간 이전에 군입대한 경우에도 녹화사업을 실시한 사례가 발견되어 실제 녹화사업을 당한 사람은 훨씬 더 많을 것이라고 의문사진상규명위원회는 판단한다. 의문사진상규명위원회, 2002년 7월 11일자 보도자료.
18. 의문사진상규명위원회, 2002년 7월 11일자 보도자료.

된 사망자 8명의 군 수사기관 조사기록에 따르면 조사 중에 사망한 자는 이윤성이며, 조사 종료 2일 후 사망한 자는 한희철이고, 기타 인원은 본 사업과 무관한 안전사고 및 정신질환에 의한 자해사고였음"이라고 주장했다.[19] 조사 중에 사망하거나 조사 직후 사망한 사람에 대한 군 수사기관의 가혹행위 가능성은 지극히 농후하다. 건강한 젊은 군인들이 정상적인 수사 절차에서 사망했다는 것은 상상하기 어렵기 때문이다. 나머지 경우에도 굳이 '녹색사업' 대상자들에게만 '안전사고 및 정신질환'이 많이 나타나며, 그로 인한 '자해사고'가 빈번한 것은 매우 이해하기 어렵다.

더구나 군당국이 발표한 가정 비관이라든가, 사고 경위 등에 관한 진실이 상당 부분 드러났기 때문에 그 발표를 곧이곧대로 믿기 어려운 실정이다. 특히 녹화사업 대상자들의 학생운동 전력, 군대 내부의 사찰 및 특별관리 기록, 유무형의 '전향 압력'과 정치적 요구 사실이 확인된 것으로 볼 때 고문치사 가능성이 적지 않다.[20]

3) 의문사진상규명위원회의 조사결과

의문사진상규명위원회는 그동안 일방적인 주장에 머물렀던 녹화사업의 전체상을 조사하는 동시에 관련 피해자에 대한 조사를 진행해 다음과 같은 결론을 내렸다.

:: 1983년 7월 육군 7사단에 복무 중 숨진 한영현(당시 21, 한양대 재학 중 강제징

---

19. 국방부 국회 제출 자료.
20. 의문사진상규명위원회에서 녹화사업에 대한 전반적인 진상규명을 시도했으나, 당시 이 사업을 추진한 주체인 기무사의 자료 제출 및 증언 등의 협조 거부로 제대로 조사되지 않았다. 의문사진상규명위원회, 2002년 7월 11일자 보도자료.

집) 씨는 보안사령부의 사상 심사와 프락치 공작을 견디지 못해 같은 운동권 학생들의 이름을 밝힌 뒤 자책감에 시달리다 목숨을 끊었다. 같은 해 12월 5사단에서 숨진 한희철(당시 23, 서울대 4년 휴학) 씨도 보안사에 불려가 강압적인 조사를 받는 뒤 "고문에 못 이겨 동료들을 팔았다"는 내용의 유서와 편지를 남기고 자살했다. 의문사진상규명위원회는 (2002년 10월) 11일 6건의 강제징집·녹화사업 관련 의문사를 조사한 결과 이들의 사망에 보안사가 개입돼 있다는 정황을 포착했다고 발표했다. "개인의 처지를 비관할 자살"이라는 당시 군 수사기관의 발표를 뒤집은 것이다.

규명위는 6건 가운데 한영현·한희철 사건 등 4건에 대해서는 "학생운동을 하다 강제징집됐고 녹화사업 도중 숨진 것이 확실한 만큼 민주화운동 관련성과 위법한 공권력에 의한 사망임을 인정한다"고 결정했다. …… 하지만 김두황·최온순 사건에 대해서는 학생운동을 하다 강제징집된 사실은 확인했으나 이들의 정확한 사인과 녹화사업 관련성 여부를 확인할 수 없어 '진상규명 불능' 결정을 내렸다.

…… 녹화사업 대상자는 81년부터 83년 사이 강제징집된 운동권 출신 사병 447명이었고, 이 가운데 256명이 실제로 녹화사업을 받은 것으로 확인됐다고 규명위는 밝혀졌다. 심사는 보통 1주일 정도 진행됐고 1인당 평균 50여 장의 자술서를 작성하도록 강요받았다. 이 과정에서 가혹행위도 동반됐다. 심사 뒤 활용가치가 있는 경우 서울 퇴계로 진양상가 분실에서 교육을 시킨 뒤 대학가 동향을 관찰, 보고하도록 했다. 그러나 잇따른 사망사고로 84년 상반기 녹화사업이 정치 쟁점으로 부각되자 보안사는 같은 해 12월 담당부서인 3처5과를 해체하고 사업을 공식 중단했다. 규명위는 녹화사업이 '특수학적 변동자 특별정훈교육'이라는 이름과는 달리 "사상과 양심의 자유를 침해하는 강제적인 사상전향 공작이자 학원정보 수집과 학원 내 운동권 조직 색출을 목표로 한 사실상의 프락치 공작"이라고 규정했다.[21]

그러나 이런 의문사진상규명위원회의 활동과 결론에도 불구하고 위원회가 강제수사권을 갖지 못하고 군부대가 협력을 기피함으로써 진실 접근에는 한계가 있었다. 과거 청산의 바람과 함께 국방부가 과거사 진상규명에 녹화사업을 포함하기로 결정함으로써 좀더 총체적인 진실 확인이 기대되고 있다.

::   군이 과거사 진상규명 대상에 5공화국 초반에 이뤄졌던 '녹화사업'을 포함시키기로 결정함에 따라 23년간 베일에 싸였던 이 사건의 진실이 규명될 수 있을지 관심이 모아지고 있다. 녹화사업은 신군부가 1981~1983년 사이에 학내외 집회 및 시위 차단을 목적으로 운동권 학생들을 강제징집해 특별교육을 시키고 프락치 활동을 강요했으며, 이 과정에서 6명이 의문사한 사건이다. 민주화운동을 하다 강제로 군대에 끌려간 대학생들에게 '특별정훈교육'을 시켜 머릿속 '불온사상'을 순화(녹화)한다는 명분을 내세워 기무사의 전신인 보안사가 주도한 불법행위였던 것이다. 군은 녹화사업에 따라 청년들에게 사상 개조와 불법연행, 육체적·정신적 가혹행위를 가하고 프락치 공작을 강요했다는 의혹이 끊이지 않았으나 아직까지 전모는 드러나지 않았다.

녹화사업의 진실 찾기 노력은 1988년 5공 청문회에서 시작돼 2001년 활동을 시작한 의문사진상규명위원회 조사에 이르기까지 간헐적으로 진행됐다. 그동안 조사를 통해 전두환 전 대통령이 녹화사업을 직접 지시하고 진행 상황을 보고받은 정황은 포착되고 있으나 이를 입증할 자료는 나오지 않아 누가 이 계획을 주도했는지는 미궁에 빠져 있는 셈이다. 전 씨는 5공 청문회 당시 "의문사 등을 보고받지 못했다"면서 녹화사업에 간여했다는 세간의 의혹을 전면 부인했다. 녹화사업은 학생운동에 가담한 학생들을 조기에 입영시키기 위한 목적으로 정부가 1981년 12월 5일 발

---

21. 「녹화사업 진행과정 문제점 ― 강제징집 운동권 출신 256명 사상교육 통해 프락치 등 활용」, 2002년 10월 12일자 『서울신문』 기사.

표한 '소요 관련 대학생 특별조치'를 통해 사실상 본격화됐다. 이때부터 조직사건이 아니더라도 단순 시위에 연루돼 검거된 학생들도 강제입영 대상에 포함됐다. 이들은 학적이 바뀌면 통상 수개월이 지나야 입대한 일반 학생들과 달리 '운동권 학생'으로 찍혀 특수학적 변동자로 분류돼 휴학과 동시에 군대로 직행했다.

1980년 이후 군에 강제징집된 학생 숫자는 약 1,100명으로 추산되고 있으나 군이 정확한 자료를 공개하지 않아 실상은 파악되지 않고 있다. 다만 1981년 11월부터 1983년 11월 사이에 447명이 강제징집돼 1982년 9월부터 녹화사업이 외형상 중단된 1984년 11월까지 모두 256명이 특별정훈교육을 받은 것으로 조사됐다. 각급 부대는 운동권 출신 병사들을 특수지원자 또는 특수학적 변동자로 분류, 동향 관찰과 감시를 했으며 보안사는 순화교육을 빌미로 불법연행과 감금을 통해 운동권 활동에 대해 광범위한 수사를 했다는 의심을 받고 있다.

녹화사업은 여기서 그치지 않고 '운동권 동지'를 팔거나 정보를 제공토록 강요했다. 휴가를 줘 재학 시절 함께 활동한 동료나 선후배들의 행적과 동향을 파악해 보고토록 했던 것이다. 강압적인 과거 행적 캐기와 가혹행위는 녹화사업 대상자의 죽음을 초래할 정도로 잔인한 방법으로 이뤄졌다. 의문사위의 조사결과 1983년 실탄을 맞고 숨진 것으로 알려진 서울대생 한희철(당시 22) 씨는 녹화사업의 일환으로 자행된 구타 및 가혹행위를 비관해 자살한 것으로 드러났다. 불법적인 연행과 감금, 고문수사를 통해 생긴 극도의 공포감과 좌절감, 죄책감을 견디지 못해 자살을 선택할 수밖에 없었다는 것이다.

정부는 잇따른 군내 의문사의 진상규명을 요구하는 여론이 거세지자 1984년 소요 관련 대학생 조기입영제를 폐지하고 녹색사업의 전담부서인 보안사의 3처5과를 없앴다고 발표했으나, 1990년 윤석양 이병의 양심선언에 비춰 운동권 출신자를 이용한 프락치 공작은 그 이후에도 계속된 것으로 추정된다. 따라서 국방부 과거 사위는 누가 녹화사업을 주도했고, 의문사한 6명이 어떻게 죽었으며, 운동권 출신자에 대한 프락치 활동 강요가 얼마나 장기간 지속됐는지 여부를 가리는 게 조사의 핵심이 될 것으로 보인다.[22]

4) 기타 군부대 의문사와 가혹행위 가능성

'녹색사업'이 중단된 후에도 군부대 내에서의 의문사는 계속되었다. 특히 1987년 이후 군부대 내 의문사 사건의 증대는 사회의 민주화와 군의 민주화가 일치하지 않음을 상징적으로 보여주었다.

서울대 경영학과에 다니다가 카투사병으로 입대한 김용권 상병의 죽음은 가장 논란이 많은 의문사였다. 1987년 2월 20일 김용권 상병이 소속 군부대 막사에서 목매어 죽은 시체로 발견되었고, 미8군은 2월 27일 호흡장애로 인한 자살이라는 내용의 부검결과를 발표했다. 그러나 '고김용권의문사사건진상규명위원회'는 행적 불확인, 프락치 강요와 이를 거절한 데 대한 구타, 평소 보안부대의 감시와 고문, 목을 매달았다는 2단 침대난간의 높이가 1.2m밖에 되지 않아 자살이 불가능한 점 등을 들어 의혹을 제기했다. 그러나 타살임을 증명할 결정적인 증거가 없어 이 사건은 또 하나의 의문사로 남고 말았다.[23]

구태여 정치적 의문사라고 보기는 어렵지만 군부대 당국이 발표한 대로 믿기 어려운 의문사가 적지 않았다. 특히 군부대는 특수한 권력과 지배관계가 작용하는 곳이어서 그 죽음의 원인과 배경이 정확히 드러날 수 없기 때문에 의혹이 더욱 증대되기 마련이었다. 1987년 5월 11일에 사망한 박상구(당시 21, 하사관) 사건이 그러한 사례 중 하나이다. 농약 음독에 의한 단순 자살로 발표되었으나, "농약 음독에 의한 사체의 특징을 찾아보기 힘든 대신 목을 졸린 흔적과 어깨와 다

---

22. 2004년 9월 30일자 『연합뉴스』 기사.
23. 자세한 것은 대한변호사협회, 『1987·1988년도 인권보고서』, 역사비평사, 1989, 87~88쪽.

리 등에 칼자국이 있으며, 귀에서 피가 흘러나와 있었던 의문점"등이 발견되었다.[24]

1987년 12월 4일 정연관 상병의 사망은 당시 대통령선거 부재자 투표과정에서 야당 후보를 찍었다는 이유로 집단구타를 당해 살해되었을 가능성이 제기되었다.[25] 1988년 6월 18일 외박 후 귀대한 우인수 일병이 부대 안에서 사망한 사건의 경우 군당국은 사인을 일사병으로 발표했으나 이 역시 의문을 샀다. 죽은 지 하루가 지난 뒤에 가족에게 연락한 점, 사체의 혈흔 상태 등에 비추어보아 심한 구타 등으로 사망했을 가능성이 제기되었다. 우 일병 역시 성균관대 재학 중 입대한 경우였다. 1988년 동국대 한의과 졸업생인 박종근 이병도 방위병 생활 중 근무지 창고에서 의문의 소사(燒死)를 당했다. 하지만 자살의 이유가 없었고 유서 등이 발견되지 않은 상태에서 그 사망 원인에 의문이 제기되었다.[26]

3. 군부대 내 구금시설에서의 고문과 가혹행위

군부대 내에서의 고문이나 가혹행위가 심각한 것은 앞에서 살펴본 대로이다. 그런데 일반 병영도 아닌 군부대 내 구금시설에서는 고문의 가능성이 더욱 높아진다.

::   연구결과 1995년부터 2000년까지 군 구금시설 수감 경험이 있는 일반인들

---

24. 민족민주열사추모연대, 「열사회보」 제7호, 1997년 5월, 77쪽.
25. 대한변호사협회, 「1987·1988년도 인권보고서」, 역사비평사, 1989, 89∼90쪽.
26. 대한변호사협회, 앞의 책, 90쪽.

(87명) 상당수가 구타나 가혹행위, 변호인 접견 등과 관련된 항목들에서 인권침해를 받았다고 응답하였다.[27]

:: 　울산대학교 이계수 교수(현 건국대 법대) 팀은 2004년 국가인권위원회로부터 연구 용역을 받아 조사한 「군 사법제도 운영 및 인권침해 현황 실태조사 보고서」를 발표했다. 보고서 4장은 '군 사법제도의 운영 및 인권침해 실태에 관한 설문조사 결과'다. 설문조사는 2003년 11월 육군 교도소 재소자 114명을 대상으로 실시됐다. 이 설문조사에는 여전히 사라지지 않은 군교도소와 영창에서의 인권침해 실태가 담겨 있다.

'군교도소 수용 중 헌병의 부적절한 행위로 부상을 당한 적이 있느냐'는 질문에 '중대한 부상을 입었다'(2.7%·3명), '가벼운 부상을 입었다'(1.8%·2명), '통증을 느끼는 신체 접촉만 있었다'(3.6%·4명) 등 총 8.1%가 신체 접촉 이상의 가혹행위가 있었다고 답했다. '교도소에 처음 들어올 때 알몸 수색 여부'에 대해서도 4.4%(5명)가 '있었다'고 대답했다. '교도소 수용 중 고문, 폭행, 협박, 성폭행(성추행) 등을 받은 적이 있느냐'는 질문에는 '약간 있었다'(5.4%·6명), '매우 심하였다'(2.7%·3명)로 '있었다'가 8.1%를 차지했다.

역시 같은 군교도소 재소자 114명을 대상으로 조사한 결과, 군사법경찰(헌병대·기무대)과 군검찰의 조사과정에서도 가혹행위가 사라지지 않은 것으로 나타났다. '체포 혹은 구속된 후 군사법경찰 혹은 군검찰이 족쇄, 자물쇠 달린 쇠사슬을 채운 적이 있느냐'는 질문에 '그렇다'는 응답이 19.3%(22명)에 이르렀다. '수사과정에서 군사법경찰과 군검찰에게 알몸 수색을 당한 적이 있느냐'는 질문에도 14.9%(17명)가 '그렇다'고 응답했다. 또한 '수사과정에서 군사법경찰의 부적절

27. 국가인권위원회, 「2002 연간보고서」, 2003, 80쪽.

한 행위로 부상을 당한 적이 있느냐'는 질문에 중대한 부상(2.7%·3명), 가벼운 부상(6.3%·7명), 신체접촉(7.1%·8명)으로 모두 16.1%가 사법경찰의 부적절한 행위가 있었음을 인정했다.

'설마'하는 의식 속에 '아직도' 가혹행위가 사라지지 않았음을 드러내는 통계다. 이계수 교수팀은 설문조사 분석의 요점을 "군사법경찰과 군검찰로 이어지는 조사과정에서 피의자에 대한 인권침해적 요소가 여전히 잔존해 있다는 사실"이라고 지적했다.[28]

이런 결과는 단순히 설문조사로 끝나지 않는다. 군대 내 구금시설에서의 고문이나 가혹행위의 흔적을 찾는 일은 어려운 것이 아니다.

:: 육군본부가 헌병대 수사관들이 피의자를 불법구금한 채 고문 등 가혹행위를 한 사실을 확인하고도 불기소(기소유예)한 사실이 뒤늦게 드러났다. (1999년 12월) 14일 피해자 및 군 관계자들에 따르면 육군본부 보통검찰부(부장 고진상 소령)는 직권남용 감금, 독직폭행 등 혐의로 고소된 육군 7사단 헌병대 수사과장 황 아무개 준위 등 7사단 및 2군단 헌병대 수사관 6명에 대해 지난 10월 기소유예 결정을 내렸다.

이들 수사관들은 지난해 9월 7~15일 사이 총기 절도범을 찾는다면서 7사단 8연대의 정 아무개(24) 중사 등 하사관 3명을 구속영장 없이 헌병대 영창에 불법감금하고 조사를 벌였다. 특히 수사관들은 같은 달 9일에는 정 중사에게 9시간 동안 '깍지 끼고 엎드려뻗쳐' 등의 가혹행위를 강제하고, 14일에는 용의자 최 아무개 중사의 다리 사이에 경봉 2개를 끼우고 경봉을 밟는 가혹행위를 했다. 또 27일 밤

28. 신윤동욱·최혜정, 「가혹행위 사라지지 않았다 ─ 울산대 이계수 교수팀 군교도소 재소자 114명 설문조사 … 구속 뒤 쇠사슬 채우고 알몸 수색」, 『한겨레 21』, 2004년 7월 7일.

10시 30분~자정 용의자 이 아무개 하사에게 수갑을 채운 채 경봉으로 배와 허리 등을 때리고, 무릎을 꿇린 상태에서 경봉을 다리 사이에 끼우고 다리를 밟는 등 수사과정에서 심한 가혹행위와 구타를 한 것으로 드러났다.[29]

특히 문제되는 것은 이른바 징계영창제도이다. 실제로 현재 군대 내 구금시설 수용자의 80%가 바로 징계영창의 경우이다. 징계영창은 유엔이 금지하는 '자의적 구금'에 해당하며, 영창 일수가 복무 기간에 포함되지 않고, 징계항고권이 유명무실해 인권침해임이 분명하다.[30] 따라서 이러한 군대 내 구금제도의 개혁이 절실히 필요한 상황이다.

4. 고문과 가혹행위로부터 자유로운 군부대를 위하여

다음은 국가인권위원회가 2002년에 시행한 '군대 내 인권 실태 및 개선방안 마련을 위한 기초연구'의 주요 내용이다.

:: 현역 232명과 예비역 146명 총 378명이 설문에 응했는데, 설문 응답자 10명 중 6명이 구타 및 가혹행위를 당한 경험이 있다고 답하였으며, 군의 5대 금지 사항(집합, 지시, 얼차려, 군기교육, 암기강요 행위)과 관련된 비율이 높았다. 그리고 이유 없이 구타·가혹행위를 당했다는 응답도 19%에 달했다. 그리고 구타나 가혹행위를 당했으면서도 군의 적법 절차에 대한 불신으로 응답자의 75%가 적법 절차를

---

29. 「가혹행위 헌병 수사관 기소유예」, 1999년 12월 15일자 『한겨레신문』 기사.
30. 국가인권위원회, 『2002 연간보고서』, 2003, 80쪽.

밟지 않은 것으로 나타났다.[31]

구타 및 가혹행위를 당했다는 비율이 60%에 달한다는 보고는 충격적이다. 아직 군부대는 구타와 가혹행위로부터 자유롭지 못함을 알 수 있다. 군대 내의 사망사건에 대해서 피해자 유족들은 그 경위나 조사결과에 대해 대부분 만족하지 못한다.[32] 끊임없이 자살과 타살, 정신질환과 가혹행위 등의 논쟁이 이어져왔다. 이러한 불만은 공정하지 못한 수사체계에서 비롯된다.

:: "군 의문사가 왜 생길까?" 여러 가지 이유가 있겠지만, 유족들이나 관련 단체, 군 관계자들이 한결같이 수사체계의 구조적 문제에서 비롯한다고 지적한다. 초동수사 미흡, 수사의지 부족 등 수사과정의 여러 문제와 군에 대한 불신 등 유족의 심리적인 이유가 복합적으로 얽혀 일어난다는 것이다. 현재 군에서 사망사건이 나면 군검찰의 지휘를 받아 헌병대 수사관들이 수사를 한다.
최근 천주교 인권위원회는 '군내 사망 의혹사건 졸속 수사 개선을 위한 설명회'에서 △사건 발생 직후 바로 자살로 규정하는 예단, △미흡한 초동수사와 사건 현장 훼손, △유족에 대한 군당국의 박대와 군사기밀이라는 명분을 내세운 비협조 등을 수사 절차상의 문제로 들었다. …… 이 때문에 유족들은 물론 군수사관들조차 사망사고만큼은 민군 합동의 독립적인 제3의 기구에서 수사하는 방법을 검토해야 한다고 주장하고 있다.[33]

위와 같은 문제점을 불식시키고 의문을 제거할 수 있는 제3의 독립된 수사

31. 국가인권위원회, 『2002 연간보고서』, 2003, 79쪽.
32. 특히 자살로 처리되면 국가에 대한 손해배상청구는 물론 국립묘지 안장조차 허용되지 않는다. 「군 자살자를 위한 '땅 한 평'」, 1999년 4월 13일자 『한겨레신문』 기사.
33. 「지난해 사망한 고 이승원 일병의 경우」, 1999년 4월 9일자 『한겨레신문』 기사.

기구를 창설하거나, 일반 검찰이 관련 사건을 수사하도록 한다면 그만큼 의문이나 불만은 줄어들게 될 것이다.

　독일의 경우 군옴부즈맨제도, 중개위원제도 등을 통해 군인의 인권을 보호·신장하고 있다. 민원인들은 언제든지 독일의회 내에 설치된 군옴부즈맨 위원회에 진정할 수 있고, 여기서 독립적인 조사를 진행해 정부에 그 해결을 권고할 수 있다. 이렇게 군대 안의 문제를 의회로까지 승격해두고 있는 것은 과거 나치의 경험으로 말미암아 인권이 보장되는 군대야말로 파시즘의 예방과 민주주의 수호에 직결된다는 점을 절감했기 때문일 것이다.

07
미군부대와 미군의 고문

1. 미군 범죄의 배경과 특징

:: 　1945년 9월 8일, 미군은 인천항을 통해 한국에 첫발을 들여놓았다. …… 그 후로 56년. 긴 세월만큼이나 많은 범죄가 미군들에 의해 저질러졌다. 정부의 공식 통계에 따르면, 1967년부터 2002년 말까지 발생한 미군(미군속 등 포함) 범죄는 대략 5만 2,000여 건이며, 범죄에 가담한 미군은 5만 9,000여 명이다. 경찰에 접수되지 않은 사건까지 감안한다면 실제로는 더 많은 범죄가 일어났음을 짐작할 수 있다. 위의 통계를 근거로 1945년 미군 주둔 이후 현재까지 발생한 미군 범죄는 최소 10만 건이 넘을 것으로 추정되고 있다.

연도별 발생 현황을 살펴보면, SOFA(한미주둔군지위협정)가 처음 발효된 1967년부터 1987년까지 20년간의 통계를 살펴보면 총 3만 9,452건의 미군 범죄가 발생하였는데, 평균 1년에 1,972건, 하루 5건의 범죄가 발생한 셈이다. 이후 매년 지속적으로 감소하여 1992년에는 총 발생 건수가 754건으로 대폭 줄어들었다. 그 뒤 적게는 600건대에서 많게는 900건대까지 오르다 2000년 들어 총 발생 건수가 500건대로 대폭 감소한 뒤 현재에 이르고 있다. 2001년 현재 전체 미군 범죄는 총 552건으로, 이틀에 3건 정도다.[1]

주한미군은 한국 방위의 협력자로서 중요한 역할을 수행해왔다. 그러나 동시에 주한미군이 주둔지의 주민들에게 가한 범죄는 말할 수 없는 고통이었다. 그 많은 미군 범죄의 대부분은 교통 범죄 등이지만, 7%가 폭력이고 그 가운데에는 끔찍한 린치와 고문사건들도 있다. 이렇게 미군 범죄가 끊임없이 일어나는 이유로 여러 복잡한 원인들이 있겠지만, 한국 사법부의 재판권 불행사와 가벼운 처벌 등을 대표적으로 꼽을 수 있다.

:: 　미군인 범죄에 대한 재판권 행사율(발생 건수 기준)을 살펴보면, 1990년만 하더라도 0.8%로 1%를 채 넘지 못하다가 1991년에야 처음으로 1%대에 진입했다. 이후 완만하게 증가하여 90년대 중반까지 5% 내외를 오가다 2000년대 들어서는 7%대에 이르고 있다. 2001년 현재 미군인 범죄에 대한 재판권 행사율은 총 372건 중 26건으로 7.0%의 행사율을 보이고 있다. …… 이처럼 재판권 행사율이 낮은 이유는 우리나라가 적극적으로 재판권 행사를 하지 않는 데도 원인이 있지만, 현행 SOFA가 재판권 행사를 가로막는 구조적인 데에도 원인이 있다. …… 미군 당국의 경우 여중생 사건에서 보여졌듯 단 한 번도 1차적 재판권을 포기한 적이 없는 데 비해 우리나라는 미 측의 재판권 포기 요청이 있으면 90% 넘게 포기해왔다. 이는 현행 SOFA 합의의사록에 미 측이 재판권 포기를 요청할 경우 우리나라는

---

1. 「미군 범죄와 처리 실태 현황」, 주한미군범죄근절운동본부(http://www.usacrime.or.kr) 자료실 참조.

'특히 중요한 경우가 아니면 포기해야 한다'고 별도로 규정되어 있기 때문이다.

미군 범죄에 대해 우리나라가 재판권을 행사하는 경우도 드물지만, 재판결과 실형을 선고하는 경우는 더욱 드물다. 법무부 통계에 따르면, 주한 미군인의 경우 재판 결과 대개 집행유예나 벌금형을 선고받고 있으며(전체의 80~90%), 실형을 받는 경우는 많아야 1년에 한두 명 정도다. 한편 우리나라에서 1차적 재판권을 포기한 범죄의 경우 미 측에서 재판권을 행사하게 되는데, 이 경우 미군 당국은 대부분 주의, 견책 등의 행정적 징계로 끝내고 형사 처벌을 하는 경우는 거의 없다. 1999년의 경우 총 292건 중에 주의, 견책이 240건(82%), 징역은 단 한 건도 없었다. 형사 처벌은 처벌 자체에 목적이 있다기보다는 그를 통해 범죄의 재발을 막고, 손해배상을 강제하려는 목적도 있는데, 경미한 처벌이 범죄를 더욱 조장하고 있는 것이다.

한편 재판을 통해 형이 확정되거나 아직 형이 확정되기 전이라도 우리나라에 신병이 인도된 미군 등의 경우에는 우리나라 수감시설에 구금되는데, 기결의 경우 남자는 천안소년교도소에, 여자는 천안구치지소에 집결 수용되며, 미결은 전국 18개 교정시설에 수용하고 있다. 2001년 8월 25일 현재 우리나라 교정시설에 수용 중인 미군 범죄자는 9명(기결 7명, 미결 2명)이다.[2]

미군의 주둔이 꼭 필요한 것이라면 이러한 현상을 지양하는 것은 당연한 일이다. 미군 범죄를 예방하기 위해서는 위와 같은 제도적 문제를 해결해야 한다.

---

2. 「미군 범죄와 처리 실태 현황」, 주한미군범죄근절운동본부(http://www.usacrime.or.kr) 자료실 참조. 그동안 있었던 중요한 미군 범죄에 대해서는 오연호, 『더 이상 우리를 슬프게 하지 말라』, 백산서당, 1990 참조.

2. 미군의 고문·린치·폭행 사례

절도 소년을 사격, 경비 중인 미군이 또 폭행 — 1957년 1월

:: 어린 소년이 석탄을 훔쳐내려다가 경비 중이던 미군의 사격을 받아 중상을 입은 사건이 발생하였다. (1957년 1월) 11일 하오 6시경 주조 미상의 이규용 군은 영등포역 구내에서 석탄을 훔치려다 발각되어 순찰 중이던 미군 경비원의 사격을 받아 중상을 입고 곧 인근 병원에 가료 중이라 하는데 생명이 위독하다고 한다.[3]

미군 개에 의한 중상 — 1958년 4월

:: 당지(전주)에서 (1958년 4월) 26일 알려진 바에 의하면 24일 하오 6시 5분경 군산비행장 판자 적재소 부근에서는 미군 경비 헌병들이 풀어놓은 군견에 물리어 김두성 씨가 무수한 상처를 입고 군산도립병원에서 응급가료 중에 있는데 전치 2주일의 중상이라고 한다. 한편 미군 측에서는 김 씨가 무단침입하였으므로 불가피한 일이라고 주장하였으며, 피해자인 김 씨는 철조망에서 3m가량 떨어진 자기 논에서 일을 끝내고 귀가하려 할 때 미군 헌병이 손짓을 하며 들어오라기에 안으로 들어갔더니, 개를 풀어놓았다고 밝히고 있어 경찰에서는 이 사건을 신중히 검토 중에 있다 한다.[4]

군견을 동원, 절도 피의자를 물게 하고 폭행 — 1962년 3월

:: 미군부대에 침입했던 절도 혐의자에게 군견을 풀어 물어뜯게 한 후 미군 2~4명이 폭행을 가함으로써 전치 1주의 교상 및 찰과상을 입힌 사건이다. (1962

---

3. 「경비 중인 미군이 또 폭행, 소년 절도를 사격」, 1957년 1월 13일자 『조선일보』 기사.
4. 「부대 근처 농부가 미군 개에 중상」, 1959년 4월 29일자 『조선일보』 기사.

년 3월) 2일 관계 당국에 따르면 지난달 23일 하오 9시경 평택군 송탄면 신장리 소재 모 미군기지에서는 1265병사에 침입하여 탁상전화기 1대를 절취한 서기규 씨를 발견하고 경비 중이던 임형목 경비원이 미군용 개를 시켜 쫓아가 물어뜯게 한 다음 영내로 끌고 가서 미군 2～4명으로 하여금 폭행을 가하게 했다는 것이다.[5]

교수형 집행을 방불케 한 미군의 한인 린치 — 1962년 5월

:: 일선 지구에서 두 미군 장교가 한국인 청년을 밧줄로 목을 매고 몽둥이찜질을 한 린치사건이 (1962년 5월) 29일 일어나 한·미수사기관은 즉시 수사에 착수, 31일 예비조사를 마치고 가해한 두 장교를 해임, 감금하였다. 29일 아침 8시 경기도 파주군 임진면 주둔 미제4기갑연대 ○○중대 중대장인 스완슨 중위와 그의 부관 와일드 중위는 한국인 이일용(미군부대 하우스보이) 씨를 도둑질을 했다는 혐의로 이 씨의 목을 굵은 밧줄로 얽어 천장에 달아매고 혹은 거꾸로 다리를 달아매어 몽둥이와 구둣발로 때리고 차서 실신케 하였다는 것이다. 이 씨는 미제44병원에 운반, 가료 중에 있으며 한·미수사기관은 '파주 나무꾼 사건'에 이어 뒤이어 일어난 이번 사건이 한미 친선에 영향을 미치는 점을 고려하여 즉시 수사에 착수했으며, 31일 하오 예비조사를 마친 미8군은 "일단 두 장교를 현직에서 해임하고 내무반에 감금했으며, 완전한 조사가 끝나는 대로 적절한 조처를 취할 것"이라고 발표했다.[6]

미군의 한인 린치사건은 처음 보도되었던 것보다 훨씬 더 잔인한 고문이 자행되었던 것으로 밝혀졌다. 거의 교수형 집행을 방불케 할 정도였다.

---

5. 「이번에는 군견을 동원 — 미군부대서 절도 피의자를 물게 하고 폭행」, 1962년 3월 3일자 『조선일보』 기사.
6. 「가해자 2명을 해임·감금 — 미군의 한인 '린치' 조사 진행」, 1962년 6월 1일자 『조선일보』 기사.

:: …… 한국인 린치사건은 미군 장병 7명에 의하여 약 2시간 동안 교수형 집행을 방불케 할 만큼 전무후무한 혹독하고 잔인한 방법으로 가해진 사형(私刑)이었음이 밝혀졌으며, 도둑의 누명을 썼던 피해자 이일용 씨는 전후 다섯 차례나 실신 졸도 전신에 피투성이가 되어 참사 직전에 간신히 목숨만을 건졌던 사실이 1일 하오 현지에서 시행한 한국인권옹호협회의 진상조사 결과 판명되었다. 특히 이번 린치사건의 경우 미군 장교 2명이 직접 범행에 가담하였다는 점에서 종래의 어떤 린치사건과도 그 성질을 달리하고 있어, 현지 주민들의 원성을 사고 있었는데…….[7]

피해자가 고문당하게 된 경위와 고문 내용에 대해 좀더 자세히 들어보자.

:: …… 탄피 등 고철을 주우려고 친구 한 명과 부대 철조망 밖에서 돌아다니고 있었다. 그때 7, 8m 떨어진 부대 후문으로 지프 두 대가 나오다가 우리를 보고 멈추면서 우리에게 도둑놈이라고 소리치며 구멍이 뚫린 철조망을 가리키기에 우리는 도둑이 아니라고 말했다. 이때 앞 차에서 군인 한 사람이 내리더니 돌을 주어 던지면서 죽인다고 외쳤으며, 같이 탔던 미군들도 중위를 선두로 차에서 내리자마자 한 사람은 4.5구경 권총을, 다른 한 사람은 M1총을 각각 장착한 후 "만일 도망가면 쏴 죽인다"고 말했다. 우리는 당황한 나머지 약 1km 떨어진 장산리까지 도망쳐 그곳 어느 민가 변소에 숨었으나 계속 추격해온 그들에게 붙잡혔다.(친구는 도망치고) 그들은 나의 양쪽 팔을 뒤로 제쳐 끌고 가면서 차에 올라타기 전 약 10분가량 구타했다. 중위는 권총으로 전신을 때렸으며 사병들은 몽둥이와 구둣발로 때려 그때 벌써 실신하고 말았다. 그후 상반신만 승차시켜 머리를 지프 시트 밑으로 집

---

7. 「파주 미군 린치사건 진상 판명—피투성이의 실신 다섯 번, 발가벗겨 마구 구타」, 1962년 6월 2일자 『조선일보』 기사.

어넣었으며, 하반신은 지프 위에 늘어지게 했는데 허리를 깔고 앉아서 차 안에서도 권총, 몽둥이, 구둣발 등으로 계속적으로 구타했다. 지프 안엔 피가 고여 있을 정도였으며 다시 3중대 사무실 아스팔트 바닥에 넘어뜨린 후 모두 달려들어 구둣발로 짓밟았는데, 이때 한 사람은 가슴에, 한 사람은 배 위에 올라타고 쾅쾅 굴렸다. 특히 중위는 발로 한쪽 손을 밟고 뒤꿈치로 손등을 짓이겼으며, 나중엔 톱으로 잔등을 찍는 바람에 약 15분간 다시 실신했다.

그들은 그래도 부족해서 팬티와 러닝만 남기고 모두 벗겼으며 로프를 갖고 와서 목을 매더니 사무실 문에다 잡아당기며 더욱 고통을 주었다. 그 무렵 중대장이 와서 로프를 푼 후 이번엔 발목을 묶어서 개 끌듯이 끌고 뒷산으로 갔다. 다시 실신했다가 정신이 들었을 땐 중대장이 직접 몽둥이로 구타했으며, 다른 장병들은 구둣발로 차고 주먹으로 치며 가래침을 얼굴에 뱉는가 하면 흙을 입, 눈, 코에 마구 넣고 있었다. 아프다고 고함치자 완전히 발가벗긴 후 깡통에서 노란색 음식을 꺼내서 전신에 발라놓고 마구 때렸다. 그들은 곧 옆에 있던 전신주 중간 지점에 각목으로 못을 박아 그곳에 루프를 걸고 잡아당겨 이번엔 거꾸로 매달려 고통을 받았으며 다시 실신하고 말았다.

8시 45분에 체포되어 10시 40분까지 이런 모진 사형을 당했으며, 그동안 미군은 물론 한국 종업원까지 강제로 동원하여 구경시켰다. 그들은 전신에 유혈이 낭자하고 실신이 계속되자 의무실에서 응급가료를 시켰으나 "살아날 가망이 없다"는 바람에 헌병 차에 실려 15병원에 갔었다. 그곳에서도 피를 한 사발만큼 토했기 때문에 그들은 링거를 꽂은 채 다시 44병원으로 나를 옮겼다.[8]

국민 여론이 들끓고 대학생들의 데모 등 항의가 빗발치자, 이들 고문 군인들

---

8. 「파주 미군 린치사건 진상 판명—피투성이의 실신 다섯 번, 발가벗겨 마구 구타」, 1962년 6월 2일자 『조선일보』 기사.

에 대한 사법 조치를 취하지 않을 수 없었다. 이후 이들에 대한 공개 재판이 열렸으며, 스완슨·와일드 두 피고인에 대해서는 6개월간 지휘권을 박탈하고, 매월 100달러씩의 벌금을 납부하도록 판결이 선고되었다.[9] 그렇게 가혹한 고문을 자행하고도 이 정도의 판결을 받았다면 너무 관대한 것이라 하지 않을 수 없다.

미군의 잇단 린치사건 — 양주와 파주에서 또 발생(1962년 6월)

미군의 한국인 폭행과 고문사건이 거의 매일 일어나고 있었다. 어느 날 하루 아침에 집중적으로 일어난 것이 아니라, 이미 지속적으로 일어났던 일들이 사회의 관심이 쏠리자 언론에 보도되고 널리 알려지게 된 것뿐이었다.

::   미군인이 한국인의 옷을 탈취하고 벌거벗긴 채 내쫓은 사건과 이유 없이 통행인에게 폭행을 가한 사건 등 2건의 불상사가 또 발생하였다. (1962년 6월) 1일 아침 10시 30분쯤 경기도 양주군 이담면에 주둔하고 있는 미7사단 본부중대 유류저장고 근처에서 생연리에 사는 이관해 씨 등 2명이 땔나무를 주우려고 썩은 철조망의 말뚝을 뜯고 있다가 미군 4명에게 끌려가서 매를 맞고 벌거벗긴 채 쫓겨났는데, 벌거벗고 돌아가다가 미군 헌병에게 발견되어 빼앗긴 옷은 다시 찾았다 한다. 2일 밤 11시쯤 파주군 천현면 법원리 앞길에서 김종권 씨 등 2명이 미제1기갑사단 브리지스 호스토니언 일등병 등 2명의 미군인에게 까닭 없이 폭행을 당하여 각각 2일 내지 5일간의 치료를 요하는 안면 타박상을 입었다. 가해자인 미군 2명은 순찰 중이던 미헌병에게 연행되었다.[10]

---

9. 「'스완슨' '와일드' 두 피고 6개월간 지휘권을 박탈 — 미군 파주 린치사건에 판결」, 1962년 6월 15일자 『조선일보』 기사.
10. 「잇달은 미군의 '린치' 양주와 파주서 또 발생 — 구타 후 발가벗겨 축출」, 1962년 6월 4일자 『조선일보』 기사.

파주와 양주 지역에서 미군의 고문·폭행사건이 이렇게 연속적으로 터지자 고려대생 2,000여 명이 항의 데모와 행진을 벌이기도 했다. 1962년 6월 6일에 고려대생 2천여 명이 가두행진을 하려다가 무장경찰에 제지당하자 "한미행정협정을 빨리 체결하고 린치사건을 철저히 규명하라"라는 결의문을 낭독했다.[11] 이어서 6월 8일에는 서울대생 천여 명이 한미행정협정 체결을 요구하며 데모를 하다가 출동한 경찰대·헌병과 충돌하기도 했다.[12]

미군의 폭행 2건 — 1962년 6월

그런 와중에 미군이 한국인을 폭행한 사태가 두 건이나 더 발생해 이 문제가 구조적인 문제이며 더 포괄적이고 근본적인 대책이 필요함을 절감하게 했다.

:: (1962년 6월) 7일 밤 10시 10분쯤 경기도 파주군 파평면 납노리 앞길에서 미제1기갑사단 소속 후토브 케리 일병이 그 마을에 사는 송수민 씨를 때려 앞니 한 개를 부러뜨려 2주일의 치료를 요하는 부상을 입혔다. …… 지난 5일 밤 10시 40분쯤 파주군 파평면 마산리에서 미제31포대 소속 미군 병사 3명이 그 마을에 사는 김정권 씨에게 집단폭행을 가하여 등에 5일간의 치료를 요하는 상처를 입혔다.[13]

미군이 여염집에 침입하여 추행 시도 — 1962년 6월

:: (1962년 6월) 14일 새벽 3시 50분쯤 시흥에 주둔하고 있는 미탄약중대 소속 미군 1명이 경기도 시흥군 동면 시흥리 황인환 씨 집에 세 들고 있는 전애란 씨 방의 문고리를 젖히고 방문을 칼로 다섯 곳이나 찌른 후 침입하여 자고 있는 전 씨에

11. 「고려대생 2천여 명이 '데모' — 스피커로 결의문 낭독」, 1962년 6월 6일자 『조선일보』 기사.
12. 「서울대 학생들도 '데모' — 한미행협 체결을 절규 "우리는 인간이다" 선언문 낭독」, 1962년 6월 8일자 『조선일보』 기사.
13. 「파주에서 미병 폭행 또 2건 — 이 부러뜨리고 등에 상해」, 1962년 6월 8일자 『조선일보』 기사.

게 달려들어 추행을 하려다가 전 씨가 이에 불응하자 수건으로 전 씨의 목을 졸라 의식을 잃게 하고 목에 10일간의 치료를 요하는 부상을 입혔다. 옆방의 황광자 씨가 전 씨의 신음소리에 놀라 도둑이야 외치며 나오는 바람에 미군은 뒷창문으로 도망가다가 긴급 출동한 한국 경찰에게 체포된 후 미군 수사기관에 이송되었으며, 14일 상오에 미수사기관이 현장검증까지 했다.[14]

미군 범죄사상 가장 처참한 살인사건 — 윤금이 사건(1992년 10월)

::   1992년 10월 28일 경기도 동두천시 보산동 431-50번지 김성출 씨 집 셋방에서 미군 클럽 종업원 윤금이(당시 26) 씨가 알몸으로 숨져 있는 것이 발견됐다. 당시 윤금이 씨는 자궁에 콜라병이 박혀 있었고, 우산대가 항문에서 직장까지 27cm가량 박혀 있었으며, 온몸은 흰 세제가루로 뒤덮여 있었고, 입에는 성냥개비가 물려진 채로 온몸이 피범벅이 된 처참한 상태였다. 이 엽기적인 사건의 살해범은 주한미2사단 제20보병연대 5대대 본부중대 소속의 이병 케네스 마클(당시 20)이었다. 그는 사건 당일 근무지를 무단이탈해 술을 마신 상태에서 윤금이 씨를 만나 그녀의 집에서 성관계를 가지려다 사소한 시비로 다투다 이 같은 끔찍한 범행을 저지른 것이었다.[15]

미군 범죄사상 가장 끔찍하고 엽기적인 사건으로 알려진 윤금이 씨의 피살 사건은 동두천 시민과 전 국민을 분노케 만들었다. '윤금이공대위'가 만들어졌고, 이 단체 주최로 시민규탄대회가 열렸다. 이것은 주한미군범죄근절운동본부의 결성으로 이어졌다.[16]

---

14. 「미병사가 또 폭행, 추행 불응하자 칼로 위협 목 졸라」, 1962년 6월 14일자 『조선일보』 기사.
15. 「윤금이 씨 살해사건 경과」, 주한미군범죄근절운동본부(http://www.usacrime.or.kr) 자료실 참조.
16. 시민들의 노력으로 가해 미군을 한국 법정에 세워 징역 15년을 선고받았고, 한국 교도소에서 수감생활을 하게 했다.

존 병장의 김미순 씨 성폭행사건 — 1993년 5월

:: 1993년 5월 29일 서울 서초동에서 '레벤호프'를 경영하고 있던 김미순(53) 씨는 안경 코받이를 잃었다며 찾아온 미2사단 소속 존 로저 살로이스(27) 병장에게 구타와 성폭행을 당해 뇌골절상을 입는 등 중상을 입었다. 사건 당시 로저 병장은 '파리약 깡통'과 주먹과 발로 피해자가 정신을 잃을 때까지 계속해서 머리를 구타했으며 범행 후 도주하였다. 사건 발생 후 12시간 만에 발견된 김 씨는 영동세브란스병원으로 옮겨져 뇌수술을 받았으며, 뇌를 크게 다쳐 후유증으로 평생을 장애를 안고 살게 되었다.[17]

미군 헌병대의 세 모녀 감금·폭행사건 — 1994년 10월

:: 1994년 10월 25일 서울 한남동 한남빌리지(외인주택)에서 한국인 세 모녀가 미군 헌병대에게 5시간 동안 불법감금 조사를 받고, 폭행을 당한 사건이 발생했다. 미군과 국제결혼한 딸 이순영(40) 씨가 살고 있는 외인주택을 막내딸 이순희(30) 씨와 함께 방문했던 김영자(68) 씨가 외인주택 정문을 나서던 중 '미군물품판매상'이라는 누명을 쓰고 미군 헌병들에게 연행된 것이었다. 당시 김영자 씨는 노환을 앓고 있는 아버지에게 해드리라며 이순영 씨가 준 찹쌀과 쇠고기를 가지고 있었는데, 미군은 이를 문제삼은 것이다.

건장한 미군 헌병 4명이 칠순이 다된 김영자 씨를 가운데 두고 중죄인 다루듯 했다. 김 씨는 공포에 질린 나머지 자신이 무엇을 잘못했는지도 모르는 채 말도 안 통하는 그들에게 빌었다. 이 광경을 목격한 이순희 씨가 항의하자, 미군 헌병은 "샷 압(입 닥쳐)"이라는 폭언을 서슴지 않았다. 이 말을 들은 이순희 씨가 "너는 미군 헌병이고 나는 한국 민간인이므로 네 말에 복종할 이유가 없다"고 말하자, 그

---

17. 주한미군범죄근절운동본부(http://www.usacrime.or.kr) 자료실 참조.

림 중사는 얼굴을 들이대며 "계속 그렇게 혀를 놀리면 너를 체포하겠다"고 협박했다. 그리고 오른쪽 팔목을 뒤로 비틀어 꺾어 강제로 수갑을 채웠다. 이 과정에서 이 씨는 팔목에서 피가 나는 등 전치 10일의 부상을 입었다.

뒤이어서 네 살짜리 아들의 손을 잡고 달려나온 이순영 씨가 "너희들이 어떻게 내 동생에게 수갑을 채우느냐"고 항의하자, "너도 입 닥쳐"라며 4명이 무더기로 달려들어 팔을 꺾고 바닥에 쓰러뜨린 뒤 폭행을 가했다. 이 과정에서 이순영 씨는 전치 2주의 상해를 입었다. 세 모녀는 두 대의 헌병차에 태워진 채 용산 미8군 헌병대로 가서 5시간 동안 강제구금당했다. 김 씨는 극도의 공포와 분노로 혼절하였고, 옷을 입은 채로 소변을 보게 되었다. 그러자 헌병들은 응급조치도 하지 않은 채 빙 둘러 에워싸고 저희들끼리 손가락질하고, 거짓으로 쇼를 한다고 조롱하였다. 이순영 씨가 앰뷸런스를 불러줄 것을 계속 요청했으나 그들은 30분간이나 수수방관하며 조치를 취하지 않았다.

미군들도 세 모녀의 혐의가 드러나지 않자 연행 5시간 만에 그들을 풀어주었다. 결국 한국 검찰은 이 사건을 미군의 공무수행을 벗어난 범죄로 규정해 기초조사를 하기 위해 1994년 10월 말 미군들에 대한 소환장을 발부하였으나, 미군 당국은 '정당한 공무집행'이라고 주장하여 끝끝내 소환에 응하지 않았고, 결국 아무런 처벌도 받지 않았다. 이는 한미행정협정에 미군이 공무수행 중에 저지른 죄에 대해서는 한국정부가 처벌할 수 없게 하고, 그 공무에 대한 판단은 최종적으로 미군 당국이 한다는 조항에서 비롯된 것이다.[18]

이태원 외국인 전용클럽 여종업원 살해사건 — 2000년 2월

:: 2000년 2월 19일 오후 11시 40분경 서울 용산구 이태원동에 위치한 외국인

---

18. 주한미군범죄근절운동본부(http://www.usacrime.or.kr) 자료실 참조.

전용클럽 '뉴아마존'에서 종업원 김 모 씨가 얼굴과 목 등에 심한 타박상을 입고 클럽 내실 침대 위에 알몸으로 쓰러져 있는 것을 클럽 주인 배 씨가 발견하여 병원으로 옮겼으나 숨졌다. 부검결과 김 씨는 목뼈가 부러질 정도로 심하게 목이 졸려 사망한 것으로 밝혀졌다.

2월 21일 미군범죄수사대는 이 사건의 용의자로 경기도 파주시 캠프 게리오웬 내 미8군 47기갑대대 소속 매카시 상병을 검거했다. 매카시 상병은 경찰 조사과정에서 사건 당일 술집 내실에서 김 씨와 한 차례 성관계를 가진 뒤 변태적 성행위를 요구하다 김 씨가 거절하자 얼굴을 주먹으로 마구 때리고 목을 졸라 숨지게 했다고 말했다. 결국 매카시 상병은 3월 28일 불구속 기소되었고, 4월 28일 첫 재판을 앞두고 대기 중이던 용산기지 내에서 탈주하는 사건도 있었다. 이후 진행된 재판에서 1심에서 8년형을, 2심에서 6년형을 받고 수감 중이다.[19]

19. 「이태원 외국인 전용클럽 여종업원 살해사건 개요」, 주한미군범죄근절운동본부 자료실 참조.

서양의 마녀 재판과
한국의 국가보안법

01
세계사 속의 마녀 재판

　　유행은 패션에만 있는 것이 아니다. 한 시대와 지역을 휩쓰는 질병에도 유행이 있다. 이 질병은 단순히 병리학상의 전염병에 그치지 않고 한 시대의 풍조나 생각, 나아가 이념도 포함한다. 중세 유럽과 초기 미국사에 나타나는 이른바 마녀 재판은 그러한 사회적 질병의 하나였다. 중세 유럽의 역사에서 200년 이상 장기간에 걸쳐 각지에 전파되고 창궐한 '유행성 마녀병'[1]은 100만 명이 넘을 것으로 추산되는 선량하고 무고한 부녀자들의 재판을 낳았고, 이들 중 대다수의 목숨을 앗아갔다. 자연재해보다 더 끔찍한 인류의 재앙이었다.

　　중세 유럽을 휩쓸었던 마녀 재판을 우리는 끔찍한 영화의 한 장면으로나 기억하고 있다. 이 마녀들의 존재와 그들의 혐의를 오늘날 믿을 사람은 별로 없다.[2]

---

1. 不破武夫, 魔女裁判, 巖松堂書店, 東京, p. 15.
2. 오늘날 마녀의 존재를 믿지 않는 것은 지구가 평평하다고 믿지 않는 것만큼이나 사람들에게 확고한 것이라고 말하는 사람이 있다. Geoffrey Scarre, *Witchcraft and Magic in 16th and 17th Century Europe*, Humanities Press International, INC, Atlantic Highlands, NJ, 1987, p. 1. 이 말은 결국 중세 유럽인들이 마녀의 존재를 믿은 것은 당시 사람들이 지구가 평평하다고 믿었던 것과 마찬가지로 보편적 신념이었다는 것을 의미한다.

현대인들은 일상생활 속에서 마녀에 대한 현실감을 가지고 있지 않으며, 그것은 단지 환상의 영역일 뿐이라고 믿는다. 그러나 당시 유럽인들은 이 마녀들의 존재는 말할 것도 없고, 그들의 악행과 위험성에 대하여 절대적인 확신을 가지고 있었다. 그렇지만 마녀 재판은 무지에 따라 우발적으로 벌어진 현상만은 아니었다. 그 무지와 비이성을 자극하고 조장하며 활용한 집권자들의 추악한 음모와 악의가 자리하고 있었다. 고문자들과 이를 활용한 권력자들의 음모가 죄 없는 백만 마녀들에게 죽음을 선사한 것이었다.

오늘날 우리 사회에는 유럽 사회를 휩쓸었던 마녀 재판 현상이 다른 형태로 재연되어왔다. '빨갱이'라는 말 한마디는 우리 사회에서 소외와 차별, 처벌과 고통을 맛보게 하는 구호였다. 마녀라는 말 한마디로 극한적인 고문과 화형의 고통에 직면해야 했던 많은 유럽인들의 운명과 마찬가지로 우리 현대사에서는 '빨갱이'라는 딱지로 국가보안법의 형틀을 맞이해야 했던 비극적 한국인들을 수없이 발견할 수 있다.

중세 서양인들이 마녀의 실재를 믿고 이들을 화형에 처해 사회로부터 영원히 격리시킴으로써 공동체의 위험을 예방할 수 있다고 믿었듯이, 이 땅에서도 대부분의 국민이 '빨갱이'의 존재와 이들의 사회에 대한 위험성을 믿고 이들이 국가보안법으로 처단되는 것을 지지하거나 방관하는 태도를 보여왔다. 이러한 신념과 태도 때문에 수많은 동시대인이 '빨갱이'로 몰려 '마녀 재판'의 희생양이 되었다.

마녀 재판의 이해와 분석은 우리 현대사에 나타난 국가보안법 현상을 이해하는 데 큰 도움을 준다. 도그마가 된 한 이데올로기를 위해 많은 인간이 희생된 사례로서 그것은 시간과 공간의 차이를 넘어 보편성을 가지기 때문이다. 해방 이후 이 땅에서 소란을 거듭하며 진행되어온 국가보안법 재판은 서양의 마녀 재판과 많은 점에서 유사성을 갖는다. 이러한 유사성을 검토해봄으로써 우리는 국가보안법, 나아가 반공이라는 이데올로기의 도그마가 이 땅에 뿌려온 분열과 적대, 고난과 희생의 과정과 본질, 그 상처의 치유 메시지를 정확히 이해할 수 있다.

1. 들어가며

마녀의 역사는 인류의 역사와 함께한다. 마녀는 가장 오래된 인류 역사의 기록에도 얼굴을 드러내고 있다. 거의 모든 시기에, 그리고 거의 모든 사람들이 마녀에 대한 공포와 신념을 함께 지니고 있었다. 지구상의 거의 모든 종족이 마녀에 관한 전설과 설화를 견지하고 있으며, 대체로 이들은 마녀를 처벌하는 법령을 가지고 있었다.[3]

그러나 마녀 신앙이 대규모의 마녀 재판과 처형으로 이어진 것은 바로 중세 유럽에 이르러서였다. 도대체 얼마나 많은 사람이 중세 유럽의 마녀 재판으로 희생되었는지 정확히 알 수는 없다. '힛벨'이라는 학자에 따르면 독일에서만 수십만 명의 처녀들이 마녀 재판의 희생양이 되었다고 한다. '조르단 헤소베'는 전 유럽에서 희생된 사람은 백만 명 이상에 달할 것이라고 추정하고 있다. '마빈 해리스'는 15세기와 17세기 사이에 마녀라는 죄목으로 화형당한 사람이 50만 명에 달한다고 주장하기도 한다.[4]

유럽의 마녀 재판은 영국의 식민지 미국에서도 재연되었다. 신천지를 찾아 나섰던 이들에게조차 그 끔찍한 마녀 재판이 기다리고 있었던 것이다. '마녀'라

---

[3]. John M. Taylor, *The Witchcraft Delusion in Colonial Connecticut 1647-1697*, Corner House Publishers, Williamstown, 1984, p. 1.
[4]. 마빈 해리스, 『문화의 수수께끼』, 한길사, 1993, 171쪽.

는 이름으로 재판받지는 않았지만 여러 시대와 여러 사회를 통하여 마녀 재판과 같이 한 시대에 한 사회를 광기로 몰아넣은 사례가 적지 않다. 그 구체적인 내용은 다를지라도 인간의 이성이 마비되고 그 대신 광란의 기세가 휘몰아칠 때는 마녀 재판이 보여준 사회심리적 현상, 수사와 재판의 절차, 그 결과로서 개인의 희생이 함께 뒤따랐다. 세계의 마녀 재판사는 바로 인간이 이성과 우상 사이에서 벌인 쟁투의 역사를 보여주고 있다.

2. 중세 유럽의 마녀 재판

1) 마녀 재판의 시작과 전개

원래 마녀는 마녀 사냥이 있기 이전부터 존재했다. 그러나 이때는 마녀라기보다는 주술을 행하는 여자를 말하는 정도였다. 이들은 "신비적 직관에다 의학적 지식을 가지고 병자를 고치거나 여성의 다산을 돕는다거나 또는 반대로 낙태를 시키는 일"을 했다. 이것은 사람들의 일상 요구에 응하여 존재하는 자연스러운 현상이었다. 그런데 이러한 주술사들이 마녀로 낙인찍히고 이단으로 핍박받기 시작한 것은 14세기에 이르러서였다. 이때부터 마녀를 판별하는 지표와 기준이 생겨났고, 이들을 집단적인 섹트로서 추적하기 시작했다.[5]

14세기를 대표하는 이단심문관 '베르나르 키'는 부부의 불화를 초래하고, 미래를 예언하며, 병을 고치는 자를 주의하라고 촉구했다. 그후 교황은 마녀를

---

5. 池上俊一, 魔女と聖女, 講談社, 東京, 1991, p. 14.

최악의 이단으로 처벌하는 것을 이단심문관에게 허가했으며, 다수의 신학자와 악마학자는 마녀에 대한 공통의 특징과 그 식별방법을 연구하기 시작했다. 그 결과 14세기 말에는 일종의 마녀교로서 마녀라는 집단의 존재가 자명하게 된다.[6] 그러나 15세기까지 마녀의 소추는 극히 경미했다. 그러던 것이 1500년경을 경계로 하여 전 유럽에 전염병과 같이 마녀의 체포와 재판, 소추가 퍼져나갔다. 그리하여 처참함이 극에 달한 마녀 재판이 전 유럽을 휩쓸었다.

1484년에는 교황 인노켄티우스 8세가 「지고의 것을 추구하는 이들에게 (Summis Desiderantes Affectibus)」라는 교서를 발표했으며, 1487년에는 『말레우스 말레피카룸(Malleus maleficarum)』[7]이 간행되었다. 전자에서 교황은 아직 다수의 마녀가 살고 있음에도 소추를 제대로 하지 않고 있는 당시의 현실을 개탄하고 있다. 그로부터 3년 후에 쾰른대학의 신학 교수이자 이단재판관인 하인리히 크레머 (인스티토리스)와 요하네스 슈프렝거의 공동 저작으로 간행된 『말레우스 말레피카룸』은, 악마에게 영혼을 팔아 마녀가 된다는 수많은 학설을 망라하고, 마법의 역사를 서술하고, 마녀를 발견하고 추적하는 방법을 설명하며, 나아가 마녀가 실재하는 이유를 상세하게 연구한 책으로, 세 권으로 이루어져 있다. 이 책은 1869년에 이미 29판이 출판될 정도로 베스트셀러였으며, 점차 그림이 첨가되었고, 나중에는 독일어로 번역되기도 했다.[8] 사람들은 이 책을 통해 점차 마녀가 현실적으로 존재한다는 절대적 확신을 가지게 되었다.

이후 마녀의 본질을 논하는 허다한 서적이 간행되었으며, 저명한 법률가의 경우 악마에게 혼을 파는 계약의 성질을 연구했으며, 당시의 형법은 마법사를 엄벌에 처하도록 하고 있었다.[9] 이로써 마녀의 실재에 대한 믿음은 말할 것도 없고

---

6. 池上俊一, 앞의 책, p. 15.
7. '마녀들의 망치'라는 뜻의 이 책은 마법에 대한 표준 지침서로 간주되는 상세한 법률과 신학 문서로 구성돼 있다
8. 不破武夫, 魔女裁判, 巖松堂書店, 東京, p. 8.
9. 不破武夫, 앞의 책, p. 6.

마녀를 적발, 추궁하는 것은 관리와 주민의 신성한 의무이기조차 했다. 이것이 전에 없던 마녀의 박해 시대가 열린 큰 배경이었다.

마녀 재판이 극성에 이른 것은 16세기 중엽부터 17세기 말 사이였다. 기록에 나타난 마녀 처단의 경과와 사례를 몇 가지 살펴보면 다음과 같다.

① 1582년 바이에른에 있는 어느 백작의 한 작은 영지에서 한 명의 마녀가 체포되었다. 이 마녀의 체포에 이어 연속으로 48명이 마녀로 낙인찍혀 화형당했다.

② 1587년 도릴 지방의 약 200여 촌락에서 이후 7년간 368명의 마녀가 적발되어 화형당했다.

③ 1590년 남독일의 소도시 네르도링겐에서 시장의 제안에 의하여 시의회는 거리를 나돌아다니는 마녀를 철저히 일소하도록 결의했다. 이후 3년간 32명의 마녀가 화형 또는 참수되었다.

④ 1590년 소도시 에링켄에서 65명의 마녀가 처형되었고, 1597년부터 1676년까지 197명의 마녀가 화형당했다.

⑤ 소소크만텔 승정령(僧正領)에서는 1639년에 2,428명, 1654년에는 102명의 마녀가 처형되었다.

⑥ 오늘날 오스트리아 영토가 된 스타이엘마르크 지방에서 1564년에서 1748년까지 1,849명의 마녀가 소추되어 1,160명이 사형에 처해졌다.

⑦ 나노수 지방에서는 1629년 이후 4년간 255명이 마녀로 소추되었고, 뷔르팅겐 지방에서는 1633년 이후 3년간 114명이 처형되었으며, 제롯부르크에서는 1679년에 97명이 화형에 처해졌다.

⑧ 튀링겐 숲에 인접한 게오르겐탈이라고 하는 인구 4,000명에 불과한 작은 도시에서는 1652년에서 1700년 사이에 64회의 마녀 재판이 실시되었다.

⑨ 반베르크 승정령에서는 1627년 이후 4년간 화형당한 마녀가 285명이었고, 그

이후 30년에 걸쳐 이 재판소에 계류된 마녀 재판은 900건이 넘었다. 이 승정령의 인구는 10만 명을 넘지 않았다.

⑩ 뷰르스부르크 승정령에서는 1623년에서 1631년 사이에 화형당한 마녀가 900명에 달했다. 1627년 이후 연간 29회의 마녀 재판에서 화형을 당한 157명의 희생자들을 보면 잡다한 연령과 계급, 직업의 사람들이 혼재해 있었다. 시의회 의원, 고급 관리 등의 부인, 시의회 의원의 처자, 그 지방의 가장 아름다운 처녀들, 8세, 9세, 12세의 아이들이 포함되어 있었다.

⑪ 후루다에 살고 있던 바루다세르 후스라는 마녀 재판관은 19년간 700명의 마녀를 화형시켰는데, 그 자신은 일생 동안 1,000명의 마녀를 처형하길 소원했다고 한다. 로트링겐에 살고 있던 니콜라스 레미라는 마녀 재판관도 재직 15년간 화형시킨 마녀가 900명에 달했다고 한다.[10]

2) 마녀의 개념과 특징

일반적으로 마녀는 주변의 주민들로부터 원망과 저주를 받는다. 마녀가 바로 자신들에게 해악을 가한다고 생각했기 때문이다. 유럽의 마녀 재판에서 전형적으로 발견되는 마녀의 행태로는 다음과 같은 것들이 있다.

① 동물과 사람을 죽거나 아프게 하는 일
② 농작물을 해치는 일
③ 생식적 무능을 초래하는 일
④ 태풍을 불러오고, 홍수와 가뭄을 초래하는 일

---

10. 不破武夫, 魔女裁判, 巖松堂書店, 東京, pp. 9~12.

⑤ 버터, 치즈, 맥주의 제조과정에 개입하는 일[11]

사람들은 마녀가 악마한테서 인간이나 가축과 접촉하면 병에 걸리는 방법을 배워서 바람이나 곤충 등에게 주문을 걸어 곡물이나 과수, 가축 등에 병균을 옮기게 만들며, 사악한 눈으로 누군가를 쳐다보면 그 사람은 미쳐버린다고 여겼다. 이와 같이 마녀는 어떤 행위로서만이 아니라 생각만으로도 해악을 초래할 수 있다고 보았다.

그런데 이들의 죄목에는 인간에게 직접적인 해악을 끼치지 않은 경우까지도 포함되어 있었다. 악마와 계약을 맺은 죄, 악마에게 예배한 죄, 악마의 꽁무니에 입 맞춘 죄, 빗자루를 타고 하늘을 날아다닌 죄, 불법적인 악마연회에 참석한 죄, 얼음같이 차디찬 성기를 지닌 악마 인큐비(Incubi)와 성교를 한 죄, 여성 악마인 서큐비(Succubi)와 성교를 한 죄 등이 바로 그것이다.

악마학자들은 마녀를 가장 간단하게 식별하는 방법으로 '눈물의 결여'를 들었다. 즉 악마와의 계약은 눈물을 흘리지 않는다는 것을 가장 중요한 내용으로 담고 있다고 한다. 악마와 마녀는 '피의 계약서'를 만들면서 악마는 마녀에게 초자연적인 힘을 주고 마녀는 자신의 생애 동안 악마에게 복종할 것을 서약한다. 즉 마녀의 신통력은 악마에게 영혼을 판 대가로 부여받은 것이다. 악마에게 영혼을 파는 방법은 보통 육체 관계를 가지는 것으로 가능하다. 악마는 남성으로 상징되기 때문에 육체적 교섭을 통하여 그 악마성이 여성인 마녀에게 전달된다는 것이다. 악마는 흔히 멋있는 신사로 변신하는데, 예를 들어 기사, 상인, 사냥꾼 등의 모습으로 나타나 궁핍한 여성에 접근하며 이들에게 도움을 주거나 감언으

---

11. Geoffrey Scarre, *Witchcraft and Magic in 16th and 17th Century Europe*, Humanities Press International, INC, Atlantic Highlands, NJ, 1987, p. 4. 또한 이러한 해악은 주로 농민들의 이해와 직결되어 있는 문제였다. 그만큼 도시 거주자들의 시각으로는 덜 해악적일 수 있었다. 그러나 당시 사회는 본질적으로 농경사회였으므로 마녀 문제는 전 주민의 문제였다.

로 유혹한다.[12] 악마를 통해 마녀가 된 이들은 십자가를 배반하여 예수 그리스도와 마리아, 로마 가톨릭의 그 어떠한 권위도 부정한다고 여겨졌는데, 이것은 마녀를 핍박하는 도덕적, 사회적 근거가 되었다.

마녀는 생래적이며 기질적인 악마성을 띠고 있다고 보았다. 마녀와 구별되는 것으로 여자 마법사(Sorcerers)가 있다. 마녀가 천성적인 것에 비하여 마법사는 마법에 의해 남을 해하는 천부적 능력이 없고 단지 필요한 기능을 배워 주문을 외운다거나 일정한 의식을 행하는 사람일 뿐이다. 영국 법정에서는 마녀가 어떤 죄를 저질렀는가를 중시했고, 스코틀랜드와 다른 대륙 국가에서는 마녀가 악마와 어떤 관계를 가졌는가에 더욱 심리의 초점을 두었다. 영국 법정에서는 마법사도 구체적인 해악을 끼친 경우 기소될 가능성이 많았다. 그러나 현실에서는 이와 같은 구별이 별로 의미가 없었다.[13] 어차피 마녀든 마법사든 고문과 조작에 의해 만들어졌기 때문이다.

마법을 쓰면서도 인간에게 해악적이지 않은 많은 마녀들이 있다는 생각도 여러 지역에서 발견된다. 이른바 '백색마녀(White Witches)'나 마술사(Wizards) 등이 바로 그들이다.[14] 이들은 돈을 받고 질병을 고치거나 미래를 예측하거나 잃어버린 재산이나 보물의 위치를 알아맞히는 등의 역할을 하는 사람들로 분류되었다. 그렇지만 이들도 언제든지 마녀로 몰릴 여지가 있었다. 먼 마을에서 자주 고객들이 찾아오는 것을 보면 이웃 마을 사람들은 그녀의 위력을 두려워했으며, 마을에 어떤 재앙이라도 생기면 그녀를 마녀로 고소했다.[15] 적어도 마녀 재판이 성행하던 시기에는 '백색마녀'가 안전하게 활동할 여지가 별로 없었다.

---

12. 不破武夫, 魔女裁判, 巖松堂書店, 東京, p. 5.
13. Geoffrey Scarre, *Witchcraft and Magic in 16th and 17th Century Europe*, Humanities Press International, INC, Atlantic Highlands, NJ, 1987, p. 3.
14. 영국에서는 이들을 'cunning folk' 또는 'blessing witches'라고 불렀다. Geoffrey Scarre, 앞의 책, pp. 4~5. 우리나라의 귀신과 도깨비의 구별 정도로 이해할 수 있다.
15. Geoffrey Scarre, 앞의 책, p. 5.

3) 마녀에 대한 처벌과 재판

체포와 수사

마녀는 먼저 풍문을 통해 적발되었다. 누구누구가 마녀라는 소문이 나면 그 사람을 체포한 다음 이에 부합하는 이웃의 진술에 기초하여 고문했으며, 마침내 마녀로 둔갑시켰다. 또한 이미 마녀로서 소추받은 자가 심문과정에서 자신이 아는 또 다른 마녀를 지명하면 그녀 또한 체포되었다. 그뿐 아니라 마녀의 자식도 마녀로 간주되었다. 마녀의 자식들도 때로 고문에 의해 마녀로 조작되었는데, 어떤 때에는 고문과정 없이 그 즉시 화형당하기도 했다. 그리하여 희생자들 가운데 시비를 가릴 줄 모르는 유아들이 발견되는 것은 대체로 그들의 모친이 마녀였기 때문이다.[16]

수사과정에서 피의자가 밤중에 집에 있지 않았다거나 행선지를 대지 못하면 이는 '마녀회의'에 참석한 근거가 되었다. 고문을 가하는데도 비명을 지르거나 눈물을 흘리지 않는 경우는 마녀의 징표가 되었다.[17] 또는 체포될 당시 지나치게 놀라는 모습이 마녀의 징표로 여겨지는가 하면 지나치게 차분한 것도 마녀의 습성으로 간주되었다. 결국 마녀로 한번 의심을 받게 되면 마녀로 만들어지지 않을 도리가 없었던 셈이다.

규문주의 소송 절차

그 당시 유럽 여러 나라에서는 이탈리아 법학과 캐논법(Canon法)에 의해 이른바 규문주의(糾問主義) 소송 절차를 채택하고 있었다. 이 소송 절차에는 고문이

---

16. 不破武夫, 魔女裁判, 巖松堂書店, 東京, p. 16.
17. 극도의 공포나 긴장을 당하는 경우 눈물샘이 고갈되는 현상이 있다는 사실이 오늘날 여러 의학 논문에서 지적되고 있다. 不破武夫, 앞의 책, p. 17.

합법화되어 있었다. 마녀는 바로 이 고문의 소산이었으며, 고문을 정당화하고 있는 규문주의 소송 절차의 당연한 결과였다.[18] 15 ~ 16세기경 로마법이 유럽 전역에 전파되기 전까지는 이른바 게르만법계에 속하는 형식적 증거법주의가 증거법상의 원칙이었다. 이에 따르면 요증(要證) 사실의 진실 여부는 이론상 또는 경험상 도출되는 것이 아니라 주장 방법 자체에 따라 결정되었다. 진실은 주장자 자신의 선서 또는 이웃의 선서에 의해, 때로는 결투에 의해 제기되고 인정되었다. 피고인 자신도 마녀가 아니라는 선서와 이웃의 선서를 통해 형벌을 면할 수 있기는 했지만, 마녀인지의 여부는 손발을 모두 묶은 다음 물속에 던져보아 가라앉으면 결백하다고 보았다.[19] 그러나 그 결백이 입증되었을 때에는 이미 산 사람이 아니었다.

　　15 ~ 16세기경 로마법이 전래되면서 이른바 논리증거주의가 채용되었다. 요증 사실의 진실을 증명하기 위해서는 경험상, 논리상 진실인 것을 확신시키기에 충분한 증거 자료가 필요했다. 1532년 제정되어 18세기 말까지 독일 보통법이었던 카톨리나 형법의 증거 원칙에 의하면, 유죄의 증거로서 피고인의 자백 외에도 증인 두 명의 증언이 필요했다. 그러나 자백과 증언에 의하더라도 법률에 정해진 정도의 정황 증거가 있는 경우에는 고문을 통한 자백이 허용되었다. 때문에 논리증거주의는 마녀의 양산에 별다른 통제 역할을 하지 못했다.

고문

　　고문은 거의 모든 마녀 재판에서 필수적인 한 요소로 등장한다. 마녀는 결국 고문의 소산이었던 것이다. 물론 희귀한 사례가 없지는 않았다. 어떤 소녀는 자신이 마녀임을 아버지에게 자백했고, 아버지가 딸을 신고하여 마녀 재판에 회부

---

18. 不破武夫, 앞의 책, p. 13.
19. 이른바 'Hexenbad'라고 불리는 방식이었다. 不破武夫, 앞의 책, p. 14.

된 경우도 있었다. 그러나 대부분의 사건에서 마녀들은 자신이 마녀라는 사실을 부인했다. 그럴 경우 위에서 살펴본 마녀의 징표들을 들이밀며 마녀라는 사실을 시인할 것을 강요했다. 그 강요의 수단이 바로 고문이었다.

당시 행해진 고문은 그야말로 "인간의 지혜를 모두 동원하여 만든 것으로서 필설로 설명하기 어려운 정도"였다. 건강한 남자조차 견디기 어려울 정도의 고문이 연약한 여성에게 가해질 때, 그녀는 심문관이 요구하는 내용의 진술을 자인하지 않을 도리가 없었을 터이다.

형량과 집행

기독교가 절대적인 권력을 가지고 있던 당시에는 신에 대한 반역이나 모독을 그 어떠한 범죄보다 중죄로 여겼다. 하나님의 적인 악마에게 영혼을 파는 행위란 있을 수 없는 일이었다. 처음에는 마법의 유형에 따라 달리 취급했지만 나중에는 마녀라는 것 자체만으로 화형, 참수, 교수 등의 엄벌을 받았다.[20] 독일·영국·프랑스·스위스·핀란드·스페인 등지에서 일어난 마녀 재판을 1만 건 이상 분석한 로버트 무쳄블래드의 통계자료에 따르면, 마녀로 기소된 사람 가운데 거의 절반이 처형되었다고 한다.[21]

4) 마녀 재판의 소멸

수세기에 걸쳐 광란을 연출했던 마녀 재판도 18세기에 들어서면서 점차 그 모습을 감추기 시작했다. 르네상스의 진전과 더불어 나타난 이성적 세계관과 과학적 정신은 불가피한 시대정신이 되었고, 이것은 신학에 기반한 과학의 해방을

---

20. 不破武夫, 魔女裁判, 巖松堂書店, 東京, p. 7.
21. Emmanuel Le Roy Ladurie, *Jasmin's Witch*, George Braziller, New York, 1983, p. 6.

의미했다. 이로써 불합리함이 극에 달했던 마녀 재판도 존립의 근거를 잃게 되었다.

마녀 재판에 대해 투쟁한 사람들이 마녀 재판이 극성을 부리던 그 시대에도 없지는 않았다. 아그립파 후안, 네소데스하임, 프리드리히 후안 수베 등은 "인류의 문화가 오래 기억해야 할 인물"들이다.[22] 그중 가장 용감하게 마녀의 존재를 부정하고 마녀 재판의 종식에 큰 공적을 남긴 학자는 대학 교수였던 크리스티안 토마지우스(1655~1728)이다. 그는 1701년 『마법의 죄』라는 유명한 책을 간행했다. 그 이전 학자들의 비판적 견해는 악마의 원조자라고 여겨져 박해받을 수 있었기 때문에 저술들조차도 익명으로 남아 있는 상태였다. 이런 상황에서 토마지우스는 합리적인 시대정신의 선두에 섰으며, 그 이전 학자들의 비판적인 견해까지도 모두 수용하여 『마법의 죄』를 간행했다.[23]

18세기를 지나면서 마녀에 대한 고문과 그에 따른 화형도 점차 사라졌다. 독일의 경우 1749년에 뷰르스부르크에서 1건, 1751년 아인팅겐에서 1건, 1775년 겜텐에서 1건의 마녀 재판이 기록되고 있고, 그로부터 7년 후인 1782년 스위스의 게랄스 지방에서 아인나 겔티라는 마녀가 고문 끝에 참수형에 처해진 것을 끝으로 마녀 재판은 유럽 대륙에서 자취를 감추었다.[24]

---

22. 그뿐만 아니라 몽테뉴는 "짐작만으로 생사람을 화장하는 것은 큰 대가를 치러야 할 일"이라고 말했으며, 영국의 Reignald Scot이라는 사람은 1584년 "마술로 사람을 해칠 수 있다고 믿는 것은 단지 자기기만"이라고 썼다. 이와 같이 16세기에도 마녀 재판에 대해 회의적이었던 지식인들이 소수이지만 존재했었다. Geoffrey Scarre, *Witchcraft and Magic in 16th and 17th Century Europe*, Humanities Press International, INC, Atlantic Highlands, NJ, 1987, p. 2.
23. 不破武夫, 앞의 책, p. 22.
24. 不破武夫, 앞의 책, p. 23.

3. 식민지 미국 뉴잉글랜드의 마녀 재판

:: 우연한 여행자의 눈으로 보면 17세기 식민지(미국)에서의 삶은 좋았다. 비록 물질적으로 아직 곤궁했지만 미국인의 노고는 셋집에 사는 영국의 도시인이나 농노에 다름없는 농민의 그것보다는 훨씬 나았다. 숲에서 매일 새로운 통나무집이 섰고 바다로부터 땅의 경계는 내륙으로 확장되고 있었다. 땅은 풍부했고 비옥했다. 구세계로부터 버림받은 자들이 새롭게 시작하고 있었다.[25]

이 아름다운 신세계인 아메리카 대륙에 부푼 꿈과 자유의 소망을 안고 빈곤과 핍박과 절망의 유럽을 뒤로하고 도착한 사람들을 기다리고 있던 것은 무엇이었을까? 인디언과의 전쟁, 자연의 재해와 위력만이 이들을 괴롭힌 것은 아니었다. 자유를 찾아나선 이들의 자유를 속박한 것은 바로 자신들의 이웃이었다. 더 정확히 말하면 내면의 의식이 바로 이들의 가장 무서운 적이었다. 이웃을 마녀로 모는 소동이 일어났으며, 마침내 마녀 재판의 선풍이 이 신세계에 휘몰아쳤다.

광대무변한 신대륙에서의 생활은 개척자의 일상 활동을 모두 미신적 환경으로 둘러쌌다. 유럽으로부터 막 싹트기 시작한 과학적 사고는 이곳으로 전혀 파급되지 않았다. 유럽에서는 세분화되었던 마녀, 주술사, '백색마녀'의 구별이 신세계에서는 단지 "악의 어둠 속에서 일하기로 선택된 사람"으로 단순화되었다. 신대륙에서는 마녀에 대한 형벌이 유럽과 마찬가지로 가혹했지만, 마녀를 처단하는 데는 훨씬 신중했다. 식민지의 분위기는, 1692년에 있었던 세일럼의 마녀 재판을 제외하고는, 15~18세기 동안 100만 명을 처형한 유럽의 히스테리에는 전

---

25. Sally Smith Booth, *The Witches of Early America*, Hasting Hose Publishers, New York, 1975, p. 1.

염되지 않았다. 인구 밀도가 희박한 신대륙에서는 인명을 그렇게 허무하게 살상하는 것을 사회적이고 경제적인 낭비로 간주했기 때문이다.[26]

식민지 미국의 초기 법률은 마녀에게 사형을 부과할 수 있도록 규정하고 있었다. 미국에서 마녀로 사형당한 사람은 모두 36명이었는데 그 가운데 24명이 세일럼에서, 그것도 1692년 한 해에 처형되었다. 1692년 이전에는 영국 이주민의 초기 정착지였던 뉴잉글랜드 지방에서 1658년, 1662년, 1665년에 각각 마녀 재판이 있었다. 1688년에는 보스턴에서 마녀 재판이 있었다. 존 굿윈이라는 아이가 몹시 아팠는데, 그 집 하녀의 어머니인 글로버가 마녀로 기소되어 처형되었다.[27] 이처럼 띄엄띄엄 있었던 마녀 재판의 광기는 세일럼 마을에서 집중적으로 폭발되었다.

마녀 재판이 성행한 뉴잉글랜드 지방은 청교도들이 집단적으로 이주한 곳으로서, 일체감을 가지고 있었다. 보스턴의 가장 유명한 성직자 코튼 마더는 마녀가 악의 사신이며 하나님과 선택된 인종, 청교도들을 파멸시키기 위해 파견된 것이라고 강연하고 다녔다. 마녀 소동은 이러한 위기의식에서 비롯되었다.[28]

그러나 1700년대 중반에 이르러 대서양 양안을 지배하고 있던 영어 사용 민족은 모두 마녀의 존재를 부인했다. 영국에서의 마지막 처형 희생자는 1722년 옆집 돼지와 양에게 저주의 말을 던졌다는 이유로 화형을 당한 스코틀랜드 여자 도노크였다. 영어 사용권역에서 마지막으로 처형된 마녀는 1730년 버뮤다의 흑인 노예 사라 바세트였다. 1736년에 킹 제임스법은 공식적으로 폐지되었고, 영국 시민에 대한 마녀 기소는 금지되었다. 그러나 식민지법은 자동적으로 이에 따르는 것이 아니어서, 로드아일랜드에서는 1768년까지 기소된 마녀에게 교수형을 가

---

26. Sally Smith Booth, 앞의 책, pp. 2~3.
27. Katherine W. Richardson, *The Salem Witchcraft Trials*, Essex Institute, Salem, 1970, p. 5.
28. Sally Smith Booth, 앞의 책, p. 5.

하는 것을 금지하지 않았다. 영국과 미국에서는 18세기까지 마녀 재판이 지속된 다른 유럽 국가들에 비해 비교적 빨리 그 비극이 종료되었지만, 그렇다고 미신이 하루아침에 사라진 것은 아니었다. 그러나 세월이 흐르면서 마녀 재판 시대는 역사 속으로 흘러갔고 초자연적 세계는 단지 호기심으로 대체되었다. 새로운 미국이 독립국으로 탄생하면서 식민지 시대의 마녀 재판은 매우 단순한 시대의, 거의 잊힌 기억으로만 남게 되었다.[29]

그러면 이제 1692년 미국의 매사추세츠 주에 위치한 세일럼이라는 조그만 마을에서 일어났던 마녀 재판에 대해 자세히 한번 살펴보자. 세일럼 마녀 재판[30]의 히스테리는 당시 일련의 사건과 관련하여 마녀로 지목된 사람들의 기소와 재판을 통해 연출되었다.[31] 처음에는 몇 명의 소녀가 시시한 미신놀이를 즐긴 일에서부터 시작되었다. 마을의 목사였던 새뮤얼 패리스의 딸 아홉 살짜리 베티와 그녀의 사촌인 열한 살의 애비게일은 겨울이 되면서 주로 실내에서 서인도 출신의 노예 티투바한테서 바베이도스 설화와 마녀 이야기를 들으며 재미있게 놀곤 했다. 그런데 두 아이가 아프자 아버지 새뮤얼 패리스는 동네 의사에게 보였고, 중세적 사고에 젖어 있던 의사는 병의 원인을 발견하지 못하자 사탄의 악령이 깃들어 있다고 진단했다. 게다가 아이들은 실어증에 걸리거나 경련을 일으키거나 중얼거리는 증세를 보이기도 했다.

베티와 애비게일은 그들을 괴롭히는 사람의 이름을 대라는 요구에 처음에는 묵묵부답이었지만 나중에는 티투바와 사라 굿, 사라 오스본 세 사람의 이름을 댔

29. Sally Smith Booth, *The Witches of Early America*, Hasting Hose Publishers, New York, 1975, p. 229.
30. 세일럼 마녀 재판에 대해서는 Richard Weisman, *Witchcraft, Magic, and Religion in 17th—Century Massachusetts*, The University of Massachusetts Press, Amherst, 1984; Marion L. Starkey, *The Devil in Massachusetts: A Modern Enquiry into the Salem Witch Trials*; John Engstrom, *A Most Deadful Wizzard: The Strange Life, Death & Afterlife of George Jacobs*, Sr., Spectral Press, Inc., Salem, 1992 등의 저작물을 참조.
31. 세일럼은 1692년 당시 겨우 1,700명의 인구를 가진 자그마한 도시였다. 세일럼의 '마녀'들은 보스턴 감옥으로 보내졌고 재판관 가운데 4명은 보스턴에서 차출되었다. 보스턴에서 마녀 재판이 열린 적도 있었다.

다. 이들에게는 구속영장이 발부되었다. 이후 더 많은 사람들이 이상증세를 보인 아이들의 입에서 언급되었다는 이유로 기소되었다. 이러한 마녀 소동은 이웃 마을로 확산되어 안도버 마을에서만 50명 이상이 기소되었다.[32]

심문 도중에 치안판사는 여러 종류의 증거에 의존했다. 가장 중요한 직접 증거는 피의자들의 자백이었다. 그리고 미신적 속성, 특히 육체적 특징으로서의 '마녀 흔적'이 중요한 증거가 되었다. 그 피의자의 특이한 신체적 특징은 마녀의 징표로 간주되었다. 또한 이들에 의해 이루어진 초인적 행태들, 예컨대 도저히 들어 올리기 불가능한 무게의 물건을 들어 올렸다는 등의 사실이 마녀의 증거로 제시되었다. 게다가 상해, 질병, 재산상의 손실 등을 악마적 힘을 가진 마녀라고 단정할 만큼 신뢰성 있는 증거라고 보았다.[33] 마침내 브리제 비숍이 처음으로 교수형을 당한 이래 순식간에 10여 명의 처형이 실시되었다. 세일럼 지역에서의 마녀 재판은 24명의 처형과 200명 이상의 구금으로 연결되었다.

재미있는 사실은 이 희대의 재판에 하버드대학과 그 졸업생이 깊이 연관되어 있다는 사실이다.[34] 세일럼 마녀 재판을 담당한 열 명의 재판관 가운데 세 명과 재판을 받은 마녀, 그리고 재판에 문제가 있다고 여론을 환기시킨 사람, 마녀가 탈옥하는 데 도움을 준 사람이 모두 하버드대학 출신이었다.[35] 특히 하버드대학의 학장이었던 인크리즈 매더는 이 재판에 의문을 제기하는 책을 출간해 마녀 재판에 대한 올바른 여론을 환기시켰다. 매더의 아들을 포함하여 여러 사람이 그에게 동조하는 비슷한 논조의 책을 썼다. 1692년 9월 22일 실시된 처형을 마지

---

32. Katherine W. Richardson, *The Salem Witchcraft Trials*, Essex Institute, Salem, 1970, p. 10.
33. Katherine W. Richardson, 앞의 책, p. 12.
34. 하버드대학은 1692년 당시 목사를 훈련시키기 위해 설립된 대학이었는데, 마녀 문제는 법률적 문제일 뿐만 아니라 종교적 문제였기 때문에 하버드대학 출신들이 이 재판에 관여할 수밖에 없었다. 또한 하버드대학은 그 당시 미국의 유일한 고등교육 기관이었다. 이러한 이유로 말미암아 세일럼 재판은 '하버드 커넥션'을 가지게 되었던 것이다. Ken Bresler, *The Witch Trial Trail of Boston and the Harvard Witch Walk: The People and Places of Boston and Harvard Connected with the Salem Witch Trials*, Seide Press, Newton, 1992, p. 1.
35. *Harvard Gazette*, October 30th, 1992.

막으로 세일럼에서의 마녀 소동은 진정 국면으로 접어들었다.[36]

이후 세일럼 마녀 재판이 오판이었음을 후회하는 사람이 늘어갔다. 법원과 교회가 그 당시 행해진 부정의에 대하여 사죄하는 기도의 날을 선포했고, 1696년에는 이 재판에 관여한 12명의 배심원이 참회의 성명에 서명했다. 다음해인 1월 14일 마녀 재판의 재판관이었던 새뮤얼 슈얼은 교회에서 공개적으로 수치스런 오판을 자인하고 용서를 빌었다. 마녀라고 물고 늘어져 여러 희생자를 낳았던 사람 가운데서도 악마에 씌워 그런 죄악을 저질렀노라고 참회하는 사람이 점차 늘어갔다. 1711년에는 생존자들이 제기한 재심이 받아들여졌으며 배상 판결이 내려졌다. 세일럼 재판의 희생자 유족 전원에게는 유족들이 요청한 배상액 전액이 그대로 인정되었다.[37] 세일럼 마을은 새로이 부임한 목사의 헌신적 노력에 의해 다시 화해와 부활의 기운을 맞았고, 마침내 정상적인 마을로 되돌아갔다.[38]

이 황당한 사건에 대한 연구도 계속되었다.[39] 많은 학자들은 당시 농경사회에서 산업사회로 이전하면서 생겨난 정치적·사회적 불안이 의심의 기후를 조장했고, 마침내 라이벌 집단을 마녀로 고발한 것이라고 해석하고 있다. 세일럼 지역이 조선과 항해의 중심지로 등장하면서 아직도 농경 지역으로 남아 있던 곳과 갈등을 일으켰다는 것이다. 또는 소녀들의 감정적 격앙이 어른들에 의해 과장되었고, 이 지역의 버섯이 신체적 경련과 장애를 일으켰으리라는 분석도 있다. 이 소동을 어떻게 설명하든 간에 세일럼 재판은 세일럼 사회, 나아가 미국사에 큰 오점으로 남았다.[40]

36. Katherine W. Richardson, *The Salem Witchcraft Trials*, Essex Institute, Salem, 1970, p. 21.
37. Sally Smith Booth, *The Witches of Early America*, Hasting Hose Publishers, New York, 1975, p. 228.
38. 그린이라고 하는 이 목사는 상호간의 갈등과 과거의 불행을 씻고 화해와 평화의 길로 들어서는 데 결정적인 공헌을 했다. Paul Boyer & Stephen Nissenbaum, *Salem Possessed: The Social Origins of Witchcraft*, Harvard University Press, Cambridge, 1978, p. 217 이하 참조.
39. 세일럼 재판의 연구에 대해서는 Paul Boyer & Stephen Nissenbaum, 앞의 책, 서문 참조.
40. Katherine W. Richardson, 앞의 책, p. 24.

02
한국의 국가보안법 현상과 마녀 재판

:: 만약 우리들이 살고 있는 이 시대에도 마녀 재판과 똑같은 방식으로 마녀를 발견하는 방법을 적용하면 당시와 마찬가지로 많은 마녀를 적발하고 화형을 처할 수 있다. 그 방법이란 극단적으로 간단하게, 확실하게, 신속하게 목적에 도달시키는 것이다. 한마디로 말하면 무엇이 되는가. 그것은 인간의 죄악 가운데 가장 우열(愚劣)한 소산, 고문 외의 아무것도 아니다.[1]

어떤 서양학자가 한 이 말이 바로 이 땅의 현대사에서 재연되어온 것은 우연의 일치일까? 우리시대에 존재했던 수많은 '빨갱이'는 중세 유럽의 '마녀'와 별로 다를 것이 없었다. '빨갱이'라는 말만으로도 고문이 용인되고, 정당한 형사 절차의 예외가 될 수 있었다. 언론도 국민도 마찬가지였다. 이러한 방조와 방관 사이에 '빨갱이'에 대한 선동과 조작이 판을 쳤다. 억울한 희생이 잇따를 것임은

---

1. 不破武夫, 魔女裁判, 巖松堂書店, 東京, p. 13에서 어떤 서양학자가 했다는 말을 재인용.

불을 보듯 뻔한 일이었다.

:: 　그러지 않아도 사회 일각에서는 과격한 좌경용공 세력이 민주화라는 가면 아래 자유민주주의 자체를 부정하고 폭력과 불법과 선동으로 공산주의 세상을 세우겠다고 준동하고 있지 않습니까? 본인은 자유민주주의 체제를 전복하려는 폭력좌경 세력을 엄정하게 다스리고 전환기에 해이해지기 쉬운 사회기강을 엄격하게 확립함으로써 국가를 튼튼히 다져나갈 것입니다.[2]

:: 　현 정권은 이 사건 수사의 초기부터 매스컴을 동원하여 편향 보도로 왜곡했다. 나는 말로 다할 수 없는 정신적, 육체적 고문을 당했다. 그들은 나를 구타하고 매달아 물고문을 하고 온갖 모욕과 협박을 했다.…… 내가 용공, 불순 세력이요, 좌경의식을 가졌다는 말을 정치권력이 만들어낸 것이다. 나는 관제 빨갱이일 뿐이다. 빨갱이라는 누명만 벗겨준다면 나는 최후진술을 하지 않을 용의도 있다. 민주주의를 부르짖는 것이 어찌 빨갱이인가? 우리나라의 정치학 사전에 '빨갱이란 반독재 민주주의를 부르짖는 애국자를 독재자가 남용해서 붙인 이름'이라고 기재해야 오해가 없을 것이다.[3]

민주주의를 사이에 두고 벌어진 이 같은 논쟁은 차라리 전쟁이라고 부를 만했다. 이른바 '용공조작'의 거센 바람은 지난 반세기의 현대사를 황폐하게 만들었다. '빨갱이'라는 말 한마디로 얼마나 많은 사람이 자신의 운명을 뒤바꿔야 했는지 모른다. 더러는 처형되기도 하고, 감옥에 가기도 하고, 때로는 직장을 그만두어야 했다. 그 가족은 '빨갱이 가족'이라는 딱지를 붙이고 살아가야 했다. 정

---

2. 전두환 전 대통령의 4·13특별담화문의 일부.
3. 문부식, 「1982. 8. 12자 부산지법 최후진술」, 『불타는 미국』, 아가페, 1988, 79~80쪽.

치·사회 영역은 말할 것도 없고, 자율성과 자존심이 존중되어야 할 문학·학문·예술의 모든 영역에 국가보안법의 잣대를 들이댐으로써 자유로워야 할 상상력과 창작성이 소진되었다. 국가보안법 현상은 중세의 마녀 재판과 너무도 많은 점에서 닮은꼴을 발견할 수 있다. 그 주술과 공포 속에서 우리가 살아온 것이다.

:: 빨갱이라는 말은 주술화되어 그 말을 뒤집어쓴 자는 저주받은 사탄처럼 증오와 공포의 대상이 돼버렸다. 아직도 이 땅에서 빨갱이라는 말은 그 역사적, 사회과학적 의미의 조명은 무시된 채 신화 속의 악령처럼 희생제물을 찾아 도처에서 배회하고 있는 것이다.[4]

우리 사회에는 도처에서 배회하고 있는 '악령'에 의해 '희생의 제물'로 선택된 사람들이 너무도 많다. 그렇다면 중세 유럽의 하늘을 날아다녔다는 이유로 화형대의 연기로 사라져야 했던 마녀들과 이 땅의 저주받은 자로 수난을 치러야 했던 국가보안법 위반자들의 유사점은 무엇일까?

1. 국가보안법과 마녀 재판의 유사점

너무도 기나긴 시간과 공간의 차이를 가진 중세 서양의 마녀 재판과 한국 현대사 속의 국가보안법 재판은 기가 막힐 정도로 닮았다. 그것은 권력이 무력한 개인들을 희생양으로 삼아 자신의 정치적 목적을 달성해가는 과정이라는 동일한

---

4. 「빨갱이 신화」, 「월간 말」 1986년 12월호, 24쪽.

양상을 보여주기 때문이다. 여기서는 그 유사성의 몇 가지 단면만을 간략히 살펴보기로 한다.

1) '중죄' 의식과 재판 절차의 실종

국가보안법 사건은 국가와 사회에 대한 도전으로 간주되었기 때문에 국민 공동의 적으로 처단되어야 한다는 논리가 지난 시대를 지배했다. 국가보안법 사건은 중대 사안이며 중죄라는 인식은 곧바로 수사 및 재판기관에서 특별 취급으로 연결되었고, 그것은 곧바로 사법 절차의 해제(解除)와 엄벌주의를 낳았다. 헌법과 형사소송법이 규정하는 피고인 보호를 위한 각종 장치가 국가보안법 사건에서는 해제되었고, 적부심과 보석, 집행유예 역시 대체로 해당되지 않았다.

마녀 재판은 이미 설명한 대로 신의 모독과 기독교에 대한 배반, 악마와의 거래로 간주되었기 때문에 가장 중한 죄로 취급받았다. 엄정한 증거가 필요한 로마법 전수 이후에도 법률가들은 예외로 마녀에 대한 고문과 이로 인한 자백 증거를 허용했다. 일반 사건에는 허용되지 않는 고문의 반복이 마녀에게 가해졌고, 마녀 소추를 담당하는 자들은 마녀에 대한 예외적 법률 해석에 따라 충실하게 그 직무에 종사했다.[5]

국가보안법이든 마녀 재판이든 이와 관련된 행위가 체제 자체를 부정하고 전복하는 중죄라는 생각은 바로 대량의 희생자와 극단적인 피해를 초래했고, 나아가 정당한 재판 절차마저 유린하는 근거와 배경이 되었다.

---

5. 不破武夫, 魔女裁判, 巖松堂書店, 東京, p. 15.

2) 고문의 결과

마녀라고 고백한 '고백서들'은 많지만, 자신이 정말 마녀라고 자인한 사례는 역사 속에서 거의 존재하지 않는다.[6] 고백서는 결국 엄청난 고문으로 만들어진 부산물에 지나지 않았다. 빗자루를 타고 하늘을 날아서 '악마회의'에 참석했다는 자백을 하기까지 이들이 얼마나 심한 고문을 받았겠는가? 고문은 마녀로 심문받는 피의자 본인뿐만 아니라 그 고문과정을 통하여 가족과 이웃의 또 다른 희생자를 불러오게 마련이었다. 누가 자신을 마녀로 안내했고, 어떤 마녀들이 이웃에 있으며, '악마연회'의 참석자들을 대라는 수사관의 요구와 고문은 곧바로 수십 명의 연쇄적인 마녀 이름이 그 피의자의 입에 오를 수밖에 없도록 만들었다. 다음은 1601년 오펜부르크 지방에서 있었던 일이다.

> :: 　방랑 여인 두 사람이 고문에 못 이겨 자기들이 마녀라고 자백했다. 악마의 연회에서 본 사람을 대라는 협박에 그들은 빵 제조업자의 아내 엘제 그빈너의 이름을 불었다. 엘제 그빈너는 1601년 10월 31일, 수사관들 앞에 끌려갔지만 마법에 대해 아는 바가 없다고 완강히 부인했다. …… 세 번째 매달려졌을 때 견디지 못해 그녀는 고함을 질렀다. 그녀는 다시 땅에 내려졌고 '악마와 사랑'을 즐겼다고 고백했다. 수사관들은 이에 만족하지 않고 더 많은 자백을 강요했다. …… 그러는 동안 수사관들은 엘제의 딸 아가테를 잡아왔다. 그들은 아가테를 감방에 처넣고 그녀는 자신과 어머니는 마녀이고 빵값을 올리기 위해 농작물을 망쳤다는 자백을 하기까지 매질을 했다. …… 종국에 가서 그녀는 악마 애인의 두 날개를 타고 악마연회에 참석했다고 고백했다. 그러자 수사관들은 그 연회에서 얼굴을 본 자들의 이

---

6. 마빈 해리스, 『문화의 수수께끼』, 한길사, 1993, 172쪽.

름을 대라고 강요했다. 엘제는 두 사람—스피이스 부인과 웨이스 부인—의 이름을 말했다. …… 엘제 그빈너는 1601년 12월 21일에 화형당했다.[7]

국가보안법 사건도 고문과 친한 범죄이다. 특히 간첩사건이나 조작사건은 거의 예외 없이 고문피해의 호소가 따른다. 고문은 자백을 낳고, 자백은 무고한 가족과 동료의 연쇄적 구속을 가져온다. 불고지죄까지 쳐서 한 간첩사건은 수명에서 수십 명의 구속을 부른다. 때로는 한 집안의 패가망신을 초래한다. '송씨 일가' 사건이 전형적인 예이다. 월북한 한 가족 때문에 충청도의 한 송씨 일가는 수십 명이 구속되었고 장기형을 선고받음으로써 절단이 나고 말았던 것이다.

3) 수사관의 협박과 법정 진실

— "마르가레타, 그대는 자유의지에 따라 고문으로 되어진 자백을 추인하겠는가?"

∷   견딜 수 없는 고문을 받고 자백할 때, 수사관은 그녀에게 말했다. "만약 지금까지 자백한 것을 부인할 의사가 있으면 지금 나에게 말하라. 그러면 내가 더 유익하게 하겠다. 그러나 만약 당신이 법정에서 그 사실을 부인한다면, 당신은 다시 내 손아귀로 돌아와 이제까지보다 더 지독한 꼴을 보게 될 것이다. 나는 돌에서 눈물이 흐르도록 할 수도 있다." …… 마르가레타가 법정에 끌려갔을 때는 그녀의 발에 족쇄가 채워져 있었고, 손에는 포승이 묶여져 피가 배어나올 지경이 되었다. 그녀의 옆에는 간수와 수사관이 서 있고 그 뒤에는 경비대가 무장을 하고 서 있다. 자백서가 낭독되면, 수사관은 그 자백서를 추인할 것인가 그러지 않을 것인가를 묻는다.[8]

7. 마빈 해리스, 『문화의 수수께끼』, 한길사, 1993, 172~174쪽.
8. 마빈 해리스, 앞의 책, 175쪽.

∷　검찰에서는 사실의 진상이 드러나 저의 억울함이 밝혀질 것으로 믿었기에 나를 죽이겠다고 고문하던 수사관들이 검찰에마저 따라와서 저의 진술을 감시하고 있었으나 저는 조서 내용은 고문과 폭행에 의해 꾸며진 것이라고 주장했던 것이다. 그런데 검사는 부인하면 보안대에서 부인하지 왜 여기서 부인하느냐, 조서 내용대로 시인하지 않으면 다시 보안대로 돌려보내서 죽여버리도록 하겠다, 너는 재판을 않고도 죽여버릴 수 있다, 평생 감옥에서 못 나오도록 하겠다며 양쪽 뺨을 후려치고 발길질을 하고 바닥에 꿇어앉히고 옆 사무실로 끌고 가 폭행을 하는데, 이같은 검사 행위는 하늘이 무너져내리는 놀라움이었고 무서움이었으며…….[9]

4) 자백의 증거

마녀 재판에서 증거란 어차피 자백과 이웃의 증언뿐이다. 악마연회에 참석한 증거, 농작물을 망친 증거가 어디 있겠는가. 마녀 피의자 본인의 자백과 그녀의 평소 언동이 수상했다는 이웃 사람들의 진술이 보강 증거가 되어 유죄 판결의 기초가 되었다. 결국 자백은 마녀를 만드는 지름길이 되었다.

국가보안법 사건도 마찬가지다. 많은 조작 간첩사건의 경우 탐지하고 수집했다는 국가기밀이 대체로 이미 신문에 보도된 것이었거나 상식에 속하는 내용이었다. 간첩의 증거로 제시된 것은 흔한 라디오 등에 불과했다. 가장 중요한 증거는 여전히 피고인 자신의 자백이었다. 많은 경우 함께 잡혀온 상피고인들의 진술이 상호 보강 증거가 되었다. 결국 고문에 의해 획득된 자백이 다른 고문에 의한 자백을 보강하는 셈이었다.

---

9. 87도 제455호 구반공법 위반 사건의 피고인 김양기의 상고이유서, 공판기록 457쪽. 박원순, 『국가보안법 연구 2』, 역사비평사, 1992, 565쪽.

5) 이욕적인 기술자로서의 고문수사관

::　마녀 사냥꾼들은 마녀들의 공급을 원활하게 하는 데 노력했고, 그로 인해 실제 마녀들이 존재하고, 또 어느 곳에나 존재하고 있으며 그들은 위험스러운 존재들이라는 신앙을 퍼뜨리는 데 노력했다는 가정은 아주 분명한 증거에 기초하고 있다. …… (마녀들의 재산 몰수, 고문과 처형 비용의 청구 등) …… 이런 보상들의 존재는 마녀사냥 기술들이 광적으로 맡은 바 일을 하였던 까닭을 밝혀주는 데는 도움이 될 것이다.[10]

::　최경조 대공처장은 박정희의 5·16군사쿠데타를 기념하는 5·16민족상 보안부분의 수상을 목표로 심사회에 제출할 자신의 업적 목록 작성을 수사과의 내근에게 명령했다. 최경조가 체포한 간첩은 60여 명에 이른다는 책자가 만들어졌다. 그 안에는 나의 이름도, 서성수 형, 박박 씨, 허철중 군도 사진이 첨부되어 들어가 있었다. 최경조의 5·16민족상 수상 축하연으로 이해의 봄은 끝났다. …… 주빈석에는 멧돼지 한 마리가 구워진 채로 눕혀져 있다. …… 멧돼지의 모습에 나는 연민을 느꼈다. 귀가 잘리고 배가 갈라져 술안주가 되어 사나이들의 위장으로 들어가는 멧돼지의 모습이 서성수 형이었고 나였고 허철중 군과 박박 씨, 이종수 군, 그리고 헤아릴 수 없는 동포들의 모습과 겹쳐졌던 것이다. 우종일이 그리고 오희명이 건배를 선창했다. 위하여! 대공수사과의 더욱 큰 발전과 성과증진을 위해, 위하여.[11]

마녀 재판에서나 국가보안법 사건에서나 공통적으로 등장하는 것이 직업적인 고문전문가들이다. 이들은 고문을 통해 마녀나 빨갱이를 만들어내는 사람들

---

10. 마빈 해리스, 『문화의 수수께끼』, 한길사, 1993, 194쪽.
11. 김병진, 『보안사』, 소나무, 1988, 201~202쪽.

이다. 이들은 재산의 이득과 승진 등 자신의 이익을 위해 다른 사람을 희생양으로 삼는 데 주저하지 않는다.[12] 이들은 교묘한 고문과 심문의 기술을 발전시켰고, 법정에서 유죄를 확보하기 위한 능란한 방법들을 고안해냈다. 이 방면에서는 일종의 '기술자'였다.

역사상 가장 뛰어난 고문전문가 중 한 사람은 1578년에서 1617년까지 뉘른베르크에서 이단심문관으로 근무한 프란츠 슈미트이다. 그가 남긴 일기장에는 361명에 대한 처형과 345명의 죄수에 대한 고문이 꼼꼼히 기록되어 있는데, 이는 그가 재임한 임기 중 몇 해 동안 행한 고문의 일부일 뿐이다. 그는 퇴직할 때 국가로부터 엄청난 연금을 받았으며, 1634년에 죽었다. 슈미트의 일기에는 사디즘이나 잔학성이 엿보이는 구절이 전혀 없으며, 단지 매우 능률적으로 자신의 업무를 수행한 일개 '성실한 직공'의 면모만 드러나 있다.[13]

이단심문관으로 명성을 날렸던 스페인의 프레이 토마스 데 토로케머더는 그의 스페인 이단심문소장 재직 18년 동안 10만 220명을 화형에 처하고 9만 7,321명을 고문했다. 그러나 그는 이단심문관 가운데 가장 위대한 사람으로 평가받았으며, 자기희생과 겸양의 생활을 보냈다.

독일의 이단심문소장으로 임명된 요하네스 슈프렝거는 가장 유명한 고문과 조작의 전문가였다. 그는 자신이 죽은 후에도 몇 세기 동안 마술과 자백을 받아내는 방법에 관한 명저로 이름을 떨친 『말레우스 말레피카룸』에서 "마녀의 존재를 믿느냐 아니냐를 피고에게 묻도록 하라. 믿지 않는다고 답변하면 그것은 이단의 설이라 즉각 처형할 수 있는 값어치가 있다. 믿는다고 대답하면 자신이 마녀가 아니면 어떻게 그것을 알 수 있느냐고 묻고 자백할 때까지 고문을 가하라"는

---

12. 마녀 재판의 심문관은 로프나 유황, 장작, 화형주(火刑柱) 등의 조달을 통하여 수익을 취했을 뿐만 아니라 부업으로 죽은 여인의 그을린 내분비선을 연금술사에게 팔아 이익을 남기기도 했다. 다니엘. P. 마닉스, 『고문의 세계』, 대진출판사, 1975, 114쪽.
13. 다니엘 P. 마닉스, 앞의 책, 117쪽.

등의 심문기술을 소개하고 있다. 슈프렝거의 추궁을 벗어난 마녀는 전혀 없다고 알려져 있다.[14]

한국에서 가장 유명한 고문전문가는 역시 이근안이다. 물론 일제강점기 때부터 독립운동가를 고문하던 유명한 친일 경찰들이 있었다. 이들은 해방된 조국의 경찰, 헌병대, 특무대 등에 다시 들어가 이 나라의 수사기관에 고문의 전통을 뿌리내리게 했다. 노덕술, 김창룡 등이 바로 그들이다. 이근안은 5공 시절에 민주화 운동가들을 많이 고문하다가 얼굴이 알려진 경우일 뿐이다.

이근안은 김근태 전 민청련 의장의 사건에서 지독한 고문을 자행함으로써 유명해졌지만 실제 미스유니버스대회 방해음모사건, 남민전사건, 김성학 사건, 함주명 사건, 반제동맹당사건, 전노련사건 등 수많은 사건에서 '고문기술자'로 등장했다. 전기고문과 허리꺾기에 능했다는 "그는 항상 눈에 핏발이 서 있었으며, 칠성판을 자신이 발명했다고 자랑하기도 했으며",[15] "전기고문을 하는 도중에 부하직원을 시켜 라디오를 가져오게 하여 직접 다이얼을 맞춰 크게 틀곤 했다"[16]라고 한다. 김근태를 비롯한 고문피해자들에게 고발을 당한 이근안은 10년 10개월간의 도피 끝에 1999년 10월 자수하여 징역 7년형을 선고받고 현재 여주교도소에서 복역 중이다.

6) 이단심문소와 정보부 또는 안기부

이단심문소와 이단재판소는 교회와 교리를 수호하는 기구였기에 엄청난 권한과 권력을 행사했다. 적법 절차나 피의자 권리는 이 기관에 의해 존중되거나

---

14. 다니엘 P. 마닉스, 『고문의 세계』, 대진출판사, 1975, 90쪽.
15. 이근안에게 고문을 당한 전 기자협회장 김태홍의 증언. 「고문 폭로 잇따라 대공분실 '전기 담당' 전문가 이근안 경감으로 확인 고발」, 1988년 12월 22일자 『동아일보』 기사. 인용문에 언급된 '칠성판'은 고문 도구를 일컫는다.
16. 김근태 씨의 증언. 1988년 12월 27일자 『한겨레신문』 기사.

존중해주기를 바랄 수 없었다. 불쌍한 마녀들은 이 기관에서 제대로 된 변론 한 번 하지 못하고 진짜 마녀가 되어갔던 것이다.

국가보안법은 한 국가의 형법체계 속에서 가장 중요한 법률로 인식되었다. 국가보안법 사건은 경찰·검찰·안기부에서 취급되었지만, 기본적으로 그것은 안기부의 지휘 통제 아래 있었다.

안기부는 국가보안법 사건을 '조정'이라는 이름 아래 수사의 주제자인 검찰을 사실상 '상명하복' 관계에 두고 있었다. 국가보안법을 실질적으로 다룰 수 있는 기관이 가장 상위의 힘 있는 기관이 되었다. 그것은 국가보안법이야말로 국가와 체제에 대한 도전 세력을 처단할 수 있는 수단이었기 때문이다.

7) 사상 재판

마녀 재판의 지침서라고 할 수 있는 『말레우스 말레피카룸』을 공동 집필한 하인리히 크레머(인스티토리스)와 요하네스 슈프렝거는 "다른 사람이 꿈속에서 당신이 무슨 일을 하는 것을 보았다면, 당신은 그 일에 책임을 져야 한다"라고 주장했다.[17] 마녀는 단지 생각만으로도 남에게 해를 끼칠 수 있다고 여겼기 때문에 그 '사악한 생각'도 처벌할 근거가 되었다. 마녀들은 이웃이나 동물에게 구체적인 해악을 끼치지 않아도 마녀라는 사실 자체로서, 또는 마녀로서 악마연회에 참석하고 악마와 키스한 것만으로도 처벌받아야 했다.

국가보안법 적용 역사에 등장하는 사람들의 열전 가운데는 일기에 쓴 내용이 문제되었거나[18] 농담으로 한 대화[19]로 인해 유죄 판결을 받은 경우도 있다. 단

---

17. 마빈 해리스, 『문화의 수수께끼』, 한길사, 1993, 193쪽.
18. 대법원 1975년 12월 9일 선고 73도 제3392호 반공법 위반 사건 판결문 참조.
19. 상대방의 사상을 떠보기 위하여 마음에도 없는 말을 한 것도 반공법상의 고무·찬양죄가 성립된다고 한 판례가 있다. 대법원 1967년 12월 26일 선고, 67도 제1460호 사건 판결문 참조.

순히 책을 읽고 소지하는 것도 수없이 문제가 되었다. 몇 명의 학생들이 모여 토론한 것이 '의식화'라는 이름으로 처단된 사례는 예거하기조차 힘들다. 단순한 물건조차도 그것에 '사상성'을 주입하여 처벌하려 들었다. 이른바 북한 우표수집 사건이 바로 그러했다.[20] 단순한 자연현상조차도 마녀의 악의와 그에 기초한 결과로 몰아붙여 처단한 마녀 재판의 광기와 다를 바 없었다. 이와 같이 행동만이 아니라 사상과 양심조차도 처단할 수 있는 것이 국가보안법이었다. 이 법은 사람들로 하여금 내면조차도 반공이데올로기로 무장할 것을 요구했다. 꿈속에서도, 일기 속에서도, 소설의 초고[21]에서도 허튼소리는 허용되지 않았다.

8) 연약한 계층의 피해자

마녀 재판의 피해자는 주로 젊은 여성과 어린 소녀, 그리고 중·노년의 여성이었다. 젊은 여성은 그중 77.7%를 차지했다. 여성으로서의 마녀는 보통 남성들이 저지르는 강도, 살인이 아니라 해로운 저주를 하는 등 상징적인 범죄를 저지른다고 보았다.[22] 그러나 실제 여성들은 당시 가장 연약한 계층으로서, 이단심문소의 공격에 대해 방어할 능력을 갖추고 있지 못했다.

국가보안법의 피해자 역시 사회적으로 가장 약한 계층 출신이 많았다. 국가보안법은 적용되지 않는 영역이 없었고, 적용의 예외가 된 사람도 없었다. 그리하여 언론인에서부터 예술가에 이르기까지 지식인들이 광범하게 이 법의 적용을 받았다. 그래서 이들에게는 단순한 고무·찬양 조항이 적용되었고, 장기형을 선고

---

20. "피고인들이 전문적인 우표수집가이고 평소의 성향이 반공적이었다고 하더라도 피고인들의 위 행위는 북한괴뢰집단의 우표 판매와 보급 활동에 동조하여 그를 이롭게 한다는 인식하에 행해졌다고 할 것이다." 대법원 1978년 12월 13일 선고, 78도 제2243호 반공법 위반 사건 판결문 참조.
21. 1987년 7월 12일 국가보안법 위반으로 구속된 문학평론가 백진기 외 6명의 공동창작 '어머니의 길' 사건은 당시 초고 상태의 시와 소설, 창작보고서 등이 문제되었던 것이다. 박원순, 『국가보안법 연구 2』, 역사비평사, 1992, 191쪽.
22. Emmanuel Le Roy Ladurie, *Jasmin's Witch*, George Braziller, New York, 1983, p. 7.

받는 경우가 드물었다. 이른바 '막걸리 국가보안법'의 경우 평범한 시민들이 대부분이었다. 납북어부, 재일동포, 간첩사건의 경우에는 가난하고 힘없는 서민들이 고문당하고 간첩으로 조작되었다. 이들은 변호인을 선임할 능력은커녕 스스로를 방어할 능력조차 없었기 때문에 제대로 변론할 기회도 없었고 중형을 선고받기가 일쑤였다.

9) 중형 선고

앞에서 살펴보았듯이 마녀 재판과 국가보안법 사건은 모두 체제 유지에 위해를 초래한다는 이유로 관련 사건을 중죄로 간주했으며, 중형으로써 다스렸다. 마녀들은 대체로 화형 등 극악한 형벌에 처해졌다.

국가보안법 위반자들의 경우에도 비교적 엄벌을 받았다. 국가보안법 사건의 사형선고 인원과 반공법 사건의 사형선고 인원의 경우, 1960년부터 1987년 사이에 우리나라에서 선고된 전체 사형선고 인원의 17.1%와 5.6%를 각각 차지했는데, 이를 통해 그 비중이 절대적으로 높음을 알 수 있다.[23] 사형이 아니더라도 무기형, 징역 10년 이상의 장기형이 쉽게 선고되었다. 그리하여 한때는 '장기수의 나라'라는 조소 어린 표현이 인권운동가들 사이에 회자되기도 했다.[24]

10) 이웃의 태도 — 고발과 위증과 방관

마녀는 이웃의 농작물을 해치고 아이들을 유괴하고 질병을 가져온다고 여겨졌기 때문에 이웃 사람들은 마녀의 처단을 바랐다. 순진한 농민들은 자신의 생존

---

23. 『사법연감』을 통해 본 죄명별 1심 사형선고 인원이다. 박원순, 앞의 책, 577쪽.
24. 인권운동단체에서는 징역 7년 이상 선고된 사람들을 장기수로 분류하는 것이 관행이다.

을 위협하고 해악을 끼치며 마을의 평화를 깨는 마녀의 존재를 좋아할 리 없었다. 이 어리석은 농민들은 위정자의 실정(失政)에 다름 아닌 풍수해와 궁핍에 대한 책임을 결국 자신의 이웃, 자신의 처자에게 전가하는 데 앞장섰던 셈이다. 위정자와 법 집행자에 의해 만들어진 마녀의 존재는 이들에게 마녀에 대한 증오와 공포심을 심어주었고, 마녀의 처형에 더욱 앞장서게 만들었다.

많은 국가보안법 사건 또한 이웃 사람의 신고와 고발에 기초해 있다. 특히 막걸리 반공법, 막걸리 국가보안법 사건은 같은 자리에 있었거나 전해 들은 이웃과 친구의 제보에 의한 것이었다. 국가보안법으로 재판을 받는다는 것은 바로 패가망신을 의미하는 것이므로, 이는 원수를 진 이웃 사람들이 상대를 파멸시키기에는 안성맞춤의 죄목이었다. 또한 국가보안법 희생자들은 법률적 제재에 의해 공민권을 박탈당하고, 평생 기관의 감시를 받게 될 뿐만 아니라 이웃으로부터도 소외당하고 접촉을 차단당했다. 한 번 찍힌 낙인은 영원히 제거할 도리가 없었다.[25]

마녀 재판이나 국가보안법 재판은 일반 민중을 분열시키고 이간하는 역할을 톡톡히 해냈다. 바로 자신의 담 너머 이웃과 마을 주민을 서로 의심하게 함으로써 학정(虐政)에 대한 투쟁과 단결의 여지를 없애고 말았다. "꺼진 불도 다시 한 번" 보듯 이웃의 동태를 살피고 감시하고 고자질함으로써 마녀 재판과 국가보안법 사건은 그 사회 내부 구성원을 분열시켰던 것이다.

---

25. 김수환 추기경은 이에 대해 다음과 같이 설명했다. "국가보안법이나 반공법이 적용되어 처벌을 받게 되는 데서 오는 상처와 아픔이 얼마나 큰 것인가를 당한 사람과 그 가족은 너무도 뼈저리게 느끼고 있습니다. 그렇기 때문에 1970년대 긴급조치 시대, 어린 학생이 어떠한 형벌도 좋으니 제발 용공좌경으로만 몰지 말아달라고 하소연하는 일들이 많았습니다. ⋯⋯" 1986년 12월 8일자 김수환 추기경의 인권회복미사 강론.

2. 국가보안법 현상의 정치적·문화인류학적 의미

마녀 재판에 대해 많은 역사학자들이 단순히 16～17세기 사람들의 비이성적인 미신의 소산 또는 마녀사냥꾼이나 판사들의 잔혹성에 대한 도덕적 분노를 서술해왔다. 레키, 한센, 레아 등의 학자들이 바로 그들이다. 그러나 오늘날 이러한 이성주의적 학자들의 견해에 단순히 동조하는 학자들은 거의 없다. 오늘날 마녀 재판에 대해서는 사회학자 또는 인류학자와 같이 다른 영역에서의 연구가 축적되고 더해짐으로써 좀더 다양하게 설명할 수 있게 되었다. 또한 피고인 또는 기소자들의 신분과 지위 등의 정보를 담고 있는 재판 기록과 관련 문서들에 대한 분석으로 말미암아 마녀 재판과 그 사회심리학적 현상에 대한 정교한 모습을 재현할 수 있게 되었다. 이러한 새로운 연구와 분석은 마녀 재판의 공포감을 경감시키거나 그 잔혹성을 미화시키는 것이 아니라, 그보다는 과거의 마녀 재판을 기소자들의 광기와 악행만으로 설명하려는 인상을 제거하는 데 도움을 준다.[26]

어느 인류학자는 마녀 재판이 기도했던 최종의 목적이 무엇이었던가를 추적하고 있다. 한번 마녀로 지목되면 혐의와 그에 대한 증거는 만들기에 달렸다. 앞에서 살펴본 것처럼 체포될 당시 피의자가 지나치게 냉정을 지켜도, 또는 너무 당황해해도 결국 마녀가 되기는 마찬가지였다. 즉 서로 상반되는 태도와 반응이 마녀의 전형적 특성으로 간주되었던 것이다.[27] 이렇게 하여 한두 명의 희생자가 아니라 수십만 명의 희생자이 생겨났던 것이다. 도대체 무엇을 위한 희생양이었던가?

---

26. Geoffrey Scarre, *Witchcraft and Magic in 16th and 17th Century Europe*, Humanities Press International, INC, Atlantic Highlands, NJ, 1987, p. 2.
27. 不破武夫, 魔女裁判, 巖松堂書店, 東京, p. 24.

::　마녀사냥 제도의 주된 결과는 (숯으로 변한 몸뚱아리들은 차치하고라도) 가난한 사람들이 자기들은 영주나 교황의 희생물이라는 사실은 전혀 모르고 단지 자기들이 마녀들이나 악마들의 희생물이라고 믿게 되었다는 것이다. 당신네 집의 지붕은 비가 오면 새는가? 당신네 암소가 낙태했다지? 당신네 밭의 귀리는 잘 크지 않는다면서? 당신네 포도가 시어졌다면서? 당신의 머리가 아프다고? 당신의 자식이 죽었다면서? 당신네 울타리를 부수고, 당신을 빚에 쪼들리게 하고, 당신의 농토를 탐내는 자는 바로 당신의 이웃—마녀로 변한 당신의 이웃—이다. …… 백성들이 가공(架空)의 적들을 퇴치하자는 힘찬 캠페인을 교회와 국가가 시작했다. …… 결국 마녀광이 지닌 실제적 의미는 마녀 광란을 통해 중세 후기 사회의 위기에 대한 책임을 교회와 국가로부터, 인간의 형태를 취한 가상(假想)의 괴물들에게 전가시켰다는 데에 있다. 이 괴물들의 환상적인 행위들로 인해 고통을 당하고 소외되고 영세화된 대중들은 부패한 성직자들이나 탐욕스러운 귀족들을 저주하는 대신에 미쳐 날뛰는 악마들을 저주하게 되었다.[28]

　　결국 가난하고 무력한 부녀자에 다름없었던 마녀들은 교회와 국가, 성직자와 귀족들의 정치적 무능과 부도덕에 대한 전가된 책임을 지고 희생양이 되었던 것이다. 이들의 희생으로 말미암아 그 대신 성직자와 귀족들은 오히려 "간파해내기 힘들 적으로부터 보호해주는 위대한 보호자"로서 인식되었다. 더구나 마녀 소동은 "빈자와 무산자들의 가동능력(稼動能力)을 박탈하고, 서로 간의 사회적 거리감을 조장시키고, 서로 의심하게 하고, 이웃끼리 서로 싸우게 하고, 모든 사람들을 소외되게 했고, 모든 사람들을 공포에 몰아넣었으며, 불신을 고조시켰으며, 무기력하게 만들었"[29]던 것이다.

28. 마빈 해리스, 『문화의 수수께끼』, 한길사, 1993, 195쪽.
29. 마빈 해리스, 앞의 책, 196쪽.

더 나아가 마녀사냥 제도가 유럽에서 제3시대에 대한 예언과 메시아 운동이 들끓듯 일어나기 시작한 무렵에 교황 인노켄티우스 8세가 인준했던 것에 주목할 필요가 있다. 마법 광란은 종교개혁의 후유증이 남아 있을 때 그 절정을 이루었다. 메시아적 사회운동과 마법 광란이 거의 동시에 진행되었다는 사실은 별로 힘들이지 않고 수수께끼를 풀게 한다. 즉 마녀 재판은 이러한 메시아적 사회운동의 기세를 꺾기 위한 의도에서 비롯되고 발전된 것이었다. 메시아적 신앙을 가진 타보르(Tábor) 종파나 재세례파(再洗禮派) 등은 그들의 메시아 신앙 때문이 아니라 바로 마법을 사용했다는 이유 때문에 처단되었다.[30]

국가보안법도 마찬가지로 하나의 체제를 유지하기 위해 만들어낸 틀이었다. 이 틀은 끝없이 희생자들을 요구하고 있었다. 그 틀을 운용하는 사람들의 개인적 승진과 출세라는 작은 동기를 벗어나 국가보안법이라는 틀은 수많은 사람의 희생을 통하여 이 법이 지향하는 체제와 그 체제로 인하여 기득권을 누리는 사람들의 보호막이 된 것이다. 가끔 조직 계보와 함께 큼지막한 사진으로 상징되는 사건이 발표될 때마다 그 사진의 주인공들은 일정한 목적을 위해 봉사하게 마련이었다. 때로는 반공 심리를 자극해 선거에서 안정 회구 세력의 표를 묶는 역할도 하고, 또 어떤 때는 북한에 대한 경계심을 이용하여 사회에 무겁고 불안한 심리를 일으켜 쿠데타 권력의 안정과 정착에 활용하기도 했다. 큰 간첩사건이 터지거나 간첩사건이 자주 터질 때가 대체로 이러한 정치적 목적이 필요한 때였다. 심지어는 미리 파악해두고 있던 간첩사건을 일부러 시간이 지나 그 목적을 달성할 수 있을 때 터뜨리기도 했다.

한편 기독교의 절대적 권위가 강화되면서 하나의 도그마가 되고 그에 반대되는 모든 것이 이단시된 것이 중세 유럽이었다. 마녀는 바로 기독교의 이단적

---

30. 마빈 해리스, 앞의 책, 193쪽.

세력에 다름 아니었다. 동시에 남북 분단이 강화되고 좌우 대립과 상호 적대가 심화되면서 국가안보 이데올로기는 절대적 가치의 수준으로 올라갔다. 국가안보 이데올로기는 하나의 도그마로서 그 어떤 국민의 희생이나 기본권의 제한을 위한 명분으로도 사용될 수 있었다. 이 도그마들이 깨지는 것은 그 외의 다른 가치들에 대한 고려, 상대주의적 인식 전환 등의 계기에 의해서이다. 신의 권위에 대한 휴머니즘의 등장에 의하여 마녀 재판은 역사의 무대에서 사라졌고, 국민의 기본권과 인권의 가치 부흥에 의해 국가보안법의 위력은 약화되고 있다.

03
야만시대를 넘어

::　　15세기에서부터 18세기까지 3세기 동안 벌어진 광란의 마녀 재판만큼이나 공포로 가득 찬 인간 역사의 페이지는 없다.[1]

　　서양의 마녀 재판은 끔찍한 역사의 한 페이지로 기록되어 있다. 유죄로 판정받고 처형된 그 수십만 마녀들은 모두 무죄였다. 마녀 재판 자체가 명백한 오판이었고 범죄행위였다. 고문과 자백의 강요가 빚은 이 비극적 현상은 인류의 미망과 무지, 악의 속에서 핀 독버섯이었다. 많은 역사학자들은 그것을 특정한 지역, 특정한 시대에 벌어졌던 특수한 현상으로 해석하고자 한다. 그러나 마녀 재판은 그 규모와 잔인성, 기간에 차이는 있을지언정, 모든 시대에 나타날 수 있는 심리적 현상이며 동시에 모든 사회가 저지를 수 있는 보편성을 지닌다.[2] 우리는 전 세계를 파시즘의 광란 속으로 몰아넣었던 제2차 세계대전 직전의 독일의 나치즘과

---

1. Lea라는 학자의 말. Geoffrey Scarre, *Witchcraft and Magic in 16th and 17th Century Europe*, Humanities Press International, INC, Atlantic Highlands, NJ, 1987, p. 2에서 재인용.

이탈리아와 일본의 파시즘, 미국의 1950년대를 사상적 황폐로 물들였던 매카시즘, 그리고 프랑스의 드레퓌스 사건에서도 같은 현상을 본다. 메카시즘의 희생자 중 한 사람이었던 앨저 히스를 주인공으로 한 영화 〈앨저 히스 재판〉의 해설자는 다음과 같이 말하고 있다.

:: 한 시대를 주름잡은 '반공의 대의'에 편승한 조작극은 그 시대의 광기를 드러낸다. 이 영화는 그 광기의 시대를 심판한다. 30년이 지난 오늘, 메카시즘의 과오는 새삼스럽게 역사의 심판대에 오른 셈이다.[3]

광기와 광란의 시대는 그로 인한 희생자를 낳게 마련이다. 집단적 히스테리에 빠진 사회와 국가는 그 구성원을 해칠 수밖에 없다. 바로 서양의 마녀 재판과 우리의 국가보안법 소동이 그러한 사실을 증명한다. 공정하고 이성적인 판단 대신에 적대와 분노, 그리고 선입견으로 한 개인과 집단에게 누명을 씌워 시대의 희생양으로 삼았다. 법과 재판이라는 형식이 존재하지만 그것이야말로 형식일 뿐이다. 실제로는 법과 재판의 형식을 빌린 야만적 그리고 사법적 살인에 다름 아니다. 그것을 통하여 무력하고 무고한 수많은 사람이 희생을 치러야 했다. 그러나 면밀히 따져보면 단지 무지하고 변덕스러운 대중의 흥분이나 방관에 의해 이러한 억울함이 생겨났다기보다는 지배자의 치밀한 계획 아래 벌어진 것임을 알게 된다. 어쩌면 그렇게 서로 다른 시간과 공간에서 벌어진 일이 어쩌면 그리도 많은 점에서 유사성을 띠고 있는지 우리는 놀라지 않을 수 없다.

---

2. 17세기의 세일럼 재판을 분석하여 *Witch Hunting in Seventeenth Century New England*라는 책을 쓴 David Hall 교수는 "그 재판의 문서들이 보통 사람들의 삶 속으로 통하는 기막힌 창문을 만들어주고 있다. ...... 역사학자들은 한 시대 위로 특정지으려 하지만 세일럼은 비상한 사건이 아니다"라고 말하고 있다. *Harvard Gazette*, October 30th, 1992.
3. 김중배, 「매카시즘에의 경고」, 『하늘이여 땅이여 사람들이여』, 나남, 1987, 122쪽.

:: 현직 국회의원과 수천 명의 노동자, 학생, 시민들을 구속으로 몰고 간 이른바 국시논쟁이니 좌경용공이니 하는 말이 횡행하고 있는 것도 이 길고 어두운 역사를 지닌 빨갱이 귀신을 다시 불러내어 그 주술적 위력을 이용해보려는 세력의 음모에 지나지 않는다면 틀린 말일까?…… 오로지 권력에만 눈 뒤집힌 자들이 대다수 민중들이 갈구해 마지않는 본질을 호도하고 지엽말단의 자구 몇 개, 몇 마디 구호를 침소봉대, 왜곡 과장하여 주술로 삼고 불러들인 저 어두운 시대의 망령이 초래할 참화를 이 시대의 민중들은 또다시 고스란히 겪을 수밖에 없을 것인가.[4]

'횡행', '빨갱이 귀신', '주술', '음모', '권력', '침소봉대', '왜곡 과장', '어두운 시대', '망령', '참화'…….

이 간단한 인용문에 등장하는 단어들은 모두 마녀 재판의 시대를 연상케 하고도 남음이 있다. 그러나 '이 길고 어두운' 시대가 완전히 끝나지 않았다는 데 문제가 있다. 서양의 마녀 재판은 오랜 과거의 일임에 비하여 국가보안법 재판은 오늘날 벌어지고 있는 바로 우리의 비극이다. 과거형이 아니라 현재진행형의 비극이다. 여전히 '고문'과 '조작', '프락치'와 '공작'이라는 단어가 사라지지 않고 있다.

서양에서는 바로 이 재판을 통하여 드러난 문제를 개선하는 데 힘써 마침내 가장 선진적인 사법제도를 이룩했다. 그 잔혹과 처참이 극에 달했던 비극의 땅에서 인간의 과오를 줄일 수 있는 사법제도가 발전하고 정착될 수 있었던 것은 역사적 아이러니라기보다는 필연적 결과였는지도 모른다. 그러한 상황에서 수세기 전 100만 명이 넘는 무고한 부녀자를 화형시킨 죄악이 더 이상 이 땅에 살고 있는 우리의 것으로 다시금 되풀이되어서는 안 된다. 그것이 바로 중세 유럽과 초

---

4. 「빨갱이 신화」, 『월간 말』 1986년 12월호, 24쪽.

기 미국사에 나타난 마녀 재판이 우리에게 주는 타산지석의 교훈이 아닐 수 없다. 이제 우리도 문명의 탈을 쓰고 이 야만의 짓, 푸닥거리 주술을 계속할 수는 없지 않은가.

참고문헌 · 찾아보기

참고문헌

| 단행본 |

고은·김지하·양성우·김남주 외,『反사찰 고문시집—공화국을 위하여』, 황토, 1990.
국가인권위원회,『2004 인권백서』제1집, 2004.
국가인권위원회,『국가인권위원회 공보』제1권 제6호.
국가인권위원회,『2002 연간보고서』, 2003.
국가인권위원회,『2003 연간보고서』, 2004.
권인숙,『하나의 벽을 넘어서』, 거름, 1989.
김근태,『남영동』, 중원문화, 1987.
김병진,『보안사』, 소나무, 1988.
김선명 외 6인,『0.75평 지상에서 가장 작은 내 방 하나—비전향 장기수 7인의 유예된 삶』, 도서출
　　　　판 창, 2000.
대한변호사협회,『1985년 인권보고서』, 1986.
대한변호사협회,『1986년 인권보고서』, 1987.
대한변호사협회,『1987·1988년도 인권보고서』, 역사비평사, 1989.
대한변호사협회,『1989년도 인권보고서』, 역사비평사, 1990.
대한변호사협회,『1990년도 인권보고서』, 1991.
대한변호사협회,『1992년도 인권보고서』, 1993.
박원순,『국가보안법연구 2—국가보안법 적용사』, 역사비평사, 1992, 461쪽.
법무부,『인권존중의 법질서』, 2004.
삼청교육대인권운동연합,『2001 삼청교육대백서(상)』, 2003.
삼청교육대인권운동연합,『2002 삼청교육대백서(하)』, 2003.
서승,『서승의 옥중 19년』, 역사비평사, 1999.
5공정치범명예회복협의회,『역사의 심판은 끝나지 않았다』, 살림터, 1997.
오연호,『더 이상 우리를 슬프게 하지 말라』, 백산서당, 1990.
이나바 지음, 조순 옮김,『신인류국 너무하기—서울구치소 유학』, 민조사, 1988.
이인모,『전 인민군 종군기자 수기—이인모』, (주)월간 말, 1992.
정순택,『보안관찰자의 꿈』, 한겨레출판, 1997.
정승화,『12·12사건, 정승화는 말한다』, 까치, 1987.
조갑제,『기자 조갑제의 현대사 추적 2—고문과 조작의 기술자들』, 한길사, 1987.
조갑제,『사형수 오휘웅 이야기』, 한길사, 1986.
편집부 엮음,『빼앗긴 변론』, 역사비평사, 1990.
평화민주당 인권위원회,『인권백서 1988~89』, 1990.

한국기독교교회협의회 인권위원회 편, 『폭력을 이기는 자유의 행진』, 민중사, 1987.
한국기독교교회협의회 인권위원회, 『1970년대 민주화운동(IV)』, 1987.
한승헌선생화갑기념문집간행위원회, 『한승헌 변호사 화갑기념문집, 한 변호사의 초상』, 범우사, 1994.

| 논문·자료집 |

『고문은 아직도 끝나지 않았다—문국진과함께하는모임 발족 자료집』, 1993년 10월 13일.
구금시설연구모임, 『구금시설 인권실태에 관한 보고서』, 2002.
국가보안법철폐를위한범국민투쟁본부·국가보안법철폐와양심수석방을위한기독교공동대책위원회, 『남한조선노동당사건 자료집』, 1992년 11월 13일.
국가보안법폐지국민연대, 『국가보안법·고문용공조작 피해자 증언대회 자료집』, 2004년 12월 16일.
국가인권위원회, 『인권위결정례집』, 2004년 12월 24일, 4~5쪽.
김덕진, 「국가에서 책임져라—천주교인권위 군가협 기자회견」, 2003년 7월 16일자. 천주교 인권위원회 (http://www.cathrights.or.kr) 자료실.
대한변호사협회 인권위원회, 『고문근절대책공청회 자료집—고문 피해의 증언』, 1987.
『문국진과함께하는모임』 제9호, 1994년 12월 18일.
민주사회를위한변호사모임, 『의문사 진상규명의 역사적 의의와 전망』, 2000년 12월 11일.
민주사회를위한변호사모임·인도주의실천의사협의회·문국진과함께하는모임, 『고문후유증 사례 보고 및 토론회』, 1994년 4월 11일.
민주화실천가족운동협의회 산하 장기수가족협의회 조작된간첩사건가족모임, 『간첩조작은 이제 그만』, 1989.
민주화운동청년연합, 『해방되어야 할 또 하나의 성—성고문, 성폭력에 관하여』, 1986년 12월.
민주화운동청년연합·민주화실천가족운동협의회, 『민청련탄압사건백서—무릎 꿇고 살기보다 서서 싸우길 원한다』, 1986.
박노해석방대책위원회, 『박노해재판 자료집』, 1991년 8월.
박종철열사추모사업회, 「손해배상청구소송 소장」, 1988년 4월.
법무부, 『2004년 법무부 인권개선 성과』, 법무부(http://www.moj.go.kr) 자료실.
법무부 인권과, 『국민의 정부—인권보호정책의 성과 2』, 2003.
삼청교육대인권운동연합, 『삼청교육대 피해자의 명예회복 및 피해배상특별법 제정을 위한 대토론회 자료집』, 2001년 9월 28일.
서울노동운동연합, 『단결·조직·투쟁의 정신으로 승리를 향해 전진하자!—서울노동운동연합사건 1심법정투쟁기록』, 1987.
서울지방변호사회, 『구금시설 실태조사 보고서』, 2002.
인권유린알몸수색근절을위한공동대책위원회, 『인권유린 알몸수색 근절을 위한 공청회 자료집— 현행법상 알몸 수색 조항의 문제점과 향후 대책』, 2004년 12월 4일.
인도주의실천의사협의회·한국인권단체협의회, 『고문 기타 잔혹한, 비인도적 또는 굴욕적 처우나 형벌금지협약 제19조에 따른 대한민국 정부의 보고서에 대한 대한민국 인권단체들의 보고서』, 1996년 10월.
천주교조작간첩진상규명대책위원회, 『분단조국의 희생양, 조작간첩』, 1994년 11월 1일.
최정기, 「감옥체제와 사상범의 수형생활 연구」, 전남대학교 사회학과 박사학위논문, 2000, 106쪽.
최종길교수고문치사진상규명및명예회복추진위원회, 『의문사 문제 해결을 위한 법적 모색―학술 심포지엄 자료집』, 1999년 4월 12일, 31쪽.
한국기독교교회협의회 인권위원회, 『1980년대 민주화운동―광주 민중항쟁 자료집 및 상반기 일지(I)』, 1981년 2월 18일.
한국기독교교회협의회 인권위원회, 『민주쟁취와 인권―1986년 인권주간 자료집』, 1986년 12월.
한국기독교교회협의회 인권위원회, 『복음과 인권―1982년도 인권문제전국협의회 자료집』, 1982.
한국기독교교회협의회, 『악법 철폐, 하나님의 법 실현―1985년 인권주간 자료집』, 1985년 12월.
홍경령, 「사상범 전향제도의 합헌성 여부에 관한 연구」, 서울대학교 법학과 석사학위논문, 1990.

| 신문·잡지 |

『조선일보』(1957~1962, 1990~2005), 『동아일보』(1982~1983, 1990~2005), 『한겨레신문』(1988~2005), 『한국일보』(1992~2004), 『중앙일보』(1992~2001), 『문화일보』(1994~2004), 『내일신문』(1994), 『경향신문』(1999~2005), 『한국경제신문』(1999), 『국민일보』(2000~2004), 『세계일보』(2000~2005), 『서울신문』(2001~2002), 『매일경제신문』(2001), 『국제신문』(2004), 『진해신문』(2005) 참조.
인터넷 『연합뉴스』(2005), 『오마이뉴스』(2001~2005), 『인권하루소식』(1994~2003), 『제주의 소리』(2005) 참조.

김창국, 「고문 없는 사회」, 『인권과 정의』 1990년 5월호, 대한변호사협회.
김창석, 「삼청학살, 버림받을 수 없다」, 『한겨레 21』, 2001년 1월 30일.
대한변호사협회, 「대한변호사협회 주요회무소식」, 『대한변호사협회지』 1982년 9월호.
대한변호사협회, 「'밤샘 조사' 금지 제도화 촉구」, 『인권과 정의』 1997년 8월호.
대한변호사협회, 「인권침해 사례에 관한 시정촉구 건의문」, 『대한변호사협회지』 1985년 8월호.
민주사회를위한변호사모임, 『민주사회를 위한 변론』 1998년 3월호.
박충렬, 「사람이 무섭고 세상이 무섭습니다―간첩 누명 벗은 박충렬의 옥중 편지」, 『월간 말』 1996년 3월호.
백태웅, 「백태웅 법정진술―나는 왜 혁명가가 되었는가」, 『월간 말』 1992년 9월호.
송문홍, 「총풍 주역 장석중 직격 발언」, 『신동아』 1999년 4월호.
신윤동욱·최혜정, 「가혹행위 사라지지 않았다―울산대 이계수 교수팀 군교도소 재소자 114명 설문조사…구속 뒤 쇠사슬 채우고 알몸 수색」, 『한겨레 21』, 2004년 7월 7일.
안영배, 「국군기무사의 조직사건 조작술」, 『월간 말』 1991년 9월호.
이아미, 「분신이라도 안 했으면 우리 아들 어찌 찾았을까」, 『월간 말』 1997년 3월호.
이춘재, 「그 독방에선 무슨 일이 일어났나―단식과 자해로 교도관 폭행에 항의하는 영등포구치소 재소자들…구치소 쪽과 맞고소 사태로 번져」, 『한겨레 21』, 2004년 4월 9일.

임종인, 「세계 최장기수 김선명의 42년 옥중기」, 『월간 말』 1992년 6월호.
장영석, 「진상! 조작된 간첩사건들」, 『월간 말』 1989년 2월호.
장일찬, 「부산 어린이유괴살해사건 범인 조작됐다」, 『신동아』 1995년 2월호.
최열, 「안기부 '고문대'에 오른 미술가들」, 『월간 말』 1989년 10월호.
최진섭, 「남북 귀환어부 간첩 만들기」, 『월간 말』 1989년 9월호.
편집부, 「군은 '삼청학살'에 대해 고해하라―삼청교육대 피해자의 증언」, 『월간 말』 2004년 10월호.

| 외국자료 |

Amnesty International, Republic of Korea: Medical Letter Writing Action: Death in custody, AI Index: ASA 25/21/98, June 1998.(이하 Amnesty International 관련 자료는 http://www.amnesty.org 참조)

Amnesty International, Republic of Korea: Medical Letter Writing Action: Shin In-young, AI Index: ASA 25/03/98, February 1998.

Amnesty International, Republic of Korea: Pregnant woman denied medical care in prison, AI Index: ASA 25/12/96, April 1996.

Amnesty International, Republic of Korea: Summary of Concerns on torture and ill-treatment, AI Index: ASA 25/25/96, October 1996.

Amnesty International, Republic of Korea: Another Injustice under the National Security Law: the case of Professor Park Chang-hee, AI Index: ASA 25/21/97, March 1997.

Amnesty International, Republic of Korea: Hidden victims: the long-term political prisoners, AI Index: ASA 25/023/97, May 1997.

Amnesty International, Republic of Korea: Long-term prisoner Kim Byung-ju, AI Index: ASA 25/08/97, January 1997.

Amnesty International, Republic of Korea: Long-term prisoner Kim Chang-ho, AI Index: ASA 25/10/97, January 1997.

Amnesty International, Republic of Korea: Long-term prisoners still held under the National Security Law, AI Index: ASA 25/015/98, May 1998.

Amnesty International, Republic of Korea: Summary of Concerns and Recommendations to the Government, AI Index: ASA 25/027/98, September 1998.

Amnesty International, Republic of Korea: Summary of Concerns and Recommendations to Candidates for the Presidential Elections in December 2002.

Amnesty International, Republic of Korea: The Case of Lee Hwa-chun, AI Index: ASA 25/14/97, February 1997.

Amnesty International, Republic of Korea: Update on National Security Law arrests and ill-treatment: The need for human rights reform, AI Index: ASA 25/09/96, March 1996.

Amnesty International, South Korea: Amnesty International Appeal, Prisoner of conscience: Yr

Rak-jin, AI Index: ASA 25/10/99, February 1999.
Asia Watch, *Human Rights in Korea*, January 1986.
Jerome A. Cohen & Edward J. Baker, "U.S. Foreign Policy and Human Rights in South Korea",
　　Human Rights in Korea–Historical and Policy Perspectives, 1991.

찾아보기

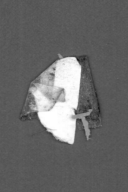